长沙·雨花
CHANGSHA·YUHUA

雨花年鉴
YUHUA YEARBOOK 2022

长沙市雨花区年鉴编纂委员会　编

方志出版社
Publishing House of Local Records

图书在版编目（CIP）数据

雨花年鉴. 2022 / 长沙市雨花区年鉴编纂委员会编.—
北京：方志出版社, 2022.12
ISBN 978-7-5144-5560-1

Ⅰ. ①雨… Ⅱ. ①长… Ⅲ. ①区（城市）—长沙—
2022—年鉴 Ⅳ. ①Z525.44

中国版本图书馆CIP数据核字（2022）第252519号

责任编辑：齐笑
责任校对：刘玉霞
责任印制：梅中英
出 版 者：方志出版社
地　　址：北京市朝阳区潘家园东里 9 号（国家方志馆4层）
邮　　编：100021
网　　址：http://www.zgfzcb.cn
发　　行：方志出版社图书营销中心（010-67110500）
印　　刷：湖南省美如画彩色印刷有限公司
开　　本：889毫米×1194毫米 1/16
印　　张：22
字　　数：934千字
版　　次：2022年12月第1版
印　　次：2022年12月第1次印刷
定　　价：130.00元

《雨花年鉴（2022）》编纂委员会

《雨花年鉴（2022）》编辑部

《雨花年鉴（2022）》组稿人员

（按篇目顺序排列）

刘科明　柳　旻　李　灿　彭　杨　张胜娟　杨博文　任启友　尹丹平
周　慧　刘　群　李　文　李　丹　曾　鑫　蒋刚云　龚　鹏　刘　麟
陆　朗　唐清明　夏　青　罗奇林　陈湘海　刘青帝　刘雅婷　孙　琴
易风波　李伊玲　刘　莉　唐　信　罗　宁　邓　辉　谢　婵　张　乐
肖安妮　邝　鋆　李　杨　袁　姣　曾灿红　陈文婷　李　波　丁　翔
周　静　宋正阳　高秀丽　钟　毅　秦　俭　邹　蛟　冷冰然　刘子溶
张　丽　文　卓　周永平　粟常云　周奕忻　余　意　姚　沙　黄　芳
杨　佳　符梓薇　张　波　颜　丹　侯文艳　隋小阳　张文香　刘超超
周荣蕾　汤　丽　陈　洋　杨　翔　彭　浪　张　瑜　毛成莉　陈　璎
王　艳　张　爱　李　刚　黎　俐　彭怡丰　陈思光　苑　莹　邓　帆
彭　宸　刘荟琪　周　坤　罗立志　石文龙　胡　靖　陈　璐　彭　芳
邓　昶　杨　焕　王学理　李谟丽　曹　芬　唐　聘　李　良　徐宇明
伍高峰　尹海瑛　刘文涛　杨礼轩　刘思敏　胡　蓉　谭晖甫　唐品佳
骆训武　王银平　何　静　陈　灿　吴文静　刘希贤　姚园园　黄　磊
严　瑾　杨　杨　朱青梅　宋彧颖　吴　伟　毛俊芳　石梦霞　王诗雨
胡　琼　陈　岚

编 辑 说 明

一、《雨花年鉴（2022）》（以下简称“本年鉴”）以马克思列宁主义、毛泽东思想、邓小平理论、“三个代表”重要思想、科学发展观、习近平新时代中国特色社会主义思想为指导，坚持辩证唯物主义和历史唯物主义的立场、观点和方法，系统反映长沙市雨花区自然、政治、经济、文化、社会等方面情况。

二、本年鉴全面、系统记载2021年度雨花区各部门、各行业的主要工作、重要事件，收录若干文献和统计资料。

三、本年鉴采用分类编辑法，设类目、分目、条目3个层次，条目为记述基本层次。

四、本年鉴统计资料由区统计局提供。年鉴中有些地区性、部门性数据，由于统计数据的来源、口径、时间不同等原因，因此与区统计局公布的可能不完全一致，请读者在查阅和引用时注意，以统计局提供的资料为准。

五、本年鉴资料收录时间为2021年1月1日至2021年12月31日；县级以上领导和区直单位、各街道负责干部名单以2021年12月31日在职者为准，有任免的分别予以注明。

六、本年鉴时间表述采用公元纪年。各种名称，第一次出现时用全称，名称过繁者，括注简称，再次出现时用简称。计量单位使用国家法定计量单位。凡文中党、党组织如无特殊说明，均指中国共产党及其各级组织。

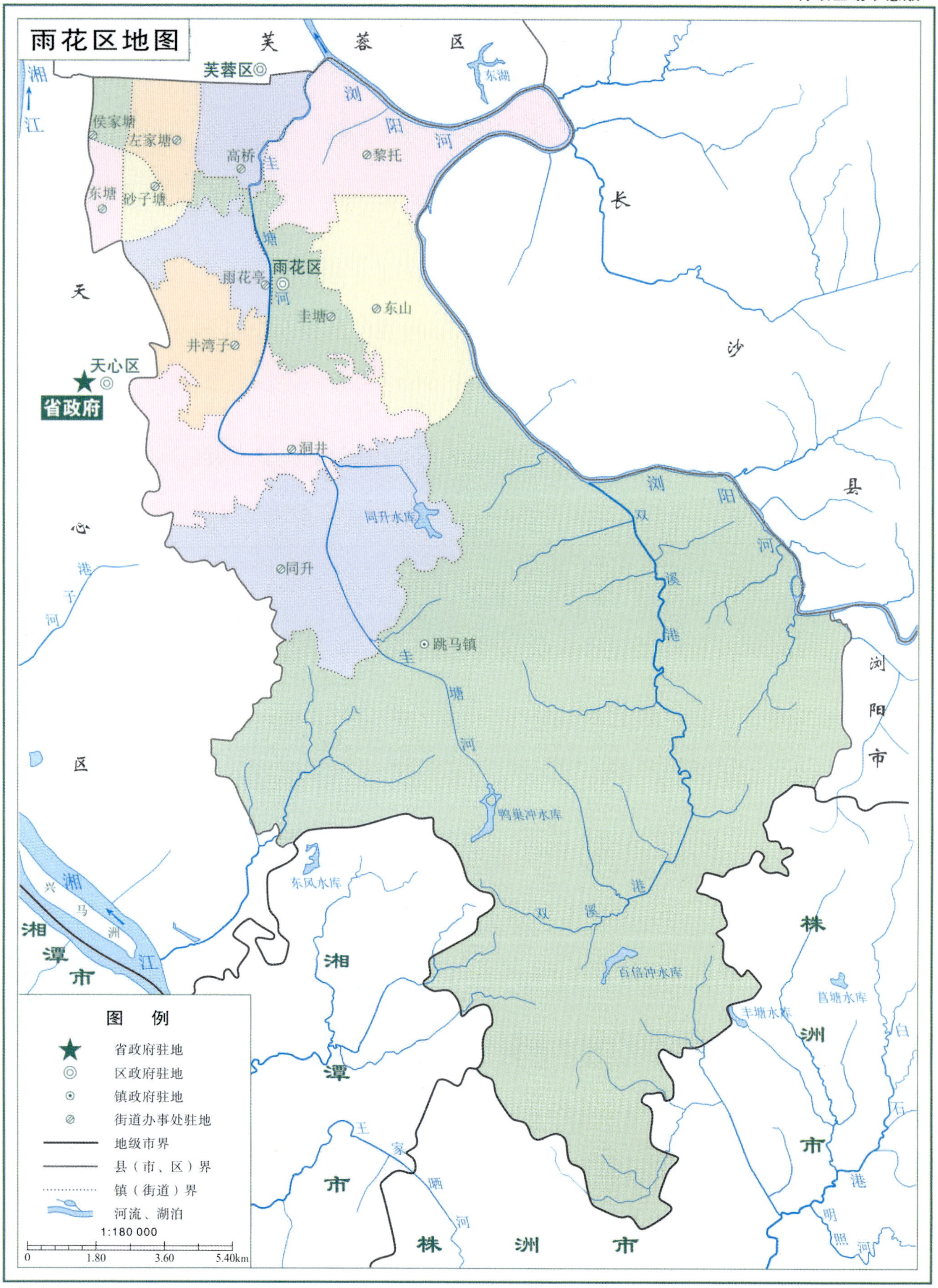

审图号 湘S（2022）034号
湖南省自然资源厅 监制　湖南省第三测绘院 编制　二〇二二年三月

开放雨花

长沙高铁新城花侯路　　（区融媒体中心　供图）

浏阳河东山沿线　　（区融媒体中心　供图）

石燕湖　　（区融媒体中心　供图）

中国（长沙）创新设计产业园　　（张文香　供图）

左宗棠墓　　（区融媒体中心　供图）

比亚迪超级混动系统工厂　　（张文香　供图）

雅塘文化公园　　　　（区融媒体中心　供图）

长沙雨花经济开发区　　　　（张文香　供图）

红星农批中心　（区融媒体中心　供图）

跳马镇关刀新村田园风光（区融媒体中心　供图）

长沙南站　（区融媒体中心　供图）

中城苑保障住房　　（区融媒体中心　供图）

“和＋”共享图书馆　　（吴　伟　供图）

溪悦荟　　（区融媒体中心　供图）

金茂智慧科学城　　（区融媒体中心　供图）

红军攻打长沙纪念园　　（区融媒体中心　供图）

中国（湖南）自由贸易试验区长沙片区雨花高桥区块　（区融媒体中心　供图）

沙湾公园　（张　波　供图）

雅塘新城　　　　（区融媒体中心　供图）

圭塘河经济带　　　　（区融媒体中心　供图）

悠游小镇 （区融媒体中心　供图）

复地星光天地雅塘新城 （区融媒体中心　供图）

桂花公园 （区融媒体中心　供图）

跳马镇民宿 （刘希贤　供图）

长沙新六尺巷 （区融媒体中心　供图）

庆祝中国共产党成立100周年

雨花市民广场绿雕　　　　（杨　佳　摄）

雨花互通绿雕　　　　　　　　　　（杨　佳　摄）

长沙南站落客平台绿雕　　　　　　　　　　（杨　佳　摄）

2021 年 6 月 28 日，雨花区“光荣在党 50 年”纪念章颁发仪式　（区委宣传部　供图）

2021 年 6 月 28 日，雨花区庆祝中国共产党成立 100 周年表彰大会　（区委宣传部　供图）

2021 年 7 月 1 日，区级领导班子收看庆祝中国共产党成立 100 周年大会直播　　（区委宣传部　供图）

“就认这个理・永远跟党走”红色微宣讲之诗朗诵：《最美的答卷》　　（区委宣传部　供图）

2021 年 6 月 10 日，雨花区 2021 年《就认这个理》职工群众心向党——“学习强国”学习达人知识竞赛决赛

（区委宣传部　供图）

雨花区“风华百年 青春雨花”建党 100 周年图片展

（区委宣传部　供图）

《实景交响诗·大河之歌》

（区委宣传部　供图）

2021 年 5 月 7 日，2021“欢乐潇湘·品质长沙·幸福雨花——颂歌向党”雨花区庆祝中国共产党成立 100 周年群众合唱比赛

（区委宣传部　供图）

2021 年 7 月 8 日，“飞梦雨花·戏曲颂党”群众文化活动戏曲晚会

（区委宣传部　供图）

2021 年 7 月 10 日，“风华百年 青春雨花”文艺会演

（区委宣传部　供图）

百岁红军老战士吴国厚讲党史

（区委宣传部　供图）

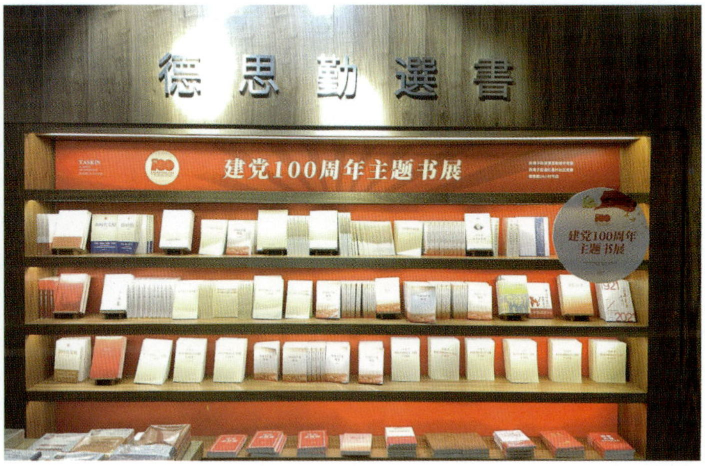

德思勤 24 小时书店建党 100 周年主题书展

（区委宣传部　供图）

城市建设

官寺冲路通车（唐春华 摄）

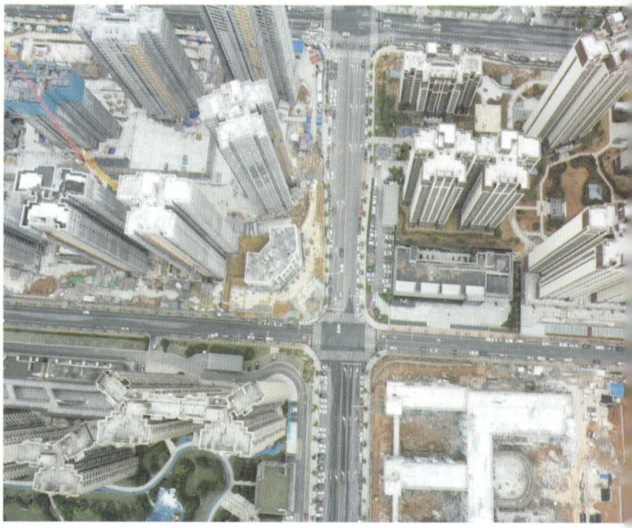

紫薇路（长沙大道—光明路）完成建设（高 兴 摄）

中非经贸博览会期间绿化美化（杨 佳 摄）

万家丽路沿线修剪　　（杨　佳　摄）

跳马镇道路沿线整改（黄　涛　摄）

圭塘河右岸湘府路北截污干管清淤（黄　芳　供图）

大族激光智能装备集团湖南工厂二期基地（张文香　供图）

雅塘片区自然苑项目建设　　（文　卓　供图）

燕子岭小学完成主体结构施工　　（刘　军　摄）

石马雅苑一区项目（文卓 供图）

林科路（时代阳光大道—荷叶冲路）进行土方施工（邹蛟 摄）

雅塘新城片区自然苑农民安置房项目开工建设（文卓 供图）

比亚迪二期项目建设（张文香 供图）

跳马镇新田村石门水泥厂生态修复工程开工建设
（文 卓 供图）

高升路雨水箱涵工程 （邹 蛟 摄）

川河村、潭阳村村民新居项目建设 （文 卓 供图）

花侯小学完成主体工程建设 （高 兴 摄）

井圭路小学完成主体工程建设 （刘砥柱 摄）

天际岭隧道进行施工建设　（黄　芳　供图）

双塘路完成建设　（邹　蛟　摄）

林科路进行施工建设　（娄　俊　摄）

和景家园一期项目　（文　卓　供图）

二环线施工（黄　芳　供图）

可孚医疗智能装备总部基地项目建设　（张文香　供图）

圭塘路砂子塘万境水岸小学过街设施施工　（黄　芳　供图）

经贸发展

2021 年 1 月 7 日，中国（湖南）自贸试验区中非经贸合作促进创新示范园 2021 年首批入驻企业集中签约仪式暨一站式全程代办服务中心揭牌仪式（罗定康　摄）

2021 年 1 月 16 日，2021 年雨花区第一轮重大项目开竣工活动，36 个重大项目实现集中开工、竣工，投资总额近 200 亿元（戴雨瑶　摄）

2021 年 1 月 22 日，雨花区 2020 年“三大片区”项目观摩活动 （戴雨瑶 摄）

2021 年 3 月 4 日，雨花区政务大厅设立跨域通办窗口 （孙 琴 供图）

2021 年 3 月 15 日，雨花区“3·15”国际消费者权益日系列宣传活动 （邓 帆 供图）

2021 年 3 月 18 日，长沙雨花经开区——株洲经开区产业链发展对接暨签约活动（区融媒体中心 供图）

2021 年 3 月 19 日，中国（湖南）自由贸易试验区长沙片区雨花区块长株潭一体化调研座谈会（区融媒体中心 供图）

2021 年 3 月 31 日，雨花区小微出口信保政府统保平台协议在高桥大市场签订 （周 坤 供图）

2021 年 4 月 2 日，雨花区获评“2020 十大最具投资吸引力城区”　（周　坤　供图）

2021 年 4 月 7 日，雨花区优化营商环境工作推进大会　（区融媒体中心　供图）

2021 年 4 月 9 日，长沙市雨花区・株洲市云龙示范区市场准入“跨市通办”合作签约仪式　（孙　琴　摄）

2021 年 4 月 14 日，长沙雨花经开区（韶山）智能制造产业园一期6家企业入驻暨二期开工仪式在湖南省韶山市举行（高　兴　摄）

2021 年 4 月 20 日，中国（湖南）自由贸易试验区长沙片区雨花区块人才综合服务站及长沙片区知识产权公共服务（雨花）分中心授牌仪式　（邓　帆　供图）

2021 年 4 月 14 日，长沙雨花经开区（韶山）智能制造产业园一期企业签约入驻暨二期开工仪式　（张文香　供图）

2021 年 4 月 22 日，长沙雨花区、株洲云龙示范区 2021 年知识产权宣传周启动仪式（邓　帆　供图）

2021 年 4 月 26 日，中国（湖南）自由贸易试验区长沙片区雨花管理委员会揭牌 （罗立志　提供）

2021 年 4 月 28 日，“建功自贸区·青春正当时”开放青年志愿者联盟·开放青年企业家联盟成立仪式 （郭雅箐　供图）

2021 年 6 月 18 日，“共建雨花跨境电商”项目签约仪式 （郭雅箐　供图）

2021 年 6 月 8 日，“激情夏日·融城嗨购”第八届雨花区黄谷路汽车消费节启动 （周　坤　供图）

2021 年 6 月 28 日，2021 年全市重大项目集中开竣工活动（雨花区会场） （高　兴　摄）

2021 年 6 月 28 日，2021 雨花区高铁新城重大项目集中开工　（李　姝　摄）

2021 年 7 月 23 日，2021 第四届雨花区产业创新创业大赛（创客中国・雨花分赛）决赛暨颁奖典礼　（陈　静　摄）

2021 年 8 月 23 日，雨花区 2021 年雅塘片区城市更新项目——金茂智慧科学城开工仪式
（区融媒体中心　供图）

2021 年 9 月 10 日，2021 中国国际食品餐饮博览会雨花区形象展示馆　（周　坤　供图）

2021 年 9 月 26 日，“长株潭·名优产品出口展销馆”开馆仪式暨市场采购招商推介会（长株潭专场）（方大丰　摄）

2021 年 9 月 26 日，第二届中国—非洲经贸博览会高桥分展馆（高　兴　摄）

2021 年 9 月 30 日，第二届中国—非洲经贸博览会雨花高桥分展馆颁奖仪式暨总结大会（区融媒体中心　供图）

2021 年 9 月 30 日，长沙市重大项目集中开竣工活动（雨花区会场），雨花区 24 个项目集中开竣工，总投资 166.72 亿元（向一鹏　摄）

2021 年 9 月 30 日，“四季缤纷·畅购雨花”秋之韵暨幸福中国家活动启动（周　坤　供图）

2021 年 10 月 15 日，2021 年湖南省花木博览会开幕式在长沙市雨花区石燕湖景区举行 （区融媒体中心　供图）

2021 年 10 月 25 日，可孚医疗科技股份有限公司首次公开发行 A 股上市仪式 （张文香　供图）

“党建聚合力”工程暨城市更新项目开竣工仪式 （区融媒体中心　供图）

2021 年 3 月 5 日，保护母亲河日暨《圭塘河岸》作者面对面活动　（隋小阳　供图）

2021 年 3 月 24 日，雨花区“精彩三月 健康雨花”跳长绳比赛　（符梓薇　供图）

2021 年 4 月 25 日，“庆祝建党百年·争做时代先锋”书香雨花读书节主题活动启动仪式 （杨礼轩 供图）

2021 年 5 月 8 日，“颂党恩 传家风 跟党走”2021 年度雨花区“最美家庭”颁奖仪式 （邝 鍪 供图）

2021 年 5 月 8 日，东塘街道省人大社区“流动党史馆”在中设广场开馆

2021 年 6 月 5 日，红星实业公司第八届“红星杯”运动会暨全民健身志愿服务活动开幕式
（凌 鑫 摄）

2021 年 6 月 12 日，2021 健康雨花全民健身节——“红色庆典”长株潭·中华传统体育国际锦标赛比赛现场
（周 研 供图）

2021 年 6 月 23 日，雨花区教育系统新党员在稻田中学徐特立铜像前集中宣誓　　（唐　聘　供图）

2021 年 6 月 20 日，砂子塘湘天小学“奋斗百年路 启航新征程”校园庆祝活动　　（胡　芳　摄）

2021 年 6 月 25 日，东塘街道华银园社区“健康人生 绿色无毒”“6·26”国际禁毒日志愿服务文艺汇演（宋彧颖　供图）

2021 年 7 月 29 日，“清春雨你”清华学子联合支队走进雨花观摩交流活动　　（郭雅箐　供图）

2021 年 9 月，新开学的南雅双语实验中学　　（王学理　供图）

2021 年 9 月，冬斯港小学的开学第一课　　（唐　聘　供图）

2021 年 9 月 1 日，麻园湾社区长塘里第三小学校园“护学岗”　　（杨　杨　供图）

2021 年 9 月 9 日，雨花区教育工作会议暨庆祝第 37 个教师节大会　（区融媒体中心　供图）

2021 年 9 月 17 日，雨花区青年“立足中部领先·迈向全国十强”主题演讲比赛决赛　（郭雅箐　供图）

2021 年 9 月 18 日，左家塘街道湖橡社区“幸福鸿铭诗语时 月上中秋话团圆”主题中秋诗会　（赵雪丽　供图）

2021 年 9 月 19 日，雨花区“我们的节日——中秋”主题活动　（杨礼轩　供图）

2021 年 9 月 24 日，圭塘街道泰安社区、泰禹小学洁净雨花、“洗”迎国庆志愿服务活动　（吴　伟　供图）

2021 年 9 月 27 日，雨花区首届“院士专家雨花行”活动　（李　杨　供图）

2021 年 10 月 15 日，雨花区文化馆二馆开馆　（杨礼轩　供图）

2021 年 10 月 16 日，雨花区“我们的节日——重阳”主题活动　（杨礼轩　供图）

2021 年 11 月 26 日，万物梁行长沙第二届垂直马拉松　　（朱青梅　供图）

2021 年 12 月 10 日，雨花区开展“国家体育锻炼标准”测试（周　研　供图）

2021 年 12 月 17 日，雨花区“校长书记表率工程”暨中小学校长书记思政课展示活动　　（王学理　供图）

人民生活

2021 年 3 月 18 日，2021 年雨花区首期创业培训班开班（黄　斌　供图）

2021 年 4 月 1 日，雨花区城区防涝排渍联合演练（侯文艳　供图）

2021 年 5 月 15 日，2021 年长株潭人社公共服务一体化合作协议启动仪式（谭双林　供图）

2021 年 4 月 8 日，砂子塘街道砂子塘社区和润居家养老服务中心揭牌 （朱青梅 供图）

2021 年 5 月 22 日，“守护长株潭绿心，争做减碳行动派”活动启动 （隋小阳 供图）

2021 年 6 月 2 日，雨花区人民检察院检察开放日活动 （周 静 供图）

2021 年 6 月 5 日，雨花区“六五”环境日主题活动　　（隋小阳　供图）

2021 年 6 月 17 日，雨花区疾控中心在黄花机场开展入境航班接机疫情防控保障工作　　（胡　蓉　供图）

2021 年 6 月 22 日，砂子塘街道“禁毒宣传进校园”专题法治宣讲活动　（高秀丽　供图）

2021 年 8 月 25 日，雨花区疾控中心迎接支援张家界流调人员平安凯旋　（胡　蓉　供图）

2021 年 9 月 22 日，2021 年雨花区退役士兵适应性培训　（陈　灿　供图）

2021 年 9 月 27 日，雨花区疾控中心现场指导疫情防控保障工作　（胡　蓉　供图）

2021 年 11 月 30 日，雨花区劳动纠纷“一站式”多元解纷机制全市推广现场会召开　（曹江林　供图）

2021 年 12 月 2 日，洞井街道组织开展交通安全联合整治 （王　勇　摄）

2021 年 12 月 12 日，同升街道古樟树社区“你讲我听”邻里直播间开播 （陈　岚　供图）

2021 年 12 月 19 日，洞井街道南庭社区工作人员引导居民将垃圾精准分类

（王　勇　供图）

2021 年 12 月 31 日，长沙南站站区铁路、地方公安和武警开展反恐演练　（侯文艳　供图）

目　录

特　载

大事记

雨花区概况

中共雨花区委员会

雨花区人民代表大会

雨花区人民政府

政协雨花区委员会

中共雨花区纪委

民主党派

群众团体

法　治

军　事

城乡建设

城市管理

园区建设

经济监督管理

产业经济

财政·税收·金融

教育科技

文化·旅游·体育

医疗卫生

社会生活

乡镇·街道

附 录

索 引

特　载

践行“四个争当”建设全国一流现代化强区

——落实“三高四新”战略一周年的雨花答卷

365个日日夜夜的轮回，让时光有了纵深，岁月有了层次。

一年前的这个美好时节——2020年9月16日至18日，习近平总书记踏上湖湘大地，从战略和全局的高度，为新时代湖南经济社会发展把脉定向、擘画“三高四新”宏伟蓝图。

一年过去，按照总书记擘画的蓝图、指明的方向，按照省委战略部署，在长沙市委、市政府的领导下，长沙雨花区牢记使命，迈出了大开发、大发展、大跨越的坚实步伐。

一年过去，使命与担当化作一项项具体的荣誉和数据：位列壹城智库发布的2021年中国市辖区高质量发展百强第15，居中部城区第一；2020年地区生产总值达2193亿元，领跑中部城区；率先全省市场主体总量突破20万户，市场主体每万人拥有量全省最多……恰似如椽之笔，描绘出一幅新时代波澜壮阔、气象万千的雨花画卷。

它展现的，不仅是这个经济强区在领跑中部城区后，发展模式向更具兼容性、共享性、开放性的从容善变，更是站在从全面小康向率先基本实现现代化迈进的历史转折点上，对高质量发展的全新实践。

【牢记嘱托 奋勇争先】

雨花答卷对标讲话精神　书写忠诚看齐的政治自觉

发展理念的成熟与否，往往决定着一个地区的走向和出路。

牢记嘱托——“打造国家重要先进制造业、具有核心竞争力的科技创新、内陆地区改革开放的高地”，雨花区坚持一切发展思路以此来谋划、一切发展布局以此来展开、一切发展举措以此来制定、一切发展成效以此来检验。

雨花区党政负责人召开会议、实地调研、加快推进，以一个个时空画面为贯彻实施“三高四新”战略“解题”。

从地域来看，贯彻落实“三高四新”战略不是一隅之战，雨花区既要发挥自贸试验区的政策红利，又要主动作为加快融入长株潭都市圈，在开放大局中赢得新的发展机遇。

从领域来看，贯彻落实“三高四新”战略，不是单项的经济“课题”，而是对经济社会发展方方面面的总要求。从构建高质量发展新格局到优化城乡建设发展布局，从推进生态文明建设到不断增进民生福祉、全面加强党的建设……雨花区完整、准确、全面理解和贯彻“三高四新”战略。

从时域来看，贯彻落实“三高四新”战略，不是一时一事的要求，而是必须长期坚持的要求。雨花区在各项举措推进之时，坚决拒绝“东张西望”，而是保持定力、久久为功。

今年2月，雨花区出台贯彻落实“三高四新”战略全年任务清单，围绕制造业转型升级、中非经贸模式探索、长株潭一体化等21个方面，出台80余项举措。该清单明晰了任务牵头单位和时间节点，并以任务清单为抓手，今年铺排重点项目225个，年度计划投资249.13亿元。

“在奋力实施‘三高四新’战略、全面推进高质量发展大局中彰显更大的雨花作为，雨花将对标全国先进城区、加快赶超，争当‘三个高地’排头兵、长株潭一体化桥头堡、现代国际商贸服务先行区、宜居幸福示范区，奋力建设全国一流现代化强区。”雨花区委书记刘素月诠释“三高四新”的雨花路径。

抓园区，创新驱动，精准发力。今年以来，雨花经开区以党建引领“五好”园区建设，紧盯“一主一特”产业链，做大规模、做优结构，着力引进一批专精特新项目，落地一批战略支撑项目，培育一批具有影响力、竞争力的龙头企业；支持比亚迪、大族激光、可孚医疗等深耕发展，形成雨花新一轮发展的重要支撑。

抓片区，持续攻坚，全面突破。高铁片区，自贸区块助力赋能，项目建设如火如荼，窗口形象全面提升，高标准高品质打造城市商务客厅、建设自贸新城；红星片区，步步高星城天地、复地星光天地等城市综合体拔节生长，商气人气与日俱增，长沙城南核心商圈强势崛起；雅塘片区，圭塘河井塘城市双修及海绵示范公园对外开放，长沙市儿童福利院、石马文化公园有序推进，雨花腹地正朝着幸福家园加速蝶变。

抓自贸试验区，敢闯敢试、敢为人先。自贸试验区雨花区块承接了长沙片区113项改革事项中的96项，其中牵头试点任务5项，承接了320项具体措施中的264项，占比近九成。长沙片区共形成43项制度创新成果，其中雨花区块贡献10项，在区块中排名第一；自主探索23项改革事项和研究课题，中非经贸“政研商”一体化、打造非洲非资源型产品集散交易平台两个案例拟申报国家级案例。以制度创新为引领，围绕制造业、农业、环保、生物医药、装配式建筑、商贸物流、数字经济等10大重点产业，雨花区块引进培育符合自贸试验区发展要求，具备发展空间和前景的重点项目和企业。

抓生态区，高位协调、协同推进。作为长株潭一体化的前沿阵地，依托飞地园区，推动智能制造与工程机械等先进制造业“强强联合”，打造长株潭产业协同的标杆产业链；作为长株潭绿心中央公园起步区，加快项目落地，完善基础配套，提升品质形象，在青山绿水中精雕“工笔画”，协同打造高品质城市绿心和城市会客厅；与株洲、湘潭等地相邻区县、街镇协同联动，共同做好公共服务、民生改善、基层治理、疫情防控等工作。

一年过去，一项项荣誉印证着雨花作为：在全国十大最具投资吸引力城市与城区榜单中，雨花区荣膺“2020十大最具吸引力城区”；在“2021年中国城区经济高质量发展白皮书暨2021赛迪百强区”榜单，雨花区位列19;在壹城智库发布2021中国市辖区高质量发展百强榜单，雨花区排名第15，居中部城区第一……

一年过去，一项项数据见证着雨花速度：2020年，雨花区地区生产总值达2193亿元，领跑中部城区。全区世界500强企业（项目）增至29家，高新技术企业达到391家，新增上市企业3家；新能源汽车及零部件产业链产值年均增长20%，人工智能及机器人产业链产值年均增长23%…

“以敢想敢干、敢打敢冲的勇气和信心，雨花区甩开膀子大干、夯实责任实干、快马加鞭快干，在打造‘三个高地’、践行‘四新’使命上，闯出新路子，开创新局面。”雨花区委副书记、代理区长黄军其介绍，在一个多月前举行的雨花区第六次党代会上提出，未来5年，雨花区将以“中部领先、迈向全国十强”的奋斗目标，自我加压、砥砺前行。

【牢记嘱托 奋勇争先】

雨花答卷阐述制造业升级 贯彻高质发展的全新理念

9月8日，雨花企业可孚医疗收到中国证监会同意首次公开发行股票注册的批复，这意味着可孚医疗距离创业板上市更近一步。

这是鲜明的信号，也是一种鲜明的导向。可孚的上市是企业自身壮大的结果，但也离不开雨花经开区在先进制造业打造方面提供的服务、出台的政策、浓厚的氛围。

打造先进制造业高地，雨花区向结构调整要实力——改造升级“老字号”、培育壮大“新字号”。

比亚迪，作为雨花经开区“一主一特”产业链，即新能源汽车及零配件、人工智能及机器人（传感器）产业链的“老字号”，2009年从长沙雨花经开区起步发展成为比亚迪全球最大的新能源汽车战略基地，同时具备整车即电机、电控、电池等三电核心技术，今年1—7月产值199亿元，同比增长23%。

对于“新字号”，雨花经开区坚持走小而特、小而精、小而优的产业发展之路，培育了可孚、长泰机器人等7家企业获批国家级专精特新小巨人企业，数量居全省省级园区前列。

打造先进制造业高地，雨花区向科技创新要潜力——打造人工智能产业链，赋能制造业“先人一步”。

在产业链招商上，雨花区从“招大引强”到“引进总部、引进配套、软硬兼施”转变，锁定机器人本体、控制系统、核心软硬件等关键节点开展靶向招商。

一批核心卡脖子技术获得突破，如长步道自主研发的光刻机镜头、全球首创1.5亿像素镜头、全国首款超高清高端新媒体电影镜头实现量产并销售；大族激光自主研发的三维五轴激光切割机，属于大国重器；可孚攻关突破了红外热电堆传感器卡脖子技术，自主流片并分装芯片，实现红外线体温计核心技术完全自主掌控。

雨花经开区发布头羊计划、凤凰计划、深蓝计划等6个高质量发展计划，奖励创新型专家、优秀企业家，颁发科技带头人奖、雨花工匠等……随着一系列政策密集落地，这里正成为群英荟萃之地，行业领军人才纷至沓来。

打造先进制造业高地，雨花区向产业集群要活力——延伸产业链，利用规模效应形成新的竞争优势。

落实“三高四新”，制造业规模举足轻重。只有制造业形成规模，更有可能助推科学技术创新，进而走出国门，打通国际国内双循环。

今年，结合“五好”园区创建，雨花经开区提出实施“三高四新”战略产业项目的“1133工程”。

“1”即瞄准一个目标，奋战三年迈入千亿级园区行列；“1”即引进和培育1000名专业人才，精准实施136计划（100名领军人才，300名工程师人才，600名工匠技能型人才）；“3”即抓好30个龙头企业和单项冠军企业；“3”即抓好“三位一体”空间布局，以雨花经开区为本体，以湘潭、株洲飞地园区为两翼，着力打造“三个高地”。

【牢记嘱托 奋勇争先】

雨花答卷聚焦开放创新 展现赶超跨越的从容自信

当我们把视野拉到万米高空，俯瞰雨花大地。在292.2平方千米的全景图上，雨花地处长株潭的几何中心；若把视野拉得更高，雨花区处在长江中游城市群、中部崛起的重要节点。

开放是当代湖南的鲜明标识，也是雨花的崭新气象。

作为内陆城区，雨花不靠海、不沿边。如何构建全方位、多层次、宽领域的全面开放大格局？雨花做好三篇文章。

——开创大通道，凭风借力直上青云。

雨花区坐拥长沙火车南站。借力高铁蛟龙，雨花区逐步构建起高铁、航空、磁浮、高速公路、城际轻轨、地铁“六元一体”的立体交通网络构筑。

“高铁进城”，对雨花区而言，最大的意义在于将实现的资源流动和要素链接。雨花作为创新中心、商贸中心、开放中心的吸引力，将直接释放出来。发展也按下“加速键”，变得“直达”。高铁片区，城际空间站、吾悦广场项目等地标性项目拔节生长，雨花区位价值得到提升。

——布局大产业，不做开放路上的“过道”。

把握开放契机，雨花区融入长株潭一体化的时代浪潮。

今年以来，雨花区主要负责同志带队，访株洲、联湘潭，从专题研究到顶层设计全方位接轨；推进项目建设，计划开展交流和推广活动，形成协调机制，搭建人才、科研、产业“飞地”……雨花区深度融入长株潭一体化高质量发展的脚步铿锵。

目前，雨花区分别与韶山高新区、湘潭经开区合力打造“飞地园区”，建成后可引进国内外智能制造细分市场龙头企业和相关上下游配套企业入园；与株洲经开区签约共促产业链发展，在产业互补、创新互通、人才互动等多个维度唱响“连城诀”；与株洲石峰区、湘潭岳塘区牵手，在产业合作、公共服务、科教文卫等领域积极推进一体化……越来越多的优质资源惠及三地群众。

——形成大环境，共享发展这一“列车”。

去年9月，雨花区高桥、高铁5.17平方千米的范围，纳入湖南自贸试验区长沙片区雨花区块，承担起中非经贸深度合作、高端现代服务业崛起探路先锋的任务。

高桥和高铁新城定位清晰、目标明确。

作为第二届中非经贸博览会分会场之一，中非经贸合作促进创新示范园项目建设正酣。一年过去，更多的非洲元素、更多元的对非经贸模式，在这里探索和形成。他们有的创新贸易形式，打造盟非易货平台；有的走出去，在坦桑尼亚建立东非商贸物流中心；有的拉长供应链，提供金融等服务；有的建立投资贸易平台，实现投资—建设—加工—贸易回流人民币闭环操作……企业在探索中锻造出的有益经验和模式，将激活一池春水。

高铁新城产业项目建设逐步深入：“长沙之门”将打造集行政服务、总部办公、跨境金融、酒店服务等功能于一体的中部首个自贸综合体；中核长沙核特色医疗项目将推进重离子医院、核素专科医院、康复医院以及配套医养社区……高铁自贸新城今年计划铺排各类项目50个，预估总投资915.8亿元。

一年过去，时节如流。

今天的雨花，担负着长江中下游城市群、长株潭一体化的区域责任，也有着对中非贸易更进一步的深刻探索。

今天的雨花，将用开阔的胸襟，迎接国内外的投资；用创新的理念，铸就一个又一个城市传奇。

“三高四新”激发的澎湃动力，推动雨花破浪前行！

（作者：欧阳倩　来源：2021年9月16日“华声在线”）

自贸试验区雨花区块：打造开放高地，建功全国十强

一年来，自贸长沙片区雨花区块在区委政府的坚强领导，长沙片区管委会强有力的指挥调度，研究会的强大赋能，国际商协会、外事、商务、企业的大力支持下，取得可喜的成绩，助十四五开局之年圆满收官。

永葆创的劲头，为国家试制度

一年以来，雨花区块坚持大胆试、大胆闯、自主改的工作精神，取得了一系列可喜成果。

这一年，雨花区块承接了长沙片区113项改革事项中的96项，自主提出23项，实施率100%，完成率85%。打造了全省“10个首创”，形成了14项制度创新成果，有5项被纳入中国（湖南）自由贸易试验区第一批省级制度创新成果中，其中探索建设中非跨境人民币中心、中非经贸合作“政研商”协同新机制两项为全国首创，探索市场采购贸易方式发展新路径、创新实施免罚三清单、助力营商环境优化、搭建“智网监测系统”推进信息化监管三项为全省首创。非洲在华非资源性产品集散和交易中心第一批重点打造的产品——非洲卢旺达干辣椒在中国首发上市，湖南自贸试验区首张咖啡烘焙加工小作坊登记证落地雨花。

在对外贸易方面，成绩也是瞩目，短短一年时间里，雨花区块便建设了 1 个“出口产品国际站”、成立了 50 个采购商联络站、举办了 50 场采购对接会、搭建了 100 个境外产品营销中心 ......

永葆闯的精神，为地方谋发展

这一年，高桥版块的中非经贸合作促进创新示范园（一、二期）、国际商品展示贸易中心已建成投入使用。高铁新城版块的长沙之门（一期）、浏阳河国际文创基地（一期）等 11 个重大项目正全力加速推进。目前在建重大产业项目和平台 22 个，总投资 623.3 亿元。

打造了“三中心一平台”，即非洲非资源性产品集散交易中心、中非经贸企业孵化中心、中非经贸综合服务中心和中非金融服务平台；打造了“一仓一馆一基地”，即非洲产品品牌仓、中非经贸博览会常设展馆、中非直播电商孵化基地。第二届中国—非洲经贸博览会高桥分展馆活动，现场销售 2970 万元，达成意向订单 64.9 亿元；市场采购贸易方式 4 天突破 5600 万美元，连续 4 天刷新单日增长新纪录。

发挥平台优势，目前新增市场主体 2189 家，引进龙头企业、机构 98 家，培育中小企业 528 家；建成咖啡、可可、腰果、夏威夷果、芝麻、干辣椒 6 条进口产业链和小五金、小农机、家用医疗器械、日用品等 4 条出口产业链，年交易额突破 148 亿元。

2021 年，预计实现外贸进出口总额 125 亿元，同比增长 95%；引进外商直投 3558.56 万美元。

承接省级 31 项、市级 25 项赋权事项，推出 6 项“一件事一次办”、10 大优化营商环境改革特色套餐，协同海关出台“11+5”改革创新举措，制定了雨花区块产业扶植政策“黄金十条”、招贤揽才“人才六条”。

永葆干的作风，为人民增福祉

这一年，“非洲品牌仓”已出品 106 款品牌产品，包括咖啡品牌 60 个、坚果品牌 30 个，以及干辣椒、芝麻、可可、茶叶等 16 余个其他产品品牌。目前，这些来自非洲的特色品牌产品，正陆续进驻长沙各大商圈商城，走入寻常百姓家，让广大市民在家门口就能买到埃塞俄比亚的咖啡、卢旺达的干辣椒、坦桑尼亚的芝麻油、肯尼亚的坚果等非洲特色产品。

其中，“非洲品牌仓”推出的经典辣椒酱原料便来自卢旺达。霸道、激烈的辣，加上独特的果香味，让这款辣椒酱备受湖南市民喜爱。在第二届中非经贸博览会期间销售喜人，荣获“畅销品牌奖”，总计完成销售 60 万元；同样以非洲精品咖啡为原料的非洲咖啡品牌“小咖主”，推出的 8~10 元一杯的纯正非洲咖啡深受市民喜爱，荣获“畅销品牌奖”。

自贸长沙片区雨花区块来势可喜，未来可期，将瞄准“打造开放高地、建功全国十强”的目标，以雨花之为，答时代问。

（作者：陈　静　陈双红　何　江　来源：雨花区政府官网）

长沙雨花区高水平建设中非经贸深度合作先行区

立足新起点，开启新征程。湖南省长沙市雨花区委、区政府坚持管理体系先行、平台搭建先行、业态创新先行、营商环境先行，高站位、高标准、高水平推进先行区建设，在湖南打造内陆地区改革开放高地、构建新发展格局中彰显雨花担当、展现雨花作为。

从“烟火高桥”到“国际高桥”

2021 年 9 月，第二届中非经贸博览会在长沙成功举行。雨花区高桥大市场作为第二届中非经贸博览会的分展馆以及线下常设展馆，吸引大批游客打卡参观。卢旺达干辣椒、埃塞俄比亚咖啡豆、赞比亚蜂蜜、肯尼亚红茶、南非红酒等非洲产品在高桥展出，首批 106 个非洲品牌产品进入高桥，形成咖啡、可可、坚果、芝麻等十条进出口产业链，现场销售 2970 万元，意向订单 64.9 亿元，市场采购贸易方式突破 5600 万美元。

政府引导、市场运作。雨花区围绕企业落地、产品展示、交易等环节，重点建设“一园、一中心、一展馆”（中非经贸合作促进创新示范园、非洲在华非资源性产品集散和交易中心、中非经贸博览会常设展馆）三大平台，打造中非经贸的“苗圃园”“孵化场”。

湖南自贸试验区长沙片区雨花高桥区块承担打造“三中心、一平台”（非洲非资源性产品交易中心、中非经贸企业孵化中心、中非经贸综合服务中心及中非金融服务平台）的任务，高桥大市场开始面向全世界华丽亮相。高桥区块充分发挥自贸试验区、市场采购贸易方式试点叠加优势，推动贸易模式由传统的单一内贸向内外贸一体拓展，建设中非经贸合作促进创新示范园、中非经贸博览会常设展馆，打造湖南产品全球贸易中心、非洲非资源性产品集散交易中心和进口产品中部交易中心，辐射带动外向型经济发展，逐步形成国内国际双循环相互促进的国际化综合市场。高桥实现向高端赋能平台的维度提升。

高桥区块积极打通中非产品全产业链，推动更多的非洲商品实现源头直采，为国内消费者提供质美价优的非洲产品，“国际高桥”正在成为非洲特色商品在中国的集散地。

创新引擎马力全开

今年7月，首批5条来自南非的红西柚货柜抵达上海洋山港并完成清关。这标志着中国（湖南）自由贸易试验区首单易货贸易在长沙片区顺利完成。首单易货贸易中，南非 Takela 集团用红西柚等货物，交换湖南的建材、小商品等，双方签订了400万美元的易货贸易合同，《中国（湖南）自由贸易试验区总体方案》的制订探索出易货贸易模式。

紧抓制度创新，雨花区块承接了长沙片区113项改革事项中的96项以及320项具体举措中的264项。在解放思想、积极探索中不断大胆试、大胆闯，通过机制体制创新、服务举措升级、营商环境优化，以马力全开的“创新引擎”加速自贸试验区建设，带动雨花区高质量发展。

与此同时，雨花区大力推动中非供应链金融作为雨花产业发展，引导银行对供应链企业加大授信、提供信用证额度，并设立4000万元市场采购贸易风险补偿金，引导银行为市场采购试点企业量身打造融资产品。高桥区块还打造了包括中非经贸专业研究机构、中非直播电商孵化中心、易货贸易试点等在内的10个配套项目。

加速更高水平开发开放

雨花区是湖南省市场主体总量突破20万户、地区生产总值超过2000亿元的区县。

雨花区以“三高四新”为引领，践行“四个争当”，即争当“三个高地”排头兵、长株潭一体化桥头堡、现代国际商贸服务先行区、宜居幸福示范区。雨花区在改革中探索新路，在开放中书写新篇，朝着“立足中部领先，迈向全国十强”的区域目标奋进。

以此为遵循，雨花区块将积极打造中非经贸、总部经济、创新金融、文旅健康4个核心功能区，打造雨花经开区、电商物流园、红星全球农批中心3个联动创新区。高桥区块发挥市场优势，着力建设“中非经贸深度合作先行区”；雨花高铁新城区块依托临空、临铁优势，努力建成“高铁枢纽经济开放创新区”“高端现代服务业集聚区”。

同时，雨花区还将以更优平台加速对外开放。当前，高桥区块已与浏阳经开区合作，打造非洲非资源性产品集散深加工产业园，以咖啡、干辣椒、坚果等为综合发展产业，目前规划总面积500亩的咖啡产业园一期已启动建设。

雨花区将坚持不懈实施“三高四新”战略，把握自贸试验区建设的重大机遇，以更高站位推动开放、更大魄力深化改革。积极对接开放大战略、夯实产业合作的大平台、构筑制度创新的试验田、营造环境优化的引力场，争当现代国际商贸服务先行区，着力成为新发展格局的重要支点。

（摘自《人民日报》2021年11月18日 第08版）

雨花区高铁新城片区高质量发展综述

作为雨花产业发展、项目建设的主战场、主阵地，2021年以来，雨花区高铁新城片区聚焦“强省会”战略，认真践行“四个争当”使命，坚决贯彻落实“三升三降”要求，片区开发建设呈现量质提升的良好态势。

发展为要，经济增长整体起势

雨花区高铁新城片区全年完成固定投资125.04亿元，超出年初计划额6个百分点，占全区重点项目投资的38.6%，21个项目超额完成年度投资额。

全年实现5个项目15宗地共957余亩成功摘牌，投资总额超200亿元。其中，2亿元以上重大投资3个；引进“三类五百强”项目2个；吸引“三类五百强”企业长沙绿地铂瑞酒店注册落户；成功引入外资2300万美元。运达中央广场、金轮星光名座排名全区楼宇经济贡献度前五强。

项目为王，产业建设全面成势

2021年，高铁新城片区共计铺排各类项目50个，其中，黎托生态公园、浏阳河风光带等18个项目纳入市重点项目，川河学校、绿地铂瑞酒店等14个项目纳入区重点项目。

立足打造高铁枢纽经济开放创新区和高端现代服务业集聚区，片区项目正在加油干，产业实现加速跑。新摘牌项目中，长沙之门（一期）项目，实现当月摘牌、当月开工，计划建设不低于249米的超高层地标，打造中部首个自贸综合体；百富诺贝尔脑健康科学项目，计划打造医养特色城市产业综合体；建发汽车体育公园项目，将引进一家全国汽车经销企业区域总部，打造集汽车、摩托车、赛车体验于一体的汽车文化主题公园。

截至2021年年底，高铁新城片区4.54平方千米自贸区块内，已引进14个重大产业项目，投资总额达563.3亿元，涉及商务商贸、健康医疗、科技文创等重点产业。浏阳河文创基地、绿地城市空间站、吾悦广场、金轮星光名座等商圈楼宇汇聚。继W酒店、瑞吉酒店之后，片区第三家、自贸区块内首家五星级酒店绿地铂瑞正在抢抓工期。

一座座高楼拔节生长，一个个项目建设正酣。高铁新城片区项目建设风帆正劲，背后是片区上下始终坚持大抓项目、抓大项目，精深谋划、精准发力的成果。

品质为先，区域形象蝶变扬势

片区认真贯彻落实“四精五有”理念，全力推进“一桥十路”“两带三园”建设，计划新建总长度约14.14千米的城市路网、约113.58万平方米的城市绿地和景观公园，推进片区窗口形象全面提升。目前，阳青东路、潭白南路路网骨架搭建完成，合丰路、16号路、潭白北路正在加快建设；10千米合丰垸浏阳河风光带部分标段，11万立方米黎托生态公园基本完成建设，不断提升了片区居民推窗见绿、出门见景、移步赏景的绿色生活体验。

项目建设是经济发展的晴雨表。2021年是雨花区高铁新城片区项目建设精彩不断、收获满满的一年，也是厚积薄发、大干快上的一年。2022年，高铁新城片区将全面推进多个重点项目提速、片区品质提升和效益提升，以“起步就是冲刺、开局就是决战”的劲头，继续乘势而上、争先进位，为雨花奋力建设全国一流现代化强区贡献更大的片区力量。

（覃红平）

大事记

1月

1日 左家塘街道窑岭社区刘娟娟家庭获评2020年全国“五好家庭”。

6日 雨花区人大常委会组织驻区全国、省、市人大代表开展会前视察活动。区委书记张敏，区委副书记、区长刘素月等参加考察和座谈。

7日 中国（湖南）自贸试验区中非经贸合作促进创新示范园2021年首批入驻企业集中签约仪式暨一站式全程代办服务中心揭牌仪式在湖南高桥大市场举行。

同日 长沙市雨花区作家协会成立大会暨第一次会员代表大会召开。

8日 雨花区教育局被教育部基础教育质量监测中心授予国家义务教育质量监测“县级优秀组织单位”称号。

12日 长沙市委常委、市委政法委书记廖建华一行到雨花区跳马镇调研基层社会治理工作。

13日 雨花区长株潭一体化发展工作座谈会召开。

同日 国务院疫情防控督察组督察长沙南站疫情防控工作情况。

14日 雨花区政府与长沙海关推进自贸试验区建设座谈会在高桥大市场召开。

16日 全球优质水果产销对接会暨红星全球农批中心一期项目竣工活动举行，36个重大项目实现集中开工、竣工，投资总额近200亿元，涵盖智能制造、市政基础、文化科技、学校教育、环境保护、商贸物流等多个领域。

21日 “银企协作 共赢发展 携手助力雨花现代化强区建设”银企对接活动举办。

22日 雨花区开展2020年“三大片区”项目观摩活动，召开项目观摩点评会议。区“四大家”领导、相关区直部门单位和街道负责人等到中城苑保障住房、步步高星城天地、浏阳河国际文化科创基地等6个重点项目现场观摩。

23日 雨花区人民检察院检察长马贤兴公众号“山虎说法”被评为“全国检察自媒体十佳”。

25日 情暖童心 温暖雨花——2021年雨花区政协“真情五助 温暖雨花”助学活动在跳马镇石桥村举行。

28日 湖南省政府副省长何报翔到雨花区督察红星全球农批中心保供稳价、疫情防控和安全生产工作。

同日 雨花区委常委议军会暨武装工作会议召开。

同日 雨花区2021年度教育工作会议在长沙市雅境中学召开。

同日 中国法院国际互联网站授予雨花区法院“优秀直播法院”称号。

29日 雨花区人民政府挂牌督办湖南蓝天建材城发展有限公司、弘欣公寓2家重大火灾隐患单位。

同日 雨花区10个街角花园全部竣工，绿化面积9592平方米。

2月

2日 雨花区委经济工作会议暨安全生产和应急管理工作召开。

3日 雨花区委常委班子召开2020年度民主生活会。

5日 湖南省委书记、省人大常委会主任许达哲到雨花区督察长沙南站疫情防控工作。

同日 雨花区泰禹小学党总支被中共湖南省委教育工作委员会认定为全省教育系统基层党建示范点。

8日 雨花区召开春节期间有关工作调度会，研究部署疫情防控、安全生产、市场保供、应急值班、蓝天保卫战、困难群众帮扶等工作。

18日 雨花区开局工作动员会召开。

同日 雨花区委书记张敏，区委副书记、区长刘素月，相关区领导一行走访全区各民主党派、区工商联、区知联会及党外代表人士。

19日 长沙市政府副市长朱东铁到雨花区调研中国（湖南）自贸试验区长沙片区雨花区块建设工作。

20日 雨花区召开会议传达学习长沙市奋力实施“三高四新”战略全面推进高质量发展大会精神。

23日 长沙火车南站地区综合管理办公室获评第六个全国学雷锋活动示范点。

25日 长沙市雨花区对口帮扶桑植县、龙山县石牌镇精准扶贫工作小组被评为“全国脱贫攻坚先进集体”。

同日 中国（湖南）自由贸易试验区长沙片区雨花区块工作领导小组2021年第1次会议召开。

26日 雨花区奋力实施“三高四新”战略全面推进高质量发展会议召开。

同日 雨花区公安工作会议（视频）召开。

28日 湖南省委常委、省政府副省长、长沙市委书记吴桂英调研雨花区经济社会发展情况。

同日 “同心护苗 雨润花开——同心护苗政协委员工作室”挂牌暨雨花区青少年素质教育大讲堂活动启动。

3月

1日 2021年全市重大项目集中开工（雨花区会场）活动在雨花经开区长沙5G+工业互联网及软件产业园二期项目举行，20个重大项目集中开工，投资总额超142亿元。

2日 长沙市雨花区与株洲云龙示范区“跨市通办”业务启动，首批业务涵盖21项政务服务清单。

3日 雨花区委副书记、区长刘素月一行到湘潭市岳塘区、韶山市高新区、湘潭市经开区对接长株潭一体化工作，共同谋划一体化发展。

4日 跳马镇召开全民参与的“村比村，户比户，扮靓绿心打擂台”的环境整治百日竞赛动员大会。

5日 雨花区党建工作会议召开。

同日 雨花区2020年度镇、街道和区属党（工）委、党组书记抓基层党建暨落实意识形态工作责任制述职评议会议召开。

同日 湖南省委常委、省政府副省长、长沙市委书记吴桂英调研比亚迪汽车产业发展情况。

8日 雨花区政法队伍教育整顿动员部署会议召开。

同日 雨花区表彰“三八红旗手”20名、“三八红旗集体”10个、“巾帼建功标兵”10名、“巾帼文明岗”10个。

8—12日 雨花区新一届村（社区）书记、主任培训班举办。

9日 湖南省妇联党组书记、主席姜欣一行考察雨花儿童友好城区创建工作情况。

11日 长沙市人大常委会调研雨花区市场监督管理工作。

12日 雨花区开展全民义务植树活动。

16日 雨花区物业管理工作推进大会召开，出台《关于加强小区物业管理的十条措施》（试行）。

同日 雨花区组织开展平安雨花建设现场观摩活动，观摩南雅社区安全生产、疫情防控等工作，高桥服务站社会面风险防控工作，侯家塘街道退役军人服务工作。

17日 雨花区民政工作会议召开。

18日 雨花区委副书记、区长刘素月带领雨花经开区多家人工智能企业到株洲市石峰区和株洲经开区交流，现场促成4家企业签约。

同日 长沙市政府副市长、市公安局党委书记、局长刘新良率队到雨花区调研公安工作。

同日 雨花区直机关2020年基层党组织书记抓基层党建及意识形态述职评议暨2021年机关党建工作会议召开。

同日 中国—尼日利亚双边贸易全链条模式推介会在湖南高桥大市场举办。

19日 雨花区党史学习教育工作推进会召开，动员部署全区党史学习教育。

同日 雨花区与株洲市、湘潭市各区（县、市）政府相关负责人、企业家，在湖南高桥大市场，就推动政策资源共享、产业资源共享、协作联动机制等方面开展交流。

21日 湖南省委全面依法治省委员会办公室副主任、省司法厅厅长范运田到雨花区调研井湾子街道金盾社区综合治理工作。

同日 民政部调研组调研雨花区社会组织工作。

22日 跳马镇与株洲三镇（街）签订结对共建协议，推动长株潭一体化总体部署在镇（街）、村、组层面落地落细落实。

24日 雨花区“精彩三月 健康雨花”跳长绳比赛举行。

同日 全国妇联联络部部长牟虹一行到雨花区东塘街道浦沅社区调研基层妇联组织建设、国际工作、港澳台工作开展情况。

25日 雨花区重点项目建设工作会议召开。

同日 跳马镇与湘潭市岳塘区昭山镇签订结对协议。

同日 在全省精神文明表彰大会上，长沙市雨花区教育局、长沙火车南站地区综合管办公室被评为湖南省文明单位；东山街道南雅社区肖卓作家庭、井湾子街道赤岗岭社区潘青春家庭、砂子塘街道金地社区苏丽清家庭、左家塘街道窑岭社区刘娟娟家庭被评为文明家庭；红星实验小学、砂子塘湘天小学被评为文明校园；长沙市南雅中学、湖南省地质中学被评为文明标兵校园。

26日 雨花区重点项目建设暨新冠病毒疫苗接种工作推进会召开。

26—28日 雨花区人大常委会机关到湘西土家族苗族自治州开展“民族团结进步行”活动。

28日 中央电视台《新闻联播》栏目播出雨花区人社局落实习近平总书记在福建考察时提出的“砥砺奋进新征程、全方位推动高质量发展”就业服务工作情况。

同日 中央统战部常务副部长张裔炯调研雨花区民族团结进步创建工作。

29日 湖南省委书记、省人大常委会主任许达哲，省委副书记、省长毛伟率湖南省实施“三高四新”战略产业项目建设推进现场观摩会代表观摩雨花经开区晓光模具、中南智能、长步道。

同日 雨花区与株洲市石峰区签订政务服务“跨市通办”合作协议，第一批政务服务“跨市通办”事项24项。

30日 中国（湖南）自由贸易试验区长沙片区人才政策发布暨项目集中签约仪式在雨花区举行。

31日 雨花区与湘潭市岳塘区签订政务服务“跨市通办”合作协议，第一批政务服务“跨市通办”事项22项。

4月

1日 雨花区防汛抗旱工作会议召开。

2日　2021环球城市招商引资推介大会发布《中国城市投资吸引力指数报告》，雨花区获评“2020十大最具投资吸引力城区”，为湖南省唯一获奖的城区。

同日　雨花区设立自贸区块“一站式”人才综合服务站。

3日　长沙市委副书记、市长、湖南湘江新区党工委书记郑建新到雨花区督察长沙南站客流量、“两码”查验和体温监测工作等疫情防控措施落实情况。

6日　中共长沙市委党史学习教育第二巡回指导组进驻雨花区。

同日　雨花区省级下放自贸区经济社会管理权限承接工作并推行极简审批工作推进会召开。

7日　雨花区优化营商环境工作推进会议召开。

同日　湖南省教育厅党组书记、厅长、省委教育工委书记蒋昌忠调研雨花区中小学校建设与发展工作。

12日　中共长沙市雨花区第五届纪委第六次全会召开。

同日　中共湖南驻外之家信息科技有限公司支部委员会在雨花区高桥街道成立。

13日　雨花区科级干部学习贯彻中共十九届五中全会精神集中培训班开班。

14日　全省首个立足推进长株潭一体化的“飞地园区”——长沙雨花经开区（韶山）智能制造产业园一期企业签约入驻暨二期开工仪式在韶山市举行。

15日　湖南省妇联党组书记、主席姜欣一行到雨花区考察东塘街道浦沅社区、枫树山小学儿童友好城区创建工作情况。

同日　湖南省人力资源和社会保障厅党组书记、厅长唐白玉一行调研雨花区充分就业社区创建工作。

同日　海关总署国际司一级巡视员刘健率队到雨花区调研对非合作并召开专题座谈会。

19日　长沙市委常委、常务副市长夏建平到雨花区调研湖橡小区周边城市更新单元（旧城改建）项目。

20日　雨花区消防工作会议召开。

同日　湖南自贸试验区长沙片区雨花区块人才综合服务站、长沙片区知识产权公共服务（雨花）分中心挂牌。

22日　雨花区保障性住房石马雅苑（一期）第二批交房工作启动，交房159套。

同日　雨花区长江经济带湖南省长沙市废弃露天矿山生态修复工程获评湖南省首届国土空间修复范例。

同日　长沙市委常委、常务副市长夏建平率队到雨花区调研左家塘街道湖橡有机更新项目。

23日　雨花区“百日奋战 扮靓星城”拉练观摩活动举行。

25日　雨花区中央生态环保督察信访件办理、配合下沉督察暨区突出生态环境问题整改工作调度会召开。

27日　长沙比亚迪汽车有限公司涂装面漆团队获“全国工人先锋号”。

29日　雨花区工商业联合会（总商会）第六次会员代表大会召开。大会选举产生第六届区工商联（总商会）执委、常委和领导班子。

同日　雨花区街镇党（工）委书记会议召开。

同日　湖南省政协副主席李民一行到雨花区调研井湾子街道井湘社区民族宗教工作。

30日　雨花区打击治理电信网络新型违法犯罪工作部署会召开。

同日　雨花区禁毒委全会召开。

同日　雨花区精准扶贫工作领导小组办公室被评为全省脱贫攻坚先进集体，雨花区精准扶贫工作领导小组常务副组长、区委副书记、区委党校校长陈永高被评为全省脱贫攻坚先进个人。

5月

6日　湖南省委常委、组织部部长王成到雨花区东塘街道现场调研城市基层党建、两新组织党建等工作。

7日　雨花区基层党组织书记专题培训班开班。

同日　“欢乐潇湘·品质长沙·幸福雨花——颂歌向党”雨花区庆祝中国共产党成立100周年群众合唱比赛举行。

8日　长沙市人大常委会主任、市人工智能及机器人（含传感器）产业链链长谢卫东调研雨花经开区产业链建设暨重点项目工作。

同日　雨花区青年干部座谈会召开。

11日　“擘画新蓝图 开启新征程”暨高质量推进自贸区高桥片区税收经济现代化系列政策宣讲在高桥国际商品展示贸易中心启动。

12日　雨花区委全面深化改革委员会会议召开。

13日　雨花区委审计委员会第五次会议召开。

18日　雨花区文明委全体（扩大）会议召开。

同日　雨花区委党史学习教育领导小组第二次会议召开。会议审议并通过《雨花区党史学习教育分类实施方案》和《关于开展“三联三帮”党史学习教育实践活动的方案》。

19日　雨花区开展防汛防涝应急演练活动。

同日　雨花区开展“百日奋战 扮靓星城”市容环境整治观摩讲评活动。

同日　雨花区2021年“雨花五四青年奖章”表彰会暨雨花区团干培训班开班仪式举行。

22日　长株潭“绿心守护者”护绿行动在雨花区启动。

22—28日　雨花区科技活动周暨科技企业推介活动举办。

25日　中共长沙市雨花区跳马镇委员会第二次代表大会召开。

同日　长沙市政府副市长刘拥兵到雨花区调研中国（湖南）自贸试验区长沙片区高桥区块建设工作。

26日　雨花区委网络安全和信息化委员会第三次会议召开。会议审议通过《雨花区关于加快建立网络综合治理体系的实施方案》《雨花区网络舆情交办工作办法（试行）》2个文件。

27日　雨花区委全面依法治区委员会第四次会议召开。

6月

2日　雨花区开展“物业十条”拉练观摩活动现场点评。

同日 雨花区作为全省唯一代表入选教育部首批义务教育课后服务典型案例单位。

同日 商务部西亚非洲司副司长贺松到雨花区调研中非经贸深度合作先行区及湖南省中非经贸合作研究会相关情况。

3日 雨花区生态环境保护委员会全体会议召开。

同日 湖南省政府副省长陈文浩到雨花区调研红星全球农批中心新市场建设规划及项目发展情况。

同日 湖南省中小企业发展环境评估调研组到雨花区调研评估全市中小企业发展环境。

4日 雨花区委农村工作会议召开。

5日 湖南生态文明公益宣讲团“五进”活动启动仪式暨长沙市雨花区“六五”环境日主题活动、生态环境安全宣传月主题宣讲活动在雨花区枫树山美联小学举行。

10日 雨花区2021年《就认这个理》：职工群众心向党——“学习强国”学习达人知识竞赛决赛举办。

11日 雨花区园区建设领导小组会议召开。

15日 雨花区安全生产、疫情防控等重点工作调度会召开。

同日 雨花区“平安一号”专项行动誓师大会举行。

17日 2021年雨花区意识形态领域形势分析研判会暨意识形态工作联席会议召开。

23日 中国老挝赛色塔低碳示范区合作项目首批援助新能源汽发运仪式在雨花经开区比亚迪汽车基地举行。

同日 长沙市“万人入党宣誓，致敬建党百年”（雨花分会场）活动举办。

24日 雨花区“七一”期间有关重点工作调度会召开。

同日 湖南省商务厅党组书记、厅长陈恢清一行到雨花区调研第二届中非经贸博览会筹备及湖南自贸试验区建设情况并召开座谈会。

28日 2021年二季度全市重大项目集中开竣工活动雨花区会场在圭塘河井塘段城市双修及海绵示范公园项目举行。

同日 雨花区“光荣在党50年”纪念章颁发式和庆祝中国共产党成立100周年表彰大会召开。

同日 湖南省委常委、政法委书记李殿勋一行走访慰问雨花区伤残民警和困难党员，座谈调研城乡末端智能感知系统建设布局。

29日 长沙市稻田中学教师华玉凤（女），洞井街道歇马亭社区党总支委员易丹丹（女）等被评为长沙市优秀共产党员；侯家塘街道党工委书记王青春等被评为长沙市优秀党务工作者；井湾子街道党工委、侯家塘街道韶山路社区党总支等被评为长沙市先进基层党组织。

30日 长沙市公安局雨花分局刑侦大队副大队长、二级警长安志被评为湖南省优秀共产党员，井湾子街道井巷社区党委、东塘街道政院社区老首长工作室党支部被评为湖南省先进基层党组织。

同日 雨花区防止干预司法“三个规定”、“万长”宣讲活动暨公开承诺会议召开。

7月

1日 雨花区集中收看庆祝中国共产党成立100周年大会。

1—5日 雨花区区级领导班子学习贯彻习近平总书记“七一”重要讲话精神专题读书班举行。

2日 长沙首个PPP模式公园商业综合体、首个4.0版海绵城市示范公园“溪悦荟”开园。

5日 雨花区庆祝中国共产党成立100周年座谈会召开。

8日 雨花区政法队伍教育整顿总结大会召开。

9日 雨花区政法“十佳”英模表彰大会召开。

同日 雨花区涉侨纠纷多元化解工作站在湖南自贸试验区高桥片区揭牌。

10日 雨花区负责干部会议召开，长沙市委常委、组织部部长张宏益宣布省委决定：张敏不再担任中共长沙市雨花区委书记职务，另有任用；刘素月任中共长沙市雨花区委书记。

12日 长沙市政协副主席龚振湘、朱建军调研雨花区绿心保护和环境整治工作。

15日 雨花区第六次党代会报告征求老干部意见座谈会召开。

同日 商务部党组成员、部长助理任鸿斌一行到雨花区调研中非经贸合作促进创新示范园。

23日 首批援助中国老挝应对气候变化南南合作项目——万象赛色塔低碳示范区的新能源车发运仪式在长沙举行，28辆比亚迪新能源汽车发运。

26日 雨花区第五届人大常委会第四十五次会议举行。会议决定接受刘素月辞去雨花区人民政府区长职务的请求，决定任命黄军其为雨花区人民政府副区长、代理区长。

同日 雨花区消防安全整治百日攻坚动员部署大会召开。

31日 中国共产党长沙市雨花区第六次代表大会开幕。

8月

1日 中国共产党长沙市雨花区第六次代表大会闭幕。会议选举中国共产党长沙市雨花区第六届委员会。

2日 中共长沙市雨花区第六届委员会第一次全会召开。会议选举产生新一届区委班子。

3日 全国人大常委会副委员长、民建中央主席郝明金，湖南省委常委、省委统战部部长黄兰香开展长江生态环境保护民主监督，视察圭塘河羽燕湖“和+”共享图书馆。

11日 雨花区创建国家食品安全示范城市工作动员部署会召开。

同日 长沙市人大常委会党组书记、主任谢卫东到雨花区调研联点重点企业工作。

12日 雨花区红星实业集团高质量发展暨花博会筹备工作会议召开。

16日 同升街道“激情夏日·融城嗨购”第八届雨花区黄谷路汽车消费节落幕，共销售汽车4628辆，销售金额11.56亿元。

19日 长沙市委常委、常务副市

长夏建平指导雨花区委理论学习中心组集体学习并作专题辅导报告，调研跳马镇乡村振兴示范创建工作。

23 日 雅塘片区首个城市有机更新项目金茂智慧科学城开工。

25 日 雨花区道路交通安全整治工作会议召开。

同日 长沙市政府副市长刘明理一行到雨花区督导长沙市雅境中学校园食品安全工作。

27 日 雨花区人大常委会审议2020年决算草案和2021年1—6月预算执行情况。

30 日 雨花区电网2021年“630攻坚”总结暨现代化智慧电网建设推进会召开。

同日 跳马镇第二届人民代表大会第一次会议召开。

31 日 雨花区人民武装部、长沙市消防救援支队高桥消防救援站被授予“拥政爱民模范单位”称号，雨花区人民政府、区财政局、区人力资源和社会保障局、区退役军人事务局、区医疗保障局等被授予“爱国拥军模范单位”称号，王青春、黄春艳、周果平、徐建文被授予“爱国拥军模范个人”称号。

9月

1 日 湖南省委常委、组织部部长王成调研雨花区城市基层党建、园区党建、两新党建等工作。

2 日 湖南省委书记、省人大常委会主任许达哲调研长沙工程机械产业发展，考察雨花经开区湖南申亿五金标准件有限公司。

同日 雨花区举办“就认这个理”基层理论微宣讲决赛。

4 日 雨花区第二届中非经贸博览会筹备工作会议召开。

7 日 湖南省商务厅党组书记沈裕谋，商务部西亚非洲司一级巡视员谢亚静一行调研中非经贸合作促进创新示范园，并举行座谈会。

9 日 湖南省委常委、长沙市委书记吴桂英调研人工智能及传感器产业链工作。

同日 雨花区教育工作会议暨庆祝第37个教师节大会召开。

11 日 雨花区作为全省唯一代表入选国家智能社会治理实验基地（教育特色）。

14 日 雨花区2021年上半年经济形势通报会召开。

同日 湖南省政府副省长何报翔到雨花区调研中非经贸合作研究会相关工作。

15—16 日 雨花区统一战线共识教育暨党外中青年干部培训班举办。

17 日 雨花区雅塘片区自然苑农民安置房项目（二期）启动建设。

23 日 雨花区安全生产工作会议召开。

同日 雨花区民营经济代表人士培训班开班。

24 日 湖南省人大常委会副主任黄关春考察雨花区圭塘河生态治理相关工作。

同日 雨花区乡村振兴就业帮扶会议召开，会议下发《长沙市雨花区切实加强就业帮扶巩固拓展脱贫攻坚成果助力乡村振兴的实施方案》。

26 日 第二届中非经贸博览会在长沙开幕。中非经贸合作促进创新示范园（湖南高桥大市场）设立博览会分会场和分展馆。湖南高桥大市场作为博览会唯一分展馆，设立6个特色展区，打造中非经贸博览会常设展馆，37个非洲国家馆和1个综合馆集中亮相。

同日 雨花区委书记刘素月主持召开会议，专题研究部署市第十四次党代会报告涉及雨花任务责任分解、近期有关重点工作。

同日 对非出口产品消费节“长株潭·名优产品出口展销馆”开馆仪式暨市场采购招商推介会（长株潭专场）在高桥分展馆举行。

同日 首届非洲产品直播电商节在雨花区中非经贸合作促进创新示范园直播电商孵化中心启动。

27 日 中国工程院院士、哈尔滨工业大学教授任南琪到雨花区考察圭塘河综合治理情况，在新时代雨花大学堂作“全域推进海绵城市建设 实现水污染治理高质量发展”辅导报告。

28 日 第二届中非经贸博览会——2021中非新能源合作论坛，在长沙片区雨花高桥区块国际商品展示贸易中心举行。

同日 中央统战部副部长许又声一行到雨花区调研宋旦汉字艺术博物馆。

29 日 雨花区消防安全和交通安全整治联席会议召开。

30 日 第二届中非经贸博览会雨花高桥分展馆工作总结会议召开。

同日 2021年全市重大项目集中开竣工（雨花区会场）活动在自贸雨花高铁片区全市首家汽车文化主题公园——建发玖洲和玺·汽车体育公园项目举行。雨花区24个重大项目实现集中开竣工，其中新建开工项目10个，竣工项目14个，总投资166.72亿元。

10月

2 日 雨花区城管执法大队开出长沙市首张垃圾分类个人罚单 。

9 日 湖南省自然资源厅厅长陈仲伯带队到雨花区调研省花木博览会筹备工作。

同日 雨花区市场监管局互联网监管系统——雨花智网正式上线。

12 日 长沙市推进“三高四新”战略暨投资环境（深圳）推介会举行，雨花经开区党工委副书记、管委会主任曾红鹰与深圳大族智能装备集团通用平面切割产品线总经理蔡建平，现场签约大族智能装备中西南区域总部项目。

13 日 全区绩效考核工作推进会召开。

16 日 雨花区自贸试验区工作推进会第二次会议召开。

14 日 雨花区离退休老干部代表座谈会召开，就《政府工作报告（征求意见稿）》听取老干部意见和建议。

15 日 雨花区文化馆二馆开馆。

15—17 日 湖南省花木博览会在雨花区跳马镇石燕湖景区举办。

17 日 雨花区“兴花富民”产业对接会在跳马镇举行。

18 日 人社部调解仲裁管理司司长王振麒调研雨花区劳动纠纷“一站式”调处中心。

同日 雨花区出台《中国（湖南）自由贸易试验区长沙片区雨花区块骨干人才认定实施办法（试行）》。

20—22日 政协长沙市雨花区第六届委员会第一次会议召开。

21—23日 长沙市雨花区第六届人民代表大会第一次会议召开。

25日 可孚医疗科技股份有限公司成功登陆深交所创业板。

26日 长沙市委副书记、市长、湖南湘江新区党工委书记郑建新考察长沙南站疫情防控工作。

28日 雨花区第六届人民政府第1次常务会议召开。

同日 雨花区党建引领物业管理工作观摩推进会召开。

11月

2日 长沙市委常委、统战部部长何朝晖调研雨花区统一战线工作。

4日 雨花区经济工作冲刺推进会召开。

5日 雨花区创建全国文明典范城市推进会暨区文明委全体（扩大）会议召开。

8日 雨花区召开可孚医疗及医疗产业发展专题研究会议。

11日 雨花区溆浦县乡村振兴对口帮扶工作第一次联席会议召开。

12日 雨花区政府班子2022年工作务虚会召开。

13日 雨花区委常委会召开扩大会议，传达学习贯彻中共十九届六中全会精神和省、市有关会议精神，研究部署全区学习宣传贯彻工作。

15日 湖南省委常委、长沙市委书记吴桂英调研雨花区。

19日 雨花区委常委会审议通过《长沙市雨花区关于加强新一轮县域警务工作方案》。

22日 雨花国资集团申请的植物园项目4.5亿元政府专项债获批发行，助推红星片区圭塘河植物园更新单元建设。

23日 雨花区纪念区关工委成立35周年暨关心下一代工作优秀典型推介会召开。

25日 雨花区未成年人保护工作领导小组第一次全体会议召开。

26日 雨花区全面推行林长制工作动员会召开。

同日 “智汇雨花 共赢未来”自贸试验区长沙片区雨花区块人才政策推介会举办。

28日 全国政协副主席、民革中央常务副主席、宋庆龄基金会副主席（兼职）郑建邦考察调研雨花区教育工作。

29日 雨花区负责干部大会召开，传达学习贯彻省第十二次党代会精神、全市领导干部大会精神。

30日 雨花区“双减”、校园安全暨中小学心理健康教育工作会召开。

同日 雨花家园小区离退休干部党支部被评为第六批全省示范离退休干部党支部。

同日 雨花区劳动纠纷“一站式”多元解纷机制全市推广现场会召开。

12月

9日 雨花区启动“智汇长沙南 才聚雨花企”高校毕业生招聘系列活动。

10日 雨花区应对重污染天气工作调度会召开。

同日 雨花区“党建引领、助力千企”重点企业家培训班举办。

同日 雨花区网格化综合管理服务平台入选“长沙市新型智慧城市十大典型应用”。

14日 雨花区学习贯彻党的十九届六中全会和省第十二次党代会精神宣讲报告会举行。

16日 雨花电商物流中心盒马鲜生长沙运营中心暨申通长沙智慧物流产业园启动建设。

同日 教育部“国培计划（2021）”示范性项目——师德培训者研修长沙市雨花区经验分享会在砂子塘魅力之城小学举行。

同日 桂花公园在完成50天提质改造后全域开放。

17日 长沙市委常委、常务副市长彭华松调研长沙南站。

20日 雨花区第七届“守护者日”——“爱党向党为党、齐心齐家齐力”志愿服务主题活动在井湾子街道雨花非遗馆举行。

21日 雨花区国土空间规划委员会第一次会议召开。

同日 雨花区召开专题会议，研究长株潭绿心中央公园绿道一期、圭塘河流域综合整治等项目规划设计事宜。

22日 中国少年先锋队长沙市雨花区第一次代表大会在长沙市雅境中学召开。

同日 长沙市第一届职业技能大赛落幕，雨花区代表队获得6金、5银、3铜，金牌总数、奖牌总数、获奖人数均位列各代表队第一。

23日 雨花区委常委议军会暨党管武装工作述职会议召开。

24日 长沙市非公企业党建工作经验交流暨产业链党建工作推进会在雨花经开区中国创新设计产业园召开。

同日 国家级博士后科研工作站授牌暨开题仪式在中机国际工程设计研究院有限责任公司举行。

25日 雨花区“践行‘四个争当’，落实‘三升三降’，迈向全国十强”座谈会召开。

26日 雨花区应对低温雨雪冰冻天气工作视频会议召开。

29日 雨花区人民检察院、雨花区公安分局侦查监督与协作配合办公室在雨花区公安分局揭牌成立。

31日 湘品出海·湘菲同行湖南高桥市场采购贸易推介会暨菲律宾湖南产品展示销售中心开业仪式举行。

（本栏目撰稿 柯 戈）

雨花区概况

自然地理

【区域位置】 长沙市雨花区位于湖南省东部偏北，长沙市东南部，是1996年7月长沙市行政区划调整设立的新城区。雨花区区名源自长沙城东南古佛道合一的名胜古迹雨花亭，建置沿革于原长沙市郊区。2014年，境域范围为北纬28°02′30″~ 28°11′30″，东经112°57′30″~ 113°06′30″。边界线全长67.72千米，其中，与芙蓉区边界线长13.1千米，与天心区边界线18.8千米，与长沙县边界线35.82千米。2015年，长沙县跳马镇划归雨花区，全区面积扩大至292.2平方千米。东面以浏阳河为界，与长沙县榔梨镇和黄兴镇相望，以跳马镇为界，与浏阳市柏加镇相邻；南部以跳马镇为界，与株洲市石峰区相邻，与湘潭市昭山镇接壤；西面以芙蓉路、韶山路（至井湾子）和井湾子街道与文源、青园两街街界、洞井街道与桂花坪街道街界、同升街道与先锋街道街界、跳马镇与暮云街道街界为界，与天心区接壤；北以人民路（识字岭至花桥）和浏阳河为界，与芙蓉区毗邻。至2021年，雨花区无区域变化。

【地质地貌】 雨花区地域呈南北长、东西较窄的地理走向。地形呈波状起伏，地势南高北低，境内最高点为跳马镇金坑岭，海拔274.6米，最低点为浏阳河曙光垸，海拔35米。全区地貌类型多样，主要为堆积地貌（平原）、侵蚀剥蚀地貌（岗地、丘陵）和侵蚀构造地貌（低山）。平原主要分布在洞井街道的白田铺至圭塘的溪谷平原和浏阳河黎托冲积平原；岗地主要分布在雨花亭街道、井湾子街道、同升街道、洞井街道、黎托街道和东山街道及跳马镇，跳马镇南边诸山与株洲隆起带相接。境内分布红色砂岩、砂砾岩、粉砂岩和页岩。全区成土母质以第四纪红土、河流冲积物为主。第四纪红土主要分布在洞井街道、井湾子街道、雨花亭街道一带，经垦殖后成为浅红黄泥、红黄泥、耕型红土红壤等土属，一般土层深厚，养分缺乏，呈酸性，可耕性较差；河流冲积物主要分布于浏阳河两岸冲积平原，由其发育而成的土壤有河沙泥、耕型河潮土等土属，一般土层深厚，质地沙壤至壤土，呈酸性、微酸性或中性，肥力高，适种性广；紫色风化岩风化物零星散布于同升街道全境，洞井街道的和平、鄱阳、天华、牛头，黎托街道的大桥，东山街道的边山、侯照，由其发育而成的紫色土，土壤抗蚀力差，土层较浅，不耐旱，易坼裂，磷、钾含量较丰富。

【气候河流】 雨花区属亚热带季风性湿润气候区，由于位居盆地内部，距海较远，受冬夏季风转换，地势向北倾斜等因素的影响，冬冷夏热，季节变化明显。年平均气温为17.2℃，积温为5457℃。全年日照充足，年平均日照时数为1762.64小时，年平均无霜期为296 ~ 298天。全年雨水充沛，多集中在春、夏两季，年均降水量为1361.6毫米。夏、冬季长，春、秋季短，夏季118 ~ 127天，冬季117 ~ 122天，春季61 ~ 64天，秋季59 ~ 69天。春温变化大，夏初雨水多，伏秋高温久，冬季严寒少。3月下旬至5月中旬，冷暖空气相互交绥，形成连绵阴雨低温寡照天气。从5月下旬起，气温显著提高，夏季日平均气温在30℃以上有85天，气温高于35℃的炎热日，年平均约30天，盛夏酷热少雨。9月下旬后，白天较暖，入夜转凉，降水量减少，低云量日多。从11月下旬至第二年3月中旬，节至冬令，长沙气候平均气温低于0℃的严寒期很短暂，全年以1月最冷，月平均气温为4.4 ~ 5.1℃，越冬作物可以安全越冬，缓慢生长。2021年，雨花区年平均气温为18.23℃，极端最高气温为42℃，极端最低气温为-4℃；年降水量1685.5毫米。境内有浏阳河、圭塘河、双溪港三大水系。浏阳河自长沙县团头河入境跳马镇，经黎托街道花桥进入芙蓉区后注入湘江，蜿蜒32.6千米。圭塘河位于长沙市的东南部，系浏阳河一级支流，也是最后一条支流，发源于跳马镇石燕湖，由南向北贯穿雨花区，在人民东路浏阳河大桥处汇入浏阳河，起止均在雨花区境内，全程约28.3千米，是长沙唯一的城市内河。双溪港水系发源于跳马镇百倍冲水库，流经复兴、关刀、三仙岭、喜雨、团然、冬斯港6个村进入浏阳河，全长22千米。

（本栏撰稿　刘科明）

建置·区划

【建置沿革】 清末，长沙市郊区境地分属长沙、善化两县。1912年起，统属长沙县管辖。民国前期，长沙城郊属长沙县管辖。1927年3月，国民党湖南省党部正式划定长沙近郊区管辖范围；5月21日长沙“马日事变”后，长沙近郊区被迫撤销。1928年8月，长沙市政筹备处划勘市区范围，在沿界设立32处钢筋水泥标界，城区与标界之间地域成为郊区正式区划的基础。1933年，长沙市政府成立，重新划勘市区范围。城郊从长沙县划归长沙市内4区管辖。1938年8月，长沙市改区坊保甲制为镇（乡）保甲制，因城区难以管辖城郊农村，故实行城区与城郊分治，城区划为8镇，城郊从城区划出，改建为文艺、金盆、岳麓、会春4乡，由市政府直辖，即为郊区建置之始。1939年2月，裁撤长沙市政府，城区镇和城郊4乡划归长沙县管辖。1941年10月，恢复长沙市政府，城区镇和城郊4乡重归长沙市管辖，并将4乡改建为4镇。1943年12月，废镇改区，4镇改为相应的4区。1949年8月4日，长沙和平解放，辖城东、城南、城西、城北、文艺、金盆、会春、岳麓8个区。10月，设立文艺、金盆、岳麓、会春人民区公所，直属长沙市人民政府领导。1950年3月30日，设立长沙市人民政府郊区办事处，统辖文艺、金盆、岳麓、会春4区，是为郊区建置之始。6月，撤销郊区办事处，成立郊区工作委员会。1954年9月，撤销郊区工作委员会，恢复郊区办事处。1959年1月，撤销郊区并入长沙县。1962年1月12日，恢复长沙市郊区建置。1968年4月，郊区办事处改为郊区革命委员会。1980年，郊区革命委员会改为长沙市郊区人民政府。1996年6月19日，长沙市市辖区调整，撤销郊区，设立雨花区。7月10日，雨花区挂牌成立。

【行政区划】 1950年3月30日，设立长沙市人民政府郊区办事处，统辖文艺、金盆、岳麓、会春4区。8月，废除保甲制，农业、半农业地区划分为18个乡，分别建立乡人民政府，居民区设立11个居民委员会。郊区始有真正的政权体系和独立的行政区划。1951年5月，从长沙县辖划入5个乡，改建为9个乡，郊区区划调整为4区27乡。1952年调整为4区、24乡、4街。1953年3月，郊区区划调整为4区、22乡、6个街道办事处。8月，郊区区划调整为4区、25乡、1镇。1956年5月，郊区撤区并乡，撤销文艺、金盆、岳麓、会春4区，所辖各乡镇区划调整为文艺、金盆岭、雨花亭、会春、岳南、岳北6乡和渫湾镇，管辖长沙农场。10月，会春乡划分为会春、洪山2乡。7个乡下设24个高级农业合作社。11月，建立44个居委会，分属各乡镇人民委员会管辖。次年，析出洪山乡太阳升高级农业社，成立长沙市国营综合农场。1958年3月，长沙农场收归省、市管理。9月，郊区撤销乡镇，建立工农兵学商五位一体、政社合一的人民公社体制，实行人民公社化。全郊设立东风、万年红、岳麓山3个公社，下辖19个大队和3个街道居委会，保留长沙市国营综合农场。1959年1月，郊区并入长沙县。1962年，恢复长沙市郊区建置，郊区辖岳麓区和雨花亭、东屯渡、伍黑路、岳麓山、洞井、南托、大托、高塘、榔梨、长冲、黎托、望仙桥、望岳、谷山14个公社及榔梨镇，共193个大队和3个居委会。10月，望仙桥公社分为望新、东岸2个公社，望岳公社分为望岳、天顶2个公社，天顶、大托、南托、洞井、望新、榔梨、高塘、长冲8个公社和榔梨镇划归长沙县。次年10月，划出黎托、谷山、望岳3个公社，郊区下设1个区、5个公社，共48个大队和3个居委会。1964年，伍黑路公社改为上大垅公社，并将东屯渡公社渔场、岳麓山公社岳麓渔场、上大垅公社史家湖渔业队从所在公社划出，扩建为国社合营湘湖渔场、岳麓渔场和史家湖渔场（1966年更名为红色渔场）。1965年在岳麓山公社大干岭兴建长沙市养鹿场。1968年2月，雨花亭公社改名韶山路公社。3月，岳麓山公社湘江大队划归西区管辖。12月，综合、东屯渡2个国营农场和长沙市园艺场、长沙市养鹿场划归郊区管辖。1970年，湖南农学院、农科院所属农场划归郊区，改建为团结、立新2个大队，划归东岸公社管辖。望城县境内国营东方红农场划归郊区，省高级兽医研究所下放郊区管辖，并与市园艺场合并为长沙市良种繁殖场。郊区下辖5个公社、5个农场、3个渔场、1个养鹿场，共50个大队，16个管区。1971年10月，市良种繁殖场划归市管（1973年分设为市园艺场和市畜牧农场）。1972年5月，岳麓山公社、岳麓渔场划归岳麓区。1973年6月，重新划归郊区。12月，将岳麓山公社咸家湖、望麓桥2个大队和麓山大队及望岳公社望岳大队一部分划出，建成国社合营西湖渔场。1974年3月，国营综合、东方红农场划归市管。1975年，国营综合、东屯渡、东方红、畜牧农场，园艺场，养鹿场重归郊区管辖。1978年1月，长沙县大托、洞井、黎托公社和望城县望岳公社划归郊区管辖。至此，郊区行政区划相对稳定，辖9个公社、5个国营农场、4个国社合营渔场、1个养鹿场。1983年5月，郊区开展政社分设，建立乡、村政权的试点工作。韶山路公社改称雨花亭乡。1984年2月，历时25年的人民公社体制改制为乡人民政府。东屯渡公社更名为马王堆乡，上大垅公社更名为福安乡，其余仍以原名命乡，原大队改为村民委员会，生产队改为村民小组。1990年，经市政府批准，成立火星镇。1993年6月，福安乡胜利村划归北区。10月，雨花亭乡石马村划归南区，望岳乡咸嘉湖划归西区。1994年12月，马王堆乡五一村划归东区管辖。

1996年7月10日，雨花区挂牌成立。雨花区下辖左家塘、侯家塘、井湾子、圭塘4个街道，黎托、洞井、雨花亭3个乡和高桥乡筹备领导小组。12月，雨花区本着“优化配置，城乡一体，成块连片，界限分明，便于管理，有利发展”的原则，进行区域微调，新设立东塘、砂子塘2个街道，保留左家塘、侯家塘、圭塘、井湾子4个街道建制；对城区街道作切块调整，以东塘广场为中心，以韶山路和劳动路为轴划为4块，东北角为左家塘街道，西北角为侯家塘街道，西南角为东塘街道，东南角为砂子塘街道；井湾子街道与雨花亭乡合并以乡建制，将洞井乡大塘、圭塘、月塘3个村划归圭塘街道。洞井乡改称为洞井镇。新建高桥乡，保留黎托乡。1997年7月，长沙市政府决定设立雨花亭街道和高桥街道，2个乡的建置撤销。2010年，雨花区撤销洞井镇、黎托乡，以街道建制；撤销全区行政村建制成立社区筹委会。雨花区辖9个街道办事处、90个社区、37个社区筹委会。2011年，雨花区调整部分街道行政区划，将洞井街道析置为洞井、同升2个街道办事处，将黎托街道析置为黎托、东山2个街道办事处，同时启用原与雨花亭街道合署办公的井湾子街道办事处，将雨花亭街道拆分为雨花亭、井湾子2个街道办事处。2012年1月，同升街道、东山街道、井湾子街道分别挂牌成立。2015年，长沙市区划微调，长沙县跳马镇整体划归雨花区管辖。

2021年年末，雨花区辖跳马镇1个镇，雨花亭、高桥、左家塘、侯家塘、东塘、砂子塘、圭塘、洞井、黎托、同升、东山、井湾子12个街道；计13个行政村、141个社区、13个社区筹委会、3个社区筹备组、11个农村经济合作社、7个集体资产管理委员会。其中，跳马镇辖金屏、斑竹塘2个社区，跳马、关刀新、杨林新、复兴、三仙岭、石桥、喜雨、团然、冬斯港、白竹、石燕湖、新田、田心桥13个行政村。雨花亭街道辖曲塘、雨新路、路桥、正圆、新星、自然岭、华云、雅塘村、香南郡、麻塘桥、雨花亭11个社区，井塘1个社区筹委会，自然、石马2个集体资产管理委员会。高桥街道辖火焰、金环、怡园、高桥大市场、五一、永定、永祥、鑫华8个社区，友谊、高桥2个社区集体资产管理委员会。左家塘街道辖赤岗、长钢、曹家坡、长岭、阿弥岭、桂花、官塘冲、嘉园、红花坡、湖橡、荷叶塘、牛角塘、曙光、树木岭、车站南路、长铁、狮子山、王公塘、窑岭、营山巷、左家塘21个社区。侯家塘街道辖梓园、湘农桥、电院、枫树岸、韶山路、活力、麻园湾、广济桥、廖家湾、侯家塘、水院、泉塘12个社区。砂子塘街道辖茶园坡、野坡、砂子塘、桔园、梨子山、金地、白沙、金科园8个社区。东塘街道辖七里庙、牛婆塘、枫树山、新雨、东塘、芙蓉南路、省人大、政院、浦沅、华银园10个社区。圭塘街道辖长重、劳动东路、雨花家园、美林景园、体院路、中南院、大塘、景程、泰安、圭塘、金福、升达、和润、广顺源、月雅15个社区，圭塘、月塘、大塘湾3个经济合作社。黎托街道辖广益、东澜湾、体育新城、黎锦苑、阳河、明城、幸福里、托溪、沙湾9个社区，粟塘、合丰、潭阳、川河4个社区筹委会，花桥、万科、愉景湾3个社区筹备组。花桥、大桥、平阳3个集体资产管理委员会。洞井街道辖高升、新城、商贸城、丰园、新裕、湘天、植物园、南庭、龙庭、歇马亭、星苑、天际岭、仙岭、天华荟、融和、牛头16个社区，洞井、桃花、鄱阳3个社区筹委会，天华、板塘2个经济合作社。井湾子街道辖冯家冲、赤岗岭、三湘、香樟路、德馨园、井湾子、融城苑、红星村、井湘、井圭路、井巷、井旺、湘莲、农博、金盾15个社区。东山街道辖东山镇、黎雅、高铁新城、南雅、东恒、黎郡6个社区，边山、侯照2个社区筹委会，东山、渔场、黎托、长托4个经济合作社。同升街道辖景环、同升湖、古樟树、联盟、新聚园、仙姑岭、新兴、桃阳8个社区，白田、洪塘、金井3个社区筹委会，同升1个经济合作社。

【区治】 郊区区治位于人民中路245号、芙蓉路与人民路相交处的东南角，占地8229平方米。原有办公楼3栋，建筑面积9492.14平方米。因场地窄小，中栋办公楼于1991年下半年爆破拆除。1995年4月，爆破拆除前栋办公楼，兴建综合楼。综合楼原设计为框架结构，主楼28层、裙楼5层。因财力问题，1995年7月至1997年4月，建成主楼10层（地下3层、地上7层）、裙楼5层，建筑面积3万平方米。雨花区成立后，规划将区治从区的西北角迁建于区腹地。2002年2月，与湖南弘欣置业有限公司联合，续建30层综合楼，面积2.6万平方米，由弘欣置业有限公司独资续建23层，其中8～14层归区政府所有，并将综合楼改成雨花大厦。

雨花新区治位于全区中心腹地、万家丽路与香樟路交会处的东南角，东靠香莲路，南接玉竹路，西临火星大道（万家丽路），北傍香樟路。雨花区建区以后，原区治处在区的西北角顶端，且办公场地狭小，近半数的直属部门在区治外办公，群众到机关办事十分不便。同时，为加速雨花区腹地城市化进程，1997年12月，雨花区第一届人民代表大会一次会议提出抓好新区治的规划和建设，5年内完成整个机关搬迁的设想。2000年，新区治选址圭塘，2002年9月新区治奠基，2004年4月竣工。整个区治占地22万平方米，11个单体建筑，总建筑面积13.4万平方米。大院内还建有2万平方米的水、旱喷泉和1.2万平方米的山水园艺景观，大院西北角建有1.3万平方米水体喷泉和市民休闲广场。院区内绿化面积11.2万平方米，绿化率为53%。主楼及中心广场地下建有356个车位的停车库。2014年，区政府接收位于香樟路的原湖南省武警总队直属支队营院，改建为区政府“二办”，区民政局、区城市管理和行政执法局及其城市管理执法大队、区征地办公室、区残联等单位迁往办公。2020年，启动市民之家建设。2021年，市民之家主体竣工。

（本栏撰稿　刘科明）

国民经济和社会发展

【综合】 2021年，雨花区地区生产总值2360亿元，比2020年增长7.4%。其中，第一产业实现增加值5.7亿元，比2020年增长5.8%；第二产业实现增加值1298.8亿元，比2020年增长5.2%；第三产业实现增加值1055.5亿元，比2020年增长4.3%。第一、二、三次产业分别拉动GDP增长0个、2.8个、4.6个百分点，三次产业对GDP增长的贡献率分别为0.2%、37.9%、61.9%。完成一般公共预算收入167.02亿元，同比增长2.57%；实现地方一般公共预算收入80.2亿元，比2020年增长2.75%。一般公共预算支出94.3亿元，比2020年下降11.4%。高质量发展位列全国百强区第15位，位居中部地区第一。位列中国工业百强区第13位。38项重点民生实事项目全面完成。其中，增加公办幼儿园学位、实现城镇新增就业、完成政府补贴性职业技能培训、农村适龄妇女及城镇低保适龄妇女“两癌”免费检查等13个项目，超额完成任务。

【人口】 2021年年末，雨花区常住人口为127.3万人。户籍总人口为78.7万人，其中城镇人口74.6万人，乡村人口4.1万人；户籍人口中男性38.1万人，女性40.5万人，人口出生率9.4‰。

【农业】 2021年，雨花区以全域旅游为统揽，建设美丽乡村，跳马镇初步形成布局美、产业美、环境美、生活美、风尚美的乡村格局；中心城区神农茶都文化产业园，打造集购物、品茗、休闲、旅游为一体的文化消费综合体。农林牧渔服务业总产值8.9亿元，同比增长6.2%。

【工业和建筑业】 2021年，雨花区完成规模工业总产值806.8亿元，比2020年增长15%；其中长烟厂完成规模工业总产值284亿元，比2020年增长6%；不含烟完成规模工业总产值522亿元，比2020年增长20%。2021年全区规模工业增加值增速（不含烟）12.1%，排名全市第一；含烟规模工业增加值增速7.8%，排名全市第二。规模以上工业实现增加值比2020年增长7.8%；其中雨花经开区规模以上工业增加值比2020年增长12.4%。建筑业增加值比2020年增长1.6%，具有建筑业资质等级的独立核算企业完成建筑业总产值2556.7亿元，比2020年增长17.0%；其中在外省完成的产值1842.4亿元，比2020年增长23.3%；房屋施工面积24576万平方米，比2020年增长28.1%。

【产业发展】 2021年，雨花区围绕打造全省最具综合实力、最具特色的高质量发展的千亿级产业园区目标，聚焦新能源汽车及零配件主导产业，发展人工智能及机器人和含传感器特色产业，深耕“一主一特”产业链，比亚迪DM—i超级混合动力工厂项目建成投产，新能源汽车及零配件产业链产值增长25%，人工智能及机器人产业链产值增长14%。可孚医疗成功上市，首次发行募集资金37亿余元，创全省历史新高。新增国家级专精特新“小巨人”企业6家，园区高新技术企业达到172家，总量和增量均位居全市省级园区首位。长步道、晓光模具、中南智能代表长沙参加全省重点产业观摩。红星全球农批中心一期、普洛斯、万纬物流、宝湾物流等项目正式运营，蔚来汽车、京东“七鲜”超市、奈儿宝家庭中心等一批品牌首店入驻，城市公园综合体溪悦荟开业。新增“四上”企业124家。高新技术企业总数478家。市场主体总量超21万户，居全省区县（市）第一。在2021年度全省产业园区综合评价中，长沙雨花经开区成为全省唯一获评“‘五好’园区创建工作先进园区”和“营商环境先进园区”的省级园区。

【固定资产投资】 2021年，雨花区固定资产投资比2020年增长5.7%，其中房地产开发投资比2020年增长26.2%。商品房销售面积439.4万平方米，比2020年增长18.2%，其中住宅销售面积358.7万平方米，比2020年增长11.5%；实现商品房销售额461.3亿元，比2020年增长13.5%，其中住宅销售额392.1亿元，比2020年增长125%。

【国内贸易】 2021年，雨花区社会消费品零售总额755.1亿元，比2020年增长14.1%。按经营单位所在地分，城镇消费品零售额743.5亿元，增长14.1%；乡村消费品零售额11.6亿元，增长14.0%。按行业分，批发业实现零售额88.3亿元，增长8.5%；零售业实现零售额605.0亿元，增长14.4%；住宿业实现零售额4.7亿元，增长18.7%；餐饮业实现零售额57.2亿元，增长20.4%。限额以上法人商品零售额278.3亿元，比2020年增长10.5%。分类别看，粮油、食品类增长44.2%；服装、鞋帽、针纺织品类下降1.6%；化妆品类增长7.2%；家用电器和音像器材类下降3.5%；中西药品类下降2.5%；通信器材类下降2.6%；石油及制品类增长17.1%；汽车类增长0.1%。全区拥有亿元以上商品交易市场8个。

【对外经济和旅游】 2021年，雨花区实现进出口总额233.7亿元，比2020年增长30.8%。全年实际利用外资金额6494万美元，比2020年增长302.4%；实际到位省外境内资金251.0亿美元，比2020年增长25.2%。引进亿元以上省外境内项目48个，比2020年增加12个。全区全年实现旅游总收入349.9亿元，比2020年增长5.3%，国内旅游人数3193.8万人次，比2020年增长7.0%。

【城市建设】 2021年，雨花区纳入市级重大项目计划库项目143个，年度计划投资239.95亿元，完成重大项目投资324亿元，占年度计划投资的135%；58个新建项目全部实现提前开工、77个项目实现竣工、3个预备项目实现转化开工；省“三高四新”重大产业支撑项目、省重点建设项目中非经贸合作示范园二期实现竣工，长沙红星农副产品全球采购中心二期、可孚人工智能可穿戴医疗设备及智能装备产业基地二期全速推进。集体土地铺排项目83个，涉拆面积346.33公顷，应拆合法建筑1105栋。合法房屋签约303栋，拆除369栋，动拆人口1476人。完成片区8号地、片区9号地、长托村两安用地3个地块，雅塘冲路、团头互通、城投16号地等30个项目的拆除清零，完成花桥污水处理厂三期、武广片区城市次干道、城投6号地、中车大道、平吉上城、红星片区天华3个地块等15个项目56.83公顷腾地交付。7个重点工程项目，片区8号地、9号地项目拆除清零，花桥污水处理厂三期、中车大道、新韶山南路、莲湖小学扩征项目确保先期进场施工。推进长株潭城市群一体化新进程，完成中车大道（长沙段）、长株高速团头互通、新韶山南路等省市重点工程的拆迁腾地工作。以三大片区为主战场，攻坚省、市重点工程项目。高铁新城片区铺排项目21个，应拆合法建筑332栋，拆除合法房屋212栋，合法拆除率64%，完成片区8号地、片区9号地、片区27号地、片区28号地、城投6号地等8个项目拆除清零；汽车体育公园、诺贝尔脑科学健康中心、浏阳河文创基地抓紧建设，浏阳河风光带部分标段、黎托生态公园完成建设。雅塘片区铺排项目10个，完成雅塘冲路、平吉上城2个项目拆除清零，攻破车站南路项目司法拆除工作难题；金茂智慧科学城开工建设，雅塘冲路（曙光路—洞井路）、车站南路完成建设，井塘段城市双修及海绵示范公园实现开园。红星片区启动圭塘河植物园段综合改造，完成天华村3个地块项目的结算交地，天华路、湘华路建成通车，完成圭塘河综合整治（湘府路—立新桥段）拆违清零工作。完成万家丽路（香樟路—木莲冲路）、万家丽路（时代阳光大道—万芙路）、京珠辅道、大桥路、长沙大道跨万家丽路5个电力埋管项目建设；雨花区中心消防站、圭塘小学扩建工程、建丰公寓挡墙支护工程3个项目投入使用，有序推进花侯小学、德馨园学校、雨花分局执法办案中心、燕子岭小学、井圭路小学运动场及地下停车场项目5个工程项目建设。智慧电网“630攻坚”按时序推进，建成5G基站2952个。

【城乡管理】2021年，雨花区推进“百日奋战 扮靓星城”市容环境整治，开展“洁净雨花”行动，全城“大扫除”成为常态。集中力量整治重点区域、难点区域的城市管理突出问题，依托数字化平台自查整改各类市容环境问题21万个，办理各类行政执法案件3.5万起，3369家应安装油烟净化器的餐饮门店实现应装尽装。打造花侯路、长沙大道等13条重点示范道路，省人大常委会及周边、高铁南站及周边、红星商圈（德思勤）3个重点示范片区，车站南路、长塘小区、复地星光天地等13个夜市规范点。完成郡阳小学周边道路提质改造、政修路、双塘路、豹塘路、洞井路5条市政道路建设，通车里程3.23千米；推进林科路（南）、香松路（西）、荷叶冲路（西）等12条市政道路以及金海路雨水分流箱涵工程、高升路雨水箱涵工程建设。“新六尺巷”停车场开放运营。清理整治小区顶楼“圈地占用”圈占行为134处。提质改造老旧小区31个，湖橡片区作为全市首批城市更新项目启动实施。推进垃圾分类，抓实前端分流，完善分类设施，严格分收分运。开展“蓝天保卫战”、碧水保卫战，空气优良率85.2%，圭塘河年度水质达到Ⅲ类，被评为湖南省“美丽河湖优秀案例”、入选湖南生态文明建设典型案例。全面铺开农村人居环境整治提升五年行动，创建省级美丽乡村1个，市级美丽宜居村庄17个。

【社会事业】2021年，雨花区拥有普通高中4所；初中学校16所，比2020年增加1所；普通小学77所，比2020年增加2所；幼儿园287所，比2020年增加21所。普通高中在校生4186人，初中学校在校生24017人，普通小学在校生102338人，幼儿园在园幼儿60002人。全区民办学历学校3所，培训学校130所。小学适龄儿童入学率100%，初中适龄人口入学率100%，高中阶段教育毛入学率100%。落实义务教育保障资金16亿元，义务教育阶段合格学校建设3所。艺术表演团体16个，文化馆2个。拥有公共图书馆（区级）1个，图书分馆（含街道、社区两级）11个。拥有档案馆1个，已开放各类档案1.3万卷（件）。专利授权量5466件，比2020年增长38.2%。其中，发明专利授权量574件，比2020年增长33.8%。签订技术合同1195项，比2020年增长82.4%，技术合同成交金额159.4亿元，比2020年增长155.5%。实现高新技术产业增加值比2020年增长18.7%。全区各类体育场地1410个，比上年增加221个，体育场地面积232.1万平方米。开展全民健身项目28项次，全民健身运动参加人数56.9万人。全区拥有卫生机构数732个，拥有医院、卫生院56个，社区卫生服务中心12个，拥有疾病预防控制中心（防疫站）、卫生监督检验机构、妇幼保健院各1个。全区卫生技术人员20987人，比2020年增长7.3%，执业医师和执业助理医师3063人，比2020年增长12.5%，注册护士3993人，比2020年增长14.3%。

【社会保障】2021年，雨花区新增就业1.9万人，其中，城镇新增就业1.6万人。年末城镇登记失业率2.0%，安排失业人员再就业1.4万人。年末城镇职工基本养老保险参保人数33.1万人，城乡居民社会养老保险参保人数6.9万人，工伤保险参保人数25.9万人，失业保险参保人数22.3万人。基本医疗保险参保人数122.2万人，其中，城乡居民基本医疗保险参保人数56.0万人。全年各类收养性社会福利单位收养人员1291人，共有床位数1990张。城镇各种社区服务设施1101个，其中综合性社区服务中心141个。筹集社会福利资金3.4万元，直接接收社会捐赠58万元。全年社会救济总人数5082人，其中居民最低生活保障人数4466人、特困供养保障人数616人。农村低保覆盖率100%。

【安全生产】2021年，雨花区坚持平战结合，织密疫情防护网，应对南京关联疫情、西北游疫情，完成封控管理、人员排查、全员核酸检测。深化“平安雨花”建设，做好安全生产、食品安全、信访维稳、社会综治等工作，推进“三零”社区（村）建设，连续14年保持全省“平安区县”称号，侯家塘街道获评全市信访工作“三无乡镇（街道）”标兵单位，砂子塘街道、东塘街道获评“三无乡镇（街道）”先进单位，圭塘街道、左家塘街道、东山街道获评“三无乡镇（街道）”。发生各类安全生产事故16起，死亡人数16人，全区亿元GDP生产安全事故死亡人数0.0067人。全年发生道路交通事故死亡人数50人。

【人民生活】 2021年，雨花区城镇居民人均可支配收入66958元，比2020年增长7.3%。其中，工资性收入335784元，经营净收入9313元，财产净收入5613元，转移净收入16428元。全年城镇居民人均消费支出51378元。其中，食品烟酒消费13440元，占比26.2%；衣着消费3025元，占比5.9%；居住消费9419元，占比18.3%；生活用品及服务消费6136元，占比11.9%；交通和通信消费4119元，占比8.0%；教育文化娱乐服务消费10584元，占比20.6%；医疗保健消费3731元，占比7.3%；其他用品和服务消费924元，占比1.8%。

【自贸区建设】 2021年，湖南自贸试验区长沙片区雨花区块坚持顶层设计先行、推进体系先行、基础设施先行、功能平台先行、改革探索先行、营商环境先行，建设数字化支撑、全链条金融、全方位服务、立体化物流和省、市、区三级政策保障五大服务体系，加大项目投入和资金配套，致力营造环境最优、成本最低、效率最快、流程最简、全国最优的自贸试验区服务。出台中国（湖南）自由贸易试验区长沙片区雨花区块实施方案、产业规划，紧盯把高桥区块建设成为“中非经贸深度合作先行区”和“国内国际双循环引领区”、把高铁新城区块建设成为“高铁枢纽经济开放创新区”和“高端现代服务业集聚区”的目标，推进雨花区块建设。成立由区委、区政府主要领导担任“双组长”的湖南自贸试验区长沙片区雨花区块工作领导小组，设立副处级架构的中国（湖南）自由贸易试验区长沙片区雨花管理委员会。雨花区块构建政府主导、智库协同、企业参与的“政研商”一体化推进体系，通过“地方政府引导、社会资本运营、中非研究会支持、市场主体孵化”模式，打造“六位一体”的中非经贸创新创业生态平台，突破中非经贸业务发展限制，顺利完成易货贸易首单。坚持对标国际水准，赶超前沿地带，以制度创新为核心，大胆闯、大胆试、自主改，探索形成一批可复制可推广的制度成果。搭建“两会一载体”提出“政研商”一体化推进机制，在运营管理上、制度创新上突出开放思维，承接长沙片区113项改革事项中的96项，牵头5大项13小项，实施率100%，完成率85%。累计打造全省“10个首创”；形成14项制度创新成果，其中5个编入第一批省级制度创新成果案例库，其中“探索建设中非跨境人民币中心”“中非经贸合作‘政研商’协同创新机制”2项为全国首创，“探索市场采购贸易方式发展新路径”“创新实施免罚三清单、助力营商环境优化”“搭建‘智网监测系统’推进信息化监管”3项为全省首创。高桥板块的中非经贸合作促进创新示范园（一、二期）、国际商品展示贸易中心投入使用；中非经贸合作促进创新示范园一期入驻龙头企业和机构108家，引进金融机构7家；二期重点打造中非医药健康、中药材进出口基地、中非经贸企业总部中心，投资总额4.8亿元。高铁新城板块的长沙之门（一期）、浏阳河国际文创基地（一期）等11个重大项目加速推进。在全国率先探索唯一由市场主体——高桥大市场作为自贸区建设的承载主体，湖南高桥大市场市场采购贸易方式试点健全政策支持体系，出台专项扶持办法；开通全国通关一体化试点，打通以长沙为中心的向南、向东、向西的水路和陆路出境通道；建立风险补偿机制，开展规范提质专项行动；举办广州、长株潭、义乌等10余场专场招商推介活动；经海关总署食品局批复同意，试点获批开展全国第三、中西部唯一的市场采购贸易出口预包装食品工作。湖南高桥市场采购贸易方式试点出口84.4亿元，比2020年增长21.6%。构建非洲非资源性产品交易中心、中非经贸企业孵化中心、中非经贸综合服务中心、中非金融服务平台“三中心一平台”，打造非洲产品品牌仓、中非经贸博览会常设展馆、中非直播电商孵化基地打造“一仓一馆一基地”。探索中非跨境人民币结算、易货贸易、经贸孵化、金融支持、综合服务等中非经贸深度合作的新机制，依托中非经贸合作促进创新示范园建设，吸引中非经贸合作企业、协会等汇聚高桥，探索形成中非经贸合作的新机制新模式，推动中非贸易再上新台阶，打造中非经贸深度合作先行区。建设中非经贸博览会常设展馆，旨在“永不落幕的中非经贸博览会”，第二届中非经贸博览会高桥分展馆活动，接待采购商1.3万人，线下参会5.7万人；现场销售2970万元，达成意向订单64.9亿元；市场采购贸易方式4天突破5600万美元。雨花区块获评“2021年十大最具投资价值产业园区”。以服务留企业，通过代理招商、集群招商、推介招商等方式，紧盯外向型贸易企业、三类“500强”企业、外资直投企业，引进重大产业项目14个，总投资623.3亿元。重大功能性平台8个，其中非洲在华非资源性产品集散和交易中心第一批重点打造的产品——非洲卢旺达干辣椒在中国首发上市，长沙首张咖啡烘焙加工小作坊登记证落地雨花。创新建立“市场采购贸易方式试点风险补偿机制”和“市场采购贸易方式试点奖扶贷机制”；联合中国工商银行，推进中非跨境人民币中心建设，赋能中非贸易。成立区国有平台——湖南雨非产业投资有限公司，主营供应链金融服务，成功为辖区轻资产贸易企业解决“融资难、融资贵”的困境。承接省级31项、市级25项赋权事项；推出食品进口、大宗农产品进口、跨境电商企业开办、律师事务所（分所）开办、人力资源服务（涉及境外从业人员）、从事留学机构或因私出入境中介服务首批6项“一件事一次办”特色套餐；推出优化营商环境十大改革举措；设立“一站式”全程代办服务中心；打造24小时政务自助服务厅；制定雨花区块产业扶植政策“黄金十条”和招贤揽才“人才六条”。启动《雨花区现代服务业高质量发展综合评价办法》，评选表彰高端规模型、稳定成长型、活力创新型优质服务业企业11家以及服务业先进工作者60余个；强化企业服务，对中国电建中南院、中国能建湖南院、中轻长沙院等重点科研设计企业开展走访帮扶，进一步推进服务业高质量发展。

（本栏撰稿　柳　旻）

深化改革

【概况】 2021年，雨花区用改革破解发展难题，聚焦为民取向，积极探索创新，完成9项重点攻坚、14项统筹实施、3项基层探索等改革事项。湖南自贸试验区长沙片区雨花区块制度创新、党建引领物业管理改革、深化教育评价改革等热点、难点改革事项上取得突破。区委深化改革委员会发挥领导核心作用，召开改革委员会会议及改革工作推进会，研究审议改革方案和改革事项。制定《中共长沙市雨花区委全面深化改革委员会改革工作实施意见》《中共长沙市雨花区委全面深化改革委员会2021年工作要点》《中共长沙市雨花区委全面深化改革委员会改革分工》和“改革项目评定办法”等政策文件，构建委员会统揽、改革办协调调度、职能部门具体负责的改革工作格局。建立常态化督察督办机制，坚持每季度开展督察调研，严格常态化对接走访、督察督导、讲评约谈。确定26项重点改革内容。实施“党建聚合力”工程，以党建引领物业管理改革，率先全省出台深化小区物业管理服务“十条”，创新推出物业管理服务标准化创建、物业矛盾纠纷就地化解、小区综合整治等举措。就地化解一般性物业服务纠纷4000余起，化解率100%。全面实施“三高四新”战略统领性改革方针，深耕“一主一特”产业链，全区45个新建项目实现开工建设、28个项目实现竣工投产，年度计划投资完成率近105%；新能源汽车及零配件产业链稳步增长，实现产值279亿元，比2020年增长33%，人工智能及传感器产业链实现产值30亿元，比2020年增长20%。探索首店首发经济开创入驻新模式，出台相关政策保障对品牌首店入驻的奖励扶植。加快推进网络治理体系建设，重点实施网络信息内容生态治理联合机制改革；探索以网格化治理手段助推基层治理更顺畅，服务群众更到位。深化教育评价改革，推动减负提质工作，优化评价体系、落实“双减”等系列改革措施，雨花区作为全市唯一区（县）入选2021年度湖南省教育体制改革试点单位。完善常态化疫情防控体制，健全健康教育体系，长沙南站针对疫情防控态势，完善人群密集场所突发公共卫生事件一级响应预案，建立站区常态化疫情防控机制。承接国家、省、市试点改革项目3个。推行高桥大市场市场采购贸易方式改革试点，加快推进湖南自贸试验区长沙片区雨花区块制度创新，重点实施“一站式”综合服务改革，深化对外开放合作，非洲在华非资源性交易和集散中心等10个制度创新成果全省首创，完成对南非首单易货贸易。长株潭融城小镇发展模式和机制探索的改革，优化绿道设计文本，完成石燕湖大坝至公园停车场道路提质等工作。村级小微权力清单改革，梳理出村级小微权力清单22条，完成流程图汇编。

（李　灿）

【区委全面深化改革委员会会议】 2021年5月12日，雨花区委书记、区委全面深化改革委员会主任张敏主持召开2021年区委全面深化改革委员会会议。会议传达学习中央、省委、市委全面深化改革委员会最新会议精神，审议《中共长沙市雨花区委全面深化改革委员会2021年工作要点》等相关文件，研究全区全面深化改革等工作。会议强调，要突出目标导向、问题导向、结果导向，聚焦重点改革事项抓落实，围绕统筹实施改革事项抓成果，围绕基层改革创新做好保障，强化改革保障，注重协同联动，严格考核评估。

（彭　杨）

精神文明建设

【品质雨花建设】 2021年，雨花区深化精神文明建设，重点开展精神文明建设“十大工程”。常态化推进重难点问题督查督办，下发区级督查通报97期；开展市场片区整治行动，全面提质马家冲农贸市场及周边、桂花小区、金科园小区等；推进“百日奋战扮靓星城”市容环境整治与“洁净雨花”行动，整改各类市容环境问题17万余个。聚焦培育和践行社会主义核心价值观，着力培育时代新人、弘扬时代新风，举办群众性精神文明创建活动119场次。推进新时代文明实践中心（所、站）建设，明确“中心＋所＋站＋基地”四级架构，打造区级实践中心1个、街镇实践所13个、社区（村）实践站162个、实践项目4个，创建市级试点所（站）18个、区级试点站18个，深化“文明三新”（传播新思想、弘扬新风尚、推动新实践）新时代文明实践品牌建设，通过打造1个区级“文明三新”品牌，深化“追梦人”宣讲团、“星星点灯”课堂、“四季歌”驿站、“恰同学少年汇”、“稻花香”新风室、“红管家”工作吧6个站点品牌建设，发挥各级试点示范作用，实现全区实践所（站、基地）品牌建设“全覆盖”，形成“1+6+X”新时代文明实践品牌建设格局。

【典型推评】 2021年，雨花区建立“发现—培育—推介”的典型推评工作机制，举办“最美雨花、德耀湖湘——第六届长沙市道德模范事迹宣讲雨花区专场报告会”；长沙火车南站地区综管办被授予第六批全国学雷锋活动示范点称号，长沙“和谐号”高铁志愿服务联盟被评为全国最佳志愿服务组织，成功推介全国新时代好少年陈羽析、湖南省新时代好少年张楚珺、湖南省道德模范张涤等先进模范，长沙市新时代好少年2名、湖南好人2名、长沙好人10名、省级文明单位1个、市级文明（标兵）单位15个等一批全国、省、市级先进典型；《做实“六字”文章 推动文明创建工作高质量发展》《小小护学岗 孕育大文章》《擦亮底色 做足成色 推动新时代文明实践出新出彩出色》《着力推动新时代文明实践 走深走实走心》等经验文章在“学习强国”学习平台、中国文明网、湖南文明网、《精神文明导刊》、《湖南精神文明建设》、《长沙通讯》等平台刊物刊发，策划推出“文明实践看雨花”系列报道，被“学习强国”学习平台、中国文明网、湖南文明网等媒体报道。

【志愿服务活动】 2021年，雨花区以“雷锋志愿者在行动”系列主题活动为统揽，开展“庆祝中国共产党成立100周年”红色志愿服务活动，开展“学雷锋月”“三关爱”（关爱他人、关爱社会、关爱自然）等志愿服务关爱行动；建立“158N”（每个社区设立1个专职“雷锋志愿者”工作室，聘请5名社区专职“雷锋志愿者”，履行8大工作职责，融合融媒体中心和新时代文明实践中心建设，带动更多志愿者、志愿服务组织参与市域社会治理）志愿服务体系，抓好670名社区专职“雷锋志愿者”管理培训，组织7万余名志愿者定期开展文明在楼道、文明在小区、文明在市场等志愿服务活动近6000次；创新“雷锋号护学岗”品牌项目，凝聚各方共识，通过高位推动、专题调研、专题工作部署、制定工作方案、规范工作运行机制等系列举措，在全区全面推广、常态建设“雷锋号护学岗”，组建专、兼职的“雷锋号护学岗”志愿者队伍，将护学岗打造成“安全保护神、友好策源地、文明风向标、联动守望桥”。对全区365所中小学校、幼儿园开展“雷锋号护学岗”专项督查并将进行问题通报。

【未成年人工作】 2021年，雨花区打造“五力小雨花”品牌，设立魄力小雨花、悟力小雨花、活力小雨花、魅力小雨花、毅力小雨花标识，开展区级“扣好人生第一粒扣子”活动近百场，组织全区13万余名中小学生共看“雨花少年自奋进 强国有我担使命”开学第一课、“湘江说理”等，挖掘、培育、推介“新时代长沙好少年”。

【区文明委全体会议】 2021年5月18日，雨花区2021年文明委全体（扩大）会议召开。区委副书记、区长、区文明委第一副主任刘素月主持会议，区文明委成员单位、各街道（镇）相关负责人参会。区委副书记、区文明委副主任陈永高宣读《关于2020年度雨花区群众性精神文明创建活动先进单位和先进个人评选表彰结果的通报》，区委常委、宣传部部长、区文明委副主任余宏卿作工作报告。区委书记、区文明委主任张敏强调，要提

2021年10月19日，雨花区2021年文明创建工作推进会召开　（张胜娟　供图）

高政治站位，增强使命担当；要突出工作重点，狠抓推进落实；要压紧压实责任，凝聚强大合力。

【创建全国文明典范城市推进会】2021年11月5日，雨花区创建全国文明典范城市推进会暨区文明委全体（扩大）会议召开。区委副书记、区长黄军其主持会议，区委常委、宣传部部长刘江红全面部署2021年全国文明城市测评工作。区委书记刘素月强调，要提高站位，体现雨花担当作为；全面发力，提升创建工作水平；聚焦重点，加强精神文明建设；责任上肩，形成协同联动格局。

【文明创建工作推进会】 2021年5月14日，雨花区召开文明创建工作推进会。区文明办相关负责人对2021年文明创建工作进行业务培训，安排部署下一阶段工作。会议强调，要聚焦提升城市管理、交通、环保、住房改造、医疗卫生等民生领域标准，解决好城区学位、厕位、床位、车位等问题，以文明创建为抓手实施精神文明建设“十大工程”；以“永远跟党走”为主题，组织开展形式多样、内容丰富的群众性主题宣传教育活动；广泛开展弘扬时代新风行动，大力推进文明交通、文明旅游、文明餐桌、文明网络等活动，深化开展“文明，从排队礼让开始”等群众性精神文明创建活动；继续擦亮“雷锋家乡”志愿服务这一品牌，注重发挥好志愿者在各领域各行业的示范引领作用。

10月19日，雨花区召开2021年文明创建工作推进会，传达10月18日市文明办文明创建重点工作调度会会议精神，安排文明创建17项重点工作，就雨花区文明创建重点工作进行再部署、再发力。会议强调，要严格标准，严格对标全国文明城市创建测评标准与《长沙市文明行为促进条例》；严格责任，落实好领导责任、联点责任、主体责任、行业责任、属地责任、联动责任；严格要求，做好大动员、大排查、大整改、大联动、大总结。

11月25日，雨花区2021年文明创建工作推进会召开。会议传达市文明办11月22日会议精神，铺排近期文明创建工作。区委常委、宣传部部长刘江红全面部署下一阶段全区文明创建工作。区委常委、副区长周坤指出，要确保文明创建常态长效。区委副书记、统战部部长、区委党校校长郭四军对文明创建工作进行强调。

【文明创建工作督查讲评会】2021年9月28日，雨花区文明创建工作督查讲评会召开。雨花区文明办负责人从有力有效，创建工作稳中有进；看清短板，创建工作稳中改进；保质保量，创建工作稳中求进3个方面，汇报全区文明创建工作情况。长沙市文明办副主任汤文辉通报雨花区文明创建督查工作情况。区委常委、宣传部部长刘江红安排部署全区文明创建工作。市委宣传部副部长彭娟强调，抬高坐标，以更高的站位抓创建；紧盯目标，以更实的举措抓创建；全面达标，以更强的力度抓创建。

（本栏撰稿　张胜娟）

中共雨花区委员会

重要会议

【区第六次党代会】 2021年7月31日至8月1日，中国共产党长沙市雨花区第六次代表大会召开。区委副书记、代理区长黄军其主持会议并致开幕词。区委书记刘素月代表中国共产党长沙市雨花区第五届委员会向大会作题为“贯彻‘三高四新’战略 践行‘四个争当’使命 奋力建设全国一流现代化强区”的报告。会议提出，未来五年，雨花的奋斗目标为：立足中部领先，迈向全国十强。会议强调，全区上下要坚持把发展作为第一要务，坚定不移推动经济高质量发展；要坚持以更加强烈的责任感和使命感，高标准高质量推进自贸试验区建设；要坚持在长株潭一体化中打头阵当先锋，全面提升示范引领和辐射带动作用；要坚持以人民为中心的发展思想，不断满足人民群众日益增长的美好生活需要；要坚持强信心、聚民心、暖人心、筑同心，推动宣传思想文化工作守正创新发展；要坚持把抓好党建作为最大的政绩，以高质量党建引领高质量发展。会议选举产生中国共产党长沙市雨花区第六届委员会和中国共产党长沙市雨花区第六届纪律检查委员会。

（杨博文）

【区委六届一次全会】 2021年8月2日，中国共产党长沙市雨花区第六届委员会第一次全体会议召开。区委书记刘素月主持会议并讲话。会议强调，要在旗帜鲜明讲政治上带头示范；要在创新实干抓发展上带头示范；要在为民服务办实事上带头示范；要在精诚团结强合力上带头示范；要在严于律己树形象上带头示范。 （杨博文）

【区委常委会议】 2021年，雨花区委

2021年7月31日，中国共产党长沙市雨花区第六次代表大会第一次全体会议 （陈 静 摄）

2021 年 7 月 31 日，中共长沙市雨花区委六届一次全体会议　（戴雨瑶　摄）

召开常委会会议 40 次。1 月 15 日，听取 2020 年度党员领导干部民主生活会相关工作情况汇报；审议《关于深入贯彻落实〈中国共产党宣传工作条例〉的通知》。1 月 29 日，审议区委经济工作会议有关事项；审议《贯彻落实省委书记许达哲在长沙市宣讲党的十九届五中全会精神报告会精神责任分工方案》《贯彻落实市委十三届十一次全会暨市委经济工作会议讲话精神责任分工方案》；审议《关于印发〈2021 年度雨花区贯彻落实“三高四新”战略任务清单〉的通知》；通报市纪委监委对王维宁的党纪政纪处分决定，以案释纪，开展警示教育；研究干部人事有关工作。2 月 23 日，审议全区奋力实施“三高四新”战略全面推进高质量发展大会有关事项；研究有关人事任免呈报事宜。3 月 4 日，审议全区党建工作会议有关事项；听取全区网格化（群众）工作情况汇报。3 月 8 日，研究部署全区党史学习教育工作；研究部署全区政法队伍教育整顿工作；审议《长沙市雨花区关于加强小区物业管理的十条措施》。3 月 6 日，审议《雨花区贯彻落实湖南省生态环境保护督察“回头看”及城乡环境基础设施建设专项督察反馈意见整改工作方案（送审稿）》；听取全区统计工作情况汇报；听取区工商联（总商会）2021 年换届工作情况汇报；研究长沙市五一劳动奖和工人先锋号推荐工作；审议《关于成立雨花区数据资源管理委员会的通知（送审稿）》。3 月 30 日，研究有关人事任免呈报事宜。4 月 6 日，审定 2020 年度党政领导班子和科级干部绩效考核结果；听取 2020 年党风廉政建设和反腐败工作及五届区纪委六次全会准备情况汇报、全区老干部工作和关心下一代工作情况汇报、全区反恐怖工作情况汇报。4 月 22 日，听取全区整治非法宗教活动专项行动工作情况汇报；审议《雨花区委落实市委巡察指导督导组反馈意见整改方案》；审议《圭塘河植物园段综合整治项目“投资人 +EPC”方式初步方案》；研究干部人事有关工作。4 月 29 日，分析全区一季度经济形势，研究部署下阶段经济工作及“五一”假期安全生产、配合中央环保督察工作；听取区、镇领导班子换届工作情况汇报；审议《关于以陈泽珲案、周辉案为戒开展警示教育和“以案促改”工作的通知》。5 月 12 日，以陈泽珲案、周辉案为戒，开展对照检查剖析；研究部署区文明委全会有关工作；审议《雨花区党（工）委（党组）意识形态工作责任制实施方案》；研究部署区委网信委第三次会议相关工作；研究部署中央环保督察交办问题整改落实工作，审议《长沙市雨花区持续提升空气质量坚决打赢蓝天保卫战三年行动计划（2021—2023）》；审议《关于建立长沙市雨花区防范化解涉众型非法经营活动稳定风险联席会议制度的通知》；研究干部人事有关工作。5 月 20 日，研究干部人事有关工作；审议《长沙市雨花区 2021 年全面推进乡村振兴战略实施方案》《关于调整中共长沙市雨花区委实施乡村振兴战略领导小组组成人员的通知》，研究召开 2021 年区委农村工作会议相关事项。6 月 18 日，听取关于“七一”前夕党建重点工作、“党建聚合力”工程、“三零”社区（村）建设工作情况汇报；审议雨花区《关于贯彻落实 < 中国共产党政法工作条例 > 情况督查反馈意见整改方案》；审议《关于成立雨花区创建国家生态园林城市工作领导小组的通知（送审稿）》；听取雨花区贯彻落实意识形态工作文件精神情况汇报；听取关于选派干部赴溆浦县开展乡村振兴对口帮扶工作的汇报。6 月 28 日，研究干部人事有关工作。6 月 30 日，听取关于区第六次党代会代表选举相关工作的情况汇报；研究区人大、政协换届选举有关工作；听取全区办公室工作情况汇报；研究干部人事有关工作。7 月 5 日，研究干部人事有关工作。7 月 13 日，研究干部人事有关工作。7 月 19 日，听取雨花区出席市第十四次党代会代表候选人初步人选、区委提名的区第六次党代会代表候选人情况汇报、全区防范学生溺水工作情况汇报、全区消防工作情况汇报。7 月 22 日，研究干部人事有关工作。7 月 25 日，听取全区养老保险待遇核查“回头看”工作情况汇报、全区农村防汛、城区防涝工作情况汇报、近期常态化疫情防控工作情况汇报、全区仓库物流消防安全工作情况汇报；研究确定区人大代表初步建议人选；研究干部人事有关工作。7 月 27 日，研究确定区委委员、候补委员、纪委委员候选人预备人选、研究确定出席市第十四次党代会代表候选人预备人选；听取区第六次党代会筹备工作情况汇报。7 月 29 日，研究干部人事有关工作。8 月 5 日，听取全区消防安全隐患整治情况汇报、全区落实《关于进一步加强新形势下统计工作的意见》情况汇报、全区绩效考核工作情况汇报；研究审定人大代表建议人选。8 月 20 日，听取全区消防安全整治百日攻坚工作情况汇报、区人大换届选举工作情况汇报、关于学习贯彻《进一步减轻义务教育阶段学生作业负担和校外培训负担的意见》的情况汇报、排查整顿农村发展党员违规违纪问题工作情况汇报；审议《雨花区委常委、人大主任、政协主席基层党支部工作联系点安排表》；研究干部人事有关工作。

9 月 8 日，传达省领导在雨花区调研有关工作讲话指示精神，研究部署相关工作；听取全区消防安全、道路交通安全整治工作汇报；审议《关于提升雨花区公众安全感的工作方案（送审稿）》《关于化解重点群体性矛盾领导包案的通知（送审稿）》；听取区“两会”筹备工作情况汇报；研究部署防止返贫监测与帮扶工作；审议《长沙市雨花区区级议事协调机构及项目建设指挥部管理办法（送审稿）》《中共长沙市雨花区委关于议事协调机构清理调整的通知（送审稿）》，研究区重点工程建设领导小组发文撤销和成立指挥部有关工作；听取市委第三巡察组专项巡察雨花区委落实省委巡视整改情况汇报；审议《关于贯彻落实“三重一大”事项集体决策制度的实施办法（送审稿）》《关于规范和加强区委常委会及常委班子成员党内政治生活的有关要求（送审稿）》。9月15日，听取区政协委员初步建议人选情况汇报、关于成立区委人才工作领导小组的汇报；审议“3·8”专案相关公职人员违纪违法处理意见。9月30日，审议《长沙市雨花区国企改革三年行动工作方案（2020—2022年）（送审稿）》；听取乡村振兴对口帮扶溆浦县工作情况汇报、关于成立涉J服务管理工作联席会议情况的汇报；听取区第六届政协委员提名推荐工作情况汇报，审议区六届人大会常委会委员、政协区第六届委员会常委人选。10月9日，听取区科技创新工作情况汇报、创建全国一流现代化强区工作情况汇报；审议《中共长沙市雨花区委学习宣传贯彻市第十四次党代会精神工作方案》；听取扫黑除恶斗争工作汇报，审议《雨花区依法快速处置突发性涉稳事件联动工作机制（送审稿）》；研究干部人事有关工作。10月18日，审议《政府工作报告（送审稿）》；听取雨花区推进长株潭一体化工作推进情况汇报、关于加强搅拌站和搅拌车管理工作情况的汇报；审议《雨花区生态环境保护工作责任规定（送审稿）》；研究区人大、政府、政协领导班子、监委主任及法检两长换届人事安排。10月18日，研究有关人事呈报。10月19日，研究区人大、政府、政协领导班子、监委主任及法检两长换届人事安排；研究部署区“两会”有关工作。11月1日，研究向省第十二次党代会建言献策有关工作；听取疫情防控、安全生产、信访维稳工作情况汇报、雨花区松材线虫病防治工作汇报、关于贯彻落实长沙国际文化创意中心建设有关工作情况汇报、关于区人事工作领导小组调整和更名情况汇报；研究雨花区全面推行林长制工作；研究干部人事有关工作。11月13日，传达十九届六中全会精神。11月16日，传达省委常委、市委书记吴桂英调研雨花区精神。11月19日，听取全区党史学习教育和“我为群众办实事”实践活动情况汇报；审议《长沙市雨花区关于加强新一轮县域警务工作方案（送审稿）》《关于贯彻落实省委常委、市委书记吴桂英调研雨花区指示精神 全力推动“三提升三下降”的实施方案（送审稿）》《市委第三巡察组专项巡察雨花区委落实省委巡视整改反馈意见整改方案（送审稿）》《关于〈省委巡视办对长沙市委巡察工作开展指导督导情况的反馈意见〉的整改实施方案》《雨花区“筹改居”工作五年行动计划（送审稿）》。12月3日，审议《贯彻落实省委书记张庆伟同志在参加省第十二次党代会长沙市代表团讨论时讲话精神责任分解表》；听取1—11月份经济运行情况汇报，研究部署有关工作；围绕“强省会”提出意见建议《关于印发〈雨花区进一步减轻义务教育阶段学生作业负担和校外培训负担重点任务清单〉的通知》《关于区委国家安全委员会组成人员任职的通知（送审稿）》；研究干部人事有关工作。12月14日，研究重大事项报告有关规定；通报规范公务员奖励性补贴和工资收入有关情况；听取全市重大产业项目流动观摩筹备工作情况汇报；研究干部人事有关工作。（彭　杨）

【区委经济工作会议】 2021年2月2日，2021年雨花区委经济工作会议召开。会上为2020年度雨花区促进区域产业发展的企业和个人给予兑现政策；通报2020年度服务经济发展工作考评结果、2020年度“居民零上访、安全零事故、治安零发案”街道（镇）和社区（村）认定结果、2020年度雨花区“三大片区”工作竞赛考核结果、2020年度全区安全生产和应急管理工作考核结果、2020年度生态环境保护（蓝天保卫战）、环保督察与河长制工作考核结果、2020年度全区城市管理和垃圾分类工作考核结果。会议铺排2021年重点工作任务，印发或下达《2021年雨花区贯彻落实“三高四新”战略任务清单》《2021年全区重点项目联点帮扶实施方案》《“精美雨花”建设工作实施方案（2021—2022年）》等。会议指出，要紧盯推动高质量发展主题来发力，围绕构建新发展格局来展开，突出实施“三高四新”战略来推进，

2021年2月2日，2021年区委经济工作会议　（区融媒体中心 供图）

坚持稳中求进工作总基调，坚持系统观念，统筹处理好各方面关系。（彭　杨）

【雨花区奋力实施“三高四新”战略全面推进高质量发展大会】 2021年2月25日，雨花区奋力实施“三高四新”战略全面推进高质量发展大会召开，会议印发《雨花区奋力实施“三高四新”战略全面推进高质量发展三年行动计划》《雨花区2021年推进长株潭区域一体化发展工作方案》等政策文件6个，对全区2021年相关重点工作进行部署。区委副书记、区长刘素月传达全市奋力实施“三高四新”战略全面推进高质量发展大会相关精神，铺排雨花区落实“三高四新”战略、推进区域高质量发展工作。区委书记张敏强调，要紧盯“三高四新”战略中经济、先进制造业、科技创新、改革开放等方面工作，推动在雨花区落实落地，项目建设要开足马力，长株潭一体化要主动作为，平安雨花建设要紧盯抓牢，城市建管品质要大力提升，乡村振兴要深入实施，蓝天保卫战要持续推进，物业管理要着力改善，舆论保障要切实强化。（彭　杨）

【自贸雨花区块工作领导小组会议】 2021年2月25日，雨花区中国（湖南）自由贸易试验区长沙片区雨花区块工作领导小组2021年第1次会议召开。会议总结前段工作，分析当前形势，部署下段工作。区委书记张敏会议指出，自2020年9月中国（湖南）自由贸易试验区获批以来，高桥区块中非经贸深度合作示范区建设取得初步成效，在湖南自贸试验区工作领导小组第一次会议上作为唯一示范区块在全省推介。张敏强调，要切实提高思想认识；科学制定发展规划；加快推进改革创新，完成96项承接改革事项试点任务；始终紧盯项目建设，高桥区块加快推进中非经贸产业合作示范园二期中非易货贸易中心和中非医疗健康产业园等建设，以及推进非洲非资源性产品集散和交易中心建设，高铁新城区块加快浏阳河国际文化科创基地、绿地城际空间站等重大产业项目建设；着力实现协同发展；全面压实工作责任，区自贸工作领导小组成员发挥牵头抓总作用。区委副书记、区长刘素月强调，要提升工作站位，压实工作责任，加快工作步伐，提升工作能力。6月10日，雨花区中国（湖南）自由贸易试验区长沙片区雨花区块工作领导小组2021年第2次会议召开。会议肯定中国（湖南）自由贸易试验区长沙片区雨花区块上阶段工作成效，审议并通过相关文件。张敏强调，要坚持规划引领，紧盯把高桥区块建设成为“中非经贸深度合作先行区”和“国内国际双循环引领区”、把高铁新城区块建设成为“高铁枢纽经济开放创新区”和“高端现代服务业集聚区”的目标，确保各项任务全面完成；紧盯重点任务，高桥区块要加快推进中非经贸产业合作示范园二期、中非医疗健康产业园等建设；高标准建好中非经贸数字化综合服务平台，做好人民币结算、中非易货贸易等工作，加强管委会及周边基础设施配套，高铁新城区块要加快浏阳河国际文化科创基地、绿地城际空间站等重大产业项目建设进度，加强市政道路和配套公园等基础设施建设，提质长沙火车南站站区、长沙大道、红旗路、花侯路等；实现联动发展，高桥与高铁区块之间，要在体制创新、政策落地、项目引进、人才招引等方面协同联动、共同发展；凝聚工作合力，工作领导小组要加强组织领导、统筹协调、整体推进、督促落实。（彭　杨）

2021年2月25日，雨花区奋力实施“三高四新”战略全面推进高质量发展大会

（戴雨瑶　摄）

【贯彻落实市委主要领导到区调研指示精神会议】 2021年3月1日，雨花区召开全区负责干部会议。区委副书记、区长刘素月传达湖南省委常委、省政府副省长、长沙市委书记吴桂英2月28日调研雨花区讲话指示精神，就贯彻落实进行安排部署。会议研究制订下发《贯彻落实省委常委、省政府副省长、长沙市委书记吴桂英调研雨花讲话精神责任分工方案（征求意见稿）》，从争当“三个高地”排头兵、争当长株潭一体化桥头堡、争当现代国际商贸服务先行区、争当宜居幸福示范区和创新实干推动工作落实5个方面铺排具体工作任务。区委书记张敏强调，要按照“四个争当”（争当“三个高地”排头兵、争当长株潭一体化桥头堡、争当现代国际商贸服务先行区、争当宜居幸福示范区）、“五做”［做大城区、做强园区、做优片区、做实县市区、做靓社区（村）］、“五抓”（抓党建、抓发展、抓队伍、抓安全、抓成效）要求，推动全面落实。（彭　杨）

【党建工作会议】 2021年3月5日，雨花区党建工作会议召开。会议传达全市党建工作会议精神，部署全区党

办、机关党建、网格化、政法、组织、宣传思想和统战工作。区委副书记、区长刘素月主持会议，相关区领导参加。会议强调，党办系统要发挥“前哨后院”作用，践行“五个坚持”（坚持绝对忠诚的政治品格、坚持高度自觉的大局意识、坚持极端负责的工作作风、坚持无怨无悔的奉献精神、坚持廉洁自律的道德操守），做到“五个始终”（始终对党绝对忠诚、始终坚定理想信念、始终坚持人民至上、始终扛起责任担当、始终从严管党治党），不断提升参谋辅政、统筹协调、督促落实、服务保障的能力水平；组织系统要强化党建引领，发挥基层战斗堡垒作用和党员先锋模范作用，引导广大党员干部在经济社会发展一线真抓实干、担当作为；宣传系统要坚持守正创新，开展好党史学习教育，要加大宣传发动力度，广泛推介雨花在实施“三高四新”战略中的具体行动、工作成效和经验做法；政法系统要切实担当平安雨花建设的主力军，做好扫黑除恶、风险防控、社会综治、信访维稳等工作，深入开展政法队伍教育整顿工作；统战系统要广泛凝聚力量，引导各民主党派、工商联等，积极为区域发展建言献策、献计出力，要服务好民营企业，抓好民族宗教工作；机关党建要深入推进“三表率一模范”（在深入学习贯彻习近平新时代中国特色社会主义思想上作表率、在始终同党和中央保持高度一致上作表率、在坚决贯彻落实党和中央各项决策部署上作表率，建设让党和中央放心、让人民群众满意的模范机关）机关创建工作。（杨博文）

【党（工）委书记述职测评大会】2021年3月5日，雨花区镇、街道和区直行业系统党（工）委书记抓基层党建暨落实意识形态工作责任制述职评议会议召开。长沙市委组织部、市委宣传部有关领导出席会议并作点评。雨花区委常委、区人大常委会主任、区政协主席等参加。区委副书记、区长刘素月主持会议。13个镇、街道党（工）委书记现场述职，雨花经开区和区直行业系统党（工）委书记书面述职。区委书记张敏逐一点评。会议强调，要持续提升党建质量，以高质量党建引领高质量发展。（杨博文）

【党史学习教育工作推进会】2021年3月19日，雨花区党史学习教育工作推进会召开，深入学习贯彻习近平总书记在党史学习教育动员大会上的重要讲话精神，以及全省党史学习教育动员大会，并对全区开展党史学习教育进行动员部署。区委书记张敏强调，要提高政治站位，切实增强开展党史学习教育的思想自觉和行动自觉；要紧盯目标任务，高标准高质量完成党史学习教育各项任务；要加强组织领导，有力有序推动党史学习教育深入扎实开展。（任启友）

【街镇党（工）委书记会议】2021年4月29日，雨花区委书记张敏主持召开街镇党（工）委书记会议，传达学习习近平总书记近期有关重要指示批示精神，贯彻落实全省市州委书记视频会议精神及全市区县（市）委书记会议精神，研究部署做好当前和下一阶段有关重点工作。会议强调，要扎实推进党史学习教育；严格抓好政法队伍教育整顿；切实抓好中央生态环保督察整改；加快推进高质量发展；着力改善民生福祉；正确认识集中换届；全力维护安全稳定。（彭　杨）

【禁毒委全会】2021年4月30日，雨花区2021年禁毒委全会召开。会议传达国家、省、市关于禁毒工作会议精神，全面总结雨花区前期禁毒工作情况，安排和部署禁毒工作。会议指出，要突出抓风险排查、人员管控、打击查处和宣传引导；区禁毒办要发挥统筹协调指导作用；各成员单位、各街镇主要负责人要履行“一把手”责任；相关职能部门要加强协作，形成合力。（彭　杨）

【全区青年干部座谈会】2021年5月8日，雨花区全区青年干部座谈会召开。区委书记张敏与来自全区各级各战线的100余名青年干部代表面对面交流。区委常委、组织部部长李颖主持座谈。罗闽、沈敏、赵灿、周晓辉、吴一山、李昌胜、周心怡、吴亚婧8名青年干部代表立足工作岗位，围绕乡村振兴、基层治理、城市管理、园区建设、青年成长等话题，畅谈所思所悟所为。与会人员举手自由发言。张敏强调，要始终坚定理想信念，自觉接受严格的党内政治生活淬炼；珍惜青春干事创业；服务群众甘当公仆；清正廉洁守住本色。（彭　杨）

【区委意识形态工作专题会议】2021年5月18日，雨花区委书记张敏主持召开区委意识形态工作专题会议。会议贯彻落实省委、市委相关会议精神，研究部署全区意识形态工作。会议听取雨花区意识形态工作有关情况汇报；区教育局、区民宗局、区文旅体局、区公安分局、井湾子街道作交流发言。张敏强调，要提高政治站位，做到对标看齐；紧盯关键环节，务实工作举措；强化履职担当，形成强大合力。（彭　杨）

【区委网络安全和信息化委员会第三次会议】2021年5月26日，区委书记、区委网络安全和信息化委员会主任张敏主持召开区委网络安全和信息化委员会第三次会议。会议传达学习中央和省委、市委网信委会议精神，听取全区网信工作情况汇报，审议并通过《雨花区关于加快建立网络综合治理体系的实施方案》《雨花区网络舆情交办工作办法（试行）》文件，研究部署下一阶段全区网信工作。会议强调，要切实提高政治站位；持续扩大正面宣传；深化网络综合治理；加快推进数字赋能；压紧压实工作责任。（彭　杨）

【区委全面依法治区委员会第四次会议】2021年5月27日，雨花区委书记、区委全面依法治区委员会主任张敏主持召开区委全面依法治区委员会第四次会议。会议深入学习贯彻习近平法治思想和中央全面依法治国

2021 年 6 月 4 日，2021 年雨花区委农村工作会议　（戴雨瑶　摄）

工作会议、省委全面依法治省委员会第四次会议、市委全面依法治市委员会第四次会议精神；听取全区依法治区工作情况汇报，审议有关文件，研究部署下阶段工作。会议强调，要推动重大行政决策程序规范化建设，加强规范性文件合法性审核；稳步推进行政复议体制改革；开展政法队伍教育整顿；开展“八五”普法工作，推进法治进机关、乡村、社区、学校、企业、单位；加大对违法犯罪活动的预防、打击和处置力度。　（彭　杨）

【区委农村工作会议】 2021 年 6 月 4 日，2021 年雨花区委农村工作会议召开。会议传达中央、省、市相关会议精神，安排部署 2021 年“三农”重点工作。会议强调，要深入贯彻落实习近平总书记关于“三农”工作的重要论述精神和考察湖南重要讲话精神，抓好“三农”工作、推进乡村振兴，为实施“三高四新”战略、推进高质量发展筑牢坚实基础。　（彭　杨）

【园区建设领导小组会议】 2021 年 6 月 11 日，雨花区园区建设领导小组会议召开。会议听取雨花经开区 2021 年园区发展思路和工作举措，以及 1—4 月各项工作开展情况的汇报。区委书记张敏强调，下一步园区要聚焦“三个高地”建设不走神，打造新能源汽车及零配件、智能光学及装备、智能生物医疗三个方面的产业高地，做大高新技术企业总量，加快国家级实验室落户，形成科技研发创新高地；加快推进产业项目建设；主动融入长株潭一体化，加快“飞地园区”“配套园区”的建设；加速“腾笼换鸟”和二次开发，引进一些实力企业、国有企业，进行收购或合作开发；加强产业生态的建设，以高质量营商环境服务高质量产业发展。　（彭　杨）

【庆祝中国共产党成立 100 周年表彰大会】 2021 年 6 月 28 日，雨花区庆祝中国共产党成立 100 周年表彰大会召开。区委副书记、区长刘素月主持会议，区“四大家”班子成员出席活动；区属各党（工）委、党组，各群团组织负责同志及老党员代表、“两优一先”代表参加会议。会议举行雨花区“光荣在党 50 年”纪念章颁发仪式，区委书记张敏为 13 位党龄 50 年以上的老党员代表逐一颁发纪念章。区委副书记陈永高宣读《关于表彰雨花区优秀共产党员、优秀党务工作者、先进基层党组织的决定》，决定授予 100 人优秀共产党员称号，100 人优秀党务工作者称号，100 个党组织先进基层党组织称号。　（彭　杨）

【庆祝中国共产党成立 100 周年座谈会】 2021 年 7 月 5 日，雨花区庆祝中国共产党成立 100 周年座谈会召开。孙云晓、毛彤、谢金香、岳林、彭忠秋、欧阳晓琦、万淑兰 7 名不同身份、不同领域的共产党员代表，围绕“永远跟党走”主题进行分享交流。区委书记张敏强调，要深刻领会讲话精神，激发磅礴奋进力量；发挥主力军作用，展现更大担当作为；恪守为民服务宗旨，着力办好民生实事；坚持全区一体推进，迅速兴起学习热潮。（彭　杨）

【消防安全整治百日攻坚动员部署大会】 2021 年 7 月 26 日，雨花区消防

2021 年 6 月 28 日，雨花区庆祝中国共产党成立 100 周年表彰大会（卢艳霞　摄）

安全整治百日攻坚动员部署大会召开。会议部署全区消防安全整治百日攻坚行动有关工作，与会人员围绕攻坚行动提建议、谈举措。区委书记刘素月强调，要加强指挥调度，聚焦重点攻坚，强化督导责任，做好后勤保障。区委副书记、代理区长黄军其强调，行动要快，措施要实，要求要严。（杨博文）

【电网“630攻坚”工作调度会】2021年8月11日，雨花区电网“630攻坚”工作调度会召开。会议传达长沙电网2021年“630攻坚”总结暨现代化长沙智慧电网建设推进会议精神，听取前段工作情况，研究重点难点问题，部署下阶段工作任务。区委书记刘素月强调，要在现场选址上进行踏勘商议，在设计实施上要注重品质，在要素保障上要全力保障支持。区委副书记、代理区长黄军其强调，要抓好规划落地，抓好基础建设，抓好责任落实。（杨博文）

【雅塘片区建设工作会议】2021年8月23日，雨花区雅塘片区建设工作会议召开。区委副书记、代理区长黄军其主持会议。区委书记刘素月强调，要在整体规划上彰显新理念，在拆迁建设上展现新作为，在产业发展上提升新高度，在新城形象上树立新标杆，在片区治理上打造新格局。黄军其指出，要聚焦战略定位，加快雅塘新城建设；加快征拆、加快安置，服务招商、攻坚项目，科学研判、精准定位，统一规划、分步实施，做好经济测算、争取资金支持。（杨博文）

【道路交通安全整治工作会议】2021年8月25日，雨花区道路交通安全整治工作会议召开。区委书记刘素月主持并讲话，区委副书记、代理区长黄军其，区领导蔡泽敏、吴平辉，相关区直部门负责人参加。会议听取有关情况汇报、部署重点工作任务。刘素月强调，要推进小区管理全覆盖、学校教育全覆盖、护学岗劝导全覆盖、标语宣传全覆盖、驾驶员安全宣传全覆盖、物流配送企业安全宣传全覆盖，要加强交通事故地点整治，统筹铺排交警力量，严格开展电动车安全执法，严格进行约谈。黄军其强调，要摸清底数，强化宣传，加强管理，突出执法。9月29日，雨花区消防安全和交通安全整治联席会议召开。黄军其出席会议并讲话，区领导吴平辉、周习文，相关部门、街道（镇）负责人参加。黄军其强调，要明确目标抓落实，突出重点抓落实，健全机制抓落实，形成合力抓落实，强化责任抓落实。（杨博文）

【园区建设工作座谈会】2021年9月16日，雨花区园区建设工作座谈会召开。区委书记刘素月强调，要以党建来引领，做好做实“一主一特”产业链党建，引导广大党员干部带头到经济建设一线攻坚克难；要以目标为导向，分阶段推进落实，紧盯“五好”（规划定位好、创新平台好、产业项目好、体制机制好、发展环境好）园区创建；要以创新求突破，用创新摆脱传统要素依赖、突破工作重点难点；要以项目强支撑，做强存量、做精增量、做大体量；要以能力作保障，提升专业素质，提高经济工作的能力和水平。区委副书记、代区长黄军其强调，要坚持把长远规划定位与近期目标任务相结合，坚持把盘活存量与引进增量相结合，坚持把龙头企业带动与产业链建设相结合，坚持把项目实投与科技创新相结合，坚持把体制机制改革与优化营商环境相结合，坚持把抓发展与抓安全相结合。（杨博文）

【全区负责干部会议】2021年9月24日，全区负责干部会议召开。会议传达学习贯彻长沙市第十四次党代会精神。会议强调，要把学习贯彻市党代会精神作为重要政治任务，凝聚思想共识，激发奋进力量；要把雨花发展置身于全市大局中思考谋划推进，彰显雨花担当，体现雨花作为；要把推动事业发展的职责使命牢牢扛在肩上，带头创新实干，狠抓工作落实。（杨博文）

重大活动

【全省项目观摩】2021年3月29日，湖南省实施“三高四新”战略产业项目建设推进现场观摩会在长沙召开。会议组织会前观摩，现场观摩考察一批代表性企业，了解园区“三高四新”产业项目建设推进情况。湖南省委书记、省人大常委会主任许达哲率与会人员现场观摩在长沙雨花经开区的晓光汽车模具智能装备产业基地，查看晓光模具自动化生产车间产品样品，参观晓光汽车模具装配车间。省委副书记、省长毛伟明率与会人员现场观摩长沙雨花经开区的湖南长步道光电科技有限公司，查看在长步道光电科技公司自主研发的1.5亿像素的工业镜头。许达哲、毛伟明观摩考察中南智能，湘投集团董事长邓军民、中南智能董事长杨漾接待考察团并介绍相关情况。许达哲、毛伟明听取关于公司历史沿革、发展历程的汇报，对中南智能通过“混改”转型省属智能制造平台后取得的发展表示赞许。许达哲、毛伟明分别率队进入研发车间，观摩公司三大核心业务板块的重点项目，询问各个项目在科研创新突破、核心竞争力培育、社会经济效益等方面取得的成果。通过中南智能工业互联网平台“指挥舱”大屏，许达哲察看公司在“长、株、潭”三地项目实时运行情况，就“制造指数”反映的工厂工况进行交流，分享过往的科研经历。毛伟明指出，湖南的机器人产业在解放生产、人机协作领域都颇有成果，智能制造企业大有可为。（尹丹平）

【省委组织部调研城市基层党建工作】2021年9月1日，湖南省委常委、省委组织部部长王成深入基层党建联系点长沙市雨花区，调研城市基层党建、园区党建、两新党建等工作。王成考察砂子塘街道中冶长天小区、井湾子街道井巷社区，了解社区党组织建设、公共服务事项办理、党建引领基层治理等情况；考察雨花经开区，实地察看长沙市比亚迪汽车有限公司企业发展、两新党建工作等情况。王成指出，要落实省委全面加强基层建设“1+5”文件（《中共湖南省委关于全面加强基层建设的若干意见》和《规范乡镇（街道）职责权限实施方案》《拓展基层干部晋升通道实施方案》《提高基层干部待遇实施方案》《促进人才向基层流动实施方案》《切实减轻基层负担实施方案》5个配套文件），严密党的组织体系，扎实推进党史学习教育，以高质量党建推动高质量发展、实现高效能治理；要全域推进城市基层党建工作，深化街道管理体制改革，激发社区党组织活力，完善社区工作者职业体系，夯实党在城市的执政基础；要坚持党建引领基层治理，深化网格化管理，强化社区物业党建联建，完善居家养老服务网络，增强党群服务中心便民功能；要落实全省产业园区高质量发展推进会部署要求，实施“两新”党建“标杆引领”计划，把党员组织起来、人才凝聚起来、群众发动起来。（尹丹平）

【吴桂英考察调研雨花区】 2021年2月28日，湖南省委常委、省政府副省长、长沙市委书记吴桂英调研雨花区经济社会发展情况。吴桂英考察高桥大市场出口产品集聚区，指出要抓好湖南自贸区长沙片区建设，加快转型升级，培育新兴业态；考察井巷社区公共服务中心，要求雨花区进一步探索创新，打造党建引领物业管理的示范区；考察“和+”共享图书馆，听取圭塘河流域综合治理情况汇报，要求提升治理能力和管理水平；走访湖南中机申亿检测技术有限公司，勉励企业进一步拉长产业链、提升竞争力；考察洞株公路建设和绿心保护情况等。召开座谈会，吴桂英指出，雨花区作为长沙的东南门户、高铁枢纽，作为中心城区的重要板块和长株潭的融城核心，要强化政治引领，强化机遇意识，强化问题导向；要争当“三个高地”的排头兵，争当长株潭一体化的桥头堡，争当现代国际商贸服务先行区，争当宜居幸福示范区；要抓党建，抓发展，抓队伍，抓安全，抓成效。

3月5日，吴桂英调研制造业重点企业，考察雨花经开区长沙比亚迪汽车公司，与在长沙比亚迪汽车有限公司商用车创新研究中心工程师探讨行业技术，勉励企业加大科技创新投入和人才队伍建设力度，深耕优势领域，围绕产业链进一步延链、补链、强链，持续发力做优生态。吴桂英强调，要发挥龙头企业的示范引领作用，做实做强做优制造业；打好产业基础高级化、产业链现代化攻坚战，提升先进制造业集群竞争力；各相关部门和园区要全力以赴为企业发展提供高效、优质、便捷的服务。

8月1日，省委常委、市委书记吴桂英到雨花区督导检查疫情防控工作。吴桂英检查长沙南站出站口、临时隔离区防控流程，了解志愿服务岗工作开展情况，听取车站近期疫情防控工作汇报。吴桂英强调，流调溯源要高质高效，核酸检测要有序扩面，疫苗接种要加快推进，工作准备要强化提升，全社会防控意识要持续提高。

10月17日，吴桂英在雨花区调研2021年湖南省花木博览会及花卉苗木产业发展情况。吴桂英考察长沙区县（市）形象展区、全省14个市州形象展区，询问相关情况。吴桂英指出，属地要进一步丰富品种品类、广泛发动参与，建好种植、销售、科研、观赏、交易等一体发展的花木全产业链，擦亮跳马“全国花卉苗木之乡”金字招牌，打造“永不落幕的花木博览会”；坚持走特色发展之路，推动三产融合发展，做好科技赋能文章；将花木产业作为乡村振兴、农民增收、美丽宜居村庄建设的抓手，科学规划、融合发展、做大做强。吴桂英调研石燕湖景区花海、周边民宿，鼓励当地进一步将区位优势、资源优势转化为经济优势和竞争优势。吴桂英考察石燕湖村，了解基层党组织以党建引领产业兴旺、推动乡村振兴的有益探索，指出要进一步发挥文化在推进乡村全面振兴中的作用，大力发展乡村旅游、红色旅游，推动“文创+”升级，切实把文化资源优势转化为经济发展优势。

11月15日，吴桂英调研雨花区经济社会发展情况。吴桂英考察可孚医疗科技股份有限公司、唐智科技湖南发展有限公司，鼓励企业坚持走“专精特新”发展道路，提升科技创新能力和核心竞争力；实地考察雅塘片区圭塘河井塘段海绵示范公园，强调要统筹各方资源，坚持生态效益、社会效益、经济效益有机统一，科学有序实施城市更新，形成可复制、可推广的经验做法。召开调研座谈会，吴桂英听取区县、园区情况汇报，指出要迅速掀起学习宣传贯彻中共十九届六中全会会议精神热潮；在打造一流强区上走前列；在扩大双向开放上树标杆，拓展开放通道、提升开放平台、壮大开放主体、优化开放环境；在提升城市形象上作示范，打造高颜值生态城区，擦亮窗口门户、打造城市客厅。吴桂英强调，要坚持抓全年目标任务，补齐短板、巩固优势，强化要素保障；抓重大项目攻坚，加快高铁新城、红星、雅塘等片区开发建设，推动一批重大产业项目竣工投产；抓重点企业帮扶，把帮扶工作做细做实、做到企业心坎上；抓消费潜力释放，推动市场升级，做强商贸物流，凸显现代服务业综合竞争力；抓社会大局稳定，维护安全稳定。（尹丹平）

【阚保勇调研雨花区】 2021年9月15日，长沙市委副书记阚保勇调研雨花区基层党建和乡村振兴工作。阚保勇走访井湾子街道井巷社区、中国（长沙）创新设计产业园，了解社区基层党建、基层社会治理创新和产业园非公党建工作。阚保勇指出，要以基层党建引领社会治理创新，发挥党员先锋模范作用，不断提高在社区环境治理、矛盾化解、困难救助等方面服务群众、解决问题的能力，构建基层社会治理共同体；园区党组织要以高质量党建助推企业高质量发展、赋能22条新兴和优势产业链建设。阚保勇到红星全球农批中心、跳马镇田新圆梦花木合作社大棚容器苗产业（就业）帮扶项目，对农副产品流通、防止返贫监测和帮扶工作进行调研。阚保勇指出，要坚持完善功能、提升业态，强化农产品产销衔接，加快形成高效、通畅、安全、有序的农产品现代流通体系；要推动农业产业提档升级，持续优化乡村投资和营商环境，深入探索乡村产业发展的有效路径，激发乡村产业振兴内生动力；做好防止返贫监测工作，巩固脱贫成果，全面提升脱贫攻坚质量。（尹丹平）

【刘素月工作调研】 2021年8月1日，刘素月当选第六届雨花区委书记。8月2日，刘素月率队调研雨花经开区，深入雨花经开区的比亚迪冲压和焊接二期、申亿高端零部件智能制造生产基地、雨花智能制造中心、可孚人工智能可穿戴医疗设备及智能装备产业基地（二期）项目建设现场，看建设进度、听发展规划、问企业需求，她反复叮嘱企业负责人，在做好疫情防控和安全施工的前提下，加快建设进度，提高建设品质，尽快投产达效。刘素月强调，要全力创建“五好”园区，全力建设千亿级园区，全力优化营商环境。刘素月一行到跳马镇关刀新村公共服务中心、石燕湖跳马镇文体活动中心疫苗接种点实地督导防控工作、慰问一线工作人员，召开跳马镇疫情防控工作调度会。刘素月强调，要迅速排查到位，严格管控到位，群众宣传动员到位，核酸检测和疫苗接种组织到位，重点场所管控到位，协同防控到位。刘素月以“四不两直”方式到同升街道洪塘佳苑小区和洪塘社区公共服务中心，以及洞井街道新裕社区，督查小区及周边超市、餐厅、药店防控举措，社区排查管控落实等情况。

8月6日，刘素月带队深入医疗机构、集中隔离场所、社区卫生院、学校等一线，督导调研全区疫情防控基础能力建设。刘素月查看湖南山水健康体检中心核酸检测和疫苗接种的场地设置、现场秩序、防护措施等情况，询问检测流程、采样检测能力和人员力量配备情况。刘素月强调，要储备一批医护人员、工作人员，要设置规范检测场所。刘素月强调，要压实驻点干部责任，加强对隔离人员的管理，规范垃圾处理清运、化粪池消杀等操作流程。刘素月督察洞井社区卫生服务中心，强调要严格落实防疫期间各项要求，加强医院内部管理；关注医护人员自身安全，做好各项防护措施。刘素月察看白沙湾小区核酸检测和疫苗接种点各个功能区域，了解了人员力量配备、现场组织流程、采样系统运用等情况，强调要引导群众按照规范流程登记信息、检测体温、查验“两码”，广泛发动群众和志愿者，加强小区巡查和宣传劝导。刘素月询问南雅中学疫苗接种点接种学生来源、每日接种能力等情况，强调要实施分校分批接种，组织专车接送，做好场地消杀，保障卫生环境，管控现场秩序，确保有序完成学生集中接种工作。刘素月强调，要全面提高核酸检测能力，全面做好隔离场所准备，全面提升疫苗接种覆盖率，全面落实应急物资储备。

8月13日，刘素月调研政法工作。刘素月强调，政法战线各单位要加强政治建设确保对党绝对忠诚，要深化平安雨花建设，精准服务中心大局，要用好教育整顿成果从严锻造过硬队伍，扛起保安全、护稳定、促公平责任。

8月16日，刘素月调研宣传思想工作。刘素月指出，宣传思想工作要发挥统一思想、凝聚力量的重要作用，深入宣传区六次党代会精神，把“贯彻‘三高四新’战略、践行‘四个争当’使命，立足中部领先，迈向全国十强”的部署要求传递到全区各个层面。刘素月强调，要提高政治站位，把握新形势下做好宣传思想工作的大局和方向；要突出聚焦聚力，为建设全国一流现代化强区凝聚强大精神力量；要坚持守正创新，不断提高做好宣传思想工作的能力和水平。

8月26日，刘素月深入小区、社区和非公有制企业调研城市基层党建工作。刘素月强调，要加强政治建设，夯实干事创业思想根基；要筑牢基层基础，打造坚强有力战斗堡垒；要锻造过硬队伍，强化推动发展重要保证；要突出履职担当，统筹做好各项重点工作。

9月13日，刘素月调研纪检监察工作。刘素月强调，要始终把牢政治方向，坚决扛牢使命任务；要加快清廉雨花建设，发挥引领保障作用；要着力加强自身建设，锻造纪检监察铁军。

9月27日，刘素月调研省花木博览会筹备工作，现场查看省花木博览会展馆建设、道路提质、环境整治等工作进展情况，召开现场调度会。刘素月强调，要进一步强化工作目标、提升工作标准、形成工作合力。刘素月检查石燕湖景区特种设备安全、跳马林业站森林防火工作、白竹片区混凝土搅拌站安全管理情况。刘素月强调，要加强特种设备管理、强化森林防火工作、突出车辆安全管控。

10月28日，刘素月一行深入高桥街道鑫华社区华雅花园小区、雨花亭街道香南郡社区香樟公馆小区调研党建引领物业管理工作。刘素月强调，雨花区作为省委城市基层党建联系点、全市党建引领物业管理示范区，要以党建引领物业管理为突破点，全域推进整体提升城市基层党建工作水平，在省、市树立标杆、引领示范，贡献雨花经验；要对标先进地区、紧盯重点难点、聚焦群众诉求、主动担当作为，牢牢把握党建引领这个核心、基层能力这个关键、群众满意这个目标，推动物业管理工作水平整体提升，让群众的幸福感在家门口升级。

11月17日，刘素月调研湖南化工研究院有限公司。刘素月一行察看研究院周边的地理环境，参观农药生测药效GEP实验室、环境安全性评价GLP实验室、产品化学GLP实验室、残留化学GLP实验室、新农药创制与工艺研究实验室，以及部分试验用苗木、昆虫、斑马鱼与鹌鹑等生物的培养繁殖现场，湖南化工研究院副院长欧晓明进行全程解说。海利集团公司党委书记、董事长，研究院党委书记、院长刘卫东就研究院高端人才培养、区块链技术培育、区域化成果转化与服务等方面提出相关诉求，陪同调研的相关部门负责人一一回应并提出相应的意见建议。刘素月表示，希望湖南化工研究院更进一步发挥科研平台的优势，以技术创新引领产业，产业反哺科研，促进企业产业优化升级，助推海利集团高质量发展。

12月2日，刘素月调研区重大产业项目，实地察看项目进展，现场调度项目建设。考察红星片区圭塘河植物园段、天华路、湘华路、天华生活安置小区，高铁新城片区黎托生态公园、浏阳河风光带及运达W酒店周边等项目现场，与项目负责人深入交流，了解项目规划、工期计划及工作进展情况，就项目推进中的具体问题进行现场交办。刘素月强调，全区各级各部门要提高思想认识，紧盯目标任务，强化责任担当，高标准高品质推进片区开发，全力打造城市更新改造的典范区、城市窗口形象的展示区、“三提升三下降”的示范区、人民群众宜居宜业的幸福区。

12月17日，刘素月到跳马镇宣讲十九届六中全会、省第十二次党代会精神并进行调研。刘素月实地察看白竹安置区建设、金屏社区二虎山美丽宜居村庄建设、关刀新村原砖佳建材厂退出企业用地处置等，召开座谈会。刘素月强调，要切实强化党建引领，发挥党组织战斗堡垒和党员先锋模范作用，以高质量党建引领高质量发展；要主动抢抓战略机遇，以新一轮国土空间规划修编和建设长株潭绿心中央公园起步区的核心区为契机，创造更多发展空间和条件，要承接好、推进好花博会等重大项目落地实施，形成新的增长点；要做大做强主导产业，积极争取成立湖南省花木文创产业示范园，打造花卉苗木产业集群，进一步擦亮“全国花卉苗木之乡”金字招牌，深入挖掘跳马文化资源，加快文化和旅游产业融合，探索发展“双碳”（碳达峰和碳中和）等新兴产业，推动一、二、三产业融合发展；要全面提升环境品质，以点带面全域提升，发动群众积极参与；要着力改善民生福祉，抓好脱贫攻坚与乡村振兴有效衔接，巩固脱贫成果；要牢牢守住安全底线，抓好重点行业、重点路段、重点区域的监管，严防安全事故发生。（杨博文）

【领导干部学习贯彻中共十九届五中全会精神集中培训】 2021年4月13日，雨花区领导干部学习贯彻中共十九届五中全会精神集中示范培训班开班。区委副书记陈永高主持开班式，区委书记张敏作开班讲话。张敏对新发展阶段、新发展理念、新发展格局的内涵和要求进行系统梳理和领学，强调全区上下要提高站位、提升认识；要科学分析、精准研判；要突出重点、创新实干。（彭　杨）

【学习贯彻中共十九届六中全会精神宣讲报告会】 2021年12月14日，雨花区举行学习贯彻中共十九届六中全会和省第十二次党代会精神宣讲报告会。区委书记刘素月主持。长沙市委宣讲团成员、市委党校副教授关媛媛作“中国共产党的领导力”主题宣讲报告，围绕中共十九届六中全会和省第十二次党代会精神，从中国共产党百年奋斗的重大成就、历史意义、历史经验3个方面进行解读。刘素月强调，要突出学深悟透、把握精神实质；要系统深入宣传、凝聚思想共识；要狠抓贯彻落实、主动担当作为。

（杨博文）

【传达学习贯彻省第十二次党代会精神】 2021年11月29日，雨花区委书记刘素月主持召开全区负责干部大会，传达学习贯彻省第十二次党代会精神、全市领导干部大会精神等。刘素月强调，要强化政治担当，不折不扣推动省党代会精神在雨花落地生根；要扛牢使命任务，在实施强省会战略中主动彰显雨花担当作为；要精心组织部署，迅速掀起学习宣传贯彻省党代会精神的热潮。（杨博文）

【推进长株潭一体化发展】 2021年1月13日，雨花区召开长株潭一体化发展工作座谈会，相关区直部门、省市专家、企业代表、基层代表参加座谈。与会人员围绕发挥基层在长株潭一体化发展中的作用发言、献计献策。区委副书记、区长刘素月强调，要提高政治站位，强化省会担当，以更高视野、从更广层面共同谋划长株潭一体化发展；要聚焦产业联动，呼吁出台绿心地区产业发展规划，探索推进产业、城市互融共促的新路子；要推动全方位合作，在乡村振兴、绿心保护、公共服务等方面，主动与株洲市、湘潭市各区县（市）深入交流、深度合作，努力打造长株潭一体化发展的样板区。

2月25日，雨花区出台《2021年推进长株潭区域一体化发展工作方案》，从规划引领、交通先行、产业融合、服务共享、绿心保护、项目建设6个方面着手，绘出路线图和行动表。同日，雨花区与株洲市云龙示范区签订政务服务“跨市通办”合作协议，第一批政务服务“跨市通办”事项21项。

3月3日，刘素月率队到湘潭市岳塘区、韶山市高新区、湘潭市经开区对接长株潭一体化工作，现场为在建项目解难题，并与各方交流探讨，共同谋划一体化发展。刘素月一行考察岳塘国际商贸城，了解该项目的运营情况、经营业态等，就岳塘国际商贸城与高桥、红星两大市场之间产业互融、优势互补、错位发展，以及更好地享受自贸区、市场采购贸易方式试点等优势，交换意见建议；考察雨花携手韶山市打造的全省首个“飞地园区”——雨韶智能制造产业园，考察长株潭一体化中首家入驻的“融城小学”湘潭九华砂子塘潭州小学项目建设工地，交换学校高标准、高质量、高水平建设和管理的意见；交流产业发展、公共服务、开放平台一体化。

3月18日，刘素月带领雨花经开区的多家人工智能企业到株洲市石峰区和株洲经开区考察。雨花经开区和株洲经开区签署战略合作协议。协议约定，双方将围绕推进“三高四新”战略为指导，强化产业对接，促进产业互补，推动产业升级，增进人才互动，发挥雨花经开区“一主一特”（新能源汽车及零配件、人工智能机器人及传感器产业链）、株洲经开区轨道交通和大数据产业集群的优势，以产业链合作为纽带，促进两地智能制造错位发展、相互补充，形成协同效应、聚集效益和规模效应。围绕产业互补、创新互通、资源互享、人才互动4个方面开展深度合作，加快构建“经济圈”“生活圈”“服务圈”三圈融合发展新格局。举行企业交流会，湖南晓光汽车模具有限公司与株洲宏泰汽车零部件有限公司签订协议，旨在推动汽车零部件高端产业链上下游协同发展；晓光工匠学院与株洲经开区共同签署人才实训公共服务战略协议，通过平台共同培育国家级和省市级重大专项的研究与应用实践，协助企业建立产教融合机制，推广产教融合创新；湖南中机申亿与株洲云龙区就检验检测中心项目进行签约，为株洲机械设备及零部件检测行业高端检测提供合作服务。红星实业集团、大族激光、长步道，先惠智能、华云数据、华数智能等重点企业参与，为长株潭一体化发展注入“新动力”。

3月19日，雨花区携手株洲市、湘潭市区县（市）政府相关负责人、企业家，齐聚湖南高桥大市场，就推动政策资源共享、产业资源共享、协作联动机制等方面开展深入交流。三方进一步深化长株潭商贸行业合作，推动三市企业依托自贸试验区建设，探索“区内注册、区外运营、加强监管”创新发展模式，实现产业互融、优势互补、错位发展。刘素月指出，雨花区将进一步与各区县（市）密切合作，主动担当，务实作为，为三市企业搭建更多的交流沟通平台。

3月24日，雨花区政府副区长刘江红带队赴株洲市石峰区、湘潭市岳塘区就教育、科技、文旅体、卫健、医保等工作融合发展开展对接交流。

3月29日，雨花区与株洲市石峰区签订政务服务“跨市通办”合作协议，第一批政务服务“跨市通办”事项24项。

3月31日，雨花区与湘潭市岳塘区签订政务服务“跨市通办”合作协议，第一批政务服务“跨市通办”事项22项。

4月9日，雨花区与株洲市云龙示范区市场准入“跨市通办”合作签约。

4月22日，长沙雨花经济开发区管理委员会、株洲经开区、云龙示范区、长沙市雨花区市场监督管理局（知识产权局）、长沙市雨花区版权局联合举办“强化知识产权保护协作，护航长株潭一体化发展”2021年知识产权宣传周活动启动仪式。

4月28日，“建功自贸区·青春正当时”长株潭一体化发展2021五四青年开放论坛，在高桥国际商品展示贸易中心二楼多功能厅举办。雨花区成立“开放青年企业家联盟”“青年志愿者联盟”2个联盟，并发布“自贸试验区高桥区块志愿服务项目、创业青年开放学习考察项目、自贸试验区高桥区块人才引进项目”3个项目。论坛宣布，依托2个联盟，雨花区将面向高校招募大学生志愿者，到自贸试验区雨花高桥区块开展志愿服务活动；举办经贸考察协作活动，促进青年企业家之间的经济协作；组织青年企业家与北、上、广、深地区的有关团体、企业家尤其是青年企业家进行合作交流；完善自贸区人才集聚发展配套政策，在引进高层次人才、海外人才、积极储备青年人才、加强创新创业支持等方面提供保障。

5月15日，长沙市雨花区、株洲市石峰区、株洲市经开区、湘潭市岳塘区联合举行“四方联动·职赢未来”2021年长株潭民营企业招聘月暨雨花区高校毕业生就业服务季活动启动仪式及现场招聘会。

6月1日，长沙市2021年第一批集中供应土地摘牌揭晓。雨花区落地4个重大产业招商引资项目（含“三类500强”项目3个），数量排名“内五区”第一，总投资约155亿元。4个项目分别是位于自贸试验区雨花区块高铁新城片区的长沙之门一期项目、诺贝尔脑科学健康中心项目、汽车文化主题公园项目和位于雅塘片区的城市更新综合改造产业项目。

6月16日，长沙市雨花区、湘潭市岳塘区、株洲市石峰区、株洲市云龙新区启动“长株潭人社服务一体化”直播带岗线上招聘活动。

6月18日，长沙市雨花区、株洲市石峰区、湘潭市岳塘区三区商务（粮食）部门共同主办、湖南省跨境电子商务协会承办的长株潭跨境电子商务行业培训暨“共建雨花跨境电商”签约仪式在雨花区高桥大市场国际商品展示贸易中心举办。

9月26日，“长株潭·名优产品出口展销馆”开馆仪式暨市场采购招商推介会（长株潭专场）活动在高桥大市场举办。

12月1日，雨花经开创投公司与株洲市国有资产投资控股集团有限公司、株洲渌口经济开发区产业发展集团有限公司三方签约，共同组建湖南雨花融城创业投资合伙企业（有限合伙），对雨花融城创业基金进行管理与运营。该基金主要面向长株潭区域内新兴优势产业链中处于种子期、初创期的科技创新型项目进行投资，重点关注新能源汽车及零部件、人工智能及机器人（含数控机床）、生物医药、高分子新材料产业链上下游企业等。

12月20日，长沙市雨花区两型社会建设服务中心更名为长沙市雨花区长株潭一体化发展事务中心。

（尹丹平）

【村、社区（筹委会）书记、主任培训】 2021年3月8日，为期5天的雨花区村（社区）书记、主任培训班开班。162个村（社区）书记、主任共164人参加培训，区委副书记、党校校长陈永高主持开班动员，区委书记张敏为新任村（社区）书记、主任上“任职第一课”。张敏强调，要提高政治站位，突出履职担当，树立良好形象。该次培训班涵盖党史学习教育、基层社会治理、民族宗教政策法规、党风廉政建设等方面内容，既有党史和社会治理的理论学习，又有湖南省党史陈列馆的参观学习、井巷社区的现场教学。

（彭　杨）

【“践行‘四个争当’，落实‘三升三降’，迈向全国十强”座谈】 2021年12月25日，雨花区召开“践行‘四个争当’，落实‘三升三降’，迈向全国十强”座谈会。全体在职县级领导，区直各部门单位、各街道（镇）主要负责人参加座谈。与会人员聚焦会议主题，结合工作实际，重点围绕2022年工作铺排、重大项目计划、工作标准要求、干部队伍建设等方面，进行交流发言。区委书记刘素月主持会议并讲话。刘素月强调，要明确奋斗目标，在全国加快进位，在中部继续领跑，在全省勇当先锋，在全市引领示范；要突出工作重点，园区要做强，力争“十四五”中期迈上千亿级台阶，片区要加快，提速发展高铁、红星、雅塘三大片区，加快谋划推进东塘、高桥、黎托南片区等重点区域建设，自贸区要做大，发挥中非经贸合作先行区核心区作用，带动全区现代服务业整体提升，生态区要做实，打造湖南省花木文创产业示范园，发展村集体经济，城区社区要做美，提高审美水平；要强化自身建设，区委要发挥总揽全局、协调各方的领导作用。区委副书记、区长黄军其强调，要提升园区发展质效，紧盯千亿园区目标、“一主一特”产业、重大项目、重点指标，狠抓科技创新、招大引强、效益提升、精准帮扶；深挖现代服务业发展潜力，大力发展楼宇经济，加快商圈转型升级；抓牢重大项目建设；推动自贸区建设取得突破；加快长株潭一体化发展，重点推进长株潭绿心中央公园起步区、金屏小镇、湖南花木文创产业示范园等项目建设；持续抓好社会治理，统筹发展与安全；切实强化保障，做好策划规划、土地出让、争资争项工作。（杨博文）

【平安雨花建设现场观摩活动】 2021年3月16日，雨花区组织开展平安雨花建设现场观摩活动，观摩南雅社区安全生产、疫情防控等工作，学习社区党组织坚持党建引领，以“党建+”的模式不断提高基层治理能力和治理水平的方法；观摩高桥服务站社会面风险防控工作，参观高桥服务站“一站式”矛盾纠纷调处新平台，了解高桥服务站运用“政府牵头、司法指导、多元参与”的矛盾纠纷多元化解体系，将矛盾化早化小，化解在基层的做法；观摩侯家塘街道退役军人服务站退役军人服务工作，参观涉军群体服务工作，学习加强退役军人保障工作，维护退役军人合法权益的经验。召开平安雨花建设工作推进会，区委副书记陈永高点评平安雨花建设工作，并部署下阶段工作，相关单位作交流发言。区委书记张敏强调，要以严密防线抓社会面风险防控，以过硬举措抓安全生产，以常态机制抓疫情防控。（尹丹平）

区委办公室

【政策研究】 2021年，雨花区委办公室撰写各类文稿400余篇，完成领导讲话、会议文稿、重要汇报等各类文字起草任务。注重抓好区委重大工作成果和经验的总结，在省、市媒体推介刊发雨花经验文章40余篇。参与区委换届、城市基层党建、经济社会发展等工作，牵头撰写《区第六次党代会报告》《构建“四个体系”，种好城市基层党建“试验田”》《雨花区全力推动“三提升三下降”实施方案》等。服务区委常委会会议40次，办理区委常委会议纪要10期、区委常委办公会议纪要3期，统筹推进财经和小康工作，雨花区全面建成小康社会。做好省、市各级领导到雨花区考察调研的文稿任务，做好市对区项目观摩等重大活动服务，强化与各部门协调合作。（杨博文）

【综合调研】 2021年，雨花区委办公室针对园区、片区、自贸区、生态区建设等重点工作开展调研，紧盯区委中心大局，到武汉、南京、杭州等先进城区开展调研，分线分级组织开展专题座谈，参与完成区第六次党代会报告起草任务。推动调研成果进决策、进讲话、进文件，及时转化为推动当前工作和长远发展的政策意见、工作计划和具体措施，为区委科学决策、民主决策、依法决策当好参谋。（杨博文）

【督查工作】 2021年，雨花区委督查室跟踪督办区委领导指示批示件376件，做到事事有回应，件件有着落。围绕疫情防控、洁净雨花、平安雨花等中心工作全面开展专项查办，围绕自贸区高桥区块及市场周边综合治理、长沙大道及花侯路整改提质等工作开展督查调研，印发专报31期，通报28期，累计获得区委主要领导批示25次。推进整治形式主义、官僚主义为基层减负工作，严格执行《2021年区级层面督查检查考核年度计划》，“督检考”事项保留20项，计划之外确需开展的落实“一事一报”制度，加强对计划内督查检查开展情况的监督。工作经验《坚持减负不减质，让教育更有温度》《“放管服”改革为企业减负松绑，持续优化营商环境》被长沙市委办公厅《深化整治形式主义官僚主义》（专报）刊登。办理红网“问政湖南”书记信箱849件，信件回复率100%，连续被评为市委“网络问政”留言办理工作“优秀单位”。（周 慧）

【保密工作】 2021年，雨花区推进保密宣传教育，通过机关大院电子显示屏滚动播放保密常识2万余条，通过每周推送国家保密局“保密观”、省国家保密局“潇湘密语”微信公众号经典实用链接400余条，向党员干部普及保密法规10万余人次。3月9—25日，区国家保密局联合区数据资源中心、街道社区成立专项自查工作领导小组对5个机关内部文印室、区政府周边8家文印室进行检查。4—6月，组织“保密宣传教育月”系列活动，130块电子屏滚动播放宣传标语，参与保密知识竞赛5万人次，播放保密宣传专题片28次，悬挂横幅80条，张贴温馨提示5000张。5月8日，邀请市国家保密局综合处处长陈学斌在区基层党组织书记培训班进行专题授课，培训200余人。5月24日，雨花区委保密委成员（扩大）会议暨全区保密工作会议召开。7—10月，监督和指导考试保密主要环节，确保“三考”（高考、中考、学考）“新三考”（成考、自考、教考）保密工作无漏洞、无差错。9月17日，在区委理论学习中心组第14次集体（扩大）学习中专题组织学习《党政干部和涉密人员保密常识必知必读》读本。8 月，完善涉密人员管理流程，对全区独立收文单位进行上门指导。9—12 月，对全区 74 家单位进行进驻式保密检查，重点就微信、QQ 等互联网软件违规使用情况进行检查，现场指正并限时整改不足之处，下发《全区保密工作情况通报》。

（刘　群）

【信息工作】 2021 年，雨花区委办公室向省委、市委办公厅报送日常信息 550 余条，比 2020 年增长 161.7%；获得区委主要负责人“好”“很好”等批示 67 次；编发《雨花要情》250 期，紧急信息未出现一起迟报、漏报、瞒报、误报情况。疫情防控期间，每天一期疫情动态，编印疫情专报 11 期，向市委办公厅报送疫情防控有关数据和动态信息 30 天。做好为省党代会建言献策有关工作，组织召开全区党委信息工作培训会，出台《关于进一步加强全区党委信息工作的十条措施》。全区党委信息采用得分全市排名前列，连续 10 年被评为省、市党委信息工作先进单位。

（李　文）

【外事工作】 2021 年，雨花区抓好涉外管理服务，出台涉外突发事件应急预案，建立全区涉外突发事件应急指挥机构，制定预防预警、信息共享、定期联席、应急响应、应急处置等工作机制，维护外籍人员合法权益。推动对外交流交往，参与指导、接待英国、安哥拉、东帝汶、几内亚比绍、乌干达等 10 个国家驻华使节、官员代表团和外宾外企代表团到雨花区考察交流 6 批次，接待外宾人数 60 余人次，其中副部级以上外国驻华使节团组 4 个。做好韩国国际交流联盟执行委员长申光五等在雨花区医学隔离期间的服务工作。第二届中非经贸博览会期间，高桥分展馆接待采购商 1.3 万人次，线下参会 5.7 万人次。抓好涉外人才队伍建设，举办雨花区国际交流合作能力（非洲篇）提升训练营，开设非洲法务、对非经贸交流合作能力、涉外礼宾礼仪、国际形势、法语培训等课程，为在自贸区雨花区块内从事国际性业务（主要是与非洲相关）的机构、企业工作人员及雨花区内从事自贸区、涉外相关工作的 1000 余人次进行培训。

（李　丹）

【对台工作】 2021 年，雨花区开展“我为群众办实事”活动，开展涉台纠纷排查化解，解决台商、台胞、台属在生产经营、生活保障中遇到的突出困难和问题 18 个；开展惠台政策宣传，编印发放《国家、湖南省惠台政策宣传资料》800 份；开展重点台商和困难台胞台属“四个一”春节走访慰问，给每户慰问对象送“一个福字、一对春联、一封慰问信、一份慰问金”，发放慰问金 6.3 万元；抓好涉台教育基地建设，指导协助高桥街道怡园社区作为全省唯一社区涉台教育基地成功申报湖南省涉台教育基地；区委台办作为全市代表在长沙市涉台教育基地业务培训会上作典型发言；举办中秋节长台两岸基层社区线上交流活动；邀请省、市领导到雨花区开展台海形势教育 7 次，参训人数 1500 余人次，编印发放《习近平总书记对台工作重要论述学习资料》900 份。

（李　丹）

【网格化工作】 2021 年，雨花区网格化综合服务中心配合开展“洁净雨花”行动、省委交办城管重点问题整治、省委环保督察、疫情防控、防汛救灾、“蓝天保卫战”、燃气安全、消防安全、创建全国文明典范城市、应对低温雨雪灾害天气等中心工作。运用区网格平台定位系统进行及时调度和动态监测，应对低温雨雪冰冻灾害天气，配合全区开展扫雪除冰行动，并要求专职巡查员对辖区主次干道、背街小巷、小区及重点陡坡路段加大巡查力度，2 天时间，全区网格力量巡查与低温雨雪天气有关事项 300 处，现场铲除积雪结冰 1921 处，处置影响交通通行的树木断枝 268 处，修缮破损公共设施 108 处。全年运用巡办分离机制主动巡查上报各类问题 37.3 万余件，结案 37.19 件，结案率 99.69%。动员各街镇、联点部门单位围绕群众“急难愁盼”问题，深入相应的社区网格，完成民生实事 656 件。由县级领导牵头办理的 105 件民生实事，全部办结。助力“12345”办理不满意工单 309 件，经市级反馈重新满意工单 257 件，重新满意率 83.17%。东山街道联合区城投集团、区交通运输局等部门，完成边山社区筹委会村级道路建设，消除安全隐患；雨花亭街道麻塘桥社区以“惠及民生、提升居民幸福指数”为重点，打造“聚力 UP 联盟网格平台”；井湾子街道井圭路小区探索打造“四方会谈、五部协商”的物业管理小区治理民主协商议事工作法；同升街道古樟树社区打造“520”社区直播间，让居民对社区治理的疑问以“面对面”的形式向主播咨询，社区工作者借助直播平台回应居民关切，解决最基层的“民生微实事”。区网格化综合服务中心多次组织召开专职巡查员业务培训会议，开展户外集体军训和室内冰壶拓展等活动。区网格化综合服务中心在《雨花要情》、《长沙要情》、红网、“新湖南”等党办内刊和权威媒体上加大宣传先进人物和事迹的力度，在“学习强国”学习平台推出《扎紧防疫“篱笆”看长沙市雨花区如何织密、编牢、扎稳这张“网”》新闻报道。区网格化综合服务平台获得“长沙市新型智慧城市十大典型应用”、“湖南省政法系统智能化建设创新案例评选二等奖”等称号。

（曾　鑫）

组　织

【概况】 中共长沙市雨花区委组织部负责全区党的基层组织建设、领导班子建设、干部队伍建设、人才队伍建设、公务员管理、党员教育、老干部工作等。设区人才队伍建设工作中心、区绩效考核工作办公室、区委非公有制经济组织与社会组织工作委员会办公室、区党员干部现代远程教育管理中心、区老干部活动中心 5 个二级事业单位。

2021 年，雨花区把抓党建与促发展、强治理、保稳定、推民生有机结合起来，抓实推进全区党建工作高质量发展，连续6年在全市区县（市）委书记抓基层党建工作述职评议考核中排名一类。区委组织部召开各类部务会、部长办公会等57次，办理收发文件1658件，其中领导批示件135件。制定完善财务管理、请销假、重大事项请示报告、部务会议题审批等制度近20项。完成信息报送工作，中央、省、市各级各类刊物采用信息稿26篇。稳妥推进中层干部竞争上岗，部内16人岗位进行优化调整。结合党史学习教育，加强部机关党员干部党性锤炼。支持驻部纪检监察组履职，落实平时考核机制，从严从实加强自身建设，持续打造模范政治机关。

【党内统计】 2021年，雨花区党员总数42330名，其中女党员17111名，占40.4%；少数民族党员827名，占1.95%。年度增加党员7783名，其中发展党员929名，转入组织关系6854名；党员减少2161名，其中开除党籍18名，死亡438名，转出组织关系1705名。党员中，1937年7月7日至1945年9月2日（抗日战争期间）入党的2人，1945年9月3日至1949年9月入党的12人，1949年10月1日及以后入党的42316人。在岗职工党员11308名，占26.72%；离退休党员18809名，占44.43%；其他党员12213名，占28.85%。研究生学历1979名，占4.68%；大学本科学历13523名，占31.94%；大专学历9315名，占22.01%；中专学历3458名，占8.17%；高中、中技6400名，占15.12%；初中及以下7655名，占18.08%。30岁及以下党员3720名，占8.79%；31岁至35岁5228名，占12.35%；36岁至40岁4006名，占9.46%；41岁至45岁3032名，占7.16%；46岁至50岁2748名，占6.49%；51岁至55岁2551名，占6.03%；56岁至60岁2936名，占6.94%；61岁至65岁3588名，占8.48%；66岁至70岁4400名，占10.39%；71岁及以上10121名，占23.91%。新发展党员中，女党员497名，占53.50%；少数民族党员51名，占5.49%。在岗职工479名，占51.56%；农牧渔民49名，占5.27%；离退休人员5名，占0.54%；其他396名，占42.63%。大学本科及以上党员470名，占50.59%；大学专科282名，占30.36%；中专、高中及中技144名，占15.50%；初中及以下33名，占3.55%。35岁及以下586名，占63.08%；36岁至60岁339名，占36.49%；61岁及以上4名，占0.43%。发展对象28名，其中，在岗职工14名，占50%；其他14名，占50%。现有入党积极分子1747名，其中，在岗职工1019名，占58.33%；农牧渔民162名，占9.27%；离退休人员10名，占0.57%；其他556名，占31.83%。

【组织建设】 2021年，雨花区开展举办社区（村）“两委”成员培训班、非公有制经济代表人士培训班。通过打造“家门口”思政课、举办社区（村）书记沙龙等多种方式，搭建常态交流学习平台。针对社区（村）书记、小区党组织书记、“两新”党组织书记、社区“两委”成员，重点办好区级培训班12期，开展“万名党员集中轮训工程”，集中培训党员1.1万名。组织“两优一先”（优秀共产党员、优秀党务工作者、先进基层党组织）评选表彰、纪念章发放，安志被评为湖南省优秀共产党员，井湾子街道井巷社区党委、东塘街道政院社区“老首长”工作室党支部被评为湖南省先进基层党组织；华玉凤、易丹丹、彭国其、雷亭、杨娜、刘德尧被评为长沙市优秀共产党员，王青春、肖瑞、韦育华、杨大黎、蒋雯、罗新利、李铁军被评为长沙市优秀党务工作者，井湾子街道党工委、侯家塘街道韶山路社区党总支、长塘里小学党总支、区疾病预防控制中心党支部、圭塘街道城市山水豪园小区党支部、区人力资源和社会保障局机关第一党支部被评为长沙市先进基层党组织；评选表彰区级优秀共产党员100名、优秀党务工作者100名、先进基层党组织100个，颁发“光荣在党50年”纪念章4098枚。组织开展“党旗在基层一线高高飘扬”活动，做好万人入党宣誓、重温入党志愿书、过集体政治生日等工作。走访慰问生活困难党员、老党员、老干部和烈士遗属、因公殉职党员干部家属274人，发放慰问金32.2万元。完成社区（村）“两委”换届选举。从全区挑选2名实践经验丰富、驾驭能力强、敢于担当的领导干部到跳马镇担任党政主要负责人；择优选拔4名优秀年轻干部（“85后”3名、“90后”1名）进入领导班子，持续优化跳马班子结构，完成跳马镇党委领导班子换届。历时14天，完成区委换届考察中的述职述廉、考察推荐等各项工作；完成区委领导班子换届。出台《关于深入推进“党建聚合力”工程重点任务的实施方案》《关于深入实施“党建聚合力”工程任务分工表》，明确10项重点任务，细化82项具体措施。在雨花经开区、区委两新工委、各街镇推进27个“党建聚合力”试点项目。深化物业党建，出台《雨花区关于深化党建引领小区治理的八条措施》《关于加强小区物业管理的十条措施（试行）》等文件，新建小区党组织132个，总数425个、覆盖547个小区，实现应建尽建，经验做法被《人民日报》推介。打造“三零”（零上访、零事故、零案件）社区（村）建设升级版，85个社区（村）维持“三零”标准（一类37个、二类48个），砂子塘街道整街维持“三零”标准。组织4次全区基层党建工作观摩推进会，采取现场观摩、交流座谈、点评部署等方式，研究推动城市基层党建工作。

【“两新”组织党建】 2021年，雨花区新成立“两新”党组织33家。推进支部建在产业链、行业等，比亚迪公司被评为全省“两新”示范标杆引领企业。选派党建指导员610名，新发展“两新”党员308名。举办区级“两新”党组织书记示范培训班，“党建引领、助力千企”重点企业家培训班，各级党（工）委、行业系统党委（党组）兜底培训“两新”党员4658名。集中开展发展党员专题培训，采取以会代训方式提升党建指导员业务能力。抓好“两新”保障，企业党组织班子成员和管理层“双向进入、交叉任职”率80%，“两新”支部“五化”建设达标率实现100%。经报区常委会讨论同意参照员额待遇招聘党务工作者15名，经街镇上报区级审核，下拨“两新”党建专项经费199.52万元。在全区“两新”组织党组织中开展“学党史、感党恩、跟党走”活动，组织观看红色影片、专题党课、党史竞赛等。做实楼宇服务共享资源清单、需求清单、服务项目清单“三张清单”，打造“旭辉·赋能站”，设置“商学院”“青年汇”“会客厅”，加强楼宇企业信息、政策资源的对接，在楼宇开展政策宣讲、民主议事、法律咨询等活动赋能社会治理，通过“网格服务、吹哨报到”机制，及时回应企业关切。“两新”党组织及“两新”党员获评省、市、区先进基层党组织13个，优秀党务工作者9人，优秀共产党员8人，“党建强、发展强”标杆引领企业1个，支持党建工作的优秀企业家3人。出台《长沙市雨花区关于开展“党建引领、助力千企”行动的八项举措》，精选40家企业，实行“六个一”机制，聚焦问题，聚合资源、聚力发展。召开专题推进会对企业提出的45个问题诉求进行交办，解决42个问题，对不能解决的做好解释工作。探索出台《长沙市雨花区商协会组织党建工作规划纲要（2021—2023年）试行》，制定商协会组织党建工作十条，成立商协会党组织5个。引导“两新”组织广泛参与“庆祝中国共产党成立100周年”系列活动，开展换届选举、“我为群众办实事”、“三零”社区（村）建设及常态化疫情防控、经济社会发展等工作。开展扶贫助困、文明创建、社会实践等系列主题活动100余场。

【绩效考核】 2021年，雨花区委碰头会专门听取绩效考核工作5次，组织召开全区绩效考核工作大会4次，分条线调度考核指标30余次，走访调研区直部门单位10个，发出提示预警函20份。从11月中旬开始，对重难点指标一周一调度、一天一报告，层层传导压力，压紧压实责任。围绕“立足中部领先，迈向全国十强”奋斗目标，在产业发展、科技创新、自贸区建设等方面科学设置考核内容，差异化设置内外街、跳马镇以及区直部门的考核指标，建立各有侧重、各具特色的考评体系。加强过程管理，通过一线调研、季度通报，及时掌握和反馈指标运行情况。修订科级领导干部考核等有关规定，实行班子正职和副职分类考核、分类评比，按照班子绩效考核结果确定领导干部优秀比例。强化考核结果运用，在干部提拔任用、评优评先时把绩效考核指标完成情况和考核结果作为重要的参考依据，突出考核导向。

【干部工作】 2021年，雨花区推进区镇集中换届。调优配强跳马镇领导班子。完成市、区两级人大代表、政协委员提名推荐考察工作，产生市人大代表55名、市政协委员6名，区人大代表292名、区政协委员246名。选举产生新一届区委、区人大常委会、区政府、区政协领导班子及区监察委员会主任、区法院院长、区检察院检察长。按照“多主体提名，分类别统计，全名额入库”的提名推荐办法，推荐176名干部纳入优秀干部人才库。对科级领导班子特别是班子正职进行优化调整。举办政法系统干部队伍建设及意识形态培训班、党外中青年干部培训班、对口帮扶溆浦县村集体经济能人班、宣传思想工作研修班等各类主体班次近20期。举办全区领导干部贯彻中共十九届五中全会集中培训示范班；组织区“四大家”班子成员参加市委组织的贯彻中共十九届五中全会精神轮训班、贯彻中共十九届六中全会暨区县市班子成员提升履职能力培训班。选派5名年轻干部到溆浦县、龙山县开展乡村振兴对口帮扶，选送1名年轻干部到西藏进行短期援助。选派2名年轻干部到市产业链推进办公室、市自贸办跟班学习锻炼。组织92名领导干部按要求落实干部个人有关事项报告制度，自觉及时报告个人有关事项。印发《关于加强和改进区管领导干部和国家工作人员因私出国（境）管理监督工作的通知》，开展领导干部因私出国（境）专项清理“回头看”，并及时完成50名新提拔市管、区管干部因私出国境的备案和证照收缴、转交等工作。结合区委六届第一轮巡察，成立专项检查小组，专项检查砂子塘街道、侯家塘街道、区人社局等5家单位的选人用人工作情况。借抽调干部274人次，确保各项中心工作的顺利推进。推进干部档案专项审核，全面清理在库的3500余本干部档案，完成5374份档案零散材料移交。推进档案专审全覆盖工作，在事业单位全面开展专审工作，基本完成国有企事业单位相关人员档案专审任务。

【老干部工作】 2021年，雨花区委常委会专题听取老干部和离退休党建工作汇报，召开全区老干部暨离退休党建工作会议。15个离退休党支部、32名离退休党员分获省委、市委离退休干部工委及区委表彰。推行离退休支部“双重管理”模式，梯度推进6类老党员之家建设，建成示范点4个，在回应国企退休人员社会化移交管理服务、助力离退休党建融入基层大党建格局中发挥积极作用。开设机关大讲堂，邀请知名专家讲授专题党课，组建全区党史学习教育宣讲团，开展党史宣讲140余场，受众1.1万余人，开展“大学微党课”21次。举办“党史铸魂·秋韵添彩”雨花区离退休干部党员党史学习教育暨“百年百讲”百堂书记精品课启动仪式，《秋韵之声》有声读物累计浏览量41377次，访客数22545人次。开展“银耀星城心向党”七个一活动，发动全区55支“秋韵红”“五老”志愿服务分队开展“秋韵先锋在行动，我为党旗添光彩”活动1200余次。组织老干部听取经济形势通报、参观高桥自贸区块、参加政府工作报告审议、出席区党代会和“两会”等活动。依托“秋韵红”志愿服务行动，引导广大老干部为基层自治管理、小区综合治理、邻里矛盾调解、关心下一代成长、隔代家庭教育等基层“急难愁盼”问题出主意、强引导、献心力。全区363个小区支部中由退休党员担任支部书记的有181个。抓优老干部服务，集中走访慰问离退休老干部900余人次，看望慰问住院老干部100余人次。对全区42名离休干部开展集中大走访活动，送上慰问物资。上门为全区22名离休干部颁发“光荣在党50年”纪念章，向区属离退休干部通报全区经济形势，组织项目建设观摩、军转干部“八一”建军节活动，分两批组织142名离退休干部开展健康体检，拨付特困帮扶资金4.3万元。为60余人次提供就医服务、医保报销、补办退休证等个性化服务。举办全区老干部工作业务培训。组织老干部工作者参加“全省老干部宣传工作人员网络专题培训班”等专项学习。向区委常委会专题汇报全区关心下一代工作，召开全区工作会议部署年度工作。在全区中小学开展“小雨花学党史，争做时代接班人”开学第一课暨向建党百年献礼系列活动。开展党史宣讲450余场，受众9万余人次。开展“童声里的党史”宣讲40余场，受教育青少年3万余人次。以雨花区少儿图书馆为试点，开创“雨花区青少年素质教育大讲堂”。为跳马学区留守儿童开展新春、“六一”关爱。召开关工委成立35周年庆祝大会，对全区137个先进集体和个人进行通报表扬和典型推介。区老干部大学设置4大类、10个专业33门各具特色的课程，开班156个，吸引学员5000余人次。出台《2021年雨花区老干部大学疫情期间微课教学实施方案》，通过直播、钉钉、微信等现代教育技术，实施线上课程互动教学。组织对各镇街老年教育教学点进行集中调研3次，全区优秀老年教育示范点观摩1次。培育市级老年教育基层教学示范点5个，区级示范点4个。老年教育网络课堂开课39个站点，培育市级示范站点3个，区级示范站点3个。下拨老年教育扶持资金39万元（含市级），构建全覆盖、可持续的老年教育网络。发动全区55支分队，1200余名“五老”志愿者在“我为群众办实事”实践活动中争当秋韵先锋，开展志愿服务1200余次。推荐评选市、区两级最佳志愿服务组织13支、最美志愿者31人，打造和培育“邻里帮帮团”“鑫华一家人”等一批优秀志愿服务品牌。区老科协开展“百岁健康推进示范社区（村）”活动，截至2021年年底，全区有百岁健康村（社区）4个。区诗词书画协会积极开展推动优秀传统文化进校园、进社区活动，举办“永远跟党走、丹心颂雨花”庆祝建党100周年诗词书画作品展。区老年保健协会依托省市专家教授团及自身资源，开展老年保健知识下基层义诊咨询活动，发挥各基层分会“健康兴趣小组”优势，发动中老年人积极参与社会活动和全民健身活动。

【人才工作】2021年，雨花区出台“自贸区骨干人才政策”，提供6项核心待遇，赋权企业自主认定人才。开展人才政策宣讲、“人企惠才”行动，实现“规上企业”政策上门全覆盖。落实长沙系列人才政策，新增高层次人才36名，认定乡村人才226名，红星实业集团有限公司党委书记、董事长罗跃被认定为全市首批现代农业产业领军人才，湖南育景园生态科技有限公司总经理龙燕被评为全市农村青年“十佳”领头雁，全年兑现各类人才奖励补贴3235.98万元。建立全省首家依托实体企业成立的晓光工匠学院，将工匠人才培育建在产业链上，打造人才公共实训基地，与省内28所院校建立合作，每年为院校提供6000余人次实习实训服务，为260余家企业提供超2000人次技能人才培训。发挥长沙职业教育基地资源优势，为企业输送人才3670名。承办首届长株潭“融城杯”职业技能擂台赛焊工智能制造技术赛等赛事活动，搭建“赶学比超”交流平台。在全市率先设立自贸区“一站式人才服务窗口”。推动12个街道楼宇人才服务站实现政策宣传、活动开展、诉求回应等多功能服务全面升级。打造东澜湾国际人才社区，获市委组织部向中组部推介。协调落实174名人才子女入学、64名人才购房服务。推荐刘昆湘等7名高层次人才担任区“两代表一委员”。宣传人才典型案例，长沙长泰机器人有限公司董事长高狄等4人获长沙市《我的梦想我的城》专题报道，《着力打造引才聚才“磁场效应”》等4篇文章获中央、省市媒体（刊物）报道，晓光工匠学院育才模式获《中国人才》杂志推介。

【公务员管理】2021年，雨花区统筹推进事业单位公开招考、社区员额人员公开招聘、公费师范生选聘、营职以下军转干部及退役士兵安置、区内外流动调配等工作。编印下发《公务员管理政策法规汇编》，对《中华人民共和国公务员法（2018年修订）》颁布以来出台的28项配套政策法规进行收录。重新认定参公单位，全区25个原参公单位有22个获批继续参照管理，另有2个暂缓认定，1个拟转为行政执法队伍。推行公务员平时考核，全区62个公务员（参公）单位的1481名非领导成员公务员，落实每年4次的季度考核，并在年度考核中开展考核等次与平时考核结果挂钩。新考录公务员4人、选调生2人，公开选调4人，区外流动调配7人。办理公务员（参公）登记68人次，完成工资异动审批389人次，完成工资晋级晋档，完成基本工资调标兑现，推进应休未休年休假报酬审批发放工作。

【“党建协同委员会”成立】2021年4月26日，湖南省首家区域化“党建协同委员会”在雨花区成立，召开区域化党建协同委员会第一次全体会议。湖南省人大常委会副主任黄关春出席。该党建协同委员会由雨花区东塘街道发起，包括省人大机关、中国新闻社湖南分社、省质检研究院、省脑科医院、雅礼中学等32家党建协同单位，旨在发挥党建引领作用，更好服务人民群众，促进区域经济发展。党建协同委员会有关负责人对党建协同单位进行授牌，并签订区域化党建共建协议。该次共签订27项共建共享协议，汇集200余项共建共享清单，包含公共资源共享、便民设施完善、扩大养老服务供给等项目。会议指出，要结合党史学习教育，充分发挥区域化党建协同作用，深化经常性联系沟通机制，做到及时沟通协调、共同解决问题；要依托平台做好党建工作，积极推动区域内党建工作的全面整合、积极磨合和有效融合；要围绕解决群众“急难愁盼”问题，开展好“我为群众办实事”实践活动等。

2021年4月26日，东塘街道区域化党建协同委员会第一次全体会议（蒋刚云　供图）

【纪念区关工委成立35周年】 2021年11月23日，纪念雨花区关工委成立35周年暨全区关心下一代工作优秀典型推介会在雨花大会堂召开。区委常委、组织部部长李颖主持会议。雨花区委副书记、区委统战部部长郭四军，长沙市关工委主任董学生出席大会并讲话。区关工委主任、区老干部大学校长谭小杰向大会作工作报告，回顾近年工作，总结关爱实践经验，部署新阶段的目标。会议通报表扬雨花区关心下一代工作先进集体20个、先进工作者28名、优秀关工委主任30名、优秀"五老"30名、优秀载体10个。先进集体代表左家塘街道关工委、先进工作者代表曹述球、"最美雨花少年"代表王翼诚等作经验介绍和发言。

【全市非公党建工作经验交流会召开】 2021年12月24日，长沙市非公党建工作经验交流会暨产业链党建工作推进会在雨花经开区召开。会议深入学习贯彻中共十九届六中全会精神和省、市党代会精神，落实省委、市委对"两新"党建的精神要求，进一步统一思想认识、交流工作经验，对全市"两新"党建工作进行再动员、再部署，参会人员实地观摩长沙高新区和雨花经开区产业链党建和非公企业党建工作，考察雨花经开区湖南长步道光学科技有限公司、湖南晓光汽车模具有限公司和中国（长沙）创新设计产业园，现场交流非公企业、"园中园"和产业链党建工作经验。湖南省委组织部二级巡视员、省委两新工委办公室主任冯宗君，长沙市委常委、组织部长罗缵吉，市委两新工委书记、市公务员局局长杨俊，雨花区委书记刘素月，雨花经开区党工委书记袁钊，雨花区委常委、组织部部长李颖，9名区县（市）委两新工委书记，12名园区企业党委书记，13名市直行业党委书记以及22条主导和特色产业链龙头企业党组织书记出席会议。

【重点企业家培训】 2021年12月10日，雨花区举办"党建引领、助力千企"重点企业家培训班，区委常委、组织部部长李颖参加开班并作动员讲话。40名企业家聚集一堂，聆听党校专家的政策宣讲、行业龙头的经验交流，区发改、司法、人社、税务等部门现场摆开服务桌，通过集成式服务面对面为企业释疑解惑，为重点企业家搭建学习、交流、互促的平台。

（本栏撰稿　蒋刚云）

宣　传

【概况】 中共长沙市雨花区委宣传部（简称"区委宣传部"）负责全区宣传思想文化和意识形态工作；统一管理新闻出版、版权工作，对外加挂区新闻出版局（区版权局）、区精神文明建设指导委员会办公室牌子；指导区委网络安全和信息化委员会办公室（区互联网信息办公室）互联网宣传和信息内容管理方面的工作；归口领导长沙市雨花区文化旅游体育局；受区委委托，指导区文化艺术界联合会、区社会科学界联合会、区文产协会、区书法家协会、区美术家协会、区中国字拟人书写研究会、区诗词书画协会。下设雨花区未成年人思想道德建设中心、雨花区文化创意产业发展中心、雨花区新闻中心（雨花区融媒体中心）3个副科级公益一类事业单位。

2021年，雨花区开展区委理论学习中心组学习，分类指导、统筹推进全区党史学习教育。设立联区记者办公室，推出"周策划会"机制。推进精神文明建设，为长沙创建全国文明典范城市贡献雨花力量。深化"文明三新"新时代文明实践品牌建设。在全区全面推广、常态建设"雷锋号护学岗"；建立"158N"志愿服务品牌；深化"五力小雨花"（魄力小雨花、悟力小雨花、活力小雨花、魅力小雨花、毅力小雨花）未成年人工作品牌。组织庆祝中国共产党成立100周年文艺活动，举办"欢乐潇湘·品质长沙·幸福雨花——颂歌向党"群众合唱比赛、"风华百年 青春雨花"专题图片展、"永远跟党走 丹心颂雨花"诗词书画展、"风华百年 青春雨花"文艺会演等活动。举办各类大型"非遗"专题宣传展演活动；创新性举办雨花"非遗"周末剧场41场。组织开展第九届公益电影放映月暨红色电影观影基地启动式活动，开展红色电影观影活动。经国家网信办备案、省网信办批复，雨花区融媒体中心获发从事互联网新闻信息服务的"身份证"——互联网新闻信息服务许可证。

【理论教育】 2021年，雨花区开展区委理论学习中心组学习15次，在《长沙晚报》发表区委理论学习中心组署名文章2次，印发《2021年全区党委（党组、党工委）理论学习中心组专题学习重点内容安排》，建立党委（党组、党工委）理论学习中心组专题学习报告制度，各部门单位党委（党组、党工委）理论学习中心组专题学习内容和邀请专家提前报告区委，对授课专家和授课内容进行审核把关。组建巡回指导组，对各部门单位党委（党组、党工委）理论学习中心组列席旁听全覆盖，开展巡听96次，推动全区党委（党组、党工委）理论学习中心组学习进一步制度化、规范化。组建“博士理论团”“园区宣讲团”等宣讲队伍深入基层送课，开展“就认这个理”集中宣讲2000余场，被评为2021年长沙市“就认这个理”理论微宣讲比赛优秀组织奖。录制推广理论微宣讲视频60余个，举办“百年百讲”线上直播党课，2万余人同步观看。在各级党报党刊推出理论文章50余篇。经验文章《长沙市雨花区：基层宣讲遍地开花 党的理论浸润心田》在省委宣传部主办刊物《湖南宣传》刊发。打造5个红色阵地，开展“学习强国”学习达人知识竞赛、党史征文、演讲等活动。开展“我为群众办实事”实践活动，全区2386件民生实事全部按时按要求完成。

【党史学习教育】 2021年，雨花区推进党史学习教育。区委成立领导小组并组建办公室，对全区党史学习教育作出部署，向全区76个参学单位下派7个指导组开展督促指导。区委学教办10余次组织召开领导小组会议、工作部署会、巡回指导培训会等，制定印发《雨花区党史学习教育全年工作安排》《雨花区党史学习教育“七一”前后重点工作安排》，分类指导、统筹推进全区党史学习教育。区委巡回指导组通过参加巡听旁听，列席专题党课、组织生活会等方式对76个参学单位开展指导。全区76个参学单位，74名县处级以上领导干部参加专题组织生活会，谈心谈话80余次，查摆问题整改完成224个，宣讲专题党课80余场。组织专题学习、专题研讨、专题组织生活会等10项活动，坚持读原著、学原文、悟原理，“四本”（习近平《论中国共产党历史》、《毛泽东 邓小平 江泽民 胡锦涛关于中国共产党历史论述摘编》、《习近平新时代中国特色社会主义思想学习问答》、《中国共产党简史》)指定学习书籍征订量2.7万余套。打造红色教育观影基地、“马克思主义中国化”小游园、“非遗＋党史”街区、红军攻打长沙纪念园、长沙南红色记忆馆5个红色教育阵地，挖掘和宣传百岁老红军吴国厚、革命后代谢佳曦等一批红色人物和红色故事。开展“学习强国”学习达人知识竞赛、党史征文、演讲等活动。开展“我为群众办实事”实践活动，市委常委会“我为群众办实事”任务清单涉雨花区的2个项目和县级领导牵头的105件重点事项全面完成，全区2386件民生实事全部按时按要求完成。全年新扩建义务教育学校6所、新增学位7740个、车位21585个、改厕10167个，为既有多层住宅加装电梯200台。理论文章《湖南长沙雨花区：“四个课堂”推动党史学习教育走深走实》在党建网刊发。

2021年6月25日，“就认这个理”2021年雨花区党史学习教育专题宣讲复赛活动 （张胜娟　供图）

【新闻宣传】 2021年，雨花区设立联区记者办公室，为媒体记者到雨花区采写稿件进行场地、设备、就餐等全方位服务保障。推出“周策划会”机制，每周精选主题，组织相关部门单位与省、市主流媒体记者面对面交流策划，挖掘推出《湖南日报》半版报道《开放雨花欢迎你——长沙市雨花区优化营商环境助力高质量发展》，《长沙晚报》半版报道《机器人当工匠，智能产线“新”风拂面》等一批报道。开展融媒记者“上门策划、实践帮带”行动，多措并举扩大稿源和线索源。出品《实景交响诗·大河之歌》MV，做好吊唁袁隆平院士期间的媒体对接和舆论引导工作，做好党史学习教育、中国共产党成立100周年、中共十九届六中全会精神、中非经贸博览会和省、市、区党代会精神等重大宣传任务，推出《人民日报》整版报道《长沙雨花区 高水平建设中非经贸深度合作先行区》、《湖南日报》整版报道《践行“四个争当”建设全国一流现代化强区》、《长沙晚报》头版头条《自贸东风劲》等一批新闻稿件，在中央、省、市主流媒体平台及门户网站播出、刊发稿件1.8万条，其中中央电视台《新闻联播》报道雨花区5次。对“81岁灭火奶奶”“新六尺巷”等舆论热点进行融媒二次挖掘报道。针对性地抓好“学习强国”学习平台投稿。在“学习强国”学习平台全国县级融媒优秀作品双月赛评选中，《一支新冠疫苗的开箱Vlog，医务人员争分夺“苗”》《疫情防控“夫妻档”，有一种浪漫叫与你并肩战“疫”》分别获评一等奖、二等奖。“飞梦雨花”微信公众号获2021“长沙市最具影响力政务微信”（区县类）。全方位推介雨花中非经贸工作，第二届中非经贸博览会期间，各级媒体相关报道300余条，其中《人民日报》、新华社、中央电视台《经济半小时》、《参考消息》、《经济日报》等央媒报道80余条，雨花融媒推出原创报道29条，其中视频16条。

【舆论引导】 2021年，雨花区策划推出正面报道扩大主流声音，发挥正向舆论引导作用。“党建聚合力”专题专栏形成系统完备的党建引领物业小区治理“素材库”；推介报道的“尚体·乐活”老年人康养项目吸引省内外20余家单位观摩调研；制作的仓储物流消防安全宣教视频被全区仓储物流企业、小区居民争相转发；挖掘的“开辟绿色通道错峰接种疫苗”做法在全区得到推广。注重新媒体语言运用和新媒体可视化表达，抓好融媒原创作品创作，推出《疫情之下雨花人的朋友圈：可盐可甜！漫漫长路，终有回转》《看，鹅湖之畔胜春朝》等融媒作品。短视频作品《第一视角！致敬雨花“手”护者》，获湖南省第六届网络原创视听节目大赛三等奖。

【文化建设】 2021年，雨花区对获得区级以上文艺奖项或荣誉的作品和文艺人才给予配套奖励，发放奖励资金128.6万元。聚焦中国共产党成立100周年、乡村振兴等重大主题开展文艺创作和文艺采风活动，推出诗歌、美术、摄影等文艺作品70余件。其中滑稽节目《小夫妻》获中国杂技界最高奖项“金菊奖”等。组织庆祝中国共产党成立100周年文艺活动，举办学习贯彻党代会精神主题书画摄影展、国潮汉服节、经典诗词诵读等各级各类群众文化活动2000余场次。制定“十四五”雨花区文化产业发展规划。依托长株潭绿心中央公园、圭塘河生态经济带、浏阳河文旅产业带，布局文化创意和文旅消费产业，发展文化街区。打造智能设计、影视传媒等6个优势文化产业集群。支持建设浏阳河国际文化科创基地，打造浏阳河文化旅游产业带。培育打造夜间经济、网红经济，加大重点文化企业走访力度。

【雨花非遗民俗艺术特色街区建设】 2021年，雨花区推进“天下非遗聚雨花”传承与保护，协调雨花非遗馆出资打造近300平方米的“四史馆”（中共党史、新中国史、改革开放史、社会主义发展史）。举办中国人过中国节——我们的节日中秋、端午、国庆、七夕等传统节日系列品牌活动10余场；开展“非遗”周末剧场40余场；举办“庆祝中国共产党成立100周年文艺会演”等群众文化活动100余场。在雨花非遗书院公益课堂开设传统文化活动、手工制作活动、科技小达人、湖湘自然公益课堂等，参与人数约3500人次。通过“一所学校抢回一门技艺”、“校园非遗日”、高校“非遗”讲师培训等点面结合的形式，推动中华优秀传统文化进课本、进课堂、进校园，开发“非遗”三点半系统课程10项。带领“非遗”传承人参展2021中非经贸博览会，组织参展第四届中国国际进口博览会。成立短视频运营团队，打造线上商城，配套开设“惟楚有礼”文创超市和“长株潭非遗集市”。中央电视台《晚间新闻》专题报道雨花非遗馆举办的“雨花非遗民俗嘉年华”端午节活动。

【出版印刷发行和版权管理】2021年，雨花区举办“爱满星辰、书香雨花”主题阅读活动，推介区内优秀出版物《心之月光》《圭塘河畔》，对“雨花区作家协会创作基地”授牌，向区内公益图书馆和农家书屋赠送图书。联合各实体书店常态化开展童书分享会、新书签售会、作家见面会各类全民阅读活动。办理出版物经营许可证60余件，接受全市行政审批案卷查评和全区案卷查评。常态化开展印刷企业安全生产和意识形态检查，支持区内印刷企业参加印刷产业博览会。抓紧印刷企业的挥发性有机物（VOC_S）治理工作。组织印刷和电影行业安全生产和意识形态工作培训会。落实电影行业疫情防控要求，多次召开影院疫情防控工作调度会。组织开展“雨花区第九届公益电影放映月暨红色电影观影基地启动式活动”。设立区版权服务工作站，印发《关于进一步加强版权登记和保护的通知》，涌现归藏文化、漫优网络等重点版权企业。全区版权登记量3000余件，任务完成率超过150%。联手株洲市云龙示范区启动知识产权宣传周活动，推动版权的保护、运用和登记工作。

【主题阅读活动】 2021年9月14日，雨花区“爱满星城 书香雨花”主题阅读活动在卡乐书城佰富联店开展。作家、学者、居民群众等齐聚一堂一同阅读好书，分享阅读故事。活动介绍雨花区文学作品创作情况，推介《心之月光》《第一军规》等书籍。

【经典诗词诵读活动】 2021年12月24日，大雪映诗画·盛景境芳华2021年雨花区经典诗词诵读活动在“和+”共享图书馆举办。中国作协会员、中国诗歌学会理事、湖南省诗歌学会原会长梁尔源，湖南女子学院文学院院长刘琼，国家一级作家、长沙市文联党组成员、副主席、长沙市作协主席唐樱，著名儿童文学作家李少白，长沙学院影视艺术与文化传播学院副院长荣斌，雨花区委常委、宣传部部长刘江红等参加。荣斌、刘琼分别朗诵《沁园春·长沙》《登岳麓山》；梁尔源进行诗词创作经验分享；湖南省硬笔书法家协会副主席林广大现场挥毫泼墨；唐樱传达学习习近平总书记在全国文代会开幕式上的讲话精神，同李少白就儿童文学创作进行经验分享；刘江红向砂子塘万境水岸小学、“和+”共享图书馆代表赠送书籍。

【《雷锋》杂志社采访雨花区】 2021年10月10日，新时代文明实践亮点追踪报道“三湘行”首站采访仪式在雨花区举行，《解放军报》原副总编辑、《雷锋》杂志社总编辑陶克，《雷锋》杂志社新闻传播部主任吴维满，《雷锋》杂志社湖南工作部主任朱贤光，湖南省委宣传部文明二处副处长王一凡等参加。座谈会上，雨花区文明办负责人汇报近年来雨花新时代文明实践工作开展情况及亮点工作。井湾子街道负责人介绍井巷社区新时代文明实践特色亮点工作和构建“3313”（即打造“三个岗亭”、组建“三支队伍”、设立“一条热线”，最终实现社区“零上访、零发案、零事故”三个目标）。基层社会治理工作新模式。雨花区委常委、宣传部部长刘江红介绍雨花区的基本情况，汇报雨花区落实落细推动新时代文明实践工作，讲述雷锋精神在雨花传承和发扬的历史渊源及“雷锋号护学岗”等品牌打造的亮点举措，表示将推动新时代文明实践在雨花区落实落细、落地生根、开花结果。陶克肯定雨花区新时代文明实践各项工作，从做好新时代文明实践中心工作，提高老百姓幸福指数等方面进行探讨。座谈会后，《雷锋》杂志社采访团前往井巷社区新时代文明实践站、社区服务中心、党员志愿服务站、社区公园进行实地考察参观。

【第九届公益电影放映月活动】 2021年12月3日，雨花区第九届公益电影放映月暨红色电影观影基地启动式在潇湘国际影城东塘店举行。长沙市委宣传部副部长、市委党史学习教育领导小组办公室副主任唐曙光，市委党史学习教育第二巡回指导组组长邓禹斌，雨花区委常委、宣传部部长刘江红，市委宣传部和市委党史学习教育第二巡回指导组相关负责人参加。雨花区创新举措，发挥红色电影影响人、感动人、教育人的作用，区委宣传部为潇湘国际影城东塘店、保利影城喜盈门店等4家红色电影观影基地授牌，同时向抗疫人员等特定人群赠送红色电影观影券。

【光影铸魂观影活动】 2021年，雨花区组织和指导全区各单位开展“光影铸魂”观影活动1800余场次，观影人数9万余人次。在企业组织“党建引领、助力千企”活动，免费为区内重点企业职工放映红色电影。在社区和居民小区，每年免费放映红色电影1000余场。在雨花非遗馆设立红色电影固定放映点。在学校重点开展“光影育人”活动196场。动员区内电影院向院线申请红色电影最大优惠，并让利于民，常态化开展红色电影优惠购券。

【建功“三高四新”，文创“百日竞赛”活动】 2021年11月9日，雨花区召开建功“三高四新”，文创“百日竞赛”活动工作调度会，提质雨花文创产业，助力长沙市建设国际文化创意中心。区委常委、宣传部部长刘江红，副区长刘燕妮参加。会议下发《雨花区建功“三高四新”，文创“百日竞赛”活动实施方案》，就竞赛目标、竞赛对象、竞赛内容、结果运用、工作要求等工作进行安排部署。各单位汇报前期摸底情况，表态将按照要求抓好落实。会议强调，要聚焦重点见成效，重点抓好规上文化企业新增数量、营业收入、增长率等指标；要着眼长远打基础，抓人才队伍建设；要迎难而上争一流，确保各项指标争先创优。

【国潮汉服节】 2021年11月20—21日，世界“媒体艺术之都”·长沙雨花2021年国潮汉服节在顶流长沙新晋网红打卡地——雨花区圭塘河畔的溪悦荟举行。国潮汉服节以“爱长沙每一度，圭塘河畔‘雨’你同潮”为主题，采取“线上+线下”联动的形式开展。活动集汉服展示、互动游戏、歌舞表演、国风集市等于一体，以长沙市雨花区为主轴开展线下活动，联动全国其他地区打造云端盛事。

【雨花区作协成立】 2021年1月7日，长沙市雨花区作家协会成立大会暨第一次会员代表大会召开。湖南省财政厅原巡视员、省散文学会名誉会长刘克邦，雨花区委常委、宣传部部长余宏卿等参加。大会选举产生雨花区作家协会第一届领导班子，曾散当选主席，何漂当选常务副主席，蒋战勇、李砚青、方锐、高求忠当选副主席，何满力当选秘书长。大会聘请王跃文、刘克邦、游和平、马笑泉、沈念、谢宗玉、陈新文、唐樱、纪红建等著名作家为雨花区作家协会顾问。

【“非遗”周末剧场】 2021年1月27日，雨花“非遗”周末剧场启动仪式暨元宵喜乐会活动举行。自1月27日起，湖南雨花非遗馆每周六上演戏曲曲艺等非遗类演艺节目。由雨花区委宣传部、区文旅体局、区文联联合打造的“魅力非遗 溢彩民间”雨花“非遗”周末剧场，每场演出时间为60分钟，包含歌舞、相声、小品、双簧、快板、顺口溜、花鼓戏、湘剧、京剧、变脸、杂技、魔术等各类型5~6个节目；全年共41场，分杂技专场，戏曲专场，湖湘文化专场等。市民通过关注“湖南雨花非遗馆”公众号，获取演出节目单，免费预定演出门票。在湖南雨花非遗馆的“我们的节日·元宵——民俗贺新春 非遗闹元宵”元宵喜乐会上，红星社相声、越剧、桑植民歌、苗族火鼓表演上演，在榨油坊举行“千人元宵宴”。

【雨花文创嘉年华活动】 2021年7月24—25日，2021雨花文创嘉年华暨第26届萌卡动漫节活动在雨花区红星国际会展中心举办。该活动由长沙市雨花区文化创意产业协会主办，湖南丰源国际会展有限公司承办，围绕“时代‘潮’我看”主题，以“文创嘉年华”和“动漫节”的形式，以“非遗”潮、动漫潮、电竞潮、音乐潮、萌玩潮、国风潮6个亮点打造特色活动。活动展出面积2.4万平方米，设标展及特装展位260个，划分为品牌IP展区、电竞游戏展区、奥特曼亲子展区、动漫市集和舞台表演区5个展区。

【宣传思想工作研修班】 2021年8月31日，2021年雨花区宣传思想工作研修班开班。区直各部门单位分管宣传领导，各街道（镇）宣传委员、宣传专干、网信专干100余人参加学习培训。雨花区委常委、宣传部部长刘江红参加开班式并作开班动员。培训为期3天半，邀请9名既有理论功底又有实践经验的专家学者，从策划、新媒体时代的舆情应对、网络宣传技能、手机摄影基础、网络舆情处置、文化产业发展、意识形态管理等方面为全区宣传思想工作者授课。

（本栏撰稿　张胜娟）

统　战

【概况】 中共长沙市雨花区委统一战线工作部（简称“区委统战部”）主管雨花区统一战线工作，统一管理侨务工作，对外使用长沙市雨花区人民政府侨务办公室名称，统一领导和管理区民族宗教事务局（简称“区民宗局”），下设雨花区党外人士服务中心。2021年，雨花区召开区委统战工作领导小组会议2次，专题研究统战工作，审议通过《2021年全区统一战线工作要点》等重要文件。区委以及全区各级党委（党组）理论学习中心组全面学习《中国共产党统一战线工作条例》及民族宗教政策，组织各民主党派区工委及各支部（总支）开展《中国共产党统一战线工作条例》学习活动11次。以“五进五好五认同”（中共十九大精神、国旗国歌、社会主义核心价值观、政策法规、中华优秀传统文化进宗教活动场所；宗教教职人员努力做到政治品格好、守法遵规好、文明友善好、传承文化好、服务社会好；增进各族群众对伟大祖国、中华民族、中华文化、中国共产党、中国特色社会主义的认同）活动为抓手加强宗教场所阵地管理，常态化开展统一战线领域意识形态工作分析研判和隐患排查治理，妥善处理民族宗教领域突发情况及网络舆情。民革、民盟、农工、致公党等民主党派为雨花区及张家界捐赠防疫物资15万元，长沙群英会发起“湖湘公益抗击新冠肺炎联合行动”，支援全国各地防疫工作，累计捐款捐物价值超过90万元。河南遭遇特大暴雨洪涝灾害期间，民建、农工等民主党派捐赠物资价值1300万余元。

【多党合作】 2021年，雨花区开展“新春第一访”，召开雨花区党外人士助力“三高四新”工作座谈会，组织全区统一战线代表人士及统战系统单位全体干部集中收看庆祝中国共产党成立100周年大会。发挥统一战线人才荟萃、智力密集优势，引导党外人士为落实“三高四新”战略定位和使命任务开展调查研究，围绕推动长株潭绿心地区保护和发展、社区居家养老、长株潭融城核心区域医疗中心、自贸区雨花区块民营经济转型升级发展转型等工作积极建言献策，形成专题调研报告10篇。指导各民主党派加强咨政建言能力建设，报送提案、建议及社情民意等160余条，民建会员王东华、农工党党员郭皓宇、致公党党员许诗诗、九三学社社员邓子云等撰写的提案建议被中央统战部和各级人大、政协采用，区知联会成员龙凤舞的建议作为重点建议进行督办。深化特约人员工作，指导“营商环境特约监督百人团”开展营商环境特约监督活动，履职233人次。推进“‘雨’你同行·心手相牵”教育帮扶项目，全国政协副主席、民革中央常务副主席郑建邦调研雨花区时给予肯定。民盟、民进、九三学社等到溆浦县、龙山县石牌镇开展公益爱心活动，捐款捐物30万余元。农工党区工委联合长沙群英会推动搭建溆浦县乡村振兴互动公益平台，开展“困境儿童”爱心帮扶等公益项目，农工党副主委、长沙群英会理事长傅强获农工党全国脱贫攻坚工作先进个人。

【党外干部工作】 2021年，雨花区委把党外干部的教育培养、履职考察、提拔使用纳入重要议事日程，通过健全制度保障、抓好发现储备、加强教育培养、推进安排使用，加强党外代表人士队伍建设。做好党外代表人士政治安排，区人大常委会、区政府、区政协、区法院、区检察院领导班子应配尽配。以换届为契机，主动加强与长沙市委统战部、民主党派市委会的沟通协商，易静、徐煦、吴尚等当选为市人大代表，周凌云、夏晓波、郭贵雄等推荐为市政协委员，31名党外代表人士分别当选民主党派市委会副主委、市工商联（总商会）执常委及市知联会理事，17名党外代表人士入选全市“八百工程”百人团成员。新一届区人大代表有非中共人士40人，区政协委员有非中共人士104人。

【经济统战】 2021年，雨花区深化政企沟通工作，推动县级领导干部联系民营企业、商协会工作，开展谈心交流42次，出席重大活动73次，进行走访调研27次，解决问题23次，召开行业或专题政企恳谈会8次。依托“驻外之家”项目，发挥侨界和海外统战资源优势，助力打造中非经贸创新示范园，在非洲国家新建3个驻地服务中心。推动营商环境优化，举办全区“银政企”对接活动，组织中国工商银行等10家银行与100家企业（项目）参与，现场为企业融资5.5亿元。区总商会商事调解中心受理纠纷953起，调解512起，涉及金额1.5亿余元，《调解商事纠纷 服务民营企业》项目入选2021年全国50件创新成果，被评为“商会调解创新案例”。在高桥街道、洞井街道、井湾子街道、跳马镇成立基层商会商事调解工作站，推动多元化商事纠纷调解工作向基层延伸。完成“万家民营企业评营商环境”“湖南省营商环境民营市场主体评价”等工作。开展商会党建改革工作，出台《雨花区商协会组织党建工作规划纲要（2021—2023）》，筹办成立中共长沙市雨花区商协会组织联合委员会，引导商会组织党建工作规范化。优化非公经济企业服务保障，到123家会员企业和13个街镇商会进行走访调研，组织企业家参与“2021中小企业培训”“2021年长株潭民营企业创新能力提升培训”，组织会员企业组团到南京、无锡等地交流学习。接待重庆市永川区、云南省勐海县考察雨花区营商环境和商事调解工作。会员企业晓光模具、长步道代表长沙参加全省产业项目建设现场观摩。会员企业长沙比亚迪汽车有限公司的涂装面漆团队获“全国工人先锋号”称号，总经理周晓州获评第一届新湖南贡献奖先进个人表彰对象。李万强、周欣、高勇、胡迟娟、周红文5人被评为全市优秀商会会长、优秀秘书长。

【民族宗教工作】 2021年，雨花区帮助44名少数民族务工经商人员解决子女入学难题。开展“感党恩、庆百年、促交融、保稳定”大宣讲、“湘疆携手·共促团结”义诊咨询以及“民族团结一家亲·传统文化永流传”主题活动。推进民族团结进步创建工作，高桥大市场股份有限公司被评为全国示范企业，桔园小学被评为省级示范学校，长沙农商银行天翼支行被评为全省民族团结进步示范岗位，长沙环保职业技术学院被评为市级示范单位。组织各宗教活动场所负责人和教职人员、已登记民间信仰场所负责人集中学习，指导宗教活动场所落实疫情防控措施，严格开展打非防渗专项行动，完成宗教专项工作，及时妥善处理民族宗教领域突发情况。

【新的社会阶层人士工作】 2021 年，雨花区开展新的社会阶层人士思想状况调研，举办新的社会阶层人士学习贯彻区第六次党代会精神座谈会、湖南抗战历史回眸讲座暨观影活动、“迎中秋·庆国庆”主题活动等。加大力度做好新的社会阶层人士平台载体建设，推进京师（长沙）律所、梦想同盟艺术馆、雅藏艺术馆等新的社会阶层人士实践创新基地建设，指导雨花非遗馆成功创建省级新的社会阶层人士统战工作实践创新基地和市级示范基地，其主办的“非遗”民俗嘉年华活动被中央电视台《新闻联播》和湖南卫视《晚间新闻》报道。

【“同心”工程】 2021 年，雨花区按照“同心项目辐射带动、统战资源有机互动、多方衔接整体联动”的工作思路，探索同心美丽乡村、同心宜居社区、同心共赢项目、同心发展基地等同心创建工作新模式。宋旦汉字艺术博物馆被评为 2021 年度省级同心项目，参评湖南省委统战部和中央统战部的统战工作实践创新案例。支持基层创建单位打造 5 个区级同心项目、3 个区级同心基地和 1 个区级同心社区，指导桔园小学、火焰社区和中南院社区争创市级同心创建工作点。

【统一战线工作领导小组会议】 2021 年 1 月 29 日，雨花区委统一战线工作领导小组第一次全体会议召开。区委书记、区委统一战线工作领导小组组长张敏主持会议并讲话。会议传达学习《中国共产党统一战线工作条例》。会议强调，要提高政治站位，把《中国共产党统一战线工作条例》纳入党委（党组）理论学习中心组学习内容，纳入党校教学内容，加强宣传解读，认真贯彻落实；要着力构建大统战格局，形成做好新时代统一战线工作的合力；要努力提高领导干部能力素质。3 月 5 日，区委统一战线工作领导小组第二次会议召开。张敏主持会议并讲话。会议传达学习全国、全省统战部长会议及全市统战工作主要精神，听取 2020 年全区统战工作情况及 2021 年工作思路汇报，审议《2021 年全区统一战线工作要点》，研究部署政治引领、党外代表人士政治安排、助力“三高四新”战略、民营经济发展、意识形态和风险防范等统一战线重点领域、重点工作。

【“新春第一访”】 2021 年 2 月 18 日，农历新年后的第一个工作日，雨花区委书记张敏率领区委、区人大、区政府、区政协相关负责人开展“新春第一访”，走访看望全区各民主党派、区工商联、区知联会及党外代表人士，并致以新春的问候和祝福；与各民主党派和知联会相关负责人交流，了解各党派组织发展、思想宣传、参政议政、社会服务等情况，询问党外代表人士的工作和生活情况。张敏强调，全区统一战线要牢牢把握大团结大联合主题，紧紧围绕中心服务大局，广泛凝聚各方力量参与到雨花区经济社会发展中来。

【党外人士助力“三高四新”工作座谈会】 2021 年 3 月 2 日，雨花区党外人士助力“三高四新”工作座谈会召开。区委常委、统战部部长成钢，区政协副主席、民盟区工委主委周凌云出席。各民主党派立足自身优势和工作实际，畅谈思路。民革区工委围绕高铁新城建设、“一主一特”产业发展、自贸区雨花区块建设等重点献策献计；民盟区工委发挥区内职教资源优势，探索创新型技能型应用型人才培养和输送机制建设；民建区工委围绕区内建筑企业发展壮大走出去、跳马镇民宿产业、农村集体经济资金监管等开展调研，帮助“湘企出海”“湘品入非”；民进区工委发挥会员优势，进一步创新探索物业管理机制；农工党区工委着力搭建“健康雨花”公益平台，依托市中心医院、市妇幼保健院、区健康教育馆等阵地，开展医疗保健公益活动；九三学社区工委聚焦长株潭一体化，围绕“绿心”生态中央公园规划建言献策；致公党区工委发挥侨党优势，打造党派履职实践基地，助力中非经贸深度合作先行区建设，协助开展引资引智工作；区知联会联合区直相关部门和党派力量，推动黄兴医院易地重建，在跳马镇打造辐射长株潭城市群的医疗中心。

2021 年 1 月 29 日，雨花区委统一战线工作领导小组 2021 年第 1 次会议

（龚　鹏　摄）

【长沙市民主党派履职实践基地授牌】 2021年4月6日，长沙市各民主党派履职实践基地授牌仪式暨专题座谈会在雨花区举行。雨花区委常委、统战部部长成钢主持会议。长沙市委常委、统战部部长谭小平，各民主党派市委会专职副主委，雨花区委书记张敏等参加会议。谭小平为湖南自贸区长沙片区雨花区块“长沙市各民主党派履职实践基地”授牌。雨花区政府副区长易静介绍自贸区雨花片区工作相关情况。高桥大市场、驻外之家中非经贸综合服务平台、盟非贸易、天地人律师事务所以及市、区民主党派代表作交流发言。谭小平指出，要把如何推进湖南自贸区长沙片区建设作为2021年的一项重点课题，发挥民主党派人才荟萃、智力密集优势，聚焦中非经贸深度合作开展深入研究，挖掘自身发展优势，借鉴外地成功经验，为长沙推进自贸区建设、实施“三高四新”战略积极建言献策。

2021年7月9日，雨花区涉侨纠纷多元化解工作站揭牌活动（龚　鹏　摄）

【雨花区统一战线庆祝中国共产党成立100周年活动】 2021年6月24日，雨花区统一战线庆祝中国共产党成立100周年活动在宁乡市花明楼镇刘少奇故里举行。相关区领导，各民主党派和无党派、少数民族、宗教界、非公有制经济、新的社会阶层、归侨侨眷等领域代表人士以及区统战系统单位全体干部参加活动。全体人员齐聚铜像广场献花篮，参观刘少奇纪念馆和刘少奇故居；观看雨花区统一战线纪录片《我们》，回顾近年来全区统一战线工作。举行“雨花统战 同心向党”座谈会，围绕庆祝中国共产党成立100周年、讲好多党合作故事、弘扬爱国奋斗精神、聚力实施“三高四新”战略等内容进行座谈。九三学社雨花区工委、致公党雨花区工委作为民主党派代表进行分享交流。区委常委、统战部部长成钢指出，全区统一战线要发挥统一战线的优势作用，广泛凝聚发展共识、凝聚各方智慧、凝聚奋进力量。

2021年6月24日，雨花区统一战线庆祝中国共产党成立100周年活动（龚　鹏　供图）

【涉侨纠纷多元化解工作站挂牌】 2021年7月9日，长沙市雨花区涉侨纠纷多元化解工作站在湖南自贸试验区高桥片区揭牌。长沙市侨联主席陈慧，雨花区委常委、统战部部长成钢，区人大常委会副主任、区工商联（总商会）主席（会长）莫志刚，与省侨青委、市侨商会、自贸区雨花片区涉侨商协会代表、特邀调解员等各方代表共同为涉侨工作站揭牌并进行座谈。雨花区涉侨纠纷多元化解工作站是全省首家助力自贸区建设、助推经济高质量发展的多元解纷平台，也是全省首家设在侨企（湖南高桥大市场股份有限公司）、服务侨企的多元解纷平台，纳入全区“13+X”中的“X”专业治理网络中的重要组成部分，依托湖南省侨联ADR调解中心、区政府法律顾问服务团、“侨之家”法律服务单位等调解平台，与雨花区法院“一站式”高桥大市场工作站提质、区总商会商事调解中心拓建、自贸区多元解纷服务点建设同步推进，打造为全区涉侨纠纷集约化解中心，依法维护侨商侨企和侨胞合法权益，更好地团结广大侨界人士积极参与自贸区建设。

【统一战线共识教育】 2021年9月15—16日，雨花区2021年度统一战线共识教育暨党外中青年干部培训班在区委党校举办。各党派区工委，区知联会班子，民主党派各支部正、副主委及委员，少数民族、宗教人士代表，非公有制经济人士代表，新的社会阶层人士代表，欧美同学会、侨界人士代表，全区统战系统单位全体人员，各街道、乡镇统战委员及专干近200人参加培训。该培训班讲解国家层面的宏观情况，分析2021年经济形势；专题宣讲“统战信息与宣传”有关知识，全面解读《中国共产党统一战线工作条例》、习近平总书记在庆祝中国共产党成立100周年大会上的讲话精神及雨花区第六次党代会精神等内容。民主党派和基层统战工作领域的4名代表分别围绕“统战信息与宣传”“习近平总书记在庆祝中国共产党成立100周年大会上的讲话”等主题开展交流发言。

【统一战线同心恳谈活动】 2021年11月19—20日，雨花区举行“迈向新征程 建功新时代”统一战线同心恳谈活动。区委副书记、统战部部长、区委党校校长郭四军，民盟区工委主委、区政协副主席周凌云，区政协副主席吴海军、戴碧峰，区政协原副主席陈国强以及全区各民主党派、无党派人士、工商联、新的社会阶层人士代表及各乡镇、街道统战委员，区统战系统单位部务会成员等参加。全体人员在秋收起义文家市会师旧址纪念馆、胡耀邦故居、天华村、李维汉故居等红色教育圣地开展现场教学。举行同心恳谈活动，集中学习中共十九届六中全会会议、中共中央党外人士座谈会议和区委常委会扩大会议有关传达学习贯彻中共十九届六中全会精神的相关要求。与会人员围绕学习贯彻落实发言。

（本栏撰稿 龚 鹏）

机构编制

【概况】 中共长沙市雨花区机构编制委员会办公室（简称“区委编办”）为区委机构编制委员会的办事机构，承担区委编委日常工作，负责全区行政体制机制运行和机构改革以及机构编制日常管理等工作，列入区委工作机关，对外使用长沙市雨花区事业单位登记管理局名称，归口区委组织部管理。下设区机构编制实名制信息中心，副科级全额拨款事业单位，负责全区机构编制实名制工作。

2021年，雨花区委编办巩固深化机构改革成果、深化重点领域体制改革、盘活调优机构编制资源；统筹优化配置机构编制资源，聚焦重点民生领域，推动编制资源的高效使用；办理事业单位法人设立登记33家，办理单位统一社会信用代码赋码1家；开展全区编外人员管理调查摸底工作，压实编外人员管理联席会议责任。

【体制改革】 2021年，雨花区协力争取副处级架构的自贸试验区长沙片区雨花管委会落地雨花区，作为市政府派出机构。整合原区现代服务业发展中心及部分高铁新城建设指挥部职能职责，拟订“三定”方案，设置副科级内设机构5个，核定副处职1名、正科职2名、副科职5名。开展开发区管理机构清理规范，保留雨花经开区管委会正处级架构，将雨花现代电子商务物流管理委员会更名为雨花区电子商务物流中心并调整为政府直属公益类事业单位，协同推进园区相对集中行政许可权试点改革，组建雨花经开区管委会正科级内设机构行政审批服务局。拟订新“三定”方案，把加强党的建设和优化营商环境作为首要任务，科学配置开发区职能职责，推动构建协同高效的开发区管理体制。整合全区行政复议职责、保留一个复议机关，区司法局为区政府的行政复议机构，从区级编制总量内统筹调配行政编制2名、司法系统内部挖潜调剂政法专项编制1名用于保障行政复议体制改革工作，明确专职专编，协同推进专业人才队伍建设。

【机构编制管理】 2021年，雨花区完成全区事业单位公开招聘（选调）、教师招聘（选聘）用编计划、区内人员流动调配编制审核、军转干部安置计划等多项机构编制的审核工作，以机构编制实名制管理为依托，实现全区人员编制程序规序管理到位。争取到省、市机构编制部门支持，核增、借用中小学教职工专项编制1367名；因自贸、行政复议体制改革等工作划转至雨花区全额拨款事业编制7名。用好全区行政、事业编制周转池，根据各民生部门、重点部门对专业型、技术型等人才的需求，为区财政局、区人居环境局、区应急管理局、区市场监管局等单位核增编制14名，年底周转池编制使用率34.3%；完成全区中小学教职工编制全面达标工作，统

2021年11月11日，2021年雨花区机构编制业务培训班开班仪式 （刘 麟 供图）

筹中小学教职工编制720名，新建教职工编制周转池。审批教育系统用编计划401名，用于2021年度教师公开招聘、选聘公费师范生、名优骨干教师和特殊人才引进；审批卫健系统用编计划29名，用于公开招聘基层卫生专业技术人员，加强基层疾病预防工作力量；审批区直各部门单位、街道（镇）用编计划111名，全年分两批次集中组织开展公开考试招聘（选调）事业单位工作人员；审批省委选调生、军转干部等政策性安置用编计划40名。开展议事协调机构规范和清理工作，撤销议事协调机构202个、合并或更名34个，精简比46.3%，出台《雨花区区级议事协调机构管理办法》，健全事前审核、事中备案、事后监督机制，实现议事协调机构动态长效监管；有序开展第二次全国机构编制核查，对全区纳入核查的74家单位有关实名制系统中的机构、职数、编制、人员等信息逐一核实完善，按要求完成自查自纠、集中审核、公示监督、数据比对等重要环节。举办机构编制核查专题培训班，领导干部150余人参加专题学习，推进机构编制工作规范化法治化。

【事业单位登记管理】 2021年，雨花区办理事业单位法人设立登记33家，变更登记141家，补领登记4家，注销登记3家，完成全区192家事业单位法人年度报告公示。为30家利用国有资产举办的幼儿园办理设立登记，赋予其独立法人地位，助力解决社会急需的公益服务问题。办理单位统一社会信用代码赋码1家，机关、群团统一社会信用代码信息变更33家。全面清理规范网上名称管理工作，为单位注册中文域名26家，完成中文域名续费317条，确保全区网上名称运行顺畅，管理规范。

【编外合同制人员管理】 2021年，雨花区开展全区编外人员管理调查摸底工作，全区编外人员11105名，将数据上报中央编办。聚焦“总量控制、规范管理”原则，区编外人员管理联席会议厘清区直部门下派各街镇人员数额情况，调研左家塘街道、黎托街道数额备案人员情况，并由区财政局汇总相关单位意见后制定科学可行的管理方案。压实编外人员管理联席会议责任，及时收回区直部门闲置的编外人员余额，核定编外临聘教师数额2814名，将65名劳务派遣数额划转为雇员实名管理类数额，重点保障教育、医保、社保、卫健、城市管理等涉及民生领域的用人需求。

【机构编制业务培训】 2021年11月11日，雨花区举办机构编制业务培训班。全区各街（镇）、区直各部门单位的机构编制工作分管领导及编制人事专干等参加培训。区委常委、组织部部长李颖作开班动员。长沙市委编办监督检查处处长赵小兵解读《中国机构编制工作条例》《机构编制监督检查工作办法》等法规制度的制定目的、指导思想、工作原则、领导体制等。长沙市机构编制事务中心主任向志武以《共同讲好机构编制工作服务长沙高质量发展的新故事》为主题，从凝聚共识、结合实际、突出重点、把握规律等方面，对抓好机构编制信息宣传工作提出见解和建议。区委编办机构编制科专题部署第二次全国机构编制核查工作；对实名制管理系统操作做现场演示和讲解，提升参训学员对机构编制工作的认识和业务能力。

（本栏撰稿　刘　麟）

党校教育

【概况】 中共长沙市雨花区委党校（简称“区委党校”）是区委领导下培养党员干部和理论骨干的学校。长沙市雨花区行政学校是雨花区公务员和专业技术人员的重要培训基地，承担全区党员干部的培训和教育工作。两校合署办公，一套人马、两块牌子。区委党校总建筑面积12500平方米，拥有办公楼一层13间，教学楼（教室5间）、能容纳300人学习的多功能报告厅1个、装配电脑40台的多媒体教室1间，实训室1个，图书藏量2万册，光纤网络和教学监控相连，天地两网设备齐全。党校实行校委负责制，校长由区委副书记担任。

2021年，雨花区委党校贯彻落实《中国共产党党校（行政学院）工作条例》，坚持党校姓党根本原则、质量立校重要遵循和从严治校办学方针，围绕打造一流品牌、创新一套机制、锤炼一支队伍、推出一批经验“四个一”办学目标，以党史学习教育为抓手，发挥干部培训、思想引领、理论建设、决策咨询作用。

【干部培训】 2021年，雨花区委党校围绕党史学习和习近平总书记“七一”

2021年3月8日，雨花区村、社区（筹委会）书记、主任培训班　（李　旭　摄）

重要讲话精神开展干部教育，举办主体班16个，参训人数3073人次，联合办班146期，培训人数11300人次；8位区委主要负责人到党校上党课。将教学和学习的主动权还给学员，提升基层干部学员的上课积极性。组织多个主体班赴红色教学基地开展革命传统教育，聆听革命前辈事迹，重温革命历史。

【基层宣讲】 2021年，雨花区委党校组织骨干教师开展区第六次党代会精神教学研究，成立攻关团队，进行集体备课，制作宣讲课件，打造全区统一的解读课件和标准示范课。经过评课小组的专家学者及区委宣传部门的验收向全区推广，根据区委第六次代表大会报告制定学习提纲和辅助教材。发挥党校理论宣讲志愿者服务队优势，推进党史学习教育、习近平总书记在庆祝中国共产党成立100周年大会上的讲话精神、中共十九届六中全会、省党代会、市党代会、区党代会精神进课堂、进企业、进农村、进机关、进校园、进社区。区委党校教师在主体班、联合班、社区、企业、学校等开展宣讲120余次，受训1万人次以上。

【科研创新】 2021年，雨花区委党校加强智库建设，在教学、科研、咨政一体化上下功夫、出实招。围绕中心抓实长效课题，继续跟踪近两年立项的3个重要课题，《精准扶贫在雨花》被《精准扶贫在湖南》一书采用，跻身全书的开篇之作，《廉洁文化进小学的实践路径探析》课题入选雨花区科技计划项目，《党内反腐倡廉法规执行动力机制研究建设》成功联合申报省社科联自筹经费课题。围绕教学开展深度研究，做好重点工程——圭塘河流域治理的推荐，成功打造湖南省精品课程《践行绿色发展理念推动城市高质量发展——长沙市雨花区圭塘河流域治理路径分析》，获得全市党校系统教学比赛一等奖和全省党校系统比赛二等奖，并成功立项省委党校理论研讨会课题，成为基层党校教研一体化的典型。组织全校教职员工开展党史研究，开展科研研讨会6次、赴异地学习调研2次，上交省市理论研究文章8篇，其中4篇文章获得省级三等奖以上奖项，2篇文章获得市二等奖以上奖项，3人当选第七届市社科联代表。

【教师队伍】 2021年，雨花区委党校加大本校师资培训力度，加快试讲试课的频率，制定集体备课和精品课验收制度。统筹兼顾党校发展需要与教师个人发展相结合，实施“名师一对一”青年教师成长计划，设计教师的专业发展方向，全面启用本校骨干教师进入党校课堂开展主体班授课，丰富教师的授课实战经验，提升教学技能。打造年龄构成更加合理、专业结构更加全面的高素质队伍，在全省选调2名优秀年轻教师。

【深入贯彻落实区第六次党代会精神座谈会】 2021年8月12日，雨花区委党校召开深入贯彻落实区第六次党代会精神座谈会。雨花区委副书记、党校校长、统战部部长郭四军作题为《培养时代新人才，奋战雨花新征程》的专题辅导，从总结过去五年工作成效和宝贵经验、提出未来五年发展目标和实践路径、把高质量党建作为引领高质量发展的坚强保障和有力支撑3个层面，解读雨花区第六次党代会精神。与会人员进行心得交流，探讨下一步着力点。郭四军指出，区委党校要把区第六次党代会所描绘的未来五年发展的蓝图，落实到党校实际工作中去；要加强课题式设计、项目式管理、工程式推进、台账式督查、绩效式考核；要开展“五名”（学校创名牌、教师有名气、学员有名声、课堂有名课、科研出名品）党校建设。

（本栏撰稿　陆　朗）

史志档案

【概况】 长沙市雨花区档案馆（简称“区档案馆”）为区委办公室所属正科级公益类事业单位，对外加挂区委党史研究室、区地方志编纂室牌子，主要职能是负责全区档案管理和保护、利用、档案宣教执法、史志编研及党史、区志宣传教育工作。

2021年，区档案馆围绕中国共产党成立100周年，以档案新馆建设、年鉴编纂、街镇简志编纂工作为重点，加强编史修志和档案管理利用工作，深入开展党史宣教，开设“百年党史·雨花记忆”专栏，编印《风华百年 红色雨花》党史读本和《风华百年 青春雨花》纪念图册，公开出版《雨花年鉴（2021）》，率全市之先出版发行《长沙市雨花区街镇简志》，开展2021年度档案监督检查，举办2次档案业务培训，全年查阅利用档案约2332卷、1429人，增强服务雨花经济社会发展和人民群众的能力。

【党史工作】 2021年，雨花区党史工作围绕党的百年华诞这个关键的历史节点，结合党史学习教育，加强党史宣教、党史研究、党史资料征编等工作。作为党史部门，在全区党史学习教育中做到先学一步，深学一层，抽调党史业务骨干参与区党史学习教育全过程，在全区范围内打造红军攻打长沙纪念园、长沙南红色记忆馆等5个红色阵地，邀请年近九旬的党史老专家为党员干部讲述红军两次攻打长沙，协助区委宣传部拍摄《实景交响诗·大河之歌》。采用“线上线下双联动”模式开展党史宣教，邀请老专家、老同志深入红色教育基地开展党史宣教，以党史为主题在区直部门单位、街道、社区讲党课；在区属媒体开设“百年党史·雨花记忆”专栏，持续更新党史文章。挖掘辖区红色资源，编印《风华百年 红色雨花》党史读本。坚持“党史姓党”、以正确的立场观点方法宣传雨花党史，讲好雨花故事，旗帜鲜明地反对历史虚无主义。聚焦区委2020年度的大事、要事、新事，协助区委政研室编辑《雨花区委工作纪事》并向上级部门报送。加强与党史联络组的交流互动，持续从老同志、老专家身上汲取养分，提升党史工作业务水平。

【地方志工作】 2021年，雨花区开展地方志文化进社区活动，在圭塘街道圭塘社区悬挂地方志宣传横幅，向社区赠送《雨花区志》《雨花年鉴》等宣传资料及地情书籍。完成《雨花年鉴（2021）》公开出版，系统反映雨花区2020年度自然、政治、经济、文化、社会等方面情况。率全市之先出版发行《长沙市雨花区街镇简志》，是雨花区第一部编修的以街镇为主体的地方志书。在全区开展雨花区2020年度人物、年度事件推荐活动。

【档案工作】 2021年，雨花区开展档案监督检查，对全区79个区直部门、街道进行档案业务指导，持续一个月时间，对在检查中发现的问题，现场反馈并提出整改意见。分两次举办区直部门和社区（村）档案人员业务培训班，共有260余人参加培训，提升档案专干的业务能力水平。根据新修订的《中华人民共和国档案法》（自2021年1月1日起正式施行），雨花区档案馆对馆藏档案中期满25年的档案进行鉴定、编目、整理，共鉴定63个全宗4642卷档案，做到依法依规鉴定，应开尽开。推进政务信息公开，下发《关于报送现行文件的通知》，敦促各单位上报所执行的现行文件，确保应收尽收。加大档案宣传力度，开展"宝葫芦"杯答题竞赛、国际档案日宣传和"风华百年·青春雨花"庆祝建党100周年图片展等活动。完成政务服务一网通和省"互联网+监管"平台交办的各类档案行政审批事项。发挥查档窗口咨询服务的作用，开展好档案利用服务。配合市档案局开展基本公共事务服务事项项目课题研究，陪同调研区退役军人事务局公共服务事项档案管理情况，并按市档案局要求报送相关项目材料。完成雨花区疫情档案目录和扶贫攻坚档案目录的收集整理与上报工作，共报送目录数据8372条。根据《长沙市档案工作考评办法（试行）》，组织档案工作自查自评工作。

【档案宣传】 2021年，雨花区为提高干部职工的档案法治意识，加深对新修订的《中华人民共和国档案法》的认识和了解，组织开展"宝葫芦"杯答题竞赛活动。自5月起，在雨花区长沙南站、德思勤城市广场、雨花非遗馆等人流密集地举办多场"风华百年 青春雨花"建党一百周年专题图片展，图片展分"雨花党颂、雨花蝶变、飞梦雨花"三大篇章，突出展现雨花区社会经济各项事业的进步及发展。6月8日，在圭塘社区和区政府机关大院开展以"档案话百年"为主题的宣传活动，通过宣传横幅、展板普及档案知识、展示档案利用案例，发放档案纪念品、党史书籍，区直各部门单位公共区域电子显示屏上滚动播出档案宣传标语。6月9日，组织各单位档案工作者集中收看2021年"6·9"国际档案日线上专题讲座，并参加档案法知识竞赛。

【档案业务培训】 2021年3月30日，区档案局（馆）在党校四楼七教室召开档案业务培训，全区各部门单位、街道（镇）档案专干近百人参加。会议由区档案馆副馆长黄子彧主持。长沙市委办公厅档案工作管理处处长游泳从《中华人民共和国档案法》（自2021年1月1日起正式施行）的修订内容、档案工作组织管理、归档文件整理、档案保管保护等方面进行培训。黄子彧传达湖南省档案局《关于认真贯彻落实许达哲同志对档案工作的重要批示精神的通知》。6月24日，举办全区社区、村档案人员业务培训，全区163个社区（社区筹委会）、村档案人员参加培训。档案专家朱云辉从社区、村档案管理的要点、档案分类及整理、档案的保管保护等方面进行培训。11月23—24日，组织全区各相关部门单位参加"'十四五'全国档案事业发展规划公益大讲堂"线上学习，了解档案事业"十四五"规划的重要意义与主要内容。

【档案利用与服务】 2021，雨花区档案馆共查阅利用档案约2332卷，查阅人数1429人。其中文书档案查阅人数66人，利用案卷139卷；婚姻档案查阅人数1170人，利用案卷1232卷；建房档案查阅人数81人，利用案卷823卷；退伍军人档案查阅人数91人，利用案卷118卷；查阅其他档案如独生子女档案、病历档案、死亡干部档案共20卷，为档案利用者提供征地拆迁查考、单位巡察、退休、房产交易、机关干部档案核查等事项服务，为利用者解答查档的相关问题，发挥查档窗口咨询服务的作用。

【《雨花年鉴（2021）》培训会】 2021年3月4日，雨花区档案馆（区地方志编纂室）在区委党校四楼七教室召开《雨花年鉴（2021）》培训会。全区各部门单位、街道（镇）年鉴组稿人，区档案馆相关人员参加培训会。会议由区档案馆副馆长尹亿民主持。尹亿民回顾《雨花年鉴》所取得的成绩和不足，对《雨花年鉴（2021）》编纂工作提出要求，督促各单位高质高效完成年鉴编纂任务。史志科科长刘科明宣读《关于报送〈雨花年鉴（2021）〉稿件的通知》，对相关撰稿要求进行具体说明；史志科唐清明以《如何编写好〈雨花年鉴（2021）〉》为题授课，从年鉴定义、《雨花年鉴》组稿内容、如何组稿《雨花年鉴》、《雨花年鉴》稿件存在的问题及改进四个方面进行培训。该次年鉴培训，标志着《雨花年鉴（2021）》编纂工作正式启动，有利于提升全区年鉴组稿人的思想认识和业务能力。

【"百年党史·雨花记忆"专栏】 2021年，雨花区委党史研究室围绕建党100周年和党史学习教育，彰显党史部门担当作为，以雨花百年党史为基础，在区属平台"飞梦雨花"微信公众号开设"百年党史·雨花记忆"专栏，自4月20日始发布首篇党史文章《百年党史·雨花记忆｜中共长沙近郊区委的成立》，至12月13日发布《百年党史·雨花记忆｜长沙市郊区社会主义改造的基本完成》，全年共发布38篇党史文章。"百年党史·雨花记忆"专栏聚集在中国共产党的领导下从长沙市郊区到雨花区的百年历史，通过图文并茂的形式，以新媒体为载体，宣传和展现雨花区从偏僻落后的郊区到国内一流强区的蝶变。

【《长沙市雨花区街镇简志》】 2021年8月，《长沙市雨花区街镇简志》历时2年多时间，经编辑、排版、校审等多个阶段，在方志出版社的审核批准下完成出版发行。该书客观真实记载雨花区所辖13个街镇自有建制以来至2019年的发展历程及地域特点，图文并茂、生动形象地展现各街镇建置沿革、历史变迁、经济建设、社会发展、历史人文等内容。全书共235页，46.7万余字，彩页33页，图片85张，正文插图396张，地图1张。该书是雨花区第一部编修的以街镇为主体的地方志书，也是长沙市首部公开出版的区县街镇简志。

【全区档案工作检查】 2021年9月23日至10月21日，为贯彻落实《中华人民共和国档案法》，推进档案法治建设，雨花区档案局（馆）对全区档案管理工作开展检查。该次档案检查涵盖66个区直部门单位，13个街道（镇）及所属社区（筹委会）、村。检查内容包括2020年文件材料整理归档及档案管理情况，档案工作机构、制度及人员的建立、配备情况，档案室安全和设施设备配备情况等；检查采取实地查看和查阅资料相结合的方式；各街道（镇）所属社区（筹委会）、村提供2020年度档案总目录统一到街道（镇）受检。检查组对检查中发现的问题现场反馈并限期整改。检查情况表现为文件收集整理、档案保管保护条件、档案数字化工作、档案利用服务等得到提升完善。存在问题主要有收集资料不够齐全，保管期限划分不够准确、整理不够规范，档案保管存在安全隐患，社区（筹委会）、村档案工作质量有待提高，档案结构比较单一等。区档案局（馆）要求各部门单位加强领导，提高认识，落实档案管理各项制度；强化档案责任意识，提高业务水平；提高归档意识，确保档案安全；提高社区（筹委会）、村的档案管理水平。

【《风华百年 红色雨花》党史读本】 2021年12月，雨花区编印完成《风华百年 红色雨花》党史读本，成为社会各界了解雨花党史的重要读本。为充分彰显百年雨花的红色印迹，雨花区委党史研究室联合区委党史联络组，以《中国共产党长沙市雨花区历史》为基础，深入挖掘辖区红色资源，编印《风华百年 红色雨花》党史读本。该书设“近郊区委和农民协会创建”“大革命时期农民运动”“土地革命战争”“抗日战争”“解放战争”“新生政权的建立和巩固”“新民主义改革和建设”“社会主义改造”8个篇章，记述从1926年11月长沙近郊区委成立至1956年基本完成社会主义改造30年的历史。全书共196页，12.2万余字，正文插图202张。

【《风华百年 青春雨花》纪念图册】 2021年12月，雨花区编印完成《风华百年 青春雨花》纪念图册。该图册以庆祝中国共产党成立100周年为主题，以从长沙近郊区到中部一流强区的蝶变为主线，全方位、多角度展现雨花区的历史风貌及当代风采。该图册设“党的奋斗为人民”为核心，分“以百姓心为心”“苟日新，日日新，又日新”“以为百姓，是以民能欣之”3个篇章，共38页，图片151张，每张图片附文字说明。

【《雨花年鉴（2021）》公开出版】 2021年12月，由长沙市雨花区人民政府主办，长沙市雨花区年鉴编纂委员会编纂的《雨花年鉴（2021）》，在方志出版社公开出版发行。该书是一部系统反映雨花区2020年度自然、政治、经济、文化、社会等方面情况的年度资料性文献。《雨花年鉴（2021）》设26个类目，116个分目，1200余个条目。全书共372页，100万余字；彩页52页，图片200余张；表格15个。

（本栏撰稿　唐清明）

机关党建

【机关组织建设】 2021年，雨花区出台《关于加强和改进新时代机关党的建设的实施意见》《区直机关党建工作要点》《区直机关党建工作整改提升方案》《区直机关党建工作考核细则》，明确党建责任和目标。组织区直机关党组织书记就抓基层党建和意识形态工作进行述职，对63位党组织书记进行现场民主测评。开展党建督查，下发督查通报，并着力抓好问题整改，适时开展“回头看”，对“五化”（基层党组织支部建设标准化、组织生活正常化、管理服务精细化、工作制度体系化、阵地建设规范化）存在短板的党支部进行再验收再提质。选优配强党支部书记和委员，规范委员设置，明确职责分工。落实《中国共产党党和国家机关基层组织工作条例》《中国共产党支部工作条例》等文件精神，围绕庆祝中国共产党成立100周年，发放“光荣在党50年”纪念章87人，开展省、市、区级“两优一先”（优秀党员、党务工作者，先进基层党组织）推荐和考察工作，区直机关获市级优秀党员1人、优秀党务工作者1人、先进基层党组织1个，获区级优秀共产党员14人，优秀党务工作者15人，先进基层党组织15个。举办区直机关2021年度入党积极分子培训班，56名入党积极分子参加培训，成绩均合格。发展党员57人，组织预备党员集中宣誓。预备党员按期转正26人（含5名火线入党），完成500余名党员党组织关系转接审批，完善全国党员管理系统信息、清理遗留问题。指导督促47个支部完成换届、补选工作，40个部门单位落实由单位主要负责人担任支部书记，其余支部均由班子成员担任书记。区民政局党支部、区应急局党支部被评为长沙市示范化“五化”支部。组织区直机关53个单位进行半年度和年度党员统计工作。指导区直机关各党组织开展组织生活会及民主评议党员，开展“学党史、悟思想、办实事、开新局”党史学习教育专题组织生活会1次。定期通报区直部门智慧党建“三会一课”的上传情况，各单位党组织上传率达100%。严格党费收缴，做好离退休党支部党费返还工作。召开区直机关第六次党代会，严格按程序推选69名党代表出席中共长沙市雨花区第六次代表大会。组织区政府机关大院1750名干部职工参加雨花区131名选区人大代表选民登记及投票工作。

【党员学习教育】 2021年，雨花区直机关工委抓实抓严学习，督促落实党组织会议“第一议题”（每次会议第一议题学习习近平新时代中国特色社会主义思想）制度，抓严中心组示范引领学、抓实党支部集中常态学、抓活党员自主学，举办中心组专题读书班600余场次，组织开展微宣讲、微党课428次。开展“机关党员大课堂”暨党务干部业务培训。

【凝聚党建合力】 2021年，雨花区直机关工委以“党建聚合力”为主题，引导区直机关组建党建联盟，集多个党支部之力，开展“组织联建、活动联办、资源联享、服务联抓”等党建工作，构建资源共享、优势互补、共同发展党建工作新格局。区民政局、长沙民政学院、联点社区、社会组织等单位组建的“雨民党建联盟”，开展共建活动20余次，辐射党员1500余人。长沙火车南站站区20个党组织组建“复兴号”党建联盟，开展旅客接驳、志愿服务、亮化工程等活动140余次；区残联党支部与区直机关工委联合开展扶残助困活动，推进残疾人托养服务、假肢装配、辅具适配、助学救助等项目落地落实，惠及残疾人930余人。区医保局联合省科技厅、省残联、湖南中建三局等多个驻区省直、市直党组织签署共建协议，围绕乡村振兴、基层治理等开展服务活动，为基层解决项目资金100万余元，慰问困难党员、群众350余人，发放慰问物资价值4万元。

【机关文化建设】 2021年，雨花区加强机关精神文明建设，坚持党建带群建，活跃机关党建文化氛围。区直机关工委与区卫健局、区妇联组织开展“精彩三月 健康雨花”跳长绳比赛。向区妇联推荐2户区直机关干部家庭（铭记党史党恩、传承红色基因、弘扬家国情怀“最美家庭”和清正廉洁的“最美家庭”）参与全区2021年度“最美家庭”推荐评选活动，唐迅家庭被评为长沙市“最美家庭”。组织区直各部门单位参加“出手吧姐姐——温暖2021”公益项目，雨花区直机关筹集4500余元，帮助关爱贫困母亲、残疾母亲、重病母亲、留守母亲、困难女性老党员及女干部等特殊困境妇女群体。联合区机关事务中心开展机关大院环境卫生、垃圾分类、节能降耗等规范办公区域检查。

【机关志愿服务】 2021年，雨花区直机关工委组织在职党员进社区，参与文明创建和基层社会治理工作。3次组织全体机关干部职工1.5万人次进行核酸检测；督促区直机关2000余名干部职工完成新冠疫苗接种，落实“应接尽接”的要求。走访慰问困难党员、群众百余人，发放钱物13万元。制定雨花区直机关“雷锋志愿者在行动”主题党日志愿服务活动方案，组织区直部门机关党员干部到雨花区社会福利中心、雨花区爱丽聋儿听力言语康复中心、雨花区跳马镇敬老院、长沙市爱福自闭症儿童教育中心、雨花区晨阳自闭症康复中心、长沙市希望之家脊髓损伤者服务中心、长沙市恒爱之家助残公益服务中心、雨花区美人鱼公益服务中心、雨花区跳马镇喜雨村党支部、长沙市雨花区心飞翔残疾人艺术团、雨花区星苑自闭症培训中心、雨花区爱萌特殊儿童康复中心12个志愿服务基地开展“六助六送”（助老、助残、助学、助困、助创、助党建；送关爱、送文化、送欢乐、送健康、送平安、送党课）主题党日志愿服务活动，发挥各单位资源优势，引导党员干部作表率、当先锋，捐赠款项及慰问物资30万余元。

【区直机关党史学习教育】 2021年，雨花区直机关工委每月下发重点工作提示，组织区直各部门单位围绕党史学习教育4个专题、习近平庆祝中国共产党成立100周年大会上的讲话、中共十九届六中全会及省第十二次党代会、市第十四次党代会、区第六次党代会精神，采取理论学习中心组、专题读书班、参观革命遗址、讲主题党课、发放《论中国共产党历史》《中华人民共和国简史》《改革开放简史》《社会主义发展简史》等9本指定书籍等形式开展学习研讨。开展区直机关“传承红色基因，汲取奋进力量”雨花红色故事征集评选活动，收集作品26篇，选送6篇优秀作品参加长沙红色故事比赛，其中区信访局李博获“传承红色基因，汲取奋进力量”长沙红色故事宣讲比赛三等奖。举办区直机关“就认这个理”“学习强国”学习达人知识竞赛、“就认这个理”党史学习教育专题宣讲比赛决赛。开展主题党日案例征集活动，选送区医保局主题党日案例《党建聚合力 六共走前列》获市“优秀主题党日案例”二等奖，区市场监管局跳马市场监管所主题党日案例《主题党日＋服务群众大情怀》、区市场监管局侯家塘市场监管所主题党日案例《学史力行 助飞梦想》获市“优秀主题党日案例”优胜奖。区直机关工委组织区直部门开展“光影铸魂”电影党课活动230余场。

【基层党组织书记述职评议】 2021年3月18日，雨花区直机关2020年度基层党组织书记抓基层党建和意识形态工作述职评议暨2021年机关党建工作会议召开。区直部门（单位）机关党组织书记、副书记及党建专干130余人参加会议。会议传达学习省委、市委关于加强和改进新时代机关党的建设的实施意见，部署2021年区直机关党建工作。会议采取“一述一评一测”方式进行，区检察院、区民政局等8个单位党组织书记现场述职，区纪委监委等55个区直机关党组织书记书面述职，对63位党组织书记进行现场民主测评。区委常委、组织部部长李颖逐一点评，要求区直机关各党组织书记要以党的政治建设为统领，持续深化“三表率一模范”（在深入学习贯彻习近平新时代中国特色社会主义思想上作表率，在始终同中共中央保持高度一致上作表率，在坚决贯彻落实

2021 年 3 月 18 日，雨花区直机关 2020 年度基层党组织书记抓基层党建和意识形态工作述职评议暨 2021 年机关党建工作会议

（夏　青　供图）

中共中央各项决策部署上作表率，建设让中共中央放心、让人民群众满意的模范机关）机关建设，不断提升机关党的建设质量。

【区直机关“学习强国”学习达人知识竞赛活动】 2021 年 6 月 4 日，雨花区直机关工委在区市场监管局 4 楼会议室举办《就认这个理》职工群众心向党——“学习强国”学习达人知识竞赛活动。经过前期笔试选拔，15 支队伍进入复赛。比赛分 3 组进行，每组 5 支队伍，经过必答题、抢答题、风险题 3 轮比拼。区委办代表队、区征地服务中心代表队、住建局代表队顺利晋级，3 支队伍将代表区直部门参加区委宣传部组织的竞赛。

【专题理论宣讲决赛】 2021 年 7 月 16 日，雨花区直机关工委“就认这个理”党史学习教育专题宣讲决赛在区市场监管局 401 会议室举行。长沙市直机关工委副书记梁敏出席活动，市委宣传部宣讲处处长鲁旸现场对比赛进行点评，区直机关各党组织书记、副书记及全体预决赛选手 150 余人参加。17 名雨花基层干部围绕“学史力行在长沙、实事求是在长沙、‘三高四新’在长沙”开展宣讲。经过激烈角逐，区应急管理局的肖思敏、卫健局杨彦分别以《立下愚公志 守紧安全门》《学习党史明壮志 红色基因永传承》获得一等奖；长沙火车南站综管办刘奕纯、区纪委吴思晋、区委办曾鑫获二等奖；区信访局李博，区市场监督管理局张柳、尹余强，区委组织部王海燕、区审计局黄依辰获三等奖。

【跳长绳比赛活动】 2021 年 3 月 24 日，由雨花区直机关工委、区卫健局、区妇联联合主办的“精彩三月 健康雨花”跳长绳比赛在区政府机关大院篮球场举行。区直机关的 43 个单位组成的 31 支代表队参加比赛。区教育局代表队获得一等奖，区人民检察院、区市场监督管理局代表队获得二等奖，区园林中心、区财政局和区委办代表队获得三等奖，区农业农村局等 14 支队伍获得优胜奖。

【党务干部业务培训】 2021 年 12 月 16 日，雨花区直机关工委组织开展“机关党员大课堂”暨党务干部业务培训。全区 63 个部门单位 105 个党支部相关党务干部参加培训。培训会坚持“干什么学什么，缺什么补什么”的原则，长沙市社科联副主席赵景利讲授中共十九届六中全会精神，市直机关工委组织部部长何奕辉讲解基层党建工作的要点、重点、难点，系统解答当前党建工作中存在的实际问题；区委办、区委宣传部、区卫健局、区残联 4 个单位的支部书记、委员结合自身多年党建工作经验进行交流，为党务干部们提供可借鉴、可复制、可推广的优秀做法。

（本栏撰稿　夏　青）

雨花区人民代表大会

主要工作

【概况】 长沙市雨花区人民代表大会（简称“区人大”）设民族华侨外事委员会、监察和司法委员会、财政经济委员会、教育科学文化卫生委员会、环境与资源保护委员会、农业与农村委员会、社会建设委员会。长沙市雨花区人民代表大会常务委员会（简称“区人大常委会”）设办公室、选举任免联络工作委员会和办公室下属二级机构代表服务中心。12个街道设立人大工作委员会，跳马镇设人大主席团。

2021年，雨花区召开人民代表大会1次。区人大常委会依法行使决定权、监督权、任免权，完成区镇两级人大的换届工作，选举产生区六届人大常委会组成人员、“一府一委两院”领导和出席市十六届人民代表大会的代表；召开常委会议10次、主任会议18次，组织考察调研12次，作出重大事项决议决定21项，任免地方国家机关工作人员84人次。（罗奇林）

【监督工作】 2021年，雨花区人大常委会紧扣区委关于实施“三高四新”战略的重大决策部署，调研全区先进制造业工作情况，听取全区科技创新工作汇报，考察湖南自贸试验区长沙片区雨花区块发展情况。督促政府立足新发展阶段，落实新发展理念，构建新发展格局。考察雅塘片区开发建设工作，针对问题提出建议，推动片区加快建设进度。听取和审议《关于提请审议将湖南建工集团有限公司井湾路地块和体院路28号地块棚改项目纳入区国民经济和社会发展计划的议案》并作出相关决议，支持推进棚改工作。落实新修订的《中华人民共和国预算法实施条例》，听取和审议预算编制、执行、调整、决算等工作报告，听取政府性债务、国有资产管理、审计查出问题整改等工作报告，落实“六稳六保”（稳就业、稳金融、稳外贸、稳外资、稳投资、稳预期，保居民就业、保基本民生、保市场主体、保粮食能源安全、保产业链供应链稳定、保基层运转）工作。听取区金融事务和打击非法集资、行政审批和优化营商环境等工作情况汇报，督促营造最优的营商环境，防范和化解金融风险。聚焦群众关心的热点难点问题，听取环境卫生、市政设施维护、疫情防控、乡村振兴等工作汇报，考察“洁净雨花”行动推进情况，调研农村公路养护工作，督促垃圾分类专项工作评议和社区公共服务专题询问有关问题整改到位。调研《中华人民共和国民法典》贯彻实施和“八五”普法工作开展情况，审查规范性文件7件。配合上级人大常委会开展执法检查和立法调研5次。

【决定重大事项】 2021年，雨花区人大常委会坚持议大事决大事的原则，听取和审议预算、审计、财政、换届选举、政府债务、税收、营商环境等工作报告，根据“一府一委两院”的提请和工作需要，适时作出决议决定21个。听取和审议《关于长沙市雨花区2021年财政预算调整方案（草案）的报告》，作出《关于批准长沙市雨花区2021年财政预算调整方案的决议》；根据《中华人民共和国选举法》和省人大常委会关于《县乡两级人民代表大会换届选举时间的决定》，作出《关于区镇两级人民代表大会换届选举的决定》。

【决定与任免工作】 2021年，雨花区人大常委会坚持党管干部和人大依法任免干部的有机统一，健全完善任前调查、法律考试、任前陈词、颁发任命书、奏唱国歌、宪法宣誓等程序，依法履行人事任免工作职责，任命国家机关工作人员84人次。（罗奇林）

【代表工作】 2021年，雨花区人大常委会组织部分区五届人大代表到韶山干部学院，举办履职能力提升培训班，实现区五届人大代表履职培训的全覆盖。在全区建成135个代表联系群众服务平台。举办区六届人大代表初任培训班和市十六届人大代表雨花联组代表初任培训班。评选出优秀建议议案8件、优秀区人大代表28名。开展“走访联系活动月”活动，走访市区人大代表288人，帮助群众、企业解决实际问题120个。坚持人大代表列席人大常委会会议制度，邀请代表参加执法检查、调研等监督活动85人次，组织人大代表视察全区重点工程建设情况113人次。推行"领衔督办、重点交办、跟踪查办"工作机制，督促代表建议抓好落实，提升建议办理质量。督促办理代表建议68件，其中大会立案件《关于对洞井路开展综合整治的议案》办理完毕；重点督办件《关于加强道路交通管理、加快实施万境水岸中小学周边过街设施的建议》得到落实，人行天桥建设完工。

【代表视察】 2021年1月6日，雨花区人大常委会组织驻区全国、省、市人大代表开展会前视察，为人大代表在人民代表大会期间依法履职做好准备。人大代表一行到湖南长步道光学科技有限公司、红星农副产品全球采购中心、井塘海绵城市示范公园和区人民法院，考察全区重大产业、民生事业和司法工作情况，听取情况介绍，与负责人沟通交流，了解考察点建设及实际进展情况，并对配套建设提出意见和建议。座谈听取区委副书记、区长刘素月通报全区2020年经济社会发展取得的抗击新冠肺炎疫情、产业项目建设、脱贫攻坚、优化营商环境、碧水保卫战等10个方面的情况。区委书记张敏表示，区委、区政府将全力支持代表们开展的各项工作，办理好代表们的议案建议，改进和推动各项工作。12月15日，雨花区人大常委会组织驻区全国、省、市人大代表开展会前视察，集中视察中非经贸合作示范园、智庭园可孚医疗、比亚迪动力工厂、圭塘河溪悦荟等项目，向代表们展示雨花区在先进制造业、科技创新、改革开放、生态建设等方面取得的成果。区人大常委会主任冯聪龙主持召开雨花区情通报会议。区委常委、常务副区长吴平辉向市人大代表通报雨花区2021年经济社会发展情况，介绍2022年工作重点。区委副书记郭四军代表区委讲话。组织市人大代表雨花联组代表进行初任培训，省人大常委会办公厅原巡视员符乔荫以《如何当好新时代人大代表》为题，从"提高站位，突出履职政治性；增强本领，突出履职专业性；树好形象，突出履职先进性"3个方面，讲解中共中央对代表工作的新要求、人民代表大会制度和代表履职的基本知识。

【全国"两会"精神宣讲】 2021年3月24日，雨花区人大常委会举办2021年全国"两会"精神学习培训会。长沙市人大常委会联工委主任戴志敏、区人大常委会副主任杨仕斌，部分市、区人大代表、致公党党员，区人大系统全体干部100余人参加活动。培训会邀请全国政协委员、市人大常委会副主任王国海作专题宣讲，以《重回春天再集结，昂首阔步新征程》为题，从"两会"召开的背景、内容、主要精神、代表委员履职和个人履职5个方面进行传达。

【市人大督导雨花区人大换届选举工作】 2021年8月5日，长沙市人大常委会副主任王国海调研指导雨花区区镇两级人大换届选举工作。王国海一行察看广济桥社区、阿弥岭社区宣传资料、选民名单公告、统计台账，询问社区关于选民登记工作开展情况；座谈听取雨花区区、镇两级人大换届选举工作情况。王国海要求，要加强党对人大换届选举工作的领导；坚持充分发扬全过程人民民主，总结区内的好经验，强化宣传发动，确保人民群众的选举权、参与权、知情权；在法治轨道上推进，依法开展工作；坚持铁的纪律，加强警示教育，确保换届选举风清气正、圆满成功。

【区人大代表初任培训】 2021年9月24日，雨花区第六届人民代表大会代表初任培训班举办。选举产生的292名雨花区第六届人大代表参加培训。区人大常委会副主任谢爱龙主持培训并总结讲话。湖南省人大常委会联工委原副主任符乔荫作题为《聚焦"更好"突出"三性"》的辅导报告，阐述人民代表大会制度的基本理论，人大代表的产生、性质和地位以及代表履职的基本知识，从"提高站位，突出政治性；增强本领，突出专业性；树好形象，突出先进性"3个方面，为区人大代表今后的履职、更好发挥作用用指出新方向。区人大常委会主任负责人作题为《灵魂三问：我是谁、为了谁、依靠谁——人大代表的履职逻辑》的专题讲座。

（本栏撰稿　罗奇林）

2021年9月24日，雨花区第六届人民代表大会代表初任培训班

（罗奇林　摄）

2021年10月21日，长沙市雨花区第六届人民代表大会第一次会议第一次全体会议（江郑星 摄）

重要会议

【雨花区第六届人民代表大会第一次会议】 2021年10月21—23日，长沙市雨花区第六届人民代表大会第一次会议在雨花大会堂召开。会议听取和审议雨花区《政府工作报告》《长沙市雨花区人民代表大会常务委员会工作报告》《长沙市雨花区人民法院工作报告》《长沙市雨花区人民检察院工作报告》，书面审查《长沙市雨花区五年来财政工作回顾、今后五年财政工作初步设想和2021年1—9月财政预算执行情况的报告》，并通过以上5个工作报告的决议（草案）。会议表决通过长沙市雨花区第六届人民代表大会有关专门委员会组成人员名单；依照法定程序选举产生区第六届人大常委会组成人员，“一府一委两院”（“一府”是指人民政府，“一委”是指监察委员会，“两院”是指人民法院、人民检察院）领导和出席市十六届人民代表大会的代表。区委书记刘素月在闭幕会上强调，要高举旗帜、坚定信念；站位全局、实干担当；不忘初心、矢志为民；要加强自身建设、提升能力、高效履职。（罗奇林）

【区五届人大常委会议】 2021年2月26日，雨花区五届人大常委会第四十一次会议召开。会议听取和审议区人民政府《关于提请审议将湖南建工集团有限公司井湾路地块和体院路28号地块棚改项目纳入区国民经济和社会发展计划的议案》，表决通过《长沙市雨花区人大常委会关于批准雨花区人民政府将湖南建工集团有限公司井湾路地块和体院路28号地块棚改项目纳入区国民经济和社会发展计划报告的决议》；审议通过区五届人大常委会2021年工作要点（草案）；讨论通过有关人事任免事项，决定任命李悦、肖瑞、彭劲宇为雨花区第五届人民代表大会常务委员会代表资格审查委员会委员。

4月23日，雨花区五届人大常委会第四十二次会议召开。会议听取区人力资源社会保障局局长易光明受区政府委托所作的全区人力资源社会保障工作情况汇报、区卫生健康局局长周宏伟受区政府委托所作的全区疫情防控工作情况汇报，区政府副区长刘江红就全区疫情防控工作作补充发言，常委会组成人员发表有关意见建议。会议要求，区人力资源社会保障局要创新工作方式方法，提升服务质量效率，全力构建和谐劳动关系，办好民生实事难事。会议要求，区卫生健康局要提升组织领导能力，强化责任落实，做到守土有责、守土负责、守土尽责，全力保障人民群众生命健康和安全。

5月28日，雨花区五届人大常委会第四十三次会议召开。会议听取和审议区人大常委会主任会议提出的《关于提请重新确定跳马镇人大代表名额的议案》，表决通过《长沙市雨花区人民代表大会常务委员会关于重新确定跳马镇人民代表大会代表名额的决定》。会议表决通过有关人事任免事项。

7月7日，雨花区五届人大常委会第四十四次会议召开。会议听取全区区、镇两级人大换届选举工作有关筹备情况，审议通过《关于提请设立雨花区人大换届选举委员会并任命选举委员会组成人员的议案》《关于提请任命跳马镇选举委员会组成人员的议案》《关于提请设立雨花区人大换届选举委员会各街道选举工作领导小组并任命各街道选举工作领导小组组长、副组长的议案》《雨花区人大常委会关于作出区镇两级人民代表大会换届选举的决定》《雨花区人大常委会关于区镇两级人民代表大会换届选举的工作方案》《关于提请审议确定雨花区选区划分方案的议案》《关于提请审议确定雨花区第六届人民代表大会代表名额分配方案的议案》。会议听取长沙市雨花区第五届人民代表大会法制委员会备案审查工作情况报告。

7月26日，雨花区五届人大常委会第四十五次会议召开。会议听取和审议区委书记、区长刘素月提出的《长沙市雨花区人民政府关于提请决定任命黄军其同志职务的议案》和《长沙市雨花区人民代表大会常务委员会关于接受刘素月辞去雨花区人民政府区长职务的决定》，决定接受刘素月辞去雨花区人民政府区长职务，任命黄军其为雨花区人民政府副区长。会议审议《关于提请决定黄军其副区长为长沙市雨花区人民政府代理区长的议案》，作出《长沙市雨花区人民代表大会常务委员会关于黄军其副区长为区人民政府代理区长的决定》，任命黄军其为区人民政府代理区长，并组织宪法宣誓仪式。会议听取和审议关于长沙市雨花区2020年度国有资产管理情况的报告，听取社区公共服务工作专题询问有关问题整改落实情况汇报。

8月27日，雨花区五届人大常委会第四十六次会议召开。会议听取关于雨花区选举委员会人事变动的报告；听取区人大常委会代表资格审查委员会关于区第六届人民代表大会代表资格的审查报告；听取和审议《区人民政府关于2020年财政决算（草案）和2021年1—6月预算执行情况的报告》《2020年度区本级预算执行和其他财政收支的审计工作报告》。

9月18日，雨花区五届人大常委会第四十七次会议召开。会议任命钟孝明为长沙市雨花区监察委员会副主任、戴智明为长沙市雨花区人民法院副院长，决定任命钟孝明为区监察委员会代理主任、戴智明为区人民法院代理院长、尹跃连为区人民检察院代理检察长。会议表决通过《长沙市雨花区人民代表大会常务委员会关于召开长沙市雨花区第六届人民代表大会第一次会议的决定》。

10月13日，雨花区五届人大常委会第四十八次会议召开。会议听取和审议区人民政府关于区五届人大五次会议建议（议案）办理工作情况汇报，关于雨花区五年来财政工作回顾、未来五年财政工作计划和2021年1—9月财政预算执行情况的报告；听取和审议区第六届人民代表大会第一次会议筹备工作报告（草案）、日程和议程（草案）、区人大常委会工作报告（草案）、质询案的提出和办理程序（草案）、议案和质询案提出截止时间的决定（草案）、主席团成员和秘书长名单（草案）、特邀和列席人员建议范围，书面审议区人大有关专门委员会工作报告。讨论通过有关人事任免事项。

【区六届人大常委会议】 2021年12月10日，雨花区六届人大常委会第一次会议召开。会议听取和审议区审计局局长提名人选杨胜艳受区政府委托所作的《区人民政府关于2020年度区本级预算执行和其他财政收支情况审计及以往年度审计查出问题的整改工作报告》，区委常委、常务副区长吴平辉所作的补充发言，区教育局、区农业农村局（区乡村振兴局）、区城管执法局等25个单位所作的审计查出问题整改情况汇报。组织满意度测评，并当场公布测评结果，其中22个整改单位测评结果为满意，3个整改单位测评结果为基本满意。会议要求，区政府要加强组织领导，提高思想认识，深入贯彻落实审计法要求，加强对预算资金、国有资产、国有资源的源头监督和全链条管控，为建设国内一流的现代化强区提供坚强法治保障。

12月17日，雨花区六届人大常委会第二次会议召开。会议表决通过《雨花区第六届人民代表大会常务委员会代表资格审查委员会组成人员名单》和《关于提请任命雨花区第六届人民代表大会常务委员会选举任免联络工作委员会兼职委员的议案》，任命2名区人大常委会工作机构主要负责人、2名街道人大工委主要负责人和26名区人民政府组成部门主要负责人，并组织向宪法宣誓。会议听取和审议《关于长沙市雨花区2021年财政预算调整

2021年12月17日，雨花区六届人大常委会第二次会议　　（罗奇林　摄）

方案（草案）的报告》和有关审查报告，表决通过《长沙市雨花区人大常委会关于批准雨花区2021年财政预算调整方案的决议》。

【走访联系活动月推进会】 2021年3月12日，雨花区人大常委会召开市、区两级“人大常委会组成人员走访代表、人大代表联系群众”活动月推进会。会议传达学习湖南省委常委、省政府副省长、长沙市委书记吴桂英走访省人大常委会机关、走访市人大常委会机关时的讲话精神，省人大常委会党组书记、副主任刘莲玉对市人大工作作出的指示要求以及市人大常委会主任谢卫东在开展走访联系活动月启动仪式上的讲话精神。雨花区人大常委会副主任谢爱龙宣读《长沙市雨花区人大常委会办公室关于开展“人大常委会组成人员走访代表、人大代表联系群众”活动月的通知》。通知要求从即日起至4月中旬开展“人大常委会组成人员走访代表、人大代表联系群众”活动月，主题为“助力实施‘三高四新’战略，我为群众办实事解难题”；活动内容为深入学习宣传贯彻市、区两级关于奋力实施“三高四新”战略全面推进高质量发展大会精神，组织引领市、区两级人大常委会组成人员和市、区、镇三级人大代表积极投身实施“三高四新”战略的履职实践，推动雨花乃至全市经济社会高质量发展，为群众办实事解难事。具体形式为“五个一”，即听一次代表或群众的意见，提一条有价值的建议，反映一个群众迫切需要解决的问题，为群众或代表办一件实事，写一份高质量的民情报告。会议强调，市人大代表要围绕打造国家重要先进制造业高地、推进长株潭一体化发展、构建新发展格局、优化城乡建设发展布局、提升人民生活品质等重大部署建言献策；区、镇人大代表要围绕打造“三个高地”、长株潭一体化发展、乡村振兴、项目建设、洁净雨花、平安雨花等重点工作献计出力。

【换届选举工作部署会议】 2021年7月9日，雨花区区、镇两级人大换届选举工作部署会议召开，并组织开展业务培训，标志着雨花区区、镇两级人大换届选举工作正式启动。区委相关工作部门负责人，区人大各专门委员会、区人大常委会各委室负责人，区人民政府相关部门负责人，各街镇党（工）委书记、人大工作负责人，各街镇组织委员、宣传委员、人大专干100余人参加会议。会议传达学习习近平总书记关于换届选举工作的重要讲话指示精神，传达学习湖南省委、长沙市委、市人大常委会、雨花区委关于县、乡两级人大换届选举工作有关会议精神，对全区区、镇两级人大换届选举工作进行部署。雨花区委常委、宣传部部长余宏卿和区委常委、组织部部长李颖，分别从宣传和组织的角度对做好全区区、镇两级人大换届选举工作进行安排。会议决定，全区于2021年7—10月进行区、镇两级人大换届，依法选举产生新一届区、镇两级人大代表和地方国家机关领导人员。

（本栏撰稿　罗奇林）

雨花区人民政府

重要会议

【区政府全体会议】 2021年10月23日，雨花区第六届人民政府第一次全体（扩大）会议召开。雨花区委常委、常务副区长吴平辉主持会议。会议下发《关于对2022年目标任务实施责任管理的通知》，对2022年政府工作的要求进行明确和部署。区委副书记、区长黄军其要求，要强化认识，切实增强抓落实的行动自觉；系统推进，切实增强抓落实的效率效益；要突出重点，切实增强抓落实的工作成效，在争当“三个高地”排头兵上有新作为，在助力长株潭一体化发展上有新突破，在建设现代化国际商贸服务先行区上有新气象，在重点片区攻坚上有新成效，在推动民生事业改善上有新面貌；压实责任，切实增强抓落实的强大合力。

【区政府常务会议】 2021年，雨花区人民政府召开常务会议13次。

1月7日，区第五届人民政府第54次常务会议召开。会议审议《长沙市雨花城市建设投资集团有限公司章程（送审稿）》《长沙市雨花国有资产经营集团有限公司章程（送审稿）》《雨花区残疾人联合会改革方案（送审稿）》《关于成立中国（湖南）自由贸易试验区长沙片区雨花区块工作领导小组的通知（送审稿）》《关于成立长沙市雨花区促进中小企业发展工作领导小组的通知（送审稿）》《2020年雨花区开放型经济发展专项资金管理办法（送审稿）》《长沙市雨花区市场主体信用预警机制应用管理办法（送审稿）》。

1月29日，区第五届人民政府第55次常务会议召开。会议研究2020年度促进区域产业发展政策兑现、“三零”街道（镇）和社区（村）建设、X048道路改造工程、农村公路“双投模式”第二期第三标工程项目变更等有关工作；审议《2021年雨花区重点项目投资计划表（送审稿）》《2021年全区重点项目联点帮扶实施方案（送审稿）》《贯彻落实省委书记许达哲在长沙市宣讲中共十九届五中全会精神报告会精神责任分工方案（送审稿）》《贯彻落实市委十三届十一次全会暨市委经济工作会议讲话精神责任分工方案（送审稿）》《在2021年区委经济工作会议上的讲话（送审稿）》《2021年度雨花区贯彻落实“三高四新”战略任务清单（送审稿）》《关于2020年度服务经济发展工作考评结果的通报（送审稿）》《关于2020年度全区安全生产和应急管理工作考核结果的通报（送审稿）》《雨花区突发事件总体应急预案（修订·送审稿）》《长沙市雨花区“精美雨花”建设工作实施方案（2021—2022年）（送审稿）》《关于2020年雨花区“三大片区”工作竞赛考核结果的通报（送审稿）》《关于下达雨花区2021年度集体土地征拆项目计划任务的通知（送审稿）》《关于下达雨花区2021年度国有土地棚改项目和基础设施项目计划任务的通知（送审稿）》《长沙市雨花区高桥片区“个转企、小升规”奖励扶植试行办法（送审稿）》。

2月22日，区第五届人民政府第56次常务会议召开。会议审议《平安雨花建设工作实施方案（送审稿）》《雨花区奋力打造“三个高地”全面推进经济高质量发展三年行动计划（送审稿）》《雨花区2021年推进长株潭区域一体化发展工作方案（送审稿）》《雨花区2021年推进重点项目建设实施方案（送审稿）》《雨花区推进乡村振兴战略实施方案（送审稿）》《雨花区“洁净雨花”行动实施方案（送审稿）》。

3月12日，区第五届人民政府第57次常务会议召开。会议通报区政府班子2020年度民主生活会情况；研究安全生产和加强基层应急能力建设、2020年度品牌首店政策兑现、优化跳马地区有关管理职责、政企合作修建花桥路、政企合作修建榕树公园、建筑垃圾资源化项目用地、“城中村”保障性住房星城新宇颐景苑工程变更等有关工作，研究《新兴村两安用地合作开发协议（送审稿）》；审议《雨花区重大资金决策管理暂行办法（送审稿）》《关于成立雨花区数据资源管理委员会的通知（送审稿）》《长沙市雨花区政务数据资源管理暂行办法（送审稿）》《关于同意设立月雅社区居民委员会的批复（送审稿）》《雨花区农村宅基地建房审批管理办法（送审稿）》《2020年长沙市雨花区促进群众文化发展扶持奖励工作评审结果通报（送审稿）》《2020年度全区卫生健康工作考核评估结果的通报（送审稿）》《长沙之门项目一期N03—E151等地块出让相关建议方案（送审稿）》《长沙核特色医疗项目N04—H18等地块出让相关建议方案（送审稿）》《关于成立湖南高桥大市场市场采购贸易方式试点风险补偿金工作领导小组的通知（送审稿）》《关于湖南高桥大市场市场采购贸易方式试点风险补偿金的工作方案（送审稿）》《雨花区贯彻落实湖南省生态环境保护督察"回头看"及城乡环境基础设施建设专项督察反馈意见整改工作方案（送审稿）》《雨花区解决停车难治理停车乱两年行动实施方案（2021—2022年）（送审稿）》《关于成立雨花区静态交通管理领导小组的通知（送审稿）》《关于加强小区物业管理的十条措施（试行）（送审稿）》《关于认真做好区五届人大五次会议议案、建议及区政协五届五次会议提案办理工作的通知（送审稿）》《关于做好2021年省政府真抓实干督查激励措施责任落实的通知（送审稿）》。

4月13日，区第五届人民政府第58次常务会议召开。会议研究采用"投资人+EPC"模式分步实施圭塘河植物园段综合整治项目、红星片区天华首开区基础设施配套项目、打击治理电信网络新型违法犯罪等有关工作；研究《红星片区天华首开区第一期安置用地合作开发商务条款（送审稿）》；审议《关于做好农村集体经济合作社（联合社）换届选举工作的通知（送审稿）》；审议《雅塘片区综合改造产业项目建设及运营发展监管协议（送审稿）》。

4月28日，区第五届人民政府第59次常务会议召开。会议研究全区禁毒、食品安全、安全生产有关工作，研究2020年度奖金及生活补助发放、支持溆浦县乡村振兴对口帮扶资金、研究一季度信访、市容环境、"12345"政务热线运行有关工作；研究X046、X047、X048、X049和木叶冲路紧急维修项目，圭塘河生态引水工程1标段与桥梁标段项目、雨花区智慧社区健身中心建设、新建跳马镇公益性墓地、永域置业项目地块（二期）物业自持比例调整、开展"城市森林花园建筑（第四代建筑）"项目试点有关工作；审议《关于建立长沙市雨花区防范化解涉众型非法经营活动稳定风险联席会议制度的通知（送审稿）》《雨花区创新实干获得国务院、省市督查表扬激励政策支持奖励办法（试行）（送审稿）》《长沙市雨花区安全生产委员会成员单位安全生产工作职责规定（送审稿）》《关于进一步完善雨花区长株潭一体化机构设置和工作机制的通知（送审稿）》《雨花区2021年度大气（噪声）、水、土壤污染防治和农村生态环境保护行动计划（送审稿）》《长沙市雨花区持续提升空气质量坚决打赢蓝天保卫战三年行动计划（2021—2023年）（送审稿）》《长沙市雨花区临时救助实施细则（送审稿）》《诺贝尔脑科学健康中心项目产业监管协议（送审稿）》。

6月4日，区第五届人民政府第60次常务会议召开。会议研究雨花区自然村城中村改造试点项目（2019年长沙市115号宗地）账务成本结算、增加区机关事业单位养老保险制度改革原试点个人缴费本息退还预算、在中非经贸合作促进创新示范园建设中非经贸数字化综合服务平台、劳动路（韶山路—车站路）路面提质改造工程非机动车道病害处置工程变更、林科路北（湘府路—双塘路）相关洽商变更事项、政企合作方式修建京珠西辅道和甘家井路、智慧安防建设、交通问题顽瘴痼疾整治等工作；研究雨花区中小学、幼儿园安全保卫及肇事肇祸精神障碍患者服务管控工作；审议《关于长沙市雨花区2020年度国有资产管理情况的综合报告（送审稿）》《雨花区2020年度行政事业性国有资产情况专项报告（送审稿）》《雨花区2020年度企业国有资产管理情况的专项报告（送审稿）》《雨花区2020年度国有自然资源管理情况专项报告（送审稿）》《雨花区重点企业及楼宇经济数据管理实施方案（送审稿）》《长沙市雨花区创建国家生态园林城市工作方案（送审稿）》《关于成立雨花区创建国家生态园林城市工作领导小组的通知（送审稿）》《2021年雨花区城市精致管理品质提升项目建设计划表（送审稿）》《雨花区关于推进3岁以下婴幼儿照护服务发展的实施意见（送审稿）》《2021年湖南高桥大市场市场采购贸易方式试点省级支持资金扶持办法（送审稿）》《2021年湖南高桥大市场市场采购贸易方式试点市、区两级支持资金扶持办法（送审稿）》《关于成立雨花区城市更新工作领导小组的通知（送审稿）》《关于成立湖橡小区周边城市更新单元（旧城改建）项目指挥部的通知（送审稿）》《雨花城市更新投资建设运营有限公司组建方案（送审稿）》。

8月9日，区第五届人民政府第61次常务会议召开。会议传达学习上级重要会议及文件精神；研究乡村振兴系统建设、省人大桃阳苑提质改造、雨花区已建住宅小区供电设施"专改公"、潭阳垸大堤局部塌方应急抢险工程、京东七鲜超市湖南区域项目投资合作协议、湖南省花卉苗木博览会、镇头镇和安定镇帮扶资金工作；审议《关于进一步规范区属国有企业国有资产交易监督管理有关事项的通知（送审稿）》《小林子冲、梨子山、省话剧团三个棚改项目定向限价房建设及销售协议（送审稿）》《中国（湖南）自由贸易试验区长沙片区雨花区块骨干人才认定实施办法（试行）（送审稿）》《中国（湖南）自由贸易试验区长沙片区雨花区块加快推进高水平开放高质量发展的扶持办法（送审稿）》《长沙市雨花区食品安全监管事权清单（送审稿）》《关于2020年度软件产业发展政策兑现的决定（送审稿）》《2020年度雨花区加快软件产业高质量发展政策兑现汇总表（送审稿）》《关于成立雨花区未成年人保护工作领导小组的通知（送审稿）》《关于推进养老服务高质量发展的若干措施（送审稿）》《雨花区2022年城镇老旧小区改造项目计划（送审稿）》。

9月2日，区第五届人民政府第62次常务会议召开。会议研究议事协调机构、生活垃圾分类、政企合作方式修建长月路和丽白路、劳动东路两厢棚改项目C地块未签约4处独栋私房等工作；审议《长沙雨花经济开发区相对集中行政许可权改革试点工作方案（送审稿）》《关于建立企业破产处置府院协调机制的通知（送审稿）》《长沙市雨花区国企改革三年行动工作方案（2020—2022年）（送审稿）》《雨花区配合保障统计督察工作方案（送审稿）》。

10月11日，区第五届人民政府第63次常务会议召开。会议研究城管系统项目调整变更有关工作；审议《雨花区五年来财政工作回顾、未来五年财政工作计划和2021年1—9月财政预算执行情况的报告（送审稿）》《雨花区生态环境保护工作责任规定（送审稿）》《政府工作报告（送审稿）》。

10月28日，区第六届人民政府第1次常务会议召开。会议研究花侯小学、德馨园学校扩建、风光带路有关工作，研究安全生产、红花坡名都凯旋城边坡应急加固工程设计变更、城中村保障性住房自然苑农民安置房项目（二期）场内排水改道、区公卫大楼东侧医疗地块开发建设、水电气网公用设施接入服务改革、全面启动职业年金待遇发放需区财政安排专项经费、支持园区优质企业做大做强有关工作；审议《关于调整长沙市雨花区安全生产委员会职能机构和专业委员会的通知（送审稿）》《湖橡小区周边城市更新单元（旧城改建）项目实施合作协议及补充协议（送审稿）》《雨花区拟申报全市2021年第二批城市更新片区（单元）项目计划（送审稿）》《雨花区既有小区电动自行车停放和集中充电棚建设管理和技术要求（试行）（送审稿）》《关于调整长沙市雨花区安全生产委员会职能机构和专业委员会的通知（送审稿）》《2020年度雨花区开放型经济发展专项资金分配方案（送审稿）》《洞井社区筹委会“两安”用地合作开发协议（送审稿）》《雨花区审批服务“三集中三到位”改革实施方案（送审稿）》《关于推进“市民之家”政务大厅“综合窗”改革实施方案的通知（送审稿）》《第二十三届中国中部（湖南）农业博览会雨花区工作方案（送审稿）》。

11月17日，区第六届人民政府第2次常务会议召开。会议听取全区安全生产工作情况汇报；研究拨付湖南中非经贸合作研究会专项资金、润和·晨苑项目部分定向限价商品房政策性调整、雨花公安工作经费等工作；审议《雨花区财源建设工程联席会议制度（送审稿）》《雨花区财源建设工程实施方案（送审稿）》《长沙市雨花区政府投资信息化建设项目管理办法（送审稿）》《长沙市雨花区新型智慧城市“十四五”区域规划（送审稿）》《长沙市雨花区2021—2024年禁毒人民战争实施方案（送审稿）》《雨花区全面推行林长制实施方案（送审稿）》《雨花区林长令制度等十一项制度（送审稿）》《长沙市雨花区既有小区品质提升三年行动方案（送审稿）》《关于同意设立托溪、沙湾社区居民委员会的批复（送审稿）》《关于同意设立融和、牛头社区居民委员会的批复（送审稿）》《关于同意设立新兴、桃阳社区居民委员会的批复（送审稿）》《雨花区“筹改居”工作五年行动计划（送审稿）》《长沙市雨花区校车安全管理办法（送审稿）》《雨花区进一步减轻义务教育阶段学生作业负担和校外培训负担实施方案（送审稿）》。

12月17日，区第六届人民政府第3次常务会议召开。会议研究全区安全生产、和景家园农民安置房建设项目、优化区城建投住宅建设项目中供水设施定队程序、悠游小镇2021年度稳商扶商政策、红星村安置地国有土地使用权出让契税资金、追加拨付龙山县帮扶项目资金、支付500万元购车款、冷链食品新冠病毒风险监测服务费用支付等工作。审议《关于成立雨花区土地出让管理工作领导小组的通知（送审稿）》《雨花区“两安”用地开发建设实施方案（送审稿）》《雨花区关于深化党建引领小区治理的八条措施（送审稿）》《雨花区土地收储整备实施方案（送审稿）》《关于成立长沙市雨花区深化税收征管改革协调小组的通知（送审稿）》。

【全面推行林长制工作动员会】 2021年11月26日，雨花区全面推行林长制工作动员会召开。雨花区委副书记、区长黄军其参加并讲话，区政府副区长邓波主持会议。会议强调，要提高站位，充分认识推行林长制的重大意义；要统筹兼顾，全面落实推行林长制的任务要求，聚焦“护绿”保存量、聚焦“增绿”扩总量、聚焦“用绿”添动能；要齐抓共管，不断凝聚推行林长制的强大合力。会议宣读《雨花区全面推行林长制实施方案》，区农业农村局、跳马镇等相关单位就贯彻落实会议精神作表态发言。

（本栏撰稿　陈湘海）

重大活动

【出台推进长株潭一体化发展方案】 2021年2月25日，雨花区出台《雨花区2021年推进长株潭区域一体化发展工作方案》，从规划引领、交通先行、产业融合、服务共享、绿心保护、项目建设6个方面着手，掀开雨花区与株洲市、湘潭市协同发展崭新一页。

规划引领。完成跳马镇国土空间规划和村庄规划编制；完成金屏小镇控制性详规和城市设计编制；完成优化长株潭都市圈轨道交通规划S7线、S4线。

交通先行，推进林科路建设，基本完成林科路北段建设，启动林科路南段建设，完成林科路中段早期研究及对接工作；配合推进红旗路南延线、昭运大道建设；基本完成S21长株高速互通建设；完成中车大道拆迁工作；启动区、乡、村级外联乡村公路提质改造；争取开通石燕湖—方特的城际公交线路、延伸22路公交线路。

产业融合。建立产业招商沟通协调机制，组团参加“沪洽周”“港洽周”等重大招商活动，联合举办专项招商活动，共同策划、包装和推介一批融城产业项目；推动企业深度合作，在航空航天、工程机械、轨道交通、智能制造等方面开展协同创新，推动湖南唐智科技与中车株洲在高铁、机车、城轨的监控、监测、数据分析及评估等核心基础零部件领域开展技术攻关，支持园区医药研发企业与湘潭医药生产企业深度合作，支持园区企业与株洲企业在汽车转动轴、滚齿等工程机械零配件等方面开展关键共性技术开发；发展物流园区平台优势，与自贸区高铁区块联动发展，引导电商企业助力乡村振兴，构建电商物流园—红星全球农批中心—株洲物流产业带，助推长株潭国家物流枢纽共建共享；推动自贸区高桥区块与株洲服饰产业联动发展，深度对接株洲服饰协会和株洲芦淞服装批发市场，充分发挥高桥生产采购试点平台、中非电商孵化平台和中非示范园的资源集聚优势，推动株洲服饰开拓国际市场尤其是非洲市场，打造湖南服饰出口集散地；举办长株潭绿心地区第三届全民健身文化旅游节。

服务共享。推进“跨市通办”，按照“三优先”（优先高频事项、个人事项、独立事项）和“三个一批”（成熟一批、公布一批、实施一批）的原则，共同梳理事项目录清单，以“互联网+政务服务”平台为依托，推进政务数据资源共享共用，逐步实现政务服务就近办、异地办、马上办；推进异地就近办理市场主体登记工作，实现“跨域通办、就近办理、审核互用、全程免费”，激发市场主体创新创业活力；推进人才市场联动合作，实现劳务信息共享、人才资源共享、岗位需求共享、定期联合举办招聘会；推进基础教育深度合作，开展集团化办学、对口帮扶、学校联盟等交流合作，建立实施教育人才交流机制，共建共享名师在线课堂、研学实践基地和劳动教育基地；推动医疗资源统筹布局，启动黄兴医院升级改造，招聘引进专业技术人才，新建发热门诊，提升医疗服务水平；推进区域康养服务合作，充分发挥绿心优势，引入社会力量，打造生态绿心康养品牌。

绿心保护。推进绿心地区矿山矿坑修复工作，完成池子塘片石场等4个矿山矿坑生态修复工作；完成绿心地区退出工业用地处置工作；改革跳马镇卫生管理体制，按照准城市化管理标准，优化调整有关职能部门和属地镇街职责，持续改善生态绿心地区人居环境；整治洞株路沿线环境，提升洞株路管理维护水平，全面提升形象品质；开展时代阳光大道两厢环境卫生整治，对振东路进行花化彩化、市政设施更新、路面平坦、绿化品质提升等全面提质改造，有效提升城郊接合部城市品质。

项目建设。推动长株潭绿心公园规划建设；推动金屏融城小镇建设，完成项目招商，启动项目建设；推进飞地园区建设；推进跳马镇杨林新村绿心地块开发，组建合资公司，启动前期研究及手续办理工作，启动绿心地区绿道一期示范段项目，建成10千米绿道；启动醉美花香项目建设；启动石燕湖创建国家AAAAA景区工作，完成材料申报及省内流程；推进石燕湖村（曹家冲）创建国家级旅游乡村重点村工作。

【推进长株潭一体化发展】 2021年，雨花区按照规划同图、设施同网、三市同城、市场同治、产业同兴、生态同建、创新同为、开放同步、平台同体、服务同享“十同”要求，紧扣“一体化”“高质量”，与湘潭市岳塘区、株洲市石峰区、株洲经开区云龙示范区达成战略合作，压实责任、强化举措，争当长株潭一体化“桥头堡”。规划编制方面，完成跳马镇国土空间规划和11个村庄规划初稿；完成金屏小镇控制性详规送审采购编制；完成优化S7线、S4线路及站点研究初稿；持续跟进《长株潭轨道交通规划》编制进展；率先全市开展绿心中央公园规划研究及项目包装，编制中央公园先行示范区项目建议书。交通先行方面，株洲城际大丰站至长沙高铁南站CZ1路城际公交开通运营，22路公交线路延伸至株洲市联诚路；X50提质改造全线完成，X60提质改造完成招投标；中车大道拆迁工作完成，进入施工；S21长株高速团头互通连接线项目完工；林科路项目建设加快推进。产业融合方面，雨韶智能制造产业园项目一期基本完成主体及附属设施建设，6家企业成功签约入驻，二期建设封顶；雨花智能制造·工程机械配套产业园项目一期完成土地平整，挖运土方22万立方米，强夯地基处理13万平方米；《雨花经开区—株洲经开区战略合作协议》签署；与石峰区共同发布首期融城楼宇项目44个；湖南出口产品集聚区长株潭展销馆开馆；举办长株潭一体化全民健身文化旅游节和2021湖南省花卉苗木博览会。服务共享方面，分别与湘潭市岳塘区、株洲市石峰区、株洲经开区云龙示范区梳理“跨市通办”事项清单39项、40项、42项；在区本级、镇街、社区设置“跨市通办”专窗，办件950件；开展长株潭集团化办学、对口帮扶、学校联盟等交流合作活动11次，教育人才交流活动12次，名师在线课堂与研训活动20次，研学实践基地与劳动教育基地考察交流活动4次；组织开展岗位推送、现场招聘及企业招聘宣传等活动，举办多场现场招聘会；组织区内重点企业组成招聘小分队深入系统街镇开展小规模岗位推送；发布4区“长株潭人社服务一体化”线上招聘会岗位信息13期次；黄兴医院发热门诊项目建设施工完成，面向社会公开招聘检查卫生专业技术人才12名；投资1.22亿元完成康雅老年养护院等2个民办养老机构建设。绿心保护方面，推进绿心地区矿山矿坑修复工作，完成池子塘片石场、四马冲片石场、柳树塘矽沙矿、石门水泥厂4个矿山矿坑生态修复工作；完成绿心地区退出工业用地处置工作，收回禁开区地块4宗8.72公顷、控建区地块1宗3.33公顷，基本完成拟收回地块的评估工作；振东路提质改造完成；洞株路、时代阳光大道两厢环境整治常态化开展。项目建设方面，推进长株潭绿心中央公园绿道一期项目，长株潭绿心地区跳马片区绿道项目初步设计通过专家评审会；推进石燕湖创建国家AAAAA景区工作；石燕湖村国家级旅游乡村重点村创建成功。交流活动方面，举办“强化知识产权保护协作 护航长株潭一体化发展”长沙市雨花区·株洲云龙示范区2021年知识产权宣传周活动、“建功自贸区青春正当时”2021五四青年开放论坛、“青春心向党 聚力新征程”长株潭青年交流活动、“守护长株潭绿心 争做减碳行动派”长株潭绿心守护者护绿行动、湖南省2021年“六一”主题队日活动、“中国Q歌王 唱响长株潭”百万群众歌王大赛活动。

【花卉苗木产业发展座谈】 2021年11月5日，雨花区召开花木产业发展暨中国油茶科创谷建设座谈会。国家林业和草原局中南调查规划设计院党委书记刘金富，湖南省林业局二级巡视员欧阳叙回，省林科院院长陈明皋，省植物园主任、省花协会会长刘玮等专家学者，雨花区委书记刘素月，区委副书记、区长黄军其等参加座谈会。区农业农村局汇报雨花区花卉苗木产业发展情况，省林业局介绍中国油茶科创谷建设规划情况。与会的专家学者从生态保护、种业创新、病虫害防治、花卉景观大道打造、花卉苗木产业发展、油茶科创谷项目建设等各方面提出意见和建议。区委书记刘素月表示，雨花区将全力服务推进中国油茶科创谷建设，在雨花打造“硅谷”式科创品牌；将切实保护好绿心生态资源，积极探索生态资源价值实现路径，争取上级政策支持，将绿心地区打造成集种植、设计、研发、交易于一体的千亿级花卉苗木产业园区；加大探索建立政、产、研、农一体化的花卉苗木产业发展联盟，推进花卉苗木产业高质量发展，帮助跳马百姓增收致富，让跳马镇成为雨花未来发展新的重要支撑。

【项目规划设计专题研究】 2021年12月21日，雨花区召开专题会议，研究长株潭绿心中央公园绿道一期、圭塘河流域综合整治等项目规划设计事宜。中国航空研究院讲解长株潭绿心中央公园绿道一期项目设计方案、德国汉诺威水有限公司讲解圭塘河流域综合整治规划方案，与会单位代表就方案的具体细节展开讨论，对方案的科学性和可行性进行充分论证。雨花区委副书记、区长黄军其强调，要抬高标准，吸收借鉴先进经验做法，高标准高质量开展科学谋划；要突出功能，确保绿道的安全性，建好休息区、停车场等配套设施；要导入产业，与文旅等产业深度融合，建好美丽乡村；要挖掘文化，讲好本土故事，展示乡村文化底蕴；要完善手续，确保设施建设合法合规；要明确机制，引入市场主体参与运营。黄军其强调，圭塘河流域综合整治是雨花区打造的全国城市内河治理样板，要在总体规划布局下，继续稳步推进流域综合治理工作。

【重大项目集中开竣工】 2021年1月16日，红星全球农批中心一期项目开业，拉开雨花区2021年首轮重大项目集中开竣工的帷幕。36个重大项目实现集中开竣工，投资总额近200亿元。包含红星全球农批中心一期、长步道机器视觉光电产业基地等一批重大产业项目，涵盖智能制造、市政基础、文化科技、学校教育、环境保护、商贸物流等多个领域。长沙市人大常委会主任谢卫东，市政协主席文树勋，市领导谭勇、朱东铁、张庆和出席活动。3月1日，2021年长沙市重大项目集中开工（雨花区会场）在长沙5G工业互联网及软件产业园二期项目举行，20个重大项目投资总额超142亿元。市委常委、宣传部部长陈刚出席活动并宣布开工。6月28日，2021年长沙重大项目集中开竣工活动（雨花区会场）在圭塘河井塘段城市“双修”及海绵示范公园举行，雨花区32个重大项目集中开竣工，总投资超183亿元。市委常委、纪委书记、监委代理主任胡卫兵出席并宣布开工。9月30日，长沙市重大项目集中开竣工雨花区会场活动在自贸雨花高铁片区建发玖洲和玺·汽车公园项目现场举行，24个项目集中开竣工，总投资166.72亿元。市委常委、常务副市长夏建平宣布项目开工。

（本栏撰稿 陈湘海）

2021年3月1日，2021年长沙市重大项目集中开工（雨花区会场）（张文香 供图）

区政府办公室

【综合调研】 2021年，雨花区政府办公室紧盯产业转型、自贸区建设、长株潭一体化、城市建管等中心任务、重点工作，组织开展调研10余次，形成一系列调研成果，为领导决策提供参考。做好综合文字材料起草工作，完成汇报材料、讲话稿、理论文章、调研报告、工作通报、《政府工作报告》

等各类文稿500余篇、200万余字。做好雨花形象推介，向上报送政务信息144篇，被国务院办公厅、省政府办公厅采用10余篇，《湖南日报》等主流媒体推送的《当好长株潭一体化发展的“桥头堡”》《借他山之石，谋精美城市建设之策》《以实干实绩纪念袁隆平同志》等4篇推文，点击总量超过50万次，被评为全市政务信息工作先进单位。

【政令畅通】 2021年，雨花区政府办公室严格规范办文程序，依托办公协同平台，审核制发各类公文863件，办理收文2894件，处理涉密文件73件，发文数量比2020年下降18.8%。完成17次区政府常务会议、区长办公会议和489次区级会议会务组织工作。合理安排区政府领导公务活动，协助制订区领导周工作安排表49份，编撰大事记137条。

【督查工作】 2021年，雨花区政府办公室统筹规范督查考核，实行督查检查清单式管理，围绕区委、区政府重大决策，开展产业项目建设、创建文明典范城市、疫情防控等专项督查，开展各类督查87次。承办市、区人大建议68件、政协提案90件，办理态度、办理结果满意或基本满意率均为100%。

【优化营商环境】 2021年，雨花区政府办公室紧盯国家营商环境评价体系，组织相关职能部门推进系列改革举措，在涉及区县参评的20个长沙营商环境指标中，17个指标获标杆区县，居全市第一。

【涉法事务】 2021年，雨花区政府办公室抓好政府办对外文件的法律审核审查，审查审核各类合同40余份，审核区政府对外文件30余份，回复区长信箱1000余份，组织全办学习《中华人民共和国民法典》，妥善化解处置多年信访积案1起，代理区政府参加民事诉讼2起，涉法事务全年“零差错”。

【会展工作】 2021年，雨花区政府办公室筹备、举办2021年湖南花木博览会，展会国内国际影响持续扩大。

【禁毒工作】 2021年，雨花区组织开展吸毒人员“大排查、大评估、大管控”行动，高风险吸毒人员100%管控在册。组织完成“两客一危一校”等重点行业从业人员、公职人员涉毒毛发筛查9000余人，消除涉毒风险隐患。开展禁毒知识培训、文艺会演、“云看展”等活动。

【数据资源管理】 2021年，雨花区完成新型智慧城市信息化“十四五”区域规划，成立“雨花区数据资源管理委员会”，发布《长沙市雨花区政务数据资源管理暂行办法》。推进“互联网＋政务服务”一体化应用，政府门户网站在全市政府网站绩效考核中排名第一，区数据资源中心被评为全市网站管理优秀单位和全市网络安全保障优秀单位。

【应急值班】 2021年，雨花区落实值班制度，实行一般干部24小时坐班、“两办”主任带班、县级领导节假日值班的三级值班制度。牵头做好全区疫情防控、建党百年、重大节假日等值班值守工作，及时报送值班信息，向市政府总值班室上报事件信息96条，周工作简报87条，省、市领导批示落实情况4条，收集、处理下级报送的紧急信息562条，及时处置“7·18”冯家冲火灾事故、“7·23”体院路仓库火灾事故、雨雪冰冻灾害天气等应急突发事件。

（本栏撰稿　陈湘海）

信　访

【概况】 2021年，雨花区围绕控增量、去存量、减总量的工作思路，着力强化源头防控、积案化解、交办件办理等工作举措，全区信访总量逐年下降。做好全国、省、市“两会”、中共十九届六中全会、中国共产党成立100周年等重点时期信访保障工作。没有发生一例群体性重大恶性事件，无因调度处置不当造成涉访极端恶性事件、违纪事件。化解各类重点信访问题75件，其中30件长沙市联席办交办重点案件100%化解到位。接待到区上访1078批3194人次，批次比2020年下降2.88%，人次比2020年上升0.43%；办理上级交办件50件，办结率100%；办理网上投诉1225件，办结率99.9%；办理人民来信223件，办结率100%；开展案件复查复核31件，比2020年上升47.6%。区信访局获得2021年度长沙市信访工作先进单位，区人民来访接待中心获2021年度长沙市信访部门“人民满意窗口”创建示范单位。

【领导接访】 2021年，雨花区坚持县级领导坐班接访制度，印发《雨花区2021年县级领导坐班接访工作时间安排表》，每个工作日和重点时期（含节假日）均安排一名副县级职以上（含）领导干部到区人民来访接待中心接待信访群众。落实县级领导接访日238个，接待群众612批2210人次。按照县级领导包案化解信访问题的安排，把坐班接访与包案约谈、预约接访相结合，通过党政领导接访集中解决中央、省、市、区交办的信访老案难案。区信访局做好会前准备、保障对接，交办反馈，确保领导接访批示迅速传达到责任单位，办理情况及时反馈到领导，推动接访领导的再次调度和协调，确保上访人的合理诉求得到有效维护。

【复查复核】 2021年，区信访局通过召开协调会、见面会、现场调查等方式为申请人提出诉求进行合理合法性审查。接到复查复核申请31件，其中化解满意3件，支持信访人1件，维持责任单位意见1件，依法分类处理3件，协调解释12件，退回重办3件，对不属于复查范围事项不予受理4件，不再受理2件，撤销驳回2件，所有文书均送达申请人。

【积案化解】 2021年，雨花区开展集中治理重复访，化解信访积案专项行

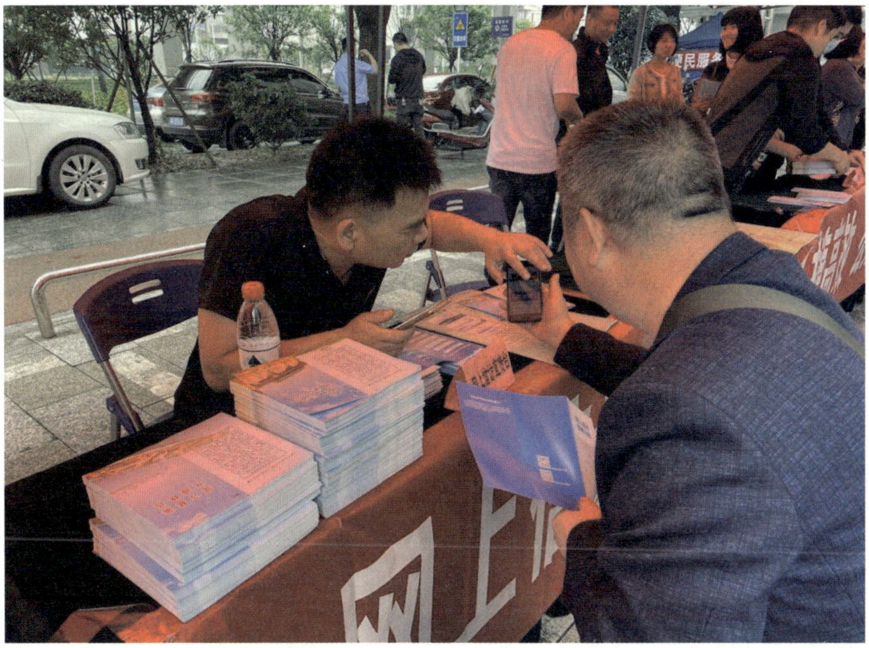

2021 年 5 月 25 日，雨花区信访法治宣传活动　　（刘青帝　摄）

动。中联办交办的第一批 210 件、第二批 36 件重复信访件，全部交由 57 位在职县级领导包案，严格落实“五个一”（一个信访案件、一名包案领导、一套工作班子、一个化解方案、一个解决时限）、“五清楚”（信访事由清楚、信访诉求清楚、化解方案清楚、政策运用清楚、答复解释清楚）要求，创新解决途径，对所有案件精准研判、分类交办，实行挂图作战，两批 246 件案件全部上报办结，其中息访息诉 45 件。

【信访救助】 2021 年，雨花区规范信访救助资金使用程序，需使用救助资金的信访问题，由包案县级领导主持召开案件协调会，明确解决方案，涉及单位进行政策审核并签字盖章，提请区信访工作联席会议审定。向 6 名信访对象实施信访救助 31 万元，涉及问题全部息访息诉。

【信访法治宣传】 2021 年，雨花区成立信访法治化建设领导小组，领导小组下设办公室。落实领导干部信访接待工作制度，每天安排县级领导坐班接待来访群众，在接访过程中向信访群众发放《中华人民共和国信访条例》《依法分类处理信访诉求工作规则》《湖南省信访事项复查复核办法》等宣传手册，利用大屏幕滚动播出各种信访法律法规、宣传视频，进行信访法治宣传。聘请资深专职律师任法律顾问，实行定期窗口坐班接待信访群众，参与领导接访、案件讨论、案件复查，为信访群众提供法律咨询，引导群众依法合理维权。在人民来访接待中心建立便民信箱、查询机器、投诉电话、网上信访专用电脑等，宣传《网上信访操作规程》，张贴操作流程图，安排工作人员帮助群众进行网上投诉。印发《雨花区 2020 年关于施行“信访法治宣传月”活动的方案》，构建区、乡镇（街道）和村（社区）“三位一体”宣传体系，组织开展“信访法治宣传月”活动。5 月 25 日，举行 2021 年度“信访法治宣传月暨《湖南省信访条例》修订实施 15 周年”宣传活动启动仪式。工作人员通过互动答题、展板展示、宣传资料发放，宣传国务院《中华人民共和国信访条例》和《湖南省信访条例》《湖南省信访事项复查复核办法》等多种信访知识。全区 13 个街道（镇），以及国土、征地、司法等区直部门单位，通过各种方式开展信访法治宣传活动。全区悬挂宣传标语、横幅 600 余条，展出宣传展板 258 块，发放宣传单、宣传册 5 万份，通过电子显示屏滚动播出宣传标语 1000 余条。

（本栏撰稿　刘青帝）

人力资源和社会保障

【概况】 2021 年，雨花区以“民生为本、人才优先”为工作主线，接受社保基金专项整治暨社保待遇核查整改“回头看”、省政府督查重点民生实事项目、国务院欠薪平台线索实时处置等考验；中央电视台《新闻联播》报道雨花区就业服务工作经验做法；升级打造的全省首个区级劳动纠纷“一站式”调处中心，建立完善劳动纠纷“一站式”多元化解联动处置机制，被《中国劳动保障报》推荐报道，被湖南省人社厅推荐为“全国劳动人事争议调解金牌组织”，长沙市人社局联合市中级人民法院组织召开现场推广会向全市复制推广“雨花经验”；就业服务活动、“一站式”调处中心、根治欠薪等工作经验信息被《长沙信息》采用刊发推介；推进自贸区雨花片区放权赋权，成为首家区级自贸区中唯一可以办理劳务派遣许可证的机构；组织近 300 名基层人社平台工作人员进行业务培训，参与全市人社系统技能大比武活动。区人社局被评为“长沙市国有企业退休人员社会化管理工作优秀单位”。

【人事人才】 2021 年，雨花区实施关键人才项目，引进关键人才 4 名。分别为 3940 名高校毕业生、240 名留学归国人员发放租房生活补贴 2035 万元、160.6 万元，为 140 人发放职业技能晋级奖励资金 55.1 万元。组织两批次面向社会公开招聘（选调）事业单位工作人员考试，涉及岗位 101 个，招聘（选调）人员 110 名，其中 21 个岗位用于专项招聘高校毕业生，是雨花区近 5 年招考规模最大的事业单位招聘（选调）考试。组织社区专职工作人员公开招聘考试，招聘人员 26 名，招聘（选调）人数、报名参考人数和组考难度均创雨花历史。指导各单位招聘特殊人才 10 名、名优骨干教师 54 名、教师273名、免费师范生46名、基层卫生专业技术人才12名。结合岗位设置工作实际，完善专业技术职务聘任办法，全面推行评聘结合、引入竞争机制，完成土建工程等系列高级职称形式审查167人，大工程系列中级职称形式审查近2000人。做好2020年度机关事业单位6700余名工作人员的考核工作，审核嘉奖367人，记三等功88人。完善事业单位人才综合信息管理平台建设，推进工资业务网上办理，确保全区机关事业单位职工工资的准确性。

【就业创业】2021年，雨花区新增城镇就业16193人，失业人员再就业13721人，城镇登记失业率1.97%，农村转移就业劳动者培训3035人。组织开展现场招聘会33场，达成意向1265人。“直播带岗”线上招聘持续开播12期，发布岗位1109个，招聘需求8965人。举办招聘会，组建招工小分队开展劳务协作，实施赴外援企劳务对接，组织开展直播带岗等创新性活动，助力长株潭一体化服务。推进人社服务长株潭一体化工作的经验做法，4次被《长沙市推进长株潭一体化发展工作简报》刊发。针对红星大市场叉车技能人员紧缺需求，面向跳马镇农村劳动力开设5期250人的叉车员技能培训。受理480家企业“以工代训”申报，补助资金4990万元。组织“雨花区代表队”参加长沙市第一届职业技能大赛，获得6金5银3铜，金牌总数、奖牌总数、获奖人数均位列各代表队第一。协助开发公益性岗位61个，督促发放公益性岗位补贴16.5万元。

【社会保障】2021年，雨花区落实全省社会保险基金管理防风险堵漏洞专项整治以及全省养老保险待遇核查“回头看”工作，整改率100%。新增参保单位6138家，全区正常参保单位超过2.9万家，企业养老保险正常参保人数29.6万人，城乡居民基本养老保险参保6.9万人。发放企业养老保险退休待遇5.45亿元、机关事业单位养老保险退休待遇2.52亿元、城乡居保养老保险退休待遇6032万元。按照“收支两条线”管理原则严把基金支付关，保证社保基金安全。推进政务服务工作，人社系统推出的42件“一件事一次办”落地运行，推行“三评四访工作法”，规范民办职业培训机构审批流程；推行三审双核机制，优化行政许可案件的归档整理。28个省、市重点民生实事项目指标全部提前完成目标任务，作为全市典型代表在全省进行经验交流。接收企业退休人员102221人，接收人数为全市第一，占全市接收总人数的一半，接管率100%。向街道（镇）、社区（村）拨付2021年退休人员财政补助、社会化管理服务经费等相关资金共计1077.7万元。

【劳动维权】2021年，雨花区按照完善制度、摸底排查、大力宣传、集中执法“四步工作法”推进根治欠薪工作，“全国根治欠薪线索反映平台”雨花区线索总量居全省各区县第一，无超时未处理线索，按时限完成核处率为100%，全年受理农民工投诉欠薪问题163起，为农民工追回工资6530万余元。全区根治拖欠农民工工资工作连续3年获评市对区专项考核A类，根治欠薪工作经验在全市推介。升级打造雨花区劳动纠纷“一站式”调处中心2.0版本，全年接待来访和电话咨询等劳动争议8200余起，劳动仲裁登记在案2000余件，正式立案1446件，案件受理数比2020年减少7.9%；相较“一裁终局”的结案时长，案件调解平均时长每件8.6天，缩短80%以上的时间。利用“12345”平台、领导信箱等解答热点难点、回应群众诉求，处理“12345”政务热线工单7812件，群众满意率在99%以上；处理信访件168件、网络问政及区长信箱112件、政府信息依申请公开案件1件。开展区“三高四新”重点企业用工风险培训会议及“宪法宣传周”等活动。与湖南可孚医疗发展科技有限公司、湖南晓光模具有限公司等企业建立“一对一”指导服务机制，推进和谐劳动关系建设。

【劳动纠纷“一站式”多元解纷机制】2021年6月，雨花区人社局牵头联合区法院、区检察院、区司法局、区总工会、区工商联、雨花城投集团、湖南省律协、长沙理工大学等部门，成立全省首个区级劳动纠纷“一站式”调处中心，建立完善劳动纠纷“一站式”多元化解联动处置机制。调处中心设在区人社局一楼，区域面积约300平方米，分为“一台三室一区”（首问服务台，受理登记室、案件调解室、司法确认和网上立案室，群众候访区）的组织架构，常驻人员5人，后院有律师、大学教授、法官、劳务监察员等7部门90余人参与劳动纠纷化解。通过办事过程实行前台首问分类、中室登记调解、后院依法处置“三环紧

2021年11月30日，劳动纠纷“一站式”多元解纷机制全市推广现场会

（曹江林　供图）

扣”、人民调解、行政调解、司法调解“三调联动”、纠纷数据信息共享“双线互通”、与省律劳保委、辖区重点企业和高校对口专业共建“三大共建”的“3323”工作模式，实现劳动纠纷化解“一窗式”办理、“一站式”管理、“一条龙”处理，审核办理结果通过现场告知、电话沟通、网络传送、免费邮寄等方式，及时反馈给当事双方，确保事事有着落、件件有回音。

【助推长株潭一体化】 2021年，雨花区推进长株潭地区人力资源服务一体化进程。区人社局与湘潭岳塘区、株洲石峰区、株洲云龙示范区人社部门分别签署《人社服务一体化合作框架协议书》，拓展和延伸省内劳务对接渠道和途径，提供更精准、更贴心的就业服务，推动人才市场联动合作和劳务岗位信息互通共享。牵头组织发布“长株潭人社服务一体化工作”线上招聘会岗位信息13期，发布327家企业招聘岗位1719个，招聘需求18693人。雨花区通过组织线上招聘会的形式，推进长株潭地区人力资源信息的实时互通与共享。携区内7家医卫类重点企业赴长株潭揽才，涉及岗位48个，招聘需求358人，现场登记求职126人。带领长沙比亚迪、湖南普斯赛特光电等区内重点企业携2000余个招聘岗位赴湘潭市岳塘区湖南工程学院组织现场招聘活动，同步发布区内企业的招聘岗位，收集应聘意向。在雨花区职教城举办“四方联动职赢未来” 2021年长株潭民营企业招聘月暨雨花区高校毕业生就业服务季大型招聘活动，雨花区、岳塘区、石峰区、云龙示范区4个区100家优质企业发布1万余个就业岗位现场招聘。组织区内重点企业赴湘潭、株洲两地开展劳务协作走访对接8次，派出招工小分队携3300余个岗位分别深入株洲市石峰区、湘潭市岳塘区等街道乡镇开展小规模岗位推送和现场招聘及企业招聘宣传。在雨花区圭塘河生态公园举办“悦有引力·筑梦美好”雨花区溪悦荟暨高校毕业生专场招聘会，特设“长株潭招聘专区”，63家用人单位现场提供就业岗位110余个，招聘需求600余人，部分求职应聘人员乘坐长株潭城际轻轨分别从湘潭市和株洲市赶到现场参加应聘。在运达中央广场举办“长株潭高校毕业生就业季”运达专场招聘会，提供岗位87个、招聘需求233人，400余人到现场参加求职。联合湖南体育职业学院举办2021届毕业生雨花专场视频招聘会，吸引长株潭地区46家招聘企业、326名求职者参加，通过网络视频双选的方式在“云就业”“云校招”平台全程开展，初步达成就职意向77人。开展每月两期的长株潭人社服务一体化“直播带岗”线上招聘，“直播带岗”线上招聘开播11期，组织来自雨花区、岳塘区、石峰区、云龙示范区4个区的64家优质企业通过直播展示企业招聘岗位等情况。直播过程发布岗位1077个，招聘需求8645人，12095余名求职者同时在线观看及互动了解招聘信息。

（本栏撰稿　刘雅婷）

行政审批服务

【概况】 长沙市雨花区行政审批服务局（简称“区行政审批局”）负责贯彻落实中央、省、市和区关于行政审批服务工作的方针政策和决策部署。区政务服务中心为区行政审批服务局所属副科级公益一类事业单位。

2021年，雨花区行政审批服务工作紧扣“放管服”改革重点，以服务融城、服务自贸为抓手，深化“放管服”“一件事一次办”改革；以新“市民之家”建设为契机，提升线上线下服务和行政效能监督，为全区优化营商环境提供更优质的服务；以提升群众满意率为成果，行政效能创新绩；以政务公开标准化规范化便利化为蓝图，政务公开启新程。

【行政审批】 2021年，雨花区制定权力清单、责任清单和办事指南，构建权责体系一张网；开展区本级权力清单、区镇街权责清单、公共服务清单、中介事项清单等清单梳理、编制和发布，并实行动态管理。梳理形成《雨花区告知承诺制证明事项目录》并对外公示，涉及4个部门12个事项。围绕产业园区转型升级和高质量发展，梳理形成《雨花区园区赋权事项清单》（84项）并落地实施，实现“园区事园区办”“一件事一次办”。在雨花经开区按照“全生命周期、全覆盖企业”的服务思路，强化园区服务项目建设和企业发展功能，打造“审批服务优、市场主体活、竞争实力强”的省级示范性工业园区。推进中介超市在市级

2021年3月31日，长沙雨花区 湘潭岳塘区政务服务“跨市通办”合作签约仪式
（孙琴　供图）

网上系统的高效运行、优质服务和有效监管，雨花区进驻市级中介服务超市事项61项，进驻行业主管部门13家。企业开办实现“即来即办”，实现线上“即传即审”、线下“一窗受理、两小时办结”。企业注销实现“简易注销全程网办，普通注销最多跑一次”，雨花区成为全省市场准入、退出最便捷的区县。压缩工程建设项目审批时限，整合简化工程项目报建申报材料清单，推行“一张表单”。主动对接省、市改革成果，试点免办许可项目、扩大免办范围条件、探索低风险项目审批办法、容缺受理审批二次装修项目、简化开工条件审查程序。在全省率先实现电梯加装项目线上审批，报建备案、竣工验收、申请补贴3大阶段全程网办，形成“在线申请、在线联审、在线交互、数据共享、部门互认、审批成果自助下载”的不见面审批模式。

【政务服务】 2021年，雨花区以“互联网+政务服务”“互联网+监管”一体化平台和各级政务大厅为载体，聚合线上线下的服务优势，构建全面开放的营商环境。全面启动“三集中三到位”（将部门行政审批职能向一个科室集中，承担审批职能的科室向区行政服务中心集中，行政审批事项向电子政务平台集中；审批事项进驻中心到位、授权到位、电子监察到位）和“综合窗”改革系列工作，结合“雨花市民之家”的建设与启用，优化提升“一站式”服务。推动政策、法律、政务、金融、人才服务升级，在自贸片区等商圈、专业市场开设自助服务点，筹备建设红星农批中心自助服务点，落地“15分钟政务服务圈”。强化“互联网+政务服务”一体化平台建设与应用，同步链接政府门户网站和区级移动办事终端“开放雨花”App，推动实现审批服务掌上办、指尖办。做好一体化平台的事项引用和清单的填报指导工作，平台填报率100%。收录全区73个单位的政务信息资源目录2325个，政务数据资源目录128个，信息项4019个，全部导入长沙市数据资源管理平台。推出优惠利率贷款、银企合作模式、专项资金补助等多项举措，释放政策扶持红利。率先全市实行“水电气报装”综合窗改革，外线工程审批实现全省最快，可实现3天领证。提供落户居留、人才认定、晋级奖励等针对人才工作专项服务。

【政府信息公开】 2021年，雨花区规范区、街两级政务公开专区标准化建设，对公开载体配置与应用进行重点规范，对各类载体上公开展示内容予以明确，打造示范样本。在政务公开大厅建立高规格政务公开专区和政务公开专窗，拓宽基层政务公开渠道。推进26项基层政务公开事项的工作安排部署，完善政务公开事项梳理。在区政府门户网站开设教育服务、社会保障、医疗卫生、财政预决算等特色专题专栏。加强对全区各部门单位政府信息依申请公开工作的指导，及时回复政府信息依申请公开案例，按时回复率100%。

【行政效能监督】 2021年，雨花区推进好差评平台升级建设，依托省“互联网+政务服务”一体化平台开展政务服务“好差评”工作，通过“12345”市民服务热线、窗口“好差评”二维码及相关投诉电话等措施，达到线上线下全面覆盖，数据和结果全面汇聚、公开，做到事事有评价。医疗、医保系统开展医疗机构“清廉医保”综合整治行动；组织全区定点医院进行自查自纠，自查自纠的总金额为22.74万元；强化新冠疫苗管控，掌握全区新冠病毒疫苗储运、配送和接种点基本情况，建立监管对象档案库。重点检查药品、医疗器械经营使用单位1153家。司法系统对全区997卷行政执法案卷开展“体检式”评查，通过评查执法案卷的方式，对每个单位执法案件的事前、事中、事后公示情况、执法全过程记录情况，重大执法决定法制审核情况等逐项查阅。交通运输系统对辖区内普货运输企业检查173家次，出动检查人员692人次；对行政许可事中事后监管检查152家次，出动检查人员608人次。开展非道路移动机械审核编码，助力“蓝天保卫战”。民政系统开展民政领域脱贫攻坚专项核查，实施建档立卡贫困人口分类保障，加强低保、特困供养保障与脱贫攻坚的有效衔接。科技系统强化知识产权执法，保护本土知名商标，查处打击商标侵权行为、依法维护企业合法权益，保护长沙创新企业、维护鼓励创新营商环境秩序。

【“12345”市民服务热线】 2021年，雨花区签收长沙市“12345”热线工单100578件，工单总量为全市最多。按时办结率100%、回访满意度98.78%。完善热线的受理、办理、督办、考核及监督等工作机制。开展热线工作业务人员系统性培训，实行热线跟班学习制度，在实践中提升办单人员的业务素质。完成区级“12345”市民服务热线平台的扩容与升级。采取区领导“包案”，针对重点问题，由分管副区长抓紧牵头开展专项整治。每周开展“民情服务日”，每次选取3~5个典型工单进行调度，统一口径集中力量进行解决。由区长、区纪委监委、区委组织部实行末位约谈，推动有关问题的解决。建立党建引领“街镇吹哨、部门报到”工作机制要求，全面提升工作实效。政务热线工单办理纳入全区深化改革、“三零”社区、党史学习教育“为民办实事”等专项工作。发挥“飞梦雨花”融媒体、网格化工作（群众工作）等平台作用，实行热线工单联合办理，由各自办理变为牵头单位与配合单位协作办理，从单兵突进到协同作战。

【长株潭政务服务事项跨市通办】 2021年，雨花区按照“三优先”（优先高频事项、个人事项、独立事项）和“三个一批”（成熟一批、公布一批、实施一批）的原则，通过“相互授信，互通互认”的办理模式，与株洲云龙示范区共推“跨市通办”事项清单39项，与湘潭市岳塘区共推40项，与株洲市石峰区共推42项，高频政务服务事项涉及人社、医保、民政、市场准入等相关领域，做到长沙市“跨市通办”清单事项最全。办理跨市通办事项946件。与贵阳市花溪区签定“跨省通办”合作框架协议，共推“跨省通办”。

【自贸区块行政审批服务工作】 2021年，雨花区抢抓湖南自贸试验区长沙片区行政审批服务工作发展机遇，打造雨花区块亮点。行政审批由“简化”向“极简”转变，利用已有企业开办注销即来即办等政务服务工作优势，将25项政务高频事项纳入自贸试验区长沙片区雨花区块“极简审批”目录，试行企业住所集中登记制度。在雨花区块先行先试“两无一免”（无申请、无纸化，免填单）退税模式，提高出口退税效率，在全省范围开出多项“首创清单”。根据雨花区块定位和承接重点任务，以企业视角和实际需求为出发点，打造梳理出“我要进口食品（预包装食品、咖啡、坚果、可可、芝麻等）”“我要开办律师事务所（分所）”等首批6项自贸试验区雨花区块专属的“一件事一次办”事项套餐和VCR宣传视频，并在“中非湘约 雨梦同行”成果推介会上全面推广。建立“一站式”全程代办服务平台，采取“政府+企业”模式共同推进自贸区帮代办和企业服务业务升级，为入驻企业提供“四个一”（只进一个门、只找一个人、只凭一张单、只跑一次腿）、“四个省”（省时、省钱、省力、省心）服务，实现网点全覆盖、内容全方位、受理全时段、跟进全周期、服务全免费。该平台覆盖建档服务企业500余家，服务投资者35家，代办商事登记及外贸服务等250余单。雨花区块启动首个区块人才政策咨询窗口、率先成立知识产权公共服务（雨花）分中心。

（本栏撰稿　孙　琴）

数据资源

【概况】 2021年，雨花区以优化营商环境推进和发展大数据产业、打造智慧城市为重点，以推进“互联网+政务服务”工作为主线，以转变作风、提高效能为目标，狠抓为民服务体系标准化建设，为公众提供优质、高效、便捷的政务服务，推进大数据产业发展和智慧雨花建设。政府网站更新信息11582条；办理“领导信箱”信件891封及专报11期，回复率及办结率均为100%；完成网站改版工作，推进政府网站优化升级。疫情防控期间负责长沙市数据局下发核查大数据的接收比对15.32万条。

【网络管理】 2021年，雨花区推进全区信息化建设，改善基础网络环境，提高网络管理水平。进行网络及终端维护2763次，各种现场会议网络保障117次。保障疫情防控指挥部基础网络、设备良好运行，处理网络及终端维护135次，保障指挥部区、街镇视频调度会议21次，保障市区两级防疫调度会15次。

【项目审查】 2021年，雨花区落实《雨花区电子政务工程建设项目管理办法（试行）》，严格执行“统一规划、统一标准、统一平台、集约高效、共享协同、安全可靠”的电子政务项目建设原则，优化项目技术审查和管理工作，避免重复建设和重复投资，提高财政资金使用效益。审查电子政务项目206件，报审金额为1.72亿元，退回及调整建设方案100余件，节约资金4571.35万元。

【应用管理】 2021年，雨花区通过“一网通办”平台办件量为363359件。围绕深化“放管服”改革及优化营商环境行动方案要求，推进办件数据向省“互联网+政务服务”一体化平台汇聚，协助各单位提升政务服务效率和水平。依托长沙市政府唯一城市移动综合服务平台“我的长沙”App整体框架，建成具有雨花区特色的城市服务统一入口。根据《关于开展首届长沙市新型智慧城市典型应用和解决方案征集活动的通知》要求，组织区所属行政机关、事业单位及雨花区注册企业进行典型应用和解决方案的申报，雨花区网格化综合管理平台应用方案成功入选“长沙市新型智慧城市十大典型应用”。

【资源管理】 2021年，雨花区成立“雨花区数据资源管理委员会”，发布《长沙市雨花区政务数据资源管理暂行办法》，建立“雨花区数据治理与安全管理平台”，规范数据资源产生、采集、存储、加工、使用、反馈等环节的管理；实现与市级平台的双向数据互联互通。完成对城管、民政、网格化、文旅体、环卫等部门的业务系统

2021年3月4日，雨花区政务大厅设置跨域通办窗口　　（孙　琴　供图）

数据资源目录整理，编制数据资源目录128个，信息项4331个。完成部分自建业务系统、市平台下发数据归集入库1427万余条。开展基础数据资源库的治理工作，制定治理流程规范，通过数据清洗比对后，收录法人相关数据32万余条、人口相关数据139万余条、城市部件相关数据2万余条，初步形成雨花基础数据库。在此基础上，区数据资源中心推送法人、人口基础数据及扩展接口数据至区委网信办舆情系统，支撑区统计局经济分析e平台向市平台申请税务、社保、用电等接口申请，共享数据量898万余条，接口67个，调用次数310万余次。

【网站管理】 2021年，雨花区政府网站更新信息11582条；总访问量192.05万人次，总浏览量486.14万人次；办理“领导信箱”信件891封及专报11期，回复率及办结率均达到100%；新建“2021年政务公开工作要点”“疫情防控政策措施”“‘十四五’规划公开专栏”“重点领域信息公开”等8个专题专栏；开展历史虚无主义清查和信息安全隐患排查专项工作。对网站展现风格进行重新策划、设计，包括网站首页、政务公开、解读回应、互动交流、走进雨花频道页面的全新改版，专题建设、功能布局优化调整，以及对与《2021年长沙市政府网站绩效评估方案》文件指标不相符合的内容整改，完成网站改版工作。

【政务新媒体管理】 2021年，雨花区“幸福雨花便捷生活”微信公众号发送推文信息356篇；调整与规范栏目，提高居民办事服务的便捷性能。完成“身边办”创新案例的升级开发与上线；“十五分钟生活圈电子地图”新增设施评论302条；加强对全区10个政务新媒体账号监管与催办，组织各单位按月落实考核巡检工作。对全区信息长期无更新、停更未注销、不互动无服务、同平台设多个政务新媒体账号、个人名义运营政府单位内容等情况进行人工巡检排查，协助完成29个不规范运营的政务新媒体账号注销工作。

【疫情大数据排查】 2021年，雨花区负责长沙市数据局下发核查大数据的接收比对、分发催办、规范填报、统计汇报，为疫情防控工作提供数据支撑和辅助决策，接收15.32万条。其中中高风险地区流入数据15.06万条，跨境数据2620条，预申报数据43529条。均通过电话询查、上门核查、持续跟进、技术协查等方法排查到位，做到“日清日结”、反馈率100%。协助长沙市数据局完成雨花区57.14万条未接种疫苗数据的跟催、反馈及填报统计工作。

【视频资源整合汇集】 2021年，雨花区整合汇集视频资源，完成公安天网、住建、学校等视频资源近1.9万路；以智慧雨花运行管理中心为依托，建立应急指挥调度中心，接入视频会议专线3路，实现“一专多用”。

（本栏撰稿　易风波）

应急管理

【概况】 长沙市雨花区应急管理局（简称“区应急局”）负责全区应急管理工作，承担区安全生产委员会、区防汛抗旱指挥部、区减灾委员会、区抗震救灾指挥部、区森林防火指挥部的日常工作。

2021年，雨花区锚定“三坚决两确保”（坚决杜绝重特大事故，坚决遏制较大事故，坚决防范自然灾害导致重大人员伤亡；确保安全事故总量持续下降，确保防灾减灾形势稳定向好）工作目标，狠抓“管、教、防、治、救”五个方面，围绕防火灾事故、防交通事故、防坍塌事故三个重点，突出保畅通，保安全，保民生；强化主体责任，强化领导和指挥，强化值守值勤，强化动态预警，强化应急处突，强化宣传引导。攻坚17类安全生产专项整治三年行动，加强安全监管执法，全面排查整治安全隐患，推进“打非治违”，全年未发生较大以上生产安全事故。引进第三方公司编制出台《雨花区突发事件总体应急预案》；推进全区企事业单位应急预案备案和审查，60家企业进行应急预案备案。推进“强执法防事故”行动，重点开展各类集中整治、专项整治、打非治违行动，开展计划执法9634次，实施经济处罚1631.47万元。分类分批组织企业开展专题培训和应急演练。

【安全宣教】 2021年，雨花区将《中华人民共和国安全生产法》宣贯视频通过全区500个微信群发送给企业、居民和应急系统干部集中学习。组织全区70余名安全生产分管负责人、监管执法负责人，集中开展《中华人民共和国刑法修正案（十一）》学习。宣传新交通规则，进行交通安全“一盔一带”宣传和新交通规则学习，现场劝导电动车主骑车戴头盔，印制发放《安全雨花每日打卡》《电动车安全骑行警示案例》宣传资料和新交通规则10万册。拍摄制作34个特色安全短视频并在长沙移动频道上播出。组织开展安全宣传咨询日活动，举行抖音拍摄、安全骑行、智跑闯关、消防演练等活动，组织各街镇全面铺开小区安全应急演练。分类分批组织工贸行业有限空间作业、粉尘涉爆、动火作业、“厂中厂、园中园”四类企业400余人开展4项专题培训，印发安全生产专项整治三年行动各类指导手册5万余册；组织323名企业职工开展应急避险安全培训；组织109名应急系统干部开展安全监管和监督执法专题培训；组织辖区200余家普通货物、渣土和混凝土道路货物运输企业负责人召开压实企业安全生产主体责任培训会；组织开展燃气安全安检培训和应急演练9次。开展各类应急演练1200余场次，组织观看典型事故案例剖析警示教育片100余场。颁布禁火令；召开森林防灭火工作调度会，安排部署森林防灭火工作，明确区直相关部门及各涉林街镇的责任；区森林消防队伍及时补充和检修各种扑火机具、物资和设备，做好扑救森林火灾准备；做好值班劝导，关键路段路口免费下发鲜花，提醒文明用火，面对面宣传，确保森林防火安全。

【安全生产】 2021年，雨花区召开区委常委会8次、区政府常务会议9次，专题调度安全生产和应急管理、安全生产专项整治三年行动工作，每次区政府常务会议第一个议题为研究调度安全生产工作。重大节会，区委、区政府领导班子采取“四不两直、分片挂钩”（不发通知、不打招呼、不听汇报、不用陪同和接待，直插基层、直奔现场，安全生产领导分片挂钩负责制）形式，深入一线进行检查指导。区政府常务会议审议通过《安全生产工作职责规定》，调整安全生产委员会职能机构和专业委员会，专业委员会由10个增加为12个，安委会成员单位由45个增加为50个，明确专委会组织架构和工作职能。下发考核细则，对街镇实施半年度考核，并延伸考核社区、企业；实行社区工作经费拨付与日常工作严格挂钩，对日常工作落实不力的实行扣分制，并扣除相应的工作经费，落实属地管理责任。严格督促企业落实“一会三卡”（安全班前会，体检卡、动工卡、应急处置卡）工作制度全覆盖，开展企业标准化班组创建，培育推选市级安全生产标准化班组重点企业10家。

【安全监管】 2021年，雨花区发生生产经营性事故16起，死亡16人，未发生较大及以上生产安全事故。全区应急系统执法检查次数2181次，下达现场处理措施决定书17份，责令限期整改指令书689份，整改复查意见书712份。处罚396起，处罚金额161.36万元，其中一般程序行政处罚27起，处罚金额124.76万元；简易程序行政处罚369起，处罚金额36.6万元。无处罚当事人对处罚决定提出听证、行政诉讼。开展工贸行业年度计划执法和行政许可核查检查，生产经营单位计划执法检查180家次、行政许可核查89家次；组织应急、交警、交通、市监、环保等部门开展联合执法检查2次，检查生产经营单位8家；发现隐患106处，现场督促整改隐患32处，下达责令整改指令31份，立案4起，移交公安机关案件2起。组织开展油漆经营领域安全生产“打非治违”专项整治、烟花爆竹经营领域非法违法行为专项行动、危险货物道路运输“四必查”（必须查验车辆道路运输证、驾驶人、押运人员及装卸作业人员的从业资格证是否与承运货物相适应；必须查验压力容器是否在检验合格有效期内；必须查验车辆是否悬挂符合国家标准要求的标志；销售易制爆化学品、易制毒化学品的，必须查验相应的购买许可证件或证明文件，同时向用户提供“一书一签”）联合执法行动，高温季节重点行业安全大检查，开展联合打非治违行动12次，查处非法销售、非法储存6起，扣押非法运输储存车辆5台，收缴汽柴油16.5吨，各类油漆1700件（桶）；烟花爆竹领域查处非法经营24起，收缴烟花爆竹1074件。严格控制危化企业新增、换证审批，对新申请、到期换证单位，主动引导进园区，减少监管压力，完成烟花爆竹、危险化学品经营许可89家（次），生产安全事故应急救援预案备案56件、易制毒经营备案6家，依法对主动申请终止经营活动、到期未延续企业23家予以注销。开展安全教育培训，组织召开危险化学品企业负责人和烟花爆竹经营门店负责新安法宣传贯彻培训会2场，培训116人次。开展建筑施工质量安全专项大整治，下发停工通知32份，约谈企业、在建项目负责人25次；对全区20余家校园周边开展文化环境专项整治，收缴疑似盗版图书182本，责令2家无证经营单位办理证件；开展危险废物、塑料污染、核辐射等专项执法整治行动35次，督促注销核辐射安全许可证5家；开展市场监管领域专项整治行动，检查销售单位4000余家次，立案28起；每周定期开展渣土运输安全联合整治，办结渣土违法案卷343件，罚款113.03万元。开展为期100天的道路交通安全“春季行动”，搅拌车安全、渣土车安全、校车安全、农村公路超速超载、城区安全驾驶、道路货运安全6个专项整治行动。

【应急救援】 2021年，雨花区加强基层应急管理体系建设，在区、街道、社区三级分两期建设1976个可管可控的应急云广播系统，项目总投资约900万元。优化多媒体会议系统+24小时值班室建设工作。编制《雨花区突发事件总体应急预案》，对全区42个专项预案进行明确，加强预案管理。建立隐患协调处置机制、应急救援联动机制、突发事件应急救援机制、应急管理值班值守等工作机制，完善应急管理体系建设。制定应急值班表，落实领导带班、值班员24小时值班值守的应急值班制度和突发事件报告制度，做到15分钟电话报告、1小时文字报告。推进应急能力建设，指导高桥街道进行基层应急能力示范社区创建的探索工作，高桥街道鑫华社区在加强应急能力建设社区层面形成可供借鉴、复制的经验，将其定位于湖南省城市社区应急能力建设的标杆和创建的参照样板，得到省应急厅通报表扬并推广。组织洞井街道、同升街道、井湾子街道、圭塘街道、雨花亭街道按照乡镇（街道）应急管理能力“六有”（有班子、有队伍、有机制、有培训、有预案、有演练）和村居（社区）应急管理能力“三有”（有检查队伍、有物资装备、有宣传教育）的工作要求，推进街镇、村、社区应急能力建设，5个街镇全部通过全省第二批乡镇应急能力建设达标验收。

【防灾减灾】 2021年，雨花区做好防灾减灾救灾工作。防汛期间，区委书记、区长多次常务会专题调度、靠前指挥、带队督查；实行24小时防汛值守，6个督查组每小时不间断督查；建立山塘水库、地质灾害易发区、险工险段等重点部位应急处突方案；严格按照防汛定额2倍以上标准备足防汛物资。实行森林防火资料入户签收制度，组织森林防灭火巡查巡护，出动1567人次，悬挂宣传横幅670条，张贴禁火通告1200份，出动防火宣传车1815台次；全区未发生一起森林火灾。召开应对低温雨雪冰冻灾害天气调度会，印发《长沙市雨花区低温雨雪冰冻灾害天气应急工作方案》和《关于做好低温雨雪冰冻天气防范应对工作的紧急通知》，启动低温雨雪冰冻灾害天气应急模式，形成应急联动；检查企业、车站重点部位应急物资储备情况，落实防滑防冻等措施；坚持24小时值班制度和重大信息报告制度，保持政令畅通，及时发现和排除险情，科学应对、平稳度过低温雨雪冰冻天气，切实守护人民群众的生命财产安全。全面铺开风险普查，编制工作方案，4次召开专题培训会，清查名录847条。

【推进安全生产专项整治三年行动】2021年，雨花区推进安全生产专项整治三年行动，开展安全宣教“大宣传、大培训、大警示”活动。召开雨花区安全生产专项整治三年行动调度会暨打非治违动员部署会，区市场监督管理局、区住建局、东山街道就本行业领域本辖区专项整治推进情况进行述职，区安委办从当前存在的问题、方案细化、工作推进等方面对安全生产专项整治三年行动、“打非治违”、第一次全国自然灾害综合风险普查及春节前安全生产工作进行讲评和动员部署。组织辖区178家危险化学品经营企业、加油站召开危险化学品安全专项整治三年行动工作推进会，通报雨花区2020年危化行业监管工作情况，部署2021年危化行业监管重点和三年专项整治工作，要求所有危险化学品生产经营单位务必履行好安全主体责任，确保隐患不发展、事故不发生。开展“我是安全小主播，我为安全代言”第三季活动，收到参赛视频167个，选拔“安全代言人”12人，参与线下安全生产专题视频拍摄，并在全市所有公交、地铁、磁悬浮的长沙移动频道播出15天，线上线下深入互动，以孩子带动家庭，以家庭带动社会。利用全区517个微信矩阵，通过区—街道—社区—物业—业主群，将安全温馨提醒、安全知识、警示视频等安全宣教内容及时传递给群众，普及安全知识常识。制作安全公益宣传片《爱的传递》《安全小主播》系列视频，通过长沙电视台移动频道、各类媒体、抖音、门户网站、微信朋友圈、QQ群等，广泛传播。在各类媒体上发布稿件950篇，宣传安全生产法律法规及安全知识。加强入户宣传和志愿者提醒，每个小区配置“安全小喇叭”，在重点时间段提醒居民人离关电、关气，提高防火意识。印制安全海报、温馨提醒10万余份，张贴至居民楼栋、电梯。依托安全生产信息员、网格员、楼栋长、志愿服务者在社区范围内开展安全巡查和入户宣传。制作并印发《雨花区交通安全出行事故警示录》5000册，通过分析发生在雨花区辖区内的渣土车和电动车典型事故案例分析事故原因加强警示教育和安全宣传。以社区为单位，组织居民、企业观看《痛思》《重特大事故案例》《如果》等事故案例警示教育片400余场，受众12万人。组织观看习近平关于安全生产重要论述电视专题片《生命重于泰山》500余场，观看群众16万余人次。开展冬季安全宣传教育，组织社区、企业开展消防灭火，紧急疏散演练40余场，安全生产应急管理培训60余场，在各大主流媒体平台报送宣传信息80余篇。区安委办牵头采取计划执法+联合执法+专项行动的形式开展“三全两不”（全领域、全流程、全覆盖；不留死角、不留盲区）冬季安全大排查大整治。依托“12350”“12345”等举报热线发现和治理居民身边的隐患。整改隐患6558处，责令停产停业整顿3家。利用政府门户网进行黑名单、灰名单曝光，进行警示宣传。

【安全生产工作会议】2021年1月27日，雨花区召开重点工作部署会，强调部署疫情防控、安全生产和应急工作、应对低温雨雪冰冻天气、北京冬奥会特护期相关工作、市场保供、特殊困难群体帮扶、值班值守等工作。2月2日，2021年雨花区安全生产和应急管理工作大会召开，会议通报2020年度全区安全生产和应急管理工作考核结果，表彰和奖励优秀单位27个、标准化班组30个、优秀个人100名，部署春节前后的安全生产和应急管理工作。6月17日，雨花区危险化学品领域高温季节安全生产工作暨安全警示教育会召开，传达学习习近平总书记、李克强总理重要讲话和国务院、省、市、区各级关于安全生产工作相关文件精神，通报全国危险化学品等领域相关事故情况，要求做好安全生产工作。7月20日，雨花区安全整治三年行动暨住宅小区消防安全专项整治工作调度会召开。区安委办通报近期区内外安全生产事故情况，并从消防安全、道路交通、建筑施工、危化品、特种设备、管道燃气、暑期教育、森林防火8个方面部署安全生产工作；区住建局和区消防救援大队分别就小区楼栋消防安全排查整治和规范电动车充电管理提出具体要求；长沙市应急局四级调研员曾洪涛从“统一指挥，应报尽报，涉事均报，禁止乱报”等方面对应急信息和应急处置工作提出要求。雨花区委副书记、区长提名人选黄军其强调，要始终绷紧思想之弦，全面筑牢安全之基，切实扣紧责任之链，坚决打好安全生产“保卫战”。9月17日，雨花区“迎国庆，保安全”安全生产工作会议召开，会议传达学习省、市“两节”期间有关安全生产工作精神，通报全区1—8月安全生产工作情况，分析当前全区安全生产工作中存在的主要问题，安排部署中秋、国庆期间以及下阶段安全生产工作。黄军其安排部署安全生产工作，要求全区各部门、街镇要切实强化安全生产举措，全力防范和遏制各类安全事故发生。区委书记刘素月强调，全区上下要以问题为导向，盯紧道路交通、消防安全、人流物流等领域，深入开展监管执法、专项整治、宣传教育、应急演练等工作，确保事故防控全覆盖、无死角、无盲区；重点关注居民小区、仓储物流、道路交通、建筑工地、燃气安全、旅游景点、人员密集场所等重点部位、重点领域的安全问题，开展安全隐患排查整治，守住安全稳定底线。9月23日，刘素月主持召开安全生产工作会议。刘素月强调，要提高认识、责任上肩；务实作风、一抓到底；紧盯重点、集中整治，全面开展道路交通安全隐患集中整治行动，深入整治交通问题顽瘴痼疾；完善机制、精准指挥；协同联动、形成合力，区安委办要发挥统筹协调作用；严格督查、严肃纪律。黄军其强调，要深刻反省，落实责任，严肃问责。9月27日，雨花区召开国庆期间全区森林防灭火工作调度会，区应急局传达全国全省电视电话会议精神，通报全区森林防灭火工作近期的开展情况，部署国庆期间重点工作，区农业农村局、区消防救援大队分别对相关工作进行安排部署。

2021年2月2日，2021年长沙市雨花区安全生产和应急管理工作会议

（胡　索　摄）

【安全生产检查】2021年1月22日，雨花区应急管理局现场检查长沙湘莲气体有限公司、莲湖医用氧厂等危化重点企业安全工作，组织召开辖区内危化行业重点企业负责人座谈会，分析年底前辖区危化行业安全生产形势，强调目标和要求。1月28日，雨花区应急管理局检查火车南站安全生产工作，检查组重点检查安全生产教育培训、应急预案及应急演练、应急物资器材储备等情况，对检查中发现的未按规定编制应急预案等问题提出整改要求。2月20日，雨花区应急管理局专项检查企业开展节后复工复产安全工作，核查复工复产开展落实情况、查阅复工复产报备表收集情况等，全面检查企业复工复产工作方案、复工复产后隐患排查工作开展、安全生产培训教育、设备设施检查和复工复产安全生产条件落实以及特种作业人员持证上岗等情况。5月17—18日，长沙市应急管理局安全监察执法支队、雨花区应急管理局开展2021年度第一轮安全生产交叉执法检查，检查华湘特种玻璃有限公司、湖南精一自动化有限公司、湖南新中制药机械股份有限公司3家企业，现场咨询企业负责人，重点抽查企业的安全生产责任制落实、安全教育培训、建立安全隐患排查制度及隐患排查记录、特种作业人员持证上岗、与承包、承租单位签订安全管理协议、为从业人员提供符合国家标准或者行业标准的劳动防护用品以及生产经营单位现场的安全管理等情况。对华湘特种玻璃有限公司未如实记录安全教育培训记录、未与承租方签订安全生产管理协议等问题，现场下达责令整改指令书，责令企业限期改正，并对违法行为现场立案处罚，对湖南精一自动化有限公司、湖南新中制药股份有限公司的隐患排查记录不规范、作业人员劳动防护用品不符合标准等问题当即下达隐患问题交办函，交由雨花区应急管理局依法调查处理。7月15日，雨花区安委办组织区应急管理局、区交通运输局、区市场监管局和区交警大队等部门，开展危险化学品道路运输安全整治联合执法行动，对危险化学品运输企业安全生产制度落实、安全教育培训开展、安全隐患台账建立、应急救援预案演练和危险货物道路运输“四必查”制度落实等情况进行全面检查，现场对需要立即整改和责令限期改正的问题提出明确要求。7月19日起，雨花区开展为期一周的排查“一体检六行动”（对全区各居民小区逐楼栋、逐单元开展消防安全“体检”；开展消防疏散通道和安全出口畅通行动，楼梯间和电缆井清理行动，楼梯间、地下室和架空层电动车充电清除行动，小区内电动车充电专位规范设置行动，居民楼栋消防安全宣传和消防演练，消防设施、安全标识维保行动）开展检查行动572次，排查农安小区、物业小区楼栋4672栋；排查安全隐患2704处；现场整改1589处；清理电动车充电行为1290次；对排查出的安全隐患进行闭环整改；印制下发《家庭防火安全消防知识》三折页、宣传海报、宣传册68931份，逐楼逐栋入户发放，推进消防安全宣传“五进”活动。8月23日至9月13日，雨花区开展工贸企业事故防范集中攻坚行动督查，加强企业生产经营现场安全管理。拟制“雨花区工贸企业安全生产情况自查表”，提出38个基本问题，供企业自查自纠。归纳整理企业违反新修订《中华人民共和国安全生产法》处罚对照表、刑法修正案安全生产有关条款等内容，制成“干货学习册”供企业深入学习。检查工贸企业604家，占应检查企业总数的121.3%；发现安全生产隐患和问题629处，制作现场检查记录373份，下发责令改正指令373份，立案查处企业25家；对604家企业的安全生产基本情况进行调查摸底，核定企业的安全生产风险等级，各街镇、园区简易处罚46起。9月13日，区安全生产委员会对红星花卉大市场进行排查整改抽检。

【安全生产法宣传周活动】 2021年12月1日，雨花区2021年安全生产法宣传周知识竞答大赛在长沙市广播电视台开展。区安委会成员单位、各街镇和企业代表100余人参加活动。活动以“落实安全责任，推动安全发展”为主题，采用场上参与者对战答题和对抗答题的模式，进行《中华人民共和国安全生产法》的知识竞赛。答题分为两轮进行。第一轮采取60秒一对一快速抢答，第二轮采取对抗赛。28个参赛选手参加答题环节，经过2轮比拼，雨花亭街道雨新路社区、井湾子街道金盾社区、圭塘街道、区发改局获得团队第一名，左家塘街道、区文旅体局、区城管执法局、长沙市比亚迪汽车有限公司获得团队第二名，雨花交警大队、东塘街道、区民政局、区应急局和长郡雨外洪塘学校、区住建局、同升街道、中石化长沙分公司东山加油站获得团队第三名。

【防灾减灾日主题活动】 2021年5月13日，长沙市全国防灾减灾日主题活动在雨花区高桥街道鑫华社区举行。周南雨花中学师生、鑫华社区应急志愿服务队、社区医护人员、微型消防站工作人员，全程模拟真实的火灾疏散救援实战演练场景，演示紧急疏散逃生、应急医疗救护及伤员转运、保安及社区消防队员灭火、消防车水泡灭火及受困人员逃生等科目；应急知识培训教师讲授个人防护装备穿戴、应急逃生等多项防灾减灾应急救援技能；开展防灾减灾知识有奖抢答赛，宣传消防救援、防震减灾、防风防雷、卫生防疫、事故防范等知识和技能。

【“国际减灾日”活动】 2021年10月13日，构建灾害风险适应性和抗灾力——2021年雨花区第32个国际减灾日宣传演练活动在湖南省植物园举行。长沙市应急局党委委员郭朋芳和湖南省植物园、雨花区应急局、洞井街道等相关负责人等参加活动。雨花区洞井街道各社区（筹委会）的20余名志愿者宣读防灾减灾倡议书。现场通过学习操作使用森林防火水泵，组织队员实训操作消防演练、讲解应急器具使用、观看防灾减灾宣传片、设立咨询台、摆放宣传展板横幅、发放宣传手册等形式，科普灾害事故防范应对措施和灾害自救互救等基本知识，引导群众科学应对自然灾害，掌握应急避险等主要方法。洞井街道各社区（筹委会）、辖区企业、学校负责人及志愿者等人员参加活动。

【安全宣传咨询日活动】 2021年6月16日，“落实安全责任，推动安全发展”雨花区2021年安全宣传咨询日活动在红星国际会展中心举行。活动现场下发安全知识应知应会300题资料册，并运用图片和视频直播；举行“安全短视频大赛”活动；42支参赛队伍参加安全排查除隐患、筑牢安全生产防线、企业风险扫描仪、众人把关稳如山、安全生产万里行、生命重于泰山的6个区域的安全力挑战赛，获胜队伍进行安全知识答题，题目涵盖安全生产知识、安全生产法、消防、应急救援、党建等知识；线上线下合计决胜比赛名次，区发改局代表队获得第一名，洞井街道和区住建局代表队获得第二名，黎托街道、区应急局和区公建中心代表队获得第三名。

【自然灾害综合风险普查】 2021年，雨花区推进第一次全国自然灾害综合风险普查工作。4月29—30日，雨花区组织开展自然灾害综合风险普查工作动员培训。各街镇和各成员单位分管领导、工作人员共100余人参加培训。湖南省应急管理厅风险监测处处长黄永恒、副处长谢桂林、科长程钢、科长贺思，长沙市应急管理局综合减灾处处长杨建国分别讲授《风险普查总体安排》《公共服务设施承灾体调查》《三项历史灾害调查》《政府、企业、家庭、基层减灾资源能力调查》《危化品重点隐患排查》课程，围绕普查内容及实施流程、各部门普查工作任务和各行业调查技术规范进行解读，对普查工作中存在的问题和困难，提出解决方法。4月30日，雨花区启动第一次全国自然灾害综合风险普查工作，是长沙市除试点区县外第一个启动该项工作的区（县）。该工作的目标是获取全区地震灾害、地质灾害、气象灾害、水旱灾害、森林火灾等主要灾害致灾信息，人口、房屋、基础设施、公共服务系统、三次产业、资源与环境等重要承灾体信息，历史灾害信息，掌握重点隐患情况，查明雨花区抗灾能力和减灾能力。5月18日，

2021年5月13日，雨花区全国防灾减灾日主题活动　（高　贝　摄）

雨花区组织普查工作推进磋商会。省应急管理厅、长沙县试点普查公司技术灾害风险普查方面的专家就应急、住建、水利、林业、交通、资规普查过程中存在问题及工作经验与各成员单位进行交流与讨论，对相关疑难问题进行解答。5月21日，雨花区召开完善灾害信息报送工作会议。会议规范地质灾害信息管理和调查评估工作，要求严格按规定时限和规定渠道报送灾险情信息，做到调查评估数据精准、报送及时；加管部门横向联系，及时组织地质灾害应急演练，落实核灾制度和调查评估要求，加强培训指导和技术服务保障，加强信息报送监督问责。6月10日，雨花区举办全区灾害信息员培训班。市应急局业务专家讲解自然灾害识别、灾情统计报送、自然灾害救助以及自然灾害预警等，演示灾情报送系统实际操作。8月4日，雨花区政府组织召开第一次全国自然灾害综合风险普查房屋建筑和市政设施调查工作部署动员暨业务培训会。雨花区住建领域房屋建筑和市政设施调查领导小组成员单位分管负责人及科室负责人参加会议。区住房和城乡建设局党组书记、局长张学军解读《长沙市雨花区第一次全国自然灾害综合风险普查房屋建筑和市政设施调查实施方案》，介绍雨花区第一次全国自然灾害综合风险普查房屋建筑和市政设施调查工作开展情况，动员部署全区调查工作任务，授权要求相关部门、街镇要明确专人分管、专门工作力量，积极配合实施。区政府调研员文洲对调查工作提出具体要求。长沙市住房和城乡建设局技术支撑单位对房屋建筑调查工作内容、流程与分工开展业务培训并现场答疑。9月26日，雨花区基本完成公共服务设施、重点隐患和防灾减灾能力调查工作。10月，全面调查工作完成。

【工贸行业企业整治动员培训】 2021年3月26日，雨花区应急管理局组织辖区街镇、企业负责人120余人开展2021年度工贸行业企业监管执法暨“四项”专项整治（使用危险化学品、有限空间作业、粉尘防爆、“厂中厂”及出租厂房专项整治）动员培训。区应急管理局副局长刘建新作动员讲话。区应急管理局工贸科科长陈长志解读《雨花区2021年工贸行业监管执法、专项整治工作手册》，现场进行答疑。湖南省计量检测研究院总工程师李银轩出席并指导工作。

【应对低温雨雪冰冻灾害天气调度】 2021年12月23日，雨花区应对低温雨雪冰冻灾害天气调度会召开。会议下发《关于做好低温雨雪冰冻天气防范应对工作的紧急通知》，通报近期天气预警信息，解读《长沙市雨花区低温雨雪冰冻灾害天气应急工作方案》。会议要求，从即日起启动低温雨雪冰冻灾害天气应急模式，全区各级各单位积极行动，成立指挥部，形成应急联动；加强信息报送，强化责任落实、强化24小时应急带班值班。突出“三防三保”（防火灾事故、防交通事故、防坍塌事故，保畅通、保安全、保民生）；注重强化主体责任，强化领导和指挥，强化值守值勤，强化动态预警，强化应急处突，强化宣传引导“六个强化”；提高群众防范意识，增强民众应急避险和处置能力，确保全区安全稳定。

【市对区安全生产和消防工作考核】 2021年7月13日，长沙市应急局党委委员、副局长喻志珊，长沙市绩效办区县处处长陈尚前带领市安全生产第一考核组考核雨花区2021年半年度安全生产和消防工作。考核组分为座谈组、企业组、街镇组、执法案卷组、资料查阅组5个小组，查看4位区领导履职情况，抽查发改、公建中心、住建、交运、市监局5个区直部门及井湾子街道、雨花经开区的工作开展情况，查阅5个部门的10个行政许可和执法处罚案卷，现场检查广东盛尊建筑工程有限公司、长沙通洲运输有限公司、旭辉国际、湖南省昌永储运输有限责任公司、湖南红星盛业食品有限公司5家企业。雨花区委副书记、区长提名人选黄军其，区安委办有关人员，区安委会相关成员单位分管负责人参加考核。11月4日，市消防救援支队副支队长李文才、市应急管理局二级调研员陈志求带领市安全生产第二考核组考核雨花区开展2021年度安全生产和消防工作。考核组查看4位区领导的履职情况，抽查生态环境、农业农村、卫健3个部门及洞井街道的工作开展情况，查阅行政许可和执法处罚案卷，现场检查华晨世纪广场、碧桂园时代广场、湖南龙骧交通发展集团有限公司、湖南省机械科学研究院有限公司、湖南湘健环保科技有限公司5家企业。雨花区委常委、常务副区长吴平辉，区政府副区长周习文，区安委办及区消防救援大队主要负责人，区安委会相关成员单位分管负责人参加考核。考核组要求，按照安全生产“两个根本”（从根本上消除事故隐患，从根本上解决问题）的总体要求，进一步深化三年行动攻坚，全面防控事故，确保平安稳定。

（本栏撰稿　李伊玲）

消防救援

【概况】 2021年，雨花区对全区单位开展消防摸底排查，将547家符合条件的单位全部纳入区级消防安全重点监管单位；联合区公安分局、区住房与城乡建设局、区城市管理和综合执法局、区应急管理局印发《关于建立消防车通道联合执法管理工作机制的通知》，建立消防车通道联合执法管理工作机制；办理的全市首批电动车违规停放处罚案例被湖南卫视、湖南都市频道、《三湘都市报》等媒体报道。区消防救援大队辖红星、高桥、同升、洞井4个消防救援站，跳马消防站在建，有执勤车辆25辆，皮卡车3台，执法检查车2台，各类装备器材5096件套。区消防救援大队在2021年全市微型消防站技能比武竞赛中，高桥大市场社区微型消防站获得初期火灾扑救操第二名，红星花卉大市场社区微型消防站获得初期火灾扑救操第四名、模拟逃生屋救人操第四名，雨花区三仙岭村获得灭火器油锅接力灭火操第一名。

【火灾防控】 2021年，雨花区消防救援大队检查单位2547家，整改隐患问题920处，临时查封单位181家，行政处罚321家，责令三停（停止施工、停止使用或者停产停业）33家，处罚款520.7万元。开展大型商业综合体消防安全整治，大队联合消防技术服务机构裕锦消防科技有限公司对五江天街、长沙市丰彩好润佳百货公司、高桥现代商贸城、喜盈门范城、雨花亭凯德广场等21家大型商业综合体进行检查，检查面积215.6万平方米，发现整改隐患1004处，下发责令限期改正通知书64份，临时查封9家，责令停止施工、停止使用或者停产停业3家，东方新世界、朝阳银座列为重大火灾隐患督促整改。联合住建、公安、交运、各街镇等部门开展厂房、物流仓储场所消防安全专项整治，检查仓储物流场所47个，其中建筑面积1000平方米以下的单位3个、1000~10000平方米20个、10000平方米以上17个，涉及承租单位697家，现场指导帮扶督促其落实火灾隐患整改；对127家“厂中厂”及出租厂房（仓库）进行细致摸底、登记造册，临时查封存在严重火灾隐患的“厂中厂”15家。排查整治“多合一”场所2811家，指导2811家“多合一”场所全部完成自查自纠，组织张贴《雨花区“多合一”场所消防安全专项整治的公告》4万余份，发放宣传资料9万余份。摸排易燃易爆场所42家，完成和顺石油等8家易燃易爆场所消防安全隐患检查，督促隐患整改19处。摸排全区消防控制室的单位495家，发动有消防控制室的单位人员考证，保证消防控制室落实24小时双人持证上岗。指导重大火灾隐患整改，集中约谈重大火灾隐患单位8家，对开宇大厦、龙吉湾小区、中城丽景香山、香颂国际商厦、高宏冷库、岳泰理想城、湖南省地矿医院等21家重大火灾隐患单位进行高位交办，全年立案重大火灾隐患单位53家，销案重大火灾隐患单位23家。办理电动车处罚案件15起，罚款1.65万元，发放《电动车消防安全常识》宣传资料2万余张。指导39个老旧小区按照标准对消防车道、消防水源、微型消防站等基础设施进行改造，并按要求设置电动自行车集中充电设施、安全防护设施等。摸排高层建筑2582家，发现整改隐患1859处。摸排消防服务机构218家，实地检查指导消防服务机构28家。摸排沉浸式场所56家，检查密室逃脱、电竞酒店、剧本杀、VR游戏室等26家；“百日攻坚”摸排住宅小区916个，楼栋9703栋，仓储314家，摸排电动自行车78591辆，老旧电线线路隐患整改8256处；抓好冬春季节消防安全，印发《全区今冬明春火灾防控方案》，确保“两节”和全国“两会”期间消防安全稳定，在圣诞、元旦开展消防安全“夜查”行动检查单位12家；不定期发布风险提示，督促行业部门、属地街镇落实监管责任。

【执勤备战】 2021年，雨花区发生火灾769起，死亡1人，伤14人（其中轻伤9人），直接财产损失1151万元。区消防救援大队针对全区老城区、棚户区、城乡接合部火灾隐患特点，开展消防车道、建筑构造、周边水源及消防设施等熟悉演练活动28次；结合区域性火灾防控实际，联合专职消防队、微型消防站、义务防火队开展联勤联训20余次；制定和完善灭火预案138份，开展灭火演练122次，夜间演习39次。成功处置汽车南站湘中物流仓库火灾、“7·18”井湾子街道冯家冲组农安房火灾、“7·23”圭塘街道冷库等火灾事故。

【基础建设】 2021年，雨花区消防救援大队规范后勤管理，提高装备建设水平，加强基层基础设施建设，为指战员日常生活和执勤训练提供保障。长沙最大的区县级中心消防站洞井中心消防站投入使用，跳马消防站完成立项，在圭塘河规划建设大型消防主题公园。

【消防宣传】 2021年，雨花区开展消防宣传“五进”（进企业、进农村、进社区、进学校、进家庭）培训618次，拍摄宣传视频获得6000余名粉丝的点赞；深入各中小学开展“暑期消防安全教育”“消防宣传进军训”消防授课，发放消防安全教育读本3500册；组织辖区八类人群开展消防安全教育培训，招募消防宣传志愿者708人，开放消防科普教育馆37次。在狮子山文化公园、东方悦邻Mall、天龙大酒店开展“5·12”大型防灾减灾消防宣传演练活动；在喜盈门范城商业东广场开展以“落实消防责任，防范安全风险”为主题的消防宣传月活动。各媒体集中报道雨花区消防救援工作，其中中央电视台8次，省级媒体电视121次，省级平面媒体8次，省级新媒体20次，市级媒体电视65次，市级平面媒体6次，市级新媒体25次，云平台上稿415次，抖音48条。

【洞井中心消防站投入执勤】 2021年3月19日，洞井中心消防站进驻并投入执勤。洞井中心消防站位于雨花区洞井街道桃花塅路金品苑小区对面，东邻卓越·蔚蓝城邦，南邻中蓝长化工程科技有限公司，西邻和太坪小区，北邻金品苑小区。总占地面积23124平方米，总建筑面积14266.17平方米，是长沙最大区县级中心消防站。该中心消防站为混编制消防救援队，配备消防员60人，配置10台执勤消防车，具备执勤备战功能，具备消防员特能技能轮训，简单实战演练和应急物资储备功能。该站主楼共四层：一层为消防车库、器材库；二层为办公室、指战员宿舍、学习室、视频会议室；三层为党团会议室、电教室等配套用房；四层为培训人员宿舍等。

【消防工作会议】 2021年4月20日，长沙市雨花区2021年消防工作会议召开。区政府副区长、区公安局党委书记、局长黄健元主持会议。区委书记张敏，区委常委、常务副区长龚畅参加会议并讲话。6月6日，雨花区消

2021 年 11 月 9 日，雨花区“119”消防宣传日活动　（刘　莉　供图）

防安全工作部署会召开。区消防救援大队通报当前火灾形势，部署仓储物流领域、高层建筑消防安全专项整治工作；区住房和城乡建设局部署住建领域消防安全工作；区安委办部署安全生产宣传月活动；区交通运输局汇报全区仓储物流基本情况。相关街道作专题发言。区政府副区长吴平辉，区政府副区长、区公安分局党委书记、局长黄健元分别强调讲话。7 月 26 日，雨花区消防安全整治百日攻坚动员部署大会召开。会议部署全区消防安全整治百日攻坚行动有关工作，与会人员围绕攻坚行动提建议、谈举措。区委书记刘素月强调，要加强指挥调度，百日攻坚指挥部办公室各小组、街镇 13 个分指挥部要快速组建团队，各部门尽快成立专班，充分发挥网格员作用；要聚焦重点攻坚，实现全区居民楼栋、物流仓储消防宣传全覆盖、隐患排查全覆盖、应急演练全覆盖；要强化督导责任，对街镇开展整治行动的情况进行实地督导；要做好后勤保障，确保经费有保障、人员有保障、力量有保障。区委副书记、代区长黄军其强调，行动要快，措施要实，要求要严。

（本栏撰稿　刘　莉）

机关事务

【概况】　2021 年，雨花区机关事务中心秉承“精廉勤俭 务实高效”的工作理念和工作作风，在管理提质、服务提效、保障提升上下功夫、做文章，实现机关事务工作水平再上新台阶，助力乡村振兴，加强与雨花区对口帮扶地区对接，做好乡村振兴消费协作，线下采购对口帮扶地区农副产品 16.4 万元，线上“832 平台”采购农副产品 56.9 万元，及时化解农副产品滞销、生猪及家禽出栏滞留滞销的困难。区机关事务中心获保持长沙市级文明标兵单位、长沙市垃圾分类公共机构示范单位称号。区机关事务中心周智婷被评为湖南省节约型机关建设先进个人，卿小洁被评为长沙市青年岗位能手。

【食堂管理】　2021 年，雨花区机关事务中心常态化做好疫情防控，落实清洁消毒、进出人员体温筛检、食堂错时就餐等防控措施。对机关食堂实行标准化管理，严格从食品安全、菜品质量、营养搭配、服务礼仪、员工培训、成本控制方面进行优化。完善食堂日常管理制度，落实食堂卫生巡查制和菜品留样制，对采购、保管、操作、盘点实行严格管理，对食材配送、质量检测、清洗加工、出菜盛放、卫生消毒 5 个“关口”实行严格把关，确保食品安全 360 度无死角管理。提高用餐品质，科学搭配编排食谱，突出绿色健康、营养均衡、菜品丰富，突出地方特色和重要节日节气，做深“土菜精做”文章。通过设立意见箱，开展满意度调查，多方听取意见，开展厨艺比武，不断创新菜品。通过积极宣传、控量采购、控量备餐、提供打包服务、现场督导等方式，推行“光盘行动”，对不文明行为进行劝导及制止，杜绝一切浪费行为，各办机关食堂每日厨余垃圾比 2020 年减少 4%。保障机关食堂用餐 60 万人次，完成接待餐、工作餐共 586 桌次，其中保障区第六次党代会会期 3 天、用餐近 900 人次，保障区人大政协“两会”会期 6 天、自助餐用餐 2579 人次、盒饭用餐 1292 人次，培训用餐 6500 人次，食堂就餐满意率 90%以上。

【安全保卫】　2021 年，雨花区机关事务中心加大对物业服务公司的考核力度，实行日提醒、周检查、月考核、年总结，建立健全物业服务响应机制，搭建物业服务提升交流平台，组建物业服务网格队伍，形成发现问题、积极解决、监督落实的工作流程，提高物业服务公司责任意识、服务意识。各办物业服务公司加强与服务部门单位的沟通对接，提高物业工程维修效率，全年为各部门单位提供大小安装维修 1963 余次，服务满意率 100%。建立“应急预案—人员培训—隐患排查—问题整改”为一体的平安机关保障机制，开展安全生产月活动，以“六个一”的举措（一次安全知识宣传、一次安全知识培训、一次安全隐患排查、一次消防安全演练、一次安全知识测试、一次安全生产承诺）提高各办安全意识，绷紧安全责任弦。各办坚持实行 24 小时定时巡查制，加强安全巡查和人员出入管理，以静态站岗和动态巡查相结合，做好办公区域出入人员询问登记工作。配合相关部门有效引导上访群众 294 次，其中有效引导大型上访 96 次。健全安防、消防、物防、技防安全监督管理网络，及时发现、排除各类安全隐患，更换消防应急灯及安全疏散指示牌153个、处理消防线路故障51处，确保办公区域设施设备正常运行。

【物业管理】 2021年，雨花区机关事务中心做好机关大院绿化、美化的日常管养工作，对公共区域实行分楼层分区域监督检查，保证清扫及时、路面干净、窗明几净的办公环境；对绿化植物进行专业养护，实行分类管理和定时跟踪，加大养护、修剪、补栽力度，院内古树存活率100%。大院苗木修剪6次，草坪修剪15次，灌木修剪4次，罗汉松造型修剪2次，打药治虫6次，树木刷白1次，施肥2次。各物业服务机构实行24小时值班制，实现“一站式”即时服务，制定会务管理制度和会议服务流程，对会议室的申请使用、桌牌摆放、灯光投影、卫生茶水等流程统一标准，对会务服务人员的着装、礼仪、动作、用语等方面进行专业训练，做好会前沟通和会中协调，确保会务服务各项工作规范、有序。完成会议服务762场，其中会议中心会议586场，主要包括接待湖南省委常委、长沙市委书记吴桂英调研、中共长沙市雨花区第六次代表大会、雨花区人大六届一次会议、政协区六届一次会议等重大会议30场、非工作日及紧急会议46场，连续多年会务服务满意率100%。完善区直各部门单位办公用房基础信息数据库，健全办公用房平面图台账，实现办公用房常态化动态化管理。针对房屋安全隐患、各部门单位办公改造需求，规范维修改造申报、设计、预算、施工、验收、结算等流程，提高办公用房维护管理的效率和效能。以“雨花市民之家”入驻搬迁为契机，按照“整体统筹、功能分区、局部调整、分步到位、简朴节约”原则，对4个办公区域的整体布局重新定位，对各部门单位办公用房进行整体调配。聘请专业事务所对资产进行全面清查，确保名下5573条固定资产“底数清、数据实、去向明”。落实固定资产管理制度，建立固定资产档案，明确各科室管理职责和管理范围，做好年度定期盘查，确保账实相符。做好55个区直机关部门单位的报刊邮件收发工作，重点加强机要件、挂号信收发管理，及时收件，准确分发，确保每一份信件能安全地送达各部门单位，收发机要件1292件、挂号信1156份，做到信件保管无丢失，信件分发零差错。

【基建维修】 2021年，雨花区机关事务中心承担区直机关房屋本体、办公用房、公共设施设备、院内道路及附属设施等方面的维修改造。针对房屋安全隐患、各部门单位改造需求，按照单位申请、现场勘查、集体审议、严格审批、合同签订、工程施工、工程验收、工程结算的流程，统筹安排各项基建维修项目，加强与需求单位沟通，优化设计方案，严格预算审批流程，加强日常施工监督，杜绝重复施工、超标维修和改扩建。收到维修改造报告55份，合并为38个合同项目。完成雨花区政府机关二办南门护坡维修、雨花区政府会议中心屋面维修、雨花区市民广场水池维修改造、东山市监所办公场所改造、雨花区机关二办食堂员工宿舍维修、雨花区财政局过道吊顶维修、雨花区政府会议中心外墙防水粉刷、雨花区人武部防空兵专业训练场改造等35个项目，施工中项目1个，待施工项目2个。

【计划生育】 2021年，雨花区机关事务中心建立49个部门单位计生工作联系网，宣传女性免费“两癌”（乳腺癌和宫颈癌）筛查、免费产前筛查和新生儿疾病筛查等惠民政策，推进区机关大院晚婚妇女机关生育管理服务和人员计生审核工作。对区机关大院育龄妇女随访，做好机关大院和流动人口中婚育妇女的计划生育管理及优质服务；开展“生育关怀”活动，经常性地开展跟踪随访慰问服务，及时上报人口计生信息。审核计生信息682人次，办理“生育服务证”10本。

【垃圾分类】 2021年，雨花区机关事务中心在机关各办公区域更新各分类垃圾桶203套、垃圾桶内胆160个、分类标识2000余份、分类指南800余份，发放宣传资料3500余份，培训机关干部及志愿者700余人次，提高垃圾分类意识，确保投放准确率；加大公共区域督查力度，每周定期对各部门单位进行检查，机关大院里300余名志愿者主动作为，提醒、引导、分拣工作覆盖到每栋每层每个区域，生活垃圾可回收利用率达25%。

【绿色节能】 2021年，雨花区机关事务中心推进绿色办公、绿色出行，做好节水、节电、节气工作。加强宣传，张贴节能标识，设置节能宣传栏，开展“文明餐桌”“光盘行动”“减塑禁塑”“随身携带环保五宝”“提篮买菜”等活动，提高机关干部职工节约环保意识。实行公共区域24小时不间断巡查，合理调控办公空调温度和开放时间，合理控制阀门、龙头出水量，加强水电气相关设施设备维护和故障维修，加强自来水管和消防管的测漏、堵漏，加强各部门单位大功率设备使用情况检查，比2020年用电节省25.2万千瓦时，比2020年下降4%。实施机关大院中央空调能源托管项目，该项目作为合同能源管理案例被市局推荐代表长沙市报送至国家机关事务管理局。

【“光盘行动”】 2021年，雨花区机关事务中心通过电子屏滚动播放、摆放宣传海报、张贴温馨提示、增加文明桌签等，厚植“‘光盘行动’有你有我”理念，营造“珍惜粮食、勤俭节约”的浓厚氛围；完善食堂管理制度，规范采购、存储、加工、备餐等流程；做好用餐情况分析，征求干部职工意见建议，严格登记每日厨余垃圾量，根据用餐人数，精准采购备餐，灵活调整菜品供应，在出品份量上减少20%的菜品量，菜品不够再临时增补，有针对性地调整菜单菜品及备餐份量；加强食堂员工培训，合理利用剩余饭菜，最大限度控制采购备餐量。安排文明引导志愿者，增设“一米”软隔离，多途径倡导文明排队，推行公筷公勺，提醒适量打餐点餐，做到文明绿色用餐。增加“光盘行动”督导员，现场流动巡查，对不文明行为进行劝导及制止，杜绝一切浪费行为。

【停车位免费对社会开放】 自2021年9月21日（中秋节）起，雨花区政府机关停车位在双休日、节假日期间免费对社会开放。通过设置免费停车告示，调整停车计费计时系统，在周边地铁口设置指引牌，方便市民绿色出行、免费停车，并在24小时政务大厅前坪空出停车位，方便办事群众。

【节能宣传周系列工作】 2021年8月，雨花区开展2021年度节能宣传周系列工作。出台雨花区《2021年全国节能宣传周主题活动方案》，发出《2021年度节能倡议书》，推广节能、节约、环保意识。区机关事务中心利用微信、QQ、手机短信、户外宣传栏、海报、宣传展板等向区直机关干部职工宣传节能、垃圾分类知识，利用传统文化传播节俭、朴实、反对浪费的极简生活方式。开展《绿色环保 健康湖南》为主题的环保讲座，巩固四大类垃圾的区分和投放的知识点，让大家深入了解垃圾分类、节能减排的相关知识，增强环保意识、节约意识和紧迫意识。

【流动红旗评比活动】 2021年，雨花区机关事务中心在区直机关开展覆盖“环境卫生、垃圾分类、节能降耗、车辆停放”四个方面的流动红旗评比活动，通过组成全区联合垃圾分类检查组，采取平时抽查和组织综合检查相结合的方法，综合评出红旗单位，改善机关大院环境面貌，规范垃圾分类投放，整治车辆停放秩序。57个部门单位获雨花区政府机关大院流动红旗。

【健康礼仪知识讲座】 2021年11月16日，雨花区机关事务中心举办“绿色节能 健康发展”业务培训暨健康礼仪知识讲座。区机关事务中心全体干部职工、机关食堂员工、公务车辆驾驶员、物业服务部门一线工作人员参加培训。湖南省商贸职业技术学院资深礼仪培训导师秦訸兮以“礼赢天下”为主题，通过仪表礼仪、仪态礼仪、沟通礼仪3个方面讲授礼仪知识。湖南省委党校教授豆小红以“实施中国健康战略”为主题，讲授健康中国战略提出背景、健康中国战略基本内涵、实施健康中国战略现状及实施健康中国战略举措。采取现场抢答赛的方式培训节能知识。

【免费提供盒饭】 2021年5月24日，“共和国勋章”获得者、中国工程院院士、国家杂交水稻工程技术研究中心主任袁隆平追思会在长沙阳明山举行。雨花区政府提供免费早餐1600份、中餐2140盒，保障吊唁群众、志愿者和相关工作人员正常用餐，现场被群众拍摄上传抖音，并被频频转发点赞。

（本栏撰稿　唐　僖）

政协雨花区委员会

主要工作

【概况】2021年，雨花区政协贯彻落实《政协全国委员会关于加强和促进人民政协凝聚共识工作的意见》，举办"政治能力建设"专题培训班，落实委员学习教育制度；加强与社会各界广泛联系，传播雨花好声音；参加全国政协、中央统战部、省、市政协专题调研座谈，与上海奉贤区、望城区等区（县、市）政协广泛开展交流；在《人民日报》、"新湖南"客户端、《长沙晚报》、"政协云"等各级媒体发表调研文章、信息等100余篇（条）；举办"红心向党·务实为民·助力雨花"系列活动。

【政治协商】2021年，雨花区政协开展红星全球农批中心、财政化债、学校项目建设、自贸区建设、民族团结进步创建工作主席会议成员视察、常委会视察，形成《长塘里阳光小学等学校周边交通安全隐患问题急需解决》《关于发展雨花民宿产业助推乡村振兴》《关于解决景观路高峰阶段拥堵问题》等建议。推动调研协商成果转化，"关于推广隆平精神""屋顶绿色花园"等建议被全国政协、民建中央采用，关于严防企业以重大项目投资进行"圈地"行为、加强新业态从业者合法权益保护、推广应用水性工业涂料、农村"人情风"亟待遏制、高层消防应急救援包进万家、完善被征地农民社会保障、发展绿色会展、重视建筑物外墙脱落问题等社情民意信息、微建议得到省、市各级领导的批示、转办。通过多方协调推进，黎郡小学人行天桥竣工并交付使用，悠游小镇与喜盈门范城之间的过街天桥完工并投入使用。老旧小区加装电梯、规范课外培训、绿心保护与发展、助推跳马乡村振兴等建议收获新的协商成果。全区政协系统持续围绕产业发展、公共服务等开展专题调研，推动解决一批群众的困难问题。各街镇政协工作联络处解决群众"急难愁盼"问题30余个。全区19个智慧委员工作室驻室委员实现"街镇全覆盖，政协委员参与委员工作室工作全覆盖，线下委员工作室入驻政协云全覆盖"目标，相关工作经验多次被省、市政协专题推介，湖南省政协主席李微微调研"同心护苗"工作室时给予高度评价。

【民主监督】2021年，雨花区政协开展民主评议"蓝天保卫战"工作"回头看"，各街镇政协工作联络组组织委员集中察看和现场评议，全区"蓝天保卫战"40个重点问题全部清零，空气质量优良率87%，居全市第一。《持续开展民主评议，助力决胜"蓝天保卫战"》《以政协民主监督助推雨花"蓝天保卫战"》等经验成果被《决策咨询》《长沙政协》等刊物推介。

【参政议政】2021年，雨花区政协五届五次会议收到委员提案127件，审查立案91件，遴选重点提案3件，推动《关于提升跳马涧集镇品质，打造生态绿心地区亮丽名片》《关于在未成立业主委员会小区推广居民议事会助推物业纠纷调解》《依托湖南黄兴医院打造长株潭融城核心区域医疗中心》等建议落地见效，跳马涧集镇硬件高效提质，跳马镇、区园林绿化维护中心、区交警大队等单位完成集镇外围绿化、生态停车位设置、路面硬化、污水管网改造；区住建局率先全市出台《雨花区关于加强小区物业管理的十条措施（试行）》，制定《雨花区物业管理部门监管职责清单》，成立区物业管理行业协会，设置物业管理奖励扶持资金400万余元等；区卫健局、区发改局成立工作专班统筹调度医院升级改造工作，加紧办理扩建项目建设施工相关审批手续，投入基础设施建设资金200万余元，黄兴医院建设管理再上台阶。对停车场规划建设等一批重要提案，提办双方深化协商，合力提效。所有提案办复率100%，满意和基本满意率100%。

【公益活动】2021年，雨花区政协开展助老、助残、助困、助学、助业活动。组织委员和辖区企业前往邵阳市武冈市开展产业项目与用工帮扶对接，为企业参展农博会出谋划策；为桑植县留守儿童捐赠书籍1万余册以及文体用品，向新田县、桂阳县、宜章县等地捐赠物资近30万元，开展助学活动，共建同心绿色书屋；多个民主党派界别人士到溆浦县开展联点帮扶。

【“同心护苗”政协委员工作室挂牌】2021年2月28日，“同心护苗 雨润花开”——“同心护苗”政协委员工作室挂牌暨雨花区青少年素质教育大讲堂开讲仪式在雨花区少儿图书馆举行。湖南省政协主席李微微，省委常委、省政府副省长、长沙市委书记吴桂英，全国人大监察和司法委员会委员谢勇，省政协秘书长卿渐伟，省政协委员学习联络委员会主任陈宏忠，长沙市委常委、市委秘书长谭勇，雨花区委书记张敏，区委副书记、区长刘素月，区政协主席冯聪龙，以及省、市、区三级政协委员和小读者现场参加，雨花区各中小学师生、家长及社会广大读者线上观看直播。“同心护苗”政协委员工作室由政协湖南省委员会、民进湖南省委员会、政协长沙市委员会、政协雨花区委员会指导，省、市、区三级政协委员联手打造。该委员工作室立足民进特色，聚焦儿童及青少年身心健康成长、亲子家庭教育需求，举办素质教育大讲堂、少儿文学周、家庭心理辅导、主题走访调研等活动，更好地联系群众、服务群众，促进书香进家庭、融洽家庭文明氛围。李微微为“同心护苗”政协委员工作室授牌；李微微、吴桂英、谢勇、张敏共同为“雨花区青少年素质教育大讲堂”揭牌。“雨花区青少年素质教育大讲堂”首次开讲，湖南省政协常委、湖南卫视主持人汪涵以“读书有味”为主题，与小读者一起品味读书的乐趣，感受时光的美好。

（本栏撰稿　罗　宁）

2021年2月28日，“同心护苗”政协委员工作室挂牌　（杨礼轩　供图）

政协会议

【政协全体会议】2021年10月20—22日，政协长沙市雨花区第六届委员会第一次会议召开。

10月20日，政协长沙市雨花区第六届委员会第一次会议开幕。大会应出席委员246名，实到241名，符合法定人数。长沙市委组织部副部长、市委两新工委书记、市公务员局局长杨俊，雨花区委书记刘素月，区委副书记、代区长黄军其，以及区委、区人大、区政府、区政协班子成员、区人武部部长、区人民法院院长、区人民检察院检察长，历届区政协主席和全体区政协常委出席；来自全区各条战线的241名政协委员参加会议。会议由区政府副区长、区政协党组副书记、副主席候选人陈怀宇主持。区政协党组第一副书记、主席提名候选人王清政致开幕词。区政协党组书记、主席，区人大常委会党组第一副书记、主任提名候选人冯聪龙代表政协长沙市雨花区第五届委员会常务委员会向大会作工作报告。区政协副主席周凌云受政协长沙市雨花区第五届委员会常务委员会委托，向大会报告提案工作。

会议选举产生政协长沙市雨花区第六届委员会，王清政当选为政协长沙市雨花区第六届委员会主席，陈怀宇、周凌云（女）、周建雄、吴海军、戴碧锋当选为政协长沙市雨花区第六

2021年10月20日，政协长沙市雨花区第六届委员会第一次会议第一次全体会议　（何英姿　供图）

届委员会副主席，王广安当选为政协长沙市雨花区第六届委员会秘书长，马晖（女）、王东华等41人当选为政协长沙市雨花区第六届委员会常务委员。会议通过《政协长沙市雨花区第六届委员会第一次会议关于区政协第五届常务委员会工作报告的决议》《政协长沙市雨花区第六届委员会第一次会议关于区政协第五届常务委员会提案工作情况报告的决议》《政协长沙市雨花区第六届委员会第一次会议政治决议》，与会委员听取并协商讨论区人民政府工作报告，书面协商讨论区财政工作报告、区人民法院工作报告、区人民检察院工作报告，并对以上报告表示一致赞同。会中，举办提升委员履职能力培训班，邀请湖南省政协办公厅一级调研员赵伍芳作社情民意信息撰写专题讲座，长沙市政协常委、提案委主任袁治伟作《把握新时代特征，撰写高质量提案》专题讲座，全体委员围绕奋力建设全国一流现代化强区和人民群众普遍关心的热点问题，提出提案和建议。

10月22日，政协长沙市雨花区第六届委员会第一次会议闭幕。刘素月要求，新一届政协工作要立足新起点，担当新使命，再创新业绩；要坚持党的领导，旗帜鲜明讲政治，不断提高政治站位，强化政治意识，扛牢政治责任；要聚焦中心大局，凝心聚力促发展，不断深化政治协商，切实做好民主监督，精准开展参政议政，积极争取各方支持；要厚植为民情怀，坚持不懈惠民生，及时反映社情民意，着力办好民生实事，全力维护平安稳定；要强化自身建设，锤炼本领提水平。区政协主席王清政作表态发言。

【政协常委会议】 2021年3月19日，雨花区政协第五届委员会常务委员会第十九次会议召开。会议专题学习全国政协十三届四次会议精神，解读《政协长沙市雨花区委员会关于进一步加强反映社情民意信息工作的方案》，宣读《中共政协长沙市雨花区委员会党组党史学习教育活动实施方案》，审议并通过区政协2021年工作要点（草案）。与会人员考察红星全球农批中心，区商务局、跳马镇、红星实业集团相关负责人陪同考察。10月11日，区政协第五届委员会常务委员会第二十次会议召开，会议通报区政协五届五次会议以来提案办理情况，审议并通过《政协长沙市雨花区第五届委员会常务委员会工作报告》《政协长沙市雨花区第五届委员会常务委员会提案工作报告》和区政协六届一次会议的决定、会议议程、日程、大会秘书处领导成员、各类建议名单及有关人事任免事项，通报政协雨花区第六届委员会委员及常务委员会组成人员情况、区政协六届一次会议临时党委、临时党支部建议名单、表彰名单。会议集中学习长沙市十四次党代会精神。

（本栏撰稿　罗　宁）

中共雨花区纪委

工作纪要

【概况】 中共长沙市雨花区纪律检查委员会（简称“区纪委”）是党内监督专责机关，履行监督执纪问责职责；长沙市雨花区监察委员会（简称“区监委”）是行使国家监察职能的专责机关，履行监督调查处置职责。区纪委与区监委合署办公，简称“区纪委监委”。区纪委监委下设纪检监察信息中心。派驻纪检监察组9个。

2021年，雨花区全面落实党风廉政建设责任制，推动党委主体责任和纪委监督责任（简称“两个责任”）的落实，专项督查部门单位落实主体责任情况，督促相关单位针对主体责任缺失问题整改落实、建章立制。区纪委监委履行党章和宪法赋予的职责，以党的政治建设为统领，协助区委全面从严治党，保持正风肃纪、反腐惩恶的战略定力，发挥监督保障执行、促进完善发展作用，推动纪检监察工作高质量发展。

【组织建设】 2021年，雨花区纪委监委开展专题学习14次。围绕“三高四新”战略定位和使命任务，组织开展跟进监督、全程监督、精准监督。深化“洞庭清波”专项行动，出台《关于推进清廉雨花建设的实施方案》，以圭塘河共享图书馆“清廉书苑”建设为起点，推动打造区城投、井巷社区和吉联小学等清廉单元建设示范点，圭塘河风光带建设工作被省纪委监委作为典型案例呈报省委。查处李某林非法采矿毁绿案件，立案查处7人（含科级干部6人），给予党纪政务处分6人。开展“室组地”“室组企”联动监督、办案。发挥纪检监察监督与巡察监督、审计监督的贯通融合优势，实现信息资源、人员力量和监督成果共享共用。强化业务培训与实战练兵相结合，举办雨花纪监沙龙，交流分享工作经验。探索建立“一案一总结”制度，推动实现能力素养和审查调查质效“双提升”。规范案件办理工作流程，推动法法衔接高效顺畅。坚持精神文明建设与主责主业深度融合，积极争创省级文明单位。实施“铸魂”工程、“暖心”工程，开展主题党日、党员政治生日系列活动，组织暖心走访，用心用情关爱一线纪检监察干部。坚持刀刃向内、从严管理，处置纪检监察干部相关问题线索及信访举报4件，批评教育1人。

【宣传教育】 2021年，雨花区纪委监委聚焦主业，加强廉政文化建设，开展以案明纪、以案促改，做好执纪执法“后半篇文章”，把警示教育贯穿监督执纪全程、融入日常学习教育，推动不敢腐的斗争成果、不能腐的制度设计转化为不想腐的内在敬畏和行动自觉。坚持巩固舆论阵地，注重教育在先，防范在前，营造宣传氛围，强化教育引领作用。在各级各类媒体上稿138篇。举行第十六届“4·20”廉政文化节，制发纪检监察建议书5份，压实区法院、跳马镇等部门单位主体责任，完善监管机制。通报25起典型违纪违法案例，用身边事教育身边人。

【党风廉政建设】 2021年，雨花区纪委监委开展衔接乡村振兴专项监督，督促各项惠民惠农政策落实到位。狠抓疫情防控监督，落实长沙市纪委“六条禁令”（严禁有令不行、有禁不止，严格做好换届过程中的疫情防控，统筹抓好疫情防控和换届工作；严禁不服从组织安排、擅离职守、违抗命令、临阵退缩、推诿扯皮、行动迟缓、贻误工作，牢固树立“一盘棋”思想，联防联控、群防群控，紧密配合、高效协同；严禁在落实疫情防控工作中不担当、不作为、慢作为、假作为，坚决杜绝疫情防控中的形式主义官僚主义；严禁瞒报、漏报、迟报、错报、谎报疫情防控重要信息，甚至弄虚作假；严禁擅自发布传播未经官方证实的疫情信息；严禁有其他违反疫情防控工作纪律和制度规定的行为）要求，督促全区上下做到“五个必须”，编印《督查专报》39期，推进整改问题500余个。助力营商环境优化，以常态化监督保障中非经贸论坛顺利进行，推动整改问题400余处，助推高桥大市场实现精彩蝶变。约谈优化营商环境工作推进不力的单位，督促积极履职。建立重大安全事故问责处理联动机制，对“9·23”安全事故问责9人（含科级干部3人）。

【党风政风监督】 2021年，雨花区纪委监委落实中央八项规定精神，整治形式主义、官僚主义。落实16条纪律“高压线”要求，深挖案件中违反中央八项规定精神问题，坚持“收”“送”一起查，查处问题15起，处理处分18人。开展酒驾醉驾及其背后“四风”问题整治，通报公职人员酒驾醉驾及违规吃喝问题19起。靶向整治形式主义、官僚主义，巩固“文山会海”治理成果，纠正报刊征订乱象。督促职能部门和街镇提升政务服务热线办理质量。全年查处形式主义、官僚主义问题10起，处理处分19人。开展受处分党员干部跟踪帮助和回访教育，保护激励干事创业内生动力，为6名受到不实举报的干部澄清正名。

【案件查办】 2021年，雨花区纪委监委处置问题线索221件，立案132件，结案137件，处分130人。推进受贿行贿一起查，立案查处6名行贿人。协同推进政法队伍教育整顿，处理处分政法干警29名，受理主动投案或主动说明问题15人。常态化开展扫黑除恶“打伞破网”行动，立案8人。深化工程建设招投标专项整治，查处违规企业人员、评标专家3人，收缴处罚违规资金16.24万元。推进“一人多证”专项清理，处理处分8人。抽调74人次协助省、市纪委监委办理“烟草专案”及湖南省检察院原副检察长刘某宽、省科技厅原副厅长周某良、芙蓉区经信局原局长韦某文等4个专案。

【专项整治】 2021年，雨花区纪委监委紧盯贪占挪用、推诿扯皮、收受回扣等问题，查处群众身边腐败和作风问题38起，处理处分51人。开展社保医保基金、惠民惠农财政补贴资金“一卡通”问题等专项治理，处理处分15人，挽回经济损失近140万元。开展“我为群众办实事”实践活动，紧盯民生实事，以“纪律压阵”确保落实。实施带信下访和坐班接访，交办督办疑难信访件18件，化解信访举报积案3件和重复访、越级访8件，省级以上越级访比2020年下降28.98%。

【纪监沙龙活动】 2021年11月19日，雨花区纪委监委组织开展第一期纪监沙龙活动。区纪委监委机关干部、各派驻纪检监察组、区委巡察办、街道纪工委干部参加活动。活动围绕雨花区辖区内一物业信访举报件的处置进行分析，以“解剖麻雀”的方式，分享处置化解物业领域信访难题。活动以VCR的形式，还原雨花区洞井街道1起物业领域的重复越级访信访举报问题，区纪委监委信访室和洞井街道分别从纪检监察信访举报工作的角度和矛盾纠纷化解的角度，分享处置该信访问题的成功经验。湖南省纪委监委信访室四级调研员范平，长沙市纪委监委信访室副主任姜彪，雨花区委常委、区纪委书记、区监委主任钟孝明，区住房和城乡建设局党委书记、局长张学军，怀志律师事务所负责人等领导和专家就活动的形式和相关业务问题的处理进行点评。现场进行互动答疑，与会领导和专家对参会人员提出的疑惑逐一进行解答。

【省纪委调研雨花区】 2021年9月1日，湖南省委常委、省纪委书记、省监委代理主任王双全，长沙市委常委、市纪委书记、市监委代理主任胡卫兵到雨花区圭塘河羽燕湖段、“和+”共享图书馆，通过实地视察、现场交流、观看宣传片等方式，调研“洞庭清波”专项行动和圭塘河流域生态环境治理工作。雨花区委书记刘素月，区委常委、区纪委书记、区监委主任候选人钟孝明参加调研。12月9日，省纪委常务副书记、省监委副主任许忠建到高桥街道、中非经贸合作示范园、比亚迪电子有限公司等地实地调研清廉湖南建设、优化营商环境、基层党风廉政建设等工作。

（本栏撰稿　邓　辉）

重要会议

【中共雨花区第五届纪委第六次全会】 2021年4月12日，中共长沙市雨花区第五届纪委第六次全会召开。出席全会的区纪委委员17人，列席192人。雨花区委书记张敏出席全会并发表讲话。区委副书记、区长刘素月主持会议。全会贯彻中央、省、市纪委全会部署和区委要求，总结全区2020年纪检监察工作，部署2021年任务，审议通过区委常委、区纪委书记、区监委主任王清政代表区纪委常委会所作的《服务“三高四新”战略，推进清廉雨花

2021年8月2日，中共长沙市雨花区第六届纪律检查委员会第一次全体会议
（邓　辉　摄）

建设，为打造全国一流强区提供坚强保障》工作报告。全会提出，要围绕“两个维护”强化政治监督，保障“十四五”规划开好局起好步；要不断实现不敢腐、不能腐、不想腐一体推进战略目标，坚定不移深化反腐败斗争；要以钉钉子精神推进作风建设，用新风气护航新征程；要坚持人民至上，突出整治群众身边腐败和不正之风；要坚守政治巡察定位，高质量完成巡察全覆盖；要促进各类监督贯通融合，充分发挥监督治理效能；要持续深化纪检监察体制改革，推动形成更加科学完备有效的监督体系；要从严从实加强自身建设，锻造全面过硬的纪检监察铁军。

【中共雨花区六届纪委第一次全会】 2021年8月2日，中共长沙市雨花区第六届纪律委员会第一次全体会议召开。会议选举产生新一届区纪委班子，选举钟孝明为区纪委书记。会议要求，区纪委要把全面从严治党新要求落到实处，坚持稳中求进工作总基调，发挥监督保障执行、促进完善发展作用，一体推进不敢腐、不能腐、不想腐，聚焦贯彻“三高四新”战略、践行“四个争当”使命，全面推进“清廉雨花”建设，为奋力建设全国一流现代化强区提供坚强保障。（邓　辉）

【廉政教育大会】 2021年4月20日，雨花区第十六届“4·20”廉政文化节开幕式暨廉政专题教育大会举行。全体在职在家县级领导，区纪委委员、监委委员及区人大常委会、区政府、区政协相关委室、办和各街道（镇）、部门单位主要负责人等参加会议。雨花区委副书记陈永高主持会议，湖南大学马克思主义学院副院长、教授、博士生导师袁柏顺主讲《当前反腐败形势与清廉湖南建设》廉政党课。会议要求，要坚定理想信念，狠抓作风建设，强化责任落实，充分发挥全面从严治党引领保障作用，把党风廉政建设和反腐败工作与实施“三高四新”战略、落实“四个争当”要求等中心工作相结合，以务实担当，忠诚履职的作风，奋力打造全国一流强区，迎接中国共产党成立100周年。

【反腐败协调小组会议】 2021年12月30日，六届雨花区委反腐败协调小组第一次会议召开。区委反腐败协调小组成员单位相关负责人参加会议。会议深入贯彻中共十九届六中全会和省、市、区党代会精神，总结2021年全区反腐败协调工作情况，研究部署当前和下一阶段工作。区委常委、区纪委书记、区监委主任、区委反腐败协调小组组长钟孝明主持会议并讲话，强调各成员单位要着力健全完善协调小组工作机制，严格落实案件通报和线索移送工作要求，加强沟通联络和贯通协调，探索建立对行贿人联合惩戒工作机制，坚决打好反腐败斗争这场攻坚战、持久战，维护好风清气正的政治生态。

（本栏撰稿　邓　辉）

巡　察

【概况】 中共长沙市雨花区委巡察工作领导小组办公室（简称“区委巡察办”），是区委巡察工作领导小组的日常办事机构，作为区委工作机关设在中共长沙市雨花区纪律检查委员会。区委巡察办负责向区委巡察工作领导小组、市委巡察工作领导小组办公室报告巡察工作情况，传达贯彻中央、省委、市委、区委和区委巡察工作领导小组的决策和部署；承担巡察工作有关政策研究、制度建设等工作；统筹、协调、指导区委巡察组开展工作；对区委、区委巡察工作领导小组决定的事项及巡察移交事项进行督办；配合有关部门对巡察工作人员进行培训、考核、监督和管理等。

2021年，雨花区委巡察工作坚持“发现问题、形成震慑、推动改革、促进发展”原则，在探索中改进工作方式方法，推动巡察工作高效发展。完成五届区委第十二轮巡察，实现巡察全覆盖；启动新一届区委首轮巡察，巡察党组织16个，发现问题307个，发现线索6条。开展巡察整改督查4轮次，督查单位91家，整改率98.2%，清退违规资金约105.75万元。

【组织建设】 2021年，雨花区委巡察工作注重“改”与“立”结合，推动建立完善制度22项；对标《省委巡视办对长沙市委巡察工作开展指导督导情况的反馈意见》，制定整改实施方案，开展整改；推荐巡察组干部进入省委巡视指导督导组学习，到益阳市、浏阳市、望城区等地参与省委巡视指导督导。建立完善巡察办组工作规则。出台《关于提高巡察报告质量的工作机制》《巡察组考核管理办法》等，发挥巡察监督的政治引领作用。编订《区委巡察工作手册》，明确巡察工作流程，规范实务操作类模板。制定《巡察办内部管理机制》，从会议、集中学习、收发文、档案管理、保密等方面予以规范；出台《区委巡察工作人才库管理办法》，规范对巡察人员的抽调和管理。

【政治巡察】 2021年3月10日至5月14日，第五届雨花区委开展第十二轮巡察。区委巡察办组织各巡察组对区委宣传部、区委网信办、区政府办、区人大机关、区委统战部（区侨联）、区政协机关、区政法委、区委办（区接待服务中心）、区委党校11家党组织开展常规巡察。巡察组听取各单位专题汇报、列席党组织会议、行政会议14次，与班子成员、干部职工、党员骨干等谈话152人次，处理群众来信来访1件，查阅各项记录、报告凭证等档案资料4328份，发现被巡察单位各类问题183个，问题线索1条。对发现的问题和线索及时进行梳理汇总，实现对问题的“并联审核”，召开办组并联审核会9次，中期汇报会2次，领导小组会2次，从问题的定性与描述，线索的固定，整体结构、是否缺项等方面加大对巡察报告的把关，做到精准发现问题、精准研判问题、精准报告问题。6月22日，组织召开五届区委第十二轮巡察情况集中反馈会。9月30日至11月26日，第六届区委开展首轮巡察。区委书记刘素月根据区委巡察工作领导小组拟订的建议名单，选定被巡察单位，指示巡察机构要将项目招投标、工程变更、品

2021年9月30日，雨花区第六届区委第一轮巡察工作动员部署会（谢　婵　供图）

质城市建设、安全生产作为政治监督的重点。区委组织部选派5名新任职科级领导干部担任各组副组长，成立选人用人、意识形态、安全生产3个专项检查组，安排进驻，配齐配强巡察力量，确保首轮巡察巡出实效。区委派出5个巡察组对砂子塘街道、侯家塘街道、区人力资源和社会保障局、雨花经开开发建设有限公司和雨花经开创新投资有限公司5家单位党组织开展常规巡察；巡察组听取各单位专题汇报、列席党组织会议、行政会议16次，与班子成员、干部职工、党员骨干等谈话198人次，处理群众来信来访7件，查阅各项记录、报告凭证等档案资料5788份，共发现被巡察单位各类问题157个，问题线索5条。12月20日，区委巡察工作领导小组听取审议巡察工作汇报。

【巡察整改】 2021年，雨花区委组织召开巡察情况集中通报会2次，将巡察发现的问题通报各单位，推动问题整改清仓见底。区委纪委监委、区委组织部优先办理五届区委第十二轮巡察移交的线索，给予违纪的科级干部调离常委单位的组织处理，并给予党内警告处分。组织开展五届区委第九轮至十二轮巡察整改督查，督查91家单位，整改率98.2%，清退违规资金105.75万元；梳理未整改问题情况，建立未整改问题清单，组织开展整改回头看，一批问题得到有效解决。针对被巡察单位存在的突出问题，区委巡察办向区委提出有针对性的意见建议2条，指出常委部门存在的财务管理不规范等问题。

【省委巡视机构指导调研雨花区巡察工作】 2021年7月16日，湖南省委巡视机构第三指导督导组正处级巡视专员雷华一行4人指导调研雨花区巡察工作。雨花区委常委、区纪委书记、区监委主任、区委巡察工作领导小组组长王清政向指导督导组汇报雨花区巡察工作开展情况，与会人员交流发言，指导督导组领导与雨花区委书记刘素月就雨花区委巡察工作作个别访谈。

【市委巡察办指导调研雨花区巡察工作】 2021年11月11日，长沙市委巡察办主任曾卫国一行5人指导调研雨花区巡察工作。曾卫国一行考察井湾子街道井巷社区，肯定社区的清廉社区建设工作是社会管理基层治理的先进典范。召开指导调研巡察工作座谈会。雨花区委巡察工作领导小组组长钟孝明主持会议，区委巡察办汇报新一届党委第一轮巡察工作推进情况、省委巡察指导督导反馈意见的整改落实情况、金纪三期信息化建设推动情况，提出加强市县巡察工作上下联动和对今后五年巡察工作等方面的意见建议；巡察组组长、副组长就加强基层巡察干部培训、加强工作指导及加大巡察干部交流提拔力度提出意见建议。钟孝明就巡察工作抬高定位、有为有位、能力强位3个方面作汇报。曾卫国要求，要立足新的起点，不断提高新时代围绕中心服务大局的能力；要把握新的形势，全面贯彻巡视巡察工作方针和精准落实政治巡察要求；要瞄准新的目标，持续推进巡察工作高质量发展。

【巡察情况集中通报会】 2021年2月4日，雨花区召开第九轮巡察整改暨第十一轮巡察情况集中通报会议。区委常委、区纪委书记、区监委主任、区委巡察工作领导小组组长王清政传达区委书记专题会议有关要求、肯定区委巡察工作成绩、部署下一步巡察整改工作，区委常委、组织部部长、区委巡察工作领导小组副组长李颖主持会议。区委巡察办主任章志刚通报第十一轮巡察区市场监管局、区人居环境局、区国有资产经营集团有限公司等8家区级党组织及25家村级党组织的综合情况；通报第九轮巡察整改回访督查情况。区纪委常务副书记、区监委副主任、区委巡察工作领导小组成员张辉煌通报3起违规套取资金的典型案例。6月18日，五届雨花区委第十二轮巡察情况集中通报会暨整改动员会召开。王清政对被巡察单位的突出问题逐一通报，对下一步整改工作提出要求。王清政强调，要把巡察整改作为推动全面从严治党向纵深发展的重要契机，作为推动党的建设高质量落到实处的重要抓手；要以“刀刃向内”的力度抓整改；要用“革故鼎新”的气度抓整改，坚持以改革的思维抓整改，强化系统观念，推动巡察监督、整改、治理有机贯通。区委常委、组织部部长李颖强调，要对巡察反馈的问题，要诚恳接受、照单全收，主动认领任务，统筹抓好整改；要明确牵头领导、直接责任领导、具体责任人和整改时限，确保每项整改任务抓实抓细；要深化成果运用，把立行立改与建章立制结合起来。

（本栏撰稿　谢　婵）

民主党派

民革雨花区工委

【组织建设】 2021年，中国国民党革命委员会长沙市雨花区工作委员会（简称“民革雨花区工委”）坚持把思想政治学习摆在首位，开展“不忘合作初心，共担时代使命”主题活动，凝聚思想共识，传达学习中共十九届六中全会精神和省、市、区党代会精神，组织工委党员开展“学党史，跟党走”主题学习活动，通过参观浏阳红色故里，学习革命先辈先进事迹。民革雨花区工委在民革市委的统一安排下，对工委班子进行调整，4个支部完成换届。全年发展党员6名。

【参政议政】 2021年，民革雨花区工委发动民革党员积极建言，提交社情民意50余篇，动员工委党员参加省、市民革开展的主题调研活动。在长沙市、雨花区两级人大和政协换届中，民革雨花区工委有市人大代表、市政协委员各1人，区人大代表2人、区政协委员9人。

【服务社会】 2021年，民革雨花区工委主动助力全区抗疫工作，陈泽、彭拥军、徐煦、梁赛等党员为雨花区基层组织捐赠防疫抗疫物资3万余元。举办“法律服务进基层、进社区、进校园”系列活动，在第八个国家宪法日，联合高桥街道火焰社区同心开展共建，举行“同心共筑中国梦 法律服务社区行”活动，为社区群众提供专业的咨询服务；在圭白路小学开展“法律走进校园”活动，围绕杜绝校园欺凌、预防性侵和网络保护等内容，向学生普及法律知识，增强未成年人的法制意识、辨别是非和自我保护、自我防范的能力。民革雨花区工委一支部开展“学党史、跟党走、献爱心，关爱慢天使”主题活动，在长沙市慢天使爱心屋看望贫困残疾儿童，捐赠爱心物资。

【“‘雨’你同行·心手相牵”教育帮扶同心项目第二季启动】 2021年8月28日，“‘雨’你同行·心手相牵”教育帮扶同心项目第二季启动会暨支教老师欢送大会在雨花区政府举行。雨花区委统战部、石门县磨市镇、民革长沙市委、雨花区教育局、民革雨花区工委、长郡雨花外国语教育集团以及常德石门县有关部门负责人参加会议。会议总结“‘雨’你同行·心手相牵”同心项目启动一年来的工作情况。长郡雨花外国语教育集团曹伟和肖春艳2位骨干教师作为第二批石门支教的教师发言。民革长沙市委专职副主委杨舜尧对“‘雨’你同行·心手相牵”同心项目一年来各方开展的

2021年8月28日，“‘雨’你同行·心手相牵”教育帮扶同心项目第二季启动会
（龚 鹏 供图）

教育帮扶工作和成绩给予肯定，并希望民革雨花区工委继续组织发动更多党员，整合各界社会资源，雨花石门两地更加紧密合作，将“‘雨’你同行·心手相牵”同心项目共同打造成为全市、全省乃至全国影响力的教育帮扶品牌项目。民革长沙市委、雨花区委统战部、雨花区教育局向支教教师送上慰问金并合影留念。

【郑建邦调研教育帮扶同心项目】2021年11月29日，全国政协副主席、民革中央常务副主席郑建邦实地调研“‘雨’你同行·心手相牵”教育帮扶同心项目，考察长郡雨花外国语洪塘学校，观看民革雨花区工委制作的“‘雨’你同行·心手相牵”同心项目汇报短片，听取雨花区开展教育帮扶工作的汇报。雨花区委副书记、区长黄军其介绍雨花区近年来的经济社会发展情况，向石门县洞国学校捐赠教育教学设备，表示雨花区将继续推动帮扶洞国学校。石门县政府副县长黄晓坤代表石门县政府参加捐赠仪式。民革长沙市委会主委、市第一医院院长刘激扬主持会议。民革中央副主席、中南大学校长田红旗，湖南省政协副主席、九三学社省委会主委张大方，省政协港澳台和外事委主任王玉立，长沙市政协党组书记、主席文树勋，雨花区委副书记、统战部部长、区委党校校长郭四军，区政协党组书记、主席王清政，石门县教育局局长李世辉等参加座谈会。郑建邦强调，要继续深化教育改革，让孩子们在增长知识的同时快乐成长。“‘雨’你同行·心手相牵”教育帮扶同心项目于2020年8月运行。该项目由雨花区统一战线主导实施，民革雨花区工委具体实施，推动长郡雨外教育集团与洞国学校结对共建，用三年时间帮助洞国学校在教育理念、管理方式、师资培养、校园文化、设施建设等方面实现全面升级，助推教育扶贫取得更大实效。

（本栏撰稿　龚　鹏）

民盟雨花区工委

【组织建设】2021年，中国民主同盟长沙市雨花区工作委员会（简称“民盟雨花区工委”）坚持把深入学习贯彻中共十九届六中全会精神及省、市、区党代会精神作为首要的政治任务，采取集中宣讲、专题学习、座谈交流讨论等形式，组织各支部深入学习，印发学习资料20万字，购买学习图书300余册。以庆祝中国共产党成立100周年、中国民主同盟成立80周年为重点，开展“党史、盟史”学习教育活动，到王首道故居开展“学党史，聚盟心，担使命”现场教学活动，举办“风雨同舟，同心筑梦”党史盟史线上知识竞赛活动。在重点做好主界别盟员的发展工作基础上，注重吸收履职需要的复合型人才和新社会阶层优秀人士，新发展盟员20名。

【参政议政】2021年，民盟雨花区工委围绕乡村振兴战略、智能医疗等区委、区政府的中心工作和重点工作，居家养老、职业教育、医共体建设等社会民生领域的热点难点问题，组织各支部开展课题调研，提交盟省委重点课题2个，区委统战部课题1个。引导盟员中的人大代表和政协委员尽责履职，在市、区“两会”上，围绕打造圭塘河核心区域网红商圈、建设智能医疗器械产业新高地、增加幼儿园小学男性教师数量等领域，提交政协提案7件、盟市委集体提案1个，吴尚、曹海强、隆改平被评为雨花区2021年度优秀政协委员。发挥社情民意直通车作用，在第一综合支部成立长沙民盟首个基层社情民意信息工作室——雨翼社情民意信息工作室，全年报送社情民意信息56篇，其中，民盟中央采用2篇、盟省委采用3篇、盟市委采用5篇，区政协采用8篇，黄庆、杨建明被评为雨花区2021年度优秀社情民意工作者。

【服务社会】2021年，民盟雨花区工委推进寸草心社会服务中心、孟妈妈青护园、同心育蕙等品牌建设，开展“把爱带回家——慰问困境儿童 助力健康成长”爱心探访活动、为留守儿童圆梦活动、重阳节志愿关爱活动，到龙山县开展爱心助学，捐款1万元资助石牌镇中心小学困难学生。新冠肺炎疫情期间，民盟雨花区工委向跳马卫生院捐赠一次性医用口罩5000个、隔离鞋套400双和N99医用隔离面罩100个；盟员曹海强所在的湖南海牧广告有限公司联合民盟长沙市委会和雨花教育基金会向高桥街道捐赠防疫物资，价值10万元。第一综合支部助力湖南省康复医院专家团队开展义诊活动；稻田中学支部开展送教下乡活动；长沙财经学校支部开展“关注民生，助力乡村振兴”

民盟长沙市委会、长沙市雨花区教育基金会、湖南海牧广告有限公司防疫物资捐赠仪式

（龚　鹏　供图）

活动；教育支部开展“人间最暖四月天，花开送教共成长”活动；长沙财经学校支部开展“迎新春送春联”活动；第三综合支部开展公益讲座活动。

（本栏撰稿　龚　鹏）

民建雨花区工委

【组织建设】 2021 年，中国民主建国会长沙市雨花区工作委员会（简称“民建雨花区工委”）组织各支部会员学习中共中央总书记习近平在庆祝中国共产党成立 100 周年大会上的讲话、中共十九届六中全会以及省、市、区党代会精神，多形式开展“不忘合作初心，继续携手前进”主题教育，组织工委班子成员和会员骨干赴韶山市开展“党性修养提升班”，参加民建长沙市委会、区政协、区委统战部组织开展的各类主题教育活动。做好新会员的发展工作，新发展会员 4 名。指导所有支部成立“会员之家”，结合各支部特点，打造“一支部一特色”。会员杨超在东京残奥会勇夺射击 P1-SH1 级男子 10 米气手枪金牌，胡德安被民建中央评为参与脱贫攻坚先进个人，张治梧被民建长沙市委会评为社会服务先进个人。

【参政议政】 2021 年，民建雨花区工委坚持围绕中心工作，报送各类信息 60 余条。其中，会员王东华撰写的《关于以高规格纪念袁隆平院士、全社会推动学习隆平精神的建议》《剧本杀剧本亟需出台行业规则并加强监管的建议》被民建中央采纳，《关于既有建筑加装电梯后续工作亟待重视》被长沙市政协采纳；会员方华丽撰写的《关于提高保障房物业管理水平的建议》被雨花区评为优秀议案。组织会员参加《关于进一步推动雨花区“三高四新”的建设》的专题协商和考察调研。结合民建省委、市委，雨花区直相关部门平台资源，发挥会员优势，组成课题组，对雨花区科技产业园实地调研，撰写《聚焦优势产业，多维度发力，推动雨花工业软件产业发展》。

【服务社会】 2021 年河南遭遇罕见的特大暴雨洪涝灾害，雨花区工委三支部积极行动，筹集 1.25 吨医用消毒液，数千件雨衣、单人床、双人帐篷等应急物资，以及受灾群众急需的食物桶装方便面和矿泉水等共计价值 10 万元的物资，驰援受灾严重的河南省鹤壁市浚县新镇镇。依托民建立承应急救援抢险队，深入一线开展救灾救援支援行动和急救医疗志愿服务活动，成为民建市委会及雨花区统一战线的特色品牌。

【民建雨花区二支部“会员之家”授牌】 2021 年 10 月 9 日，民建长沙市委会主委李舜一行到会员企业湖南三十九铺茶业有限公司（以下简称“三十九铺”）走访调研，参观三十九铺黑茶博物馆、收藏茶展示仓库、茶学院教育培训基地、茶叶审评室、样品室、三十九铺产品展示区，以及企业党建室和职工之家，了解企业文化发展、茶学院建设与企业发展规划等现状。李舜为雨花区二支部“会员之家”授牌。参观新建成的雨花区二支部“会员之家”，对“会员之家”内的民建历史简介、严格规范的制度上墙、温馨有致的议事区域给予肯定。李舜表示，全体会员要通过“会员之家”开展丰富多彩、主题鲜明的组织活动，齐心协力把“会员之家”建成思想政治教育的阵地，开展党史学习、会史教育等，提升会员的思想政治素质；建成增进会员情感的阵地，促进会员相互交流、研究学习、探讨问题，增强民建基层组织的凝聚力和战斗力；建成履职尽责的阵地，团结和带领全体会员主动作为，为长沙高质量发展作出新的贡献。

（本栏撰稿　龚　鹏）

民进雨花区工委

【组织建设】 2021 年，中国民主促进会长沙市雨花区工作委员会（简称“民进雨花区工委”）注重加强理论学习，深入学习贯彻习近平总书记在庆祝中国共产党成立 100 周年大会上重要讲话精神和省、市、区党代会精神，《各民主党派中央关于纪律处分工作座谈会纪要》，巩固“不忘合作初心，继续携手前进”主题教育活动成果。全年新发展会员 2 名，4 人当选为民进长沙市第十三届市委会委员，1 人当选为市委会常委。开展会员培训，推荐区工委、支部的班子成员和骨干会员参加民进省委会、民进市委会、区委统战部组织的学习培训，在跳马镇石燕湖村开展中共党史学习教育专题学习并进行交流座谈。会员朱凤英获得 2021 年度湖南教书育人楷模提名奖，易伟刚获长沙市五一劳动奖章，罗如平被评为民进全国抗击新冠肺炎疫情

2021 年 10 月 9 日，民建雨花区二支部“会员之家”授牌　（龚　鹏　供图）

先进个人，夏晓波被评为民进全省抗击新冠肺炎疫情先进个人。

【参政议政】 2021年，民进雨花区工委中的人大代表、政协委员积极履行参政议政职能，多次参加雨花区委、区政府召开的协商会、征求意见会、情况通报会，就政府工作报告、涉及经济社会发展的重大问题进行协商讨论，建言献策。在区政协五届五次会议上提交的集体提案《关于在未成立业主委员会小区推广居民议事会助推物业纠纷调解的建议》，被定为重点提案，并促成《雨花区关于加强小区物业管理的十条措施（试行）》出台。向民进长沙市委会提交调研课题成果《长株潭地区森林康养产业发展状况研究》《高水平规划建设新湖南省植物园，点靓长株潭绿心之芯的研究》《关于在未成立业主委员会小区推广居民议事会，助推物业纠纷调解，建设美丽幸福家园的研究》《基于服务区域经济的高职院校产教融合实践研究》4篇，完成雨花区政协《自贸区和公园城市建设》的调研报告1篇。

【服务社会】 2021年，民进雨花区工委组织会员参加抗击新冠肺炎疫情募捐活动，到雨花区洞井街道仙岭社区、黎托街道广益社区，为高温下坚守一线的抗疫工作人员送上消暑防疫物资矿泉水、口罩、绿豆和白糖，价值1万余元；工委会员尤其是企业家会员个人通过捐赠医疗物资、捐赠学习用品、资助困难儿童、爱心公益宣讲等方式献爱心。深入乡村开展扶贫帮困活动，民进雨花区工委到龙山县石牌镇开展爱心助学公益活动，为桶车九年制学校628名学子赠送崭新冬衣，为石牌镇中学和石牌镇中心小学的47名学子捐赠爱心助学金。

（本栏撰稿　龚　鹏）

农工党雨花区工委

【组织建设】 2021年，中国农工民主党长沙市雨花区工作委员会（简称“农工党雨花区工委”）组建新一届工委班子，一批德才兼备、年富力强的骨干充实到班子中。新发展党员3名。成功创建1个湖南省“农工党员之家”。雨花支部加强建立健全各项规章制度，在支部内建立党员量化积分、委员联系党员等制度。加强政治理论学习，农工党雨花区工委组织党员到长沙县徐特立故居开展“学党史、感党恩、跟党走、做实事”中共党史学习教育，雨花支部组织党员参观中国农工民主党湖南地方组织革命活动史料陈列馆和向警予同志纪念馆，长沙市妇幼保健院支部组织党员观看电影《袁隆平》活动。傅强被农工中共中央评为农工党脱贫攻坚工作先进个人，薛志辉被评为全国医院医疗保险服务规范先进个人，韩欣耘获2021年教师教学能力比赛全省第一名、全省职业教育教师教学能力比赛第一名，刘建阳主编多项省级国土空间规划技术标准，肖博文当选中国医师学会临床精准医疗专业委员会委员。

2021年6月19日，民进雨花区工委“红心向党”党史学习教育活动（龚　鹏　供图）

【参政议政】 2021年，农工党雨花区工委提交各类信息、社情民意15条，政协提案、人大建议15条，其中，党员郭皓宇撰写的《关于充分发挥社会药房在突发公共卫生事件联防联控工作中重要作用的提案》，作为优秀提案上了市委政协提案研讨会议；社情民意《建筑物外墙脱落问题亟待重视》得到市政协主席文树勋、市政府副市长周志凯批示，被长沙市政协采用，并吸纳到市委、市政府出台的文件中。在长沙市人大、政协换届中，党员郭皓宇、薛志辉、傅强当选为长沙市政协委员，傅强、曾如、杨勤当选为雨花区人大代表，钟志良当选为区政协常委，杨铁辉、唐吉红、顾竞、肖博文、刘建阳、彭国新、严晶、郝庆峰当选为区政协委员。

【服务社会】 2021年，农工党雨花区工委携手长沙群英会实施净水计划，在湖南省城步县、新宁县落地，惠及学生18571名；雨花区支部为溆浦县卢峰镇第三完全小学捐赠价值8000余元的学习及体育用品；组织党员参与义诊、讲座活动150余人次；长沙市妇幼保健院支部开展“关爱女孩、守望未来”守护妇女儿童公益联盟活动，捐款3万余元。新冠肺炎疫情期间，农工党市中心医院总支、市妇幼支部的70余名党员立足岗位，坚持奋战在新冠肺炎疫情防控一线。区工委副主委傅强带领长沙群英会，启动“湖湘公益抗击新冠肺炎联合行动”，支持全国各地防疫工作。农工党雨花区工委发动党员捐赠价值2万余元物资给桑植县洪家关白

2021 年 6 月 16 日，农工党雨花区工委“学党史、感党恩、跟党走、做实事”党史学习教育活动（龚 鹏 供图）

族乡洪家关村和云丰村，为村民解决燃眉之急；区工委副主委杨铁辉联系井湾子街道商会，筹措 5 万余只医用外科口罩等防疫物资，价值 3.6 万余元，助力张家界市抗疫。8 名党员被农工党省委评为“新冠肺炎疫情防控工作先进个人”。

（本栏撰稿 龚 鹏）

致公党雨花区工委

【组织建设】 2021 年，中国致公党长沙市雨花区工作委员会（简称“致公党雨花区工委”）以班子建设为核心，以活力支部建设为主线，以教育活动为抓手，形式多样地开展各项学习工作，推动党组织建设发展。新一届区工委班子完成交接，开展中共建党百年系列学习活动，在各支部掀起学习“中共中央总书记习近平在庆祝中国共产党成立 100 周年大会上的讲话”的热潮，组织党员到红一方面军成立旧址、彭德怀故居开展中共党史学习教育。在人大、政协换届选举中，推选新一届区人大代表 8 名、政协委员 14 名，市人大代表、政协委员 4 名，其中 12 名党员在区人大、政协委办中担任委员。对以代表、委员为核心的参政议政骨干开展履职培训会议 2 场，培训 40 余人次，在市委率先邀请省、市专家，开展新任人大代表、政协委员任前履职培训。新发展党员 8 名，组织新党员参观党派活动室，进行集中谈话，并举行入党宣誓、重温入党誓词仪式，上好新党员第一课。

【参政议政】 2021 年，致公党雨花区工委聚焦经济社会发展和群众关心热点难点问题，鼓励党员积极参政议政，提交提案、议案、社情民意 44 篇，其中，关于“三高四新”建言献策 7 篇，服务“三高四新”实质举措工作 3 项，提交集体提案《聚焦优化关键要素，加速雨花自贸区建设》，党员贾传坤撰写的《关于长沙市市政废旧沥青路面固废处理的提案》和蔡鑫莹撰写的《关于重视和加强长沙市园区楼宇企业员工体育锻炼的提案》被市政协立案办理，许诗诗撰写的《建立健全保障乡贤作用发挥的长效机制》被省“迎接党代会 谱写新篇章”建言献策简报采用并印发。党员杨晓群、龚炜被评为 2021 年区优秀政协委员，黄晖获评区政协优秀社情民意工作者，方荣国被评为区优秀人大代表，欧阳远晃撰写的《关于加强道路交通管理，加快实施万境水岸中小学周边过街设施的建议》被评为优秀议案。区工委联合致公党省委“麓商会”、致公党市委“致多星”平台及雨花区政府、自贸区雨花管委会共同举办“贯彻落实‘三高四新’战略，助推自贸区建设”企业发展主题沙龙活动，邀请致公党湖南省委主委胡旭晟、长沙市委主委黄锋以及雨花区委副书记、区长黄军其出席。开展调研 10 余次，其中，《聚焦优化关键要素，加速湖南自贸区长

2021 年 10 月 20 日，致公党雨花区工委人大代表、政协委员参政议政履职培训会议（龚 鹏 供图）

沙片区建设》调研课题作为致公党省、市、区三级联动重点课题，形成调研成果并转化为集体提案。

【服务社会】 2021年，致公党雨花区工委开展防疫、助学、扶贫、济困等社会实践活动。发动工委党员在24小时内向张家界捐赠3.56万元，组织党员在雨花亭街道开展志愿服务活动，参与核酸检测，向检测点捐赠一批防疫物资。三支部牵头组织到通道县开展“重走革命路，通道助学行”活动，向江口乡中心小学留守儿童捐赠校服价值2万元，助学特困学生8人1.6万元，对通道县幼儿园园长及幼师进行培训及传授青少年急救知识；党员方荣国向长沙、怀化、张家界等地区捐赠现金及物资12.5万元；二支部党员孙艳开设线上营养学养生课堂，吴宏濬免费开展线下营养师、劳动关系协调员等课程培训，为广大就业人员和企业HR人员提供免费培训。

（本栏撰稿　龚　鹏）

九三学社雨花区工委

【组织建设】 2021年，九三学社长沙市雨花区工作委员会（简称“九三学社雨花区工委”）注重加强思想建设，定期组织社员学习讨论上级的有关精神，保持区工委积极向上的精神面貌和强大的凝聚力。在雨花区人大和政协换届中，在雨花区人大和政协换届中，吴海军任政协副主席，区工委有区人大代表1人、区政协委员11人。推荐优秀青年社员参加社中央青工委第二期线上培训班及中共党史知识竞赛活动、社市委组织的中共十九届六中全会专题学习暨“九三青训营”第三期培训班，开展“踏寻伟人足迹，感受湖湘文化”主题活动，深入学习贯彻中共十九届六中全会精神。主动关爱社员，慰问老社员和困难社员150余次，提高支社组织的活力和凝聚力。

【参政议政】 2021年，九三学社雨花区工委围绕雨花迈向全国十强的奋斗目标，从区第六次党代会报告确定的“三个高地”“长株潭一体化”“现代国际商贸服务”“宜居幸福示范区”等角度履行参政议政职责，社员邓子云撰写的《建议“十四五”国家科技创新规划列入超级计算软件研发计划》被中央统战部《零讯》单篇采用，多篇社情民意信息被省、市政协采用，同时被社中央评为参政议政先进个人；吴海军撰写的《尽快完善被征地农民社会保障待遇的建议》社情民意被市政协采用；规划支社撰写的《对标“劲松模式”高质量促进长沙市老旧小区更新改造的建议》《长沙市“五好园区”调研——加强规划定位》《加强长沙人口发展与人才引进战略，助推“三个高地”发展》《增强儿童友好的社会认识，构建更宜居城市》《长沙市“精美社区”建设标准体系研究》《关于解决长株潭中央公园建设资金来源问题的建议》等调研报告被社市委采纳。

【服务社会】 2021年，九三学社雨花区工委将关注民生和社会弱势群体，组织开展内容形式多样的活动。社员仓萍连续举办“沁心幸福大讲堂”100期，为许多家庭免费提供服务，为他们排忧解困；社员吴丽担任九三学社长沙市委心理志愿服务队队长，带领队员前往社区为居民开展心理服务活动；作为“非遗”文化传承人社员邓运姣和敖耀寰、刘志明致力于“非遗”文化的传承，打造“非遗”文化传播平台，为社区居民开展丰富多样的猜谜、皮影等活动。

（本栏撰稿　龚　鹏）

2021年9月24日，九三学社雨花区工委工作会议　（龚　鹏　供图）

群众团体

总工会

【概况】 长沙市雨花区总工会（简称“区总工会”）为群团组织，主要职能是维护广大职工的合法权益；建立和发展各级基层工会组织，协助各级党组织对工会干部进行管理；参加企事业单位的民主管理；帮助职工提高综合素质；组织实施送温暖工程开展扶贫帮困活动，维护全区的改革、发展和稳定；做好女职工保护工作，维护女职工的特殊利益。下设区职工服务（帮扶）中心。

2021年，雨花区总工会开展劳动竞赛活动，引导职工立足岗位建功立业，弘扬劳模精神；开展工人阶级宣传月活动，加强职工文化建设；夯实基础，进一步扩大工会组织覆盖面；规范组织建设，强化工会经费管理；推进精准帮扶，走访慰问困难职工。

【组织建设】 2021年，雨花区有基层工会组织3377家，涵盖法人单位6543家，其中区直属机关、事业单位基层工会组织66个，会员8.9万余人，基层工会法人登记率100%。其中新组建工会组织（涵盖法人单位）141家，加入工会小组484家，发展会员9796人，农民工2501人。推进“八大群体”（货车司机、快递员、护工护理员、家政服务员、商场信息员、网约送餐员、房产中介员、保安员）工会组织建设，完成保安员工会联合会、房产中介工会联合会、护工护理员行业联合工会和司机之家组建，“八大群体”从业人数5002人，入会3211人。加强指导基层工会规范化建设，完善建家评家机制，通过指导建设职工之（小）家、EAP（员工关怀行动）等示范典型，以点带面，促进全区工会组织规范化建设，长沙市雨花区砂子塘魅力之城小学工会小组被评为长沙市EAP示范单位，旭辉国际楼宇工会联合会被评为长沙市“小三级”工会规范化组织，长沙延年神禹酒店合伙企业（有限合伙）工会委员会、湖南云冷投资管理股份有限公司工会委员会、唐智科技湖南发展有限公司工会委员会被评为长沙市模范职工之家，雨花区砂子塘吉联小学工会小组被评为长沙市模范职工小家，红星大市场工会“司机之家”被评为长沙市“司机之家”示范点。

【职工素质】 2021年，雨花区以晓光工匠学院为培训教育龙头，开展“一户一产业工人”培养工程及有针对性的职业技能培训，培训产业工人近1000人次。通过开展集中学与送课到企业的“双培训模式”，整合资源，联合企业大学和社区，设立雨花区职工业余培训学校2个分校，开办职工业余培训学校网上课堂等，线下培训职工近3000人次，线上培训职工1万余人次。7月14日，《湖南工人报》以《雨花区把培训课堂送到“家门口”》为题进行报道。围绕社会主义核心价值体系教育，组织开展以“修身”“健体”为主题的系列文体活动。举办“庆祝建党百年·争做时代先锋”第三届雨花区职工气排球比赛，开展“雨花职工心向党”红色经典诵读活动、“学党史、知党恩、跟党走”党史学习有奖线上答题活动，联合区委党史学习教育领导小组办公室、区委宣传部举办2021年《就认这个理》职工群众心向党——“学习强国”学习达人知识竞赛，组织3名职工参加长沙市总工会线下比赛，区总工会获评全市党史知识竞赛优秀组织奖。开展禁毒宣传活动，印发1400余册禁毒宣传册，制作展板30余块，举办“禁毒宣传进企业、近职工”禁毒知识讲座，在微信公众号上开展禁毒知识有奖答题活动等，向全区职工发出“健康人生绿色无毒”倡议书。组织开展安全生产、女职工权益保护知识竞赛、“七夕有爱说出来”、抗疫故事征集等线上活动。

【经济技术工作】 2021年，雨花区有区属管理劳模104人，长沙市示范性劳模和工匠人才创新工作室3家，劳模和工匠人才创新工作室1家。区总工会关心关爱劳模，定期走访慰问困难劳模，建立劳模动态管理台账，听取劳模意见建议；组织劳模事迹宣讲报告会，组织劳模进机关、进企业、进社区开展先进事迹宣讲活动，弘扬劳模精神，培育雨花工匠精神。长沙市比亚迪汽车有限公司涂装面漆团队被评为全国工人先锋号，唐智科技湖南发展有限公司高铁动车组安全监控系统项目组被评为湖南省工人先锋号，雨花区民族宗教事务局、湖南鑫融汇商业管理有限公司获得长沙市五一劳动奖状，雨花区泰禹小学校长李臻等 4 人获长沙市五一劳动奖章，雨花区城市管理综合执法大队火车南站中队等 4 个集体获评长沙市工人先锋号。开展“名师带高徒”活动，组织 40 对师徒结对；指导晓光模具创建唐博杰劳模工匠创新工作室，选送其参评市示范性劳模和工匠人才创新工作室；选送 3 对师徒、2 家企业参评市优秀师徒及组织单位，其中 2 对师徒、1 家企业获评优秀。开展高温慰问和“高温抗疫·关爱有我”活动，为 6000 余名一线劳动者免费赠送 49.32 万元的防暑降温物资，为奋战在抗疫一线的 3000 余名防疫人员送去近 30 万元的慰问物资。

【劳动权益保障】 2021 年，雨花区总工会与区人社局、区法院、区检察院等部门共建雨花区劳动纠纷“一站式”调处中心，实现全省首创，更高效便捷地维护职工权益。连续 8 年与律师事务所签订协议，为产业工人特别是困难产业工人提供日常免费法律咨询。成立由 3 名法律志愿者组成的公益法律服务行动分队，免费为职工提供日常法律咨询。开展“春季要约”行动，签订工资集体协议 69 份，覆盖企业 2039 家，覆盖职工 2.4 万余人。建设 10 家工会户外劳动者服务站点，缓解环卫工人、市政工人、快递小哥等户外劳动者如厕难、饮水难、吃饭难、休息难等问题。开展就地过年稳岗留工“套餐”服务，为 800 名留长过年非湖南省户籍务工人员发放工会消费券 16 万元，发放电影券 660 张；开展送温暖活动，对家庭生活较为困难的 300 名留长过年务工人员发放米油等生活物资，吸引务工人员就地过年、在企休假。

【职工帮扶】 2021 年，雨花区总工会开展春送岗位、夏送清凉、秋送助学、冬送温暖，医疗互助、大病救助、就业扶助、法律援助的“四送四助”活动，送温暖慰问职工 290 人，发放慰问金 14.8 万元，为 7 名困难职工子女申请金秋助学 5 万元。组织 27058 名职工参加医疗互助，14168 名女职工参加女职工特殊疾病保障，为 1197 人次申请医疗互助金 86.1 万余元，为 1 名女职工申请女职工特殊疾病保障金 1 万元；为 94 名职工申请医疗互助二次补助金 14.96 万元。

【创新服务载体】 2021 年，雨花区总工会围绕“互联网 + 工会”建设，依托“雨花工会”微信公众号打造“智慧工会”平台，将基层工会组织新建、换届、改选以及工会法人资格等组建业务由线下搬到线上，实现组建业务“一键式”线上办理。组建业务由原来的最多跑一次，变成一次都不要跑，最大限度地简化企业的办事流程，获企业点赞。“智慧工会”上线近 4 个月，261 家企业通过线上服务平台办理工会组建业务。雨花“智慧工会”建设经验获《湖南工人报》报道。公众号职工关注数 4.4 万余人。将医疗互助政策拍摄制作成视频，在各平台广泛、深入宣传。

【经审工作】 2021 年，雨花区总工会举办全区基层工会财务培训班，对工会经费收支管理和财务资产管理信息化平台工作进行业务培训。委托第三方专业机构（会计事务所），对全区 43 家直属基层工会（涉及 99 家单位）2019 年度至 2020 年度工会经费收支管理使用情况进行全面审查审计，发现工会经费使用不规范等问题 109 条，发放审计报告 44 份，督促 2020 年被审查单位整改问题 67 条。单建的 141 家基层工会，全部成立经审委员会，均选举产生经审委主任，制定本单位经审工作制度。

【职工气排球比赛】 2021 年 5 月 25—28 日，由区总工会举办的第三届“庆祝建党百年 · 争做时代先锋”职工气排球比赛在东山全民健身中心举行。比赛方式采取“3+2”男女混合团体赛，小组进行单循环比赛后进入淘汰赛，参加小组比赛的队伍分为 16 个组别，小组循环赛后，每小组前 1 名再进入淘汰赛争夺比赛最佳成绩。来自全区机关、街道、企业工会 70 支代表队，700 余名职工参赛，区教育工会队获得冠军。

【红色经典诵读】 2021 年 6 月 30 日至 7 月 2 日，“雨花职工心向党”红色经典诵读活动举行。各基层工会和广大职工积极响应，22 支代表队 300 余名职工参与诵读。7 月 16 日，“雨

2021 年 7 月 16 日，“雨花职工心向党”红色经典诵读活动颁奖仪式

（张 乐 供图）

花职工心向党”红色经典诵读活动颁奖仪式在区市场监督管理局会议室举行。区教育工会、长沙神农酒店管理有限公司工会2个单位获一等奖；湖南一诚大健康产业投资集团有限公司工会等4个单位获二等奖；雨花区高桥街道高桥村工会等6个单位获三等奖；雨花区征地服务中心、信访局工会联队等3个单位获组织奖。

【高温慰问活动】 2021年，雨花区开展高温慰问活动，通过政府采购50万余元物资，慰问全区一线高温劳动者6000余人，重点走访慰问交警、城管、环卫、园林、市政以及保安员、快递员等一线高温作业行业和重点工程建设项目以及高温作业企业等一线劳动者。8月7—10日，雨花区委书记刘素月，区委副书记、代理区长黄军其分别带队看望慰问奋战在防疫抗疫一线人员，深入街镇、疾控中心、火车南站综管办、冷链市场、疫苗接种点、防控查验点、核酸采样点等地，开展慰问活动，送去防暑降温慰问物资，表达区委、区政府对一线防疫人员的关心和鼓励。8月9日，区人大常委会副主任、区总工会主席杨平，区总工会党组书记、副主席（常务）李悦深入一线看望奋战在社区、交警、环卫工作岗位上的高温劳动者，向高温下坚守在一线的劳动者送上凉茶、绿豆、藿香正气水等清凉物资。

【工会户外劳动者服务站点上线】 2021年9月22日，雨花区总工会协调整合社会资源，按照一套桌椅、一台微波炉、一台饮水机、一套冷暖电器、一个应急药箱、一处充电插座的“六个一”标准配置，与长沙农商银行雨花支行等10家银行共建的10家工会户外劳动者服务站点启用，缓解环卫工人、市政工人、快递小哥等户外劳动者如厕难、饮水难、吃饭难、休息难等问题。

【市总工会到雨花区调研】 2021年3月17日，长沙市总工会党组副书记、副主席匡涛涛率领市总工会各部室相关负责人考察调研雨花区高桥大市场股份有限公司，实地走访高桥党建办公室、非洲咖啡交易中心、高桥国际商品展示贸易中心、出口产品集聚区、中非经贸合作促进创新示范园，现场交流企业发展、自贸区建设、对非贸易；高桥大市场工会负责人对高桥大市场工会工作进行汇报。3月24日，市总工会党组成员、副主席黄渐坤一行指导高桥大市场工会组织建设。5月19日，市总工会党组书记、副主席周宏兆一行调研雨花区“八大群体”工会工作。在雨花区康乐爱老服务中心现场召开座谈会，雨花区康乐爱老服务中心和长沙市十二方保安服务有限公司工会相关负责人向调研组介绍公司工会工作情况。雨花区总工会党组书记、副主席（常务）李悦汇报雨花区“八大群体”工作的基本情况、工作开展情况和下一步打算。区人大常委会副主任、区总工会主席杨平介绍雨花区“八大群体”工会工作的重点和难点。黄渐坤表示，要发挥好工会的领导和引导作用，完善好基础工作，做好工会规范化建设工作，开展好文体赛事等工会活动，给“八大群体”更多关注、关怀。周宏兆强调要高度重视“八大群体”工会工作，做好“八大群体”的建会入会和帮扶服务工作。8月8日，长沙市总工会党组书记、副主席彭鉴西到雨花区调研工会工作，就推进“八大群体”及其他灵活就业人员建会入会进行指导。8月10日，长沙市总工会党组成员、副主席鲁承钢实地考察指导雨花区企业职工食堂工作。

（本栏撰稿　张　乐）

共青团

【概况】 2021年，中国共产主义青年团长沙市雨花区委员会（简称“团区委”）巩固和扩大党执政的青年群众基础，以县域共青团基层组织改革试点工作为契机，以品牌活动为特色，发挥团组织优势服务好雨花青年。围绕青年“想什么、信什么”，抓好宣传教育，做好意识形态工作，保持“共青团青年的政治性、先进性”。聚焦党史学习教育主线，开展专题学习、主题团日活动300余次。党史学习教育团支部参与率、主题团日开展率均为100%。开展青年大学习35期，线上阅读、学习人数累计17万余人次。开展“向日葵”青年讲师团党史学习教育宣讲活动8次，推树红色小小讲解员30余名；召开全区青年干部座谈会、少先队工作建设座谈会，活动遍布辖区高校、企业、社会组织、乡村阵地。以“智慧团建”为重点，“飞梦雨花”“雨花共青团”微信公众号、共青团雨花区委微博、“青年之家”云平台等服务平台建设为依托，实现共青团工作线上线下全面融合。抓住“五四”“六一”“七一”等重大节庆日时间点，以团干部、大学生和各条战线青年骨干为重点，开展“五四精神奉献青春力量”“向建党100周年献礼”等活动。开展大型系列学习活动、沙龙讲座10余次。组织开展雨花区“向上向善好青年”“五四青年奖章”评选活动，选树一批雨花青年新典型。湖南晓光模具有限公司模具工厂小机加科、长沙盒马青年服务队等4家单位获得“长沙市青年文明号”称号；圭塘街道办事处副主任黄金山、湖南大族智能装备有限公司助理工程师李亚伦等6人被评为“长沙市青年岗位能手”；雨花区青年志愿者协会被评为湖南省防汛救灾志愿服务先进典型。

【深化改革】 2021年，共青团雨花区委纳入国家级县域共青团基层组织改革试点。雨花区将其作为全面深化改革的重大事项，按照团中央《关于扩大县域共青团基层组织改革试点的指导意见》要求，研究调度改革工作的具体要求和目标任务，为改革综合试点工作提供指导、支持和保障。成立改革工作小组，制定《雨花区共青团基层组织改革试点工作方案》和《雨花区共青团基层组织改革试点工作任务清单》，确定改革的“4个方面”“10个领域”“33项任务”，明确改革工作的路线图、时间表，形成区委领导实施、团委牵头抓总、部门单位协同配合的工作格局。完成街道（镇）、社区（村）团组织换届选举，举办团干部培训班，团区委纳入区委教育工作领导小组成员单位；新建立共青团雨花区教育工作委员会等团组织；创新推出自贸区“1+2+3”平台（长株潭开放论坛1个论坛，开放志愿者联盟、开放青年企业家联盟2个联盟，自贸志愿服务项目、开放学习考察项目、自贸区企业交流项目3个项目）；举办“立足中部领先·迈向全国十强”主题演讲比赛、清华学子走进雨花等活动；雨花青年参与中非经贸博览会、疫情防控、文明典范城市创建等志愿服务活动。

【组织建设】 2021年，雨花区围绕强“三性”（政治性、先进性、群众性）、去“四化”（机关化、行政化、贵族化、娱乐化）工作要求，加强团区委自身建设。落实中央八项规定精神，组织党团员干部参观反腐倡廉教育基地。号召全体团干一定要“扣好人生的第一粒扣子”。按照共青团县域改革要求，把从严治团落实到行动中，树立雨花共青团、雨花青年形象。制定《雨花区村（社区）团组织换届选举工作实施方案》，对村（社区）基层团的班子建设、制度建设、阵地建设、活动组织、工作程序等进一步规范统一，巩固组织基础；换届后，各街道（镇）团组织的书记都由党（工）委班子成员担任，配备专职副书记；各社区（村）的团支部书记由“两委”班子担任。截至2021年年底，全区有团干部485人，其中“90后”干部311人。雨花非遗馆以“非遗+教育”为核心，吸引大批新兴青年群体参观学习、创作创业；宋旦汉字艺术博物馆成为联系服务凝聚青少年开展中华优秀传统文化传承的重要阵地；砂子塘街道社会组织实践园、洞井街道丰园社区等青年阵地打造成省级团组织示范阵地。17家青年之家平均活动35场以上。

【青少年服务】 2021年，共青团雨花区委坚持“青年有什么需求，团就开展有针对性的工作”，提升共青团感知青年、服务青年的能力。依托“青少年维权岗”，联合区人民法院组织法官讲师团到南雅中学、黎托街道澜湾社区等学校开展普法活动12场；联合雨花区禁毒办在长沙财经学校举办禁毒宣讲活动；在砂子塘天华寄宿制小学、香樟小学等学校开展“宪法伴我行、大小法官面对面”模拟法庭、“关注交通安全，呵护儿童成长”儿童交通安全公益行活动。开展保护青少年合法权益特色活动30余次，接听咨询电话1000余次，跟踪服务特殊群体100余人。与湖南德恒律师事务所、高新律师事务所建立合作关系，拓宽青少年维权渠道。开展“希望小屋”、希望工程“一元捐”、“圆梦行动”、“金秋助学，圆梦雨花”助学帮扶活动；开展“情满旅途·暖冬行动”；定期开展走访慰问残疾儿童、困难团员、困难儿童活动。根据广大青少年在成长成才、就业创业等方面的实际困难和问题，举办一系列活动。“建功自贸区，青春正当时”成立开放企业家联盟，举办经贸考察协作活动，促进青年企业家之间的经济协作。湖南育景园生态科技有限公司总经理龙燕被评为沙市农村青年十佳“领头雁”，吴春艳被评为长沙市最美青年企业家。鼓励广大雨花青年创新创业，为乡村振兴工作贡献力量。

【五四青年开放论坛】 2021年4月28日，“建功自贸区·青春正当时”长株潭一体化发展2021五四青年开放论坛在高桥国际商品展示贸易中心二楼多功能厅举办。共青团长沙市委副书记赵雪峰，共青团株洲市委副书记钟洁，雨花区委常委、组织部部长李颖，中国（湖南）自由贸易试验区长沙片区雨花管理委员会主任肖向东等，以及来自长沙、株洲、湘潭的青年企业家、志愿者代表等140余人参加论坛活动。在论坛上，雨花区成立“开放青年企业家联盟、青年志愿者联盟”2个联盟，发布“自贸试验区高桥区块志愿服务项目、创业青年开放学习考察项目、自贸试验区高桥区块人才引进项目”3个项目。论坛宣布，依托2个联盟，雨花区将面向高校招募大学生志愿者，到自贸试验区雨花高桥区块开展志愿服务活动；举办经贸考察协作活动，促进青年企业家之间的经济协作；组织青年企业家与北、上、广、深地区的有关团体、企业家尤其是青年企业家进行合作交流；完善自贸区人才集聚发展配套政策，在引进高层次人才、海外人才、积极储备青年人才、加强创新创业支持等方面提供保障。长沙非拓信息技术有限公司副总陈福平进行《后疫情时代：

2021年5月19日，2021年“雨花五四青年奖章”表彰会暨雨花区团干培训班开班仪式 （肖立志 摄）

五四精神启示与KILI非洲创业实践》主题演讲。来自长株潭的企业家代表罗晓、文礼、刘星、杨杰等围绕“综合市场创新转型”“传统加工制造业转型”“加大内循环市场开发”等分享企业经营管理的经验。论坛结束后，参加论坛的青年代表参观自贸试验区雨花高桥区块展贸中心（非洲可可营销中心）、中非经贸合作促进创新示范园（电商直播孵化基地）、出口产品集聚区。

【“五四青年”表彰】 2021年5月19日，雨花区2021年“雨花五四青年奖章”表彰会暨雨花区团干培训班开班仪式召开。团雨花区委书记李章博主持会议。团区委领导班子成员，雨花经开区、火车南站综管办、区直部门、各街镇、部分学校、企业团委书记、副书记、团干110余人参加会议。会议为10名受表彰的青年颁发“五四青年奖章”，区城管执法大队雨花亭中队副中队指导员李勇、雨花本土创业青年代表黎票作主题发言，结合自身的干事创业经历，分享青春奋斗故事。区委副书记陈永高指出，全区广大青年要热情拥抱伟大时代，把握时代的脉搏，与时俱进；要不断增强过硬本领，锻炼过硬的政治品格和学习能力，创新思想、动手实践来创造社会财富、实现人生价值；要建功立业崭新征程，为“三高四新”建设贡献更多青春力量。

【清华学子雨花行】 2021年7月29日，“清春雨你”清华学子联合支队走进雨花观摩交流活动举行。清华学子一行参观雨花非遗馆、湖南大族激光智能装备有限公司、长步道光学科技有限公司、长沙市比亚迪汽车有限公司，见证雨花区在先进制造、科技创新领域取得的成果。参加活动的清华学子纷纷表示将做到知行合一、学以致用，在新时代中绽放出青春光芒。

【“立足中部领先·迈向全国十强”主题演讲比赛】 2021年9月17日，雨花区青年“立足中部领先·迈向全国十强”主题演讲比赛决赛举行。来自雨花经开区、各街道（镇）、区直机关、“两新”组织的青年干部代表参加活动。经过全区党政机关、社区基层、国有企业、“两新”组织等单位选送，从参加初赛的30名选手中选拔出10名参加该次演讲比赛决赛。10名决赛选手围绕践行初心使命、基层党建引领、城市环境美化、教育优质均衡发展、开放高地建设等方面的内容讲述奋斗故事。最终，区教育局雅礼雨花中学张骅获一等奖，区教育局自然岭小学周沛、同升街道办事处邓淑婷、区人民法院瞿源远获二等奖，区环卫中心李柯薇、东山街道黎郡社区黄欢、自贸长沙片区雨花管委会肖劲娆等6位青年获三等奖。

【“百年正青春”青少年主题对话】 2021年12月22日，雨花区开展“百年正青春”青少年主题对话活动。雨花区委副书记、统战部部长、区委党校校长郭四军为青年学生授课，讲述中国共产党百年奋斗的历史意义，专题解读中共十九届六中全会精神。共青团干部及辅导员表示，将为青少年儿童多做好事、多办实事，带领青少年创造性开展工作，把青少年儿童团结教育好、带领引导好、竭诚服务好。

（本栏撰稿　肖安妮）

妇女联合会

【概况】 长沙市雨花区妇女联合会（以下简称“区妇联”）代表党和政府联系妇女群众，代表和维护妇女权益，促进男女平等。

2021年，雨花区妇联开展“我为群众办实事”实践活动，办理关爱困境妇女、开展未成年人法治教育等实事7件；全区13个街道（镇）和162个社区（村）妇联顺利完成换届选举工作；组织实施“基层妇联领头雁培训计划”，举办全区妇联干部培训班；开展维权、婚姻家庭、防溺水安全、性教育等知识讲座50余堂，引领各级妇联干部、先进典型、巾帼志愿者主动参与疫情防控、文明创建、垃圾分类等基层社会治理。全国妇联联络部、湖南省关工委、省妇联专程考察调研雨花基层妇联组织建设、儿童关爱等工作，肯定雨花妇女儿童工作。2021年，区妇联获得全省妇联系统宣传工作先进单位、“湘女e家”新媒体联盟建设矩阵联动突出贡献奖、长沙市妇女工作考核“红旗单位”、长沙市文明单位等称号。

2021年12月22日，学习宣传贯彻党的十九届六中全会精神“百年正青春”青少年主题对话　（郭雅箐　供图）

【组织建设】 2021年，雨花区13个街道（镇）和162个社区（村）妇联完成换届选举工作，产生新一届街道（镇）妇联执委327人，其中妇联主席13名，专职副主席13名，兼职副主席39名。新一届社区（村）妇联执委2491人，其中妇联主席162名，专职副主席5名，兼职副主席488名。组织实施以“学习贯彻十九届六中全会精神，凝聚雨花巾帼力量，共创全国一流强区”为主题的“基层妇联领头雁培训计划”。推进新一轮妇女儿童发展规划的编制和实施。联合区统计局召开全区2021年“两纲”（《妇女发展纲要》和《儿童发展纲要》）监测统计工作暨培训会议，对全区2016—2020年妇女儿童发展规划指标进行监测统计，开展规划实施情况的终期评估工作。编制并印发《长沙市雨花区妇女儿童发展规划（2021—2025年）》。

【家庭家教家风建设】 2021年，雨花区妇联以“家家幸福安康工程”为抓手，推进家庭家教家风建设。开展寻找“最美家庭”活动，全区评选“最美家庭”5类30户，6户家庭被评为长沙市“最美家庭”。联合区委网信办举办“就认这个理 永远跟党走”群众性家庭朗读活动。宣传《中华人民共和国家庭教育促进法》，邀请专家教授解读《湖南省家庭教育促进条例》。在微信公众号上开设“家庭教育”专栏，举办“幸福大讲堂”公益课，聘请专业婚姻家庭咨询师下基层送课13堂。构建“幸福家庭123”工作模式（搭建1个新平台、开展2项咨询服务、建立完善3支调解队伍）。联合区民政局、区司法局、区法院等单位，在区婚姻登记大厅建立雨花区婚姻家庭指导服务中心，为109位群众提供婚姻家庭关系指导，成功调解婚姻家庭矛盾15起；采取政府购买服务方式，由律师团队开展法律咨询服务112人次，由婚姻家庭和心理咨询师团队开展心理咨询服务26人次；建立由专兼职妇联干部、司法调解员和巾帼维权志愿者构成的3支调解队伍，分布在全区网格化管理系统中开展婚姻家庭矛盾排查调解工作。

【关心关爱妇女儿童】 2021年，雨花区推动儿童友好型城区建设。区妇联创建跳马镇田心桥等3个市级示范“妇女儿童之家”，井湾子街道井巷社区等5个区级示范“妇女儿童之家”。开展暑期防溺水宣教活动，在“雨花区妇联”微信公众号上推出暑期防范溺水工作《倡议书》《致全区家长的一封公开信》，开展防溺水安全知识教育讲座20堂。开展青春期性教育安全保护权益课程百场宣讲活动，建立由检察官、心理咨询师、律师、社工等5人组成的性教育公益讲师骨干队伍，免费送课进基层10堂。开展“我为群众办实事”实践活动，办理关爱困境妇女、开展未成年人法治教育等实事7件，开展“送社会关爱”“送法治宣传”“托起明天，助力成长”等专题活动6场。救助困境儿童30名，困境妇女60人，救助资金8万元。参加省妇联发起的“出手吧，姐姐——温暖2021”公益募捐活动，全区筹集善款11.17万元，将所筹善款集中对全区“两癌”困境妇女、困境母亲等92人进行救助。雨花区妇联联合国寿团险雨花支公司开展“户帮户 亲帮亲 互助脱贫奔小康”活动，为圭塘街道大塘社区10名特困妇女捐赠长沙女性关爱保险保障46万元，并现场走访和慰问4户困难家庭。

【维护妇女儿童权益】 2021年，雨花区妇联在“三八”维权周、“11·25”国际反家庭暴力日、“12·4”宪法宣传日等时间节点，开展《中华人民共和国宪法》《中华人民共和国妇女权益保障法》《中华人民共和国反家庭暴力法》等法律法规宣传活动，发放相关资料1万余份。组织基层妇联干部开展《中华人民共和国民法典》等专业知识培训，面向基层妇女儿童开展公益法治课堂，联合区人民检察院举办“送法治安全课堂”下基层活动。做好来电来访工作，接待群众来电来访112人次。

【庆祝“三八”妇女节】 2021年，雨花区妇联围绕“巾帼心向党 奋斗新征程”主题，开展一系列纪念“三八”国际妇女节活动。举办“学党史，颂党恩；学业务，强本领”线上有奖竞答活动，参与人数3037人次。开展“发现美·随手拍”和“我们的‘三八’妇女节”照片征集活动，从300余幅作品中推选出60幅，在“雨花区妇联”微信公众号上推送，展示雨花“她”风采，彰显雨花“她”力量。选树宣传先进典型，在全区评选“三八红旗手”20名，“巾帼建功标兵”10名，“三八红旗集体”10个，“巾帼建功先进集体”10个。推荐获评市级“巾帼文明岗”1个、市级“巾帼建功先进集体”1个、市级“巾帼建功先进个人”1名和市妇联“最美执委”4名。开展“致敬了不起的她 送奖到基层”活动，为获评雨花区2020年度“三八红旗手（集体）”和“巾帼建功先进集体（个人）”颁发证书（奖牌）。

【姜欣考察雨花区儿童友好城区创建工作】 2021年3月9日，湖南省妇联党组书记、主席姜欣一行考察雨花区儿童友好城区创建工作情况。长沙市妇联党组书记、主席文方，雨花区委书记张敏等陪同考察。姜欣一行参观枫树山小学的校园环境，听取学校负责人讲解校园文化建设情况；在圭塘河生态景观公园考察雨花区少儿图书馆，听取雨花区少儿图书馆馆长汤素兰介绍图书馆的创办理念、阅读环境以及开展的少儿公益讲座等情况。姜欣肯定枫树山小学作为“长沙市儿童友好空间十大创新品牌”，在教学理念、校园环境、儿童参与等各个方面都体现“儿童友好型学校”的特征；肯定雨花区少儿图书馆“同心护苗雨润花开”青少年素质教育大讲堂等服务活动，鼓励图书馆不断引导少年儿童培养阅读习惯，积累知识能量。

【全国妇联调研基层妇联组织建设情况】 2021年3月24日，全国妇联联络部部长牟虹一行调研雨花区基层妇联组织建设、国际工作、港澳台工作开展情况。湖南省妇联挂职副主席方琼，长沙市妇联党组书记、主席文方，雨花区委副书记陈永高等参加调研。调研组一行深入了解雨花区东塘街道浦沅社区统战工作开展情况，实地参观浦沅小区24小时自助书屋、“老口子”亲情服务队岗亭和润养护院以及“青苗”活动室、“伊家求索”大讲堂、“家庭和睦园”等妇女儿童活动阵地，观看社区巾帼志愿者拍摄的“浦沅九蝶变”宣传片，听取社区妇联服务基层、参与社会治理的情况介绍。浦沅社区从三个方面凝聚“她”力量，一是建设“巾帼娘子军网格”参与社区治理，按照“1名女性网格员＋N”模式，实现“居民信息时时新，志愿服务我先行，矛盾纠纷平台解”的工作格局；二是打造特色化服务场所“六都邻亲.伊人家园”，构建良好邻里关系，促进小区和谐平安稳定；三是定期举办“里手妈妈”座谈会，听取居民群众意见建议，完善家庭教育服务站、妇女维权站等场所，打造妈咪小屋、37度吧妇女儿童之家等特色服务点。

【省关工委调研关心下一代工作】 2021年4月28日，湖南省政协原副主席、省关工委副主任袁新华带队调研雨花区关心下一代工作，实地考察东塘街道政院社区妇女儿童之家、科普馆、国防教育室、“和馨”委员工作室、老首长工作室等阵地，并进行座谈交流。省妇联党组书记、主席姜欣介绍湖南省妇联关心下一代工作开展情况，雨花区东塘街道政院社区党委书记吴萍，国防科技大学退休教授徐佐林、彭忠秋汇报社区关心下一代工作，提出意见和建议。袁新华肯定政院社区给亲子教育、隔代教育等提供指导服务，老首长工作室为全省“五老”保障树立榜样，委员工作室彰显出政协组织在隔代教育方面的重要作用。

【区妇联执委会议】 2021年5月6日，雨花区妇联第三届六次执委会议召开。会议由区妇联主席喻思旭主持。区委组织部干部科科长刘晓作人事调整说明。会议根据《中华全国妇女联合会章程》、全国妇联《妇女联合会选举工作暂行条例》及全国妇联《妇女联合会执行委员会委员替补、增补及常务委员会组成人员增补的规定》精神，补选谢建姣、朱红梅为区妇联第三届执委，选举谢建姣为区妇联专职副主席。

【国际家庭日活动】 2021年5月8日，雨花区“就认这个理·永远跟党走”——“5·15”国际家庭日学党史颂党恩主题活动暨“雨花巾帼心向党”群众性朗读活动在雨花区井湾子街道井湘社区华盛广场举行。雨花区委副书记陈永高，区委党史学习教育巡回指导组第三组成员，区妇联、区委网信办、井湾子街道工委等单位负责人，以及受表彰的“最美家庭”代表、街道社区志愿者、居民志愿者共200余人参加活动。现场为30户获评2021年度区级“最美家庭”颁奖，“最美家庭”代表毕弘家庭分享家庭故事；上演开场舞《火了火了火》、朗读节目《小区党群鱼水情》《有这样一群人》《传承红色基因》《党啊，亲爱的母亲》、红歌表演《亲吻祖国》《再唱山歌给党听》等文艺节目。

2021年5月6日，雨花区妇联第三届六次执委会议 （邝 鋆 摄）

【幸福里社区“儿童安全喵BUS”项目启动仪式】 2021年6月24日，“多方参与共护成长 儿童友好安全先行”——雨花区幸福里社区“儿童安全喵BUS”项目启动仪式在雨花区黎托街道幸福里社区儿童成长中心举办。长沙市妇联党组成员、副主席钟小珍，雨花区政府副区长刘江红等出席活动。启动仪式由一场情景剧《回家》拉开序幕，演绎校园周边安全问题以及孩子们上下学途中可能出现的紧急情况。《儿童安全喵BUS》项目宣传片解读项目内容和服务方式，让家长和孩子们知道上下学路上可以求助的社区安全站点分布与标识。启动仪式上，相关领导为社区首批入驻的爱心商户授牌。项目志愿者代表宣读保护儿童安全倡议书、儿童安全大使宣读安全承诺书，倡导携手共护儿童成长。幸福里社区联合交警部门、砂子塘魅力之城小学、幼儿园、物业，及爱心企业、商铺等共同打造“儿童安全喵BUS”项目，在校园周边及学生上下学途中50~100米设置1个“爱童驿站”爱心求助站点，为少年儿童提供儿童物资、应急处理、电话服务等。爱心企业、学校、家长、党员志愿者等组成爱心护学岗，倡导居民“慢行十秒”，营造良好的儿童安全交通氛围。

【市级“示范妇女儿童之家”验收】 2021年11月4日，长沙市妇联组联部部长周献一行到雨花区评估验收2021年度市级“示范妇女儿童之家”申报单位。周献一行考察跳马镇田心桥村、黎托街道幸福里社区、左家塘街道阿弥岭社区。通过实地察看、翻阅资料、听取汇报等方式，对3个示范“妇女儿童之家”的阵地建设、队伍建设、制度建设、活动开展、特色亮点工作等方面进行现场考核与工作指导。

【妇女干部培训班】 2021年11月23日，雨花区妇联在区委党校举办“深入学习贯彻中共十九届六中全会精神，凝聚雨花巾帼力量 共创全国一流强区”妇女干部培训班。来自全区妇联系统的96名妇女干部代表参加培训。雨花区委副书记、统战部部长、区委党校校长郭四军传达学习中共十九届六中全会精神和湖南省委常委、长沙市委书记吴桂英调研雨花区的讲话精神。长沙市妇联党组书记、主席文方，雨花区民宗局党组成员、副局长李雄，湖南通程律师事务所律师周雷、湖南映羽美商教育导师黄玮就《湖南省家庭教育条例》、民族宗教理论方针政策、《中华人民共和国民法典》中的继承编、女性气质修炼等课题作专题讲座。区妇联主席喻思旭围绕“深入学习贯彻中共十九届六中全会精神 切实抓好新时代全区妇女思想政治工作”主题探讨新时代下加强妇女思想政治引领工作。

（本栏撰稿 邝 鋆）

科学技术协会

【概况】 长沙市雨花区科学技术协会（简称“区科协”）负责组织开展全区科普工作，牵头实施《全民科学素质纲要》；开展全区学术交流和学术研究；组织开展科普活动；反映全区科技工作者的意见和要求，维护科技工作者的合法权益；宣传、表彰、举荐优秀科技工作者；开展经济、科技、社会事业等方面的软科学研究，参与科学论证、决策咨询；开展国际民间科技合作与交流活动；对全区各类科技团体进行管理和业务指导；开展继续教育和培训等。

2021年，雨花区科协推动全民科学素质行动计划纲要深入实施，整合社会优势科普资源、科普工作网络机制优化、科普活动节点特色以及民愿民需民生，突出服务创新驱动、示范创建引领、科普益民惠民、学会协会功能建设绩效；深化全国科普示范区2021—2025年创建工作，推动全区形成党政主抓、科协牵头、部门协作、社会参与的“大联合、大协作”科普工作格局；统筹指导各街道、社区扎实开展科普示范创建活动，确保新一轮科普示范城区创建工作顺利推进。2021年，雨花区被中国科协命名为2021—2025年度第二批全国科普示范区创建单位。

【组织建设】 2021年，雨花区科协贯彻落实《“科普中国”湖南行动实施方案（2021—2025年）》《“科普中国”湖南行动2021年工作要点》要求，编撰印发《雨花区科协组织建设指导手册》等多种资料，实现社区（村、筹委会）基层科普组织全覆盖。制定《雨花区科协关于推进2021年科普信息员队伍建设的通知》，在长沙民政职业技术学院开展为期20天“科普中国·青春同行”走进高校App活动，2万余人注册成为科普信息员。发挥科普信息员“移动e站”作用，将科学知识及时传播给群众，实现科普信息分类的精准推送。加强与科技工作者的沟通与联系，走访慰问、调研座谈和联谊活动，维护科技工作者的合法权益。砂子塘街道的金地社区、窑岭社区、砂子塘社区试点，推动社区网格化治理理念与基层科协组织建设相融合，以网格治理模式提升基层科普水平。

【科技普及】 2021年，雨花区实施“基层科普行动计划”，发挥示范带动作用，采取“分类指导、规范运行、培养典型、以点带面”的办法，推进“科普示范街镇”“科普示范社区（村）”“科普带头人”创建工作，参与“基层科普行动计划”评选。高桥街道怡园社区、高桥街道五一社区、洞井街道湘天社区、洞井街道高升社区、黎托街道东澜湾社区、黎托街道明城社区6个社区被确认为长沙市“科普示范社区”。组织开展“全国科普日”“全国科技工作者日”“全国科技活动周”“科技三下乡”“防灾减灾宣传周”“全国食品安全宣传周”等系列活动。举办首届“科技工作者杯”乒乓球比赛、“雨花区青少年创客节”活动。推荐优秀作品参加湖南省青少年科技创新大赛、青少年机器人大赛等10余个赛事。

【院士工作站建设】 2021年，雨花区以服务“三高四新”战略目标实施为主线，推进“院士（专家）工作站”建设，配合长沙市科协开展“2021年院士（专家）工作站”的申报评审工作。区领导2次带队走访调研长沙市城市建设科学研究院的院士工作站，了解院士（专家）工作站运行情况，就搭建好企业与院士专家合作的平台，在引进专家、协调建站方面与院士工作站进行交流沟通。举办2021年雨花区首届“院士雨花行”活动，邀请中国工程院院士、哈尔滨工业大学教授任南琪围绕《全域推进海绵城市，实现水污染治理高质量发展》作专题报告。

【科普进校园活动】 2021年3月9日，雨花区科协开展科普进校园活动。区科协考察雨花区万科魅力小学校园e站，了解校园e站的设备使用情况，体验VR火场逃生、垃圾分类等科普设备，询问该校创客教育的开展情况，参观学校科普教育实践基地娃娃农场；实地参观吉联小学吉娃小屋、科学素养中心以及多功能学生会议报告大厅，听取学校近期开展的科普活动及下一步的科普教育工作思路介绍。区科协要求学校强化科技教育意识，确保科技教育落实到位；开展多种科普进校园活动，提高学生的动手能力；多开展特色科普活动，培养学生学习科学知识和使用创造科学的能力。

2021 年 9 月 15 日，2021 年“全国科普日”雨花区主场活动（李　杨　供图）

【高端智库建设】 2021 年 3 月，雨花区科协聚焦优势产业链群和战略性新型产业，广泛征集全区科技工作者建议，梳理各自重点、难点、痛点、堵点，组织动员相关单位及企业征集 2021 年度决策咨询研究课题，为科学决策提供智力支撑，向长沙市科协申报相关课题 7 个。12 月，完成 2022 年中国科协年会内容设置和高端智库调研课题方向提出意见建议。

【青少年科教活动】 2021 年 4 月，雨花区青少年创客节活动举行，为青少年提供展示自我的平台。活动组织参加长沙市教育局举办的青少年科技创新大赛，获得一等奖 19 个，二等奖 29 个，三等奖 56 个；组织参加湖南省教育厅举办的航空航天模型竞赛中，获得一等奖 65 个，二等奖 126 个，三等奖 133 个；参加湖南省青少年机器人竞赛，获得一等奖 4 个，二等奖、三等奖各 1 个。9 月，雨花区向长沙市科协推荐 13 名优秀青少年申报 2020—2021 年度长沙市优秀青少年科技创新人才，7 位中小学生成功入围候选人。

【雨花区首届“科技工作者杯”乒乓球赛】 2021 年 6 月 25 日，雨花区首届“科技工作者杯”乒乓球赛在长沙市雨花区东山全民健身中心举行。该活动以“众心向党 自立自强”为主题，来自全区的 22 支队伍 175 名科技工作者参加。雨花区科协联队获得第一名、区教育局获得第二名、区卫健局、井湾子街道办事处获得第三名。

【全国科普日雨花区主场活动】 2021 年 9 月 15 日，“百年再出发，迈向高水平科技自立自强”2021 年全国科普日雨花区主场活动在雨花区树木岭小学举行。湖南省科协党组成员、副主席刘晓河，长沙市科协副主席夏立新，雨花区政府副区长提名人选周明，及全区各街道（镇）相关负责人、树木岭小学全体师生 1000 余人参加活动。刘晓河致辞。雨花区科协联合区教育局、区卫健局、区农业农村局、区生态环保局深入校园、社区、农村、机关、企业，针对垃圾分类、低碳节能、健康生活、食品安全、空气质量等社会热点问题广泛开展科普宣传活动和移风易俗、弘扬时代新风行动，在全区形成区、街镇、社区、学校“上下联动、共同参与”的科普宣传工作格局。

（本栏撰稿　李　杨）

归侨侨眷联合会

【组织建设】 2021 年，长沙市雨花区归侨侨眷联合会（简称“区侨联”）围绕凝聚侨心侨力、同圆共享中国梦的新时代侨务工作主题，坚持“以人为本、为侨服务”的根本宗旨和“以侨为桥、以侨联侨”的工作思路，抓实思想政治工作、加强组织机制建设，打造联系侨界群众密切、服务侨界群众有力的坚强群团组织。第三届班子成员中主席 1 名，兼职副主席、委员 13 名，其中，市人大代表 1 名，区政协委员 7 名。省、市侨商会会员 20 名。指导宋旦汉字艺术博物馆成功创建湖南省华侨文化交流基地、长沙市华文教育基地，东塘街道省人大社区被评为长沙市“侨胞之家”。承办长沙市侨办“侨心向党·同梦同行”建党百年学习分享会暨“红色家风 代代相传”百家姓最美家风展。拍摄的“侨心向党 同梦同行”建党百年视频，获湖南卫视国际频道、红网、时刻新闻等媒体转载采用。

【服务社会】 2021 年，雨花区探索服

2021 年 6 月 17 日，“侨心向党·同梦同行”建党百年学习分享会（龚　鹏　供图）

务新侨创业立业的新方式，吸纳优秀代表人士加入侨联组织、鼓励和引导其参与侨联事务。实施“精侨之家”项目，为56名老侨提供家政保洁、精神慰藉、生活照料等服务808小时。组织侨企参与创客中国雨花赛区选拔赛和2021年长株潭中小企业“专精特新”大讲堂。围绕自贸区建设，走访联络入驻高桥区块的湖南驻非商协会成员，并接待湖南省侨青委会长、委员和常德市侨联考察团到雨花区块考察。联合区法院、区工商联在高桥街道成立区涉侨纠纷多元化解工作站，为侨界人士提供快速解纷服务。举办“品传统文化·赏汉字魅力”文化交流活动。发起“侨心向党，侨爱暖心”公益活动，自行募集爱心款和物资，争取省侨联相关负责人支持进行“一对一”帮扶，在端午前和中秋节前夕对3户困侨家庭进行慰问。在河南水灾、防疫战疫中，侨联成员自发捐赠。

【学习分享会】 2021年6月17日，长沙市“侨心向党·同梦同行”中国共产党成立100周年学习分享会暨“红色基因 代代相传”百家姓最美家风展在湖南省宋旦汉字艺术博物馆举行。雨花区委常委、统战部部长成钢，归侨侨眷代表，家风作品代表，企业家和各界媒体朋友等60余人参加活动。与会人员重温中国共产党百年历程。播放纪录片《侨心向党·同梦同行》展现百年间星城长沙侨界人士接续奋斗，热情参与革命、建设和改革的历程；湖南省金牌志愿者、86岁加拿大侨眷鲁遐龄讲述其工作60年的故事；部分归侨、归国留学生代表讲述对中国共产党的祝福和对祖国的热爱。湖南省侨青委副会长、音唯爱钢琴双语艺术中心学校创始人谢振等归国留学生代表领衔演唱《我和我的祖国》。长沙市委统战部副部长、市政府侨办主任饶福明表示，希望侨务部门、侨联组织当好侨界群众贴心人、侨务工作实干家，带领广大侨界人士在助推经济发展、传播中华文化上有新举措，在推动构建人类命运共同体上作出新的更大贡献。现场举行“红色基因·代代相传”百家姓最美家风展，湖南省华侨文化交流基地、华文教育基地——湖南省宋旦汉字艺术博物馆邀请100位华人华侨书写自己的姓氏、家风家训。龚梓欢分享“华侨旗帜 民族光辉”陈嘉庚先生和开国元帅陈毅的家风故事。

（本栏撰稿　龚　鹏）

工商业联合会

【概况】 长沙市雨花区工商业联合会（总商会）（简称“区工商联”）是雨花区委领导下面向工商界、以非公有制企业和非公有制经济人士为主体的人民团体和商会组织，具有统战性、经济性、民间性质的社会团体组织和民间商会，是党委和政府联系非公有制经济人士的桥梁纽带，是政府管理和服务非公有制经济的助手，工商联工作是统一战线工作和经济工作的重要内容。

2021年，雨花区有商协会15家，包括直属商会2家和街镇商会13家；会员2701个，其中个人会员1907个，企业会员776家，团体会员18家。区工商联围绕思想政治引领、强化政企沟通、组织交流培训、商事纠纷调解、履行社会责任等工作，组织民营经济代表人士开展主题教育活动9次，交流活动8场，推荐“两代表一委员”39名，联合区委统战部开展民企大走访行动，商调受理纠纷1006起，组织企业社会捐赠超500万元。召开雨花区工商联（总商会）第六次会员代表大会，选举产生执常委和领导班子。区工商联提交的《基层商会党组织建设创新研究——以雨花区基层商会党组织建设为例》调研课题获长沙市工商联系统优秀调研成果二等奖，《关于创新商事调解工作机制的建议》获长沙市工商联系统优秀社情民意信息二等奖，区总商会商调中心《调解商事纠纷 服务民营企业》项目入选全国50件创新成果，被评为商会调解创新案例。雨花区工商联被评为湖南省“五好”（领导班子好、会员发展好、商会建设好、作用发挥好、工作保障好）县级工商联。

【组织建设】 2021年，雨花区工商联组织会员参观田汉故居、参与宁乡市花明楼镇“雨花统战 同心向党”主题活动，参加雨花区统一战线“同心悬谈”活动；组织会员企业参加雨花区非公有制经济代表人士培训班，组织民营经济代表人士、联点社区党员群众参与湖南抗战历史回眸讲座暨观影等特色主题教育活动；发动各基层商会和会员企业收看庆祝中国共产党成立100周年大会直播，组织基层商会、优秀会员代表召开学习贯彻长沙市第十四次党代会精神座谈会、学习贯彻中共十九届六中全会精神座谈会，召开常委会，向民营企业家传达学习省第十二次党代会精神、市第十四次党代会精神、区第六次代表大会精神，推动中共党史学习教育向民营经济领域有效覆盖。推动民营经济党建工作，促进“两个健康”（非公有制经济健康发展和非公有制经济人士健康成长），将基层商协会党建工作作为推动民营经济高质量发展的主要抓手，推进商协会组织“两个覆盖”（党的组织覆盖和工作覆盖）。指导跳马镇商会、黎托街道商会、井湾子街道商会、同升街道商会、东山街道商会、洞井街道商会成立党支部。联合区委两新工委出台《雨花区商协会组织党建工作规划纲要（2021—2023）》。

【参政议政】 2021年，雨花区工商联收集民营企业意见建议，拓宽民营企业参政议政渠道，发现、培养和推荐一批年轻一代民营经济代表人士。推选39名执常委成为党代表、人大代表和政协委员，推荐3名企业家担任市营商环境监督员、30名企业家担任区营商环境特约监督员。引导民营经济人士围绕区域经济发展和群众普遍关心的热点、难点问题开展调研走访，撰写调研文章2篇，收集建言献策16篇，提交各类议案、提案15件，金点子1篇。配合省、市工商联高效完成“2021年湖南省营商环境主观评价调查问卷”填报工作，组建94名民营企业家数据库，组织55名执常委企业参与网上问卷调查填报。创建总商会班子、执常委企业及基层商协会交流微信群，及时传达各类重要会议、政策文件精神和花区经济社会各项事业发展成就。实地走访13个基层商会和123名会员企业，了解基层商协会以及会员企业发展情况，与会员企业加强交流，全面收集民意企业家意见和建议。通过政企交流座谈会畅通沟通渠道，邀请商协会和民营企业家代表列席区委经济工作会议；组织30家企业代表参加基层商会举办的"政企心连心，聚力促发展"座谈会；组织15家企业参加雨花金融、税务"问需求、优服务、为民办实事"拟上市企业座谈会，对企业实现精准帮扶。

【经贸交流】 2021年，雨花区举办各类商协会"助力实施'三高四新'战略，打造中国特色商会组织"工作座谈会，30余家省、市、县级商协会组织负责人参加会议，现场达成商协会党建工作联建共建合作意向。区工商联（总商会）会员企业晓光汽车模具、长步道光电科技、中南智能作为长沙企业代表接受湖南省实施"三高四新"战略产业项目建设推进现场观摩会观摩。接待重庆市永川区工商联等多部门考察调研雨花区优化营商环境工作，雨花区工商联与永川区工商联就推动两地民营经济高质量发展交流经验；云南省勐海县工商联到雨花区调研，双方交流多元化商事纠纷调解机制、政务自助服务、营商环境等工作；新疆生产建设兵团第十师北屯市工商联和长沙市望城区工商联到雨花区调研交流。组织区总商会商调中心成员到南京、无锡等地交流学习考察。接待组织所属商会和会员企业参与"银政企"对接活动，现场为企业融资5.5亿元。引导会员企业晓光模具工匠学院与株洲云龙区签订合作协议。组织会员企业参加2021年"民营企业标准化公益大讲堂"和"全国工商联第四期劳动法进民企暨企业规范用工云讲堂"培训。承办长沙市"商事调解工作推进会暨法律服务进商会"专场活动，长沙市各区县工商联商调工作人员，雨花区区属商会秘书长等80余人参加培训。组织企业参加2021中小企业培训第六场——"银企共筹"企业与银行对接会和长株潭民营企业创新能力提升培训班。

【调解商事】 2021年，雨花区推动总商会商事调解中心零费用、高效率调处企业商事纠纷，区总商会商事调解中心设主任1名，专职调解员2名，兼职调解员23名，案件的来源主要当事人主动申请、辖区各商会（部门、组织）引介和法院移送、委派、邀请，大部分案源来自法院的诉前移送。2021年，受理纠纷1006起，调结538起，调结成功率53.5%，涉及金额1.5亿余元。其中工商联商会调解服务平台收案280件，当事人主动申请32起，司法确认32起，在线视频调解结案218起。区总商会商调中心与法院的"一站式"多元解纷机制相结合，探索"调解+速裁"模式，案件经商调中心调结后，中心出具商事调解书，商事调解书具有合同效力，若当事人不能及时履行或者当事人认为有必要做司法确认的，调解员及时与速裁庭法官沟通，做到同日走完司法确认的所有流程，赋予调解协议的强制执行效力。区总商会商调中心被聘为长沙市中级人民法院的特邀调解组织。联合雨花区司法局、区法院印发《关于成立雨花区基层商会商事调解工作站的实施方案（试行）》，在高桥街道、洞井街道、井湾子街道、跳马镇成立4个基层商会商事调解工作站，明确对工作站人员组成、调解受理范围、受理原则、经费保障、责任分工、工作要求等，促进商事调解工作向基层延伸。区侨联、区工商联、区法院联合在湖南自贸试验区高桥片区成立雨花区涉侨纠纷多元化解工作站，建立诉讼与非诉讼相结合的涉侨纠纷解决机制，成立涉侨纠纷调解专家库、调解员库，建立涉侨纠纷诉调对接工作机制，打造全区涉侨企业纠纷集约化解中心。联合司法、法院等部门到会员企业开展法律宣讲活动，走访中宏凯创集团、洞井建筑公司，听取企业在经营过程中的困难，针对性地提出法律建议。区总商会商调中心走访辖区内的商会及企业，上门普法宣传，提前介入指导纠纷化解，免费受理非公有制企业的各类民商事纠纷，助力区域内营商环境的优化。

【服务社会】 2021年，雨花区工商联引导辖区各类商协会和民营企业投身乡村振兴和社会公益事业，开展"万企兴万村"行动。会员企业可孚医疗科技股份有限公司为雨花辖区各影院捐赠口罩20万个；红星实业集团向湖南省张家界市和河南省周口市捐赠80万元防疫及生产物资，为当地抗疫或复工复产提供支持；湖南海牧广告有限公司捐赠现金及防疫物资14万元。会员企业湖南鼎顶湘滋味科技股份有限公司参与"2021让幸福来敲门"新春公益活动，向全市25个社区70余个困难家庭捐赠半成品预制菜礼盒。会员企业湖南三十九铺茶业有限公司2021年公益捐赠金额316万元。湖南立承建设有限公司向河南抗洪救灾捐赠10万元物资。和平体育连续3年在桑植县开展扶贫助学活动，共捐赠文体用品8万元。联合雨花区人社局开启直播招聘"春风行动"新模式，全区50余家民营企业参加，提供岗位8000余个，600余人达成初步就业意向。组织长沙比亚迪股份有限公司、鹏泽生物有限公司等5家会员企业参加2021年长株潭民营企业招聘月暨雨花区高校毕业生就业服务季活动线上招聘会。组织爱心企业到溆浦县对接产业对口帮扶和助学捐赠公益系列活动。区政协主席会议部分成员和民主党派工委主任、部分政协委员一行25人组成爱心团到龙山县石牌镇开展爱心助学公益活动。组织部分会员到湖南跳马园林有限公司进行观摩学习。开展"引老乡、回故乡、建家乡"活动，跳马商会吸引返乡人员游立伟创办长沙市鲜之绿农产品有限公司，解决60余名农村剩余劳动力就业。引导井湾子街道商会、会员企业红星实业集团有限公司联点跳马镇白竹村开展"万企兴万村"行动。

【会员荣誉】 2021年，雨花区工商联（总商会）涌现一批先进个人和先进集体。副会长胡德安获民建中央参与脱贫攻坚先进个人。常委长沙市比亚迪汽车有限公司党委书记、总经理周晓州，常委单位湖南晓光汽车模具有限公司董事长朱晓永，执委单位长沙长泰智能装备有限公司党委书记、董事长简泽丰被评为“新湖南贡献奖先进个人”。副主席龙凤舞被授予“长沙市第十五届人民代表大会优秀代表”称号。执委单位长沙长泰智能装备有限公司获得工信部“第一期人工智能产业创新揭榜优胜单位”、工信部“国家重点支持‘专精特新’小巨人企业”。常委戴勇坚获得“全国优秀律师”称号。常委杜俊鸿被评为“2021 年省优秀党务工作者”。执委李章被长沙市委组织部和市委非公有制经济组织和社会组织工作委员会联合授予“优秀共产党员”称号，中共思齐芙蓉教育集团委员会被授予“标杆引领先进基层党组织”称号。执委周红文被评为长沙市律师行业 2021 年度优秀共产党员。会员企业上海建纬（长沙）律师事务所党支部获评湖南省非公有制经济组织和社会组织优秀先进基层党组织。会员企业湖南方圆建筑工程设计有限公司获 2021 年度长沙市勘察设计协会先进集体，副董事长李建辉获先进个人。会员企业湖南中汇税务事务所有限公司党支部被授予“全国税务师行业先进基层党组织”称号。会员企业天人安装建设有限公司获得长沙市住建局“建筑施工 AAA 信用企业”。会员企业中技建设咨询有限公司被岳阳市发展改革事务中心评为“2021 年度政府投资项目概算协作评审工作先进单位”。会员企业长沙市比亚迪汽车有限公司涂装面漆团队获“全国工人先锋号”。雨花区委、区政府通报表扬 2021 年度在区域经济发展中做出突出贡献的企业（单位），长沙市比亚迪企业有限公司获税收突出贡献企业；长沙长泰智能装备有限公司、湖南晓光企业模具有限公司、湖南长步道光学科技有限公司、湖南申亿精密零部件股份有限公司、湖南中南智能装备有限公司、唐智科技湖南发展有限公司、湖南驰众机器人有限公司、长沙市比亚迪企业有限公司、湖南大族激光智能装备有限公司 9 家会员企业获先进制造业突出贡献企业；湖南高桥大市场股份有限公司获开放型经济突出贡献企业；湖南三十九铺茶叶有限公司、红星实业集团有限公司、湖南雨花非遗馆获公益事业突出贡献企业；湖南鑫盛实业有限公司长沙华晨豪生大酒店获安全生产工作先进企业。

【区工商联会员活动】 2021 年 3 月 26 日，“助力实施‘三高四新’战略，打造中国特色商会组织”工作交流会在圭塘街道举办，湖南省温州商会、省陕西商会、省职业经理人协会、省电线电缆行业协会等 30 余家省、市、县级商协会组织负责人受邀参加。6 月 24 日，“雨花统战 同心向党”——雨花区统一战线庆祝中国共产党成立 100 周年主题活动在宁乡市花明楼镇开展，部分民营经济代表人士参与活动。9 月 18 日，“用我一湘壮山河——湖南抗战历史回眸”专题讲座暨现场观影活动在洞井街道长沙京师律师大厦开展。9 月 23 日，雨花区民营经济代表人士培训在区委党校开班，来自全区各行业的民营企业家及驻区商协会负责人共 90 余人参加。10 月 9 日，雨花区工商联学习贯彻长沙市第十四次党代会精神座谈会在上海建纬（长沙）律师事务所召开，15 位民营企业家代表参加会议。11 月 12 日，2021 年长沙市中小企业投融资培训第六场“银企共筹”企业与银行对接会，组织雨花区工商联 5 位民营企业家参会。11 月 25—28 日，长沙市工商联举办“2021 年长株潭民营企业创新能力提升培训班”，雨花区组织 4 位民营企业家参会。12 月 6 日，雨花区工商联女企业家商会开展“女性养生与抗衰”为主题的会员活动。

【“民企大走访 同心促发展”暖企活动】 2021 年 4 月 1—9 日，雨花区统一战线开展“民企大走访 同心促发展”暖企活动暨区工商联（总商会）换届工作新进执委建议人选考察工作，实地走访考察雨花区工商联（总商会）2021 年换届工作新进执委建议人选 77 名。区人大常委会副主任、区工商联主席莫志刚带队考察 13 人，区委统战部常务副部长谢淑贞带队考察 11 人，区委统战部副部长谢锋带队考察 9 人，区委统战部副部长、区工商联党组书记程缅带队考察 16 人，区侨联主席邹霞带队考察 14 人，区工商联副主席戴鹰带队考察 14 人。主要对考察人选思想状况和政治表现以及企业的经营状况等方面进行了解，同时向考察人选宣传工商联性质、会员义务权利，通

2021 年 7 月 27 日，雨花区工商联走访会员企业湖南中南智能装备有限公司

（高 狄 供图）

过走访与考察人选建议并保持联系，加强后续交流。区委统战部部务会成员及干部，经开区经济发展局负责人、各街镇分管经济副职及专干参与考察。6月25日至7月30日，雨花区工商联（总商会）对区工商联（总商会）兼职副主席（副会长）、基层商会会长、常委、部分新进执委开展调研，了解商会注册、商协会党建摸底、商事调解工作研讨、收集建议诉求等情况，走访会员企业53家、基层商会13个、雨花经开区商会、雨花区文化创意产业协会；收集整理共性建议7条，营商环境问题2个。

【区工商联第六次会员代表大会会议】2021年4月29日，雨花区工商联（总商会）第六次会员代表大会召开。全区各行各业非公有制经济代表人士，雨花经开区、区直相关部门、各街镇及群团组织负责人，各民主党派区工委、区知联会代表等220余人参加会议。雨花区委常委、统战部部长成钢主持第一次全体会议暨开幕式，区政府副区长、致公党雨花区工委主委易静代表区各民主党派、无党派人士向大会致贺词，区人大常委会副主任、工商联（总商会）第五届主席莫志刚向大会作工作报告。区委书记张敏表示，找准工商联工作的切入点、着力点和突破点，服务中心大局，扎根雨花发展，把企业做强做优。长沙市政协副主席、市工商联主席彭继球鼓励区工商联带领全区企业家凝聚思想共识、激发奋进新动力，服务中心大局、抢抓发展新机遇，坚持固本强基、闯出改革新路子。区委统战部副部长、区工商联党组书记谢锋主持第二次全体会议，审议并通过雨花区工商联（总商会）第六次会员代表大会选举办法，选举产生区工商联（总商会）第六届执行委员名单。谢锋主持第六届执委会第一次会议，选举产生区工商联（总商会）第六届常务委员和第六届领导班子127人，其中，主席（会长）1人，常务副主席（副会长）1人、专职副主席（副会长）1人，专职副主席（副会长）兼秘书长1人，工商联兼职副主席6人，总商会兼职副会长10人、常委23人、执委84人；审议并通过雨花区出席市工商联（总商会）第十五次会员代表大会代表人选名单和《长沙市雨花区工商业联合会（总商会）第六次会员代表大会关于第五届执行委员会工作报告的决议》，莫志刚代表新一届工商联（总商会）领导班子作就职发言，成钢总结发言。执委中有72名为新会员，其中符合“三高四新”战略的企业占比36%，包含比亚迪、大族激光、中南智能、长步道、申亿五金等重点企业，“80后”的会员有48名。

2021年4月29日，雨花区工商业联合会（总商会）第六次会员代表大会（龚　鹏　供图）

【商会调解工作推进活动】2021年6月30日，长沙市工商联联合雨花区工商联开展商会调解工作推进暨法律服务进雨花区专场活动。长沙市工商联（总商会）副主席（副会长）田桂元一行实地观摩雨花区总商会商事调解中心，了解商事调解中心组织建设、调解模式、调解规则等情况。田桂元主持活动，雨花区人大常委会副主任、区工商联（总商会）主席（会长）莫志刚致辞。长沙市中级人民法院诉讼服务中心主任杨桅作《完善诉调对接机制，高效化解涉企纠纷》的专题授课；长沙市工商联法律顾问团成员、上海建纬（长沙）律师事务所律师戴勇坚，阐述如何做好商会商事调解工作。长沙市各区县（市）工商联分管法律服务工作负责人，市工商联商会调解员及调解工作站工作人员，市工商联直属商协会秘书长以及雨花区区属商会秘书长等80余人参加培训。

【对口帮扶溆浦行动】2021年9月2日，溆浦县委统战部副部长、工商联党组书记郭泽良率领溆浦县工商联相关人员到雨花区工商联座谈交流乡村振兴工作。11月10—13日，区政协会同区委统战部、区工商联率部分区政协委员、政协之友、公益机构和爱心企业负责人一行共14人，到溆浦县开展产业对口帮扶、捐赠助学等公益系列行动。对溆浦县三江镇学校和油洋乡中心小学开展同心绿色书屋捐赠和“爱心无止境助学暖人心”捐资助学活动。区工商联（总商会）会员企业红星实业集团副总经理杨林波、红星盛业食品有限公司副总经理欧阳泽现场与溆浦县兴农合作社、绿之然农业发展有限公司等企业就红星农批市场展位、生猪屠宰基地等事项达成具体合作意向，帮助溆浦县搭建农产品基地建设和农产品消费协作的绿色通道。确定溆浦县“困境儿童”爱心帮扶等首批共建公益项目，以群英会为执行主体，推动搭建溆浦县乡村振兴互动

2021年12月9日，雨花区工商联（总商会）六届一次常委会　（袁　姣　摄）

公益平台，为溆浦乡村振兴持续助力。

【民营经济代表人士培训班】 2021年9月23日，雨花区民营经济代表人士培训在区委党校开班。全区各行业的民营企业家及驻区商协会负责人90余人参加。长沙市委党校教务处处长、副教授、湖南师范大学兼职教授金庭碧以《不可逆转的历史进程》为题，从“理解中华民族伟大复兴的政治宣言”“回望中华民族伟大复兴的坚实基础”“展望中华民族伟大复兴的光明前景”3个方面，解读“习近平总书记在庆祝中国共产党成立100周年大会上的讲话”精神；自由贸易试验区长沙片区雨花党工委书记、管委会主任肖向东作《湖南自贸试验区长沙片区雨花区块政策解读》专题讲座，解读湖南自贸区长沙片区雨花区块的基本情况，省、市、区三级政策和改革创新举措，介绍自贸区的发展规划及产业、招商、税收、人才等方面的优惠措施。

【区工商联六届一次常委会议】 2021年12月9日，长沙市雨花区工商联（总商会）六届一次常委会议召开。雨花区工商联（总商会）全体常委、基层商会会长以及区工商联全体干部参加会议。区工商联（总商会）主要负责人传达学习湖南省第十二次党代会精神、长沙市第十四次党代会精神、雨花区第六次代表大会精神。区总商会商事调解中心相关负责人汇报商调中心主要情况，具体介绍为维护会员企业权益，营造良好营商生态做的主要工作案例。会议审议并通过《长沙市雨花区总商会章程（草案）》、总商会年度财务报告、会费管理委员会成员名单、监督委员会成员名单和监事人人选。雨花区人大常委会副主任、区工商联（总商会）主席（会长）莫志刚作工作报告。会议强调，要增进政治共识，开展理论培训，加大宣传教育，推进参政议政提质；要优化营商环境，帮解企业难题，搭建合作桥梁，商事调解维权；要组织动员基层商会、企业、会员个人担当社会责任，助力乡村振兴，深入推进“万企兴万村”行动，开展公益活动，参与社会公益事业；要加强自身建设，做好基层商会注册登记工作，抓好商会团结共建，搞好会员队伍建设，努力建设一支数量充足、素质优良、结构合理的民营经济代表人士队伍。

（本栏撰稿　袁　姣）

残疾人联合会

【概况】 长沙市雨花区残疾人联合会（简称“区残联”）主要职能是为残疾人提供代表、服务和管理保障。

2021年，雨花区贯彻落实“发展残疾人事业，加强康复服务”的总要求，加强思想政治建设，积极破解发展难题，推进残联各项工作，保障全区残疾人的稳定和谐。2个省级民生实事项目——困难残疾人家庭无障碍改造和残疾儿童康复救助均超额完成，0～14岁残疾儿童康复救助项目完成任务326名，项目投入资金1136万元，完成工作进度137%，家长满意率、康复有效率95%；困难残疾人家庭无障

2021年11月26日，雨花区代表获长沙市“善行四十佳”表彰（曾灿红　供图）

碍改造实际完成41户，残疾人满意度100%。完成曹家坡社区无障碍改造。雨花区残联被评为2021年度全市残疾人工作“红旗单位”。

【组织建设】 2021年，雨花区残联将残疾人证、爱心卡办理、就业年审、残疾儿童救助审批等原分散在4个业务部室的业务合并到行政审批服务，将组织宣传、教育就业工作与办公室合并。编制22项管理制度，用制度管人、管事、管项目、管执行。开展一系列“残疾人永远听党话、感党恩、跟党走”活动，弘扬扶残助残的良好社会风尚。雨花区心飞翔残疾人艺术团、郭艳、阮敏、龙菊峰、孙家闯、殷正林等获湖南省爱心个人、长沙市“善行四十佳”表彰。雨花区残疾人运动员李霞、杨智远等参加全国第十一届残运会暨第八届特奥会获得1金4银2铜。

【康复服务】 2021年，雨花区推进残疾人精准康复服务行动，基本康复服务率和辅具器具适配服务率均为100%。为0～17岁残疾儿童实施康复救助715名；为10名贫困残疾儿童发放康复陪护补助，为32名0～14岁残疾儿童实施辅助器具、肢体矫治手术、人工耳蜗、假肢等救助，为334名残疾人适配辅具，为93名白内障患者实施手术救助，为3名缺肢残疾人实施免费假肢装配。

【就业服务】 雨花区落实就业政策，抓实就业招聘、“两补”（困难残疾人生活补贴和重度残疾人护理补贴）审核和居家托养等工作。开展“就业援助月”相关活动，组织残疾人专场招聘会2场，实名制纳入培训计划的残疾人2人，帮助残疾登记失业人员实现就业4人，1人申请残疾人创业扶持，4家机构申请盲人按摩扶持，12人申请个体工商户养老保险补贴。企事业单位按比例安排残疾人就业情况核定439家，审核残疾人947名。雨花区6家定点残疾人托养机构共托养215名残疾人，居家托养服务对象80名。为207名集中托养残疾人和38名机构工作人员购买意外险和疫情险，给予资金补贴3万元。残疾人助学共资助对象218名，发放补贴67.1万元。落实“联村帮户、四帮四促”乡村振兴项目，投入5万元联点帮扶跳马镇冬斯港村，投入20万元结对帮扶溆浦县。

【维权服务】 2021年，雨花区落实残疾人法律顾问坐班制度，免费提供法律咨询服务；健全和完善残疾人信访工作机制，落实残疾人信访维权信息互通机制，畅通信访渠道，接待来信来访160余起，“12345”工单85条，处理的及时率、办结率、满意率始终保持100%。主办普法培训4次、讲解宣传民法典和禁毒知识。落实13家为残服务机构的安全生产责任，3次召开调度会落实有关安全生产会议精神。

【国际残疾人日活动】 2021年12月3日，“守望幸福志愿情 如歌岁月颂党恩”雨花区第30次国际残疾人日暨雨花区直机关党员志愿者主题党日活动举行。活动在群口快板《感谢领导和同志们》中拉开帷幕，上演心飞翔艺术团轮椅飞歌组合的《清晨 我们踏上小道》、舞蹈《种太阳》等文艺节目。区残联、区直机关工委、长沙市中医康复医院党总支、窑岭社区党总支、“心飞翔”残疾人艺术团党支部、“蓝的”雷锋车队等多家单位将全区从未出过门的13名重度残疾人接到现场一起欣赏节目。

（本栏撰稿 曾灿红）

2021年12月3日，雨花区第30次国际残疾人日暨雨花区直机关党员志愿者主题党日活动

（曾灿红 供图）

法 治

政法委及综合治理工作

【概况】 中共长沙市雨花区委政法委员会，是区委领导和管理政法工作的正科级职能部门，主管全区政法工作。下设雨花区法学会办公室、区综治中心。

2021年，雨花区全面推进平安雨花、法治雨花和过硬队伍建设，提升司法公信力、提高政法工作能力水平，推进社会治理能力现代化。全区政法机关举办习近平法治思想专题讲座11场、政治轮训9期，开展中共十九届六中全会精神专题辅导以及省、市、区党代会精神宣讲8次、理论中心组学习60次。组织召开区委政法委员全体（扩大）会议，组织政法委员述职。举办全区政法系统干部队伍建设及意识形态培训班；积极传播雨花政法声音，做优“平安雨花”公众号、区公安分局“网、报、台、微‘四位一体’”矩阵等宣传平台。雨花区连续15年保持“湖南省平安县市区”称号；被长沙市委、市政府评为2021年度全市维稳工作红旗区、信访工作责任目标管理考核优秀单位、综治工作优秀区、反邪教工作优秀区；为期三年的扫黑除恶专项斗争收官，被评为全市扫黑除恶专项斗争优秀集体。区委政法委被评为全市文明单位；区法院被评为全国优秀直播法院、全国司法宣传和通联工作先进单位；区检察院被评为全国检察宣传先进单位、全省检察机关扫黑除恶专项斗争先进集体；区公安分局被评为全市公安机关庆祝建党100周年安保维稳成绩突出单位、全市公安机关新时代县域警务成绩突出单位；区司法局被评为全国组织宣传人民调解工作先进集体。

【安全保卫】 2021年，雨花区以做好中国共产党成立100周年安全工作为牵引，抓好防风险、保安全、护稳定各项工作落实。贯彻总体国家安全观，成立区委国家安全委员会，下沉街镇组织开展全民国家安全教育日宣传等。完成庆祝中国共产党成立100周年、中共十九届六中全会、湖南省第十二次党代会、长沙市第十四次党代会、第二届中非经贸博览会、省花博会等重大活动及节点时期安保任务20余次。加强社会面管控“显性用警”，推进乡村“雪亮工程”（即以县、乡、村三级综治中心为指挥平台、以综治信息化为支撑、以网格化管理为基础、以公共安全视频监控联网应用为重点的“群众性治安防控工程”）建设，开展“护校安园”活动；开展铁路沿线安全环境整治和安全隐患大排查，基本完成赵家冲特大桥大堰塞湖险情排除工程；组织防范严重精神障碍患者肇事肇祸行为和应急处置培训演练。

【平安建设】 2021年，雨花区开展严打整治“百日会战”等系列专项行动；推动区委出台“十大平安”创建工作方案以及提升公众安全感等3个子方案，创新落实“公职人员大走访”“政法单位平安述职”“区级模拟民调”等8项举措，在2021年湖南省对区县的公众安全感调查（综治民调）中，雨花区成绩排名跃升近40位，首次迈入全省百名榜单。落实全国扫黑办“抓好十件事”的年度重点任务，常态化开展扫黑除恶斗争，部署开展火车南站地区重点整治，推动交通运输等重点行业领域“大扫除”。加强对新时代“枫桥经验”的创新实践，紧贴区情编制《雨花区市域社会治理现代化试点工作项目书》，探索打造“‘13+X’矛盾纠纷多元化解新模式”和“建立健全‘二化三中心’（基层治理网格化、信息化，综治中心、网格管理中心、应急指挥中心）的基层治理体系”2个区域特色，在街镇形成“红管家”等亮点品牌，构建以“党建引领、多元解纷、‘三治’融合”为核心的诉源治理模式，有关试点创新经验在全市诉源治理工作推进会等平台交流推广，6次被市级试点工作专刊上宣传推介。

【服务社会】 2021年，雨花区全面深化依法治区，部署推进法治政府建设示范创建工作，顺利迎接中央依法治国办第五督察组法治政府建设实地督察，《长沙晚报》专栏2次报道雨花区法治建设情况；全面启动“八五”普法工作，举办“送法下乡”、“6·26”

国际禁毒日等主题法治宣传活动100余场次；加大执法监督力度，推行行政执法“三项制度”，规范执法司法行为。打造法治化营商环境，区委政法委统筹督促政法各单位落实好法治保障指标工作，推动健全落实府院联席会商机制，促成新城新世界等项目征拆历史遗留问题妥善解决；指导区人社局联合区法院、区司法局建成全省首个区级劳动纠纷“一站式”调处中心，成功调解劳动纠纷306件，调解模式在全市推广；区法院加大企业家权益保护力度，负责保护中小投资者、执行合同、办理破产等指标工作成为全市标杆；区检察院筹建派驻自贸区检察室，建立自贸区案件办理绿色通道和案件审前经济评估机制，为自贸区建设提供精准法律服务；区公安分局创新“项目警官”“园区警务”机制，提升涉企服务水平；区司法局通过普法宣传、以案释法、法律咨询服务等途径，营造浓厚的法治宣传氛围。全域推进司法体制和工作机制改革，坚持以改革和建设破解工作难题、提升执法司法效能，区委政法委完善机关运行机制和工作制度10余项；区法院深耕“一站式”工作品牌建设，新设立物业服务合同纠纷专业审判合议庭和物业纠纷调解工作站，推动全区物业矛盾纠纷多元调解、速裁快审；区检察院配合市法学会成立全国首个司法诚信与虚假诉讼（仲裁）治理研究中心，推动虚假诉讼（仲裁）法学理论正确指导司法实践；区公安分局依托“互联网+公安政务服务”平台，实施“数据警务”战略，优化公安政务服务；区司法局加大“智慧矫正中心”建设力度，提升社区矫正规范化、专业化、信息化建设水平。

【区委政法委员会全体（扩大）会议】 2021年12月16日，雨花区委政法委员会全体（扩大）会议召开。会议深入学习中共十九届六中全会、湖南省第十二次党代会及长沙市第十四次党代会精神，传达长沙市委常委、政法委书记张敏在雨花区调研时重要讲话精神并下发贯彻落实责任分解方案，部分街镇政法委员代表进行口头述职，其余政法委员进行书面述职。雨花区委常委、政法委书记余宏卿出席会议并讲话，区政府副区长、区公安分局党委书记、局长周习文主持会议。区法院党组书记、院长戴智明，区检察院党组书记、检察长尹跃连，区公安分局党委副书记、政委陈效林等参加会议。会议强调，2022年政法工作思路总体概括为“一二三四五”（把准“一个核心”，全面加强党对政法工作的绝对领导；要抓牢“两个重点”，坚决维护国家政治安全和社会大局稳定；要加强“三个建设”，深化平安雨花、法治雨花、政法队伍建设；要推进“四个深化”，推进扫黑除恶斗争常态化、市域社会治理现代化、营商环境法治化、政法领域改革纵深化；要确保“五个坚决防止”），具体落实为“六大工程”（实施“政治铸魂”工程，坚持正确政治方向；实施“维稳攻坚”工程，确保持续安全稳定；实施“平安提质”工程，推进平安雨花建设；实施“法治护航”工程，服务保障中心大局；实施“改革赋能”工程，提升执法司法效能；实施“铁军锻造”工程，加强政法队伍建设）。

【政法队伍教育整顿】 2021年3—7月，雨花区开展政法队伍教育整顿，着眼锻造一支忠诚干净担当的政法铁军，推动过硬政法队伍建设水平再上新台阶。

3月8日，雨花区组织召开全区政法队伍教育整顿动员部署会议暨雨花区政法领导干部政治轮训。区纪委、区委组织部、区委宣传部主要负责人，区委政法委全体干部，区政法各单位班子成员、内设部门主要负责人，公安派出所所长、教导员，各街道（镇）党（工）委书记、政法委员等参加会议。雨花区委副书记陈永高主持会议，区委常委、政法委书记王明玖解读《中共长沙市雨花区委关于开展全区政法队伍教育整顿实施方案》。区委书记张敏作动员讲话，对雨花区政法队伍教育整顿工作提出具体要求，强调要提高政治站位，强化开展政法队伍教育整顿的政治自觉；要紧盯目标任务，准确把握开展政法队伍教育整顿的环节举措；要加强组织领导，务求取得政法队伍教育整顿工作的扎实成效。湖南省政法队伍教育整顿省级驻点第一指导组副组长赵钧强调开展教育整顿的重大意义、目标任务和工作要求，对学习教育、查纠整改、总结提升3个环节作出具体部署。王明玖组织开展全区政法领导干部政治轮训，组织观看全市政法队伍英模专题片《忠诚·榜样》。

雨花区制定《中共长沙市雨花区委关于开展全区政法队伍教育整顿实施方案》，成立政法队伍教育整顿领

2021年12月16日，雨花区委政法委员会全体（扩大）会议　（陈文婷　供图）

导小组，张敏任组长，区委政法委、法院、检察院、公安机关、司法行政机关的全体在编在职干警、全区镇（街道）政法委员参加政法队伍教育整顿。政法队伍教育整顿突出筑牢政治忠诚、清除害群之马、整治顽瘴痼疾、弘扬英模精神“四大任务”。筑牢政治忠诚，突出政治建设，通过加强学习教育，永葆政法队伍绝对忠诚、绝对纯洁、绝对可靠的政治本色；清除害群之马，落实“自查从宽、被查从严”政策，查处违纪违法人员，净化政法队伍；整治顽瘴痼疾，聚焦影响执法司法公正、群众反映强烈的突出问题，开展全面整治，提高执法司法公信力；弘扬英模精神，展现政法队伍时代楷模、时代正气、时代风采，营造政法系统学习英模、崇尚英模、争当英模的良好氛围，唱响主旋律、凝聚正能量。政法队伍教育整顿按照学习教育、查纠整改、总结提升 3 个环节推进。雨花区组织召开政法队伍教育整顿领导小组会议 4 次，举办政法领导干部政治轮训和全区政法队伍教育整顿政治轮训，召开警示教育大会 2 次，组织干警开展观看警示教育片、参观廉政教育基地、旁听职务犯罪案件庭审等系列警示教育。组建顽瘴痼疾整治工作专班，制定“6+N”顽瘴痼疾整治方案，聚焦违反防止干预司法“三个规定”（《领导干部干预司法活动、插手具体案件处理的记录、通报和责任追究规定》《司法机关内部人员过问案件的记录和责任追究规定》《关于进一步规范司法人员与当事人、律师、特殊关系人、中介组织接触交往行为的若干规定》），违规经商办企业和配偶、子女及其配偶违规从事经营活动，违规参股借贷，违规违法减刑、假释、暂予监外执行，有案不立、压案不查、有罪不究，其他突出问题 6 个顽瘴痼疾；聚焦查摆出的多发性、顽固性问题，一体化推进“查改治建”，把专项整治成果转化为制度成果。加强政法队伍履职能力建设，涌现出一批国家、省、市级先进单位和个人。强化为民服务能力，以开展“四联四访、为民办实事”［“四联”即领导联基层、班子成员联项目（企业）、支部联社区、干部联群众；“四访”即领导大接访、项目大走访、案件大回访、干警大下访］实践活动为抓手，为群众办实事 650 余件。推选安志、靳晓 2 人为“长沙政法英模”，评选“雨花政法十佳英模”；走访慰问因公牺牲干警、因公伤残干警家庭及生活困难干警。

7 月 8 日，雨花区政法队伍教育整顿总结大会召开。张敏主持会议并讲话。相关区领导，区委政法委全体干部，区政法各单位班子成员，各街道（镇）党政主要负责人参加会议。王明玖通报“教育整顿工作开展情况”“工作启示”“存在的不足及下步打算”三个方面情况，总结前段工作，持续深化问题整改，着力推进建章立制，巩固政法队伍教育整顿成果。张敏强调，全区政法系统要持续巩固深化教育整顿成果，坚决扛起维护政治安全、促进公平正义、守护平安稳定、保障安居乐业的重大职责，为区域经济社会发展提供坚实保障。

（本栏撰稿　陈文婷）

法治政府建设

【全面依法治区】 2021 年，雨花区召开区委全面依法治区委员会第四次会议、区委全面依法治区工作会议、区委全面依法治区委员会办公室联系工作会议和执法、司法、守法普法协调小组会议。把加强“法治雨花”建设纳入全区“十四五”规划，出台《长沙市雨花区“十四五”法治建设规划实施方案（2021—2025 年）》《关于加强法治乡村建设的实施方案》等，推动全面依法治区各项任务落细落实，做好长沙市创建“全国法治政府建设示范市”宣传工作，在《长沙晚报》刊发雨花区法治政府建设专版文章 2 篇。10 月 13 日，迎接中央依法治国办第五督察组法治政府建设实地督察。法治政府建设纳入《长沙市雨花区国民经济和社会发展第十四个五年规划纲要》和 2021 年雨花区《政府工作报告》重点内容，谋划部署推进法治政府建设各项工作。区政府常务会议、区政府党组会议、区长碰头会议多次专题研究法治建设工作，10 余次听取公安、检察、法院、司法等部门依法治区有关工作情况汇报。深化法治宣传教育，开展“八五”普法规划编制调研工作。印发《雨花区 2021 年普法依法治理工作要点》和《2021 年雨花区国家机关“谁执法谁普法”责任制工作要点》，落实“谁执法谁普法”履职评议工作。

【依法行政】 2021 年，雨花区对政府常务会议题涉及重大决策和出台规范性文件的，实行前置合法性审查，从源头上防范和化解政府行政决策法律风险。全年审查文件 129 件、常务会议题 184 个、政府合同 46 份，出台规范性文件 10 件。完善政府法律顾问和公职律师制度，实现政府法律顾问全覆盖。深化执法体制改革，探索街道（镇）“一支队伍管执法”改革，组建街道（镇）综合行政执法队。加强行政执法监督，完成 19 个执法部门、1297 宗执法案卷的评查。做好行政执法证件管理工作，推动行政执法人员持证上岗、亮证执法。完善并对外发布区本级和镇街权责清单、公共服务清单，做好动态调整工作。推行证明事项告知承诺制，完成 14 个部门单位备案和 74 项证明事项公示。清理行政审批中介服务事项，保留 26 项，规范调整 11 项，取消 3 项。整合优化行政复议职责，完成区级行政复议体制改革。审理各类行政复议案件 186 件，审结 151 件，加大对违法或不当行政行为纠错力度。坚持和发展新时代“枫桥经验”，全省首创劳动纠纷“一站服务、多元化解”新模式；率先出台《关于加强小区物业管理的十条措施（试行）》；率先全省实现“一站式”工作站镇街全覆盖，构建全区“13+X”矛盾纠纷多元化解格局；全区各级人民调解组织成功调处矛盾 4027 件。在全市率先打造全科型政务服务大厅，设置 13 个“全科综合窗”和 7 类“专科综合窗”。优化办理流程，政府服务重点领域和高频事项基本实现“一件事一次办”，全省三批次“一件事一次办”

2021年10月13日，中央全面依法治国委员会办公室督察组实地督察雨花区法治政府建设（陈文婷　供图）

事项区本级受理权限的248项快速落地，24小时政务自助服务厅投入使用。

【学法用法】 2021年，雨花区抓实"关键少数"学法用法，落实区委理论学习中心组学法制度、政府常务会议学法制度，推动习近平法治思想纳入各级党委（党组）理论学习中心组学习内容。印发《关于做好2020年度雨花区国家工作人员学法考法工作的通知》，雨花区学法考法的参学率、参考率、通过率均为100%。落实党政主要负责人年度述法工作，提升党政主要负责人法治素养和依法执政能力。深入开展送法下乡、"3·15"国际消费者权益保护日、农村法治宣传教育月、"6·26"国际禁毒日、青少年法治宣传教育周、敬老月、宪法宣传周等主题法治宣传活动110余场次，发放宣传资料4万余份。组织开展全国、全省民主法治示范村（社区）复核工作，跳马镇石燕湖村成功创建长沙市"法治乡村示范点"。

【权力监督】 2021年，雨花区落实《法治政府建设与责任落实督察工作规定》，开展人大代表议案建议办理、法治化营商环境等落实情况专项督察，推动法治政府建设落地见效。注重内部监督，由各单位建立单位内部重大决策责任追究制度及责任倒查制度、行政执法错案责任追究制度、损害生态环境责任追究制度。强化外部监督，自觉接受人大监督和政协民主监督，办理人大代表建议、政协委员提案。坚持"法定职权必须为，法无授权不可为"，不设定法律规定以外的前置性审批程序，不作出没有法律依据减损公民、法人和其他组织合法权益或者增加其义务的决定。推进政务公开，健全政府信息发布制度。推进财政预算、公共资源配置、重大建设项目批准和实施、社会公益事业建设等领域的政府信息公开。加强法治督察，落实领导干部年终述法制度。

【中央依法治国办督察法治政府建设】 2021年10月13日，由中央依法治国办第五督察组副组长、人力资源和社会保障部调解仲裁管理司司长王振麒带队的督察组一行下沉雨花区进行法治政府建设实地督察。督察组一行参观雨花区政务大厅，听取区行政审批服务局党组书记、局长朱映凯关于雨花区政务大厅综合窗改革、"一件事一次办"、简政放权、政务公开等工作的情况介绍，了解群众办事流程；与雨花区委常委、区委政法委书记余宏卿，区政府副区长周明，区司法局党组副书记、局长梁云伟进行个别谈话，了解雨花区贯彻落实习近平法治思想和法治政府建设工作的开展情况；查阅相关文件资料，了解雨花区在法治政府建设中的特色亮点。

（本栏撰稿　陈文婷）

公　安

【概况】 2021年，雨花区以政治建警为引领，落实新时代县域警务工作，开展打防管控，开展公安机关"坚持政治建警全面从严治警"教育整顿；以保驾护航企业发展为落脚点，将警务服务工作触角前移至商圈、企业腹地，确保涉企警情快速、高效处置；对口联系企业，分局党委班子成员及科室队所负责人，分别联系服务辖区107家重点企业（项目），开展走访调研249次，办理实事142件，整治问题90条；结合"百万警进千万家"活动，深入企业开展安防建设、安全教育宣讲，了解企业的困难和诉求。"服务'三高四新'、建设平安湖南"调研课题《聚焦社会综合治理，全力服务"三高四新"》获全市三等奖。全区接处警情125729起，比2020上升7.35%，立刑事案件6178起，比2020年下降23.23%，破获刑事案件3001起，比2020年上升26.78%，查结治安案件13135起，比2020年上升432.86%，刑事拘留2727人，比2020年上升83.14%，逮捕直诉2442人，比2020年上升76.32%，行政拘留2446人，比2020年上升59.04%，民调全省排名第84名，比2020年上升42位。

【队伍建设】 2021年，长沙市公安局雨花分局组织开展党委书记、支部书记讲党课33次；分批次组织党务工作者、党员民辅警到红色教育基地开展党史教育。组织开展全警政治轮训9期。召开警示教育大会2次，观看警示教育片3次。全警开展4轮谈心谈话、3800余人次，开展2轮个人自查事项报告表填报，组织填报问题4063条，对主动交代问题的138名民警进行从宽处理。成立“七查”工作专班，明确责任领导和牵头部门，协同推进查纠整改。对民警、配偶、子女及其配偶违规经商办企、参股借贷，有案不立、压案不查、有罪不究，违规插手、干预经济纠纷，执法突出问题，涉“枪车酒赌毒密网”6个方面问题开展专项整治。坚持“开门搞整顿”，召开民意座谈会70场次，收集意见建议234条，抓实整改。推出便民服务“五个一”（落实一台饮水机、布置好一排座椅、明确一个服务承诺、制作一本服务手册、打造一支高素质志愿服务队）工作举措，做到数据多跑腿群众少跑路。开展“四联四访、我为群众办实事”“我为长沙添光彩”等活动，分局31个党支部与一类风险社区（村）结对共建，多方联动开展风险排查、矛盾化解等工作。教育整顿期间，走访困难家庭640余户，解决问题480余个次。坚持边查边建边治，建立健全长效工作机制8个。开展全警实战大练兵，落实“一队一所一教官”制，围绕重点人员管控、危爆物品管理等方面开展培训，8次进医院、校园开展反恐知识培训演练。完成上级调训90余人次；组织民警赴高新分局开展公务用枪实弹训练。设置现场人员控制、极端暴力犯罪处置等实用性课程，组织分局兼职教官团队，开展送教上门活动12次，培训学员800余人次；创新开办“雨警学苑”，先后举办培训班5期，轮训民辅警3000余人次。推进师徒结对“传帮带”，“一对一”“一对多”岗位结对，开展“一学五会”（学习业务知识，会谈、会查、会接、会挖、会破）活动249次、谈心交流活动322次、跟班实训活动1462次。制定《长沙市公安局雨花分局2021年度落实全面从严管党治警主体责任评估办法》。对照政治建设、思想建设、组织建设、作风建设、纪律建设5个类别，对各科室队所进行考核评估，实行“月预警、季通报、年评估”形式，全年通报207人次，单位24次。深化作风养成，规范执法执勤和民辅警个人行为，下发各类督察通报20期，提出督察建议10余条，通报整改问责30余人次。严格执纪监督问责，利用第一种形态教育处理38人次，党纪、政纪处分9人次。

【公安宣传】 2021年，长沙市公安局雨花分局局域网编发综合新闻408期、警情快讯409期、教育整顿专刊181期、县域警务专刊90期、队伍建设专刊123期，雨花公安微信、微博358篇，被中央媒体转发86篇，被省级媒体转发177篇，被市级媒体转发232篇。总结宣传在疫情防控、侦破打击等工作中涌现出的典型事迹，及时宣传基层民辅警先进典型，其中“百日会战”期间编发群英谱50期。举行升旗仪式、“光荣在党50年”纪念章颁发仪式。利用各类评优选先机制，将公安内网与新媒体平台相结合，加强对先进集体和个人进行宣传报道。推树先进集体31个次、先进人物典型456人次。其中，刑侦大队副大队长安志被评为全国最美基层民警、全省优秀共产党员；黎托派出所辅警曹凌被评为中央政法委年度“平安之星”，国保大队教导员刘柱海、左家塘派出所副所长盛创获个人二等功；刑侦大队中队长柳萌获全省首届公安情报指挥中心比武竞赛情报分析师优秀个人；政工室副主任刘杰被评为全省最美文明实践志愿者；侯家塘派出所所长石磊获长沙市五一劳动奖章。

【县域警务】 2021年，雨花区委常委会第38次会议，专题研究部署雨花区新一轮县域警务工作，审议通过《雨花区关于加强新一轮县域警务工作方案》。推动职能部门参与，明确区直相关单位和各街道（镇）工作责任，推动共同参与平安雨花建设。调动社会力量支持，合力统筹综治中心、司法所等基层力量，培育“红袖章”等社会力量，实现风险联防联控。优化警务资源布局，169名社区民警151人进社区、村“两委”班子，实现社区民警占派出所警力超过40%目标要求。对全区摸排出的风险防控717个问题隐患，列出问题清单，逐一整改到位，社区、学区警务经验做法被《人民公安报》重点推介。打造雨花高桥片区“自贸区警务”样板，依托“四大站点”建设，抓实社区风险防控，经验做法被《人民公安报》重点推介。区公安分局被评为市“新时代县域警务”成绩突出单位。

【治安防控】 2021年，长沙市公安局雨花分局以维护庆祝中国共产党成立100周年活动安全为全年工作主线，组建“百年大庆”维稳工作专班，下设8个工作组，推动工作实体化运行，举行“平安一号”行动启动仪式暨誓师大会。及时掌控务工经商人员动态轨迹，采集新增关注人员2116人、信息1万余条；制定《雨花分局关于严打严防个人极端暴力犯罪工作措施》；加强精神障碍患者管控，确保三级以上精神障碍患者入院治疗、人员管控、安全保障到位；区公安分局成立信访积案攻坚组，邀请省、市公安信访部门领导现场评查指导，引入心理咨询师对信访人进行心理辅导，实质性解决群众合理诉求。2021年，上级交办信访积案全部化解，区公安分局信访工作两次被省公安厅挂牌均成功“摘牌”。围绕“1、3、5”（1个体系、3个层面、5大防范）快反工作要求，加强街面巡逻防控力度，提高快速反应能力。4个星城快警平台稳步推进，及时发现处置各类突发性案事件和安全隐患，接处警情237起。组织机关民警开展夜巡，划定3条夜巡线路，巡逻里程12万余千米。完善雨花圈层防控内圈6个卡点、外圈4个卡点，建立3个环长安防护圈公安检查站和6个城区公安检查站，定期开展圈层防控演练。以洞井街道洞井商贸城、高桥街道鑫华社区、黎托街道大桥社区等区域为重点，定期组织开展集中清查整治行动，全时空挤压违法犯罪空间，开展大型集中清查、设卡盘查行动50余次，清查行业场所1.18万余家，整改隐患1045处。对全区37家保安公司及260余家自招保安员单位进行登记备案建立台账。推进寄递企业实名登记制，检查物流寄递企业及门店 1008 家次，排查并整改内部隐患 122 起。加强医疗机构治安秩序整治，开展安全检查 184 次，整改安全隐患 21 处，化解重大医患纠纷 14 起。

【打击犯罪】 2021 年，长沙市公安局雨花分局建立健全常态化扫黑除恶工作机制，巩固扫黑除恶三年专项斗争成果。涉黑涉恶十类犯罪立案 306 起，破案 208 起，移送起诉 476 人，打掉涉恶犯罪集团 5 个。落实做好大案要案依法处理、舆论引导、社会面管控工作“三同步”工作机制，快侦快破有广泛社会影响的严重暴力、个人极端犯罪案件，完善命案侦办工作机制，开展历年命案攻坚八类恶性案件立案 59 起，现行命案、八类恶性案件破案率 100%，并成功侦破 2004 年、1997 年 2 起命案积案。统筹推进打防管控宣综合治理，开展“断卡”行动，重点攻坚、精准打击，坚决遏制电信网络新型违法犯罪的多发高发势头，破获电信网络诈骗现行案件 1204 起，现行案件破案率 35.97%，刑事拘留 1458 人，破获百万以上案件 27 起，百条“两卡”线索刑拘率 23.62%，成功侦破部督“杨某被诈骗案”、“唐某利被诈骗案”“12·6”专案等一大批重特大案件。开展反电诈宣传讲座 2047 场，发放宣传手册 50 万余份，张贴海报 10 万余幅，电信诈骗发案率比 2020 年下降 21%。建立健全多警种协同打击机制，提升严打效能，破获涉“黄赌毒”案件 918 起，其中部、省、市督办案件 6 起，查获违法犯罪嫌疑人 2488 人，其中依法刑事拘留 563 人、行政拘留 1925 人，强制隔离戒毒 113 人，社区戒毒 92 人，成功破获“9·36”专案、部督“2020－234”案件、省督“2021－052”案件等重大案件。对重点乱源地区开展整治行动，全区黄赌警情比 2020 年下降 59.47%。推进“2021 云端”等专项行动，侦破经济案件 67 起，比 2020 年上升 31.37%；刑拘 214 人，比 2020 年上升 91.07%；逮捕 143 人，比 2020 年上升 90.67%；移送起诉 243 人，比 2020 年上升 120.91%。成功侦办的部督“1·8”骗购外汇案，涉案资金 60 亿余元，系全国首例资本领域非法跨境转移资金案件，技战法被公安部采用。

【公安工作会议】 2021 年 2 月 26 日，雨花区公安工作会议召开。区公安分局各科、室主任，所、队长、教导员，区交警大队、区消防救援大队大队长、教导员，离退休老干部、监督员代表及获奖人员 180 余人在主会场参加会议，各派出所、相关大队其他班子成员、民辅警代表在分会场以视频形式参加会议。会议贯彻落实全国、全省、全市公安工作会议精神。雨花区政府副区长、区公安分局党委书记、局长黄健元作题为《落实“三项警务”服务“三高四新” 以优异成绩向建党 100 周年献礼》的工作报告。区委常委、政法委书记王明玖要求，强化政治建警、强化形势研判、强化主责主业、强化服务大局、强化从严治警。长沙市公安局党委委员、副局长韦树恒要求，要在思想意识上再增强，展现新担当；要在强化主责上再发力，迈上新台阶；要在打击主业上再争优，赢得新突破；要在服务发展上再提质，谋求新高度；要在队伍建设上再挖潜，展现新风貌。区委书记张敏强调，雨花公安要切实提高政治站位；要全力服务中心大局，抓好社会治安防控、降低县域风险等级、打击涉众型犯罪、狠抓道路交通安全；要夯实公安工作基础，深化警务改革，扎实开展社会治安防控体系建设，全面提升基础防范水平和基层治理能力；要从严抓好队伍建设，开展好教育整顿，强化整改提升，不断纯洁队伍。区公安分局党委副书记、副局长师建伟主持会议并通报 2020 年绩效评估情况。会议对分局十佳优秀集体、十佳雨花卫士、十佳军转干部、十佳辅警、十佳警属和十佳拥警模范进行表彰并颁奖。

【市公安局督导调研雨花区公安工作】 2021 年 3 月 2 日，长沙市公安局党委副书记、常务副局长汪卫国到雨花区调研督导长沙南站全国“两会”期间安全工作，实地查看长沙南站西广场、落客平台、出站通道、候车大厅，听取执勤民辅警的工作汇报，询问值班备勤警力安排部署情况，了解执勤警力装备配备情况；实地检阅集结在西广场的站区各联勤联动单位。3 月 18 日，长沙市政府副市长、市公安局党委书记、局长刘新良率警令部、政治部、治安支队、国保支队、人境支队、反恐支队及

2021 年 2 月 26 日，全区公安工作会议 （李 波 摄）

市政府研究室相关负责人调研雨花区公安工作，考察高桥派出所、自贸区高桥片区警务室等地，了解刑事案件侦破打击、矛盾纠纷化解、基层基础建设等情况；慰问看望长沙南站执勤民警；到雨花区公安分局调研公安工作及队伍建设情况，组织召开座谈会。刘新良强调，要靠维稳的主动赢得发展的主动；要靠打击的主动赢得防范的主动；要靠队伍的主动赢得工作的主动。8月19日，汪卫国率队调研雨花区公安分局执法办案管理中心建设工作，实地查看分局新建执法办案管理中心施工现场、现有分局执法办案中心运行管理情况，召开座谈会。8月24日，市纪委监委驻市公安局纪检监察组组长、市局党委委员、第一副督察长孔蓉晖一行到雨花区公安分局调度信访工作，召开座谈会。孔蓉晖点评雨花区公安分局信访工作。12月23日，市公安局党委委员、副局长陈定佳督导雨花区岁末年初社会面巡逻防控节点警务工作。陈定佳对在一线连夜开展清查盘查工作的民辅警表示慰问，强调全局上下要全面落实社会面巡逻防控节点警务工作，推进严打整治"冬春攻势"专项行动，确保社会面持续平安稳定。

【破获特大盗窃案】 2021年1月29日，湖南悍豹武装押运公司从北京银行赤岗支行押运16个运钞箱到体院路某单位库房时，发现其中1个运钞箱去向不明。长沙市公安局雨花分局刑侦大队、内保大队、圭塘派出所合成作战，结合现场调查及视频追踪，发现押运公司保安钟某林（男，46岁，湘乡市人）有重大作案嫌疑，且其涉嫌于1月28日、1月29日分2次盗走2个运钞箱，经银行紧急清点，确认2个运钞箱内有人民币280万元。根据对犯罪嫌疑人钟某林的情报研判，发现其可能藏匿于南岳衡山风景区。区公安分局刑侦大队、圭塘派出所组织警力赶赴南岳衡山，于2月2日凌晨2时在南岳衡山风景区一民宿内将犯罪嫌疑人钟某林成功抓获，当场追回全部赃款。

【打掉涉恶集团】 2021年1月30日，长沙市公安局雨花分局通过情报研判、蹲点布控，成功抓获并依法刑事拘留犯罪嫌疑人龙某（男，19岁，益阳市人）、赵某（男，17岁，益阳市人）、熊某某（男，17岁，益阳市人）3人，打掉一恶势力犯罪集团，破获系列案件10起，涉案金额6万余元。经审讯查明，2019年6—8月，犯罪嫌疑人龙某等3人与他人结伙通过团伙中1名女性嫌疑人以"陌陌"平台，将受害人骗至酒店房间，后团伙其他人员持凶器冲入房间，对受害人进行殴打并抢劫财物。该犯罪团伙成员9人，其中2019年已查获6人，犯罪嫌疑人现已全部归案。该团伙在长沙多地疯狂流窜作案10起，涉案金额6万余元。

【抓获命案逃犯】 2021年9月8日，长沙市公安局雨花分局刑侦大队跨省抓捕，抓获并依法刑事拘留犯罪嫌疑人张某某（男，51岁，长沙市人），破获1起故意杀人案。经审讯查明，犯罪嫌疑人张某某交代其于1997年12月在雨花亭街道井塘村因邻里纠纷持刀将他人砍伤致死后，潜逃至云南昆明24年的犯罪事实。

【收网"12·6"专案】 2021年11月，长沙市公安局雨花分局发现一个贩卖抖音、微信号的黑灰产团伙。12月13日，长沙市公安局雨花分局刑侦大队、网保大队、治安二大队、法制大队、经侦大队、禁毒大队、国保大队、城管大队及13个派出所所队协作，成功收网"12·6"专案，打掉一个特大电信网络诈骗集团，抓获违法犯罪嫌疑人365人，其中依法刑事拘留273人、取保候审1人，查获涉案手机1000余台、电脑500余台，止付涉案银行卡50余张、涉案资金近200万元，冻结涉案资金1000万余元。经审讯查明，犯罪嫌疑人周某、邓某、赵某等365人组成以公司化方式运作、打着销售减肥产品幌子的一个特大电信网络诈骗集团，该集团通过扮演专业减脂瘦身顾问角色等方式，骗取他人信任，诱使他人高价购买"减肥"产品。

【侦破部督"1·8"骗购外汇案】 2021年，长沙市公安局雨花分局通过成功侦办全国首例资本领域非法跨境转移资金、公安部督办、涉案资金60余亿元人民币的"1·8"骗购外汇案，先后抓获犯罪嫌疑人9名，斩断一条资金非法跨境转移的新通道。湖南省政府副省长、省公安厅厅长、党委书记许显辉在专题报告上批示给予肯定。

（本栏撰稿　李　波）

交通安全

【概况】 长沙市公安局交通管理警察支队雨花大队（简称"雨花交警大队"）辖综管、"122"、停管3个内务中队；1~13中队、机动铁骑14个勤务中队。

2021年，雨花区交警大队推进示范基层实战大队建设和执法规范化建设，推动公安交警队伍和公安交通管理工作上新台阶。通过线下简化办理流程、设置专门接待咨询岗位、增设绿色通道等措施，推进办理窗口业务；线上通过"长沙交警"微信公众号、交管"12123"等网上平台，倡导网络办理相关业务，让群众一次都不跑。细化接处警流程，严格内部奖惩机制，强化警员能力素质培训，以快速出警、态度优良、处警细致为警员的基本要求，服务好人民群众。

【交通警务管理】 2021年，雨花区加强县域道路交通风险隐患防控和公安交警队伍能力建设。雨花交警大队开展重点车辆企业大走访，走访企业150家次，其中对重型货运企业下达整改通知书378份，"两客一危一校"（"两客一危"是指从事旅游的包车、三类以上班线客车和运输危险化学品、烟花爆竹、民用爆炸物品的道路专用车；"一校"指校车）车辆下达整改通知书50份，整改428份。联合街道、镇、区交运局、区城管局等部门，重点对辖区内临水、临崖、急弯、长下坡、安防设备缺失、设施设备损坏、道路设置等交通安全隐患开展集中排查，完成省、市交办的道路安全隐患排查治理49起，完成率100%；完成省、市交办的重点交通违法行为集中整治任务334起，完成率95.5%。抽调专人，组织专班，形成道路交通安全形势专题分析报告。启动战时情报工作机制，坚持每日会商、每日研判，将重点车辆及重点管控人群纳入查缉系统，及早防范应对。开展交通安全大宣传，开展“七进”工作进企业120次、进农村36次、进学校60次、开展专项行动宣传12场次、主题宣传日活动24次、印制宣传材料10万份，开放警营10场次，张贴宣传画2000张，发放宣传手册2万张。

【交通安全管理】 2021年，雨花区开展道路交通违法大整治，严厉打击“两客一危一校一货”、渣土车、公交车、重型车等重点车辆“三超一疲劳”（超速、超员、超载和疲劳驾驶）、涉牌涉证、酒驾醉驾毒驾、闯灯闯禁、超速超限超载、非法营运、不系安全带以及面包车、农用车、拖拉机、低速货车违法载人；驾乘电动车或摩托车不戴头盔、违法载人等重点违法的行为。通过严管重罚、铁腕整治有效打击重点交通违法，净化通行秩序，辖区交通事故死亡人数与交通拥堵高德指数基本与2020年持平。护航高考考点交通安畅，为考生家长和爱心送考车辆发放“送考通行证”600余张，交警紧急接送7名因时间紧迫等突发情况可能耽误考试的考生，全部安全及时送达考场。查处交通违法413355起，其中简易程序141913起，一般程序6794起，抄牌165279起，交通违法举报数据13063起，鹰眼铁骑抄牌42996起，查处酒驾1776起，查处电动车6658起，查处机动车3289起；处理非现场违法73517人次，满分办结150起。雨花辖区早晚高峰指数1.37。采取加装红绿灯、交通渠化、增设电子警察等措施，对万家丽时代阳光大道、天际岭隧道、花侯路、劳动路、木莲路等37处路段进行优化，根据车流量变化情况，对辖区76处信号灯配时进行调整。坚持“政府主导、部门协作、综合治理”的思路，营造社会共治格局，破解城市交通管理难题。实施区域信号协同控制，优化沙湾路、木莲路、洞井路、香樟路等14条道路信号灯，万家丽时代阳光路口、韶山路时代阳光路口、韶山路木莲路口等22个路口进行信号路段同步与调优，雨花辖区高德拥堵延时指数比2020年下降3.62%。电子抓拍63580起，查缉布控违法王、假套牌、失驾、报废车等车辆340台，查处酒后驾驶机动车1153起，查处渣土车闯灯越线等交通违法5789起，查获货车超载30%以上859起；查处“两客一危”车辆1794起，疲劳驾驶3起，三轮摩托车、低速车242起，严控高污染排放车在禁区内行驶，整治超限超载车辆594起，抓获“百吨王”23台。整治摩托车交通违法3823起，开车打电话12424起，查扣电动车9422起，电动车野蛮驾驶等不文明驾驶4540起，开展电动车上牌135863块，不系安全带处罚数28024次，处罚不戴头盔2185人次。

【“交通安全第一课”】 2021年，雨花区在全区范围内开展以“知危险会避险·安全文明出行”为主题的“交通安全第一课”活动。活动由各街道（镇）组织，各街镇辖区交警中队、区直各部门配合，各街道（镇）辖区社区参与。活动通过交警以案说法，结合常见的交通违法和交通事故，分析常见的违法和事故原因，对环卫工人、网格员、协管员、特勤队员等开展交通安全警示教育，提高他们的交通安全意识，从而自觉遵守安全文明出行规范，从源头上避免交通事故的发生。同时利用宣传栏、宣传海报、电子显示屏、微信群等多种形式，加大宣传力度，强化安全责任人和驾驶人群体的安全主体责任和安全意识，引导群众平安出行、文明出行。

（本栏撰稿　丁　翔）

检　察

【概况】 长沙市雨花区人民检察院（简称“区检察院”）主要职能是通过行使检察权，追诉犯罪，维护国家安全和社会秩序，维护个人和组织的合法权益，维护国家利益和社会公共利益，保障法律正确实施，维护社会

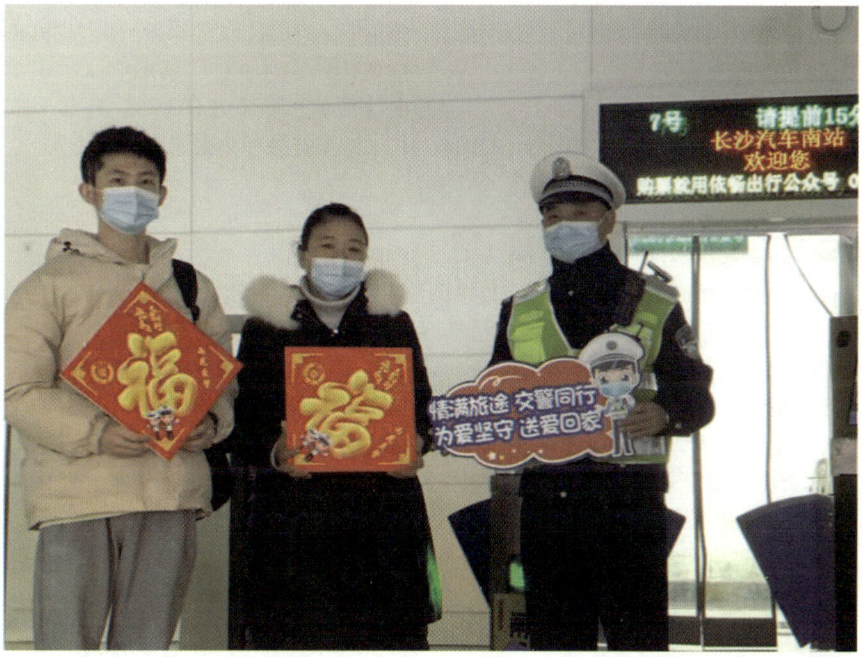

雨花区交警为群众排忧解难　（区融媒体中心　供图）

公平正义，维护国家法制统一、尊严和权威，保障中国特色社会主义建设的顺利进行，对区人民代表大会及其常务委员会负责并报告工作。

2021年，雨花区人民检察院推动平安雨花建设、监督严格执法公正司法、深化雨花检察铁军建设，开展教育整顿和党史教育活动，加强政治建设，做好各项检察工作。检察官周琳撰写的《我是如何降低和控制“案一件比”提升案件质效的》经验材料得到各级检察机关肯定，《检察日报》头版头条刊发《降低“案一件比”的秘籍何在》，向全国推介该院相关经验做法。第五检察部主任罗大钧在湖南省检察院和省人社厅、省总工会、团省委、省妇联联合举办的第一届全省公益诉讼检察业务竞赛中，综合成绩排名全省第一。第二检察部副主任刘乐获“全市十佳公诉人”称号。区检察院党组书记、检察长马贤兴被授予“全省十佳公益普法先进个人”称号。该院承办的涉黑“5·5”专案被省检察院评为优秀案件，该案承办人第一检察部副主任吴礼强被省检察院记二等功。雨花区检察院被评为“全国检察宣传先进单位”“全省检察机关扫黑除恶专项斗争先进集体”“全省检察机关常态化开展扫黑除恶斗争先进集体”“长沙市先进基层检察院”。

【刑事检察】 2021年，雨花区人民检察院办理审查逮捕案件1456件2262人、分别比2020年分别增长98.64%、95%，审查起诉案件1779件2969人、分别增长39.31%、72.02%，共计3235件5231人。培育优良营商环境，批捕破坏市场经济秩序犯罪嫌疑人270人、起诉388人；对涉企人员依法不捕65人、不诉126人，变更强制措施5人。推行企业刑事合规试点改革，某央企等企业8人涉嫌共同串通投标犯罪，该院决定对该案实行企业合规改革办理，认罪认罚后均从宽不捕，并引入第三方监督机构对涉案企业进行监管评估，督促企业切实整改、依法经营。加强新型金融犯罪的办案实践与理论研究，拍摄的金融犯罪微课堂上架“学习强国”学习平台，并代表湖南到全国参赛。被确立为全省唯一的金融犯罪检察与最高人民检察院直接联系的基层检察院。办理涉疫案件，批捕9人、起诉12人。批捕网络犯罪嫌疑人654人、起诉705人。打击网络赌博犯罪，批捕153人、起诉229人，其中，“7·10”一案惩处在网上开设赌场的犯罪分子187人。强化公民网络信息安全保护，批捕该领域中的犯罪嫌疑人288人、起诉246人。清除网络淫秽色情，对利用网络制作、贩卖、传播淫秽物品的犯罪，批捕6人、起诉7人；对通过网络组织、介绍、容留卖淫的犯罪，批捕107人、起诉123人。

【民事行政检察】 2021年，雨花区人民检察院办理民事行政检察案件375件，其中提请民事抗诉案件3件，发出再审检察建议10件，均获采纳。及时介入2起培训机构收费跑路案，维护近百名学生家长的合法权益。参与办理7起涉原《中华人民共和国婚姻法》司法解释（二）第24条民事监督案件。发出督促行政机关履职检察建议64件，实质性化解行政争议案件7件。以成立虚假诉讼（虚假仲裁）研究治理实践基地为契机，联合公安、法院开展“反虚假诉讼专项行动”，建议法院再审虚假诉讼案件9件，就虚假法拍房案向法院发出再审建议1件，建议公安机关立案查处相关犯罪嫌疑人4人。

【公益诉讼】 2021年，雨花区人民检察院立案办理行政公益诉讼90件，其中，环境保护领域18件，食品药品安全领域20件，等外案件52件；民事公益诉讼12件，其中刑事附带民事公益诉讼5件，支持起诉5件，磋商案件2件。发出检察建议90件。跟进办理“医疗废物”公益诉讼案并制发检察建议，促进30余家诊所及时规范处置医疗废物，被评为“全市优秀检察建议书”。发出生态修复检察建议，督促补植复绿、恢复耕地和修复矿洞。开展“守护圭塘河”专项检察行动，建立“河长＋检察长”的“双长”保护机制，责令投放鱼苗1.6万余尾，改善圭塘河生态环境。立案办理与长株潭绿心保护有关的公益诉讼案件14件，在跳马镇一起非法采矿案中，向11名被告提出1380万元的环境损失费用诉讼请求。

【政法队伍教育整顿】 2021年，雨花区人民检察院将教育整顿与党史学习教育结合，开展集中学习活动20余次，撰写学习体会300余篇。组织观看《警·戒》《忠诚·榜样》等警示教育片。马贤兴、周琳被评为全市检察机关政法英模。召开民意座谈会4次，收集意见建议33条，均整改到位。讲清讲透“自查从宽、被查从严”政策，开展谈心谈话3轮次，核查问题线索24条，给予6名检察人员以诫勉谈话等处理。持续抓实“三个规定”的执行，记录报告过问或干预插手检察办案等32件。查找顽瘴痼疾115条，均立行立改，并出台制度16项，确保顽瘴痼疾不反弹。

【《中华人民共和国民法典》普法】 2021年，雨花区人民检察院加强《中华人民共和国民法典》（简称《民法典》）宣传，组建《民法典》普法团队，送《民法典》进校园、进企业、进社区、进机关、进乡村，宣讲《民法典》30余场，赠送《民法典》3000余册。区检察院检察长马贤兴被聘任为省民法典宣讲团成员，并被评为“湖南省最美公益普法个人”。《检察日报》刊发长文《马贤兴：带头学好讲好用好民法典》。宣讲办案好故事，注重挖掘案件的普法价值，新华社、中央电视台等中央媒体报道该院办理的“古董套路拍”“的哥见义勇为劝导杀人犯自首”“卡贩子”等典型案件。办好微信公众号，将“雨花检察”“山虎说法”打造成精品公众号，全年发文200余篇，与网友互动500余次。“山虎说法”被评为全国检察系统“十佳自媒体”。该院对老旧小区加装电梯专题调研后，连续推出多篇普法文章，引导社会根据《民法典》精神，加快推进该项民生工程。

【降低控制"案—件比"经验全国推广】2021年1月8日，长沙市人民检察院检察长王勋爵对雨花区院员额检察官周琳的《我是如何降低控制案—件比的》作出批示，要求予印发推介。1月13日，市检察院专门印发《关于组织学习雨花区检察院〈我是如何降低控制案—件比的〉一文的通知》，要求全市检察机关各单位、各部门认真学习借鉴。湖南省人民检察院党组书记、检察长叶晓颖，省人民检察院党组副书记、副检察长卢乐云分别作出批示，要求就周琳的《我是如何降低控制案—件比的》到雨花区检察院核实后指导作深化修改再转发。4月6日，最高人民检察院党组书记、检察长张军在湖南省检察院报送《湖南检察情况反映》（第20期）《我是如何降低和控制"案—件比"提升案件质效的》一文上作出批示，要求抓一批这样的典型，加以宣传引领。4月9日，最高人民检察院党组成员、政治部主任潘毅琴批示，要求在全国检察系统教育整顿中更多发现宣传引导。5月7日，《检察日报》头版头条以《降低案—件比的秘籍何在》为题对此进行专题报道，最高人民检察院、湖南省委政法委、省、市检察院微信公众号相继转发。雨花区人民检察院自2017年4月起实施"捕诉一体"改革，成效明显，刑事"案—件比"均在低位运行。该院控制"案—件比"的先进典型检察官周琳将自己降低"案—件比"的做法，提炼总结为《我是如何降低控制案—件比的》一文。

【公益诉讼增殖放流】2021年3月24日，雨花区人民检察院联合区禁捕退捕办、区农业农村局、区河长制事务中心，区公安分局等单位，督促相关非法捕捞行为人，在雨花区圭塘河开展公益诉讼增殖放流行动，向圭塘河投放10厘米以上滤食性鱼苗6000尾，修复受损生态。2020年10月，犯罪嫌疑人文某纠集4人在禁渔期内到禁渔区圭塘河流域用电捕鱼约5千克，破坏渔业资源，导致物种数量减少，生物多样性遭到破坏。2021年1月，区检察院将上述4名犯罪嫌疑人以非法捕捞水产品罪诉至法院，并以上述4人为被告提起刑事附带民事公益诉讼，请求其在市级以上新闻媒体公开赔礼道歉，承担案件鉴定费用并对其损害的渔业和生态资源以增殖放流6000条鱼苗的方式承担修复责任。针对破坏生态环境类刑事案件的特点，区检察院秉承恢复性司法理念，以公益诉讼为抓手，探索生态修复补偿工作机制，将案件当事人自愿修复生态作为从轻、从宽处理的重要考量情节，让非法捕捞者从生态环境的破坏者，转变为生态环境的修复者、保护者和宣传者。

【长沙市法学会虚假诉讼（仲裁）治理研究中心基地授牌】2021年5月18日，长沙市法学会虚假诉讼（仲裁）治理研究中心基地授牌仪式在雨花区检察院举行。中国案例法学会会长、中国人民大学教授、最高法院原副部级专委胡云腾，雨花区政府副区长、区公安分局党委书记、局长黄健元，区法院党组书记、院长凌云等，以及长沙市法学会、雨花区委政法委、区法院、区公安分局和区司法局干警代表和区检察院全体检察人员参会。雨花区委常委、政法委书记王明玖主持授牌仪式。长沙市委政法委委员、市法学会副会长曹军辉宣读关于同意设立长沙市法学会虚假诉讼（仲裁）治理研究中心（长沙市雨花区人民检察院基地）的批复，并现场举行基地授牌仪式，为雨花区检察院党组书记、检察长马贤兴颁发治理研究中心主任聘书。马贤兴表示，治理虚假诉讼需要公安、法院、司法行政、仲裁等有关单位对此项工作予以支持，共同打击防范虚假诉讼，维护司法诚信。

【检察开放日活动】2021年6月2日，雨花区人民检察院联合区教育局举办"检爱同行，共护未来"主题检察开放日活动——模拟法庭进校园。泰禹第二小学五年级全体师生及砂子塘万境第二小学部分师生参与观摩。"模拟法庭"选取一起转化型抢劫犯罪刑事案件，由雨花区检察院未检办承办的真实案件改编。以情景剧重现案发现场，再现真实的庭审现场。扮演者们围绕案情、引用法规、讲述法理、在庭审过程中展开交锋。

【司法文明博士生学术实践活动】2021年6月3日，由浙江大学司法文明协同创新中心组织的2021年司法文明博士生学术实践活动走进雨花区人民检察院。浙江大学光华法学院学工办老师、吉林大学、中国政法大学、武汉大学、浙江大学等法学专业博士

2021年6月2日，雨花区人民检察院检察开放日活动　（周　静　供图）

生共40人、中南大学教授、法学院副院长彭中礼，中南大学副教授、学科办主任张新平等人出席。雨花区检察院党组书记、检察长马贤兴致欢迎辞并讲话。与会嘉宾与该院参会人员进行座谈与学术交流，围绕辩护律师参与认罪认罚案件办理、公益诉讼检察有关环境保护修复方面、公益诉讼检察业务拓展、行政检察督促国家行政机关、检察建议的刚性、纪检监察机关办理案件移送审查起诉后提出的两种建议采纳、政法案件的抗诉、案件定案处理等问题进行交流。马贤兴介绍捕诉一体改革、逮捕价值观重构、企业刑事合规改革、虚假诉讼和虚假仲裁防治等。

【“检察长＋河长”联合巡河】 2021年11月24日，雨花区人民检察院会同区河长办开展“检察长＋河长”联合巡河活动。雨花区检察院副检察长张明秀、雨花亭街道党工委书记邓星、区农业农村局副局长伍勇、区住建局副局长何军等参加巡河行动，巡查圭塘河井塘公园河段，查看排口维护、景观建设、工地管理、禁捕执法、智慧水务等相关内容。

【侦查监督与协作配合办公室揭牌成立】 2021年12月29日，雨花区人民检察院、雨花区公安分局侦查监督与协作配合办公室在雨花公安分局揭牌成立。雨花区政府副区长、区公安分局党委书记、局长周习文，区检察院党组书记、检察长尹跃连共同为侦查监督与协作配合办公室揭牌。雨花区检察院、区公安分局依托协作平台，重点发挥组织协调、监督协调、督促落实、信息共享等职能，共同提升刑事办案质效，加大监督配合力度，形成有效惩治违法犯罪，依法保障人民群众合法权益，维护社会稳定的强大合力。尹跃连希望通过检警双方共同努力，把侦查监督与协作配合办公室打造成保障服务全区经济社会发展大局的助推器；把侦查监督与协作配合办公室打造成提高司法办案质效、维护司法公正、促进公平正义、提高司法公信力的加速器；把侦查监督与协作配合办公室打造成相互监督、相互支持、相互配合，增进友谊、增进感情、增进信任的牵引器。周习文希望检警双方合作共同促进侦查监督工作进步，创造新的协作模式，打造新的“雨花品牌”。

（本栏撰稿　周　静）

法　院

【概况】 2021年，雨花区人民法院审理各类案件34586件，较2020年增长32.56%，审结32475件，结案率94.68%，法官年人均结案461件，比2020年增加56件。区法院在全省率先打造覆盖全辖区、多领域的“法院＋”多元解纷模式；发挥司法保民生、稳增长、促发展作用，审结教育、医疗、劳动、房产等民生案件3146件；涌现全国优秀法官靳晓，雨花政法英模欧阳毅等一批先进典型。

【社会综合治理】 2021年，雨花区人民法院在全区13个街镇、2个“无讼”村社示范点、1个重点市场以及劳动、家事、医疗、交通、物业、青少年维权等矛盾纠纷多发领域设立26个一站式多元解纷和诉讼服务工作站，实现矛盾纠纷“一站式接收、一揽子调处、全链条解决”。坚持善意文明司法，对尚能正常运行的被执行企业灵活运用“活封活扣”手段，成功调解31起供应商起诉家润多公司的系列案件，保障企业正常运转；疫情期间对生产口罩的某公司的生产设备采取“活查封”措施，实现正常生产和清偿债务的双赢。畅通适用“执行转破产”审判机制，促成有发展前景的企业和解重整，推动“僵尸企业”平稳有序退出市场。

【刑事审判】 2021年，雨花区人民法院审理各类刑事案件1630件，判决罪犯2537人。开展扫黑除恶专项斗争，审结涉恶案件4件。依法审理张某等15名被告人组织领导参加黑社会性质组织、非法采矿、故意伤害等7项罪名一案。移送国家工作人员涉嫌违法违纪线索1起9人，向有关单位发出司法建议1份；执结涉黑恶案件9件，执行到位金额148.69万元。准确适用认罪认罚从宽制度，认罪认罚案件速裁程序适用率达89%；依法对482名罪犯从宽适用非监禁刑。加强未成年人权益保护，审结校园伤害、猥亵儿童等侵害未成年人犯罪案件19件，用法治呵护青少年成长。

【民事审判】 2021年，雨花区人民法院宣传贯彻实施《中华人民共和国民法典》，调判结合妥善处理民事案件16188件。关注民生领域诉求，审结教育、医疗、劳动、房产等民生案件3146件，成功调解五江天街153名购房者与置业公司的房产纠纷，购房者多年不能办证的问题得以解决；促成因工致残的邱某与某建设集团公司达成和解，98万元赔偿款到位。深化家事审判方式改革，完善家事案件审前调解、人身安全保护令等制度，依法妥善解决婚姻家庭、继承抚养等案件800件。促成1329件涉疫纠纷达成和解。

【案件执行】 2021年，雨花区人民法院通过公布失信被执行人名单、限制高消费行为、司法拘留失信被执行人、刑事审判拒执犯罪等手段重拳打击“老赖”，公布失信被执行人名单1756人，限制消费6328人次，执结案件11421件，执行到位28.24亿元，执行到位率54. 56%。加强执行信息化建设，网络查控系统基本覆盖存款、车辆、不动产和网络资金。推行网络司法拍卖，解决查扣财产变现难和拍卖环节权力寻租问题。开展执行专项行动，执结追索劳动报酬、人身损害赔偿、工伤赔偿等民生案件902件，执行到位4051.69万元。支持项目建设，促成97名被执行人主动腾退土地房屋；推动新城新世界、高桥街道怡情水乡等项目征拆历史遗留问题顺利解决；对多次沟通无效的被执行人依法强制腾退，确保长仪棚户区改造、花桥污水处理厂项目、黎托片区集约节约项目等30余个重点项目依法有序推进。

【政法队伍教育整顿】 2021年，雨花区人民法院开展政法队伍教育整顿，注重强化宣传引导，在本院官方网站、官方微博、微信公众号等新媒体平台开设教育整顿专题，开设“我为群众办实事”专栏，及时报道干警为群众办实事的好人好事；推出“政法英模”报道专栏，推介长沙市政法英模靳晓、雨花区政法英模欧阳毅事迹；推出“党史天天学”专栏。参与制作的全国优秀法官靳晓宣传片被最高人民法院“见证百年百场人物采访”《展未来·逐梦青年说》发布；法官靳晓的先进事迹被《人民法院报》刊载。

【司法服务】 2021年，雨花区人民法院突出现代诉讼服务智能化、便利化建设，推进移动微法院、“网上诉讼平台”深度应用。当事人可在网上完成身份识别、材料上传、申请审批等手续，通过关注法院微信公众号即可找到需办事项，可24小时在自助法院专区实现自主立案，可通过跨域立案服务窗口，打破行政区域的限制，实现异地立案缴费。开展裁判文书上网、网络庭审直播，向当事人推送审判流程信息。平均办案周期从2016年的127天缩短至2021年的45天；简易程序适用率上升为93.27%，生效案件服判息诉率上升至99.89%，一年以上长期未结诉讼案件实现清零。全年在各级媒体上发表法治新闻稿件219篇次，自行拍摄宣传视频28条，国家级新媒体转发57篇次，被最高人民法院新闻传媒中心授予“2021年度司法宣传和通联工作先进单位”、被湖南省高级人民法院授予“全省网络宣传先进单位”等称号。组织法院开放日活动15场。法官讲师团深入大中小学以及街道社区开展普法活动11场。

2021年12月4日，雨花区人民法院组织跳马镇农民参加湖南省高级人民法院开放日活动 （李 丹 摄）

【国家宪法日普法】 2021年12月4日，雨花区人民法院组织跳马镇30名农民工及花木种植户，参加湖南省高级人民法院“关爱务工人员 撑起法治蓝天”开放日活动。体验湖南高院诉讼服务中心诉讼风险评估、自助阅卷、综合文书自助打印等便民终端，参观法治文化墙、科技法庭、信息中心等场所，旁听一起涉农民工工资案件庭审；听取湖南高院法官《维权指南》的普法讲座。

【雨花区法院推出诉讼便民服务措施】 2021年5月21日，长沙市雨花区人民法院出台服务便民措施，推进“一站式多元解纷和诉讼服务体系”建设。优质导诉服务：在诉讼服务大厅设立导诉台，专门配置定点导诉人员和流动导诉人员，对来院当事人进行分流引导；在综合服务大厅的设立志愿律师值班窗口，为群众提供免费咨询、代理申诉信访、法律援助、诉前调解等服务。贴心便民设施：在诉讼服务中心显著位置将诉讼操作流程、需要提交的材料公示；提供该院自制的《诉讼服务百问百答》便民手册以及休息座椅、饮水机、老花镜等便民设施；在诉讼服务大厅显著位置摆放集网上立案、网上保全等功能于一身的二维码宣传牌。便捷自助设施：设立24小时自助法院专区，大厅设置诉讼服务自助区，配备智能填表台。丰富远程服务：立案大厅设立跨域立案服务窗口，诉讼费缴费窗口支持支付宝扫码缴费，开启网上退费通道，在全区推广使用人民法院调解平台。精简集约送达：推行长沙市中级人民法院主导研发的“闪信+”诉讼通知送达新模式，平均送达周期下降至3.5天；推进电子卷宗随案同步生成与深度应用，便利当事人查阅案卷资料。精准繁简分流：设置诉讼风险评估机；大厅设置诉前鉴定、集中保全窗口，方便当事人办理相关申请；导诉人员、立案前台、诉调对接中心将商事纠纷、金融纠纷、劳动争议、医患纠纷、物业纠纷等专业案件委托给特邀调解组织或人员参与化解；推进“难案精审”“简案快审”。深化诉源治理：在全区13个街（镇）及重点单位共设立25个“一站式”工作站；利用法院专业优势整体提升基层矛盾纠纷非诉化解的效率和效果；各工作站依托人民法院调解平台，支持音视频调解，远程签署协议。畅通投诉渠道：在诉讼服务大厅显著位置公开区法院受理涉诉、涉执、涉纪投诉举报渠道。

（本栏撰稿 宋正阳）

司法行政

【概况】 2021年，雨花区司法局抓好法治雨花、平安雨花建设各项任务，为推动雨花经济社会高质量发展提供法治保障。区司法局被中华全国人民调解员协会评为2021年度“组织宣传人民调解先进集体”，被湖南省委宣传部、省司法厅、省守法普法工作办公室评为“2016—2020年湖南省普法工作先进集体”。区司法局行政复议与应诉科提供案例获评长沙市司法局“2021年度十大典型行政复议案例”，圭塘司法所撰写的《化解退费小纠纷维护营商大环境》案例获评“2021年度十大典型法律服务案例”，侯家塘司法所所长杨柳被司法部评为“全国司法所模范个人”，东山司法所所长王莎被湖南省委全面依法治省委员会评为“2016—2020年湖南省普法工作先进个人”，律师工作科科长、雨花区公共法律服务中心主任龙迪和雨花亭司法所工作人员曾金被评为“2016—2020年长沙市普法工作先进个人”。

【公共法律服务】 2021年，雨花区区级公共法律服务中心1个、街道（镇）公共法律服务工作站13个、社区（村）公共法律服务工作点162个。区公共法律服务中心推进公共法律服务实体、网络、热线三大平台融合发展，整合公证、法律援助、律师管理、法律咨询等多方面的资源，集中在区政府西门办公，为辖区群众提供“一站式”公共法律服务平台，安排法律援助律师工作日值班，为群众提供法律服务。组织“法润雨花”公共法律服务志愿者开展法律服务活动，开展“湘融湘爱”农民工服务保障专题宣传活动、反电信诈骗宣传、民法典宣传等。举办公共法律培训会，邀请省司法厅法律援助中心副主任徐巧丽为全区法律援助律师授课。打通农民工等重点人群援助渠道，在雨花区公共法律服务中心开通农民工欠薪法律援助“绿色通道”。受理劳动争议案件143件。加强律师管理、案卷评查工作，制定《公共法律服务中心法律援助案件评查制度》。区公共法律服务中心抽取法律援助案卷20本，参与全市法律援助案卷评查和同行评估，全市评查案卷200本中满分卷4本，雨花区满分卷3本；评估情况全市优秀卷31本，雨花区良好卷13本，评查结果总体优良率80%。区公共法律服务中心受理法援案件452件，其中民事181件、刑事271件，涉及受援人452人次，值班律师提供法律咨询1200余人次。

【人民调解】 2021年，雨花区组织全区各调解组织开展“坚持发展枫桥经验，实现矛盾不上交三年行动”专项活动的第三年活动，组织重要节点期间矛盾纠纷排查活动7次，“调处矛盾护稳定，献礼建党100周年”专项活动1次，全区各级人民调解组织成功调处矛盾纠纷5300余件，其中疑难复杂纠纷156件，死亡纠纷81件，为群众挽回损失1.3亿余元。印发《长沙市雨花区人民调解案件“以奖代补”实施细则》，加强人民调解员培训，开展案卷评查工作。结合村（社区）“两委”换届选举，指导村（社区）完成人民调解委员会的换届，规范推选人民调解委员会委员。全区应建的163个村（社区）人民调解委员会及500余名调委会成员全面调整到位。利用“湖南省人民调解”应用系统及时对人民调解委员会及调解员进行备案登记，动态掌握调解组织和个人情况。加强司法所规范化建设，统一更新井湾子、同升、砂子塘3个司法所的标识标牌。通过撰写人民调解案例加强普法宣传。

【律师工作】 2021年，雨花区结合政法队伍教育整顿工作要求，组织区属律师事务所、区属基层法律服务所全体成员召开雨花区律师行业突出问题专项治理工作会议暨基层法律服务行业专项法治学习教育会议。完成对区属38家基层法律服务所及38名基层法律服务工作者的年度考核初审工作。办理法律服务行业举报投诉案件，严肃查处基层法律服务工作者的投诉案件，对于在调查过程中发现的违法违规线索绝不放过。办理基层法律服务工作者投诉案件2起。

【社区矫正】 2021年，雨花区接收社区矫正对象697人，解除矫正568人，年末在册社区矫正对象608人。开展社区矫正审前社会调查评估564件，依法收监执行社区矫正对象4人。接收刑满释放安置帮教对象363人，服刑人员信息核实率、预释放信息回执率均为100%。11月1日，长沙市雨花区社区矫正和刑满释放人员安置帮教工作领导小组更名为长沙市雨花区社区矫正委员会，负责统筹协调和指导全区社区矫正和刑满释放人员安置帮教工作。每月定期召开社区矫正监管安全分析会议，分批、分片、分类组织社区矫正对象开展社区服务、集中教育和主题教育学习。运用现代科技手段，对全区在册社区矫正对象实施人脸识别手机定位和电子腕带定位监管，电子监管率100%。启动“智慧矫正”中心建设，对区社区矫正中心进行升级改造，完善设施设备，深化智慧应用。开展社区矫正和安置帮教对象困难帮扶活动，为40余名家庭困难社区矫正对象和刑满释放人员送去帮扶物资和资金。开展社区矫正对象就学帮扶活动，协调中南大学为1名社区矫正对象保留学籍，保障其就学权利。做好疫情期间刑释人员衔接和过渡性安置工作，疫情期间雨花区籍刑释人员全部衔接到位。

【行政复议与诉讼工作】 2021年，雨花区妥善处理涉及食品药品领域的投诉举报、治安和道路交通管理行政处罚等纠纷，检察机关在行政复议申请的第一时间介入行政争议化解，发挥行政复议在防范和化解行政争议、构建和谐社会中的积极作用。处理行政复议案件186件；办理区政府作为被申请人的行政应复议案件2件。组织相关部门领导出庭应诉，区司法局代理区政府办理行政诉讼和行政诉讼检察监督案件36件，组织区领导出庭应诉4件。

2021 年 7 月 13 日，雨花区司法行政队伍教育整顿工作总结大会　　（高秀丽　供图）

【农民工服务保障专题宣传活动】 2021年2月26日，雨花区在"碧桂园·城市之光"营销中心前坪开展"湘融湘爱"农民工服务保障专题宣传活动。活动现场设置临时展板，悬挂宣传标语，组织有奖问答，宣传《中华人民共和国劳动法》《中华人民共和国劳动合同法》《保障农民工工资支付条例》《劳动争议调解仲裁法》《法律援助条例》等法律法规。区人社局、高桥司法所、湖南同湘律师事务所、湖南省芙蓉司法鉴定中心、湖南省长沙市华湘公证处等单位的法律服务志愿者设置咨询台，开展现场答疑活动。活动共发放宣传折页 200 余份，宣传环保袋 100 余个，折叠环保推车 20 余辆，芝麻元宵 300 余份。

【宪法宣传周主题活动】 2021 年 11 月 30 日至 12 月 6 日，雨花区围绕"以习近平法治思想为指引，坚定不移走中国特色社会主义法治道路"主题，开展"12·4"国家宪法日及宪法宣传周系列宣传活动，开展宣传活动 13 场次，发放宣传资料 5000 份。洞井司法所邀请北京京师（长沙）律师事务所在洞井街道和平小区开展"12·4"国家宪法日宣传活动。同升司法所联合法律顾问在古樟树社区为现场群众普及结合典型案例法律知识。东山司法所邀请北京京师（长沙）律师事务所律师彭夏华为居民群众讲解宪法知识、解答法律问题。高桥司法所在火焰神农茶都开展国家宪法日宣传活动，邀请湖南思想律师事务所、湖南岳林律师事务所现场答疑。侯家塘司法所在红旗法治广场开展国家宪法日主题活动，向居民群众宣传《中华人民共和国宪法》《中华人民共和国民法典》和法律援助等相关法规常识。黎托司法所在花侯市民公园中心活动广场开展宪法主题宣传活动，活动现场设置《中华人民共和国宪法》主题宣传背景墙，设置宪法知识有奖竞答环节。跳马司法所联合石燕湖村委在石燕湖村集市口开展"12·4"国家宪法日暨宪法宣传周法治宣传教育活动。东塘司法所联合芙蓉南路社区、辖区民警在湖南省职业病防治院附属医院开展"12·4"国家宪法日暨宪法宣传周法治宣传教育活动，辖区民警群众宣传宪法相关知识。左家塘司法所、砂子塘司法所在活动现场设立展板和宣传台，工作人员分发法律宣传手册。圭塘司法所在溪悦荟广场发放《中华人民共和国宪法》等读本手册。雨花亭司法所在路桥社区开展国家宪法日宣传活动。

【青少年法治宣传教育周活动】 2021年，雨花区开展青少年法治宣传教育周活动 12 场次。9 月 16 日，跳马司法所在石燕湖中学开展"校园防欺凌"法治宣传讲座。9 月 17 日，井湾子司法所联合湖南湘达律师事务所在长塘里立心小学开展未成年人保护法主题法治宣传讲座。9 月 23 日，洞井司法所、同升司法所分别在洞井明德中学、长沙商贸旅游职业技术学校开展校园法治知识讲座。9 月 24 日，砂子塘司法所在稻田中学开展《中华人民共和国未成年人保护法》法治教育讲座。9 月 27 日，圭塘司法所在雨花实验小学开展"送法进校园"普法宣传教育活动。9 月 28 日，东塘司法所联合湖南湘之悦律师事务所开展"学习未保法，护航花季行"主题宣传活动。9 月 29 日，侯家塘司法所在长沙市枫树山小学开展未成年人保护与防御法治教育讲座活动。

（本栏撰稿　高秀丽）

军　事

人民武装

【概况】 中国人民解放军长沙市雨花区人民武装部（简称“区人武部”）为正团级单位，隶属于中国人民解放军长沙警备区。区内街道、镇、高等学校、企事业单位设立基层人武部，地方编制，编配专职部长、干事各1人，接受同级党委和区人武部的领导。境内驻军有国防科技大学前沿交叉学科学院、省军区长沙第四离职干部休养所以及军委直属、军兵种驻长沙军代处、办事处、房管处、供应站、退休干部休养所等单位。

2021年，区人武部贯彻习近平强军思想，坚持举旗铸魂、聚焦主业、按纲抓建、确保稳定，完成各项任务。组织民兵遂行疫情防控、文明创建、“蓝天保卫战”等任务，参与平安创建、文明创建活动。协调落实军人转业安置、家属随调、子女入学等优待政策，做好扶贫帮困、联点驻村等暖民心、解民忧的好事实事。组织民兵参与社区防疫宣传、道路封控、物资运输及人员体温检测、排查等工作，31名民兵在长沙南站一线24小时三班倒常态执勤。　（钟　毅）

【坚持党管武装】 2021年，雨花区把握新时代党管武装工作面临的新形势新要求，坚持党对武装力量绝对领导根本原则，推动党管武装落地生效。党管武装、国防动员、国防教育等重要事项列入区委常委会议题，形成武装工作常态化落实的制度机制。区委坚持议军会议、军事日活动、述职制度和调研制度，坚持优先听取武装工作汇报，优先审批武装工作文件，优先参加武装工作活动，优先解决武装工作难题。实行区委主要领导现场办公制度，研究破解武装工作的重点、难点问题。党管武装绩效考评向国动委成员单位延伸，区委书记兼任区人武部党委第一书记，企业党委书记兼任企业武装部第一书记。严密组织党管武装绩效考评，采取各街镇报送资料结合日常工作考核的方式，同步开展街镇党委书记党管武装述职。摸排专武干部落编定岗底数，落实专武干部选配、用管等规定，畅通进出渠道。坚持春节、“八一”走访慰问驻区部队和转退军人，举行立功军人家属颁奖仪式，组织送喜报活动。安排近500万元的专项经费，用于高炮阵地功能恢复建设和征兵上站体检人员交通补贴。

（钟　毅）

【思想政治建设】 2021年，雨花区人武部狠抓创新理论武装，开展“不忘初心、牢记使命”“传承红色基因、担当强军重任”主题教育，领悟学党史的政治意蕴，汇聚践行初心使命、奋进强国强军的磅礴力量。抓实全民国防教育，完善国防教育委员会及办公室机构设置，建立军地合署办公机制，巩固拓展学校有课程、广电有频道、报纸有专栏、网络有门户、流动媒体有广告的多维宣教阵地。加强辖区大学生国防教育，发挥长沙航院新型国防教育基地优势，全面普及国防教育，以参加全市“爱我国防”演讲比赛为契机，辖区2名大学生分别获二等奖、三等奖，1人入围全省决赛。将学生军事训练纳入初高中素质教育，统一为参训学生编印《学生军训手册》，从湖南体育职业学院派出300名学生任教官，完成辖区32所初高中共2.9万名新生学生军训任务。（钟　毅）

【练兵备战】 2021年，雨花区坚持“以战领建、抓建为战”，推进练兵备战工作。修订本级战备方案，组织基层武装部和民兵分队修订战备方案；联合区政府相关部门组织军地联合防汛防涝应急演练；组织民兵分批参与长沙南站疫情防控执勤，提高机关组织指挥和民兵应急处突能力。完成后备力量训练，抓好民兵战略运输投送连常态化建设，组织实兵实装拉动。在迎接军委国防动员部枪支弹药大清查检查验收和省军区深化民兵调整改革交叉检查中均成绩优秀。参加警备区“五类人员”比武，获得班用帐篷架设第一名、无人机操作第二名和优秀政治教员第二名。　（钟　毅）

【国防动员】 2021年，雨花区多次召开征兵工作推进会，坚持把大学毕业生和毕业班学生作为征集重点，进行“一对一”精准宣传发动，完成春

2021 年 1 月 28 日，雨花区 2021 年区委常委议军会暨武装工作会议 （区人武部 供图）

2021 年 12 月 19 日，雨花区春季征兵大学毕业生集中宣传仪式 （区人武部 供图）

季征兵和秋季征兵任务，其中大学生比例 95%，大学毕业生和毕业班学生比例 60%。完成长沙航空职业技术学院、湖南体育职业学院定向培养士官入伍政考工作。结合全区武装工作会议、征兵工作推进会，部署基层武装部星级达标建设，所有基层武装部全部达标，评定五星级单位 3 个，四星级单位 4 个；打造精品企业武装部 1 个（龙骧集团武装部）；协助推进市民兵训练基地建设，多方协调完成区防空兵训练基地建设并投入使用。 （钟 毅）

【区委常委议军会】 2021 年 1 月 28 日，雨花区委书记、区人武部党委第一书记张敏主持召开 2021 年区委常委议军会暨武装工作会议。会议传达学习习近平主席关于国防动员重要论述以及湖南省军区、长沙警备区党委扩大会议精神，听取 2020 年度全区国防动员和后备力量建设情况汇报，安排部署 2021 年度武装工作任务。会议强调，要举旗铸魂，强化党管武装工作思想；要聚焦主业，落实党管武装工作职责；要发扬传统，凝聚党管武装工作合力。12 月 23 日，雨花区委常委议军会暨党管武装工作述职会议召开。区委书记、区人武部党委第一书记刘素月主持会议。会议传达学习习近平主席关于国防和军队建设重要论述及全国民兵建设“十四五”规划任务部署会、省委议军会议精神，听取全区国防动员和后备力量建设情况汇报。井湾子街道、东山街道党工委书记作党管武装工作述职。刘素月强调，要提高政治站位，牢牢把握党管武装正确方向；要聚焦使命任务，不断提高党管武装工作质量水平；要加强军地协作，进一步深化军民共建发展。 （彭 杨 杨博文）

【区人武部党委第一书记任职大会】 2021 年 9 月 9 日，雨花区人武部党委第一书记任职大会召开。长沙市委常委、警备区政委冯紫英宣读长沙警备区党委关于雨花区委书记刘素月担任雨花区人武部党委第一书记的党内任职决定，并为刘素月颁发“任职证书”。刘素月表示，完全拥护、坚决服从警备区党委的决定，在今后工作中，将牢记第一书记的重要职责，扛牢党管武装政治责任，抓好党管武装重点任务，推动军民共建深度发展，努力推动党管武装各项工作取得更多新的成效。 （杨博文）

人民防空

【概况】 2021 年，雨花区加强人防工程维护管理，组建人防志愿者队伍，加强对街道专干日常工作的检查，对全区人防工程维护管理和安全生产进行监督检查，对人防工程进行设施维护。开展人防智慧通信工作，每周按时进行短波、超短波、海事卫星、3G 互通互联；加强警报器的维护管理工作，新增设防空警报器；完成“11·1”全省警报器试鸣工作，各类警报器鸣响率 100%。完成《2021 年雨花区国防动员潜力统计调查》填写上报；参加人防“准军事化”等训练。

【人防宣传教育】 2021 年，雨花区推进人防宣传“五进”（进机关、进学校、进企业、进社区、进媒体），举办 6 场人防知识进社区、进学校活动，开展人防应急疏散演练活动；完成智慧人防多功能宣传教育终端选址和安装工作，在区政府、三湘社区、枫树山大桥小学等区域共安装 5 台智慧人防多功能宣传教育终端。5 月 12 日，区人防办在雨花区政府和泰禹小学开展“5·12”防灾减灾日人防志愿者普法宣传和服务进机关、进学校“防范化解灾害风险，筑牢安全发展的护民之盾”主题活动，宣传《湖南省实施 < 中华人民共和国人民防空法 > 办法》《防空防灾安全手册》等相关内容以及与防灾减灾相关的其他知识。区人防办分别于 9 月 23 日在同升街道景环社区、10 月 14 日在雨花亭街道香南郡社区、10 月 15 日在洞井街道植物园社区、11 月 1 日在井湾子街道井湾子社区、11 月 18 日在砂子塘街道金地社区等开展人防宣传活动，向社区居民群众发放人防知识宣传手册，宣传人防设施的重要性，邀请长沙市民众应急服务中心老师以“人民防空 铸盾护民”为主题进行防空防灾宣传。

（本栏撰稿 秦 俭）

城乡建设

建设管理

【概况】 2021年，雨花区农民工实名制工作覆盖率100%，在国务院检查农民工工作中获好评；开展雨花区第一次全国自然灾害综合风险普查房屋建筑和市政设施调查工作，调查房屋建筑57339栋、排水管线190.38千米；推进建筑垃圾资源化利用工作，完成新型城镇化、长沙市城市双修和农村双改有关工作，建筑公司改制由管理人受理并申请企业破产工作；受理房屋维修资金业务588件，组织现场外勘500余次，申请、划拨资金3100万余元，应急解决老百姓生活起居、出行、安全等问题；牵头协调解决茂华国际湘、华银园多个小区水改和供水漏损欠费矛盾纠纷问题；办理领导批示件278件、网络舆情51件、省信访平台和市住建局信访平台79余件，市长、区长信箱75件、“12345”市民服务热线1021件。

【行政审批】 2021年，雨花区实行容缺承诺审批，核发步步高星城天地、井塘海绵示范公园等项目的施工许可证。完成初步设计批复16个，变更审查6个；设计施工图审查备案275个，免于施工图审查项目220个，核发建设工程项目施工许可75个，办结碧桂园时代广场一期、景观路、宝湾物流等建设工程竣工验收备案23个。发放建筑工地施工期间城镇排水排入许可34户，受理并办结停水备案8起。受理并办结房屋安全鉴定备案113处。

【行业管理】 2021年，雨花区抓好企业资质审批的事中事后服务与管理，区管建安企业1300余家，入库133家，年度总产值2556亿元，增长17%。抓好资质审批后对接管理，协助长沙市住建局对83家施工企业进行资质动态核查，做好中建五局等22家企业专项资金奖励申报。

【安全监管】 2021年，雨花区住建局班子成员每月带队检查不少于1次，定期召开安全工作形势分析会。全数摸排跳马镇15235户农村房屋安全情况，排查出40户C类、D类危房并对其进行相应治理。排查确认城市危房99栋，护坡、基坑隐患点20处并纳入动态监管。对393个物业小区摸排所属建筑物外立面、消防设施设备等情况，相关隐患得到有效整改。组织对区管建安企业的安全生产检查，对发现的问题下发整改通知，督促整改。

【质量建设】 2021年，雨花区受监（管理）项目30个，受监率100%、合格率100%。加强对13家预拌混凝土企业的质量安全管理。开展安全生产活动月、消防安全专项整治月、安全生产培训进工地等活动，开展隐患大排查13次，质量安全专项大检查4次，消防安全检查10次，下发各类监督整改通知书98份，停工通知书5份，不良行为告知书4份。排查出安全隐患130余个，均按要求整改落实到位。

【物业监管】 2021年，雨花区督导物业企业提升物业服务质量，加强物业专职社工业务培训与指导，做好疫情防控、文明创建、垃圾分类等工作，推进业主委员会成立。打造党建引领物业管理工作示范区，出台《关于加强小区物业管理的十条措施（试行）》。全区830余个小区，成立小区党支部425个，覆盖392个物业小区，成立业委会376个。黎托街道绿城桂花城小区、砂子塘街道鑫天花园小区探索实行小区党支部书记和业委会主任“一肩挑”试点；东山街道创新模式，成立公租房联合党支部、农安小区联合党支部，发挥基层组织在小区治理中的引领作用；左家塘街道窑岭社区实行“联席共建”，破解“袖珍”小区治理顽疾；高桥街道泊爱蓝湾小区组建以党员为核心、热心群众参与的“一家亲”志愿服务队，探索小区治理的新路子。

【执法监察】 2021年，雨花区严格落实行政执法“三项制度”（行政执法公示制度、执法全过程记录制度、重大执法决定法制审核制度），坚持程序到位、执法有据、处罚适度原则，按照安全生产、蓝天保卫战、污水治理相关要求，加大对全区在建工地、装饰装修项目的巡查执法力度，处理相关投诉400余起，对存在问题及时立案查处，完成处罚26起，罚款36万余元。组织宣传贯彻学习《保障农民工工资支付条例》，开展打击违法发包、转包、分包、挂靠行为检查，加大对非法开工行为的执法，农民工实名制工作覆盖率100%。

【住房保障】 2021年，雨花区非定向公租房新增审批166户；经济适用住房货币补贴新增审批13户，"半边户"（指夫妻双方有一方是农村集体经济组织成员，另一方是城镇居民的住户）购保障性住房资格审核81户，"世居非农"（指世居本社区筹委会、村，且有合法建筑的城镇居民户）购保障性住房资格审查22户，非定向公共租赁住房租赁补贴发放289户次49.09万元，发放商品房屋租赁登记备案证115份，公共租赁住房实物配租签约新增138户，为区直单位发放职工住房补贴13.71万元，为长沙市交通运输局等4家单位21915人次发放公益性岗位租赁补贴款821.21万元。收取并上缴市局公租房住户租金437万元，查处违规改造等问题16起。对粟塘小区的消防、供水管网进行改造。

【房产市场】 2021年，雨花区新建商品房批准预售面积372.03万平方米，新建商品房成交面积422.8万平方米，新建商品住宅均价每平方米10174元。及时处理和化解合能枫丹丽舍等8个项目信访问题，成立恒大项目专班，促进恒大金融广场等3个项目复工复产。推进闲置楼宇处置，在案的闲置楼宇9个，复地星光天地等5个楼宇处置完成；中湘美乐城通过司法拍卖，成功接盘。

【"精美雨花"建设】 2021年，雨花区制定"精美雨花"工作方案，成立区级组织领导，按照"四精五有"（精准规划、精美建设、精致管理、精明增长；有颜值、有气质、有内涵、有格调、有品位）现代宜居城市的要求，推进"精美雨花"建设，建立风貌审查、围挡管理、闲置楼宇处置、监管执法联动等机制。把劳动西路改造、市民之家、井塘公园等13个项目列入"四精五有"建设的示范项目，其中市政基础设施按照"六个结合"（车行道、人行道、绿化、立面、管网、景观亮化"六位一体"提质改造）要求，既有小区提质改造分基础类、完善类、提升类三类整体推进改造，践行和落实"精美社区"的建设理念。"精美建筑"项目中的井塘公园实现开园营业，成为圭塘河岸边的独特风景。

【蓝天保卫战】 2021年，雨花区抓好工地扬尘治理，落实工地扬尘防治"8个100%"（建筑施工工地围挡100%、路面硬化100%、100%洒水压尘、裸土100%覆盖、进出车辆100%冲洗、渣土实施100%封闭运输、建筑垃圾100%规范管理、工程机械尾气排放100%达标），发挥工地视频在线监控、开展"百日奋战扮靓星城"施工围挡专项整治活动，加强日常监督巡查和重点区域、重点项目检查，确保扬尘治理工作在全市住建系统的领先优势。牵头雨污分流管网项目建设，有序推进井塘示范公园、石碑大港水环境综合治理工程项目管网建设，完成雨水箱涵1300余米，完成截污干管7000余米。

【创设小区电动车充电棚（库）技术标准】 2021年10月，雨花区制定出台《既有小区电动自行车停放和集中充电棚建设管理和技术要求（试行）》，对小区电动车集中充电棚建设标准，管理职责作出明确要求。该标准共有20条，分管理和技术2类，对既有小区的物业公司或主管单位消防安全管理责任作出明确规定，对没有物业公司的既有小区由属地街道负责指导社区（村）实行网格化管理。由物业公司或主管单位会商业主、业委会并报备社区（村）、街镇及电力部门认可后组织具体实施，具体承建的企业负责充电棚及其设施的维修保养。相关政府职能部门鼓励和支持利用住宅小区内空坪隙地或其他适量公共用地，保障电动自行车集中停放和充电棚的建设。该文件明确既有小区电动自行车停放和集中充电建设管理流程、工作机制、部门职责，对充电棚建设技术参数作出规定。该文件出台，表明雨花区既有小区电动自行车的停放和集中充电棚建设有了较详细的政策依据、管理要求和技术标准，有利于规范雨花区电动自行车停放和充电棚建设管理。

【公租房管理】 2021年，雨花区建立常态化、制度化监管巡查体系，联合社区、物业公司对全区3400余租住户进行上门走访，逐户核实住户基本信息，整理公租房房源信息，入户核实情况，对存在转租转借、长期空置、擅自改变承租房屋用途等违规行为进行严格摸底排查；公布举报监督电话，鼓励群众参与公租房监督检查，群众和住户可以通过电话、短信等方式对违规现象进行举报，并实施举报奖励；在公租房凤凰佳园、凤凰苑小区引入智能化管理手段，通过引进智能门禁、安装门道监控、研发后期管理系统等举措，动态采集公租房租户入住信息、租金收缴情况等数据统计，提高后续管理效率。整改公租房违规住户15户。在公租房小区推行网格化管理，建立区直部门、属地街道、社区和物业公司"四位一体"的管理模式，把安全生产与公租房治理结合起来，在各公租房小区进行安全隐患大排查，对楼道堆物、擅自安装防盗门、堵塞消防通道、乱搭乱建等种种乱象进行有效治理。区住建局联合区城管执法大队、同升街道、新聚园社区成立专项工作组对粟塘小区进行集中整治和清理，清运违章亭棚50余处，切割处理违章移动亭棚30余个，清理公共区域垃圾堆物100余处；协同南雅社区开展为期1个月的电动车专项整治行动，对凤凰佳园、凤凰苑电动车棚的僵尸电动车进行清理，清理废旧僵尸电动车、三轮车18台。联合同升街道派出所把社区线下警务室搬到“线上警务室”，根据小区网格将公租房粟塘小区公益志愿者分为8个微信警务群，一起参与小区治理，协助开展防骗宣传、治安巡查、调解矛盾纠纷，将“线上警务室”打造成法制讲堂、消防知识讲座的重要载体。推进粟塘小区管网改造民生工程，对该小区消防及供水管网进行改造；联合洞井街道、仙岭社区将新建公租房万家园小区打造成“公租房党建引领示范小区”。

【既有多层住宅增设电梯】 2021年，雨花区组织全区街道社区工作人员进行政策法规专题培训。依托长沙市工程建设项目“多规合一”平台，二次开发“雨花区既有多层住宅电梯加装线上审核备案功能模块”，实现“在线申请、在线联审、在线交互、数据共享、部门互认、审批成果自助下载”的不见面审批模式，加装电梯“全程网办”工作经验全省推广。推出《雨花区电梯加装工作指导手册》，各职能部门梳理出全流程《申报资料一张表单》、核验详单样本、超详版的步骤操作指南；对外提供电梯加装群众电话、微信联系服务。联合湘军麓和律师事务所，对电梯加装申报过程所有核心要件进行梳理和研究，组织推出2020版各环节申报核心要件、总包合同、电梯购置合同、施工合同等各类涉及电梯加装的制式模板。宣传报道区既有多层住宅增设电梯各项便民举措和增设电梯示范小区工作经验做法。在实行单元独立申报加装的基础上，在美林景园、电信宿舍等已完全交付社会化管理的小区，探索建立小区物业管理公司全程参与电梯加装。全年完成多层住宅加装电梯200台。

【远程异地评标实施项目试点】 2021年3月16日，雨花区2020年侯家塘街道广济桥社区环境综合提质改造工程项目作为长沙市率先试点远程异地评标实施项目，在长沙公共资源交易中心运行成功。该项目应用5G+区块链技术开展远程异地评标工作。在行政监督人员和长沙公共资源交易中心工作人员的共同见证下，由电脑系统随机抽取评标会场、专家人数及参标人员，分主、副2个电子评标室开展评标，长沙主会场3人，郴州副会场2人，评标专家可通过利用电子招投标软件系统和远程异地评标系统，不同地点的评标专家通过远程电子评标系统，实现在线交流，完成评标工作。远程异地评标打破地域空间限制，实现资源共享，降低评标成本。实时在线语音、图像及视频，可实现同步化运行、无纸化操作，提高招投标工作的效率，实现优质专家资源跨地区、跨行业共享。

【物业管理工作推进大会】 2021年3月16日，雨花区全区物业管理工作推进大会召开。雨花区出台《关于加强小区物业管理的十条措施（试行）》，解决住宅小区物业管理突出问题，推动物业管理服务水平全面提升。措施内容涵盖强化党建引领、强化齐抓共管工作机制、强化业主委员会监督管理、强化物业服务质量提升、强化物业服务标准化创建、强化物业矛盾纠纷就地化解、强化小区综合整治、强化资金多元保障、强化法律法规宣传培训、强化奖励扶持力度10个方面。区委书记张敏强调，要提高政治站位强认识，把物业管理作为政治任务来抓；要拿出过硬举措抓推进，选优配强小区党支部书记和成员；压实工作责任促落实，区级层面成立物业管理工作领导小组，区住建局和相关职能部门要制定和完善配套工作细则，加强工作和业务培训。截至2021年3月16日，雨花区有物业公司管理的小区、大厦、单位等共532家，物业管理覆盖率70%以上；建立小区党组织262个，形成小区“四位一体”管理模式创新、物业专职社工队伍建设等经验亮点。

【精美雨花联席会议】 2021年3月19日，雨花区精美雨花第一次联席会议召开。全区13个街道（镇）和联席会议成员部门分管领导参加会议。雨花区住建局宣读《长沙市雨

2021年3月12日，雨花区既有多层住宅增设电梯前期调查培训会

（秦　俭　供图）

花区人民政府办公室关于印发“精美雨花”建设工作实施方案（2021—2022年）的通知》，明确第一次联席会议相关要求，各成员单位就“精美雨花”建设工作进行发言。雨花区政府副区长吴平辉要求，树立精美建设的目标；抓住精美雨花建设的重点，聚焦重点项目，打造示范项目，形成以点成线，以线带面的工作思路；处理好推进工作中整体与专项、建成项目与新建项目、单位职责与统筹调度3个关系。

【提质改造精美长沙示范项目】 2021年3月22日，雨花区住建局组织召开劳动西路（韶山路—芙蓉路）提质改造精美长沙示范项目初步设计审查会。长沙市住建局、长沙市交警支队等部门，广州市城市规划勘测设计研究院、中机国际工程设计研究院有限公司，长沙市精美街道顾问组景观风貌专家、道路专家，雅礼中学等沿线相关单位共同研究、建言献策。各部门领导、专家从安全、人性、舒适、美观等角度提出意见及建议。会前，区住建局注重基础资料收集，多次组织建设单位和设计单位踏勘现场，就方案反复和市住建局精美办沟通。9月7日，市住建局精美办专家专程现场指导“精美长沙”第一批示范项目。市精美办一行对劳动西路（韶山路—芙蓉路）改造项目的全程进行踏勘，听取项目建设单位、设计单位和施工单位的介绍，了解项目实施进度、精细化施工、建筑前区改造和多杆合一实施情况等，对项目后期建设提出意见。

【建设工程质量安全管理推进会】 2021年4月10日，雨花区建设工程质量安全管理暨配合中央环保督察工作推进会召开。区属各混凝土搅拌站企业、区管各在建项目建设、施工、监理单位负责人、区属各工程检测单位负责人约300人参加会议。长沙市住建局质安处副处长王曦平就加强全市建设工程混凝土质量管理工作、混凝土与检测监管系统使用、混凝土企业绿色生产管理工作进行指导与要求。雨花区建筑工程质量安全监督站站长湛滨部署区属建设工程质量安全管理、交通顽瘴痼疾整治、文明创建、蓝天保卫战、迎环保督察等相关工作，会议下发宣传、政策文件资料300余份。区住建局党组书记、局长张学军强调，各建设责任主体单位、混凝土搅拌场站、检测单位务必重视混凝土质量管理、建筑垃圾分类、汛期安全、生态环保等各项工作。张学军带领全体参会人员进行安全生产、环境保护工作宣誓。

【节约用水宣传周启动】 2021年5月12日，雨花区城市节约用水宣传周活动在融科东南海小区启动。启动仪式由雨花区政府主办，区住建局承办，跳马镇、12个街道、节水型小区参与活动。节水型小区物业管理公司代表、居民代表们进行节水经验分享；参观融科东南海小区的节水器具设施、雨水收集利用系统、绿化浇灌喷淋系统、供水管网漏损排查设备、生活水箱溢流控制系统；现场发放海报及宣传手册。

【建筑施工质量安全培训】 2021年6月2—3日，雨花区建筑施工质量安全培训会议召开。区管各在建项目建设、施工、监理单位、预拌混凝土搅拌站、消防单位、检测单位、区属建安企业的质量安全负责人350余人及区属相关部门围挡整治专项工作负责人参加培训。雨花区住建局党组书记、局长张学军讲授“三思而行，争当新时代优秀民营企业家”，提出“富而思源”“富而思进”“富而思善”3个思索，强调进一步增强安全防范意识，提升安全管理水平，确保全区建设领域安全生产。上级主管部门的业务骨干和业内知名专家进行授课，讲授农民工实名制平台录入、预拌混凝土与检测监管服务平台实操、深基坑工程安全技术管理知识、建筑起重机械安全监督管理要点、机械排烟系统安装要求及消防各系统联动调试规范、2021版施工围挡标准图集、蓝天保卫战、文明创建等方面内容，采取授课、交流、答疑和提问相结合的方式，加深参训人员对质量安全标准规范的理解。

【地铁站港湾式停靠点】 2021年6月，雨花区建设地铁站港湾式停靠点，解决车辆与地铁接驳问题。雨花区政府副区长吴平辉带领区住建局、区城投公司等相关部门多次进行现场踏勘，对站点的乘客流量、周边的既有停车设施以及相关交通引导设施情况等进行实地调研。以群众方便、设置合理、简洁实用为原则，设置沙湾公园、砂子塘、树木岭3

2021年4月10日，雨花区建设工程质量安全管理工作推进会 （秦 俭 供图）

个地铁站港湾式停靠点、毛竹塘1个直线式即停即走停靠点。沙湾公园站，在1号、4号出入口之间的现状人行道和前坪内设置1处港湾式即停即走停靠点。砂子塘站，利用6号出入口处未使用的港湾式公交车站，将其改造为港湾式停靠点；树木岭站，在8号、9号出入口之间布置1处港湾式停靠点，为树木岭城际铁路站同步提供服务；毛竹塘站，为避免对既有地下管线、人行道产生影响，在3号口设置一处直线型即停即走停靠点。在每个停靠点，设置电子监控、交通标牌、地面标线、地面标识等配套设施，规范停车落客秩序。

【街道社区物业管理知识专题轮训】2021年7月13日，雨花区街道社区物业管理知识专题轮训大会召开。砂子塘、东塘、左家塘、侯家塘全体街道社区物业专干和业委会主任参加会议。雨花区砂子塘街道工委委员井璟主持会议。区住建局党组成员赵文武作开班动员讲话。格物教育金牌讲师杨慧云讲授《中华人民共和国民法典》下的业主组织等相关内容，重点讲述业主大会和业主委员会相关法律文件及概念区分；湖南省物业管理行业协会业主委员会专委会会长、长沙市创治社区发展促进中心辅导教师王崇连组织学习业主大会成立流程和业主委员会工作程序与实务；左家塘街道物管办主任李思分享物业矛盾纠纷调处方法与技巧。

【自然灾害综合风险普查培训】2021年8月4日，雨花区第一次全国自然灾害综合风险普查房屋建筑和市政设施调查工作部署动员暨业务培训会召开。雨花区住建领域房屋建筑和市政设施调查领导小组成员单位分管负责人及科室负责人参加会议。会议由区住建局党组成员、总工程师孔建军主持。区住建局党组书记、局长张学军解读《长沙市雨花区第一次全国自然灾害综合风险普查房屋建筑和市政设施调查实施方案》，介绍雨花区第一次全国自然灾害综合风险普查房屋建筑和市政设施调查工作开展情况，动员部署全区调查工作任务，授权要求相关部门、街镇要明确专人分管、专门工作力量，积极配合实施。区政府调研员文洲对调查工作提出具体要求。长沙市住建局技术支撑单位对房屋建筑调查工作内容、流程与分工开展业务培训并现场答疑。

【定向限价商品住房准购】2021年7月27日，雨花区批得长沙市第一户定向限价商品住房准购单，刘某以均价8808元/平方米的价格购买润和·翰文府定向限价商品房1套。雨花区推进定向限价商品住房工作，雨花区政府组织区住建局、区民政局、区人居局、区城投集团、区征收办等单位及湖南润和城实业（集团）有限公司召开协调会议。区住建局多次协调长沙市住建局对审批流程进行优化，实地指导圭塘街道住保专干进行系统录入及初审工作，与工程师团队协商，对审批系统进行完善。

【建筑施工安全生产事故应急救援演练】2021年12月19日，雨花区举办2021年度建筑施工安全生产事故应急救援演练。中建五局总承包公司、湖南雨安建筑工程有限公司、湖南省第六工程公司等相关建筑企业、20余个区管在建项目、13家混凝土搅拌企业等200余人参加应急演练。莲湖安置房项目部进行消防应急演练，可孚医疗项目部进行防高处坠落应急演练。区住建局党组书记、局长陈建良讲话并进行安全生产工作部署。

（本栏撰稿　秦　俭）

公共工程建设

【概况】长沙市雨花区公共工程建设中心（简称“区公共工程建设中心”）主要承担区政府投资项目的建设（或代建）实施和监督管理职责，负责在雨花区范围内的省、市重点工程征拆协调、服务等工作。

2021年，区公共工程建设中心完成5条市政道路建设和5个电力埋管项目建设；确定项目72个，其中新建项目18个。开展“我为群众办实事”，将拉通官寺冲路、联点社区怡园社区

2021年12月19日，雨花区安全生产事故应急救援演练　（秦　俭　供图）

怡美路下水井盖更换等18件民生实事纳入民生实事清单，完成浦沅社区提质改造、石坝路涵洞修缮等12件民生实事，推进其余事项。发布各类信息130余篇。召开4次社区民情恳谈会，收集关于怡美路下水井盖更换、汇达大厦电动充电桩建设等7件群众“微”实事、“微”心愿，完成党史学习长廊建设、两型环保主题公园建设廊、汇达大厦电动充电桩建设等民生实事建设。

【项目建设】 2021年，雨花区完成郡阳小学周边道路提质改造及政修路、双塘路、豹塘路、洞井路4条市政道路建设，通车里程3233米；推进林科路（南）、香松路（西）、荷叶冲路（西）等12条市政道路以及金海路雨水分流箱涵工程、高升路雨水箱涵工程建设。雨花区中心消防站、圭塘小学扩建工程、建丰公寓挡墙支护工程3个项目投入使用；推进花侯小学、德馨园学校、雨花分局执法办案中心、燕子岭小学、井圭路小学运动场及地下停车场项目5个工程项目建设。完成万家丽路（香樟路—木莲冲路）、万家丽路（时代阳光大道—万芙路）、京珠辅道、大桥路、长沙大道跨万家丽路5个电力埋管项目建设。

【项目管理】 2021年，雨花区制定《雨花区2021年政府投资建设工程项目计划》，确定项目72个，其中续建项目11个、新建项目18个、预备项目13个、前期研究项目30个，预计年度总投资8.07亿元。谋划2022年政府投资建设工程项目计划，初步铺排项目48个，其中新建项目13个，续建项目16个，预备项目10个，前期研究项目9个，预计年度投资3.42亿元。整理编制《工程项目勘察设计管理指导手册》。完成项目施工图设计7个，项目重大设计变更技术审查2个，项目方案研究13个，项目规划调整10个。整合优化原资源库，更新合格的报建代理单位13家，4个2021年新建项目外包至报建代理单位进行相关规划、用地、施工许可流程工作，提升报建效率，加快完善报建审批。取得全塘路、高升路（和升路—洞和路）等4个项目立项批复，项目工程规划许可证5个、项目施工许可证6个。向区财评报送各类预算项目99个，完成75个。进行弱电项目采购预算编审，确保项目有序推进。报送各类结算项目62个，完成结算项目47个。发包各类项目132个，审核各类合同194份，其中送审财评各类合同104份，完成签订159份，新修订全过程工程咨询合同版本2个，修改小型工程施工合同版本1个。完成沙禾路、新平路、柳树塘路、先锋路、紫薇路、政修路、郡阳小学周边道路提质改造工程、官寺冲路一二标（含支路12—3）、石坝路、双塘路、东方红小学配套道路提质改造工程、支路30—1等道路的预验收移交。完成景观路、先锋路、官寺冲路一二标（含支路12—3）、美联路、新河路、桂花坪路、高升路正式验收移交；完成建丰公寓小区道路及支护工程、圭塘小学扩建工程的验收移交工作，加快推进雨花区中心消防站、东方红小学、李洞中学、圭星小学及幼儿园的联合验收。成立重点工程项目综合协调办公室，重点对接雅塘冲路（韶山路—圭塘路）、车站南路（劳动路—桔园立交）、红旗南路（战备路—绕城高速）等省市重点项目。完成支付421笔，使用财政预算资金1223.89万元；完成重点工程建设支付708笔，使用工程建设资金41830.18万元。

【重点工程建设领导小组会议】 2021年1月22日，雨花区重点工程建设领导小组会议召开。区委书记、区重点工程建设领导小组组长张敏主持会议，区委副书记、区长、区重点工程建设领导小组常务副组长刘素月，区委常委、常务副区长、区重点工程建设领导小组副组长龚畅等，区政府办、区发改局、区司法局、区财政局、区住建局、区审计局、区公建中心、区财评中心等单位主要负责人参加会议。会议审议通过《关于进一步明确雨花区重点工程建设领导小组及成员单位的通知》《2021年长沙市雨花区重点项目投资计划》《2021年长沙市雨花区政府投资建设工程项目计划》《雨花区政府投资建设道路项目“十四五”规划》《长沙市雨花区政府招投标控制价及工程建设费用标准编制修订管理细则》。会议对2020年区政府常务会议研究工程项目变更的有关事项进行审议。会议强调，各相关单位

2021年1月22日，雨花区重点工程建设领导小组会议 （邹 蛟 摄）

要科学铺排一批6月底开工、竣工项目，加强配合，做好与市里的对接，争取林科路建设资金。

【重点工程项目调研】 2021年，雨花区加强重点工程项目调研调度。4月27日，雨花区政府副区长吴平辉调度精美道路建设情况。区公建中心对2021年拟新建的香松路（万家丽路—沙湾路）、香松路（沙湾路—坝湾路）、荷叶冲路（时代阳光大道—林科路）3条次干道建筑风貌精美设计情况进行汇报，吴平辉对景观绿化、照明设施、建筑小品及人行道、雨水口、路缘石等设施的宜人性方面提出具体意见，要求建立相对统一的市政道路建设标准，在设计与施工中全面落实"适用、经济、绿色、美观"的建筑方针，推进"精美长沙"建设。4月27日，区政府副区长刘江红检查德馨园学校扩建项目现场安全生产工作，了解德馨园学校扩建项目整体功能规划布局，听取项目建设进度情况汇报。刘江红强调，项目建设要合理安排施工时段，避免施工扰民；要高度重视安全生产工作，层层压实安全责任；要加快项目建设进度，确保按期交付，及时缓解区域学位紧张难题。5月7日，吴平辉调研豹塘路、高升路雨水箱涵、金海路雨水分流箱涵、林科路（南）等重点工程项目。5月20日，长沙市政府副秘书长张跃先调研林科路项目建设情况。7月16日，区委副书记、区长提名人选黄军其调研重点项目建设，实地察看长沙之门、汽车体育公园、诺贝尔脑科学健康中心、川河路、雨花建筑垃圾化利用项目以及红星农副产品全球采购中心花卉区等项目施工现场，与项目负责人深入交流，了解项目进展情况，现场交办项目推进中的具体问题。7月27日，区政府副区长提名人选周宏调研区公共工程建设中心，听取区公共工程建设中心情况汇报，了解中心机构基本情况、工作开展情况、当前面临的困难和挑战以及下阶段工作思路等。周宏强调，要强化项目前期准备工作，抓好项目标后管理，推动项目建设。8月12日，周宏现场调研林科路（北）项目，现场协调项目推进中的难题，调度工程项目加快建设，听取林科路（北）项目进展情况和当前存在的困难，现场协调解决项目卡点、难点、堵点问题，动员各有关参建单位紧盯关键环节，推进项目建设。8月30日，黄军其调研燕子岭小学、莲湖小学、泰禹小学等重点工程项目。9月15日，周宏组织召开荷叶冲路及林科路专题调度会议，梳理林科路及荷叶冲路项目建设情况，分析形势、查找问题、明确要求，确保高质量完成年度目标任务。12月8日，周宏实地调研林科路，了解该项目建设过程中存在的难题及堵点，听取现场工程师及相关单位报告具体情况，调度林科路项目加快建设。12月15日，区人大常委会副主任莫志刚调研雨花区重点工程建设情况，听取区公建中心关于中心机构基本情况、重点工程建设工作开展情况、当前重点工程项目面临的困难和挑战以及2022年的中心工作思路等情况汇报。

【安全生产】 2021年，雨花区公共工程建设中心开展安全生产检查20余次，出动安全生产检查人员90余人次，查处并整改安全生产隐患20余处。3月11日，区公共工程建设中心组织在建的20余个施工项目负责人和安全员召开2021年度安全生产动员会暨"三年行动整治"工作推进会议，区公共工程建设中心总工程师资伟简要总结2020年度安全生产工作，部署2021年安全生产工作。各在建项目负责人递交安全生产责任书，并签订安全生产公开承诺书。4月22日，区公共工程建设中心召开安全生产工作专题调度会，资伟传达学习"树牢安全发展理念""把责任牢牢扛在肩上""强化风险防控，消除事故隐患""提升本质安全水平"等一系列关于安全生产的新理念、新举措、新要求；区公共工程建设中心党组书记、主任黄练文传达雨花区一季度安全生产工作例会暨三年专项行动讲评会议精神，要求深入开展安全生产专项检查。8月25日，区公共工程建设中心总会计师缪卉芬带队，对联点社区高桥街道怡园社区开展安全生产检查。11月9日，区公共工程建设中心邀请长沙市普消消防宣传中心教官开展消防安全知识培训。

【风光带路项目】风光带路（曲塘路—航空路）道路工程位于雨花区雨花亭街道，南起曲塘路，北至航空路，全长约737米，道路等级为城市支路，全线设双向两车道。建设的主要工程内容包括道路、土石方、给排水、管线综合、交通设施、照明及景观工程等。2021年1月6日，风光带路（曲塘路—航空路）道路工程在长沙市公共资源交易中心完成招标。12月底，风光带路主排水全部完成，固化土填筑全部完成，路基填筑完成70%。项目建设完成后，有利于完善路网结构，分散圭塘路、万家丽路等道路的车流量，缓解雨花亭片区交通压力；为区域居民出行创造有利条件，增强周边小区、公园与圭塘路、万家丽路等骨干道路之间的联系，带动片区经济的发展。

【荷叶冲路项目】 荷叶冲路项目位于雨花区洞井街道、同升街道，起于时代阳光大道，终于林科路，全长1113.98米，规划路幅宽26米，是雨花区湘府东路两厢片区的一条重要次干道。2021年1月25日，荷叶冲路（时代阳光大道—林科路）项目取得国有建设用地划拨决定书及划拨红线。5月27日，荷叶冲路（时代阳光大道—林科路）项目工程取得建设工程规划许可证。6月10日，荷叶冲路（时代阳光大道—林科路）道路工程在长沙市公共资源交易中心顺利完成招标。截至2021年年底，项目进场施工，完成高边坡及道路部分土石方外运，完成部分箱涵工程。项目建成后，有利于改善周边居民日常出行条件，打通天际岭以南交通瓶颈。

【政修路项目】 政修路为长沙市《劳动东路两厢片区控制性详细规划》的

一条重要城市支路，南起雨花区石坝路，北至长沙大道，全长约709米，规划路幅宽度16米，双向2车道。项目包括道路工程、排水工程、交通工程等。该项目于2020年6月进场施工。2021年2月7日，政修路（长沙大道—石坝路）全线完成沥青路面摊铺。4月30日，政修路（长沙大道—石坝路）五方（建造单位、施工总承包单位、勘测单位、规划单位以及监理单位）主体验收会议在政修路项目部召开。雨花区公共工程建设中心、区质量安全监督站、湖南擎天建设工程有限公司、公诚管理咨询有限公司、长沙市建筑设计院有限责任公司、湖南大学建筑设计院有限公司等相关单位项目负责人参加会议。五方代表分别对项目履职情况、实体工程质量实施情况发表意见，表示项目质量符合验收规范和设计图纸要求，同意验收。建设完成后，有利于完善雨花区的路网结构，与石坝路、新雨路、长沙大道形成交通微循环，促进道路两厢土地的开发，改善雨花区劳动东路两厢片区交通条件，缓解东二环交通压力。

【香松路项目】 香松路系城市次干道，位于雨花区圭塘街道，西起万家丽路，东至坝湾路，全长约1.6千米，规划路幅宽30米，双向四车道，项目总投资约2.34亿元，其中工程建设费约1.2亿元。建设的内容包括道路工程、排水工程、交通工程、绿化景观工程、照明工程以及相应的市政和城管等一体化配套设施。香松路道路工程分“万家丽路—沙湾路”“沙湾路—坝湾路”东西两段同时实施。香松路西段北侧临泰禹家园小区，路段现状为宽3~4米的水泥混凝土路，路面破损严重，照明、交通等设施的不完善，车辆乱行、乱停现象严重，无法实行人车分流，给附近居民出行造成极大的不便及安全隐患；南侧为唐湘电器城、大唐机械厂；香松路东段北侧沿线单位主要有月雅苑、玉竹家园、合能枫丹丽舍等楼盘，南侧为待开发用地。2021年，雨花区政府决定建设香松路道路工程，加快城市基础设施建设，完善城市道路网络建设，改善城市居民居住水平，促进长沙市南部城区城市经济的快速发展，加快雨花区城市化进程。6月22日，香松路道路工程在长沙市公共资源交易中心顺利完成招标。11月23日，香松路西段（万家丽路—沙湾路）项目实现开工建设。12月底，项目完成临建设施建设，完成部分土方外运。

【林科路项目】 林科路北起雨花区湘府路，与沙湾路相接，南至时代阳光大道，全长约3.3千米，规划路幅宽度36米，系城市主干道，规划分北段（湘府路—双塘路）、南段（荷叶冲路—时代阳光大道）、中段（荷叶冲路—双塘路）三段实施。北段起于湘府东路，途经长沙广电小区、和顺苑小区、森林公安局、森林城4个小区和省植物园，终点接双塘路，全长约637米。实施的主要内容包括道路工程、桥涵工程、排水工程、交通工程等工程。林科路北段于2020年6月开工建设。2021年12月底，项目完成部分土方开挖外运，边坡支护桩施工基本完成，边坡挡土板及锚索防护部分完成，项目附属和顺苑天桥主体结构施工完成，森林公安局天桥进入上部结构施工。南段起点为拟建项目荷叶冲路，途经金科·集美天辰、东宸·林海、中建凤凰台，终点接时代阳光大道，全长842米，实施的内容包括道路工程、排水工程（雨、污）及管线综合、交通工程、绿化工程和照明工程等。林科路南段道路工程于2020年12月22日完成招标；2021年5月11日，林科路南段进场施工建设，12月底，该项目完成部分土方外运。林科路中段道路因规划道路在山脚，侧压大，情况较为复杂，雨花区对建设方案进行优化改进，处于前期筹备工作阶段。

【文学路项目】 文学路（国友路—政修路）项目位于雨花区高桥街道，西起国友路，东至政修路，全长350米，路幅宽18米，为城市次干道。2021年4月19日，文学路（国友路—政修路）项目取得国有建设用地划拨决定书及划拨红线。10月22日，文学路（国友路—政修路）项目取得建设工程规划许可证。

【官寺冲路通车】 官寺冲路项目位于雨花区东山街道，南起香樟东路，北至曲塘路，为城市次干道。由北往南分别与曲塘路、支路12—3、支路12—4、支路12—5、杜花路、香樟路相连，全长1.19千米，标准路幅宽30米，由东西半幅各7米机动车道、2.5米非机动车道、4米人行道及3米中央绿化带组成，双向4车道，设计路面结构年限15年，项目工程总投资约8358万元。该项目于2019年12月5日开工建设。2021年6月15日，官寺冲路及支路12–3道路工程全线沥青路面摊铺全部完成。9月7日，官寺冲路预验收移交会议在官寺冲路项目部召开。9月30日，官寺冲路通车。

【紫薇路项目通过验收】 紫薇路项目位于雨花区高桥片区，北起长沙大道，南至光明路，全长1002米，宽26米，双向4车道，城市支路标准。项目建成后，将大大改善周边安置小区的生活环境，为附近的商户经营和区域经济发展带来助力。2021年4月30日，紫薇路（长沙大道—光明路）五方主体验收会议在紫薇路项目部召开。区公共工程建设中心、区质量安全监督站、长沙市市政工程有限责任公司、湖南信可高建设有限公司、长沙市建筑设计院有限责任公司、核工业长沙工程勘察院等相关单位项目负责人参加会议。五方代表分别对项目履职情况、实体工程质量实施情况发表意见，表示项目质量符合验收规范和设计图纸要求，同意验收。

【泰禹二小周边道路工程通过验收】 雨花区泰禹第二小学周边道路工程项目位于雨花区雨花亭街道，为泰禹第二小学及景塘家园等小区的主要进出道路。该道路全长537.23米，包括G05—13路、G05—14路、G05—15路3条城市支路和1条简易便道，建设内容主要包括道路、排水、交通设施、照明等。该项目于2019年10月23日完成招标，2020年12月9日完工。2021年9月7日，泰禹第二小学周边道路工程验收预移交会召开。与会单位均认为符合市政工程验收标准；相关职能部门对交通设施、路灯等附属工程存在的部分问题提出整改意见，对后续移交手续办理提出相应要求。会议顺利通过泰禹第二小学周边道路工程竣工验收。

【郡阳小学周边道路提质改造工程完工】 长郡雨花外国语第一附属小学（郡阳小学）周边道路提质改造项目位于雨花区洞井街道，项目包括和升路和高升路2条道路。和升路南起万芙路，北至高升路，长183米，规划路幅宽20米，道路西侧为长郡雨花外国语第一小学（郡阳小学）和鸿运佳苑小区，道路东侧为丰祥苑小区；高升路西起和升路，东至长郡雨花外国语第一小学（郡阳小学）北门，长131米，规划路幅宽26米，道路南侧为郡阳小学，北侧为鸿运佳苑小区。2021年4月30日，长郡雨花外国语第一附属小学（郡阳小学）周边道路提质改造工程完成道路面层沥青砼施工和道路交安标识、标线施工。

【浦沅社区提质改造项目】 浦沅社区提质改造项目位于雨花区东塘街道，占地面积约1200平方米，费用约20万元。2021年3月25日，浦沅社区提质改造项目进场施工，4月18日，项目完工。浦沅社区作为雨花区2017年提质改造重点社区之一，改造后社区环境得到改善，但是有部分社区用地被芙蓉路小学施工临时围墙占用，芙蓉路小学沿线围墙区域垃圾堆放无人处理，导致居民出行不便。区公共工程建设中心组织相关技术人员与浦沅社区、东塘街道等部门对接，进行现场实地勘察核实，确定提质改造方案并报区政府审批后立即实施。项目提质改造后，社区周围环境得到改善，整体形象变得整洁干净，居民多1条出行通道。

【时代阳光大道电力埋管工程】 时代阳光大道电力埋管工程系雨花区政府为国网长沙电网洞井变电站配建的重要控制节点工程之一，工程位于时代阳光大道南半幅，从万家丽路口至洞井路口，路径长1.86千米，主要包括电力埋管、拉管、电缆井、管道沟槽开挖及回填、路面破除及恢复等施工内容，预计工期120天，总投资约1800万元。2021年10月27日，时代阳光大道电力埋管工程在长沙市公共资源交易中心完成招标。湖南和盛工程安装有限公司被确定为第一中标候选单位。11月3日，时代阳光大道电力埋管（万家丽路—洞井路）施工和监理单位见面会暨项目工作安排会召开。12月底，项目完成部分拉管施工。项目竣工接线完成后，有利于改善雨花区电网结构、提高长沙市南部城区电网供电能力。

【金海路雨水分流箱涵工程】 石碑大港水系排水主通道重点工程——金海路雨水分流箱涵工程项目建设起点为黄谷路与花仙路交叉口，由西往东经黄谷路至金海路交叉口后，再由南向北转向，下穿绕城高速，沿金海路敷设，于时代阳光大道交叉口排入圭塘河，总长约2.1千米。箱涵采用开挖和盾构相结合的方式，沿黄谷路北侧开挖敷设5000×3500箱涵，在金海路交叉口处改为DN6000盾构进行施工，在和太坪安置小区处由于盾构覆土较浅，重新采用明挖施工直至圭塘河，项目总投资约1.3亿元。2021年1月29日，金海路雨水分流箱涵工程完成招标。12月底，金海路雨水分流箱涵工程明挖段箱涵混凝土浇筑基本完成，盾构机组装完成。

【高升路雨水箱涵工程】 高升路箱涵工程是石碑大港流域水环境综合整治中的重要项目，始于雨花区先锋路与高升路交叉口，接先锋路排水箱涵，经高升路、洞和路、桃花塅路及时代阳光大道，终于时代阳光大道与金海路交叉口西侧。高升路箱涵作为石碑大港流域绕城高速以北片区的排水主通道，汇集芙蓉南路、雀园路、先锋路、韶山路、洞和路等市政道路雨水最终流入圭塘河。整个工程新建箱涵管网1970米、末端智能截污井1座，并配套建设管涵附属等设施，重点提升排渍能力和进行水污染防治。2021年1月9日，高升路雨水箱涵项目开工建设。12月底，高升路箱涵杆线改迁完成，箱涵全长1.68千米，浇筑箱涵混凝土1.1千米。新的管网有利于完善石碑大港排水体系，畅通路下2千米，提升排渍能力，净化圭塘河水质。

【雨花公安分局执法办案中心项目】 长沙市公安局雨花分局执法办案中心项目位于雨花区东山街道东山派出所院内，是2021年雨花区重点工程项目之一，建设内容为新建1栋执法办案中心及门卫、受立案室，配套水、电、消防、暖通及配套设施工程。总建筑面积2227.7平方米。其中，执法办案中心2175.23平方米，地上3层，高度12.6米；门卫、受立案室52.5平方米，地上1层，高度4.6米。项目概算总投资1215.05万元（不含装饰装修及弱电智能化）。项目于2020年12月15日取得建设工程规划许可证。2021年12月底，项目完成主体结构施工，进入室内外装修施工。项目建成后，便于执法办案标准化管理，提升公安部门执法办案效能。

【圭塘小学扩建项目完成验收】 雨花区圭塘小学位于雨花区圭塘街道万家丽路以东、曲塘路以南，毗邻湘核佳苑、万科金域华府、湖南体育职业学院等小区。圭塘小学扩建项目包括新建1栋教学楼，新建各教学楼与场馆间连廊，并改造原有校门及围墙。总建筑面积约3000平方米，地上4层，是雨花区首个采用钢框架装配式结构的学校。项目于2020年4月23日完成招标，5月下旬开工建设。2021年5月11日，圭塘小学扩建项目完成竣工验收，标志着该项目完成全部建设内容并移交学校投入使用。项目建成后，增加学位300个，有效缓解圭塘小学学位压力，提升圭塘小学教学品质。

【井圭路小学项目】 井圭路小学运动场及地下停车场新建工程项目位于雨花区井圭路与井电路交会处西南角井圭路小学原址西侧，项目拟在原校区西侧区域进行扩建，新增建筑面积8922.01平方米，其中含1栋风雨操场及功能用房，地上3层地下1层，为学校提供94个停车位（含20个充电桩），并且新建1个200米标准田径场，并完成室外给排水、供配电、绿化、道路硬化、土石方等附属工程建设。项目于2020年4月22日完成初步设计通过评审；12月2日取得建设工程规划许可证，启动部分工程建设。2021年11月17日，雨花区井圭路小学运动场及地下室停车场新建工程项目完成屋面层混凝土浇筑，实现主体结构封顶。项目建成后，有利于提升学校品质，为学生提供更大的活动空间及学习环境。

【燕子岭小学扩建项目】 燕子岭小学扩建项目为2021年度长沙市重大项目，位于雨花区井湾子街道圭塘路，规划总建筑面积约22498平方米，规划开设36个教学班。项目一期总建筑面积1.8万平方米，在现有燕子岭学校原址基础上进行拆除重建（不新增用地），主要建设内容包括教学楼、综合楼、大门等。2021年2月2日，燕子岭小学扩建项目一期取得建设工程规划许可证。5月，项目顺利完成施工招标，正式进场施工建设。2021年底，项目完成主体结构施工，进入墙体砌筑和轻质隔墙施工。项目建成后，有利于优化雨花区教育资源配置，推动雨花区城市化进程和教育的发展。

【莲湖小学扩建项目】 莲湖小学位于雨花区洞井街道莲湖社区，周边有华盛世纪城、丰升·德润园、珑璟台、五矿·万境水岸等小区，常住人口1万余户。2018年，莲湖小学完成新建后，现有规模仍无法满足周边市民对优质教学资源的需求。2021年，雨花区决定投资4000万元，对莲湖小学进行扩建，提升学校规模。拟新建18个班，总建筑面积约6723平方米。10月12日，雨花区枫树山莲湖小学扩建全过程工程咨询招标在长沙公共资源交易中心完成，招标的内容为莲湖小学扩建项目的勘察、设计、监理和部分项目管理的咨询。

【花侯小学项目】 雨花区黎托街道花侯小学项目位于京港澳高速以东，合庆路以西，合丰路以南，机场高速辅道以北。新建总建筑面积为29750.1平方米，其中地上建筑面积26552平方米，地下室建筑面积3198.2平方米。主要建设内容包括教学楼、综合楼、室内体育馆、门卫楼以及其他附属设施。项目于2020年6月23日完成招标。2021年12月底，项目完成教学楼、综合楼和体育馆主体施工及内部装饰工程，进入室外篮球场、足球场、运动场跑道、内部道路及围墙等工程建设。项目建成后，将新增42个班级，有利于缓解项目所在地学生入学问题。

【德馨园学校扩建项目】 雨花区井湾子街道德馨园学校扩建项目位于香樟路以南、洞井路以西，新建总建筑面积33475.4平方米，其中地上建筑面积21302平方米，地下室建筑面积12173.4平方米。建设内容包括初中部教学楼和综合楼、小学部教学楼和综合楼、食堂兼风雨操场、门卫楼以及其他附属设施。项目于2020年6月23日完成招标。2021年12月底，项目完成初中教学楼、小学教学楼和食堂兼风雨操场主体结构，进入内部墙体砌筑及装修工程。项目完成后，将新增48个班级（小学24个，中学24个），有利于缓解项目所在地学生入学问题。

（本栏撰稿　邹　蛟）

征　地

【概况】 2021年，雨花区按新程序发布《拟征地公告》34个，《征地补偿安置公告》22个，《土地征收实施公告》7个；组织召开新启动项目风险评估会议31次，出具风险评估报告31个。区征地服务中心完成审核征拆项目新落户居民户口160人，大病困补155人，参与20余批次项目的合法面积认定工作；推进集体土地征地补偿安置工作，组织学习《中华人民共和国土地管理法》等法律法规；应对各类行政诉讼案件，出庭应诉13起行政诉讼案件；接待群众来电来访80余件，办理信访平台来信来电9件，处理政府信息公开9件，“12345”平台热线17件，回复区长、市长信箱2件。

【项目征拆】 2021年，雨花区铺排集体土地项目83个，涉拆面积346.33公顷，应拆合法建筑1105栋。合法房屋签约303栋，拆除369栋，动拆人口1476人；30个项目的拆除清零，15个项目56.83公顷腾地交付使用。7个重点工程项目，片区8号地、9号地项目拆除清零，花桥污水处理厂三期、中车大道、新韶山南路、莲湖小学扩征项目进场施工。推进长株潭城市群一体化新进程，完成中车大道（长沙段）、长株高速团头互通、新韶山南路等省、市重点工程的拆迁腾地工作。高铁新城片区铺排项目21个，应拆合法建筑332栋。拆除合法房屋212栋，合法拆除率为64%，片区8号地、片区9号地、片区27号地、片区28号地、城投6号地等8个项目拆除清零。雅塘片区铺排项目10个，完成雅塘冲路、平吉上城2个项目拆除清零，攻破车站南路项目司法拆除工作难题。红星片区完成天华村3个地块项目的结算交地，完成天华路、湘华路前期报告工作，完成圭塘河综合整治（湘府路—立新桥段）拆违清零工作。

【安置保障】 2021年，雨花区制定并组织实施《关于加快被征地农民安置保障工作五年行动方案》，成立领导机构，建立部门联动，明晰职能职责。全年安置1101人，其中保障住房安置547人，回购安置554人；明确跳马镇白竹安置地、金屏片区安置地2个保障住房安置地选址；明确在高铁片区落地黎托街道1号地4.4公顷、落地东山街道34号地10.33公顷作为保障住房建设用地。组织自然苑一期、石马雅苑一期等保障住房小区安置分房8批次，547名拆迁对象迁入新居；组织黎托、雨花亭等街道开展回购4批次，554名拆迁对象实现纯货币安置。及时发放延期过渡费9494万元，确保超两年未安置的9340名拆迁对象基本生活费用及时足额到位。应对社保政策调整，完成3480名被征地农民社保纳入工作，确保2020年12月30日之前发布实施公告项目已拆对象基本纳入，累计完成社保纳入38745人，纳入率99%。参与制定社保资金筹集方案，雨花区纳入全市新的社保资金筹集试点区，征缴社保资金39960万元，其中，全区按新的社保资金筹集方案发布项目实施公告5个，征缴社保资金4082.3万元；累计征缴35.32亿元，征缴率97%。

【住房申购资格会审】 2021年，雨花区规范调整“半边户”“世居非农”对象的审核流程和保障住房申购资格联合会审流程，由区征地服务中心牵头，会同区卫健局、区资规分局及相关街道、社区开展保障住房申购资格联合会审，依法依规审核申报对象的征拆人口入册、户籍性质、独生子女证、半边户、世居非农资格等情况，做好人员管理台账。审核536户、2221人，其中农业人口1837人，“半边户”90人，“世居非农”45人、独生子女证249本。1月28日至2月3日，审核自然苑（雅塘冲路东段）项目分房对象53户227人，其中农业户口173人，“半边户”16人，“世居非农”2人，独生子女证36本。3月26日，会审粟塘社区已拆待安人员，审核59户、246人，独生子女证24本。4月1—2日，会审污水处理厂三期、地铁六号线项目已拆对象，审核70户，独生子女证40本。6月22日，会审雨花亭街道井塘社区已拆待安人员，审核80户、391人，其中农业人口280人，非农业人口16人，“半边户”38人，独生子女证57本。7月7—9日，会审黎托街道川河社区已拆待安人员，涉及7个项目，审核131户、467人，独生子女证57本。7月14日，会审雨花亭街道石马村已拆待安人员，审核16户、98人，其中“半边户”10人，“世居非农”3人，独生子女证9本。7月22—23日，会审跳马镇已拆待安人员，审核32户、124人，其中“半边户”5人，“世居非农”2人，独生子女证9本。9月16—17日，会审黎托街道征拆对象，审核57户、261人，独生子女证29本。

【住房分配】 2020年，雨花区推进保障住房分配，秉持公开公平公正的原则，严格按照分房流程，全程录像、由装箱代表现场拆封核对剩余房源、纪委监督、叫号登记签名等操作执行到位。2月4日，完成自然苑第八批次分房工作，分配房源94套，安置156人。3月31日，石马雅苑第二批次分房安置房源125平方米户型57套、100平方米户型102套，安置346.5人。

【“百日征拆大会战”工作推进会】 2021年3月5日，雨花区集体土地“百日征拆大会战”工作推进会在区拆迁建设总指挥部召开。区征地服务中心主任吴海军主持会议。区拆迁建设总指挥部一办五部、区农业农村局、区法院及涉拆街镇相关负责人参加会议。会议总结2020年集体土地征拆工作推进情况，安排铺排2021年征拆工作计划，就具体工作推进提出相关要求，相关部门单位对各街镇提出的问题、困难给予答复并提出指导意见。会议明确，2021年集体土地征拆工作以“百日征拆大会战”为抓手，奋力推进项目征拆，为项目建设腾出更大空间，助力区域经济高质量发展。区政府副调研员易云对集体土地征拆工作提出要求。

（本栏撰稿 冷冰然）

人居环境建设

【概况】 2021年，雨花区统筹推进人居环境各项工作，重点片区城市更新、棚户区改造、“城中村”改造、城镇老旧小区改造、街区微改造和主城区铁路沿线人居环境提升等工作，被评为全市城市人居环境工作突出单位。中央和省、市主流媒体多次对雨花区老旧小区改造和停车治理工作进行报道，《长沙晚报》《湖南日报》专题报道雨花区普铁沿线人居环境提升成效，十五中社会停车场开放工作获长沙市优化营商环境工作领导小组通报表彰。

【城市改造】 2021年，雨花区探索“一二三四”（坚持以人民为中心“一

2021年3月5日，雨花区集体土地“百日征拆大会战”工作推进会（冷冰然 供图）

个中心”；突出党建引领、规划引领“两个引领”；做好点面结合、里外结合、建管结合“三个结合”；实现环境更美、服务更优、干群贴近、幸福提升“四个效果”）工作方法，打造老旧小区改造示范标杆。实施改造老旧小区31个，涉及居民6166户、房屋156栋、总建筑面积48.24万平方米，总投资1.8亿元。其中省歌舞剧院、公交、林规院等18个小区、4155户列入省重点民生实事项目，开工率100%，完成工程总量70%以上。落实市政府关于城区危房两年清零的工作要求，启动实施45栋危房改造，其中35栋危房纳入市民生实事项目，危房开工率100%。聚焦农贸市场周边环境的问题短板和薄弱环节，逐一列出项目改造清单，统筹推进农贸市场周边街区路面、停车场、排水设施的“微改造”，实施街区微改造项目6个，预估总投资920万元。梓园路省儿童医院周边微改造项目完工，凤凰园农贸市场周边等4个项目进行施工，浦沅立交桥人行道改造项目办理招标定队。省定棚户区改造任务270户，10月全面完成任务，12月初通过省住建厅交叉检查组检查。市级统筹棚改项目“四项”工作任务26个，完成21个，剩余5个抓紧推进。“城中村”改造上报市级考核拆迁总量261户，基本完成考核任务，新增长托、边山、侯照3个村纳入市级“城中村”改造范围。

【城市更新】 2021年，雨花区将危房通过棚改征收方式纳入改造范围；将棚改地块融入城市更新项目，激活利用原有零散棚改用地，实现更新片区危房、老旧小区、城市建设全面发展。湖橡小区周边城市更新单元作为全市第一批8个重点城市更新项目，A地块发布三公告；B、C地块进行前期摸底，推行阳光意愿征收工作。与长沙产业城市更新投资建设有限公司签约“项目合作协议”和“补充协议”。湖橡老旧小区改造进行违章建筑拆除。红星城市更新片区、雅塘城市更新片区作为全市第二批更新片区（单元）获得更新立项批复。

【铁路沿线治理】 2021年，雨花区把铁路沿线人居环境提升作为展示城市窗口形象、提升城市美誉度的重要手段，聚焦宜居美丽城市建设，通过采取片区拆迁、违章拆除、垃圾和堆物清理、生态修复、设施配套、片区建设、绿地建设、常态管理等多种方式，推进铁路沿线人居环境提升，完成铁路沿线人居环境提升项目竣工验收23处。高铁沿线列入计划任务的17处整治点全部完成，普铁沿线涉及左家塘、高桥、圭塘、雨花亭4个街道18处人居环境提升项目基本完成，15处完成竣工验收，完成总投资约3500万元。

【停车场建设】 2021年，雨花区完成33个停车场，2.13万个泊位建设，其中24个停车场、1.5万个停车泊位纳入民生实事，新增路内泊位7700个。停车智慧平台接入工作考核指标是50个公共停车场70%接入智慧平台。新建老旧小区停车位1579个。其中，闲置空地建一批，排查老旧小区及周边可利用闲置空地13个，新建停车位650个；违建拆除补一批，动员群众主动拆违、让渡公共空间，新建停车位276个；绿化规划腾一批，通过重新规划、新建生态停车位等方式，新建停车位420个；智慧管理增一批，完成7个小区车辆道闸系统建设，重点推进3个智慧小区建设，新建停车位233个。对梓园路省儿童医院周边实施微改造、梓园路调整为单行线通行、拆除周边违章建筑、拓宽十五中社会停车场出行通道、迁移树木和高压电杆等，协同市静态交通公司完成市十五中社会停车场对外开放工作。

【城市融资】 2021年，雨花区积极争取上级资金，长沙市人居环境局下拨各区县（市）补助资金7.56亿元，雨花区争取补助资金1.36亿元，占比18%。其中老旧小区改造争资1.3亿元，棚改、微改造、“一圈两场三道”、铁路沿线环境提升和危旧房改造共争取资金636.77万元。引导社会企业、辖区单位、居民群众等多元出资。争取国家发改委中央预算内保障性安居工程配套资金7816万元；将自然村“城中村”改造项目纳入省级棚户区改造计划，发行专项债2亿元；引入社会资本、挖掘盈利模式，推进湖南建工集团等棚改项目；采取城市更新单元模式，激活原有零散棚改用地。

2021年2月4日，雨花区开展老旧小区改造项目安全生产检查（刘子容 供图）

【湖橡小区周边城市更新单元项目合作协议】 2021年12月20日，雨花区政府与长沙市产业投资集团关于湖橡小区周边城市更新单元（旧城改建）项目的合作协议签订仪式举行。长沙市产业投资集团党委书记、董事长陈守义介绍项目的基本情况。雨花区委副书记、区长黄军其表示，将协调推动各项工作，强化服务保障，推动片区经济社会发展。双方代表签订合作协议。

【城市更新申报项目研究】 2021年8月20日，雨花区召开研究申报全市第二批城市更新项目会议。区发改局、区财政局、区住建局等区直部门、街道及相关实施主体参加会议。区国资公司、区城投集团、高桥大市场分别汇报红星天华首开区、圭塘河井塘段城市更新单元、长鼓正圆城市更新单元、高桥大市场更新单元的实施方案。各相关单位就推进项目落地，搞好要素服务保障工作提出意见建议。区政府副区长周宏强调，要坚持立足片区整体谋划，做好项目经济测算，考虑投入和产出，充分挖掘经济效益；科学组织资金，全力申报专项债，争取上级政策；实施主体要多跟职能部门衔接，解决好实际问题；吸引央企、国企和社会资本积极参与城市更新行动；做好项目前期调研论证工作，进行时间节点铺排，加快各项目推进。

【市政府调研城市更新项目】 2021年4月19日，长沙市委常委、常务副市长夏建平带队实地调研雨花区湖橡片区城市更新项目，深入雨花区湖橡更新项目现场，了解片区规划，实地察看有关项目推进情况，并针对存在的问题现场协商对策。长沙市发改委、市财政局、市自然资源和规划局、市城市人居环境局、市征收办、市城发集团、市城市更新公司等单位负责人，雨花区委书记张敏，区委副书记、区长刘素月陪同调研。市政府副秘书长张跃先主持专题会议，听取雨花区重点片区城市更新工作情况汇报。夏建平强调，片区更新规划要提前谋划，按照“四精五有”的要求，推动城市高质量发展；要将社会效益和经济效益相结合，多渠道落实资金来源，力求片区平衡；坚持分类施策，处理好留、改、拆、补的关系，推动城市更新的持续、协调发展；统筹做好生产安全、信访维稳、意识形态安全等工作；将城市更新纳入经济社会发展全局统筹部署；同步推进征拆、建设、改造工作；创新工作方式方法，探索城市更新发展的新路子。

【市人居环境局调研雨花区】 2021年2月26日，长沙市人居环境局局长周飞一行调研雨花区城市有机更新工作，实地察看湖橡片区更新和圭塘河井塘段海绵公园更新项目建设情况。座谈听取雨花区城市更新工作以及湖橡、红星、雅塘片区情况汇报，并就有关问题进行讨论交流。周飞强调，要以更大的力度统筹推进城市更新工作，解决工作中的困难和矛盾；完善规划、建设、基础设施、安置、产业导入等更新方案，实现产业融城、基础配套升级；把城市更新工作作为一项城市发展工程、民生工程办好办实。3月30日，市人居环境局副局长潘宏率清华大学建筑学院、中国建设银行金秋公司等专家和企业负责人到雨花区调研城镇老旧小区改造工作，实地察看砂子塘社区、金科园社区、中南院社区等老旧小区生活环境和基础配套设施情况，与街道、社区负责人就老旧小区改造的有关问题和建议进行探讨交流。潘宏强调，要形成政府、市场、居民共同参与的老旧小区改造运行模式；要科学精准规划，拓宽融资渠道，完善配套政策，积极鼓励社会资本参与老旧小区改造，完善和提升老旧小区配套公共服务设施，加强改造后的小区物业管理。5月27日，周飞、潘宏调研雨花区城镇老旧小区改造工作，实地察看卫技新村小区改造效果以及省歌舞剧院宿舍小区、省核工业地质局宿舍小区管网道路等基础设施和居民生活环境现状，强调要坚持系统思维创新片区改造模式，以更高标准优化项目设计、以更严要求推进项目施工、以更实举措回应群众期盼、以更强管理维护改造效果。

（本栏撰稿　刘子溶）

征　收

【概况】 长沙市雨花区城市房屋征收和补偿管理办公室（简称“区征收办”）负责组织实施城市房屋征收和补偿管理工作，包括发布征收公告、拟订征收补偿安置方案，组织签订征收补偿安置协议等。

2021年，雨花区国有土地征拆项目36个，实施国有土地征拆项目26个，签约185户；实施省机械化、汽制、雅塘冲路等15个项目的拆除工作，完成杨子路、长岭市政、车站南路等5个项目的交地工作，以及黄梅冲东路、王公塘三期、湖橡小区周边城市更新单元等5个项目的招投标备案工作；实现友谊小学建设项目签约、湘特白竹食品厂拆除、雅塘冲路002栋征拆项目清零。区征收办被评为“长沙市文明单位”、全市城市人居环境系统“城市房屋征收工作突出单位”、全市城市房屋征收系统“拆除工程安全管理突出单位”等称号。

【征收项目】 2021年，雨花区国有土地征拆项目36个，涉及征收私房1160户，40家单位公房242户，需拆除房屋面积22万平方米；实施国有土地征拆项目26个，其中棚改项目13个，基础设施项目13个；签约185户，腾房142户，拆除房屋面积9.34万平方米。完成大吉门窗厂宿舍、东山镇地块、林科路等7个项目的结算工作。推进棚改（旧城改建）项目，实施扫尾项目7个，汽车制造厂宿舍完成签约和腾地清零；王公塘片区一期，省机械化项目一期、二期、三期征收项目腾地清零；劳动路两厢地块棚改项目BCD地块7户私房及1家单位的签约；

王公塘二期余2户未签约。新启动项目6个，涉及征收私房1109户、21家单位公房179户，征收房屋面积80608平方米；王公塘片区地块棚改项目（三期）签约134户、腾房94户；湖橡小区项目发布至四公告；二十三冶项目和湖南建工集团有限公司体院路28号地块发布至三公告；劳动路E地块和湖南建工集团有限公司体院路井湾子地块发布至一公告。实施基础设施项目13个，黄梅冲路、杨子路、紫薇路、友谊小学、雅塘冲路001栋和002栋6个项目完成腾地工作；环线小学、川河路等7个项目发布征收公告。

【征收管理】 2021年，雨花区征收办依法依规办理各类公告等征收程序及文书93次，组织召开征收补偿方案论证会、社会稳定风险评估会等会议10次。完成各类诉讼案件应诉工作3例，无一例违法情况。实行领导包案督办制，专人负责处理信访，接待和处理信访案件350例500余人次，其中当面接待220批，书面回复省网上信访系统信件63例、“12345”市民热线工单42例、其他交办件8例。处置化解华狮啤酒厂、保利大都会、长重机械厂后续遗留问题，在长摩项目涉征历史遗留积案的问题上取得突破。推行“阳光意愿征收”，铺排正圆小区等5个阳光意愿征收项目。对项目推进过程中存在的非经营性资产移交、军产、未登记建筑合法性认定等问题进行梳理、分类、汇总，形成具体解决方案，实质性推进征收工作。

【征收工作调研调度】 2021年1月13日，雨花区委常委、宣传部部长余宏卿调度雅塘冲路（洞井路—圭塘路）道路建设工程（树木岭变电站宿舍002栋）模拟征收项目签约工作，听取前期工作汇报，要求大家集中精力、加强攻坚，尽快完成签约。4月8日，区征收办、井湾子街道与湖南建工集团对接省六建公司井湾路棚改项目，探讨该地块棚改政策等问题。4月13日，长沙市征收办法规科科长张荔调研雨花亭街道基础设施项目工作，项目联络组组长杨丹介绍项目推进情况、存在的问题和困难，张荔指出要聚焦重点、难点问题，加强沟通配合，抓实抓好各项工作，确保项目快速推进。4月26日，刘广平主持召开雨花区王公塘片区地块棚户区改造项目（三期）征收补偿方案论证会，讨论该项目征收补偿方案，形成一致意见。4月29日，雨花区棚改工作调度会召开，调度湖南建工集团棚改项目，湖南建工集团汇报项目进展情况和问题，与会单位明确答复问题并锁定下一步工作目标计划；专题调度研讨2021年市级统筹棚改项目“四项任务”（项目扫尾清零、项目结算、资金回笼任务、开工建设），区人居局对“四项任务”工作进行统一安排，各任务单位逐一表态并发言。6月8日，张荔到劳动东路项目现场调查、研究独栋私房问题。召开工作研究会，研究独栋私房的房屋性质、面积确定、补偿标准等问题。6月9日，刘广平组织召开黄梅冲东路项目有关工作调度会，研究该项目被征收单位腾房后国有资产相关管理和处置事宜，明确与会部门工作责任，确保国有资产不流失。6月17日，市棚改公司总经理马宁现场调研王公塘片区地块棚改区改造项目，听取项目征拆工作汇报，看望慰问三期二建拆迁居民倪桂香、劳先惕等户。市征收办副主任符美田调研省机械化施工公司棚改项目，听取项目情况介绍及目前存在的困难，实地察看项目，提出在拆除中一定要注意做好防护措施，保证周边居民的生活正常进行。7月5日，刘广平组织召开杨子路（跳马镇界—时代阳光大道）和黄梅冲东路（杨子路—川河路）道路工程建设项目征收补偿资金筹集的调度会。7月15日，区人居环境局组织召开体院路28号棚改地块工作调度会，推进省建工集团社会化棚改项目，相关单位汇报棚改项目工作进展情况，研究存在的问题，明确下一步工作思路和方法。区纪委监委派驻区住建局纪检组组长陈超调研征收项目，实地察看省机械化、雅塘冲路、王公塘和劳动路BCD等项目，现场了解征收项目征拆过程、征拆进度以及存在的问题，助力项目推进。7月21日，刘广平调度劳动东路棚改项目扫尾清零工作，左家塘街道工委书记聂文涛、区征收办主任杨胜汇报项目前期工作及后续安排。刘广平要求，将扫尾清零工作分类铺排，有序进行。7月26日，市征收办主任邓琳春实地调研王公塘片区地块棚改区改造项目（三期）

2021年1月7日，雅塘冲路（东段）国有土地项目启动签约动员会（张　丽　摄）

项目情况。9月10日，市人居局棚改城改处处长罗军桥一行实地调研雨花区棚改项目。区人居局汇报区棚改工作情况，左家塘街道汇报劳动东路两厢棚改项目E地块相关情况与问题。9月15日，刘广平组织召开劳动路C地块独栋私房确权、商业认定会议，各部门在研究讨论后，一致通过确权意见，并予以认定。9月16日，黄军其调研左家塘街道，实地走访调研劳动路两厢棚改项目、人保财险长沙分公司、长房地铁银座项目，了解企业和项目情况及遇到的困难问题，现场交办工作推进中的具体问题；座谈听取左家塘街道党工委书记聂文涛关于街道整体情况和请求解决的困难问题两个方面的工作汇报。黄军其要求，街道党工委、办事处要继续狠抓贯彻落实，加快经济发展，提升城区品质，加强社会治理，提高工作效能，确保工作目标完成。10月11日，市征收办征拆科科长高润石在项目指挥部召开劳动东路项目会议，专题调度省建材公有资产处置、评估价格确定和E地块相关工作。10月13日，刘广平在项目指挥部召开工作调度会，全面铺排近期工作，重点部署独栋私房的签约工作，指导具体难点工作，要求如期完成私房签约工作。10月14日，雨花区召开专题调度会议，区人居环境局通报棚户区改造省、市任务完成情况，部署省、市棚改工作绩效考核工作，与会单位汇报工作进展并就相关问题和后续工作进行表态发言。11月4日，刘广平组织召开独栋私房相关工作调度会，专题研讨私房户签约腾房奖励方案。12月23日，刘广平调度劳动东路BCD地块项目独栋私房及省建材公有资产清租等相关工作事项，给予指导性意见。

【雨花区推进湖橡小区周边城市更新单元（旧城改建）项目】 2021年3月，《长沙市全面推进城市更新工作的实施意见》出台。2021—2022年，长沙重点更新8大片区，湖橡小区周边城市更新单元（旧城改建）项目是长沙市2021年首批8个重点城市更新片区项目之一。湖橡小区周边城市更新单元（旧城改建）项目位于雨花区左家塘街道，北至人民路、南至城南路、东至曙光路、西至韶山路，规划面积37公顷，由长沙市产投集团产业城市更新公司作为实施主体负责实施。项目按照“留、改、拆、补、建”更新方式，拟保留建筑59.8万平方米，改造建筑7.4万平方米，拆除建筑约16.3万平方米，补建绿地0.7万平方米和内部道路2.4万平方米，新开发建设33万平方米，项目依托现有长沙市妇幼保健院和鸿铭中心商业街的产业基础，总投资约100亿元，以“医城融合、产城融合”的更新理念，致力于打造“母婴小镇”和时尚城市综合体，建设长沙市“她经济”集中示范区。该项目主要采用“留、改、拆、补、建”方法，从基础设施、建筑修缮、公共设施、环境整治、便民设施和社会治理等全方位提质。整个项目分为A、B、C征拆地块，涉及居民1305户，以及湖橡老旧小区旧城改建项目1264户。2021年，雨花区推进湖橡小区周边城市更新单元（旧城改建）项目。1月8日，雨花区政府副区长吴平辉调度湖橡小区更新单元项目，实地查看湖橡小区更新单元项目指挥部组建情况和湖橡小区现场情况，听取区征收办和左家塘街道办事处项目情况汇报。4月9日，吴平辉到左家塘街道调度湖橡小区有机更新项目。4月13日，区委副书记、区长刘素月调研该项目一期征收工作。吴平辉组织召开该项目征拆等相关工作调度会议。4月16日，吴平辉一行考察调研湖橡征拆项目指挥部、安排征拆旧改有关工作；区政府调研员文洲主持该项目工作洽谈会。4月19日，长沙市委常委、常务副市长夏建平调研该项目。该项目A地块发布征收范围公告。4月26日，吴平辉组织召开该项目指挥部第二次工作会议，提出明确目标任务、充实班子队伍、加快拆迁工作等11条工作建议。5月13日，刘素月一行调研该项目一期征收工作，讨论安置房源、湖橡老旧小区改造方案和信访等问题。5月20日，文洲组织召开该项目工作调度会，重点调度5万元签约腾房奖励、优惠优价房源设计、专项工作经费、拆违摸底、工作日周月计划铺排等重难点问题。5月31日，该项目投票选定A地块房地产评估机构。6月2日，文洲主持召开该项目A地块征收补偿方案论证会，讨论该项目征收补偿方案，形成一致意见。6月4日，吴平辉在左家塘街道办事处主持召开该项目A地块有关工作研究会，就项目人员安排、经费运行保障、优惠房源政策等问题进行研究。该项目A地块发布征收补偿方案征求意见公告。6月7日，该项目召开工作调度会，会商湖橡小区旧改、相关项目实施合作协议、新建优惠商品房价格计算方式、43号和44号房屋问题等。6月8日，该项目A地块组织召开业务培训会，指导三公告内容，重点解读征收补偿方案新增内容，对接安排A地块后续工作。6月25日，该项目召开工作会。项目指挥部办公室、征拆工作组、老旧改造组、信访维稳组汇报工作进展，市城市更新公司负责人马宁汇报相关规划调整、旧改工作方案及合作协议相关内容。吴平辉从加强工作统筹、加快签订协议、加快拆迁推进、加快旧改启动、做实信访维稳预判、准备项目观摩6个方面部署下一阶段工作。6月30日，市人居环境局副局长潘宏等一行调研全市城镇老旧小区改造工作，在市城市更新公司召开座谈会，项目指挥部工作人员汇报湖橡老旧小区改造项目工作进展，探讨重点、难点问题。7月1日，文洲组织市更新公司、区征收办、左家塘街道研究讨论湖橡项目征拆工作推进的相关细节，商议购房优惠价格等相关问题。7月2日，该项目A地块组织召开工作会，重点研究讨论湖橡小区旧改方案、湖橡旧改违章拆除范围及拆除工作经费列支、项目内规划调整、项目内优惠房源等主要问题。区住建局、区资规分局、指挥部办公室、征拆工作组、老旧改造组、信访维稳组作工作汇报并提出工作建议。7月6日，长沙市政府副市长周志凯、市城市人居环境局局长周飞一行调研湖橡片区城市更新工作。7月9日，该项目召开工作会，探讨教育用地问题、旧改方案细化、项目优惠商品房政策，长沙市城市更新公司、长沙市妇幼保健院、雨花区教育局、区住建局、区资规局、指挥部办公室、征拆工作组、老旧改造组相关负责人作工作汇报并提出工作意见和建议。7月22日，该项目指挥部召开工作会议，研究项目实施合作协议和补充协议内容，梳理和讨论协议上存在的分歧条款。7月26日，市征收办主任邓琳春在区棚改征收拆迁建设指挥部召开该项目A地块、王公塘片区地块棚改区改造项目评估论证会议。8月4日，区委副书记、代理区长黄军其一行调研湖橡小区城市更新单元项目，在长沙市妇幼保健院1号楼楼顶查看项目整体地理位置概况，市更新公司、市妇幼、左家塘街道主要负责人汇报项目进展情况。黄军其要求，各单位共同加快项目推进，全力打造全市首开区样板。刘广平在区棚改征收拆迁建设指挥部组织召开该项目A地块和王公塘片区地块棚户区改造项目（三期）社会稳定风险评估会议。8月17日，区政府副区长周宏现场调研左家塘街道湖橡小区周边城市更新单元（旧城改建）项目和劳动东路棚改项目，查看项目现场，座谈了解项目基本情况、工作进展以及当前存在的重难点问题，部署推进下一步工作。8月19日，该项目指挥部召开指挥长工作会议，研究项目实施"项目实施合作协议"和"补充协议"，梳理和讨论在协议上存在分歧的遗留问题。8月27日，该项目指挥部召开指挥长工作会议，讨论研究"项目实施合作协议"和"补充协议"，各方基本达成一致意见。9月1日，市征收办副主任李娟带队实地考察项目A地块征拆范围，就安全生产、文明施工等拆除安全工作进行技术交底，给予指导意见。9月29日，该项目指挥部召开指挥长工作会，各组负责人汇报近期的工作进展及存在问题，确定"项目实施合作协议"、A地块征收工作、老旧小区改造等任务的时序安排，研究相关重难点工作及后续工作安排。10月19日，刘广平主持召开该项目工作会，部署各工作小组下阶段的工作。11月5日，该项目指挥部召开湖橡老旧小区改造工作推进会，重点研究湖橡老旧小区的违章拆除工作。11月10日，市人居环境局副局长潘宏组织召开雨花区老旧小区和危旧房改造项目调研工作会议，探讨雨花区城镇老旧小区和危旧房屋改造整体工作情况，重点研究湖橡老旧小区改造进场、违章拆除工作。11月23日，湖橡老旧小区改造工作调度会召开，重点研究信访维稳问题，进行具体分工安排，调度湖橡老旧小区改造的下一步工作，研究进场施工重难点问题和时间节点。12月1日，刘广平主持召开该项目湖橡小区拆除违法违章建筑工作调度会。12月3日，刘广平主持召开该项目拆除违法违章建筑工作调度会。12月7日，该项目指挥部召开湖橡老旧小区改造拆违工作推进会，重点研究湖橡老旧小区32~36栋违章建筑拆除工作。12月9日，周宏实地调研该项目，召开项目指挥长工作会议，会上对研究讨论老旧小区改造拆违等工作中的重难点问题，探讨BC地块阳光意愿征收工作，安排部署各工作小组的后续工作。12月20日，雨花区政府与长沙市产业投资集团关于湖橡小区周边城市更新单元（旧城改建）项目的合作协议签订仪式举行。12月21日，湖南省人社厅机关后勤中心主任蔡强一行调研该项目，了解项目A地块省陪中心公房涉及征收政策、清租方式以及承租人情况。12月23日，区政府副区长、区公安分局党委书记、局长周习文调研湖橡社区，了解项目进展情况，督导文明创建工作。12月24日，湖橡小区周边城市更新单元（旧城改建）项目批前公示发布。12月31日，刘广平主持召开该项目指挥长工作会议，重点研究A地块的历史遗留问题，B地块、C块地实施阳光意愿征收工作铺排，聘请专业技术人员，部署旧改工作、不成套楼栋改造设计方案，指挥部资金保障及财务管理制度等事项。

【友谊小学建设项目签约】 2021年2月9日，被征收人启派特钢全体股东在征收补偿协议上签字盖章，完成雨花区友谊小学项目签约工作。该项目征收工作历时5年，因被征收人存在债权债务及股权纠纷，需防止国有资产流失等问题，一直以来无法就征收补偿事宜达成一致意见。2020年6月起，圭塘街道、区征收办与被征收人协商30余次，多次到雨花区法院、长沙市国资集团、市征收办等单位协调，解决疑难问题。

【湘特白竹食品厂拆除】 2021年3月5日，雨花区湘特白竹食品厂办公楼被3台挖掘机安全拆除，雨花区2021年首个国有土地拆除项目完成。该食品厂位于雨花区跳马镇白竹村，项目位于东山路以东、阳明山殡葬管理处以南、浏阳河路以西、兄弟食品园以北，属于杨子路（跳马镇界—时代阳光大道）道路工程建设项目地块，拆除建筑总面积6697.63平方米。杨子路（跳马镇界—时代阳光大道）、黄梅冲东路（侯照路—川河路）、川河路（殡仪馆东入口—时代阳光大道）3条道路工程建设项目涉及该厂。湘特白竹食品厂的安全拆除，有利于加速3条道路建设进程，为杨子路道路工程建设施工打通最后一道关卡，有利于川河路至时代阳光大道全线拉通。

【雅塘冲路002栋征拆项目清零】 长沙市雅塘冲路（圭塘路—洞井路）建设工程（树木岭变电站宿舍002栋）系长沙市重点工程项目，征收范围内涉及征收私房24户，房屋面积2089平方米。该项目于2020年12月5日发布模拟征收一公告实施模拟征收。2021年1月8日，发布项目模拟签约公告，启动模拟签约。2月5日，最后一户被征收人与雨花亭街道棚改项目指挥部签订征收补偿协议，2021年国有土地上首个模拟征收项目取得成功，成为雨花区2021年第一个实现签约清零的新启动项目，有利于雅塘冲路（圭塘路—洞井路）早日实现建设通车。

【项目社会稳定风险评估会】 2021年3月2日，雨花区组织召开区国有土地上征拆项目社会稳定风险评估会，区委政法委、区发改局、区教育局、区司法局、区住建局、区城管综合执法局、区信访局、区人居环境局、市自然资源和规划局雨花区分局、市生态环境局雨花分局、区城投集团、区征收办、跳马镇、雨花亭街道、圭塘街道相关负责人参加此次会议。会议就雅塘冲路、雅塘冲路002栋模拟征收、友谊小学、黄梅冲东路4个项目的社会稳定风险进行讨论，一致认定以上4个项目社会稳定风险隐患较小，建议可实施房屋征收。

（本栏撰稿　张　丽）

城市投资开发

【概况】 长沙市雨花城市建设投资集团有限公司是区政府出资设立的国有独资企业，负责经营以自有资产进行农业产业化和基础设施、农村交通、旅游休闲、教育、卫生事业建设、城市开发建设的投资；土地整理、开发；房地产开发、经营；建筑材料的销售。集团下辖11家子公司。

2021年，雨花城市建设投资集团有限公司推进市场化转型发展，实现债务可控、项目为王、产业延伸、盈利能力增强的态势。公司9个在建项目集中滚动开发，建设总面积超过130万平方米，实现固定投资29亿元。制定《保障性住房小区物业服务考评方案》等指导性文件，联动街道、社区、业主，对8个所属保障性住房小区进行物业服务评判，破解保障性住房物业管理难点。成立城市更新公司，统筹推进片区长鼓正圆城市更新项目；片区骨干路网全面拉开，长沙雨花金茂智慧科学城项目建设进展顺利。深耕智慧城市建设战略规划，推进与中国联通深度合作，成立子公司雨智公司推进项目建设，组建1个月内即连续中标3个信息化项目，实现合同总金额1709万元。新增债务成本由5.16%降低至4.25%，资产空置率保持5%以下。在企业年度经营计划外，承接雨环苑项目后续扫尾工作，启动友谊三期安置房建设，解决一系列历史遗留问题；参与跳马绿心退出和矿洞修复工作。

【城市建设】 2021年，雨花城市建设投资集团有限公司在建城市建设项目9个，包括保障性住房建设项目4个、维修整改项目1个，农民安置房代建项目1个，社会公益性项目2个，闲置楼宇改造重建项目1个，建设总面积超过130万平方米。其中市级重点项目和景家园西片区主体施工总层数22层；东升家园完成基坑土方16万立方米；颐景苑1A1B项目完成基础工程及地下室施工；中城苑一区竣工，二区主体施工总层数17层，三区完成主体部分建设。圭塘河智能生态停车场、市民之家完成基础工程及地下室施工，主体工程建设进展顺利。

【城市更新】 2021年，雨花城市建设投资集团有限公司完成湖南省下达棚改任务270户，完成签约，完成率100%；棚改“四项任务”涉及成本结算项目9个进展顺利，推进土地收回，完成长橡A、衡器、市政等项目土地收回；区内最大棚改地块雅塘村社区棚改地块成功出让，实现回笼资金13.1亿元，争取市财政返借出让地块资金2亿元，用于片区后续建设开发。成立城市更新公司，统筹推进片区长鼓正圆城市更新项目。片区骨干路网全面拉开，启动雅塘冲路、竹塘路征拆工作；雨花亭派出所项目启动。

【城市运营】 2021年，雨花城市建设投资集团有限公司启动黎托南片现有控规修编工作，为土地收储工作奠定基础；通过与长沙市武广新城开发建设有限责任公司协调对接，拟在高铁片区落地两保用地指标13.33公顷。成功安置540余人，分房交房300余套。

【融资业务】 2021年，雨花城市建设投资集团有限公司通过发行债券、银行贷款、政府专项债券等方式，完成融资56.06亿元，化解隐性债务5.81亿元，减少关注类债务3.45亿元。通过“借低还高”提前偿还高利率债务等方式，节约财务成本约2700万元，新增债务成本由5.16%降低至4.25%。

【筑牢生态屏障】 2021年，雨花城市建设投资集团有限公司按照“一矿一策”的施工要求，启动石门水泥厂、田心桥村柳树塘组矽沙矿、王家冲矿洞等生态修复项目。其中王家冲矿洞修复纳入中央第六生态环境保护督查事项，公司严格规范项目管理，在规定时间内整改到位。石门水泥厂生态修复工程位于跳马镇新田村，因为过度开采，导致矿区裸露面积较大，坡面植被破坏，水土流失严重，多处有矿渣覆盖。雨花城市建设投资集团有限公司采用客土回填的方式解决裸露山体不宜栽种树木的难题，从周边工地收纳11.6万立方米左右的回填土运至矿坑内，进行原始回填，分层压实，在地表铺设1万立方米左右的种植土，项目复绿面积1.76万平方米。项目于6月初开工，2021年年底竣工。田心桥村柳树塘组矽砂矿（清水塘附近）位于跳马镇田心桥村柳树塘组，属于历史废弃采砂矿区，占地面积3.47公顷，含1处裸露矿坑和部分杂草林地，田心桥村村委会委托设计单位进行施工方案设计，结合地形特点计划发展果木种植，含桃树、柚子树、枣树等，完成治理后可实现矿区景观恢复和农业生产条件优化。

【车站南路提质改造升级】 雨花区车站南路（人民路—洞井路）道路空间品质提升，北起人民路，南至洞井路，长度4.1千米。因地制宜，结合路段特点，采取分段改造方式。其中人民路至劳动路路段以提升道路U形界面品质为主要改造内容，致力于构建人行道空间、建筑立面、建筑前区、景观绿化、道路交通、城市家居六位一体的沿线风貌提升整体品质；劳动路至洞井路路段以提升道路两厢建筑前区及退缩空间为主要改造内容，打造景观覆绿工程。

【曙光路提质改造升级】 雨花区曙光路（人民路—劳动路）道路空间品质提升，北起人民中路交会处，南至劳动中路交会处，长度约2.5千米。因地制宜，结合路段特点，采取分段改造方式。其中人民路至劳动路路段以提升道路U形界面整体品质为主要改造内容，以道路交通、两厢建筑、道路绿化整治为重点，改造沿线风貌，满足人民不断提高的物质文化生活新需求。改造具体包括但不限于道路交通、建筑立面、建筑前区、景观绿化、服务设施。

【雨花市民之家项目】 雨花区市民之家项目位于长沙市雨花区香樟路592号，建筑主体为框架式结构，分地上5层，地下2层，总建筑面积2.87万平方米，地上五层为方便群众办事的政务服务大厅、技术业务用房，建筑面积1.64万平方米；地下二层为车库，建筑面积1.23万平方米，设置地下停车位261个。建设一座集服务大厅、配套办公用房、档案用房、人才资源公共服务中心、电子政务中心等服务于一体的综合性办公建筑，打造集政务服务、便民服务、政府与群众互动为一体的公共服务平台，满足人民群众多样化的公共服务需求，提升政府效能，加快服务型政府建设。其中一楼为公安业务、银行、人社保医保相关窗口；二楼为婚姻登记、市监局、全科式综合办事窗口以及政务党建自助预留区域；三楼为市不动产下沉窗口、人才市场、住房公积金、政务服务热线相关窗口；四楼为综合机房和预留拓展区域；五楼为档案馆。楼顶设有“空中花园”，集实用、美观、环保于一体。项目建成后，市民从企业登记、注册到个人医保、社保缴纳，从银行取款到邮政快递服务等，都可以在此完成。该项目于2019年5月开工。2020年6月启动建设，2021年10月竣工，进行室内主体装修施工。

【石马雅苑保障住房项目】 石马雅苑保障住房项目是为雨花区雨花亭街道石马村失地农民打造的安置保障性住房小区，北临竹塘路、南临雅塘冲路、西接韶山路、东靠曙光路，项目用地面积12.8公顷，总建筑面积36.38万平方米，投资约15.11亿元。项目分三期进行建设，包含地上24栋单体建筑，其中1栋幼儿园，8栋高层住宅，3栋高层酒店式公寓，12栋独立商铺和社区办公用房。建成住宅1946套，公寓1537套，可安置3321人。2020年9月26—29日，石马雅苑保障性住房一期交房464套，270户失地农民领到新家钥匙。2021年4月22日，石马雅苑一期第二批次分房安置房源159套，涉及居民117户。11月20日，第三批29户村民领到保障性住房钥匙，至此，石马村478户居民全部完成住房安置，交房647套，安置1345人。

【和景家园项目】 和景家园是雨花区“十四五”规划的重点民生项目之一，位于黎托街道川河路以东、川田路以南、浏阳河以西、阳青路以北所围合的范围内，项目用地面积18.68万平方米，总建筑面积52.11万平方米，投资约19.98亿元。主体工程由雨花城投集团分为两期建设，包括22栋住宅、1栋公寓式酒店、1栋幼儿园及公共配套设施。拟建成住宅4118套，公寓228套，预计可安置4921人。该项目于2020年5月开工建设。2021年9月，项目一期的公寓式酒店、8栋26层或34层的高层住宅以及幼儿园实现封顶；年底，完成所有楼栋外架拆除。二期基本完成拆迁。

【星城新宇·东升家园项目】 星城新宇·东升家园位于雨花区东山街道14号路（星城新宇黎雅苑）以南，15号路以北、新花侯路以西、黎托路以东，项目用地面积7公顷，总建筑面积20.58万平方米，项目投资约10.37亿元。包括9栋高层住宅、1栋3层幼儿园、1栋2+7层公寓式酒店及地下车库。拟建成保障住房1523套，规划安置1846人。项目于2021年6月开工建设。

（本栏撰稿　文　卓）

自然资源和规划

【概况】 2021年，雨花区统筹推进区域经济社会发展与保护自然资源，推进规划引领、耕地和生态保护、资源保障、依法行政、干部队伍建设各项工作。开展全区农用设施和临建安全生产隐患大排查。构建三级群测群防制度，压实地质灾害防治责任，组织开展全区地质灾害防治知识宣传培训和地质灾害应急演练，安装地质灾害监测声光报警系统，构建“人防＋技防”

2021年6月，和景家园一期航拍图　（文　卓　供图）

安全屏障。实行汛期24小时值班值守，发布防灾信息150余条，确保全区地质灾害安全零事故。参与既有住宅增设电梯工作线上审批，审查电梯备案200台。推进房地一体调查登记发证工作，登记发证245宗；利璞大厦、泰禹家园四期办证经验得到省、市推介和《中国自然资源报》采访报道。

【规划编制】 2021年，雨花区成立高规格的区国土空间规划委员会，召开区国土空间规划委员会会议。推进国土空间规划编制，全区城乡建设用地调整为112.04平方千米，增加2.07平方千米；城镇开发边界总面积为118.36平方千米，减少0.98平方千米；耕地保有量计划保留2200公顷，生态保护红线划定面积279.73公顷。推进跳马镇国土空间规划编制，金屏融城小镇控规编制完成并提交市资规局审批。推进长株潭绿心中央公园起步区选址和规划研究，在绿心中央公园雨花及邻园片区规划、重大项目落地、建设用地指标配套、三区（禁止开发区、限制开发区、控制建设区）边界优化调整、交通及相关基础设施配套等方面开展规划研究，形成阶段性研究成果。

【土地督察】 2021年，雨花区开展土地动态巡查1394次，发现违法用地98宗，下达停工通知书98份，交办函28份。严格批后项目划片管理等制度，落实建设工程项目放线、正负零验线及规划竣工查验工作要求新增批后项目34个，放线24次，建设位置复验6次，竣工检查81次，到位率100%。实施控规修改、总图变更、总图批前公示、报建图变更等现场公示87次，向区城管执法部门移送违法建设案件14件，责令停止建设11起，责令限期整改6起，向市支队专报7份，上报行政处罚案卷2个。组织开展违建别墅清查整改"回头看"、"大棚房"问题专项清理整治行动"回头看"。开展卫片执法和月清"三地两矿"（节约集约用地、监测变化耕地、违法违规用地，矿业秩序监管、矿业绿色发展清理实行月清月结）工作。2020年季度卫片中，发现违法用地11宗，整改到位9宗，整改到位宗数比81.81%。2021年季度卫片违法用地6宗，整改到位2宗，整改到位面积比69.9%。月清三地1～17批次违法用地28宗，整改到位22宗，整改到位宗数比78.6%、面积比为79.6%。省厅累计下达2021年闲置土地"四清单"（月清三地、审计整改、摘帽行动、执法行动）任务26宗，完成18宗，处置比例75.32%。2021年，国土资源部下发"增存挂钩"闲置土地处置任务54宗，完成面积1418.85公顷，面积完成比81.42%。制定《雨花区人民政府耕地保护责任目标考核实施细则》，将耕地保护纳入镇（街道）和相关职能部门绩效考核。完成雨花区"十三五"时期耕地保护责任目标考核自查，严格执行耕地占补平衡，实行多来源途径、多资金渠道补充耕地用于占补平衡。推进卫星监测占用耕地图斑解扣解冻工作，38个图斑，9个报省厅申请解扣解冻，其余按照套合影像和举证相关资料，落实整改。2020年度单位国内生产总值建设用地量为11.37公顷/亿元，与2020年度相比，下降率8.56%。推进矿山矿坑生态修复，池子塘、柳树塘矿点进入工程扫尾，四马冲矿点修复顺利实施，芦荻塘片石一厂得到有效整改。

2021年3月25日，雨花区2021年度地质灾害防治宣传培训 （周永平 摄）

【项目服务】 2021年，雨花区集体土地拆迁项目103个，实现腾地129.29公顷，拆除合法房屋384栋，面积89795.91平方米，动拆人口1702.5人。黎托片节约集约试点项目31号地、城投保障住房4号地等31个项目全面完成拆迁腾地；黎托片节约集约试点项目19号地、黎托片节约集约试点项目21号地等106.77公顷地实现腾地挂牌。发布拟征地公告34宗，面积87.24公顷，其中耕地23.65公顷。开展土地二级市场试点工作，开展重点项目挂牌前期出让准备、区级上会等工作。全区挂牌出让成交13宗，面积107.95公顷，成交金额105.89亿元。办理临时用地4宗，1.16公顷；办理临时建筑工程规划许可证24宗。现场踏勘5G铁塔站点，落实规划选址。服务城市提质改造，完成洞井社区筹委会"两安"用地、红星村农民生产安置用地（红星博雅公寓项目）、同升街道"两安"用地、长岭周边地区控规Z13—B01等地块（湖橡小区周边城市更新）城市设计及控规修改。

【违法用地整改】 2021年，雨花区对违法用地行为，按照整改清单、交办制、台账制、销号制、通报制"一单四制"，压实整改责任，确保履职到位、整改到位。坚持每周一调度，及时更新整改清单，督促整改责任单位按时间节点推进。按照发交办函、约谈、督查的程序督促责任主体单位落实整改。明确违法用地整改到位的标准。制定"责任单位、整改总数、已完成数、未完成数、排名”等为主要内容的“销号制进度跟踪表”。编织土地“执法网”，实行关口前移，街镇和村、社区实行土地动态网格化管理模式，推进构建执法监管共同责任机制。国家自然资源督察武汉局例行督察违法用地全部实现整改销号，新增违法用地得到有效控制，全年没有出现新增大面积的违法用地。

【《长株潭一体化自然资源和规划系统沟通协调协议》签署】 2021年3月4日，长沙市雨花区、株洲市石峰区、株洲云龙示范区签署《长株潭一体化自然资源和规划系统沟通协调协议》。长沙市雨花区委常委、常务副区长龚畅，株洲市石峰区委常委、常务副区长宋长征，长沙市自然资源和规划局雨花区分局、株洲市石峰区自然资源局（林业局）主要负责人参加协议签字仪式。该协议约定，为增强部门沟通协调，做到互通有无，当好区政府关于一体化发展的参谋助手，雨花区将与两地成立一体化合作发展自然资源和规划领导小组，定期召开领导小组会议；组织相互学习交流，探讨两区自然资源领域相关政策法规；对市政府、区政府新出台涉及自然资源领域的文件、政策和重大决策，以及重大项目建设，及时向对方反馈；专人专柜保管一体化建设的资料。三地将携手推进资规系统沟通合作，在重点产业协作融合、城际交通便利互联、生态绿心保护和文化旅游协作发展等方面发挥更好的服务保障作用，为长株潭一体化和区域高质量发展注入新的活力。

【地质灾害防治宣传培训】 2021年3月25日，雨花区2021年度地质灾害防治宣传培训举办。区直相关部门，各街镇分管地质灾害负责人，以及部分街镇村、社区负责人120余人参加培训。区政府二级调研员易云和主持培训，湖南省地质矿产勘查开发局四〇二队水文院副院长姚腾飞授课。姚腾飞传达新时期地质灾害防治指导精神，重点剖析农村切坡建房问题，结合近年来发生的地质灾害典型实例，讲解崩塌、滑坡、泥石流、地面塌陷等常见易发的地质灾害成因、特征及防治措施，为做好科学预防和监测，避免和减轻地质灾害打下基础。

【雨花区生态修复工程入选湖南省首届国土空间修复范例】 2021年4月22日，在湖南省第52个世界地球日暨第9届“爱地球·看我的”公益活动中，雨花区长江经济带长沙市废弃露天矿山生态修复工程入选湖南省首届国土空间修复范例。2018年起，雨花区启动长株潭绿心废弃矿山矿坑生态修复，涉及矿坑18个，面积75.8公顷。该项目探索实践社会资金参与模式，按照“谁破坏、谁修复、谁投资、谁受益”的原则，采取自愿参与、自负盈亏、适当补助的市场运作模式，结合城市开发建设的需要，引导社会资金参与生态修复，政府组织调度有力，生态修复效益显著，通过引进社会资本，用长沙市区建筑土方回填矿坑，松散岩石清理、废渣清运、植被重建等，促进长株潭“绿心区”生态恢复。以145万元的中央专项资金，完成3648万元的生态修复任务，修复矿点7处，修复面积19.49公顷，实现以小经费撬动大修复。雨花区生态修复工程得到省自然资源厅和自然资源部生态修复司的表扬，并作为先进经验予以推广。

【区国土空间规划委员会第一次会议】 2021年12月21日，雨花区国土空间规划委员会第一次会议召开。区委副书记、区长黄军其主持会议，区委书记刘素月出席会议并讲话。会议听取全区国土空间规划工作情况汇报，审议通过《雨花区国土空间规划委员会组成人员名单》《长沙市雨花区国土空间规划委员会工作规则》。会议强调，要高标准高质量做好国土空间规划工作；盘活存量、做大增量；履职担当、主动作为；明确重点、扎实推进。

（本栏撰稿　周永平）

长株潭一体化建设

【概况】 2021年，雨花区落实绿心保护工作职责，统筹抓好长株潭一体化发展、南部融城片区建设和两型社会建设。印发《雨花区2021年推进长株潭区域一体化发展工作方案》，推进绿心中央公园规划建设、飞地园区建设等重点项目，长株潭·名优产品出口展销馆开馆，举办首届湖南省花卉苗木博览会，推进“跨市通办”合作、

2021年3月4日，长沙市雨花区、株洲市石峰区、株洲云龙示范区签署《长株潭一体化自然资源和规划系统沟通协调协议》　　（周永平　摄）

教育资源共享、线上线下联合招聘、绿色生态共护等工作。在各级媒体发表一体化相关新闻 1815 条。雨花区长株潭一体化发展工作获 2021 年度长沙市人民政府创新实干表扬激励。

【规划编制】 2021 年，雨花区完成跳马镇国土空间规划和 11 个村庄规划初稿；完成金屏融城小镇控制性详细规划编制初稿。委托设计院开展优化 S4、S7 线路及站点相关工作，完成研究初稿。完成长株潭绿心中央公园长沙起步区研究方案。

【项目建设】 2021 年，雨花区围绕园区“主特”产业链及相关配套产业，引进中铁六局集团路桥建设有限公司总部、比亚迪新能源乘用车（二期）项目等“三类 500 强”项目 2 个；引进巨翊医疗 CDMO 洁净车间有源医疗器械生产中心、普斯赛特第三代半导体科技智能化产业基地等重点项目 18 个。到北京市、廊坊市、深圳市、广州市等地开展招商 9 批次。开展矿山矿洞生态修复，18 个矿山矿坑有 12 个项目（涉及 15 个矿山矿坑）获批绿心准入。环保大道东延线完成同升段路基土方施工及同升段排水管道施工。

【绿心地区保护】 2021 年，雨花区推进绿心保护标志设立工作，按照《长株潭生态绿心保护标志设置规划及智能化改造项目工作方案》文件精神，投资约 190 万元，在绿心地区设立保护标志 215 个，其中界桩 188 个，界牌 23 个，两面立柱 4 个。对绿心地区 93 个中央环保督察反馈的历史违法违规项目和 161 个工业项目退出情况进行全面“回头看”；对退出工业企业开展安全隐患排查。拨付跳马镇和同升街道 2019 年生态补偿资金 2407.58 万元；争取到 2020 年度绿心地区生态补偿市级奖励性补助资金 917.81 万元。

2021 年 12 月 6 日，雨花区生态绿心保护信息员培训　　（严　立　供图）

【餐厨油烟治】 2021 年，雨花区推进餐厨油烟治理，完成 2020 年 1.7 万台老旧小区餐厨油烟治理净化设备的市级验收工作，争取到市级配套资金 850 万元。发放《废油回收宣传指导手册》3.6 万余册，宣传海报 1000 份，鼓励居民加强对餐厨油烟的回收集存。

【“两型”单位创建】 2021 年，雨花区印发《2021 年度长沙市雨花区两型社会示范创建工作方案》，成功申报 10 个区级“两型”示范单位（家庭），组织开展 2021 年市级“两型”示范创建申报工作，砂子塘魅力之城小学、高桥街道五一社区 2 家单位入选长沙市级“两型”示范单位，高桥街道永祥社区、黎托街道东澜湾社区 2 家单位入选市级“两型”创建单位。组织“两型”社区开展“小手牵大手、‘两型’我先行”等主题宣传活动 29 场，开展“两型”绿心积分管理平台培训 1 次。

【绿心保护宣传活动】 2021 年 12 月 6—7 日，雨花区生态绿心保护信息员培训在跳马镇田心桥村村委会开班。培训邀请市规划勘测设计研究院的专家授课，为跳马镇 14 个村和同升街道 6 个涉及绿心的社区（社筹）新上任的生态绿心保护信息员进行 3 场培训，讲授《湖南省长株潭城市群生态绿心地区保护条例》和《长株潭城市群生态绿心地区总体规划（2010——2030）》的相关内容，提升信息员的专业化水平。

【市人大调研雨花区长株潭一体化工作】 2021 年 11 月 2 日，长沙市人大常委会党组书记、主任谢卫东率市人大常委会主任会议成员调研雨花区长株潭一体化工作。谢卫东一行参观绿心中央公园省花博会雨花区“跳马人家”展馆，了解展馆及花木博览会总体情况，强调要发展花木经济，打造现代花木产业体系，为花木品牌展示、花木产品交易、项目交流合作搭建更好平台，发挥花木产业的生态效益、社会效益和经济效益；到欢乐广场，了解绿心中央公园规划建设情况，强调要高质量、高标准、高水平规划建设好长株潭绿心中央公园，加快构建“森林公园＋郊野公园＋城市公园”多层次城市公园网络，带动花卉苗木、特色民宿、生态康养等产业蓬勃发展，协同打造高品质的城市绿心和城市会客厅；观摩曹家冲花海，强调要协同管控好城市建筑风貌，促进地域特征、建筑文化、自然山水相结合，将发展花木产业与文旅产业等相结合，形成多产业融合发展格局，推动乡村振兴。

（本栏撰稿　粟常云）

城市管理

城市行政管理

【概况】 长沙市雨花区城市管理和综合执法局（简称“区城管执法局”）主管全区城市管理工作，负责编制全区城市管理工作的总体规划、年度计划并组织实施；草拟全区城市管理方面的规章、制度，组织召开城市管理工作会议；依托城市管理信息平台，对全区城市管理工作进行监督、考核和评价等。下设区数字化城市管理指挥协调中心、区渣土事务中心，管理雨花区城市管理综合执法大队、区市容环境卫生维护中心、区园林绿化维护中心、区市政设施维护中心。

2021年，雨花区城市管理和综合执法局推进疫情防控、文明创建、重要节会保障、项目建设、拆违控违、燃气热力、扫雪除冰等工作，提升城市管理规范化、精细化、常态化水平。抽调干部职工轮班参与长沙南站24小时疫情防控工作，高峰期每天检测过往旅客近6万人次；加强对与冷链食品有关重要场所、重点环节、重点人员的监管，防范冷链食品输入疫情风险。应对低温雨雪冰冻天气，对路面、桥梁全时段监测，全天24小时不间断巡查，采取撒盐和铲除等应急措施，出动500余人次、车辆62辆次开展撒盐、清扫行动。开展综合环境整治行动，为第二届中非经贸博览会和湖南省花木博览、湖南省第十二次党代会等重要节会的举办创造最优市容环境。第二届中非经贸博览会期间，将市场及周边区域划分为12个网格，整合11个街道的专业力量，集中开展综合整治攻坚战。开展“我为群众办实事”活动，完成华晨世纪广场提质改造等民生实事项目37个，办结群众“微心愿”253项。处置“12345”市民热线、来信来访等各类投诉约8000件；受理省、市、区人大建议、政协提案27件，全部按期办理，办结率、满意率100%。

【行政审批服务】 2021年，雨花区优化营商环境“再创新”工作，开启水电气网公用设施接入服务改革，实现工程建设项目水电气外线审批“一张表单、精简材料、容缺办理”，提高办事效率，为企业减负。办理各类行政许可手续769件。

【项目建设】 2021年，雨花区完成长沙大道、芙蓉路道路空间品质提升，韶山路广告招牌示范街建设，广济桥社区提质改造等项目，并通过预验收。完成省人大周边提质改造、建鸿达华都提质改造与华晨世纪广场提质改造项目。推动市领导领办民生事项紫薇路全面提质落实落地并移交专业部门进行规范管理。

【综合整治】 2021年，雨花区开展“洁净雨花”行动，结合“百日奋战、扮靓星城”市容环境整治，集中力量整治重点区域、难点区域的城市管理突出问题。依托数字化平台自查整改各类市容环境问题21万个。开展“蓝天保卫战”、校园周边、农贸市场周边、交通顽瘴痼疾等执法整治，办理各类行政执法案件3.5万起，罚款约710万元；统一规范印发餐饮服务单位“三合一”台账4000本，全区3369家应安装油烟净化器的餐饮门店实现应装尽装。打造花侯路、长沙大道等13条重点示范道路，省人大常委会及周边、长沙南站及周边、红星商圈（德思勤）3个重点示范片区，车站南路、长塘小区、复地星光天地等13个夜市规范点。

【拆违控违】 2021年，雨花区全面实行网格化管理，加强对别墅区、洋房、农安小区等住宅小区全面巡查，对新建违章“零容忍”。拆除违法建设140处、9.3万平方米；控制新增违建83处、5100平方米，处置国土卫片16处。制定小区顶楼“圈地占用”集中整治工作方案，清理整治圈占行为134处、9500平方米。

【渣土管控】 2021年，雨花区出动渣土管理人员约2万人次，处置平台推送信息及案件700余次。对全区正式运营的渣土运输企业完成3次普查，组织33家企业的700余名渣土运输从业人员开展安全生产教育培训。每周联合区交警大队、区交通局开展执法行动不少于2次，办理案件800余起，罚款250万元。

【燃气管理】 2021年，雨花区印发餐饮门店燃气安全使用告知书3万份、燃气安全宣传手册6万份，组织开展户外宣传6次。对全区常驻市民推送冬季燃气安全使用知识短信息93.5万条，“飞梦雨花”微信公众号推送燃气安全宣传视频5期。排查整治餐饮门店3900余家，排除安全隐患问题1100余处，办理案件39起，罚款12万元。取缔液化气黑点19个、扣押违法车辆13台、各类钢瓶1287个。

【“洁净雨花”行动】 2021年，雨花区将“洁净雨花”列入全区中心工作，区委书记总调度，多次召开区委碰头会、区委常委会等部署推动“洁净雨花”行动工作，不定期采取“四不两直”方式深入社区、小区暗访督导工作推进情况。全区县级领导带头深入一线，带领干部职工及志愿群众每周五下午开展“洁净雨花”大扫除。2月19日，雨花区组织召开“洁净雨花”工作座谈会暨市容环境卫生提升专项行动工作部署会。区政府副区长蔡泽敏主持会议。会议传达学习市、区关于开展“洁净长沙”“洁净雨花”相关会议和文件精神，参会单位结合自身职能职责就实施好“洁净雨花”工作进行发言。会议对全区市容环境卫生提升专项行动工作方案进行整体部署要求，强调要围绕重点区域、难点区域、难点事项等持续开展好“洁净雨花”工作。2月24日，雨花区“洁净雨花”行动动员部署会议召开。区政府二级调研员段仁华主持会议。会议印发《雨花区“洁净雨花”行动实施方案》，安排部署“洁净雨花”行动具体工作。会议强调，各部门单位在“洁净雨花”行动工作中行动要快，标准要高，调度要狠。4月27日，雨花区制定《长沙市雨花区“百日奋战、扮靓星城”市容环境整治实施方案》，全面铺开以“三大行动”（“城市窗口”洁净行动、“洁净家园”创建行动、“裸露垃圾”歼灭行动）和“四大整治”（施工围挡整治、路灯照明整治、广告招牌整治、违法停车整治）为主要内容的“百日奋战、扮靓星城”市容环境整治行动。7月23日，雨花区召开“洁净雨花”行动暨城管考核工作调度会。会议通报“洁净雨花”行动与城管考核工作情况，安排部署下一阶段工作，数字化重复案卷控制较好的东塘街道、黎托街道作经验分享，重复案卷较多的同升街道、东山街道进行分析和表态。

【箱柜整治】 2021年9月，雨花区城管执法局在全区开展人行道清障整治行动，重点对高桥片区进行地毯式摸排、整治。雨花区城管委办公室出台《雨花区城区道路箱、柜、杆、线等布设十条规范措施》，明确整治标准、要求及相关责任。中非经贸博览会期间，雨花区城管执法局对花侯路、长沙大道、东二环、劳动路等重要道路人行道影响市民通行、有碍观瞻的箱柜进行全面整治，共拆除、迁移各类箱柜80余处，粉饰美化箱柜280余个，加装电力箱柜栅栏6个。

【“圈地占用”集中整治】 2021年3月23日，雨花区城管执法局组织各街道（镇）城管办主任及城管执法中队中队长召开拆违控违工作会议，下发关于开展小区顶楼平台“圈地占用”集中整治暨违法建设专项清查整治工作的实施方案；11月2日，组织各街道（镇）城管办主任召开关于小区楼顶“圈地占用”工作调度会。11月5日，

2021年2月24日，雨花区“洁净雨花”行动动员部署会 （周奕忻 供图）

湖南省住建厅联合省自然资源厅督查雨花小区顶楼平台“圈地占用”集中整治工作，对雨花区的“圈地占用”整治工作给予肯定。

【渣土安全生产】 2021年2月2日，长沙市城管执法局副局长黄哲一行在雨花区政府二办数字化中心会议室召开雨花区渣土管理与执法工作对接会。雨花区政府副区长蔡泽敏，区城管局（大队）主要负责人参加会议。会议就雨花区近期交办的渣土管理和执法问题进行对接，“前四后八”[前转向轮为两轴四轮，后驱动轮为两轴（桥）每组双轮共八轮]等非专用渣土车偷运现象进行会商。2月4日，区治尘办组织区住建局、区交通运输局、区城管执法局、区交警大队相关负责人以及高桥、圭塘、黎托、东山、洞井、同升等街道分管领导和驻街中队中队长，对违规使用非专用车辆运输渣土的工地建设、施工方负责人进行联合警示约谈。3月25日，雨花区渣土运输从业人员安全生产教育培训会议召开，33家区属渣土运输企业的法人代表，车队长、安全员、驾驶员788人参加培训。6月18日，雨花区渣土行业安全生产动员部署会召开，各职能部门进行业务知识和法律法规宣讲并提出有关要求，渣土处置工地和渣土运输企业代表作表态发言。8月17日，区治尘办牵头组织区交通运输局、区应急局、区城管执法局和区交警大队等部门对辖区注册渣土运输企业开展安全生产联合检查工作。8月30日，雨花区城市管理渣土安全工作会议召开，剖析近期渣土工作方面出现的问题，提出下一步渣土管控工作明确要求。9月24日，雨花区召开渣土行业安全工作调度会。9月29日，区城管执法局联合区交通运输局组织开展渣土运输安全生产教育培训。12月3日，雨花区渣土和燃气行业安全工作部署会议召开。

【燃气安全生产】 2021年1月26日，雨花区政府副区长蔡泽敏，区城管执法局党组书记、局长喻鹏飞对百福公司及部分站点进行突击检查。2月2日，蔡泽敏组织召开全区燃气安全生产工作调度会。区城管执法局通报燃气安全生产督查情况，部署“打非治违”工作。2月20—25日，雨花区开展燃气“打非治违”联合行动，查处关停存在问题的供应站点9家，约谈相关企业，通报相关情况。4月7日，组织召开全区燃气企业现场警示教育暨燃气企业集体约谈会，辖区8家燃气经营企业、高桥街道、区燃气执法中队等行业负责人参加会议。4月13日，雨花区举办燃气行业安全管理工作培训会。6月16日，区委常委、区委办主任、区政府副区长蔡泽敏组织召开全区燃气安全生产调度会，通报2季度燃气安全生产督查、检查情况，要求各企业针对问题立行整改，确保燃气安全生产常态长效；会议讨论《雨花区燃气安全隐患大排查大整治行动方案》，部署燃气安全隐患大排查大整治行动。9月26日，区城管执法局组织召开燃气企业新《中华人民共和国安全生产法》培训会。9月28日，雨花区燃气企业约谈会召开。11月15日，雨花区制定《燃气安全生产大排查大整治工作实施方案》。12月3日，雨花区渣土和燃气行业安全工作部署会议召开。12月5日，利用移动大数据对全区常驻市民进行冬季燃气安全使用知识短信推送，发送短信息93.5万条。12月8日，区城管执法局开展燃气安全宣传活动，制作燃气安全常识宣传音频并下发各街镇、社区、村（筹委会），利用云广播普及用户安全用气常识；在万坤图通程广场举办户外宣传活动，发放传单2000张，宣传约5000人。12月20日，区城管执法局发放燃气安全宣传资料5.21万份，录制燃气安全宣传小视频4期。12月22日，区委常委、副区长周坤带队检查洞井加气站、长液天凯供应站。

（本栏撰稿　周奕忻）

城管执法

【概况】 长沙市雨花区城市管理综合执法大队（简称“区城管执法大队”）负责城市管理方面的重大行政执法工作的组织实施，相对集中行使规划、市容环境卫生、城市园林绿化（不含园林公园）、环境保护、工商、公安交通、市政道路、户外广告、国土、桥梁隧道、燃气热力等方面的全部或部分行政执法权。下设20个执法中队，分为辖区执法中队、直属专业中队二类。

2021年，雨花区城管执法大队开展全国文明典范城市创建迎检、交通顽瘴痼疾执法整治等行动，在“三考”、“两会”、“党代会”、“建党百年”活动、第二届“中非经贸论坛”等重要节会期间，集中力量开展综合整治攻坚。办理各类行政处罚案件4509起，罚款金额409万余元。处理“110”工单13950件，“12345”市民服务热线工单7221件，满意率99%以上，其他上级交办函件150件，办结率100%。区城管执法大队被评为省住建系统巩固深化“强基础、转作风、树形象”行动工作突出单位。

【控违拆违】 2021年，雨花区推进拆违控违工作，对历史违建按照计划有序拆除，对新增违建坚持“零容忍”，发现一处，拆除一处。拆除计划内违法建设65处、86586.01平方米；拆除计划外历史违建75处、6447平方米，控制新增违法建设83处、5163平方米。清理整治圈占行为134处、9492.75平方米，完成16处国土卫片处置。

【蓝天保卫战】 2021年，雨花区城管执法大队抽调专人全力配合中央环保督察工作，重点加强渣土、油烟、噪声等环保类违法行为的查处力度，查办生态环保类（渣土、噪声、焚烧垃圾）案件942起，罚款286.98万元。环保督察期间，派单30批次，城管类40件，区城管执法大队主办的2.5件，办结完毕。

【综合整治】 2021年，雨花区城管执法大队对全区市容环境进行“洁净雨花”综合整治行动。以渣土运输、扬尘污染、“两河”流域水污染、焚烧垃圾、规范工地市场管理、违规户

2021年9月，雨花区城管执法大队市容整治行动　（余　意　供图）

外广告、发光字、桥下空间整治、人行道清障、乱吐乱扔、车窗抛物不文明行为整治、落实“门前三包”责任、强力整治违法建筑9个方面为主要内容，涵盖市容卫生、街面管理、基础建设各个方面。加强中午、白晚班交接空档巡逻，并实行全天24小时值班制。办案4509起，罚款409.2万元。其中查办乱吐乱扔类案件702起，罚款14040元；门前三包类案件7起，罚款3200元；店外经营类案件398起，罚款15.46万元；占道设摊类案件1277起，罚款31.34万元；噪声类案件86起，罚款34.6万元；市政道路类案件14起，罚款5.2万元；市容环卫类案件423起，罚款21.25万元；机动车占道类案件512起，罚款5.12万元。整治重要区域、重点路段渣土扬尘，查处渣土工地、扬尘污染、撒漏抛扬、污染路面等违法行为，办理渣土类案件860起，罚款金额260.54万元。督促各大型LED电子显示屏业主单位公益宣传落实到位，对督办的违法广告和电子显示屏进行拆除，办理违规户外广告案件16起，处罚8000元；每周定期分辖区、分片开展餐厨垃圾综合整治行动，办理案件141件，处罚金额10.88万元。

【专项整治】　2021年9月，雨花区城管执法大队在高桥大市场周边开展为期1个月的市容环境整治，保障第二届中非经贸博览会。行动划分为13个网格，对网格及周边环境进行市容整治。拆除各类户外违法广告、招牌1200余块；铲除牛皮癣1400余块；修复道路破损、台阶、井盖等问题100余处；清理杂物、垃圾、废旧家具700余处；拆除大市场1街防盗窗220余处；粉刷墙面、电线杆1000余平方米；规范各类电话线、网线、电线600余处；拖离共享单车1000余辆；引导、处理违停车辆800余台次；清理“僵尸车”40余辆；重新规范划线停车位100余处；劝导规范店外经营门店2000余家。修复绿化补栽、花坛维护修整20余处；市场绿化美化造型1000余平方米，冲洗地面6000平方米。

【日常执法】　2021年，雨花区城管执法大队组织日常市容巡查，加大对流动摊贩、店外经营、违章占道停车、违法设置临时性户外宣传等各项违法行为的整治和查处力度；建立健全领导机制、督查机制、约谈机制、长效机制，实现夜市执法和管理的常态化。强化夜间市容管控，处置夜间城市管理各种违法违规行为。推广餐桌文明礼仪，倡导餐饮行业提供安全供餐、市民节约用餐行为；打击违法违规处置和运输餐厨垃圾的行为。对街道进行燃气监管工作考核，召开燃气安全工作调度会5次，单个约谈企业8家，组织企业集体约谈会3次、现场警示教育1次。全区开展燃气安全隐患大排查大整治，排查门店3543个，发现隐患问题数976处，全部整改完毕。办理燃气类案件38起，移交区公安分局1起，罚款12.6万元，扣押违法车辆13台、扣押、转移、处置钢瓶1287个。

【“僵尸车”整治】　2021年4月，雨花区对全区占用城市道路（含公共停车泊位）、公共绿地、桥下空间、公共广场、道路两侧开放式空坪隙地等公共场地及占用开放式小区、小区周边背街小巷道路的“僵尸车”进行集中整治。区城管执法大队与区交警大队等部门建立联动机制，明确“僵尸车”标准，排查认定“僵尸车”786台。其中，占用城市道路（含公共停车泊位）、公共绿地、桥下空间、公共广场、道路两侧开放式空坪隙地等公共场地，影响城市公共市容和交通秩序的“僵尸车”55台；占用开放式小区、小区周边背街小巷道路“僵尸车”111台；占用小区物业、市场管理范围内公共场地（含停车位、停车坪）长期停放、不进行有效管理维护的车辆620台。区城管执法大队联合区交警大队对相关法律依据和程序进行梳理。对占用城市道路（含公共停车泊位）、公共绿地、桥下空间、公共广场、道路两侧开放式空坪隙地等公共场地，影响城市公共市容和交通秩序的“僵尸车”和占用开放式小区、小区周边背街小巷道路“僵尸车”发布处理公告3次，对每台“僵尸车”粘贴自行处置告知书。拖移清理全过程记录，拖移清理后及时协助车主报废、返还车辆。实际拖移47台车（表外5台），移交社区规范停放24台车，车主自行处置100台车；各街道处理“数字化僵尸车”案件结案46起。对占用小区物业、市场管理范围内公共场地（含停车位、停车坪）长期停放、不进行有效管理维护的车辆制定相应处

理办法。（本栏撰稿　余　意）

市容管理

【概况】　长沙市雨花区市容环境卫生维护中心（简称“区环卫中心”）主管全区市容环境卫生事业。负责全区988万平方米主次干道（不含跳马镇）、226万平方米沿街绿化带、36座人行地下通道、15座人行天桥、4837个果皮桶的清扫保洁，以及135座公共垃圾站点、80座公厕的垃圾清运、清洁维护、设施设备维修；参与公共站厕新建、改建、扩建技术性工作；负责472个物业小区垃圾站的生活垃圾清运处理。负责全区大件垃圾、有害垃圾收运处置管理工作。辖左家塘、侯家塘、砂子塘、东塘、雨花亭、圭塘、洞井、高桥、东山、同升、黎托、井湾子、跳马13个片区环卫所。区生活垃圾分类全覆盖工作指挥部办公室设在区环卫中心。

2021年，区环卫中心开展网格化管理和精细化作业，提升日常维护质量；开展重点清洗整治行动，清洗整治车站、商圈、学校等周边机动车道、人行道、标示线、绿化带、果皮桶等，加大主要交通路口、公交（地铁）站点等区域的巡回保洁力度；深度保洁公共站厕、地下通道、人行天桥，突出整治垃圾箱体、蹲位、洗手台、残卫等部位；做好低温雨雪天气期间的扫雪除冰工作，安排巡查人员对辖区内30余处桥隧点、17座人行天桥、39处地下通道、40余处地铁（城铁）出入口进行覆盖式循环巡查，300余名应急处置人员随时待命，做好铲冰除雪期间的路面保畅工作；制定《2021年雨花区防涝排渍应急预案》，稳妥应对多次雨季险情。

【环卫作业】　2021年，雨花区市容环境卫生维护中心推进“洁净雨花”行动，全域实施“城市窗口”洁净行动、“洁净家园”创建行动、“裸露垃圾”歼灭行动环境卫生3大行动，打造花侯路、香樟路、长沙大道等示范性道路，实现2个车站、4个商圈、4个公园广场、13个重点区域路面“见本色、现颜色”。对长沙南站、高桥大市场、驻地酒店、主次干道等重点区域全面开展环境卫生深度清洁，为第二届中非经贸博览会、全市项目观摩等重大活动提供市容环境卫生保障共150次。助力“蓝天保卫战”，将120余台洗扫车、100余台小水车、6台雾炮车配属到具体路段，每周五下午、周六和周日夜间开展全覆盖大清洗，整改道路扬尘污染问题7823处。制定出台区级垃圾分类工作方案和考核细则，成立志愿者、宣讲师队伍，引入社会公益组织，开展“敲门行动”等宣传活动。率先在全市出台《生活垃圾分类设施管理办法》，解决投放站点“重使用、轻管理”问题。对分类设施进行升级，建成28座“9类设施、6种功能”的垃圾分类厢房。完善其他垃圾、厨余垃圾、大件垃圾、有害垃圾及可回收物收运体系。收运生活垃圾56.47万吨（含6.19万吨餐厨垃圾）、大件垃圾4967.96吨，有害垃圾29.4吨。其中，厨余垃圾12.37万吨，占比21.9%；可回收物16.39万余吨，占比22.25%。

【设施建设】　2021年，雨花区市容环境卫生维护中心提标提档设施建设，完成各项设施设备维护维修6650次，其中站厕维修3437次，果皮桶维修1718次，地下通道维修780次，设备厂家维修650次，除臭设备维修65次；合理调整公共站厕内除臭设备的工作时间和喷洒时段，加大喷洒频率，解决站厕异味扰民问题；更换改造长雨Z—026中意路1#公共垃圾站下水系统，将原先直排式下水系统改造成三级沉淀池，通过沉淀后流入市政污水管网。市城管局下达的站厕新建任务全部完成，完成18座社会垃圾站的图纸审核、指导，参与12座社会垃圾站的验收；在洞井桃花锻湿垃圾站和新建的黎景苑站试点引进负压新风除臭设备和垃圾渗透液净化设备，探索减少垃圾站异味、污水影响的有效途径。

【环卫信息化建设】　2021年，雨花区市容环境卫生维护中心受理市数字化案卷12303条、区数字化案卷1050条、区网格化案卷6486条，“12345”市民热线工单711件，按时办结率100%，回访满意度99.51%，数字化案卷有效解决。依托各类前端采集设备，开展全时段全路段信息平台监管，对车辆的作业出勤、作业时速、作业水量、行驶里程等以及公共垃圾站的保洁维护情况进行实时监控，督查环卫车辆

2021年12月26日，雨花区环卫中心工作人员进行除冰保畅工作（姚　沙　供图）

作业违规问题1060例，垃圾站作业维护不到位问题424例，推动“全域覆盖、全时巡查、全程监管”市容环卫治理体系的建立。“长沙·雨花区智慧环卫管理平台项目”在首届长沙市新型智慧城市典型应用和解决方案征集活动中获“优秀应用案例”。

【环保督察办理】 2021年，雨花区成立中央生态环境保护督察办理工作领导小组，多次组织召开环保督察专题调度会议，明确交办案件专人、专职办理，受理中央生态环境保护督察信访交办件32件（含主办件4件，协办件28件），4件主办案件均已办结。总结剖析2017—2021年中央、省级环保督察中关于公共站厕投诉的问题集中点，结合市、区数字化案卷采集和环卫业务室日常考核中存在的问题，组织开展公共垃圾站臭气、污水、噪声专项治理行动，抓好公共站厕精细化作业维护和机械化作业维护。

【环卫工人节庆祝活动】 2021年10月，雨花区市容环境卫生维护中心举行一系列活动，庆祝湖南省第26届环卫工人节，弘扬环卫工人在疫情防控工作中的无私奉献精神，在文明城市创建和省级卫生城市复查工作中的爱岗敬业精神，打造“洁净雨花”，推动雨花环卫事业科学发展，为长沙市创建全国文明典范城市作出贡献。

（本栏撰稿 姚 沙）

市政管理

【概况】 长沙市雨花区市政设施维护中心（简称“区市政中心”）主要职责是参与制定辖区内城市道路发展规划和道路新建、改建、扩建项目的规划论证、设计和验收；负责辖区内道路市政设施（包括车行道、人行道、排水管网等）的路政巡查；按规定参与市政类行政许可事项的现场查勘、批后监管、恢复标准及验收（包含社区、小区）的技术性工作；参与城市道路赔偿、补偿费的核量计费工作；负责对擅自占用、挖掘城市道路，违规设置各种箱柜、管线、杆线等市政类问题，移交执法部门进行执法，执法后对恢复情况进行验收；负责辖区内主次干道、支路市政设施（包括车行道、人行道、盲道、侧平石、障碍柱球、排水管网等）的维护；负责辖区维护范围内道路市政设施量的核查、统计，以及新增维护工作量的申报，保持现有道路市政设施的完好等。

2021年，区市政中心受理并办结数字化案卷179条，结案率100%，无返工扣分案卷；受理并办结“12345”投诉工单175条，办结率100%；大城管井座井盖问题处理212条。配合区城管局办理占道审批共342起，办理排水入网验收8起。对自来水公司71处爆点、新奥燃气公司19处爆点做好应急抢修处理；开出查勘修复维护工单175处，完成人行道清障摸底168处。黎郡小学人行天桥、砂子塘万境水岸小学人行天桥完工；石碑大港流域水环境综合治理工程任务万芙路、雀园路截污干管项目完成竣工验收。市“五纵五横”项目劳动西路提质改造顺利完工；市人大交办民生实事项目紫薇路提质改造提前交付；完成17处易渍堵点改造；完成19条重点道路物探坑洞安全隐患检测；开展城区主次干道窨井整治，更换四防井盖965座。及时排除砂子塘街道果茶巷路面塌陷重大险情。完成万家丽路天际岭隧道路面沥青摊铺、劳动东路桥梁涵洞1.8万平方米油漆粉刷、省重大项目观摩比亚迪2.1万平方米道路沥青摊铺工作。完成省花博会沥青路提质工程、时代阳光大道与万家丽路交会口路面交通安全整治、中非经贸博览会重点路段维修工程。解决社区下水管网堵塞等民生事项10余件，到跳马镇喜雨村开展雷锋志愿者活动23人次，道路整治修复9000平方米，群众满意率100%。在省、市级电视和报纸媒体、区级简报等平台刊发宣传信息105条。

【维护管理】 2021年，雨花区市政设施维护中心依托“网格化”维护，重点管控与常态管理相结合，推进精细化管理，处置市、区数字化来单14190条，“12345”工单1145条，完成路面修复10.6万平方米，修复人行道4.2万平方米，调修侧平石4896米，修复隔离设施4488处，调整各类井座562套，更换各型井盖、沟盖板1632块，疏浚管网12.2万米，清掏泄水井3.9万座次，清理淤泥1739吨，清掏化粪池1446座次，数字化工单处置率100%。服务“洁净雨花”“百日奋战、扮靓星城”“中非经贸论坛”“省花博会”等活动，结合无障碍设施专项整治、交通安全隐患专项整治、“洁净雨花”集中整治等大型活动和重点工作，针对路面人行道破损、无障碍设施不规范、排水不畅等问题，加大维护力度。

【城区防汛】 2021年，雨花区市政设施维护中心优化完善城区防涝排渍工作方案和应急预案；组织开展全区范围内重要单位、重点项目防涝排渍工作专项督查，敦促相关单位迅速整改落实；强化防汛人员配备，建立健全物资、设备台账，对各类设备及时维护保养。对辖区内的防涝排渍任务分工进行多重力量配置，实时报送巡查、积水、内涝情况，应急队伍快速出动、精准处置，确保城区安全度汛；汛后加大整治力度，对辖区内各类排水设施开展“地毯式”清查。强化与气象部门的联动，按维护片区落实人员守点职责，加大应急处置力度。出动车辆1639台次，出动人员8679人次，及时处置火车南站湘凤路、新建路二十一中前等内涝险情，确保城区无长时间、大面积的积水情况发生。

【“洁净雨花”行动】 2021年3月至6月，雨花区市政设施维护中心推进“洁净雨花”“百日奋战、扮靓星城”活动，从31条重要道路以及16个雨花区内中央驻湘单位、省直机关和重点区域入手，针对路面人行道破损、无障碍设施不规范、排水不畅等问题，增强维护管理力度。修复道路3.2万平方米，修补人行道及盲道9700平方米，调修侧平石601套米，调整井座井盖

2021 年 9 月 16 日，劳动路车行道维护　（黄　芳　供图）

342 座，修复隔离设施 602 处，疏通管道 37.4 千米，清掏泄水井 11938 座次。

【服务省花卉博览会】　2021 年，雨花区市政设施维护中心对进出湖南省花卉博览会展览主会场的道路进行拉网式排查，重点对道路破损、坑洼不平、严重网裂等病害路面，乡村死角坑洼路面和破损的便道砖等进行登记备案，形成台账。开展道路修补维护工作，对跳马镇会场及来往线路的周边道路石燕湖大道、振东路、时代阳光大道、环保大道等道路的沥青路面、人行道、路牙等开展全面维修维护，调派压路机、清扫机等机械设备集中力量开展维修维护，提高道路通行质量。修复道路 1441 平方米，修补人行道及盲道 890 平方米，调修侧平石 164 套米，调整井座井盖 28 座，修复隔离设施 198 处，疏通管道 10925 米，清掏泄水井 2126 座次。9 月 30 日至 10 月 10 日，整治改造石燕湖大道和石鸭公路中病害路段沥青路面，主要改造内容为沥青路面铣刨、4 厘米厚细粒式重交沥青罩面、标线恢复、废料清理外运等，整治改造面积约 8000 平方米。

【服务中非经贸博览会】　2021 年 9 月，雨花区市政设施维护中心对湘府路高架化候路出入口、红旗路高架桥湘绣路出入口、红旗路高架桥劳动路出入口、红旗路高架桥香樟路出入口等 11 处桥洞桥面进行粉刷维修。对高桥分会场、来宾入住酒店、长沙南站周边道路以及往来线路开展为期 1 个月的突击维护，及时对破损路面、人行道和缺失、破损井盖等市政设施进行修补。修复道路 1.4 万平方米，修补人行道及盲道 2450 平方米，调修侧平石 209 套米，调整井座井盖 52 座，修复隔离设施 245 处，疏通下水管道 10835 米，清掏泄水井 4582 座次。

【果茶巷路面塌陷应急抢修工程】　2021 年 1 月 10 日至 6 月 30 日，雨花区市政设施维护中心对坍塌的砂子塘街道野坡社区果茶巷进行抢修性施工，修复塌陷区域的排水管网和道路、检测及清淤塌陷周边排水管网，排除周边的安全隐患，保证周边居民的日常出行。

【天际岭隧道路面提质应急工程】　2021 年 2 月 26 日至 4 月 5 日，雨花区市政设施维护中心开展天际岭隧道路面提质应急工程，提质改造天际岭隧道双向涵洞车行道路面，主要建设包括路面铣刨重铺，施工面积 1.4 万平方米、热熔标线 1200 平方米，施工围挡以及交通疏解等专项措施。改造后的隧道灯光明亮、交通标识标线清晰，减少因标识不清楚而发生的安全事故，缓解该路段上下班高峰时段的拥堵。雨花区万家丽路天际岭隧道位于湘府路以南、时代阳光大道以北路段，全长 444 米，由东西 2 个洞群组成，呈南北向，单向 3 车道，于 2006 年 9 月 8 日竣工通车，为万家丽路贯通湖南省植物园的山底隧道，因该隧道车流量大，雨花经开区、物流园、花卉市场遍布周边，大货车及施工车辆多导致路面和周边设施严重损坏。

【劳动西路（芙蓉路—韶山路）提质改造】　2021 年 7 月 29 日至 9 月 29 日，雨花区市政设施维护中心实施劳动西路（韶山路—芙蓉路）路面提质改造工程。改造工程为改建道路工程，道路等级为城市主干道，道路全长 1 千米，路幅宽度 46 米，设计速度为每小时 60 千米。道路两厢开发成熟，起终点为东塘与侯家塘商圈。中雅培粹中学、雅礼中学、枫树山小学坐落两厢。项目总投资 0.24 亿元；改造范围包括道路红线内及两厢建筑退让。道路交通安全和管理设施等级为 B 级，改造内容为车行道、人行道、交通设施工程、排水工程、景观绿化改造及其他附属设施改造等。改造工程在雅礼中学及中雅培粹学校之间建设约 380 平方米休闲坪，在枫树山小学前人行道建设约 53 米廊架，增加人性化设施。将车行道中央绿化带拆除调整为车行道，加大道路通行能力，缓解该路段交通压力。联合街道、城管、社区等相关单位拆除相关单位占人行道红线建筑约 1850 平方米，通过建筑前区与道路空间一体化改造规范道路空间，解决人行道通行不畅、无障碍缺失等问题。联合长沙供水公司将劳动路（芙蓉路—韶山路）自来水改造工程一同实施，缩短施工时间，确保该路段 5 年内不重复开挖。劳动西路改造项目作为“精美长沙”示范项目得到周边居民好评，改造后的道路平整、路灯明亮、人行道便捷、无障碍设施完善。

【圭塘路人行天桥建设项目】　2021 年 7 月，雨花区市政设施维护中心开始对圭塘路砂子塘万境小学人行过街设施进行主体施工，项目主要建设内容包括天桥主体、土方工程、施工围挡、绿化工程等。项目建设规模采用等截面连续钢箱梁，梁高 1.7 米，人行天桥跨圭塘路长度为 42.26 米，跨长塘路长度为 36.08 米，天桥总宽 5 米，人行净高 3.5 米，桥梁设置 0.5% 双向纵坡，桥面设置 1% 的双向横坡。在长塘路南北两侧、圭塘路西侧设置双向楼梯，楼梯总宽 3.5 米，通行净宽 3.2 米（含推坡道宽度），单级楼梯高 0.15 米，宽 0.3 米。该项目是区人大重点督办项目，项目的完工，有效地改善学校门前人车不分流的窘境，缓解学生上下学期间该路段的交通压力，为孩子和家长们的出行安全提供有力保障。

【窨井设施整治】 2021 年 10 月 23 日至 12 月 10 日，雨花区市政设施维护中心完成区内的 965 座窨井整治工程。其中，圭塘路（曲塘路—湘府路）124 座，长托路（川河路—黎托路）97 座，黎托路（长托路—劳动路）110 座，花候路（湘府路—湘樟路）96 座，劳动路（川河路—沙湾路）170 座，劳动路（车站路—万家丽路）63 座，万家丽路（振华路—金海路）14 座，联圭路（时代阳光大道—黄谷路）96 座，黄土岭路（韶山路—芙蓉路）31 座，洞井路（湘府路—南二环桥）81 座，石坝路（马王堆路—沙湾路）50 座，浏阳河大道（长沙大道—朝晖路）30 座，韶山路、东山路、朝晖路各 1 座。在圭塘路（香樟路—湘府路）安装调试智慧井盖水浸检测传感器 60 套。

【支路街巷提质改造项目】 2021 年 11 月，雨花区市政设施维护中心对辖区内的 21 条道路进行提质改造，改造路段包括万候路、井莲路、长沙大道北辅道、板塘路、楠竹路等，改造总长度约 7866 米，主要改造范围为人行道重新铺装，井盖改为隐藏式，树池改造为平地式，路面加铺或铣刨重铺，标线重新施划改造等。

【桃阳苑小区功能性设施修缮补损工程】 2021 年 12 月，桃阳苑小区功能性设施修缮补损工程开始施工，项目预算 789.78 万元，桃阳苑小区占地面积 9.5 万平方米，总建筑面积约 30 万平方米，住宅户数 752 户，实施小区内部园林景观改造、建筑架空改造、地下室维修改造、室外铺装改造等功能设施修缮补损等。修缮和改造后的小区设施设备更加人性化，为小区居民的生活带来便利，给老人和孩子提供安全舒适的休闲娱乐场所。

（本栏撰稿　黄　芳）

园林绿化

【概况】 长沙市雨花区园林绿化维护中心（简称“区园林中心”）负责辖区内 804.3 万平方米公共绿地管理与维护；对公共道路绿化及全区 48 个公园和社区公园进行维护（维修）；负责城区公园、绿地建设；指导辖区单位开展园林绿化工作，负责辖区绿地的核查、统计，新增绿地的申报；负责辖区内古树名木的管理和保护，组织辖区全民义务植树；负责按照相关规定办理树木移植、修枝、砍伐、绿地占用手续的查勘工作及绿化工程的设计审查、移交、验收的技术性工作。归口管理沙湾公园管理处、桂花公园管理处。

2021 年，雨花区新增绿地面积 44 公顷，其中新增公园绿地面积 18 公顷；日常维护除杂、清理枯枝 1360 万平方米，补栽乔木 2800 株，补栽灌木 60 万株，种植、摆放花卉约 420 万盆；建成 5 个街角花园，完成 3 个出入城口品质提升，在花侯路、长沙大道、雨花大道、香樟路、韶山路等重要交通干道打造 7 处建党百年园林街景。3 月，在全市“五纵五横”［“五纵”为花侯路、车站路—开福大道、芙蓉路、湘江大道、金星路—梅溪湖路—麓谷大道，“五横”为岳麓大道—三一大道、五一路—枫林路（含八一路、韭菜园路）、湘府路、长沙大道、晚报大道—营盘路—咸嘉湖路］品质提升工程项目中，长沙南站西广场节点、花侯路（劳动路—湘府路）被长沙市城市管理委员会评为“城市管理品质提升优秀项目”；8 月，雨花区市民广场、雨花区长沙大道互通被长沙市城市管理委员会办公室评为全市喜迎建党百年园林街景布置二等奖。

【绿化维护】 2021 年，雨花区突出重点路段，打造花侯路、长沙大道及香樟路 3 条绿化维护示范路段。开展“城市窗口”洁净行动、“洁净家园”创建行动和“裸露垃圾”歼灭行动“三大行动”和施工围挡整治、路灯照明整治、广告招牌整治和违法停车整治“四

2021 年 4 月，雨花区振华路维护作业　（黄　涛　摄）

大整治”，统筹蓝天保卫战、文明创建等专项工作，对主次干道及重要区域周边公共绿地进行集中整治；开展农贸市场及周边环境整治等专项攻坚行动。围绕省人大常委会、中央驻区单位及有关省直单位等重要区域、重要出入城口开展花化彩化，对花侯路、长沙大道、武广高铁南站等6处重点部位开展绿化品质提升。“七一”前夕大面积种植花卉打造特色，提质绿化15.93万平方米，栽种花卉50.6万株。中非经贸博览会期间设置花卉布置点17处（段），布置花卉64万盆。省花博会期间重点对会场周边、石燕湖大道、石鸭公路等主要通行道路开展绿化整治。更换布置鲜花43.9万盆，迎接湖南省第十二次党代会召开。全年种植、摆放花卉约420万盆。针对自建花坛无人管护的问题，协调对接相关部门，逐步形成由区城管局牵头考核、区级数字化平台采集案卷、街道负责督促落实、园林进行业务指导的管理体系。全年除杂、清理枯枝1360万平方米，补栽乔木2800株，补栽灌木60万株，补栽草皮、麦冬草等地被14.5万平方米，修剪乔木1.2万株，模纹修剪约1280万平方米，打草1300万平方米，药车打药1850车次，人工打药160万平方米，修复园林设施4500余处。接收数字化总案卷数6542条，结案数5121条，结案率100%，一次性结案率100%；“12345”工单来单583条，办结393条，按期办理率100%，满意度98.7%。

【公园管理】 2021年，雨花区推进“人民满意公园”建设，桂花公园、沙湾公园被评为2020年度市级“人民满意公园”；狮子山公园着手创建2021年度“人民满意公园”。沙湾公园完善一批基础设施，增设5处游客休憩亭，配置2个微型消防站，维修38个监控设备；狮子山公园擦亮“体育公园”名片，打造“绿色公园”品牌。桂花公园、沙湾公园、狮子山公园3个综合性公园提高绿化养护管理水平，对植物开展水肥管理、修剪、除杂、病虫害防治、抗旱等工作，保持整体景观效果。

【工程建设】 2021年，雨花区建成长沙大道万家丽路口、万家丽路自贸区沿线、万家丽路时代阳光大道东南角、万家丽路时代阳光大道西南角、劳动东路黎托路西南角新建5个街角花园，绿化面积1.5万平方米。对绕城高速洞井收费站出入城口、绕城高速万家丽南收费站出入城口、绕城高速李家塘收费站出入城口进行绿化提质，提质面积4.7万平方米；在长沙南站东广场、长沙南站西广场、长沙大道雨花互通、雨花市民广场等重要位置布置7处园林街景，为庆祝中国共产党成立100周年营造良好氛围。完成比亚迪园区及周边绿化提质，总建设面积约3万平方米，景观改造面积约1.05万平方米，打造出一条展示企业精神风貌的绿色走廊。

【绿化查勘】 2021年，雨花区严格办理绿地占用手续，及时处置破坏绿地的违法行为；为企业做好服务，着重配合市重点工程电力“630”项目、5G机房建设、“天网工程”项目开展占绿政审批现场查勘和树木移伐。全年办理查勘行政审批件66件，处理数字化案卷和“12345”热线工单226件，查勘处置死危树252株，查勘处理毁绿现场111起，处理交通毁绿23起，复函城管毁绿执法问题30件。

【绿委工作】 2021年，雨花区组织在环保西路与汇金路交会处的西北角开展全民义务植树活动，接待志愿者1000余人，栽植紫叶李300余株。沙湾公园、桂花公园、狮子山公园、燕子岭公园开展不同形式的义务植树活动。完成第二批10株濒危古树复壮；开展名木古树后备资源普查，对区政府认定的18株古树后备资源进行挂牌保护，明确责任单位或责任人。接受国家园林城市复查，对照复查重点内容和要求制定复查工作方案，列出整改问题清单，落实到具体项目，任务明确到部门。7月5日，雨花区的复查资料作为全市唯一受检资料，接受国家考评组的检查并通过复查考评。统筹创建国家生态园林城市，拟订《长沙市雨花区创建国家生态园林城市工作方案》；成立工作领导小组；对全区15个公园（25.2公顷）、防护绿地建设（56.8公顷）、11条道路绿地建设（24.9千米）等项目进行全面实地踏勘摸底。提升全区居住用地等附属绿地的服务功能，美化人居环境，申报21家市级园林式单位（居住区、民宿）。

【“洁净雨花”行动】 2021年2月21日，雨花区园林绿化维护中心集中开展绿化大补损、大修整、大清底、大清洗“四大”攻坚行动，246名绿化养护工人、15台工程车辆、12台水车分组协同作战，着重对长沙南站、省人大宿舍（桃阳苑）、省人大机关、雨花区政府、省林业厅、东塘商圈、花侯路、时代阳光大道8处区域和路段进行全面维护。对黄土裸露、斑秃断档、死株缺苗、园林设施缺损情况进行全面排查，补齐完善绿带，补栽小苗1.28万株、灌木73株、麦冬草120平方米、时令草花1720株，修复园林设施45处。全面清除绿地杂草，对绿化带模纹、灌木球、草坪进行适度轻剪，修剪模纹7600平方米、修剪灌木球520株、草坪1.26万平方米、除杂5.9万平方米。对绿带内的枯枝败叶、生活垃圾、建筑垃圾等进行全面清底，清扫后装车及时进行清运，清运垃圾21车。采用水车冲洗、人工擦洗相结合的方式，对植物叶面和园林设施积尘进行清洗，水车冲水37车、人工擦洗园林设施4600米。3月5日，雨花区开展“志愿服务，洁净雨花”行动。区园林绿化维护中心出动207人，作业车辆23台、水车13台、雾车1台，分组协助，对韶山路、劳动路、二环线、万家丽路桥下、长沙大道、中意一路、汇金路、时代阳光大道等主要道路及重点区域开展“大扫除”，集中整治道路两侧绿化带、树穴内垃圾、杂草，修剪整形绿化带、冲洗绿色植物叶面，清洗园林设施、补栽补种缺株断档部位。清理除杂12920平方米，修剪模纹700平方米，打草2000平方米，补栽红叶石楠400株、杜鹃200株，补栽麦冬草约100平方米，补栽草皮约100平方米，修剪乔木30株，完成设施修缮、树箅子整理30处，洗尘冲水31车，清理花坛边约2800米，清运垃圾17车。

【长沙火车南站西广场绿化品质提升】 2021年1月4日，雨花区启动长沙火车南站西广场绿化景观提质改造工程完工。该工程对西广场两侧原有草坪凌乱的灌木进行适当删减，移走位于中层的凌乱灌木，保留樟树等大乔木，增加银杏、鸡爪槭等色叶乔木；靠近道路的广场绿雕后移50米，增强广场纵深感；绿雕扩容到6.4米高、42米长、9米宽，换上三色堇、石竹等时令花草；将杜花路口移动花箱改为草坪。改造绿化面积约8000平方米。对广场对面的花侯路（长沙大道—湘府路）6千米道路进行整体绿化提质，建成6处街角花园，在道路两厢沿线栽种42万盆（株）时令鲜花点缀。3月，长沙火车南站西广场绿化品质提升项目、花侯路实施花化彩化项目被长沙市城市管理委员会评为“城市管理品质提升优秀项目”。

【10个街角花园竣工】 2021年1月29日，雨花区10个街角花园全部竣工。长沙南站西广场、花侯路杜花路口、花侯路湘风路掉头口花坛、花侯路湘秀路掉头口花坛、花侯路西侧（永清路—长托路）、花侯路东侧（香樟路—黎郡新宇支路）、洞井路与曲塘路交界东南角、万家丽路与香樟路交界东南角、劳动路北侧美林景园、芙蓉路雨花巷口花坛10处街头绿地提质改造完成，绿化面积9592平方米。街角花园改造，街头的杂乱现象得到改善，景观简洁通透又易于养护。

【植树节活动】 2021年3月12日，雨花区开启“践行两型理念，从植绿爱绿护绿做起”全民义务植树活动。区园林绿化维护中心派出专业的技术人员驻守环保西路植树现场，在挖坑大小、栽植深度、如何培土等方面给予现场指导，确保苗木的成活率。1000余名“两型”志愿者及“两型”示范创建单位代表栽好每棵树苗，300余株紫叶李“落地安家”。东山街道高铁新城社区200余名党员、网格员、居民志愿者种下山茶花苗100余株。

【服务中非经贸博览会】 2021年9月，雨花区园林绿化维护中心启动绿化环境提标提档，做好第二届中国—非洲经贸博览会期间的绿化保障工作。明确鲜花布置、绿化问题集中整治、绿化美化应急保障3大任务，以中非经贸博览会高桥分会场为核心区域，在长沙南站、省人大、万家丽路、花侯路等重要区域18个点位布置时令花卉60万盆，提质园林绿雕3处。全面摸排整改绿带卫生保洁、死株缺株、园林设施破损，非法占绿毁绿、杂草、修剪不到位等问题。对活动人流必经的花侯路、长沙大道、雨花互通、二环线等16条道路，高桥大市场、长沙南站等6个重点区域开展乱象清理、修剪除杂、补栽补种、设施修复、浇水降尘等日常精细维护工作。工作人员24小时值班，开展常态巡查，发现问题及时整改，做好极端天气下可能发生的树木倒伏、树枝掉落等应急事件的处置工作。

【园林绿化示范道路观摩】 2021年7月8日，雨花区园林绿化维护中心组织开展园林绿化示范道路观摩活动，现场观摩全市部分道路绿化及花化彩化点位，学习借鉴其他区县园林绿化建设、管理、维护等优秀经验和做法。区政府二级调研员段仁华受邀出席，区园林绿化维护中心班子成员、区城管系统项目指挥部和区园林绿化维护中心相关工作人员参加。观摩组一行到天心区、芙蓉区、岳麓区、开福区、长沙县的重要路段，在湘府路、芙蓉路、岳麓大道、金星路与杜鹃路口、市委市政府南广场、开元路、长沙县政府周边等重要点位实地察看，了解道路景观设计理念、绿植花卉搭配形式、绿化日常养护管理等情况，开阔视野、拓宽思路，助推雨花城市品质和园林绿化维护管养水平提升。

【“园林美景随手拍”摄影比赛】 2021年10月1—21日，雨花区园林绿化维护中心组织开展“园林美景随手拍”活动。从作品主题、构图、表现力及像素等方面筛选50张照片进入复赛，选出26份作品进入决赛环节，通过微信小程序发动公众“群投票”，进行历时3天的投票选取，4303人投票25818票，单张作品最高得票数为1740票。

【扫雪除冰】 2021年12月26—27日，雨花区园林绿化维护中心对雨花区的3个综合性公园、48个社区公园、立体绿化等80余处区域，开展全面扫雪除冰；重点对花侯路、香樟路、万家丽路、湘府路、长沙南站周边等主次干道和重点区域撒盐除冰，全面排查、清理和修复辖区内140余条主次干道、支路上的行道树、花灌木、设施等积雪、断枝、倒树情况。区园林绿化维护中心出动人员240余人，出动货车、水车、高空作业车等专业维护车辆14台，新增便携式背包吹风机，配齐雨衣、雨鞋、竹竿、铁铲、扫把、大型树撑、草绳、胶手套，及时对6台运输车辆安装防滑链，处理危树80余棵，扶正倾斜树210余棵，处理倒树50余棵，修剪危枝450余处，出动处置应急事件60余件，对公园的斜坡、台阶铺设麻袋600余个，共清扫积雪面积约9.6万平方米。

（本栏撰稿　杨　佳）

● 桂花公园 ●

【概况】 长沙市桂花公园管理处（简称“桂花公园”）主要职能是负责公园内绿地养护和管理、设施维护管理、园内游览与娱乐项目组织管理，负责公园内安全防护和园内保洁工作，管理狮子山公园。桂花公园地处雨花区桂花路97号，东邻高桥街道，西靠繁华商圈东塘，占地面积1.73公顷。狮子山公园位于雨花区洞井、同升街道辖区内，由狮子山和桃花坡2个山体连成，地处仙岭路以东、时代阳光大道以南、万家

2021 年 12 月 12 日，桂花公园南门提质改造完工　　（符梓薇　供图）

丽路以西、万芙路以北合围区域，规划总用地面积约 13.3 公顷，公园定位于发挥“城市生态绿肺功能”的体育休闲专类综合性公园，由桂花公园管理处负责管理。

2021 年，桂花公园积极创建市民满意公园，开展党史学习教育，加强自身建设，夯实基础设施建设，抓好公园管理各项工作。

【日常管理】　2021 年，长沙市桂花公园开展“百日奋战、扮靓星城”市容环境整治行动，从卫生大扫除、绿化补栽补种、军培巷环境整治、噪声治理、节日氛围布置等方面着手开展工作，推进美丽雨花建设。桂花公园修剪花灌木 4 次，修剪草坪 4 次，打药治虫 4 次，清除杂草 1600 平方米，黄土裸露区域复绿 200 平方米，更换花坛时令花卉 4 次，疏枝修剪公园植株，对办公楼前坪及南向主要乔木进行整形修剪。狮子山公园内循环杂草清除 13.33 公顷，杂枝乱秆清理 8 公顷，死乔清理 130 余株，打草 1.33 公顷，绿篱修剪 1.2 公顷，打药治虫面积约 10 公顷，绿化补植 290 平方米，补种小型植株 9000 余株。

【公园提质】　2021 年，雨花区把桂花公园建设放在品质建设重要位置，将公园作为公益广场和城市“绿肺”同篇建设，统筹规划设计、景观建设、生态保护、主题特色等方面，对园内古桂等大树老树进行植株清理、修枝整形、树洞修补、防腐处理、病虫防治、灌水施肥。对公园进行海绵体建设提质，新增绿化面积 5200 平方米，将休闲广场拓展到 3000 平方米，增设 50 立方米雨水收集池、水景集水坑、排水管，建设雨水井 45 个、给水喷灌 550 米，形成雨水循环利用系统。南门区域进行整体提质。采取部门管理 + 社会参与的创新模式，按照共建共管共享方式，形成部门、社区、市民“铁三角”，以思想建设联抓、生态环境联创、社会治安联防、服务设施联建、文化活动联办的“五联”方针，开辟廉政文化教育阵地、社会主义核心价值观宣传阵地、志愿服务站等。桂花公园被评为长沙市“人民满意公园”。狮子山公园争创“人民满意公园”，制定《狮子山公园关于创建人民满意公园工作的实施方案》，成立领导小组，以擦亮“体育公园”名片、打造“绿色公园”品牌、焕发“品质公园”活力、掀起“廉政公园”清风为主题，完善体育公共体系、加强绿化精细管理、提升管理服务水平。

【桂花公园南门改造】　2021 年，雨花区投入近 100 万元对桂花公园南门区域进行整体提质。以惠民利民理念为基础，以海绵城市设计为生态基底，围绕“桂花”主题文化元素，从完善规划布局、改造基础设施、共享绿色空间、提升科学内涵、融入文化特色等方面着手全面提质。创新采用一体式 3D 浮雕立体墙，配以红枫、罗汉松、茶梅、红檵木球等精品整形植株，更换老化植被近 500 平方米，点缀园林景石，重点打造出月老牵线的桂花主题文化，提升公园整体景观品质。将南门区域闲置以及破损空间进行重新规划利用，坑洼不平的南门广场全部更换成整洁大方的麻石地板，拓宽游客活动区域面积 300 平方米，打造全新的南门广场。增设志愿者服务站、廉政文化教育阵地，增添公园文化底蕴。提质工程于 10 月 26 日动工，12 月 12 日完成。《人民日报》《湖南日报》《都市一时间》等多家媒体专题报道公园南门提质改造。

【迎接国检】　2021 年，桂花公园作为“国检”雨花区申报唯一公园景区迎检点，成立创建迎检工作领导小组，制定工作实施方案，下发创建工作任务责任分解表，明确任务完成的时限要求，确保责任到岗到人。组织召开文明创建工作部署会、现场交办会 10 余次。迎接市、区各级部门督查，根据督查中提出的问题，做到即知即改、立行立改，确保国检前所有问题全部清零。常态化督查，建立问题清单和销号台账，以最好的状态迎检。申报湖南省文明风景旅游区，对标对表《湖南省文明风景旅游区考评细则》及相关考核要求做好申报工作。增设宣传栏 2 块，替换破损、褪色公益广告 40 余块，全园大扫除 5000 余平方米，清洗消杀垃圾桶 30 余个、园内基础设施 60 余个，清运建筑垃圾 15 车。

（本栏撰稿　符梓薇）

● 沙湾公园 ●

【概况】　长沙市沙湾公园位于雨花区体育新城片区，北临劳动东路，南靠曲塘路，东接高铁新城片区，呈狭长形山体，总占地面积 29.33 公顷，是一座以群体性健身休闲为特色，集体育健身、休闲娱乐、文化科普于一体的综合性城市山地公园。公园呈东北至西南走向，有西南和北向 2 个主入口以及东、西向两个次入口。依据地形特点，设置贯通公园的主游览路线，园内主游道长 23 千米，二级游步道长 55 千米（包括木栈道 15 千米）。公园分为山体运动区、观光休闲区、山林漫步区和入口景观区 4 个区域，布设出云亭、栾华林、烟霭亭、映秀池、暗香楼、落英亭、疏影台、童趣坡、松风亭、阳光草坪、生态足球场、气膜羽毛球馆、休闲广场，形成“一带四区多点”的布局。长沙市沙湾公园管理处主要职能是负责公园内绿地养护管理、设施维护管理、经营项目组织管理以及公园安全防护和卫生保洁工作。

2021 年，沙湾公园深耕园林主业，建设奋进沙湾、和谐沙湾、品质沙湾、魅力沙湾，开展示范路打造行动，围绕森林漫步区二级游路，按环境卫生干净整洁、植物群落丰富葱郁，园林景观四季彩化、基础设施配套完善等要求将森林空间感与园艺相结合，营造出独具特色的沙湾林间漫步意境。开展行动共 14 次，辐射面积 4200 平方米，清理枯枝落叶 105 车，约 12 吨。沙湾公园获评第一批长沙市“人民满意公园”。开展“中国精神”微宣讲活动，宣讲“红船精神”“长征精神”“湖湘文化与湖南精神”等，以“党建联盟”为基础，联合黎托街道体育新城社区开展“永远跟党走”庆祝建党 100 周年诗歌朗诵活动。

【环境管理】　2021 年，沙湾公园完善基础设施，增设游客休憩亭 4 处，配置微型消防站 2 个，维修监控设施 38 个，更换垃圾桶内胆 50 个，对 30 余块标识标牌进行翻新维护，维修各类基础设施、水电设施 1700 余次。按照新标准对园内无障碍设施进行排查整治，新增 2 个无障碍停车位和各类无障碍标识，对无障碍厕所设施、通道进行整改。全面提质公园卫生环境，开展大扫除和专项整治行动 50 次，清理卫生死角 20 处，面积约 1 万平方米，清理沟渠约 6000 米，清洗路面约 6500 平方米，擦洗标识标牌 900 余块。

【绿化管理】　2021 年，沙湾公园清枯除杂 26 万平方米，清运绿化垃圾 100 余车；常态化开展中耕施肥、叶面追肥，投入各类肥料约 30 吨；病虫防治 7 次，对原始林区 10 万平方米区域进行白蚁喷药治杀，对蚜虫、网蝽、天牛、吉丁虫等进行针对性防治；高温季节，采取人工和洒水车相结合，三班分时段错峰进行植物浇水、抗旱保苗。修剪草坪 6 次，绿篱灌木 4 次，修剪面积约 45 万平方米，对梅花、海棠、桂花等重点花木进行疏枝修剪；对全园乔木、大灌木进行树干涂白；加固、扶正、培土保护树木 200 余株；对公园东门、疏影台等景观层次缺失区域进行补植恢复；打造北向草坡金光菊观赏区，提高景观效果。开展节日氛围营造工作，采用花坛地栽、节点摆放的形式更换花坛花箱时令花卉约 2.7 万盆，庆祝中国共产党成立 100 周年专项摆花使用时令花卉万余盆；完成花境游道的优化调整，采用石

2021 年 12 月 26 日，沙湾公园扫雪除冰　（张　波　供图）

材垒砌的方式对花境路缘进行美化收边，补植宿根及各类观赏植物2500盆，对区域内土壤进行改良。

【植树活动】 2021年3月12日，沙湾公园开展“我为省会添绿色”主题义务植树活动，接待湖南省住房和城乡建设厅、长沙市城市管理和综合执法局、中建三局、枫树山小学等14家单位100余人，种植紫叶李、桂花、香樟、水杉等树木200余株，传播爱绿护绿的生态理念。

【“两治”管理】 2021年，沙湾公园针对车辆入园、噪声扰民两项群众反映较为强烈的问题开展专项整治行动，以疏而不堵的方式回应诉求、化解矛盾。通过公示并严格落实限时、限量、限速的车辆入园管理规定，加强路面巡查频次和劝导力度，建立车辆黑名单等解决车辆入园问题。在特定时间、特定位置安排专人对文娱活动声音进行监测和文明劝导，确保音量可控。

【扫雪除冰】 2021年12月26—27日，沙湾公园开展扫雪除冰工作，积极应对雨雪冰冻天气。组织50余人对各出入口、广场及主干道积雪积冰进行处理，做好乔灌木打雪、倒伏树木处置、巡逻劝导、安全警示等工作，确保市民游客通行顺畅、游园安全。

（本栏撰稿 张 波）

交通运输管理

【概况】 长沙市雨花区交通运输局（简称“区交通运输局”）负责交通运输市场调查研究工作，掌握和提供交通运输经济情况；负责维护交通运输市场秩序，加强交通运输市场管理，负责全区交通运输行业安全监管工作；负责辖区内客、货运站、场的管理；依据职责权限对辖区内的公路进行规划、建设、养护和管理；根据区人民政府的决定，做好防汛、救灾、抢险等物资的运输组织协调工作；负责全区公路、水路“三乱”治理工作；渔船监督管理职责；配合上级主管部门管理采（运）砂船舶、规划区域内集中停靠点、砂石码头及港口岸线。下设雨花区农村公路建养中心。

2021年，区交通运输局完善农村地区交通基础设施、抓好交通运输企业安全生产监管，助力乡村振兴、长株潭一体化、坚持当好畅通经济循环的重要纽带、现代产业体系的坚实支撑、促进共同富裕的开路先锋。雨花区在2021年度全省农村公路养护管理考评中排名全省第11名；跳马镇被长沙市交通运输委员会评为2021年“四好农村路”市级示范乡镇，区交通运输局被评为2020年长沙市治理车辆超限超载工作优秀单位。

【运输市场管理】 2021年，雨花区突出货运市场整治，落实事中事后监管要求，定期组织对辖区货运维修企业开展防事故、查隐患、保安全检查。抽调10人在辖区红星冷链、云冷1号等重点区域及周边值守，开展疫情防控巡查工作，开展专项检查行动110次，出动检查人员253人次，抽查冷链运输企业1500家次，排查冷链运输车辆845台，发放冷链运输疫情防控宣传手册1120份，杜绝疫情扩散。制定客运企业落实安全生产主体责任工作机制，对企业安全生产制度、台账等内容进行检查，开展安全生产检查42家次。对司乘人员较为集中的长沙汽车南站、黎托高速汽车站开展疫情防控检查，消毒车辆8.4万台次，检测到站人员169万人。加强对黎托大桥货物集散地的安全检查和整治，以物流集散地为中心，每日对货物经营门店进行地毯式安全巡查，每月不定期组织对重点仓储物流进行检查，出动检查人员3784人次，检查物流门店12496家次，处理疑似非法运输危险货物行为12起。以仓储物流行业消防安全为重点，每月不定期组织对重点仓储物流进行检查，整治期间下达限期责令整改文书98份，整改隐患122处，完成丙类及以上货物清理36家，执法办案15起。严格落实机动车维修经营备案业务办理流程及机动车维修经营备案要求，备案维修企业42家，不断规范企业经营。创新服务方式，实施一网通办，提高效能，办理货运经营许可418户，其中公司申请100户，个体户318家；货运企业换证225户，许可变更34户，货运车辆换证1238辆，普货车辆年审2688辆。开展货运、维修行业质量信誉考核，货运行业评出AAA级企业13家、AA级企业57家、A级企业5家、B级企业2家，督促B级企业进行整改，对未按要求整改的企业道路运输证进行注销；维修行业评出AAA级企业24家，AA级企业14家，A级企业8家。

【农村公路工作】 2021年，雨花区推进长株潭一体化建设，打通长株潭道路连通瓶颈，完成石燕湖通景大道建设，有序实施S326—S21团头互通项目，完成X060大修、石燕湖景区与湘潭道路的衔接道路前期工作，推进实现长株潭互连互通。推动“双投模式”（政府投料，群众投工）项目，已实施4期“双投模式”道路硬化项目，第二期硬化项目完工，第三期基本完成，实施第四期硬化项目。2021年，乡村振兴农村公路提质改造项目市计划22.83千米纳入雨花区农村公路“双投模式”中一并实施，提高农村公路通行水平。实施农村公路养护计划，提质改造公路总里程39.31千米，总投资约1.2亿元。其中通过重载交通设计，提升道路承重能力，对道路破损严重，群众反映较多的X048进行提质改造，实施全线“白改黑”。以“路长制”为抓手，开展农村公路安全隐患排查整治行动，对巡查中发现的隐患点建立台账，并纳入安保设施年度计划中进行整改完善，完成安保设施三期项目施工17.65千米，总投资199.98万元；四期项目施工28.19千米，五期项目完成现场核查及项目估算，规划实施里程80千米，总投资约800万元。开展农村公路顽瘴痼疾整治工作，完成常态巡查隐患点整改30处、区顽办交办隐患整改145处。

【公路项目】 2021年，雨花区推进农村公路项目建设。

石燕湖通景大道项目位于雨花区跳马镇，起于怡天建材有限公司拌合站与Y321相交处，止于圭白路与振华路交接处。路线全长1410米，四级公路，项目投资430.97万元。主要工程内容包括：拆除工程、路面工程、涵洞工程及交通工程，项目连接Y321至振华路，实现跳马镇与雨花经开区的互联互通，改善区域交通条件，促进当地经济发展，扩大该地区对外经济辐射范围并为区域资源开发提供良好的对外交通条件。

S104至昭云道连接线（跳宋线）提质改造项目位于雨花区跳马镇复兴村，是雨花区与湘潭市主要连接的县道，S104与昭云大道连接主要道路，道路全长4441米，实施路基路面、交通设施、边沟排水、照明绿化等工程。总投资898.75万元，是绿心区域必要的基础设施项目，促进长株潭一体化战略的实施。

石燕湖太平大道综合提质改造项目位于雨花区跳马镇石燕湖村，涉及3条道路共计4852米，分别为主线C531，起于跳马Y320与C531交会处，终点位于跳马镇X007与S326交会处，全长3414米；支线1（C81A）长713米及支线2（V281）长725米。主要建设内容包括路面改为沥青混凝土路面、完善老路排水设施，沿线两侧根据要求增设边沟，完善沿线交通安全设施及绿化，新建公交车站，道路单侧新建太阳能路灯。项目的实施，对改善路面行车条件，提升舒适度，增大局部区域的转弯半径，有效排除路基积水，减少水损病害，确保行车安全，促进石燕湖村经济发展。

中小学、幼儿园校园周边道路安全隐患整治项目位于雨花区跳马镇、洞井街道，涉及明德洞井中学1所中学，关刀小学、喜雨小学、新田小学3所小学，白竹幼儿园、关刀才子幼儿园、金屏幼儿园、金屏向阳幼儿园、团然幼儿园5所幼儿园，主要整改措施为增设信号灯、警告标志、限速标志、减速带、人行横道线、禁停线、反光镜等，总投资214万元。项目的实施有利于提升中小学、幼儿园周边的安全水平，有效防范事故的发生，为师生出行创造舒适安全的环境。

【公交都市建设】 2021年，雨花区着力解决公共交通出行难题，受理人民群众对于公交线路、站点设置的诉求，优化公交路网。推动长株潭公交一体化，协调长沙市交通运输局、市城市公共交通事务中心对全区公共交通问题进行研究，重点解决红星全球农批中心、石燕湖公园等单位公交出行需求，将21路和290路公交线路延伸，解决红星全球农批中心商户和老百姓需求；由中惠旅公司对公交用地进行平整、修缮，提供1块供公交车停放、司乘人员休息的地块，将229路公交车首末站调整至石燕湖公园，为花博会的顺利开展提供公共交通服务。对公交站牌、候车亭进行督查，开展公共交通优化市容环境整治行动2次，处理破损、不洁、不雅公交站广告24处，并督促责任单位整改落实，提升市民乘车体验舒适度。

【超限超载治理】 2021年，雨花区在跳马镇周边租用长沙海王加气混凝土制造有限公司地块作为卸载场，方便市交通运输综合行政执法局雨花大队开展治超工作。联合区交警大队等部门开展治超整治行动105次，检查涉嫌超限车辆1060台次，查扣超限运输车辆156台次、非法改装车2台，处理非现场执法超限运输企业和个人案件16起。12月19日，区交通运输局、区交警大队等部门联合在万家丽高架、湘府路高架开展超限超载治理行动，重点整治违规闯禁、超限超载车辆、渣土车不按线路行驶等问题，出动整治人员36人，出动执法车辆3台，查扣渣土车3台，闯禁车辆19台。

【交通运输安全生产】 2021年，雨花区交通运输局加强货运市场整治，定期组织对辖区货运、维修企业开展防事故、查隐患、保安全检查，出动检查人员2159人次，检查企业654家，组织召开运输企业整改约谈会27次，组织新《中华人民共和国安全生产法》教育培训5次。按照“双段长”责任制［铁路沿线县、市、区，乡（镇）人民政府、街道办事处和铁路运输企业基层单位，分别指定相关负责人作为段长，对辖区内铁路沿线安全环境管理工作实施长效管理的制度］要求，落实与铁路部门的日常联动机制，联合长沙高铁工务段开展线路检查30次，发现并协调有关部门及时处置沪昆高铁K1080段桥梁外侧安全隐患1起；接收铁路部门隐患告知函8份、区政府领导批示件8份、市整治办隐患督办函1份，涉及隐患点位37处，全部交办至各属地街镇并全部整改到位。对全区范围内的183条校车线路进行严格审查，其中雷锋校车146条、塞佛迪公司32条、新领驭公司5条，准确把握校车的安全运行情况。构建校车安全监管长效机制，定期对校车企业进行督查，加强对相关责任主体的安全教育，联合区校车办、区交警大队等部门在校园周边开展路面执法行动18次，检查校车150台，处置问题车辆1台，保障校车运输安全。打击非法营运、客运班车、出租车、网约车等违法违规运营行为，查处违法违规案件343起，其中非法营运案件77起、道路旅客运输违规案件20起、巡游出租车违规案件56起、网络预约车违规案件190起。

【57座以上大客车淘汰】 2021年，雨花区开展淘汰57座以上大客车行动，推进道路交通顽瘴痼疾整治工作，消除道路旅客运输安全生产隐患，提升安全生产事故防控能力。区交通运输局到客运企业走访，上门宣传政策，争取企业支持；区财政安排补偿资金，补偿标准以57座以上大客车车辆初次注册登记日期为基准，以注册10年为使用期限，以注册8年为基数，结合剩余使用年限，按照每月3000元为基准，计算淘汰补偿资金。10月31日，

涉及雨花区的73台57座以上大客车全部按要求进行报废。

【交通运输安全检查】 2021年1月7日，雨花区政府副区长刘江红一行到汽车南站检查疫情防控工作。1月8日，长沙市应急管理局暗访督查雨花区恒信奥龙汽车销售有限公司。1月22日，区交通运输局检查黎托高速汽车站疫情防控工作，督促企业做好疫情应急预案及应急物资准备。1月22日，区人大常委会副主任、区总工会主席（兼）杨平带队检查星凯·凯迪拉克、长沙奥龙服务有限公司2家维修企业4S店。2月1日，区交通运输局对湖南新时速汽车客运有限公司、长沙盛达汽车服务有限公司、长沙开安汽车客运有限公司、湖南心达汽车运输有限公司4家客运企业进行春运期间安全生产检查及疫情防控工作检查。2月4日，省春运办检查长沙南站春运及疫情防控工作；区政府办督查汽车南站、红星冷链交易市场疫情防控工作。2月8日，长沙市公路建养中心主任浣灿勇督查雨花区春节前农村公路安全生产工作。2月9日，区政府副区长陈怀宇带队现场检查汽车南站、跳马镇石燕湖村疫情防控工作落实情况，现场调度石燕湖森林公园森林防灭火及农村道路交通安全整治工作。区交通运输局开展农村公路交通安全隐患巡查，巡查X048、X047、X008、X060以及部分乡村道路事故多发路段、车流量较大路段及重点路段道路安全。2月24日，雨花经开区党工委委员、管委会副主任李剑刚一行实地检查雨花区长沙茂丰渣土运输有限公司。3月1日，区交通运输局检查长沙汽车南站疫情防控工作开展情况；检查长沙高科气体有限公司、湖南宾利旅游运输公司、长沙鸿顺汽车客运有限公司等“两客一危”企业安全生产。3月24日，区二级调研员陈民华一行对星凯·凯迪拉克、长沙奥龙服务有限公司2家维修企业4S店整改情况开展“回头看”工作；区交通运输局、区交警大队联合检查湖南宾利旅游运输发展有限责任公司。3月31日，市治超办、市交通运输综合行政执法局到湖南顺强混凝土有限公司、湖南岳煌混凝土有限公司督查源头企业视频监控使用情况；督导在雨花区非现场执法系统、区级治超平台建设。4月25日，长沙市委常委、常务副市长夏建平一行检查长沙汽车南站候车大厅、旅客安检中心，了解“五一”节前客流变化、车站运力组织、应急预案制定等情况。5月5日，区政府办督查长沙南站交通客流安全和交通执法情况。5月18日，区交通运输局对跳马镇X007、X048、X050，Y320、Y321、Y329、Y331农村道路进行安全巡查。5月21日，区检察院党组书记、检察长马贤兴一行检查长沙力天一汽丰田汽车销售服务有限公司、湖南华洋世纪汽车销售服务有限公司2家维修企业4S店。6月21日，区二级调研员孙夙带队检查长沙恒信星凯汽车销售有限公司、长沙恒信奥龙汽车销售服务有限公司2家维修企业。6月24日，区委常委、常务副区长提名人选吴平辉对3家存在消防安全隐患的物流仓储企业进行安全隐患检查。6月28日，区交通运输局巡查跳马镇农村公路，发现喜雨村一农村道路出现边坡塌陷，对现场道路进行管控。6月30日，长沙市交通运输局交通问题顽瘴痼疾集中整治领导小组办公室现场核查跳马镇农村公路隐患整治情况；区交通运输局对石燕湖景区水上游船进行安全生产检查。7月7日，市教育局、市交通局、市公安交警支队督察雨花区校车办2021年上半年校车安全管理工作，实地查看雨花区雷锋校车服务公司。7月14日，区残联理事长杨忠一行检查长沙恒信星凯汽车销售服务有限公司、长沙恒信奥龙汽车销售服务有限公司2家维修企业。7月19日，区交通运输局实地检查湖南瑞信混凝土有限公司（湖南兆通建筑机械有限公司）。7月31日，区政府副区长周明带队检查汽车南站疫情防控工作。8月4—14日，雨花区在洞株公路设置疫情防控检查点，24小时不间断对过往车辆及驾驶员信息进行检查，检查车辆7592台次、检查人员9896人，“两码”正常通过车辆6349台次、正常通过人员8104人，劝返车辆1243台次、劝返人员1792人；在4个城际铁路站设置疫情防控临时检查点，发送旅客8434人，到达旅客8484人，从株洲到长沙人员482人。8月7日，周明带队指导、督查城际铁路疫情防控工作。8月30日，周明带队检查仓储物流消防安全整治工作，抽查侯家塘合利华废品仓储和高桥千叶包装。9月17日，区政府调研员肖集林带队督查仓储物流安全工作，督查东山街道世达工业园、同升街道兴恒物流有限公司。10月18日，区政府四级调研员魏建良带队抽查湖南华洋世纪汽车销售服务有限公司、长沙力天一汽丰田汽车销售服务有限公司2家维修企业。11月4日，区交通运输局、区教育局、区交警大队在洞井街道金海路朵俊颐和幼儿园开展路面校车联合检查行动。11月16日，区人大常委会副主任向星带队检查银通汽车修理厂、齐力汽车修理厂2家维修企业。12月4日，区交通运输局对大桥、合丰物流集散地开展安全生产大检查。12月9日，区交通运输局、区校车办、区教育局、区交警大队在万婴幼儿园开展校车联合检查工作。12月19日，区交通运输局现场检查原X047全线及英功桥、瓦邮桥、团然桥等4座桥梁，部署治超治限工作，对桥梁标志不规范提出整治要求。12月27日，周明检查跳马镇新洞株路等公路路况，督查路面及桥梁除雪、撒盐等情况。

【红星全球农批中心开通公交车】 2021年1月14日，21路和290路公交车延伸至红星全球农批中心，方便市民采购果品。21路公交从槐树塘社区出发，经原线从粟塘小区延伸至红星国际农批中心，往返运行；290路公交，从天心环保公交站场出发，经原线从粟塘小区延伸至红星国际农批中心，往返运行。

【交通运输约谈会】 2021年3月2日，雨花区交通运输局联合区应急局、区交警大队对辖区内有交通违法违规行为的危货运输企业负责人进行约谈。通报重点企业的危货运输车辆违章行为逾期未处理的情况，对企业负责人提出整改要求。企业负责人表示，将落实整改到位，及时做好违法行为清零。5月28日，雨花区交通违章货运企业及营运车辆负责人整改约谈会召开。区交通运输局传达《市安委办关于2021年4月重点行业领域安全生产监管执法及事故情况（含园区）的排名通报》文件精神，对排名靠前的企业进行点名批评。会议要求企业负责人要督促驾驶员消除违章行为，加强驾驶员安全培训。11月5日，雨花区第三季度重点车辆动态监管系统违法预警车辆警示约谈会召开。会议通报省整治办下发《关于2021年湖南省高速公路三季度重点车辆动态监管系统违法预警车辆的抄告函（第86期）》文件中涉及雨花区货运车辆违法预警车辆；要求各参会的车辆负责人对各类高速交通违章行为引起重视，开展驾驶员警示教育，排查各类交通运输隐患，吸取交通事故教训。11月2日，雨花区客、货运道路交通违章企业及个体约谈会召开。会议通报雨花区客、货运企业或个体在全市违章排名前50名的情况，分析违章带来的危害及后果。会议强调，被通报企业或个体要及时消除违章将隐患清零，防止道路交通运输事故的发生。

【CZ1城际公交开通】 2021年9月26日，城铁大丰站至长沙高铁南站CZ1路城际公交线路开通，日运行8趟，全程2元一票制收费。CZ1线路全长52千米，线路从长沙南站东广场出发，经雨花大道、万家丽路、振东路、洞株路、云水路、云峰大道、华强路、云龙大道、向阳路，到株洲城铁大丰站，设立长沙火车南站、毛竹塘、环保大道圭白路口（比亚迪厂）、跳马、经投双创园（洞株路）、绿地21城、方特、总部经济园（板塘）、云龙凤凰谷、株洲经开区管委会、株洲职教城（虾塘）、万达广场—城铁大丰站（株洲）13个站点。

【道路运输企业安全生产培训】 2021年9月27日、9月29日、10月19—20日，雨花区交通运输局分别组织全区234家重点道路货物运输企业351人及联合城管执法局组织41家渣土运输企业负责人、车队长等共216人开展新《中华人民共和国安全生产法》培训学习。培训邀请专家学者从企业安全生产主体责任相关规定、如何落实安全生产主体责任、企业安全应急处置责任、从业人员安全教育等方面，阐述新《中华人民共和国安全生产法》的主要内容，讲授交通运输企业抓好安全生产管理的具体措施。

【石燕湖景区开通公交车】 2021年9月29日，229路公交线路首次延长至石燕湖景区附近，市民游客可以乘公交车到石燕湖公园游玩。229路公交车为新能源纯电动大巴车，从石燕湖景区公交首末站下车后，步行约10分钟即可抵达石燕湖景区游客中心。229路公交车线路冬夏季运行时间均为6:00—20:30，线路单程长17.15千米，线路从石燕湖景区公交首末站发车，途经石鸭公路、石燕湖路、振华路、圭白路、环保大道、

2021年11月3日，雨花区—长沙市交通运输局对接工作会议 （颜 丹 供图）

新兴路、金海路、汇金路、杉木冲路、卉园路、湘府路、韶山路。全程停靠 30 个站点。

【万家丽南收费站南半部分西移工程调整规划及方案调整评审会】 2021 年 10 月 27 日，雨花区交通运输局组织召开长沙市绕城高速万家丽南收费站南半部分西移工程调整规划及方案调整评审会。长沙市资规局、雨花区资规分局、区发改局、区交警大队、同升街道、江苏省科佳工程设计有限公司、长沙市规划院有限公司等有关负责人及道路、规划、造价专业方面的专家参加。会议由区交通运输局副局长许用方主持。会议听取绕城高速万家丽南收费站西移工程前期工作进展情况介绍、江苏省科佳工程设计有限公司方案设计汇报、长沙市规划院有限公司规划修改论证的汇报，同升街道、雨花经开区、区交警大队、区发改局分别对用地、交通组织、可研立项等方面发表意见。专家对设计方案、规划修改提出评审意见。市、区资规部门按法规、政策要求提出相应要求。各单位及专家研究讨论，形成初步意见。会议要求设计单位要按专家及市、区资规部门的意见完善方案并尽快完成方案的确定和规划的修改认证，加速推进项目建设。

【绿心中央公园交通基础设施建设】 2021 年 11 月 3 日，雨花区委书记刘素月带队到长沙市交通运输局对接工作，商讨推进长株潭绿心中央公园 1 路网规划建设等有关工作。雨花区政府副区长周明介绍雨花区推进绿心中央公园路网规划建设相关情况及请求市交通局支持事项，与会领导进行探讨交流。刘素月表示，希望市交通运输局继续为绿心中央公园核心区道路建设提供指导支持。市交通运输局党委书记、局长表示，市交通运输局将与雨花区共同将雨花绿心地区打造成长沙美丽农村公路示范区、标杆区。11 月 24 日，长沙市政府副市长邱继兴带队到雨花区调研绿心中央公园道路路网建设。调研组一行调研绿心中央公园核心区，听取雨花区关于绿心中央公园建设的规划；参观石燕湖通景大道，听取雨花区关于绿心中央公园周边路网建设的设想。召开座谈会，周明汇报绿心中央公园道路路网建设工作，市城发集团和市交通集团汇报昭云大道及南横线建设情况，其他市直部门一致表示将支持绿心中央公园建设。邱继兴强调，要把生态修复、生态旅游与绿心中央公园建设结合起来；实施长株潭一体化、绿心中央公园、花博园等战略，交通要先行；要集中政策资源、资金，全力支持绿心中央公园建设；对后续走势和发展要有系统性考虑，高标准规划、设计、建设，建成综合性的样板展示区，建成全国标杆。12 月 17 日，市交通运输局党委委员、副局长杨忠文率队到雨花区召开加快推进绿心中央公园公路交通基础设施建设座谈会。区交通运输局负责人汇报雨花区绿心中央公园公路交通基础设施建设基本情况、工作重点及工作请求。区相关部门就雨花区在绿心中央公园公路交通基础设施建设规划、管理、实施等环节中存在的问题进行分析，与参会的市直单位就项目推进、“建养一体化”模式探索和推行以及存在的困难进行探讨。周明表示，雨花区主要围绕谋划“三个环线”、统筹 107 国道及其他干线资源两个方面推进项目实施，希望上级部门能进一步为雨花区公路建设提供战略支持。杨忠文提出进一步理顺跳马镇农村公路建养工作机制、学习其他区县先进经验、争取省内产业旅游资源 3 点工作建议。

【雨花区公路设施承灾体调查工作】 2021 年 12 月，雨花区启动第一次全国自然灾害综合风险普查雨花区公路设施承灾体调查工作，摸清全区公路领域自然灾害风险隐患底数，查明重点路段的抗灾能力。通过内业资料比对法、遥感影像分析法、现场调查、勘察、监测等，对灾害风险点规模、危险对象、历史灾害信息、现状情况、区域地质情况和水文气象条件等进行收集。完成省道 16 千米、县道 33 千米、乡道 70 千米、村道 227 千米公路基础数据收集入库、7 座桥梁属性信息及风险点信息的调查；开展风险分析评估与重大风险点核查；制作公路水路数据集成果，通过组织开展风险普查，全面获取公路承灾体信息、历史灾害信息和主要致灾信息，掌握重点风险隐患情况，查明公路承灾体抗灾减灾能力。

（本栏撰稿　颜　丹）

火车南站地区综合管理

【概况】 长沙火车南站地区综合管理办公室（简称“火车南站综管办”）主要负责长沙南站地区交通秩序管理、市容秩序管理（不含环卫、市政、园林管理和维护作业）、治安秩序管理、经营秩序管理及其综合服务“四管理一服务”工作；负责火车南站等铁路部门、政府有关职能部门、企事业单位的综合协调工作；牵头火车南站地区公共配套设施管理和维护的协调工作。

2021 年，长沙南站到发旅客 6846.7 万人，日均到发旅客 18.76 万人次。火车南站地区综管办围绕“扮靓省会窗口形象 建设人民满意站区”的工作总目标，改善环境品质持续，提升服务品质。火车南站地区综管办被评为“全国第六批学雷锋活动示范点”“全国‘四个 100’最佳志愿服务组织”“湖南省文明窗口单位”“湖南省 2020 届文明单位”，“探索创新火车南站地区联勤联动综合执法管理新模式”入选“湖南基层改革探索 100 例”。

【站区管理】 2021 年，长沙火车南站地区综合管理办公室落细落实疫情防控各项部署，升级防控举措，完善接转诊机制，加强进出站旅客的体温监测和“两码”查验。查验旅客健康码 4632.95 万人次，筛查健康码异常旅客 7540 人，接待境外到长人员 6493 人，接待高中风险地区 11107 人，检测旅客体温 8527.2 万人次，复查旅客体温 17023 人，筛查出发热病人 23 人（含境外到长人员），全部转诊至市定点医院，经追踪回访，未发现确诊病例。升级站区消杀，对旅客容易交叉接触的区域、聚集的区域开展全面消杀。投入医护人员 400 余人次，志愿者 600 余人次，防护服、防护面罩、N95 口罩、手套等物资 1000 余套，落地核酸检测 11911 人；对站区工作人员开展全员核酸检测，检测 39612 人。全年没有发生一起疫情责任事故。牵头组织各驻站执法单位召开火车南站地区“春运”“暑运”“清明”“五一”等特护期及“疫情防控”“低温雨雪冰冻天气”等专项工作调度会，制定工作方案，在客流高峰期，增派应急力量和应急抢险物资，加强重点区域的巡查管控，制定下发《长沙火车南站地区 2021 年“最严管理”专项行动方案》《长沙火车南站地区 2021 年春运工作方案》《长沙火车南站地区 2021 年暑运工作方案》等。在站区反恐薄弱部位增设反恐防暴设施麻石球、护栏、监控摄像头，增加携犬巡站频率。制定《火车南站地区重大节假日夜间旅客接驳方案》，通过南站共享客流信息，根据客流等级和到达时段准确研判，及时增开地铁车次及延长运营时间，通过 GPS 提前调度的士，增开“夜间专线巴士”，定向运送凌晨到站旅客。开展消防检查 7 次，开展安全生产自查自纠 6 次，开展路地联合反恐演练 2 次，组织站区各单位进行单元应急演练 80 余次。组织站区 29 家驻站单位集中学习新修订的《中华人民共和国安全生产法》。制定《关于做好清明、端午、国庆等特护期安全工作方案》《关于切实做好雨雪冰冻天气安全工作方案》《关于做好冬季安全生产大排查工作方案》，主要领导带队对站区开展专项巡查 12 次，查涉设施设备破损、地砖破损、环境卫生等方面问题 835 个，并将问题及时反馈责任单位，督促整改到位 689 个。组织驻站执法单位发挥“联勤联动”优势，推进治安秩序、交通秩序专项整治行动，开展“百日整治”“扫黑除恶”“打喊打黑”等专项行动，查扣涉嫌非法营运车辆 384 台；查处喊客拉客人员 3419 人，其中治安拘留 268 人，训诫 2084 人，警告 144 人，行政罚款 923 人；抄牌 63648 起，查扣摩托车 405 台，查扣电动车 2988 台；查处人行道违停车辆 3859 起。

【站区服务】 2021 年，长沙火车南站地区综合管理办公室优化升级区域化党建，站区 23 个党组织按照“党建引领、整合资源、强化治理、提升服务”的思路和“组织同建、资源同享、活动同办、事务同商”的原则成立“复兴号”党建联盟。重要节日特护期或者发生紧急任务、突发事件时，成立一线党支部；成立党员示范岗，发挥党员模范带头作用。以“复兴号”党建为引领的志愿服务、应急服务、窗口服务联盟，优化完善“党员服务、岗位服务、社会服务、重点服务、网上服务、岗亭服务”等服务体系；加大对站区志愿服务活动的宣传力度。15 家高校、9000 余名志愿者参与站区志愿服务，服务旅客 160 万余人次，指导 120 万余名旅客申领“健康码”，接送 1800 余名重点旅客。开展建设、环境、交通、管理、服务等品质提升工程，推进“绿化提质”“亮化提质”“排水改造”“疫情防控”“秩序整治”“志愿服务”6 项重点任务，开展“清洁站区”“美化站区”“亮化站区”等系列行动，每天组织 10 名专职志愿者、28 名防疫志愿者为旅客提供咨询引导、行李搬运、协助查验健康码、重点旅客接送、不文明行为劝导等服务；10 月 22 日起，对经停涉疫省、市列车实行落地核酸检测工作。组织业主、物业单位在站区开展“六清两补”行动，实现站区“五无五净五可见”（无垃圾杂物、无积水积泥、无纸屑烟蒂、无土石杂草、无卫生死角；路面干净，绿地、绿化带和树圈干净，边角侧石干净，雨水井盖沟眼畅通干净，果皮箱等环卫设施干净；道路保洁见本色、环卫设施见本貌、绿化景观见景致、环卫行业见形象、应急保障见速度）；深化站区物业考评，提高问题整改效率，提升站区绿化品质。

【环境提质】 2021 年，长沙火车南站地区综合管理办公室推进“洁净雨花”行动，在站区开展大清扫、大清洗，加强巡回保洁和动态保洁，确保站区以及周边道路、人行道、绿化带、公交坪、停车场等区域干净整洁；推进站区排水系统改造工程进度，肯德基、麦当劳和高铁食堂等商业排污一并纳入排水改造项目进行系统解决，完成站房内管网改造。对西广场及花侯路、杜花路进行绿化提质改造，周边绿化提质完成 1 万平方米；推进站区亮化照明提质改造，完成 600 余盏照明提质改造。

【春运工作】 2021 年春运从 1 月 28 日开始，至 3 月 8 日结束，为期 40 天。长沙南站到达发送旅客约 562.5 万人次，较 2020 年春运增长 30.5%，日均约 14 万人次，单日客流最高峰到发 27.4 万人次，较 2019 年春运最高峰日增加 2.6 万人次。春运期间，火车南站地区综管办每天安排 313 人参与坚持站区一线值守，做好进出站通道“两码”查验和体温监测工作。火车南站地区综管办联合站区各执法单位连续开展“最严管理”专项行动；针对喊客拉客、非法营运、违停乱靠等现象严厉整治。组织各物业单位开展“大清洗、大清扫”活动，对站区进行全面清扫清洗；开展安全生产工作大检查，加强安全隐患排查；及时疏通地下管道，增加保洁人员，加强客流密集区域的动态保洁力度。每天安排 2 条线路的公交车夜间备班，运送凌晨旅客；优化站区导引标识，加强东、西广场地下停车场管理和车辆疏导；部分商铺 24 小时营业，为凌晨到站旅客提供舒适的休息环境。1800 余名志愿者参与站区志愿服务，服务旅客 36 万人次，接送重点旅客 220 余次，帮助走失小孩找到家人 5 次，帮助旅客找回身份证 700 余次。

【暑运工作】 2021年暑运自7月1日起，至8月31日结束，历时62天。暑运期间，长沙南站到发旅客1147.1万人次，日均18.5万人次，最高峰日32.8万人次，创暑运历史新高。受疫情影响，8月，发送旅客145.2万人次，到达旅客142.3万人次，合计到发旅客287.5万人次，日均进出旅客9.3万人次，比7月客流减少66.6%，高峰日（8月28日）到发16.2万人次。暑运期间，雨花区政府在原有基础上每天增派40名工作人员坚持站区一线值守，成立工作专班，严格做好“两码”查验和体温监测工作。在出站通道设置10个“健康码”便民服务台，安排防疫志愿者协助旅客申领“健康码”，帮助旅客快速通行。火车南站地区综管办联合站区各执法单位开展“喊客拉客 非法营运”专项整治。站区内各物业单位维护环境整洁。1500余名志愿者参与站区志愿行动，为旅客提供防疫咨询及引导、行李搬运、秩序维护等，直接服务旅客达40万余人次，帮助重点旅客200余人次。

【节日客流】 2021年清明小长假（4月3日至5日）长沙南站到发旅客78万人次，日均到发旅客26万人次，比2020年增长193%，其中发送旅客40万人次，到达旅客38万人次。小长假第一天，站区客流到达峰值，发送旅客19.4万人次，到达旅客16.1万人次，共计到发旅客35.5万人次。5月1—5日，站区共发送旅客85.3万人次，到达旅客87.1万人次，到发旅客共172.4万人次，日均34.5万人次，比2020年增长130%。5月1日当天，长沙南站发送旅客18.87万人次，到达旅客17.6万人次，共到发旅客36.47万人次。10月1—7日，长沙南站发送旅客108.2万人次，到达旅客111.8万人次，到发旅客共220万人次，日均到发旅客31.4万人次，比2020年增长3%。10月1日当天到发旅客37.5万人，其中发送旅客20.1万人次，比2020年增长9%。

【站区信号工作】 2021年，火车南站地区综管办多次组织长沙南站、铁路各部门、雨花区工信局、长沙市轨道物业、龙骧集团资产公司、长沙联通分公司、长沙铁塔分公司、长沙电信分公司、长沙联通分公司就长沙火车南站地区信号问题召开专题会，推进解决长沙火车南站地区移动通信信号延迟卡顿问题。完成在黎托汽车高速汽车站顶楼、东广场绿化带由长沙移动、电信、联通公司设置信号发射高塔；增加东、西地下停车场信号通信设备。

（本栏撰稿　侯文艳）

生态环境保护

【概况】 长沙市生态环境局雨花分局（简称“区生态环境分局”）为长沙市生态环境局派出机构，实行垂直管理，统一监督管理区域范围内生态环境保护工作，在市生态环境局授权范围内承担生态环境保护行政许可具体工作。下设雨花生态环境监测站，负责执法监测，按要求做好生态环境质量监测、污染源监测和应急监测等工作，完成生态环境统计、空气质量分析预警等。长沙市生态环境保护综合行政执法局雨花执法大队，由长沙市生态环境保护综合行政执法局直接管理。

2021年，区生态环境分局推动完成2起生态损害赔偿评估、磋商和修复工作，被评为雨花区“谁执法谁普法”履职评议优秀单位。突出改善环境的核心目标，深入打好污染防治攻坚战，落实“双碳”行动，抓好突出环境问题整改和环保项目任务，提升生态环境服务水平。2021年度雨花区空气优良率85.5%，浏阳河（雨花段）、圭塘河市控断面考核达标率100%，圭塘河被评为湖南省“美丽河湖优秀案例”和“生态文明建设示范案例”称号；辖区污染地块安全利用率达到100%。

【环境管理】 2021年，长沙市生态环境局雨花分局强化源头治理，深化落实环评制度改革，加快构建以“三线一单”（以生态保护红线、环境质量底线、资源利用上线为基础，编制生态环境准入清单）为环境空间管控基础，以规划环评和项目环评为环境准入关口，以排污许可为企业运行守法依据，协同推进环境治理体系现代化。落实做好“六稳”“六保”（稳就业、稳金融、稳外贸、稳外资、稳投资、稳预期，保居民就业、保基本民生、保市场主体、保粮食能源安全、保产业链供应链稳定、保基层运转），推进自由贸易试验区高铁新城区块和高桥区块生态环境保护相关工作开展。办理建设项目环境影响评价审批11件、危险废物经营许可1件、排污许可13件、辐射安全许可97件、建筑工地夜间施工审批367件、建设项目环境影响登记表备案319件、排污登记49件。

【环境治理】 2021年，雨花区统筹推进一批大气（噪声）、水、土壤污染防治项目的建设。推进挥发性有机物整治工作，完成湖南中烟工业有限责任公司长沙卷烟厂低温等离子体+化学水洗吸收的烟气末端治理项目销号工作，完成比亚迪汽车工业有限公司长沙分公司涉挥发性有机废气综合治理以及长沙市比亚迪汽车有限公司“一厂一策”综合整治及无组织在线监控设备的安装任务；完成融城苑社区和高桥大市场噪声控制示范区创建工作；协调督促中石化、中石油等相关单位完成16座加油站油气三次回收任务；核实、填报工业源企业数据、产品、生产工序等基本信息，完成区重污染天气应急响应清单的编制；统筹推进浏阳河、圭塘河、双溪港、官桥撇洪渠等水环境综合整治，完成圭塘河井塘段城市“双修”与海绵城市建设示范公园、圭塘河景观带二期51#、53#、70#排口智能化末端改造治理、花桥污水处理厂改扩建（三期）工程及风光带路、双塘路雨污合流管建设4个项目；完成入河排污口摸底排查，核查入河排污口53个。开展农村环境整治工作，进行农村生活污水现状调查，建立农村生活污水整治台账；完成农村黑臭水体的排查工作，城市建成区和农村地区黑臭水体基本消除；严控涉镉等重金属重点行业企业环境风险，切断镉等重金属进入农田的途径，防止污染耕地；指导长沙市比亚迪汽车有限公司开展自行监测及土壤污染隐患排查工作。

【环境监测】 雨花区空气质量自动监测小微站16个，通过科学选点论证，布设在13个街道（镇）和雨花经开区等区域，实现人口集中区域及大气污染防治重点区域空气自动监测全覆盖，24小时实时不间断地监测空气中的$PM_{2.5}$、PM_{10}、二氧化硫、一氧化碳等污染物浓度，在空气质量分析预警、污染源排查溯源、发布居民健康防护建议、制定大气污染管控措施等方面发挥作用。2021年，雨花区生态环境监测站常态化开展小微站排查维护，建立和完善监测站点运行维护管理制度，确保设备稳定运行。常态化开展小微站周边环境检查，明确监测设施周边保护范围，完善警示标识，加强例行现场勘查，确保监测设施周边无遮挡、喷淋等人为干扰数据行为。常态化加强小微站数据运用，安排专业团队每日开展监测数据分析研判，及时发布空气质量管理日报、周报和实时空气质量预警信息。

【排污单位自行监测】 2021年，雨花区113家企业纳入“全国污染源监测信息管理与共享平台”，开展自行监测工作，在长沙中心城区数量最多，企业自行监测数据联网率100%，完成率96.20%。雨花区组织所有纳入自行监测的单位分批进行培训。通过线上线下方式对排污企业进行精准帮扶。线上指导自行监测方案完善、监测数据上传等工作，线下走访重点企业，提供自行监测工作技术支持。加强管理与执法的联动协作，在自行监测工作推进过程中做到情况互通、信息共享，及时查处违法行为。对不按要求开展自行监测工作的单位，移交生态环境综合行政执法机关依法予以查处。

【蓝天保卫战】 2021年，雨花区累计优良天数312天，优良率85.5%；$PM_{2.5}$累计均值为每立方米40微克，内五区排名第一；臭氧（O_3）浓度为每立方米146微克。雨花区推进“点长制”，主要领导签订长沙市空气质量“点长制”工作承诺书，多次组织召开“蓝天保卫战”部署推进会。组织制定新的县级领导带队巡查方案，开展“三执两巡”（市级、区县、街道三级执法及市级、区县两级巡查制度）。对于新发现的情况由区蓝天办进行交办和跟进，及时督促相关单位进行整改。办理涉气案件数量15368件，罚款490.39万元。制定雨花区“蓝天保卫战”三年行动计划、“2021年度各专项行动”、“夏秋季整治工作”、“特护期重点区域管控”等工作方案，制定考核细则。开展鲜花换爆竹、宣讲进社区、专业培训会等活动；组织约谈重点区域工地及渣土企业主要负责人，展开禁燃限放、渣土车管控。区住建局督促整改扬尘治理清单问题30余处（井塘示范公园项目扬尘问题、莲湖安置房扬尘问题等），围挡13728米、完成裸土覆盖21.99万平方米、雾炮机75台、洒水车21台、非道路移动设备61台，对红旗路、莲湖安置房两处生态环境保护问题进行立案处罚，罚款金额3万元。区城管执法大队办理渣土类案件299起，罚款238.25万元；区交警大队出动警力103789人次，出动警车67154台次，查处重型货车违法10215起，渣土车违法3748起，混凝土车违法4529起，三轮摩托车、低速车违法839起，拖拉机违法45起。区交通运输局组织检查汽修企业82家，实现行业VOCs达标排放；区生态环境分局审核编码非道路移动机械416台，挂牌率90%以上；区工信局动员4家企业推广使用低挥发性原辅材料，组织22家企业推广使用低挥发性原辅材料，3家企业进行清洁生产。区城管执法大队遏制露天焚烧易发势头，办理垃圾焚烧13起，罚款6400元；区公安分局办理涉烟花行政案件43起，行政拘留1人，罚款42人，金额1.44万元。区商务局对国控子站周边加油站进行改造，完成16家加油站三次油气回收的改造任务，处理涉加油站“蓝天保卫战”督查整改工作24起。区发改局组织开展燃煤污染整治暗访巡查32次，交叉检查2次，综合执法352次，专项执法476次，出动执法人员12258人次，检查执法对象14465家，燃煤使用动态清零。

【环保督察信访件“清零”】 2017年至2021年，中央、省生态环保督察及“回头看”交办雨花区的案件涉及大气、水、噪声、生态环境、垃圾、土壤6类公众关注的环境问题，总计644.75件。雨花区推进环保督察反馈问题整改，解决群众关心的突出环境问题，实行领导深入一线现场督办案件，建立领导班子成员包案制度，明确整改目标、时限、措施及责任单位，严格落实主体责任，抓好问题整改。截至2021年年底，中央、省生态环保督察及“回头看”共交办雨花区644.75件信访件全部完成整改销号，实现“清零”。

【“双碳”调研】 2021年，雨花区会同湖南省环境科学院开展“双碳”（碳达峰、碳中和）路径和行动方案调研4次。10月21日，调研组调研湖南中烟工业有限责任公司，中烟公司工程部、能源部介绍企业碳排放有关情况，提供相关基础资料。与会专家就中烟公司能源结构优化布局提出专业意见，建议企业减少对天然气等传统能源的依赖性，提前布局分布式光伏发电装置，在解决部分用能需求的同时，降低二氧化碳排放量。该次调研是长沙市首次由省级专业环境科研机构就实现“碳达峰、碳中和”赴企业进行实地精准勘察和调研。10月28—29日，调研组实地查勘井湘社区、花桥水质净化厂、长沙比亚迪有限公司、湖南晓光汽车模具有限公司，听取井湘社区低碳社区试点创建、花桥水质净化厂、园区工业企业降耗节能的情况介绍，就各单位碳达峰、碳中和工作计划进行点对点交流。与会专家指出，各相关单位要明确路线图和时间表，推动“双碳”各项任务，对井湘社区、花桥水质净化厂、园区落实“双碳”目标提出具体意见。11月22日，调研组到跳马镇金屏社区，就在打造金屏融城科创小镇过程中融入“碳达峰、碳中和”理念进行调研，听取金屏小镇建设的构想介绍。调研组指出，要利用跳马的地理位置优势和生态资源实现价值转换和碳排放交易的思路，探索打造零碳片区的可行性路径，在金屏融城科创小镇建设中擦亮低碳品牌。12月10日，调研组调研中国电信股份有限公司长沙分公司，该公司的部门负责人介绍企业现状、发展规划、节能以及低碳规划等情况。与会专家就该公司的未来能源优化调整提出专业意见，建议企业采取有效措施提高数据中心电能利用效率，布局分布式光伏发电装置，在解决部分用能需求的同时，降低二氧化碳排放量。

【保护母亲河日活动】 2021年3月5日，雨花区保护母亲河日暨《圭塘河岸》作者面对面活动在雨花区砂子塘吉联小学举行。雨花区相关职能部门、社会公益组织等有关负责人及砂子塘吉联小学师生、新闻媒体记者共200余人参加活动。《圭塘河岸》作者、湖南省生态环境厅二级调研员黄亮斌交流国际国内生态环境文化，分享《圭塘河岸》创作背景和理念，倡议市民群众和孩子们保护母亲河、共同参与生态文明建设；通过互动环节向现场的孩子们进行生态环境知识答疑解惑。雨花区生态保护联合会、雨花区花芽儿公益服务中心等公益组织向砂子塘吉联小学赠送一批《圭塘河岸》书籍。该次活动，有利于培养小学生生态环保意识，推进全民参与保护母亲河、践行生态环保理念。

【生态环境一体化工作商洽】 2021年3月22日，长沙市雨花区环委办到株洲市石峰区环委办商洽区域生态环境一体化保护相关工作。双方就《生态环境一体化保护和生态文明协同建设框架协议（草案）》等文件的制定以及绿心生态共建、大气污染共治、隐患风险共防、政策制度共商、服务效能共促、数据信息共享等合作事项进行具体讨论，就生态环境体制改革、议事协调机制、配合环保督察、环评审批、生态环境监管、绩效考核、在线监测体系等事项交流相关意见。

【中央环保督察】 2021年4月6日至5月7日，中央第六生态环境保护督察组进驻长沙，开展为期1个月的第二轮中央生态环境保护督察。4月8日，雨花区召开配合中央环保督察信访工作调度会，对全区信访平台案件进行专项汇总及预警分析，配合中央环保督察工作。各参会单位就近期工作进行汇报并作表态发言。会议下发《雨花区关于进一步强化群众身边环境问题处置力度的通知》及《关于加强建筑工地夜间施工噪声管理的通知》。4月11日，雨花区配合中央生态环境保护督察（中央环保督察）工作紧急调度会召开。雨花区委常委、常务副区长龚畅主持会议。区整改办就近期交办的中央生态环境保护督察案件进行梳理分析；区网格中心、“12345”平台、城管“110”指挥中心通报4月6日以来涉及的环保类投诉；各参会单位对目前案件办理情况进行汇报并作表态发言。4月15日，区委书记张敏一行实地督导中央环保督察组交办问题整改落实情况。张敏一行督查雨花亭街道通程物流小区周边废水排放影响居民生活的情况，要求与长沙市中心医院加强对接，切断雨水污水排放源，及时对管网进行疏通清理，对小区管网进行局部提质改造，对相关围墙进行检测排危；察看黎托街道中央洋房小区东北侧农贸市场经营情况、隔离带种菜等问题，强调要加强农贸市场周边卫生环境管理，配备保洁人员、管好垃圾清理、划分摊位区域，优化周边硬件设施，对路面及两厢沿线进行清理并提质，加强执法监管，建立长效管理机制。4月20日，雨花区召开配合中央生态环境保护督察工作约谈会。区政府副调研员魏建良主持会议，区整改办通报雨花区配合中央生态环境保护督察信访有关工作，被约谈单位就《雨花督查通报第3期》有关情况落实措施和有关中央生态环境保护信访交办件整改情况作汇报并进行表态发言。4月25日，雨花区召开中央环保督察信访件办理、配合下沉督察暨区突出生态环境问题整改工作调度会。区委常委、区委办主任、区政府副区长蔡泽敏主持会议。区整改办汇报中央环保督察信访件办理、配合下沉督察及全区突出生态环境问题整改工作进展情况；各牵头区直部门、各街镇补充汇报进展情况并作表态发言。区委副书记、区长刘素月传达全市生态环境保护工作调度会会议精神。刘素月强调，要坚决控制增量，着力解决问题，强化工作合力，严肃追责问责，着眼长效常态。

督察期间，长沙市配合督察协调联络组向雨花区转办群众信访举报件32批次，98.75件（主办件），其中包含重点件1件，省生态环境保护警示片披露问题1件。在督察前期，区整改办提前排查化解。该轮专项督查和下沉督查，雨花区没有出现1起督办件。对转办信访件专题会商，专项调度，实地核查，高效完成回复工作。督察期间所有案件全部一次性通过审核，没有出现1起信访退件或重审件。对交办的信访件即知即改、立行立改。截至2021年年底，主办件、省生态环境保护警示片披露问题全部办结。

【生态环境保护工作暨“洁净雨花”行动推进会】 2021年4月12日，雨花区生态环境保护工作暨“洁净雨花”行动推进会召开。区委副书记、区长刘素月主持会议。区委常委、区委办主任、区政府副区长蔡泽敏作关于生态环境保护和“洁净雨花”行动工作的报告，部署配合中央环保督察、进一步推进“洁净雨花”行动实施。区委书记张敏指出，要提高站位、提升认识，增强生态环境保护的政治自觉；突出重点、持续发力，推动蓝天保卫战、碧水保卫战、净土保卫战、中央环保督察、洁净雨花行动等各项工作任务落到实处；强化统筹、压实责任，切实凝聚齐抓共管工作合力。

2021 年 5 月 22 日，长株潭“绿心守护者”护绿行动启动仪式 （隋小阳 供图）

【长株潭“绿心守护者”护绿行动】 2021年5月22日，以“守护长株潭绿心，争做减碳行动派”为主题的长株潭“绿心守护者”护绿行动在雨花区石燕湖景区启动。活动在湖南省生态环境厅、团省委、省检察院、省发展和改革委员会、省林业局的指导下，由省生态保护联合会、省财信公益基金会、省创意环境科技传播中心、长沙市生态环境局雨花分局、株洲市民间河长协会、湘潭生态环境保护协会等单位共同主办。来自长株潭三市的环保社会组织、高校青年志愿者、企事业单位、绿心区居民 300 余人共同参与活动。指导单位向长株潭三市环保社会组织、高校青年大学生等代表授予行动旗帜。长沙市生态环境局雨花分局局长陈昊致欢迎词。湖南省生态环境厅宣传教育与对外合作处处长彭石序指出，希望各参与单位将绿心守护者形成有力度、可执行、日常性的行动内容，共建共享绿心守护成果。共青团省委副书记夏彬华希望，用好红色资源，守护长株潭一片绿色；汇聚青年磅礴青春力量；全力抓好落实举措。省生态保护联合会会长周秋光向全社会发布“绿心守护者”五年计划，表示在未来五年，要通过组建长株潭绿心区民间林长、“绿心守护者”队伍加强绿心生态保护，完善生态环境共保联治机制；同时组织“长株潭绿心绿色发展调研”，探索生态产品价值实现机制。参与人员分组参加绿心植物认知、河流守护、鸟类识别观察、动植物影像记录、绿色健康骑行等活动。

【区生态环境保护委员会全体会议】 2021 年 6 月 3 日，雨花区生态环境保护委员会全体会议召开。会议组织观看中央环保督察通报的典型案例视频，区环委办对环保督察信访件整改、污染防治攻坚战“夏季攻势”、“蓝天保卫战”、碳达峰碳中和等工作进行铺排部署，相关责任单位汇报专项整治行动方案。雨花区委副书记、区长刘素月强调，要结合党史学习教育“我为群众办实事”活动，解决好群众身边的环境问题；要全力攻坚环保督察反馈问题整改，推进蓝天保卫战，打好污染防治攻坚战“夏季攻势”，推进碳达峰碳中和工作；要压实责任、强化调度、严格考核，形成齐抓共管的工作格局。

【世界环境日活动】 2021 年 6 月 5 日，湖南生态文明公益宣讲团“五进”活动启动仪式暨长沙市雨花区“六五”环境日主题活动、生态环境安全宣传月主题宣讲活动在雨花区枫树山美联小学举行。活动以“人与自然和谐共生”为主题，由湖南省生态保护志愿服务联合会、长沙市雨花区文明办、区生态环境分局、区教育局联合主办，区生态保护联合会等承办，旨在进一步提升全社会生物多样性保护和应对气候变化意识。省生态环境厅、市生态环境局、省生态保护联合会、雨花区委、区政府等单位领导，湖南生态文明公益宣讲团成员，环保热心人士以及枫树山美联小学师生等 300 余人参加活动。枫树山美联小学学生表演舞蹈《灯火里的中国》；雨花区生态环境保护委员会办公室在线发布环境日系列主题海报和环保倡议；省生态环境厅党组副书记、副厅长刘群，省生态保护联合会会长周秋光，湖南生态文明公益宣讲团总团长余礼湘为湖南生态文明公益宣讲团揭牌，参加活动的领导为宣讲团首批讲师颁发聘书，标志着湖南生态文明公益宣讲团正式成立。宣讲团讲师刘科围绕“如何从我们身边的环境变化来理解人与自然和谐共生的重要意义和成果”，讲授“五进”活动首站第一堂生态环保课，开展环保知识趣味有奖问答，生态环境保护“进学校、进社区、进乡镇(村)、进企业、进机关”五进宣讲活动拉开序幕。刘群指出，希望湖南生态文明公益宣讲团不断招募不同领域的讲师人才，全面开展“五进”宣传活动，广泛动员全社会参与生态文明建设。

【雨花区首宗生态损害赔偿案办结】2021年10月，雨花区政府授权区城管执法大队办理首起生态环境损害赔偿案件。该起案件为雨花区一建材企业因私设暗管，以逃避监管方式将水污染物排放至附近池塘，造成池塘地表水体pH、总氮超标，并导致周边土壤板结。为此，该企业受到罚款人民币10万元的行政处罚，且企业直接责任人被依法拘留。长沙市生态环境局雨花分局对该建材企业启动生态环境损害赔偿工作并成立专门的案件调查小组，对该案责任划分、生态环境受损范围、受损程度等情况开展现场调查，委托专家出具评估意见。通过磋商的方式，与责任企业达成生态环境修复协议，由责任企业对受损区域生态环境进行修复。12月，该企业按照协议要求，完成受损区域现场处置、池塘底部清挖、池塘地表水回抽利用、板结土壤清挖及平整、植被恢复等修复工作，并通过专家组验收。该件生态环境案的成功办结，为破解“企业污染、群众受害、政府买单”的困局提供新思路，为打击环境违法探索新路径。

【诚信档案专项整治自查排查工作会议】 2021年11月30日，雨花区组织注册地址在该区的环评单位、环评工程师开展诚信档案专项整治自查排查工作会议。长沙市生态环境局雨花分局就生态环境部、湖南省生态环境厅、长沙市生态环境局关于开展环评单位和环评工程师诚信档案专项整治工作通知文件的相关要求进行解读，重点整治环评单位不具备环评技术能力、环评工程师“挂靠”、诚信档案突出问题等违规行为。与会的单位作出表态。会后为参会人员提供咨询服务，就具体问题进行答疑和解决。12月10日，长沙市生态环境局雨花分局组织召开全区环评单位和环评工程师诚信档案全面排查工作会议，会议传达落实市生态环境局调研组工作指示要求，协商部署下一阶段排查工作，要求园区、街道对照提供名册迅速摸清辖区环评单位办公场所地址等情况，提前通知企业备齐资料待查，为省生态环境厅排查组规划行程和提供交通便利，为开展排查作好服务保障。

（本栏撰稿　隋小阳）

园区建设

雨花经开区

【概况】 2021年，长沙雨花经济开发区推进（简称“雨花经开区”）“五好园区”（规划定位好、创新平台好、产业项目好、体制机制好、发展环境好）建设，实现体量和质量、速度和效能的同步提升。雨花经开区高新技术企业达到172家，总量和增量位居长沙市省级园区第一；新获批6家国家级小巨人企业；湖南可孚医疗用品有限公司（简称“可孚医疗”）成功上市深圳创业板，是湖南省首次发行募集资金最多的民营企业；湖南长步道光电科技有限公司（简称“长步道”）、湖南晓光科技有限公司（简称“晓光科技”）、湖南中南智能装备有限公司（简称“中南智能”）代表长沙参加全省重点产业观摩。雨花经开区发挥临近株洲、湘潭的地缘优势，与两地合作打造雨韶、雨华等“飞地园区”，一批企业入驻韶山雨韶智能制造产业园；发起成立首支1亿元规模的长株潭科创基金。雨花经开区亩均产出排在全市园区前列，在湖南省开发区土地集约利用评价工作中排名省级园区第一；在全省综合评价中，连续9年居全市省级园区第一（其中3次位列全省省级园区第一）；连续5年位列全市产业项目观摩“内五区”第一；在2020年、2021年两个年度全省产业园区综合评价中，成为全省唯一被评为“‘五好’园区创建工作先进园区”和“营商环境先进园区”的省级园区；在2021年长沙市创新实干督查激励表彰中，获得打造国家先进制造业高地、打造科技创新高地、打造内陆开放高地、深化“放管服”改革优化营商环境4项表扬激励。雨花经开区致力打造党建标杆阵地，被评为“长沙市标杆引领先进基层党组织”，“支部建在链上”经验走出长沙，比亚迪党委被评为湖南省“两新”领域标杆党组织、湖南省先进基层党组织。

【产业发展】 2021年，长沙雨花经济开发区完成规模工业总产值502.8亿元，比2020年增长22%；规模工业增加值比2020年增长12.4%；固定资产投资比2020年增长18.1%。新能源汽车及零配件产业链产值比2020年增长25%，人工智能及传感器产业链产值比2020年增长14%，全口径税收突破49亿元。重点企业长沙市比亚迪汽车有限公司（简称“比亚迪”）、湖南晓光汽车模具有限公司（简称“晓光模具”）、湖南大族智能装备有限公司（简称“大族激光”）、长沙长泰智能装备有限公司（简称“长泰智能”）、长步道产值分别增长24.7%、94%、58%、51%、143%。全年新增企业主体1523家，累计7606家；新增纳税过百万企业20家，达147家。以雨花经开区“三个高地”三年行动计划为纲领，三大产业集群加速形成，“一体两翼”空间布局加快推进。长泰智能获批“中国轻工业造纸智能装备工程技术研究中心”、湘能楚天被认定为“省工程研究中心”，园区企业技术中心、工程研究中心、院士工作站等省级以上科技创新平台26个。高新技术企业总数172家，继续位列全市省级园区第一位。新增规上工业企业7家，累计56家。推进企业上市“梯度培育”，对进入上市后备库的14家重点企业开展“订单式”服务，可孚医疗2021年10月在深交所成功上市。红星冷链开展省证监局的辅导报备工作，申亿五金完成省证监局的辅导报备。云箭智能的信创产品入围工信部确定国产替代产品企业目录；可孚攻关突破红外热电堆传感器“卡脖子”技术，实现红外线体温计核心技术完全自主掌控；长泰机器人牵头的国家工业互联网创新发展工程专项通过验收等。出台《开放型经济发展扶植奖励办法》，加快建设“自由贸易试验区”延伸区，进出口贸易、实际利用外资、省外境内资金均提前超额完成全年任务。2021年8月，雨花经开区在湖南省2020年度开发区土地集约利用评价工作中排名省级园区第一。

【项目建设】 2021年，长沙雨花经济开发区新签约主特产业链上重大产业项目18个，其中引进中铁六局集团路桥公司总部等“500强”项目1个，投资亿元以上项目5个；新引进产业链企业 39 家；在谈储备项目 18 个。比亚迪启动比亚迪 DM—i 超级混合动力工厂项目，总投资 37 亿元，汽车月产能从 5000 辆提高到 5 万辆以上。全年铺排重点项目 72 个，总投资 146.52 亿元。纳入全市重大项目 41 个，其中 9 个新建项目开工，实现竣工投产项目 25 个，6 个预备项目提前转化 2 个。实行“一个项目、一名领导、一套方案、一抓到底”的推进机制，实行告知承诺制审批和区域评估制度，将项目调规和审批同步进行，项目审批时间平均缩短 50% 以上。完成金钟亿利达、兴马实业、华宇发展等“腾笼换鸟”二次开发工业项目的规划修改。探索实行土地摘牌前提前完成项目方案评审和指标预核，实现拿地即开工。雨花智能制造中心（大族激光二期）入选省“三高四新”战略产业项目，完成交付；可孚医疗智能装备总部入选全市制造业标志性重点项目，一期工程主体封顶。与韶山高新区合作的雨韶智能制造产业园一期竣工，其中 6 栋标准厂房交付使用，二期主体封顶。与湘潭经开区合作的雨华智能制造产业园一期启动建设。申亿五金与株洲、湘潭的 54 家上下游企业在紧固件、标准件上形成长期合作；可孚医疗与株洲、湘潭的连锁药房形成业务覆盖网络；长泰智能发挥自身在电子设备集成、操控系统、减速机上的技术优势，实现长株潭地区本地配套率 80%。

【营商环境】 2021 年，长沙雨花经济开发区抓好疫情防控、安全生产教育、安全应急演练、安全隐患排查化解；开展道路提质行动，推进环保大道东延线、白秋路、晓光路提质改造，完善长株潭融城路网布局建设。新建人才公寓 423 套，妥善解决 200 余名企业职工子女就学，防暑防疫慰问 35 家企业近 2000 名职工。推进相对集中行政审批服务改革，打造 24 小时政务服务自助大厅，编制“一件事一次办”惠企政策手册，推进“互联网 + 政务服务”和“帮代办”，新增知识产权中心、金融服务超市。引入环保第三方治理工作服务模式，为长沙市省级园区首家落地园区，被评为全省首批环保信用评价“环保诚信园区”。与株洲市国有资产投资控股集团有限公司、株洲市渌口产业发展集团有限公司发起成立首支 1 亿元规模的长株潭科创基金。搭建涵盖转贷基金、风补基金等系列产品的金融服务超市，为企业融资难提供系统解决方案和投融资服务。启动金融竞赛，46 家银行机构服务 329 家企业，总放款 30.93 亿元，新增贷款户数同比增长 97%，贷款平均利率比 2020 年下降 1.28%。知识产权质押融资完成 6 笔，超额完成考核任务。

【公司运营】 2021 年，长沙雨花经济开发区开发建设公司推进 1+X 集团化发展模式，新成立 2 家子公司，加快子公司实体化运营，形成母公司管战略抓大放小，子公司管业绩独立核算的工作态势。完成智能制造中心三期、联盟人才公寓装修，5G+ 工业互联网及软件产业园二期场地平整，雨韶营销中心完成建设并投入使用，完成建设投资约 4 亿元。推进融资化债，完成还本付息 6229 万元，国家开发银行流贷还款 1.5 亿元。新增授信 18.07 亿元；与湘潭经开区管委会签订近 67 公顷的雨花智能制造 · 工程机械配套产业园项目商务协议，11.59 公顷商住用地和 23.38 公顷工业用地完成摘牌、缴款等工作，工业项目一期启动建设。创投公司发起成立雨花融城创业投资基金，与株洲市国有资产投资控股集团有限公司、株洲市渌口产业发展集团有限公司发起成立首支 1 亿元规模的长株潭科创基金。对可孚医疗进行股权投资、上市辅导与培育。10 月 25 日，可孚医疗在深交所成功上市，成为雨花经开区本土培育的首家上市企业，也是湖南省历史以来首发募集资金最多的民营企业；向园区企业申亿五金注资 2000 万元，精准赋能企业做大做强，助力申亿五金打造高端零部件智能制造基地。申亿五金完成股改，完成省证监局的辅导报备工作。

【党群建设】 2021 年，长沙雨花经济开发区加强政府性投资项目、采购类项目及第三方服务资金的关口前移，延伸审计监督触角，强化党风政风监督员作用。牢固树立干部管理从严，对审计问题进行全面督查整改，全过程参与工程招投标监管。评选突出贡献集体和个人。市委、区委从园区调出 9 名干部，全部获得提拔或重用。与晓光工匠学院共同打造技能人才公共实训基地，创建“红色课堂”。在第一届新湖南贡献奖先进集体和先进个人评选中，比亚迪的周晓州、长泰智能的简泽丰、晓光模具的朱晓永 3 人获先进个人，湘能楚天获评先进集体。组织开展党工委理论中心组学习 12 次。召开党工委会 22 次，对“三重一大”事项进行集体民主决策。围绕发展、服务、人才抓党建，将全园划分为 18 个网格。组建“党员突击队”“青年突击队”等开展中考爱心送考等志愿服务活动。在中央、省、市主流媒体推出系列正面宣传报道，其中《人民日报》头版聚焦园区产业新格局和飞地园区建设，重点推介园区产业链式招商，《工人日报》重点关注园区制造企业职工转型等。

【重大项目集中开工】 2021 年 3 月 1 日，2021 年全市重大项目集中开工（雨花区会场）活动在位于雨花经开区长沙 5G+ 工业互联网及软件产业园二期项目举行。长沙市委常委、市委宣传部部长陈刚出席活动并宣布开工，雨花区委副书记、区长刘素月致辞。雨花建筑垃圾资源化利用项目、雨花区智慧城市建设项目等 20 个重大项目集中开工，投资总额超 142 亿元，涵盖智能制造、市政基础、商贸物流、现代服务、“四新”经济、节能环保和学校教育等多个专业领域。其中，长沙 5G+ 工业互联网及软件产业园二期项目位于雨花经开区湖南工业机器人产业示范区，总用地面积 1.8 公顷，项目总投资 2.1 亿元。项目定位雨花经开区“一主一特”产业链，旨在抢抓“长沙软件产业再出发”重大战略机遇，形成产业集聚效应，推动工业软件和智能制造机器人装备产业的深度融合发展，实现产业智能化和智能产业化。

【长沙雨花经开区（韶山）智能制造产业园二期开工仪式】 2021年4月14日，作为长沙市雨花区第一个“飞地园区”、全省首个立足推进长株潭一体化的“飞地园区”——长沙雨花经开区（韶山）智能制造产业园一期6家企业签约入驻暨二期开工仪式在韶山市举行。6家签约入驻“飞地园区”的企业，基本都是雨花经开区在园或配套的关联企业。湘潭市委书记、市人大常委会主任曹炯芳宣布项目开工，长沙市人大常委会主任、市人工智能及机器人（含传感器）产业链链长谢卫东致辞。该次产业园一期企业签约入驻暨二期开工，是4月10日长株潭一体化发展第三届市委书记联席会议后，推动长株潭一体化深度融合发展的具体行动，具有三市同城、产业同兴、利益同享、模式同创的标志性意义。

【产业合作】 2021年3月18日，雨花区委副书记、区长刘素月带领雨花经开区的多家人工智能企业到株洲市石峰区和株洲经开区对接产业合作。长沙雨花经开区和株洲经开区产业链发展对接暨签约活动在株洲云龙示范区举行。协议约定，双方围绕推进“三高四新”战略为指导，强化产业对接，促进产业互补，推动产业升级，增进人才互动，加快构建“经济圈”“生活圈”“服务圈”三圈融合发展新格局。长沙雨花经开区发挥新能源汽车及零配件、人工智能机器人及传感器产业链“一主一特”优势，株洲经开区利用轨道交通和大数据产业集群的优势，以产业链合作为纽带，促进两地智能制造错位发展、相互补充，形成协同效应、聚集效益和规模效应。湖南晓光汽车模具与宏泰汽车零部件签订协议，旨在推动汽车零部件高端产业链上下游协同发展；湖南惟创环境与云龙示范区招商局签订购地协议，进一步拓展两地产业互通；晓光工匠学院与株洲经开区共同搭建人才实训公共服务战略协议，通过平台共同培育国家级和省、市级重大专项的研究与应用实践，协助企业建立产教融合机制，推广产教融合创新；湖南中机申亿与株洲云龙区就检验检测中心项目进行签约，为株洲机械设备及零部件检测行业高端检测提供合作服务。

2021年3月29日，湖南省产业项目建设推进会现场观摩雨花经开区

（张文香　供图）

【接受全省产业项目建设观摩】 2021年3月29日，全省实施“三高四新”战略产业项目建设推进现场观摩会在长沙市召开。湖南省委书记、省人大常委会主任许达哲，省委副书记、省长毛伟明率队的产业项目观摩团，现场观摩考察长沙雨花经开区考察长步道、晓光科技、中南智能3家企业。省政协主席李微微、省委副书记乌兰等10余位省领导和各市州党委政府、相关厅局主要负责人等参加观摩。

【全面推进高质量发展大会】 2021年3月3日，雨花经开区召开奋力实施“三高四新”战略全面推进高质量发展大会。会议对打造“三个高地”、党建工作、平安园区建设、洁净园区建设进行集中部署、集中攻坚。会议印发《雨花经开区奋力打造“三个高地”全面推进经济高质量发展三年行动计划》，从2021年开始，用三年时间，园区将全面推进产业集群提质行动、科技创新攻坚行动、产业项目建设行动、人才培育培养行动、营商环境优化行动五大行动，突出产业协同、规划协同、人才协同，在长株潭一体化发展中展现新作为。会议出台《聚焦新战略 彰显新作为——关于雨花经开区2021年度全面推行“驻企联络员”工作机制做好联络服务的通知》等一揽子政策文件。雨花经开区推出“接待日、走访日、宁静日”活动。

【产业项目推进大会】 2021年4月6日，雨花经开区召开产业项目推进大会。会议传达学习湖南省实施“三高四新”战略产业项目建设推进现场观摩会精神，提出实施“三高四新”战略产业项目的“1133工程”。“1”即瞄准一个目标，奋战三年迈入千亿级园区行列；“1”即引进和培育1000名专业人才，精准实施136计划（100名领军人才，300名工程师人才，600名工匠技能型人才）；“3”即抓好30个龙头企业和单项冠军企业；“3”即抓好“三位一体”空间布局，以雨花经开区为本体，以湘潭、株洲飞地园区为两翼，着力打造三个高地。

【“设计产业园公共服务标准化试点项目”通过验收】 2021年5月26日，湖南省市场质量监督管理局组织专家，对湖南同天投资管理有限公司承担的“设计产业园公共服务标准化试点”项目进行终期考核评估。湖南同天向专家组作工作汇报，重点介绍公司在设计产业园公共服务标准化试点项目开展后所做的主要工作、成效及下一步工作展望。专家组一行到长沙设计产业园各服务平台、设计博物馆，现场检查标准化试点内容；围绕验收评分标准一一查阅标准化试点工作台账，就具体问题与湖南同天公司相关部门工作人员进行沟通交流。专家组对该试点项目综合考核评分为92.5分，一致同意通过验收。该试点项目承接单位坐落于长沙雨花经开区，为全国范围内首创设计产业园公共服务标准化体系。设计产业园公共服务标准体系主要包括通用基础标准、服务保障标准、服务提供标准3个体系，有标准147个。其中国家标准29个，企业标准118个，有利于发挥设计园在集聚产业人才、创建孵化基地、开发创新技术、提供指导培训等方面的优势，组织评估、筛选和推广有利于产业创新发展的创意、设计项目等。

【援助老挝新能源车发运】 2021年7月23日，首批援助中国老挝应对气候变化南南合作项目——万象赛色塔低碳示范区的新能源车在长沙雨花经开区发运。该批发运的28辆新能源车由长沙雨花经开区比亚迪汽车有限公司生产，包含12辆C8纯电动大巴、8辆T5D纯电动卡车、8辆元EV小型纯电动SUV，有助于推进赛色塔低碳示范区的绿色交通运输、环保出行和节能减排。该次新能源汽车发运仪式，是对老挝自然资源与环境部和中国生态环境部在2020年7月签署的谅解备忘录的具体落实。

【可孚医疗登陆创业板】 2021年10月25日，可孚医疗科技股份有限公司（简称“可孚医疗”）成功登陆深交所创业板，股票代码为301087。可孚医疗首次公开发行股票数量4000万股，发行价每股93.09元，募集资金37.24亿元，是湖南省首个首发募集资金最多的民营企业，是湖南省在深圳上市的企业首发募集资金最多的企业。募投项目包括长沙智能健康监测与医疗护理产品生产基地建设项目、研发中心等。可孚医疗登陆创业板标志着2021年长沙新增6家A股上市公司，以76家的总数继续领跑中部城市，位居全国省会城市第五。可孚医疗成立于2005年，是一家专注于家用医疗器械研发、生产、销售和服务的全生命周期个人健康管理医疗领先企业，是国家发改委和省疫情防控领导小组确定的重点防疫物资生产企业，被评为国家级专精特新“小巨人”企业、湖南省上云上平台标杆企业、湖南省互联网50强企业，是全省人工智能及传感器产业链的龙头企业之一。公司是国家高新技术企业，被认定为湖南省企业技术中心，拥有专利163项，自主研发的血压计、雾化器、助听器、听力计、红外线体温计、医用制氧机等产品处于国内领先水平；持有一类、二类医疗器械注册证200余个；自主研发的无线充电助听器、纯音听力计被评为湖南省创新医疗器械。2021年，可孚医疗实现产值79.1亿元。2021年2月8日，可孚医疗在创业板IPO首发过会，成为雨花经开区培育的首家上市公司，湖南省第

2021年7月23日，首批援助中国老挝应对气候变化南南合作项目——万象赛色塔低碳示范区的新能源车发运仪式在长沙雨花经开区举行
（张文香　供图）

119 家上市公司。

（本栏撰稿　张文香）

● 雨花经开创新投资 ●

【概况】　2021 年，长沙雨花经开创新投资有限公司（简称“雨花创投公司”）聚焦产业基金、股权投资、企业上市、资产管理与运营等，致力于用资本的力量、资本的手段赋能园区主特产业发展；发起成立湖南雨花融城创业投资基金，可孚医疗科技股份有限公司在深交所成功上市；投资湖南申亿精密零部件股份有限公司；加强对投资企业的培育与辅导，储备拟上市后备企业 14 家，储备投资标的 50 余个；加强对黄谷路 17 家 4S 店的租金收取工作，收取租金 1985 万元（扣除村上分成、相关税费后实得 887.8 万元）；加强对投后项目可孚医疗、纳睿达、申亿五金的管理。雨花创投公司为国有独资公司，注册资本人民币 1 亿元。

【股权投资】　2021 年 8 月，雨花经开创新投资有限公司对园区主特产业重点企业湖南申亿精密零部件股份有限公司（简称“申亿精密”）投资 2000 万元，该公司于 10 月完成股改工作，12 月完成省证监局的辅导报备工作。申亿精密是以紧固件技术服务为先导，集研发设计、生产装配、检验检测和产品销售为一体的专业化供应链集成服务企业，是湖南省内工程机械产业供应链核心企业。该公司扎根雨花经开区 14 年，形成湖南申亿五金标准件有限公司 + 中机申亿检测中心、申亿机械应用研究院、申亿智慧工厂“四位一体”发展布局。

【产业基金】　2021 年 12 月，长沙雨花经开创新投资有限公司与株洲市国投创新创业投资有限公司、株洲渌口经济开发区产业发展集团有限公司合作成立湖南雨花融城创业投资合伙企业（有限合伙），规模 1 亿元。主要投向长株潭地区初创期、种子期科创型企业，助力长株潭地区科技创新协同发展。

2021 年 8 月 27 日，雨花经开金融平台第六期主题沙龙　（刘超超　供图）

【平台建设】　2021 年，长沙雨花经开创新投资有限公司举办金融租赁、产业链、供应链、企业上市、工业设计、环保科技等为主题的企业沙龙活动 7 期。通过搭建平台，金融机构给参加沙龙的企业授信放款 2000 万余元；昌言律所为普斯赛特、同天公司等多家企业提供免费法律咨询服务。与市场主体合作，成立中易数字科技（长沙）有限公司（简称“中易公司”），承接中国（湖南）自由贸易试验区长沙片区、雨花高桥片区一站式全程代办服务中心商事服务业务及个转企项目税务测算工作，签约商事服务企业 255 家，个转企 27 家。帮助晓光汽车模具代理申报两化融合贯标，与凤河智能以及悦取环保科技签订高企认定合作协议。协助园区内红星冷链、可孚医疗、红焱服饰等诸多公司及时解决企业灵活就业人员的开票事宜；协助自贸区及园区内凤河智能、红焱服饰等诸多公司进行财务归集及申报。

【产业研究】　2021 年，长沙雨花经开创新投资有限公司由公司高管带队，全体员工参与，分为 7 个小组，对人工智能及传感器（含数控机床）、新能源汽车及零部件、生物医药、环保检测等行业共 120 余家高新技术企业进行走访调研，挖掘园区优质项目。在实地调研基础上，修改完善长沙市人工智能及机器人（含传感器）产业链规划，经专家评审，出台规划文本。

【雨花经开金融平台第六期主题沙龙】2021 年 8 月 27 日，雨花经开金融平台第六期主题沙龙举行。该活动以“打造最具影响力的传感器产业集群”为主题，由雨花经开创新投资有限公司、湖南省传感器产业促进会主办，长沙总部基地道商智慧谷承办。部分传感器企业、协会、高校、金融机构、投资机构、律所等 20 余名代表出席。长步道、可孚医疗、唐智科技、菲尔斯特、长沙钛合金设备、长沙络世传感器技术、长沙南车等企业负责人，与来自湖南大学、长沙理工大学、省传感器产业促进会、省计量检测研究院、道商智慧谷、中金投资、长沙银行、昌言律所等机构的专家，对传感器产业行业分析、加强产业配套、加大产教融合、拓展应用场景、抢抓风口机遇及投资服务、规避风险等话题进行交流发言。

（本栏撰稿　刘超超）

雨花电商产业园

【概况】　2021 年，雨花区电子商务物流中心立足“打造中南地区电商集聚区、现代物流核心区和新零售集聚城”，完成外商直接投资 1100 万美元，引进亿元项目2个。红星全球农批中心一期、普洛斯、万纬、宝湾等项目投入运营，完成出让面积18.07公顷，为入园企业减免报建费2189万元。长沙市雨花现代电子商务产业园是由区人民政府投资兴建的园区，规划面积11.73平方千米。（周荣蕾）

【招商引资】 2021年，雨花区电子商务物流中心进行精准招商，接待涵盖冷链物流、物流地产、跨境电商等多个行业企业20余家。针对仓储7—2号地20余家意向企业开展两轮筛选，与京东集团达成初步意向合作，该项目意向投资总额约4.68亿元。对接湘潭岳塘经开区、株洲经开区经投集团，参与《长株潭城市群一体化“十四五”五年发展规划》制定，推荐拟纳入重大物流项目6个；探索自贸区联动创新，探索高铁快运、跨境电商物流等方面制度创新，主动对接入园龙头企业和相关金融机构，推动制度创新同向联动、产业发展协同发力、营商环境对标提升。主办“银政企”对接活动，聚焦入园中小企业融资需求，吸引中国工商银行、中国建设银行等10家银行，园区100余家企业、商户参会，现场签约金额5.5亿元。截至2021年年底，入园企业增至14家。推动电子商务和物流主特产业做大做强，以“生鲜＋快消品”为主攻方向，建链、强链、补链、育链，推动主特产业链发展，打造新业态、新格局。（汤　丽）

【项目建设】 2021年，雨花区电子商务物流中心完成出让面积18.07公顷，由长沙市东星仓储有限公司、湖南丰彩好润佳智慧商贸有限公司、湖南普鑫物流有限公司成功摘牌。完成东山路（柳树塘路—时代阳光大道）项目范围富力公司土地收回手续；为盒马鲜生、华泽九裕物流、宏泰物流中心3家入园企业减免报建费2189万元。红星全球农批中心一期、普洛斯、万纬、宝湾等项目投入运营。PPP项目二期东山路（柳树塘路—时代阳光大道）、柳树塘路（红旗路—川河路）竣工通车；沁福路（红旗路—东山路）完成路基土石方施工；杨子路（跳马边界—时代阳光大道）完成部分土石方施工。启动拆迁腾地36公顷，发布仓储9号地、26号地及商业商务8号地征地安置补偿公告。配合国土、征地、征收、街道、社区（村）等单位完成园区黄梅冲东路佳晏食品厂国有用地签约及拆除，调查集体土地8栋合法房屋及吊篓子组青苗设施，完成仓储18号地合法房屋调查并拆除4栋。（陈　洋）

【控违控渣】 2021年，雨花区电子商务物流中心运用区渣土平台，推进用好微信号，完善渣土进出报备制度，使用无人机全方位、全角度巡航拍摄建设进展，提取违规图证。全年巡查1980次，发现疑似违章搭建17处，均函告跳马镇核查处置。联合东山城管中队开展整治9次，配合执法8次，共处罚金4.4万元。推进和控尘专项整治，督促施工项目落实“蓝天保卫战”工作要求，确保工地项目有序建设，混凝土搅拌场依规运营，无环境问题投诉。（杨　翔）

【盒马鲜生长沙运营中心开工】 2021年12月16日，盒马鲜生长沙运营中心暨申通长沙智慧物流产业园举行开工仪式。雨花区电子商务物流中心党工委副书记、主任余忠致辞。负责该项目建设和运营的申通供应链管理有限公司负责人介绍，盒马鲜生长沙运营中心暨申通长沙智慧物流产业园，将实现线上线下融合，多重优势叠加，致力成为区域新零售行业和快递数字化行业的领头羊。该项目由世界500强阿里巴巴旗下盒马网络科技公司和申通快递公司合力推进，项目总投资约8亿元，占地12.73公顷，总建筑面积13.5万平方米。该项目扎根线下零售、餐饮、物流和供应链体系，在长沙构建电子商务产业的新型生态圈，主要建设申通湖南省总部及结算中心、物流中心，盒马中央厨房、冷链物流中心、智能物流拣选中心及办公配套等。包含冷库、加工中心、分拣车间等共11个单项工程，涵盖结构、建筑、钢结构、给排水、暖通、制冷、电气等多个专业。该项目的投资建设，有利于完善雨花区产业布局，推动雨花电商物流中心新零售产业全面聚集。（周荣蕾）

【90号地块摘牌】 2021年8月24日，雨花电商物流园编号〔2021〕长沙市090号地块通过长沙市国土资源网上交易系统由长沙市东星仓储有限公司以1.17亿元成功摘牌。该地块出让面积103627.59平方米，用地性质为仓储用地，建筑密度≤50%，容积率≤1.8。长沙市东星仓储有限公司为福建百货龙头企业东百集团旗下全资子公司，拟建设东百新零售供应链金融产业园，计划总投资5亿元，占地面积约10.13公顷，规划整体建设规模约10万平方米，主要建设“立足长沙，辐射华中，联通全国”的国际新零售供应链中心，打造集“东百新零售华中运营中心”“高端智能制造服务中心”“医药冷链运营中心”“金融服务中心”为一体的新零售供应链金融产业园；对接雨花区电子商务、生鲜商品等产业内容，建设覆盖华中地区的网上零售物联网枢纽，更好地服务体验式消费卖场，依托东百零售产业投资网络和金融优势，以及超级物种的生鲜流通加工和门店管理优势、食品供应链管理服务优势，发挥雨花区区位优势，打造全国生鲜食品的新零售服务平台的典范。（周荣蕾）

经济监督管理

宏观经济管理

【概况】 2021年，雨花区纳入省重点建设项目3个，纳入市领导联点产业链项目6个，纳入市重大项目计划库项目143个；全区获得各级预算内资金1.09亿元；全年未发生任何安全生产事故，全区油气长输管道安全。在全市重大项目观摩连续五年排名中心城区第一，全市重大项目建设考核居中心城区第一，做大城区指标获市级创新实干督查激励，全社会固定资产投资居中心城区第三。区发展和改革局被评为全国“节约型机关”。

【项目策划】 2021年，雨花区的红星农副产品全球采购中心等3个项目纳入省实施“三高四新”战略重大产业支撑项目；红星农副产品全球采购中心等3个项目纳入省重点建设项目；可孚智能医疗装备总部基地二期、雨花智能制造中心等6个项目纳入市领导联点产业链项目；国际体育中心（市本级）、儿童福利院（市本级）纳入市“五个十大”（十大产业项目、十大技术攻关项目、十大基础设施项目、十大公共服务设施项目、十大民生实事项目）项目；纳入市重大项目计划库项目143个，年度计划投资239.95亿元。编制《2022年全区重点项目投资计划》，将245个项目列入全区重点项目投资计划，项目总投资1553.81亿元，年度计划投资263.36亿元，比2020年增长7.88%。完成重大项目投资324亿元，占年度计划投资的130%以上；58个新建项目全部实现提前开工、77个项目实现竣工、3个预备项目实现转化开工。中非经贸合作示范园二期实现竣工，长沙红星农副产品全球采购中心二期、可孚人工智能可穿戴医疗设备及智能装备产业基地二期全速推进。在线审批平台办理政府投资项目审批146件，投资总额135.4亿元，通过开展全区超概算政府投资工程专项清查工作，可研、概算审查共审减金额5.88亿元，审减率近9.1%；对于社会投资项目，采取容缺审批、承诺审批等方式，办理备案项目180件、投资总额308.79亿元。贯彻《长株潭城市群生态绿心地区建设项目准入暂行管理办法》，落实《湖南省长株潭城市群生态绿心地区保护条例》和《绿心地区建设项目管理程序》，严把项目准入关，初审上报21个项目，其中12个项目取得省发展改革委同意准入批复，3个项目取得市发展改革委无须准入批复，6个项目修改完善中。

【项目服务】 2021年，雨花区组织召开区企业（项目）服务日工作会议23次，调度服务企业（项目）73个，研究解决项目难点、堵点、痛点问题125个，日常接待项目来访75次，答复及解决诉求问题307个。全区获得保障性安居工程专项（城镇老旧小区改造配套基础设施）中央预算内资金、湖南省现代服务业发展专项资金、长沙市创新平台建设专项补助资金等各级预算内资金1.09亿元，其中“保障性安居工程专项中央预算内资金”6907万元、“核心技术攻关专项中央预算内资金”1150万元、“托育建设项目中央预算内资金”60万元、“科技创新高地建设”“长株潭一体化发展专项资金”等省、市预算内专项资金2783万元。自然村“城中村”改造等2个项目争取到政府专项债7.1亿元。储备2022年政府专项债项目12个。推荐7个企业12个项目纳入“国家和省支持重大工业（含平台）项目储备库”；推荐4家企业2个项目申报省大众创业万众创新示范基地、市企业技术中心；长沙有色冶金设计研究院有限公司、长沙长泰智能装备有限公司2家企业获批湖南省第二批先进制造业和现代服务业融合发展试点企业；湖南省测绘科技研究所“北斗高精度卫星导航与位置服务湖南省工程研究中心”、长沙市规划勘测设计研究院“城市交通大数据与模型仿真技术应用湖南省工程研究中心”、湘能楚天电力科技有限公司“新能源变电站模块化集成技术湖南省工程研究中心”获批2021年省工程研究中心；中机国际工程设计研究院有限责任公司获批2021年省企业技术中心。

【能源管理】 2021年，雨花区推进油气长输管道专项整治三年行动，检查油气管线27次，开展油气管道“打非治违”专项行动11次，出动执法人员103人次，领导带队检查19次，排查整改隐患5处，向2家企业下达责令限期整改通知书，约谈管道企业2次。开展燃煤整治攻坚，建立“工作调度、定期巡查、交叉检查、考核奖惩”燃煤整治工作机制。防止制售散煤、使用散煤违法行为，开展综合执法352次，专项执法476次，开展暗访巡查32次，交叉检查2次，出动执法人员12258人次，检查执法对象14465家，全区未发现使用散煤和销售煤炉情况，在市级暗访检查中无交办负面清单问题。

【物价管理】 2021年，雨花区坚持对粮油、禽肉、蔬菜、水果等重要生活物资价格实现一日一监测、一周一分析。推荐3家企业申报省、市级2021猪肉储备单位，承担肉食储备量共5700吨，推荐跳马利佳蔬菜专业合作社申报长沙市“菜篮子”项目，争取上级补贴资金1718万元。加强水电气价格、服务价格、行政事业性收费等政策的宣传，印制《水电气价格政策汇编》3000册，覆盖全区460家转供电主体及19800户用户，完成18个小区的普通商品住宅前期物业服务收费备案、211所学校伙食费备案，37条道路3500余个泊车位停车收费备案，办理涉案物品价格认证426件，金额254万元，完结率100%。

【公共资源管理】 2021年，雨花区严格执行《区工程建设项目招投标管理规定》和《区小型工程建设项目实行简易发包程序管理规定》，规范招投标和发包管理。全年区交易平台成功交易入场项目255个，成交金额约2.33亿元，组织40个项目的招标文件联审会，办理工程项目上限值备案手续21个。

【社会信用体系建设】 2021年，雨花区开展多元化、特色化信用服务，搭建大数据信用动态信用监管平台及管理后台，提升信用可视化水平。高桥大市场开展以信用承诺、信用监管、信用评级、信用金融服务等内容的示范创建，通过“一店一码全覆盖、放心消费无死角”“搭建高桥大市场大数据动态信用监管平台及管理后台”等方式，实现信用可视化，打造“高桥诚信商区（街区）”品牌，成为全国首个信用二维码线上线下全覆盖的信用示范商区，是湖南省内创建体量最大、涉及商户最多、覆盖行业最广的信用示范区。

【公共机构节能】 2021年，雨花区出台《雨花区2021年度节能工作计划》《2021年雨花区公共机构节能工作要点》，定期督促检查下级公共机构节能、垃圾分类等工作的开展和执行情况。推进节约型机关示范创建工作，全区18家公共机构成功通过国家、省“节约型机关”创建验收。指导监督各级能耗单位全面完成2021年度全区公共机构能耗消耗数据统计工作，对能耗消耗数据进行全面分析，完成公共机构能耗指标控制任务。

【垃圾分类】 2021年，雨花区推进公共机构垃圾分类，确保工作“四到位”（制度建设到位、宣传培训到位、设施设备到位、资金保障到位）。分类桶投放覆盖率100%。出台《雨花区2021年度公共机构垃圾分类工作方案》等文件方案，对全区公共机构垃圾分类年度目标、任务、步骤、要求进行明确，抓好责任落实。区文旅体局、区两型社会事务中心成功申报市垃圾分类示范单位。

【塑料污染治理】 2021年，雨花做好塑料污染治理工作，制定下发《长沙市雨花区加强塑料污染治理2021年工作方案》，开展区级塑料污染治理现场核查2次，配合市级塑料污染治理现场核查4次。塑料污染治理工作在市对区考核中，成绩排名为“内五区”第二。

【信用建设工作会议】 2021年5月12日，雨花区2021年信用建设工作专题培训会召开。雨花区社会信用体系建设领导小组各成员单位分管负责人及信用专干共70余人参会。区发展改革局副局长肖英宣读《2020年长沙信用建设优秀单位、优秀个人的通报》，对区委组织部等7家优秀单位，王琳等7位优秀个人提出表扬；全面总结2020年度信用建设工作，对《2021年社会信用体系建设工作考核及评价指标任务分解表》中的信用信息归集、信用产品应用、区域信用状况、信用承诺应用、行业信用监管、信易+、信用宣传、信用典型示范8个方面工作进行解读，明确2021年度信用建设工作思路和努力方向。杭州湛联公司技术人员对“信用建设工作评价系统”的考核指标、评分标准开展培训。8月5日，雨花区《湖南省社会信用信息管理办法》宣讲暨信用建设工作推进会召开。区信用体系

2021年5月12日，雨花区2021年信用建设工作专题培训会 （彭 浪 供图）

建设领导小组各成员单位分管负责人及信用专干40余人参加会议。肖英解读《湖南省社会信用信息管理办法》。会议通报2021年二季度信用工作重点指标完成情况，对区委宣传部（区新闻出版局）等12家双公示信息归集情况较好、区卫健局等3家信用修复推进情况较好的单位提出表扬，部署开展信用修复专项行动等重点工作。会议印发《关于开展市场主体行政处罚失信信息信用修复专项行动的通知》。区社会信用体系建设领导小组办公室讲解专项行动的实施步骤、注意事项等，与参会人员开展交流互动。

【“诚信之星”评选】 2021年6月9日，雨花区社会信用体系建设领导小组印发《关于开展雨花区2021年“诚信之星”评选的通知》，树立一批诚信先进单位及个人，发挥诚信典型的示范引领作用。6月29日，雨花区社会信用体系建设领导小组办公室牵头组织启动2021年“诚信之星”评选活动。评选由雨花经开区、跳马镇及各街道办事处按照属地原则择优推荐，由区社会信用体系建设领导小组组织评审并报领导小组决策研究。7月30日，雨花区社会信用体系建设领导小组印发《关于表彰2021年雨花区“诚信之星”的通知》，授予湖南云冷冷链股份有限公司等14家单位为“诚信之星”先进单位；授予杜俊泓等10人为“诚信之星”先进个人。

【高质量发展扶植政策编制】 2021年4月1日，雨花区启动高质量发展扶植政策制定工作，开展前期调研，搜集长沙市其他区县（市）、园区及成都、西安、郑州、合肥等城市内城区促进高质量发展产业政策。7月5—9日，雨花区组织到郑州、南京、杭州开展促进高质量发展区域产业政策修订调研学习。8月18日，高质量发展政策部门讨论会召开。12月20日，草拟《促进经济高质量发展扶植奖励政策》并开展征求意见工作；组织有关部门（单位）在省规划平台上传历史成果。

【国家发改委调研高桥大市场】 2021年6月28日，国家发展和改革委员会财政金融司、国家发展和改革委员会驻汪清县工作组组成联合调研组调研高桥大市场“信用示范商区”创建工作。调研团一行参观考察国际商品展示贸易中心（非洲馆）和中非直播孵化基地，了解“一店一码全覆盖，放心消费无死角”项目的整体进展情况，听取高桥大市场关于市场信用建设的汇报，到“AAA级信用示范商户”——湖南继丰食品有限公司现场体验“信用可视化工程”，与省、市、区信用办及第三方信用服务机构就信用示范创建的具体细节进行交流和探讨。调研团对信用示范创建工作提出具体的指导和建议。高桥大市场相关负责人表示，高桥大市场将通过实施动态信用评级、完善信用信息大数据服务模块、整合资源等形式为商户提供“信易+”产品和服务，助力自贸试验区、市场采购贸易试点方式、中非经贸博览会三大国家级平台建设。

（本栏撰稿　彭　浪　张　瑜）

统　计

【概况】 2021年，雨花区夯实统计基层基础，统计工作纳入对区直部门、街道的绩效考核；深化统计管理体制改革，锐意改革创新；向省、市、区报送统计信息63篇，其中“掌上湖南”、红网采用2篇，市网采用49篇，区政务网采用11篇。编辑出版2020年卷《雨花统计公报》《雨花统计年鉴》，编印《雨花统计》247篇。通过对各项经济指标的真实收集、系统分析、科学预测，准确研判全区经济发展状况，为区委区政府精准施策提供支撑。（毛成莉）

【数据统计】 2021年，雨花区实现地区生产总值（GDP）2360亿元，比2020年增长7.4%。其中，第一产业实现增加值5.7亿元，比2020年增长5.8%；第二产业实现增加值1298.8亿元，比2020年增长5.2%；第三产业实现增加值1055.5亿元，比2020年增长10%。一、二、三产业分别拉动GDP增长0、2.8%、4.6%，对GDP增长的贡献率分别为0.2%、37.9%、61.9%。全年城镇居民人均可支配收入66958元，比2020年增长7.3%。实现一般公共预算收入163.4亿元，比2020年增长0.4%，实现地方一般公共预算收入80.2亿元，比2020年增长2.7%。一般公共预算支出94.3亿元，比2020年下降11.4%。（陈　璎）

【统计基础建设】 2021年，雨花区将统计法律法规列入区委理论中心组、区政府党组及区委党校学习内容，定期组织统计人员开展统计知识培训；利用“9·20”统计开放日、“12·8”统计法颁布纪念日等节点，开展形式多样的统计宣传活动。开展“双随机”（随机抽取检查对象、随机选派执法检查人员）统计执法检查，重点检查和专项检查相结合，预防统计违法行为，规范统计行为，提升数据质量；建立和完善《统计报表管理制度》《建立数据核查制度》等15项业务制度。将数据质量情况、年报会会议通知及资料送达签收情况等作为工作考核的重要依据。将全区162个社区兼职统计人员纳入管理。开展基层统计示范站的建设，督促各统计调查对象建立和规范原始记录和统计台账。（王　艳）

【统计管理】 2021年，雨花区落实联网直报和“企业一套表”，完善统计数据一体化服务平台，健全区域数据汇总、纵横向数据比对、数据监测预警等功能。定期开展业务培训交流活动，提高专业统计人员的基本业务技能。区统计局分批次分层次指导街道对企业单位核查工作，深入企业逐项核实服务对象信息，实行“一对一”统计业务指导服务，健全企业数据核查表，夯实统计数据源头质量。年度报表、季度报表、月度报表制度，各专业联网直报率均为100%。（毛成莉）

【大数据应用】 2021年，雨花区经济数据智慧e平台试上线运行。该平台以“重点企业、商务楼宇管理”为牵引，通过搭建资源共享、互动合作的服务平台，有效整合相关信息资源，实现多部门数据同步更新，对区域内重点企业及商务楼宇实施动态监测管理，提升市场主体数字化管理水平，创建重点企业及楼宇管理服务长效机制，形成汇聚“数据中心”“服务中心”“监管中心”为一体的大数据平台。（张　爱）

【第七次全国人口普查】 2021年，雨花区完成第七次全国人口普查工作，依法及时公布普查公报。经过普查，全区常住人口126万人，呈现常住人口快速增长、人口结构相对年轻、人口素质明显提升等特点，实现人口红利向人才红利转变。加强与高校合作，调动高校科研资源和力量，开发统计普查微观数据，挖掘微观数据背后的价值。区统计局被评为湖南省第七次全国人口普查工作先进集体，钱利英获评湖南省第七次全国人口普查工作先进个人。（李　刚）

【统计工作会议】 2021年4月16日，雨花区统计工作会议召开。区统计局全体干部职工，国家统计局雨花调查队副队长吕伟，雨花经开区、各街镇统计工作负责人近50人参加会议。雨花区统计局副局长韩彬彬主持会议。区统计普查中心主任程钰超梳理近期统计方面的重要工作；区统计局副局长朱慧对开展“千人进企业服务提质效”专项行动提出具体要求；各街镇统计工作负责人对专项行动落实过程中存在的问题进行交流；区统计局相关负责人对大家的疑问现场进行分析并给予回复。区统计局党组书记、局长刘波要求，加强对统计督察的认识；高度重视千人进企业专项行动；为企业做好统计服务。（李　刚）

【“雨花区经济数据智慧e平台”交流座谈会】 2021年9月17日，第十二届“中国统计开放日”暨“雨花区经济数据智慧e平台”交流座谈会。该活动以“赓续红色血脉 奋进统计未来”为主题，结合“学党史话统计”，现场展示国家统计发展历程和雨花区历届统计开放日活动开展情况。座谈会邀请辖区重点企业、重点楼宇代表及联点营商环境特约监督员等社会各界人士参加，听取大家对于统计工作的意见及建议。各街镇在流动人口较为密集的场所设置宣传点，通过发放宣传物资，摆放宣传展板进行现场咨询，利用大型商业广场的LED显示屏、街道社区的电子显示屏滚动播放统计宣传标语，借助微信、QQ等新媒体平台，宣传统计知识。（李　刚）

2021年11月11日，雨花区国家“金样本”单位揭牌授牌仪式（李　刚　供图）

【统计法治宣传月活动】 2021年12月8日，雨花区统计法治宣传月启动活动在长沙高铁吾悦广场举行，纪念《中华人民共和国统计法》（以下简称《统计法》）颁布38周年纪念日。宣传活动以“深入学习贯彻习近平法治思想，加快推进新时代统计法治建设”为主题，工作人员现场接受群众咨询，介绍《统计法》《统计法实施条例》相关知识，发放统计知识问答手册等宣传资料。（李　刚）

【统计业务培训】 2021年11月26日，雨花区统计法制及统计业务培训会召开。雨花区统计局党组成员、副局长钱永刚主持，领学习近平总书记关于统计工作重要讲话指示批示精神、典型案例警示教育、统计法律法规知识等系列内容。区统计局副局长朱慧及负责投资、房地产、商贸、服务业等专业报表的工作人员对相关统计指标的变化、单位新增及应注意事项进行分析并提出解决办法。会议重点安排部署下阶段统计工作。会议要求，要做好“四上”企业的新增入库工作，高质量完成月报监测和全年统计数据汇总。12月22日，雨花区统计重点工作业务培训会召开。区统计局班子成员及各业务科室负责人，雨花经开区、各街（镇）统计工作人员60余人参加会议。会议由朱慧主持，区统计局各专业科室负责人分别就固定资产投资统计、贸易统计和服务业统计、单位(项目)新增等重点业务工作进行培训和交流答疑。区统计局党组书记、局长刘波对雨花区经济社会发展面临的形势进行通报和分析，部署2022年统计工作。（李　刚）

【国家“金样本”单位揭牌】 2021年11月11日，国家“金样本”单位揭牌授牌仪式在雨花区春天大药房熙春园店举行。湖南省统计局贸易外经处处长唐根深，长沙市统计局总统计师胡睿懿，雨花区政府副区长易静等为金样本单位揭牌、授牌。“金样本”限额以下抽样调查试点工作，是国家统计局为商贸统计改革开展的一项专项调查试点工作。为掌握真实准确的生活消费品市场信息，做好相关商品的生产和配送，国家统计局在全国抽取1200个“金样本”单位作为统计信息采集点。湖南省根据国家统计局的相关要求，结合限额以下批发零售住宿餐饮业单位抽样调查工作，在多个市州抽取“金样本”单位，其中，长沙抽取4个“金样本”单位，均在雨花区，分别是长沙市雨花区春天大药房、湖南易骑新能源科技有限公司、长沙市雨花区彭进快餐店和长沙杨羊扬餐饮有限公司。（李　刚）

统计调查

【概况】 2021年，国家统计局雨花调查队（简称“雨花调查队”）推进依法治统，提升调查服务；加强对调查样本的管理、对统计调查数据的审核、对统计法律法规的宣传和对统计调查队伍的培训力度，确保源头数据真实可信；完成劳动力调查（调查失业率调查）扩样工作，劳动力调查样本点由6个增加到18个；紧盯雨花区经济社会发展中的重点、难点和“堵点”开展调查研究，撰写调查报告及调查分析10期。（黎　俐）

【居民收支调查】 2021年，国家统计局雨花调查队实行电子记账调查监测，抽样调查雨花区圭塘街道体院路社区、砂子塘街道白沙社区、同升街道景环社区、左家塘街道车站南路社区、井湾子街道香樟路社区、黎托街道东澜湾社区、洞井街道高升社区、高桥街道金环社区、侯家塘街道麻园湾社区90户住户家庭，推算出雨花区2021年居民人均可支配收入等各项经济社会发展指标。根据国家统计湖南调查总队核定，2021年雨花区城镇居民人均可支配收入66958元，比2020年增长7.3%。其中，工资性收入35784元，比2020年增长7.3%；经营净收入9313元，比2020年增长6.4%；财产净收入5613元，比2020年增长5.5%；转移净收入16248元，比2020年增长8.5%。全年城镇居民人均消费支出为51378元，比2020年增长5.4%。分类别看，食品烟酒消费13440元，占比26.2%；衣着消费3025元，占比5.9%；居住消费9419元，占比18.3%；生活用品及服务消费6136元，占比11.9%；交通通信消费4119元，占比8.0%；教育文化娱乐服务消费10584元，占比20.6%；医疗保健消费3731元，占比7.3%；其他用品和服务消费924元，占比1.8%。八大类支出中，交通通信支出比2020年下降6.0%，其他七大类均不同程度增长，其中食品烟酒消费比2020年增长4.7%，教育文化娱乐消费比2020年增长20.0%，医疗保健消费比2020年增长2.1%。（彭怡丰）

【劳动力调查】 2021年，雨花区启动劳动力调查扩样工作，劳动力调查样本点由6个增加到18个，每月调查样本量由96户增加到288户，全年调查样本量3456户，样本涉及11个街镇的18个社区（村），其中左家塘街道3个，洞井街道3个，侯家塘街道2个，黎托街道2个，井湾子街道2个，圭塘街道1个，砂子塘街道1个，雨花亭街道1个，同升街道1个，东山街道1个，跳马镇1个。2月7日，雨花区政府组织召开全区劳动力调查工作调度会。区发改局、区财政局、区人社局、区统计局和11个相关街镇、18个社区负责人参加会议。区委常委、常务副区长龚畅出席会议并讲话，雨花调查队作工作部署。会议确定调查失业率指标纳入区绩效考核内容，要求各有关部门要加强与调查队的沟通衔接，各街镇、社区快速部署，尽快确定好辅助调查员，做好前期宣传工作。2月8日，18个社区确定37名社区（村）干部担任劳动力调查辅助调查员。雨花调查队主动与区人社局、区财政局、区统计局等部门对接，筹划业务人员、工作经费、PDA（掌上电脑）设备等事宜。2月19日，区财政局初步同意雨花调查队制定的劳动力调查样本扩充经费预算表，劳动力调查样本扩充经费纳入区财政年度预算范围。2月23日，雨花调查队组织参加长沙市劳动力调查视频培训会。雨花调查队就调查时间点、调查问卷的重点指标、PDA操作等内容进行强调和部署。2月24日，将长沙市劳动力调查视频培训会的6个视频下发至微信群，供辅助调查员学习。2月25日，与区统计局办理PDA转移手续，用于劳动力调查工作的40台PDA全部到位。3月2日，雨花调查队制作《入户陪访须知》《重点调查指标指南表》等资料，

2021年10月12日，雨花区劳动力调查工作推进会暨业务培训会（陈思光　供图）

单独连线新轮入网点的辅助调查员，将核户、换户等操作步骤制作成小视频下发。3月5日，新增的1名劳动力调查业务人员正式到岗。雨花调查队配备3名业务人员从事劳动力调查工作。扩充样本后，雨花区失业率调查按年度进行发布。5—8月，雨花区多次召开劳动力调查工作推进会，对各有关街镇、社区进行培训。雨花调查队指导新扩样本点的辅调员进行PAD实际操作和演练，重点讲解部分容易混淆的问卷指标，及时解答和指导辅调员在调查过程中存在的疑惑和问题。每月入户陪访前对所有参与陪访人员、社区辅助调查员进行集中培训，强调入户流程和入户注意事项等；每月调查前，针对上月出现错误较多的社区通过微信进行提醒，确保正式入户调查时准确填报。（陈思光）

【劳动力调查宣传】 2021年，雨花区在全区各社区的显示屏等地循环播放失业率调查宣传视频和宣传标语，张贴国家统计局印发的关于开展劳动力调查的一号公告，转发湖南调查总队微信公众号里的《劳动力调查的5个W和1个H，你get到了吗》等文章。利用“雨花统计调查”公众号，发表《调查知多少——全国月度劳动力调查》等多篇文章。3月17日，区统计局和雨花调查队联合举办“数海峥嵘路、浪涛统计情”座谈会。湖南省统计局、长沙市统计局、长沙调查队相关负责人、各街镇、社区的统计专干以及离退休统计老干部参会。雨花调查队借此机会，宣传劳动力调查工作开展情况，自编自导自演《失业率调查员来我家》。5月14日，雨花区召开2021年雨花区做好劳动力调查和省级充分就业社区（村）建设工作推进会。区人社局和国家统计局雨花调查队主要负责人、各街道（乡镇）分管领导、各街道（乡镇）人社站副站长及相关社区（村）的支部书记和具体就业服务经办人员参加会议。会议总结和分析全区劳动力调查和省级充分就业社区（村）建设情况，提出下一阶段工作明确目标和具体要求。（陈思光）

【企业调查】 2021年，国家统计局雨花调查队抽样调查雨花区5家工业企业进行工业生产者价格调查，纳入推算全省工业生产者价格指数（PPI）的样本范围。抽样调查25家企业进行采购经理调查，纳入推算全省采购经理指数（PMI）的样本范围。抽样调查6家新设立小微企业跟踪调查，纳入全国小微企业生命周期调查的样本范围。（黎　莉）

【快速调查】 2021年，国家统计局雨花调查队加强监测调查和分析研判，开展系列快速调查。撰写调查报告和调查分析10期，为雨花区委、区政府宏观决策提供优质的统计调查服务。受雨花区市场监督管理局委托，6月、8月、11月，采取电话问卷调查方式对雨花区13个街镇每次分别随机抽选130位居民开展雨花区食品安全公众认知和满意度调查。其中，8月份撰写的《雨花区食品安全满意度调查报告》获雨花区委书记刘素月批示。10月28日，撰写的《“共同富裕”获支持 民生期盼需重视》被《雨花要情》（第204期）工作动态栏目头版刊载。11月2日，撰写的《2021年前三季度雨花区城镇居民人均可支配收入增长8.5%》被《雨花要情》（第207期）工作动态栏目头版刊载。（陈思光）

【统计执法】 2021年，国家统计局雨花调查队依法独立行使统计调查、统计监督的职权，加大对干部职工、辅助调查员、调查对象的统计法律法规知识宣讲力度，提升依法治统能力。通过“雨花统计调查”微信公众号、各类统计调查专业培训及年报会、入户调查等方式，广泛宣传《中华人民共和国统计法》《统计法实施条例》等统计法律知识，统计法治工作的主要做法和经验被国家统计局内网采用2篇。以12月4日“国家宪法日”和12月8日《中华人民共和国统计法》颁布纪念日2个时间点为契机，集中开展统计法治宣传教育月活动。加强统计调查执法队伍建设，雨花调查队有5名干部取得统计执法证。5月11日，国家统计局执法监督局副局长侯予菲一行到雨花区白沙社区对住户调查工作进行统计执法检查。10日，雨花调查队联合长沙调查队执法监督处开展为期2天的统计执法检查。（陈思光）

【统计调查业务培训】 2021年2月4日，雨花区月度劳动力调查工作调度会召开，雨花调查队全体干部职工及劳动力调查辅助调查员参加培训。6月25日，雨花区住户调查网点党员群众座谈暨统计法治培训班举行。8月30日，雨花区住户调查分网点业务培训班举行。10月9日，劳动力调查工作推进暨业务培训班举行。11月25日，2021年雨花区住户调查年报工作暨统计法知识培训班举行。12月9日，2021年雨花区劳动力调查工作暨统计法治知识培训班举行。（黎　俐）

【统计调查工作调研】 2021年4月13日，国家统计局人口司一行到雨花区砂子塘社区开展劳动力调查入户陪访。5月7日，湖南调查总队党组成员、副总队长欧阳美嫔调研指导雨花调查队工作。5月11日，国家统计局执法监督局副局长侯予菲一行调研指导雨花区统计法治及住户调查相关工作开展情况。9月14日，湖南调查总队党组成员、副总队长范素琴调研指导雨花区劳动力调查工作。（黎　俐）

审　计

【概况】 2021年，雨花区围绕政策落实、财政预算执行、经济责任、政府投资、民生实事等情况，铺排并完成审计项目14个，查出预算编制不细化、专项资金使用不规范、固定资产管理不到位、产业扶贫项目监管不力等问题98个，查出主要问题金额10.93亿元，其中管理不规范金额10.48亿元、违规金额4309万元、损失浪费金额193万元，移送案件线索6起，提出审计建议45条。推进以大数据为核心的审计技术应用，综合采用大数据审计＋疑点核查＋送达审计的方式，开展6个专项审计，实现79个一级预算部门审计全覆盖，促进整改落实有关问题资金1485万元、挽回（避免）损失金额212.5万元，推动6家单位72项惠民惠农补贴项目通过“一卡通”发放，解决垃圾分类源头投放不够理想、开发商配建小学质量不够好等一系列问题。

【财政审计】 2021年，雨花区审计局对2020年度区预算执行及其他财政收支情况、区商务局2020年度预算执行情况进行审计，延伸审计77个区级一级预算部门的预算执行情况，综合采用现场审计、非现场审计等方式，实现77个一级预算部门审计全覆盖。查出预算编制不细化、预算执行欠刚性等问题35个，依法依规做出处理处罚，提出有针对性的意见和建议，并督促整改。

【政府投资审计】 2021年，雨花区审计局抽查评审结算项目56个，核减投资额212.63万元，促进规范投资评审行为。开展雨花区中小学建设情况专项审计调查，发现问题12个。开展雨花区重点工程项目和景家园阶段性跟踪审计，发现问题11个。

【经济责任审计】 2021年，雨花区审计局组织实施区教育局、区应急局、区发改局、井湾子街道、东塘街道、侯家塘街道6家单位11名领导干部任期（任中）经济责任审计，其中3家单位4名领导干部为任中审计，4家单位7名领导干部为任期审计。重点关注领导干部在担当作为、规范用权、令行禁止、廉洁从政等方面情况，促进领导干部依法用权、秉公用权、廉洁用权。

【内部审计】 2021年，雨花区审计局出台《关于加强内部审计工作的实施意见》，指导25个部门单位设立独立的内部审计机构或配备内部审计人员，组织全区26个内审机构63人开展内部审计业务培训，提升内审工作人员业务素质。1个内审项目获评省级三等奖、1篇内审论文获评省级二等奖和市级一等奖、3个内审机构被评为省级先进集体。

【专项审计】 2021年，雨花区审计局开展中小学建设情况专项审计调查，重点抽查中小学维修改造项目18个，中小学建设项目7个。2018—2020年，17个房地产开发项目新增教育用地8.75公顷、建筑面积28.82万平方米。查出前期管理、基本建设程序、变更审批、施工过程管理、安全文明施工及质量管理等方面问题12个。开展重大政策跟踪审计，实施2019—2020年城市垃圾分类资金专项审计调查，重点关注垃圾分类政策落实情况和资金使用情况，查出相关单位把关不严、个别街道虚增小区数量多获取专项资金、街道未按照方案使用专项资金以及验收把关不严、多支付财政资金等问题17个，核减经费52.2万元、追回财政资金6.19万元。开展雨花区2015—2020年公共垃圾站、公共厕所建设专项审计调查，发现站厕零星维修管理不规范、多支付费用等问题13个，督促相关责任单位及时整改到位。

【审计结果公开】 2021年，雨花区严格按照《审计结果公布办法》规定的流程进行审批，在政府门户网站予以公布，广泛接受社会各界监督。公布长沙市雨花区财政预决算（投资）评审中心2020年9月至2021年2月结算评审项目、长沙市雨花区商务局2020年度预算执行情况项目的审计结果。

【审计整改】 2021年，雨花区审计局及时督促责任单位按要求整改审计问题，2020年度区本级预算执行和其他财政收支情况审计中发现65个问题，完成整改58个，各被审计单位向区人大常委会报告审计查出问题整改情况，并接受满意度测评。针对审计发现的部分机关事业单位未及时申报生育津贴造成财政资金损失、生活垃圾分类专项资金使用不规范、雨花区砂子塘小学与雨花区洞井街道天华社区筹建委员会合作举办长沙市雨花区天华寄宿制学校、雨花区委托举办公办幼儿园等问题，形成专题报告4期，及时向区委、区政府和区委审计委员会报告，促进出台《全区审计监督重大事项督察督办制度》等3个配套文件。将审计发现的在职教师未经批准涉嫌在校外培训机构违规兼职（兼薪）、校外培训机构涉嫌违规聘用在职教师、在编在职中小学教师涉嫌未经批准擅自参与营利性活动、部分幼儿园伙食费涉嫌违规收支、雨花区哆唻咪文化教育培训学校涉嫌提供虚假资料办理办学许可证等线索移送区教育局处理，对武广新城足球场建设程序不合规的问题移送区住建局处理。

【区委审计委员会会议】 2021年5月13日，雨花区委审计委员会第五次会议召开。雨花区委书记、区委审计委员会主任张敏主持会议，区委副书记、区长刘素月，相关区领导及区委审计委员会成员参加会议。会议传达学习中央、省、市有关精神，听取全区审计工作情况汇报，研究部署下阶段工作。会议强调，要以更高站位履行政治责任，有效履行审计监督职责；要以更实举措发力工作重点，围绕重大政策措施落实、推动财政政策提质增效、保障和改善民生、反腐倡廉等方面加强审计监督，加强审前研究、审中管控、审后评估，推动审计查出的问题整改到位不反弹。

【内部审计业务培训】 2021年6月4日，雨花区审计局组织开展2021年雨花区内部审计业务培训。雨花经济开发区管理委员会、区教育局、各街道等26家单位内部审计机构人员参加培训。区审计局党组副书记、副局长吴海林发表培训致辞。会议解读《中共长沙市雨花区委审计委员会关于加强内部审计工作的实施意见》；长沙市审计局农业农村审计处处长袁茂胜讲授《内部经济责任审计专题讲座》，湘潭大学硕士生导师、高级审计师刘朝晖讲授《内部审计流程及文书格式》。

【市审计局调研审计工作】 2021年1月14日，长沙市审计局党组成员、

2021 年 6 月 4 日，雨花区内部审计业务培训会　（苑　莹　供图）

市经济责任审计工作联席会议办公室专职副主任曾延一行调研雨花区内审工作。雨花区审计局党组副书记、副局长吴海林汇报 2020 年雨花区内审工作，经责审计、大数据审计工作情况，与会人员就内审机构改革、人才队伍培养、内审质量控制等工作进行沟通交流。曾延强调，要开展内部控制和风险管理内部审计，优化内部控制环境和防范风险；严抓内审质量，规范审计程序；锻炼培养年轻内审干部。3 月 15 日，市审计局党组成员、副局长肖汉一行调研指导雨花区大数据审计工作。与会人员沟通交流雨花区审计工作开展情况、大数据审计工作情况、大数据智慧审计平台使用等，交流探讨大数据审计的有关问题。肖汉强调，要加强数据报送，加强人才培训。市审计局组织雨花区大数据审计学习小组成员专题培训大数据智慧审计平台使用。（本栏撰稿　苑　莹）

市场监督管理

【概况】　2021 年，雨花区市场主体总量率先全省突破 21 万户，居全省区县（市）第一，企业年报 90.61%，企业总数居全市第一；实施市场主体信用分级分类监管，依托“雨花智网系统”实施网络监测与广告管理，开展民生领域价格专项检查，监测药械不良反应、不良事件 300 余条，检查特种设备相关单位 793 家，开展打击传销行动 117 次，受理投诉举报工单 4.7 万件，为消费者挽回经济损失 437.74 万元；聚焦食品安全、药品安全、特种设备安全、重点工业产品、市场监管交通问题顽瘴痼疾、价格监管、网络交易、冷链防控“八大关键领域”，开展“守护行动”；实施质量强区战略，强化知识产权保护，全区有效发明专利拥有量 2882 件，获评全省品牌故事大赛奖单位 5 家，成功申报获评国家级、省级标准试点示范单位 2 家。

【商事服务】　2021 年，雨花区做好“六稳”（稳就业、稳金融、稳外贸、稳外资、稳投资、稳预期）工作、落实“六保”（保居民就业、保基本民生、保市场主体、保粮食能源安全、保产业链供应链稳定、保基层运转）任务，推出利好政策，压缩企业开办时间、简化企业开办环节，优化企业开办的措施和服务。全区市场主体总量 21 万余户，居全省区县（市）第一。推出企业开办“即办”服务，提升企业开办速度，多措并举实施“线上即传即办、线下即来即办”。推行行业综合许可登记改革，整合药品经营、医疗器械经营、食品经营（销售）、小餐饮 4 个行业经营许可事项，依据相关行业市场主体的申请，对同一行业的经营许可、经营备案和市场主体登记事项合并办理，实施“一业一证”和“一业一照”两种登记方式，推进“一件事一次办”“多项关联申请事项合并办”。从审批改为备案、实行告知承诺、优化审批服务、完善食品经营许可注销等方面开展“证照分离”改革工作。设置自贸区准入专窗，实行帮代办服务，通过现场收件、现场受理、现场出证，不出自贸区可实现“马上办”。试行企业住所集中登记地制度，出台《长沙市雨花区市场监督管理局放宽中国（湖南）自由贸易试验区长沙片区雨花区块市场主体准入集中登记暂行办法》，办理市场主体集中登记住所 346 户。建立市场准入“跨市通办”机制，与株洲市石峰区、株洲经开区、湘潭市岳塘区达成市场准入“跨市通办”合作共识，梳理 18 项市场准入“跨市通办”事项清单。出台《九十二条从轻处罚清单》《二十六条减轻处罚清单》。创建“雨花区电子化业务指导群”“雨花市监登记业务咨询群”，全程电子化网办率 85% 以上。

【信用监管】　2021 年，雨花区围绕转供电环节电价检查、企业公示信息及登记事项以及直销违法行为、合同格式条款监管、拍卖监管等事项，制定开展 29 项“双随机”抽查工作任务；依托国家信用信息公示系统，在自贸试验区雨花区块试点建设市场主体信用预警平台，制定出台《长沙市雨花区市场主体信用预警机制应用管理办法》。通过宣传海报、手机短信、户外电子显示屏等多种形式开展年报宣传，企业年报率90.65%。查处取缔无照经营，全年检查各类经营户28980户，责令改正1543起，吊销“僵尸企业”2552户，依法取缔156户，全区办照率、亮照率98%以上。

【价格监管】 2021年，雨花区组织开展对医疗、教育、供电、停车等民生领域价格专项检查，检查医疗单位9家、教育机构4家、转供电主体640家次，立案查处价费违法案件3起，清退多收电费711.09万元，处罚34万元。

【广告和网络监管】 2021年，雨花区加强网络经营主体数据库建档，依托“雨花智网”系统开展全天候自动化监测和系统预警，监测收集房地产、医疗、美容等各行各类广告1500万条，分析互联网交易数据1900条，有效监管广告牌3412块，核查涉嫌违禁信息主体1705条，开展专项整治行动181起，责令整改1205起，办理广告案件6起，罚没40万元。

【食品安全监管】 2021年，雨花区推进国家食品安全示范城市创建，做到“四有两责”（食品药品监管有责、有岗、有人、有手段，切实履行监管职责和检验职责）到位，多领域深化食品安全示范成果，健全食品安全长效机制，获评全省食品安全工作A级（先进）单位。推行“两码一证”管理，建立种植基地农产品质量安全责任人制度，健全生产档案、进货查验、农药使用安全间隔期和公开承诺等制度。加强对食用农产品种养殖基地的监管，强化农业投入品使用规范，生猪“瘦肉精”、畜禽水产品药残、蔬菜农残检出率均为零。推行餐厨垃圾集中收运，督促上百家大中型餐饮企业与联合餐厨处理有限公司签署餐饮单位餐厨垃圾收运服务采购合同，近千家餐饮单位签订餐厨垃圾无害化处理承诺书。推进“湘冷链”追溯系统使用，红星冷库、云冷冷链产业园、高桥冷库、大型超市等企业和经营户均完成注册应用。通过“湘冷链”系统为冷藏冷冻肉制品进行首站赋码，执法人员可通过肉制品二维码查看产品检验检疫证明，现场核实冷冻猪肉制品与台账和检验检疫证明。冷藏冷冻肉制品实际动物产品检疫标签信息与动物产品检疫合格证、货物进口标签信息与报关报检单、检疫合格证一致，才安排货物入库。开发“雨花智网”市场监管系统，利用“雨花智网”的大数据，探索餐饮服务环节“互联网+”一体化监管，建设和利用智慧监管平台，强化数据分析共享。委托第三方公司开发食安监管微信小程序，对辖区食品相关企业实行赋码管理。建立健全农贸市场协调联动工作机制，制定《雨花区人民满意农贸市场管理奖励办法》。在有条件的农贸市场，引进智慧化、信息化管理方式，建设智慧管理系统，实现智能管理、产品溯源、亮证经营、信息公示、电子支付一体化操作。开展“网剑行动”（网络市场监管专项行动）、“护老行动”（打击养老诈骗专项整治行动）、“湘菜管”（随机查餐厅活动）、校园及周边食品安全专项整治和“人民满意农贸市场”评比活动。依托“全国食品安全宣传周”活动、雨花食安视频宣传、推送短信、上门宣传、张贴海报等方式，提高市民对食安创建活动知晓率、支持率和满意率。结合“消费者权益宣传日”“野生毒蘑菇防控”“食品安全大讲堂”等主题宣传活动，向公众科普食品安全知识。全年完成食品及食用农产品定量检测4425批次，食品安全评价性抽检合格率为100%，果茶、畜禽、水产品市级例行监测合格率98.67%。

【药品医疗器械化妆品安全】 2021年，雨花区开展严厉打击违法违规使用医疗器械、农村药品安全、打击非法医疗美容服务等专项整治行动，检查“两品一械”（药品、化妆品，医疗器械）生产经营单位1365家，抽检药品20批次，监测药械不良反应300余条，责令整改20家次，查处案件4起。

【特种设备监管】 2021年，雨花区实施多部门常态化联合监管，开展特种设备大范围自查、清查，出动监察人员1559人次，检查特种设备相关单位793家，下达安全监察指令书43份，立案2起，罚款6万余元。利用安全宣传咨询日、电梯安全宣传周等开展安全培训宣传，组织特种设备应急救援演练，联合区住建局对老旧小区133台加装电梯进行备案，确保全区特种设备安全形势整体保持平稳。

【产品质量监管】 2021年，雨花区组织开展重点工业产品、市场监管系统交通问题顽瘴痼疾专项整治行动，检查生产经营单位200余家次，确保产品质量安全。推进安全生产“三年行动”集中攻坚，抽查车用汽柴油5批次，强化成品油产品质量执法监管。

【质量强区行动】 2021年，雨花区抓好品牌建设推进质量强区，组织重点企业参与“品牌建设年”“一品一故事”主题会，开展重点企业质量诊断活动和“质量月”主题活动。中国建筑第五工程局有限公司、长沙轨道交通运营有限公司、中建信和地产有限公司、红星实业集团有限公司红星农副产品大市场、中国电建集团中南勘测设计研究院有限公司获得湖南省品牌故事大赛奖。

【知识产权保护】 2021年，雨花区开展企业知识产权公共服务知识产权体检30家、指导贯标认证2家、指导专利预警2家，有效发明专利拥有量2940件，拨付湖南省知识产权战略专项项目资金90.5万元、发明专利授权补助28.4万元。优化知识产权政务服务，率先全市启动区块人才政策咨询窗口，在自贸区雨花高桥区块成立知识产权公共服务（雨花）分中心。办理专利标识不规范、假冒专利、商标侵权案件127件，其中茶颜悦色、鑫凯源汽配商标侵权案件分别处罚款30万元、25万元，获评全省典型案例。

【标准计量】 2021年，雨花区开展集贸市场、成品油市场等民生领域计量、能效水效及顽瘴痼疾专项整治，鼓励企业“诚信计量自我承诺”，核准检查101家单位，处置检验检测机构、涉粮领域定量包装不合格产品15个。成功申报获评国家级、省级标准试点示范单位2家，实现雨花区自贸区块范围内国家级试点示范单位零的突破。

【打击传销】 2021年，雨花区推进无传销城区创建，开展清查打击行动117次，捣毁涉传窝点24个，驱散劝返涉传人员64人，无传销社区（村）创建率98%，异地聚集式传销得到基本遏制。

【反不正当竞争】 2021年，雨花区开展公平竞争审查工作，对行业协会、商会收费以及中介机构收费等开展专项检查，加强对企业反不正当竞争行为法规宣传，打造健康合理的消费环境。

【消费维权服务】 2021年，雨花区开展“3·15”国际消费者权益日系列宣传活动，强化消费维权宣传教育，优化消费维权公共服务，开展“铁拳”行动，聚焦服务消费、线上消费、农村消费等重点领域和薄弱环节开展专题研究及专项整治，营造安全放心的消费环境。全年受理消费者投诉举报47870件，总办结数47695件，办结率99.63%，数量列全市第一，为消费者挽回经济损失437.74万元。

【疫情防控】 2021年，雨花区成立冷链食品疫情防控工作组，派驻红星冷链市场、云冷一号重点企业工作专班，建立定期督查制度，对未落实疫情防控措施的企业进行停业整顿4家，整改38家，约谈法人12家，指导企业建立进口冷链食品监管仓，落实统一消杀、“湘冷链”赋码销售等制度，确保进销可查；设立33个风险监测点，每月在全区冷库、进口冷链食品经营企业、从业人员中开展核酸采样风险监测60521批次，排查处置涉疫货物14批次80余吨；开展打击场外交易专项行动，查扣违法产品1303件，办理相关案件12起。发挥药店哨点作用，严防药品零售环节出现疫情隐患，上报常态化疫情监测警戒系统退烧、止咳、抗病毒、抗生素类药品“四类药品”零售记录16.71万人次。对18家授权接种单位疫苗运输、贮存、接种情况全面监管。开展重要民生商品价格监测，每周上报红星大市场蔬菜、肉类等重要民生商品价格，加强市场价格专项检查。开展野生动物交易、长江流域重点水域非法渔获物专项行动，组织督查行动4次，整改问题7个。

2021年3月11日，雨花区市场监管工作会议 （邓 帆 供图）

【创建食品安全示范区工作】 2021年1月28日，雨花区创建省级食品安全示范区动员会召开，全面启动省级食品安全示范区创建工作。区政府副区长易静，相关区直部门、各街镇分管食品安全负责人，食品安全委员会办公室主任，市场监督管理所所长共70余人参加会议。区食品安全委员会办公室主任、区市场监管局局长王金山作创建省级食品安全示范区工作报告，部署2021年创建省级食品安全示范区工作。会议强调，要增强抓好食品安全工作的紧迫感和使命感，扎实落实创建工作；要推进食品安全创建各项工作，创新机制体制，坚持问题导向，推进多元参与；要确保创建工作实效，织牢织密食品安全防护网。8月11日，雨花区创建国家食品安全示范城市工作动员部署会召开。区委副书记、代理区长黄军其，副区长提名人选周明，相关区直部门、街道（镇）负责人参加会议。会议强调，要聚焦重点，紧盯目标任务，坚持问题导向，守好底线工作，抓实动员宣传；要压实责任，构建齐抓共管格局。10月27日，长沙市委常委、市政府党组副书记彭华松，市政协副主席、市食安办主任、市市场监管局局长张庆和督查雨花区创建国家食品安全示范城市工作，考察圭塘街道养天和大药房（龙凯店）、山姆会员商店和徐记海鲜保利Mall店，关注企业如何通过食品安全标准化管理提升食品质量。

【市场监管工作会议】 2021年3月11日，雨花区市场监督管理工作会议召开。区政府副调研员刘贤宏主持会议。会议传达区委副书记、区长刘素月的会前批示精神。区市场监管局党组副书记、局长王金山作全区市场监管工作报告。会议通报2020年度先进集体和先进个人的表彰决定，与会领导为优秀集体和个人颁发荣誉证书。会议要求，全力推进自贸区雨花区块建设，深化市场准入制度改革，加强市场主体培育；加快推动质量提升，实施品牌发展战略，建设知识产权强区；推进跨部门“双随机、一公开”监管，组织开展重点行业、重点区域专项整治，着力强化消费维权；开展食品安全专项整治，推进药品安全治理行动，推进特种设备安全专项整治和“打非治违”三年行动；科学编制“十四五”规划，推进法治建设，加快信息化建设。

【国际消费者权益日宣传】 2021年3月15日，雨花区在全区范围内组织开展“3·15”国际消费者权益日系列宣传活动。活动主会场设在通程商业广场（红星店），各街道（镇）设分活动现场。该活动围绕“守护安全 畅通消费”主题内容，引导消费者合理消费、依法维权，主动投诉、举报失信经营行为。区市场监管局局长王金山致辞。活动通过摆放宣传展架、设立咨询服务台、宣读消费倡议书、现场辨识真假商品、有奖问答、发放宣传折页、以案说法等宣传形式让更多消费者知晓保护自己的合法权益。发放消费宝典、食品安全、长江“十年禁渔”从我做起倡议书、防范非法集资、知识产权、特种设备安全知识、消防安全、家庭健康等各类宣传资料1万余份，接待现场咨询200余人次，现场受理投诉举报100余个。

【市场准入“跨市通办”】 2021年4月9日，雨花区与株洲云龙示范区签订“跨市通办”合作协议，标志着雨花区在个人和企业政务服务事项上与株洲市石峰区、株洲云龙示范区和湘潭市岳塘区“跨市通办”线下业务工作全部打通。长沙市雨花区市场监督管理局与株洲市、湘潭市相关区县协商确定三地企业法人事项“跨市通办”工作机制和业务流转体系，规范登记业务、系统、办理事项标准；建立适用于异地办理事项的通办模式和办理流程。三地市场准入“跨市通办”事项涵盖企业设立、变更、注销登记等18个高频登记事项。市场准入“跨市通办”工作机制的建立，打破地域限制，实现办事群众异地就近申请，异地取照，异地办理事项“一次办好”，降低企业运行成本，提高办事者的办事效率。

【食品安全业务培训会】 2021年4月16日，雨花区召开2021年全区中学集中约谈暨食品安全业务培训会。各街道（镇）食安办主任、各市监所所长、全区中学分管领导食品安全副校长、后勤主任及学校食堂托管项目负责人100余人参加会议。区市场监管局副局长李志忠主持会议并约谈25所有“三考”任务的中学相关负责人。全区25所中学现场签订“食品经营安全承诺书”。区市场监管局餐饮服务安全监督管理科负责人对与会人员进行餐饮食品安全管理要点培训，讲解食品安全日常监督管理的相关业务知识。会议强调，全区中学应做到“四个不放松”（紧紧抓住校园食品安全主体责任不放松、紧紧盯住食品安全细节不放松、紧紧盯住食品安全重点时段不放松、紧紧盯住食品安全关键环节不放松）；各街道（镇）、市场监管所、学校要对辖区内所有学校从严过细逐条逐项进行检查，对校园周边涉食门店进行专项清理整治，严禁流动摊贩出现，对辖区内学校涉食工作人员进行统一培训，对校内师生进行食品安全教育，对学校食堂进行抽检检测。4月23日，雨花区市场监管局集中约谈全区大中专院校并进行食品安全业务培训。李志忠主持会议并对20所大中专院校相关负责人进行约谈。区市场监管局餐饮科负责人对与会人员进行餐饮食品安全管理要点培训，讲解了食品安全日常监督管理的相关业务知识。与会人员现场签订“食品安全承诺书”。会议要求各大中专院校要重点抓好“四不放松”，严格落实各项食品安全工作。

【长沙片区知识产权公共服务（雨花）分中心揭牌】 2021年4月20日，中国（湖南）自由贸易试验区长沙片区雨花区块人才综合服务站及长沙片区知识产权公共服务（雨花）分中心在雨花高桥区块出口集聚区举行授牌仪式。长沙市知识产权局局长孙进出席活动并为雨花授牌。知识产权公共服务（雨花）分中心，是全市第一家知识产权公共服务分中心，将为企业和市民提供知识产权公共项目申报、知识产权托管、高校知识产权成果转化等10余项事项的办理，开展知识产权维权援助，提供法律法规、申请授权、纠纷解决等方面的咨询服务，接收专项智力援助申请等，为区域内主导产业或特色产业建立专利专题数据库，开展重点专利导航指导等。

【知识产权宣传周】 2021年4月22日，长沙市雨花区、株洲云龙示范区2021年知识产权宣传周启动仪式举行，旨在鼓励和推动企业开展知识产权创新创造、保护和运用，践行长株潭保护知识产权理念，强化区域协作，加快长株潭一体化建设。湖南省知识产权局保护处处长李承惠，长沙市知识产权局副局长黄向红等，株洲云龙示范区企业，长沙市雨花区13个街道创新型企业（镇）代表，雨花经开区创新型企业代表，雨花区委宣传部，长沙民政职业技术学院，长沙环境保护职业技术学院，湖南科技职业学院和长沙航空职业技术学院代表参加活动。启动仪式上，对雨花区知识产权服务品牌机构、长沙七源知识产权代理有限公司、长沙市商标品牌协会、雨花区中小微企业服务中心、中国人民财产保险股份有限公司长沙市分公司和长沙银行金城支行进行授牌。与会企业相互交流，现场培训商标品牌保护、专利保险等知识产权相关知识。李承惠要求，要全面加强知识产权保护，提升知识产权创造水平、保护水平、运用水平。

【食安委全会】 2021年5月13日，雨花区2021年度食品安全委员会第二次全体会议召开。区政府副区长易静出席会议，会议由区人民政府二级调研员刘贤宏主持。传达市食品安全工作调度会会议精神，通报本年度食品安全工作情况，部署近期食品安全及创建重点工作。会议强调，要加大食品抽检力度，完善食品污染物和有害因素监测网络，健全食源性疾病监测报告系统；加强专项整治工作，推进“护苗”行动，餐饮质量安全提升行

2021 年 9 月 17 日，雨花区进口冷链食品集中管理库建成　（邓　帆　供图）

动，开展“餐饮从业人员培训年”活动，推进网络食品安全“网剑”行动；提升应急处置能力，减少食品安全事件的危害。

【雨花区首张咖啡烘焙加工小作坊证】　2021 年 8 月 5 日，雨花区市场监管局向长沙市玖秀咖啡有限公司经营业主颁发全区首张咖啡烘焙加工小作坊证，标志着中国（湖南）自由贸易试验区长沙片区雨花区块中非贸易咖啡烘焙小作坊登记办法落地实行。高桥大市场汇聚非洲各国精品咖啡豆，是中非经贸咖啡资源聚集地、非洲咖啡展示体验和分销中心、咖啡茶饮“一站式”孵化基地。区市场监管局副局长魏学峰多次带领相关科室深入高桥咖啡一条街开展食品安全调研，选取长沙市玖秀咖啡有限公司作为试点单位，通过现场验收，发出雨花自贸区第一本咖啡烘焙加工小作坊证。

【雨花区进口冷链食品集中管理库建成】　2021 年 9 月 8 日，雨花区市场监管局召集大型冷链交易市场管理方，就设置集中管理库及其配套制度进行分析研讨，会议决定在红星冷链交易中心和云冷一号冷链交易中心设立进口冷链食品集中管理库，把好进口冷链食品进入消费市场的第一道关口，强化进口冷链食品疫情防控工作。筹备期间，区委、区政府多次研究集中管理库建设工作，对集中管理库准备情况进行指导。区市场监管局牵头，联合区疾控中心加强服务指导，协助企业制定方案，加快进口冷链食品集中管理库建设，完成各项准备工作。9 月 17 日，红星冷链、云冷一号 2 个大型冷链交易市场进口冷链食品集中管理库建成。凡进入冷链交易市场的进口冷链食品，均须按照“采样全覆盖、样本全检测、包装全消杀、商品全追溯、人员全管理”“设置专库存放、配备专职人员、开辟专项通道、实行专班检测、建立专管台账、组织专业消杀”的“五全”“六专“要求，进入集中管理库，完成集中消毒和检测。红星和云冷一号冷库，均按照“一主一备”的模式设置集中管理库，总库容量分别为 1360 吨和 610 吨。根据作业需求，科学设置专用的月台、电梯、通道、卸货工具。固定搬运人员须按要求完成疫苗接种，集中食宿管理，加强个人防护和健康监测，定期开展核酸检测，做到直接接触高风险人员精准管理。集中管理库启用后，所有进入雨花辖区储存、销售、生产加工的进口冷链食品均通过有效的消杀，消除从港口监管仓到冷库之间运输环节带来的污染风险。

【上榜“中国商品市场综合百强”】　2021 年 10 月 22 日，中国社会科学评价研究院发布 2021“中国商品市场综合百强”榜单。榜单聚焦商品市场，综合硬件基础设施、软件规范完善程度、服务意识、能力和水平，依据规模指标、管理人员指标、收入和利润指标、线上商户及规模商户指标等综合得出。湖南省有 5 个市场入围。雨花区 2 个市场上榜，其中湖南高桥大市场位列榜单第 4 位，长沙红星农副产品大市场位列榜单第 23 位。11 月 4 日，长沙市市场监管局举行中国商品交易市场百强市场授牌仪式暨座谈会，长沙市政协副主席、市市场监管局局长张庆和为上榜企业代表授予“中国商品市场综合百强”牌匾。

【雨花区开出湖南省反食品浪费首张罚单】　2021 年 11 月 24 日，长沙市雨花区市场监督管理综合行政执法大队在巡查时发现，雨花亭街道劳动东路段某餐饮店未在店堂经营区域内，主动对消费者进行防止食品浪费提示提醒，未张贴或者摆放反食品浪费标识，违反《中华人民共和国反食品浪费法》第七条的规定。执法人员当即对该店负责人进行批评教育，指出存在问题，并依据《中华人民共和国反食品浪费法》第二十八条之规定，当场对当事人作出警告行政处罚，责令限期改正违法行为。这是长沙市市场监管部门开出的行政处罚罚单，也是湖南省的首张该类罚单。

（本栏撰稿　邓　帆）

国有资产管理

【概况】　2021 年，长沙市雨花区国有资产事务中心（简称“区国资中心”）推动区属国企高质量发展，完善以管资本为主的国资监管机制，提高国有资本经营效能，放大国有资本功能，实现国有资产保值增值，在国资监管、资产盘活、国企改革、平台公司转型、建立健全区属国企激励约束机制、全面提升国企党建水平等方面取得成效。

【规划发展】 2021年，雨花区出台《长沙市雨花区国企改革三年行动工作方案（2020—2022年）》，明确53项具体任务目标，攻坚外部董事和职业经理人制度建立、混合所有制改革、企业市场化经营、现代企业制度完善、把党的领导融入公司治理各环节等重点改革事项。建立国企改革工作推进机制，成立由区委副书记、区长挂帅的区国企改革和发展领导小组，组建区属国企改革工作专班，把改革任务纳入年度绩考指标。组织混合所有制改革专题培训，邀请市国资委专家进行授课。探索区属国企子公司层面混改先行试点工作。出台《区属国有独资公司章程指引（试行）》。组建雨花城投集团公司为主体的平台公司转型工作专班，初步拟定雨花城投公司市场化转型方案，建立区属国企承接政府投资项目的流程和制度，制定补办资产权证清单。做好雨花经开开发公司和雨花经开创投公司的章程备案。

【产权管理】 2021年，雨花区出台《雨花区国资监管提示函工作规则》《雨花区国资监管意见书工作规则》《雨花区国资监管通报工作规则》，下发《关于进一步规范区属国有企业国有资产交易监督管理有关事项的通知》。制定《雨花区国有资产清查工作方案》，推进经营性国有资产集中统一监管，盘活区属国企的存量资产，增加国有资产经营收入，促进国有资产保值增值，降低区属国企化解债务的压力。组织开展对区属国企产权进行登记。推进"三资"（存量资金、资产、资源）盘活，全区共实现资产盘活经营性收入1.16亿元，其中区属国有企业7469.41万元。完成长沙卷烟厂原职工医院的产权划转手续办理，实现租赁收入188万元。

【评价考核】 2021年，雨花区修订区属国有企业负责人经营业绩考核办法与实施细则，围绕企业中心项目、重点项目进行差异化考核，促进区属国企聚焦主营主业发展。根据《雨花区国有企业负责人薪酬待遇方案》建立以基本年薪、绩效年薪、任期激励收入为要素的薪酬激励机制，完成区属国企负责人2020年薪酬核算与发放，推进国企负责人"五险一金"购买方案稳步实施，确保区属国企负责人薪酬相关政策的落地。建立国企发展改革奖励资金机制，明确区属国企负责人年度激励奖金和三年任期激励奖金的发放主体、发放原则和发放标准。组织2020年度区属国有企业负责人经营业绩考核。做好向人大报告2020年度企业国有资产管理情况。

2021年5月21日，雨花区国有企业改革三年行动暨混合所有制改革专题培训会议 （彭 宸 供图）

【国企改革三年行动】 2021年5月21日，雨花区国有企业改革三年行动暨混合所有制改革专题培训会议召开。区国资中心、区发改局、区财政局、区审计局、区司法局和区属国有企业的相关负责人参加培训。长沙市国资委企业改革处处长彭亚辉授课，解读国家、省、市国企改革三年行动的指导思想、工作任务，重点指导混合所有制改革实操。与会人员围绕区属国有企业的治理结构、监管机制、运营模式、约束激励等进行分析和研讨。11月23日，雨花区防范债务风险暨国企改革三年行动工作调度会召开。区国资中心班子成员、区属国企主要负责人及分管领导参加。区国资中心党组成员、副主任王琪组织学习有关债务管理工作通报的文件精神，区国资中心副主任肖飞就雨花区国企改革三年行动及平台公司转型工作进行部署和要求。会议强调，要通过国企改革三年行动做强做优做大国有企业；要加强债务风险防控，统筹推进抓好债务风险防控和国企改革。

（本栏撰稿 彭 宸）

国有资产经营

【概况】 2021年，长沙市雨花国有资产经营集团有限公司（简称"雨花国资集团"）以"聚焦国企改革、深耕绿色产业、服务区域发展"为使命，倡导"担当作为、创新致远、融合共赢"的企业核心价值观和"以德强基、以廉兴企"的廉政文化，深化改革、转型升级，致力打造成践行生态文明发展理念的标杆型国有企业。立足重要行业、重点片区、关键领域的投资运营和实体经济振兴，深耕“一河两片两公园”（一河：圭塘河综合治理；两片：跳马片区融城小镇及绿心中央公园、红星片区城市更新；两公园：井塘公园、圭塘河生态景观公园）产业核心，推动长株潭一体化进程、服务区域经济发展、推进污染防治、促进建筑垃圾资源化利用、提升人居环境取得重要进展，分段完成和持续保障圭塘河美丽蝶变。雨花国资集团是经雨花区人民政府批准成立的国有独资大型资本运营类企业，注册资本金18亿元。公司主营生态旅游、产业运营、地产开发、基金投资、文化综合5个领域，下辖长沙市圭塘河流域开发建设有限公司、长沙市三力物业管理有限公司、长沙市雨花城投报建咨询有限公司、长沙市雨花农业综合开发有限责任公司、长沙圭塘河岸商业运营管理有限责任公司、长沙绿心康养文化旅游开发有限责任公司；参股长沙润置雨花房地产开发有限公司、湖南润益森环保科技有限责任公司；通过下属企业组建湖南雨泰文化有限公司，参股长沙中建圭塘河建设开发有限责任公司、湖南滴嗒泊车科技有限公司。

【建筑垃圾资源化特许经营】 2021年2月24日，雨花国资集团、湖南禧悦环保科技有限公司合资成立湖南润益森环保科技有限公司。3月10日，湖南润益森环保科技有限公司与雨花区住建局签订长沙市雨花区建筑垃圾资源化利用特许经营项目特许经营协议。特许经营全区拆除垃圾（含道路沥青垃圾）、工程垃圾、装修垃圾3类建筑垃圾的资源化处置（不包括工程渣土和泥浆），推动绿色发展。

【圭塘河排口投入使用】 2021年5月，长沙市雨花区圭塘河基础设施51号、53号排口智能化改造项目竣工并投入运行。圭塘河51号排口位于圭塘河中下游东岸，隶属于天际岭水系，汇水面积406.96公顷；53号排口位于圭塘河中下游东岸长塘路桥下，隶属于长塘路水系，汇水面积450公顷。圭塘河51号、53号排口由于早期建成时建设标准较低，存在局部管道淤积、排出口溢流污水量大、对圭塘河水体水质造成污染等问题，已不能满足环保要求和使用需求。2020年12月，雨花区启动51号、53号排口改建，通过在排口末端对原有箱涵扩建和增加智能调控设备，实现小水量基本达到污水零排放、臭气不外溢，大水量排洪及河水不倒灌的防护目的。依托手机专用App远程观测管涵内的水量及水体情况，实现自动、手动两种方式智能调控分流。排口的投入使用，有利于减轻污染物大幅度下河的风险，改善圭塘河水体质量、保护周边环境。

【刘素月调研绿心中央公园项目建设】 2021年5月13日，雨花区委副书记、区长刘素月率队赴跳马镇考察调研。雨花国资集团党委书记、董事长陈萍汇报国资集团绿心中央公园前期研究成果和规划展望。刘素月一行实地考察绿心中央公园绿道、圭塘河步道、天鹅古井、省花博会选址、石燕湖地下党支部、茶林塘粮仓、左宗棠墓等现场。刘素月指出，要打造一批生态、文化旅游精品点、精品线；加快项目建设，推进花博会展览馆、绿心中央公园绿道、金屏融城科创小镇建设，加强文化资源保护开发；要创新开发模式，走出全域旅游发展的新路子。

（本栏撰稿　刘荟琪）

产业经济

商　务

【概况】　2021年，雨花区争当现代国际商贸服务先行区，提升商贸业态、社零贡献度、外贸贡献度。全区完成社会消费品零售总额755.08亿元，比2020年增长14.1%；完成限上社会消费品零售总额290.23亿元，比2020年增长11.3%；新增限上商贸企业63家；完成外贸进出口36.17亿美元，比2020年增长38.05%；完成外商直接投资6494万美元，比2020年增长302.35%；完成实际到位内资256.34亿元，比2020年增长27.85%；新注册"三类500强"企业4个，均为世界500强；新引进"三类500强"企业投资项目7个；完成跨境电商交易总额2465万美元。为企业争取中央和省、市、区各类奖补资金，拨付资金3000万余元。区商务局被评为2021年全市商务工作先进单位、全市商务工作（对外经济合作）先进单位、全市商务工作（社零）先进单位、全市商务工作（成品油）先进单位、全省商务工作先进单位、第六届中国国际食品餐饮博览会优秀组织奖；雨花区获评长沙市创新实干推进高质量发展（打造内陆开放高地）成效明显地区；指导天虹百货沙湾公园店成功创建国家级绿色商场，长沙高铁吾悦广场成功创建省级绿色商场。

【招商引资】　2021年，雨花区推动美凯龙汇金中心、绿地长沙之门（一期）项目、诺贝尔脑健康科学项目等12个亿元以上重大项目落地，总投资327.7亿元。协助盒马鲜生申报市、区外资奖励政策80万余元。跟踪服务零食很忙完成融资2000万美元，协助企业仓库整体搬迁。推进"品牌首店"政策，奈尔宝、京东"七鲜"、徐记海鲜"蓝麒麟"店、蔚来汽车牛屋、极宠家等一批品牌首店落地雨花区。5月22日，雨花区代表团参加长沙市人民政府在北京举办长沙投资环境北京推介会，走访北京京师律师事务所等企业。7月28日，雨花区代表团参加2021湖南—粤港澳大湾区投资贸易洽谈活动，在主体活动湖南"三高四新"战略暨中国（湖南）自由贸易试验区推荐会上，雨花区委副书记、代理区长黄军其代表雨花区与百福东方集团签约诺贝尔脑科学健康项目，雨花经开区企业大族激光智能装备集团总经理陈焱作为企业家代表发言。9月6日，雨花区代表团参加长沙市推进"三高四新"战略暨投资环境（上海）推介会，区政府副区长易静与中国金茂华中区域副总经理、长沙事业部总经理汪进德作为签约代表，就金茂智慧科学城项目现场签约。10月12日，雨花区代表团参加长沙市推进"三高四新"战略暨投资环境（深圳）推介会。雨花经开区党工委副书记、管委会主任曾红鹰，深圳大族智能装备集团通用平面切割产品线总经理蔡建平作为签约代表，现场签约大族智能装备中西南区域总部项目。

【商贸流通】　2021年，雨花区提振消费，成立促消费工作领导小组。打造四季主题促消费系列活动，实际投入资金1100万余元（含花博会等），撬动消费750亿余元。联动汽车、百货、餐饮等众多行业企业开展促销活动，"'一带四圈'（圭塘河商业经济带、红星商圈、东塘商圈、高铁商圈、高桥商圈）大促销、千企万店都让利"活动氛围浓厚。全区开展各类促消费大型活动21场、子活动611场。区商务局开展疫情防控督导，检查企业156家次，督促问题整改232个；开展安全生产集中整治攻坚行动，下达消防安全隐患整改书33份，督促整改安全隐患261处；牵头组织交通、市监、公安和街镇开展危险化学品打非治违行动12次，查处非法销售、非法储存危险化学品行为12起，刑事立案1起；完成16家企业的三次油气回收改造任务。引导商场拓展线上服务，提供绿色服务和到家服务。加大节能降耗和绿色环保宣传力度，引导绿色消费。引导、支持辖区数十家企业参加2021第四届中国国际进口博览会。组织企业参加2021（第六届）中国国际食品餐饮博览会。组织企业参加2021"味道湖南"美食季活动，雨花区7道菜品、10家餐企、9位厨师获得荣誉，荣誉总数占全市的21.7%。

【外经外贸】 2021年，雨花区与中国出口信保湖南分公司共同搭建政府统保平台，对达到条件的小微外贸企业投保出口信用保险费用实行全额补贴。雨花区成为全市首个搭建统保平台、全额补贴保费的区（县）。组织外贸业务培训。落实各级开放型经济扶植政策10项，发放扶持资金1000万余元。协助自贸雨花片区落实市场采购市区资金扶持政策，发放扶持资金2500万余元。全区外贸企业数量逐年增多，对外贸易经营者备案登记企业1382家，其中新增215家（不含自贸片区企业）。

【电子商务】 2021年，雨花区依托高桥大市场、红星大市场，推动电子商务快速发展。推进电商物流园建设，加快打造中南地区电商集聚区、现代物流核心区和新零售集聚城。组织指导企业申报省、市、区电子商务产业专项资金和跨境电子商务产业扶持资金401万元。协助出台雨花区块跨境电商配套政策，吸引跨境电商企业入驻，扶持潜力大、带动能力强的企业做大做强。多次组织开展专题培训，长株潭跨境电子商务行业培训，三地参训企业120余家。

【绿色商场创建】 2021年，雨花区加大节能降耗和绿色环保宣传工作力度，指导商场推动线上线下融合，引进自助买单和PAD收银，提供到家服务，引导绿色消费。全区大部分商场设置无障碍停车位、吸烟专区、残疾人洗手间、母婴室等，适应绿色消费需求。2021年3月8日，商务部公布144家2020年绿色商场创建单位名单，雨花天虹百货沙湾公园店入围。11月，长沙高铁吾悦广场被认定第三批省级绿色商场创建企业，拟推荐参评2021年度国家级绿色商场创建企业。

【“四季缤纷 畅购雨花”四季主题促消费系列活动】 2021年，以重点节假日为契机，在全区范围内广泛开展线上线下相结合、商贸文旅相融合的“春之约”“夏之礼”“秋之韵”“冬之味”四季主题促销活动，实际投入资金1100万余元（含花博会等），撬动消费750亿余元。“春之约”聚焦商贸品牌，以“消费力·品牌雨花”为主题，挖掘品牌故事，从而引领消费，创造消费；“夏之礼”聚焦夜经济，以“新夜态·点亮雨花”为主题，通过线上导流、社群传播，引导市民朋友打卡夜经济景点；“秋之韵”聚焦网红经济，以“幸福味·网红雨花”为主题，发布“网红长沙打卡路线”；“冬之味”聚焦车展、年货，以“嘉年华·福满雨花”为主题，聚焦“一带四圈”商贸格局，炒热板块。10月，长沙市商务局启动“特色主题示范活动”评选，经过网络投票和专家评审，区商务局组织开展的“四季缤纷 畅购雨花”四季主题促消费系列活动暨春之约——消费力·品牌雨花、“激情夏日·嗨购雨花”第八届雨花区黄谷路汽车消费节2项主题活动及辖区商超组织开展的4项子活动成功入选。

4月22日，“四季缤纷 畅购雨花”四季主题促消费系列活动暨春之约——消费力·品牌雨花启动仪式在长沙高铁吾悦广场启动。雨花区商务局党组书记、局长李绍萍致辞，发布四季主题促消费系列活动。活动现场重点推介通程百货、通程电器、友谊商城、友阿百货、步步高、零食很忙、盒马、屈臣氏、苏宁易购、咿呀、贝贝熊、奈尔宝等辖区品牌商超、品牌新零售、“儿童经济”。咿呀、盒马鲜生、零食很忙等企业代表现场进行品牌宣讲。雨花区金融事务中心组织2家试点运营银行在现场布置展台，提供数字人民币咨询服务。现场向获得2020年“品牌首店”政策奖励的企业授牌，湖南省味宴餐饮连锁管理有限公司、长沙零食很忙食品有限公司获新入驻商贸零售总部奖，长沙檀湘文化传媒有限公司引进的“中国照相馆”获华中区首店品牌入驻奖，长沙市雨花区食韵餐饮店引进的“李家木屋烧烤”获长沙市品牌首店入驻奖。

6月8日，“激情夏日·融城嗨购”第八届雨花区黄谷路汽车消费节启动仪式暨名车展在同升街道旭辉雨金广场营销中心前坪举行。雨花区同升街道黄谷路6S街区18家汽车销售企业和洞井、圭塘、高桥等街道8家汽车销售企业参与。同升街道党工委副书记、办事处主任邓星致辞。各车企单位的6位销售顾问宣誓。旭辉雨金广场项目经理康朝辉介绍旭辉项目的基本情况。现场开展微信抽奖互动。7月22—25日，第八届雨花黄谷路汽车消费节活动之重磅大戏——汽车大联展在圭塘海绵公园溪悦荟外广场举行，26家主流4S店参加，入展车辆100余辆。该汽车消费节推出“我的黄谷路”——微信答题赢大奖；云上团购·买车“抖”起来；“激情夏日·融城嗨购”——雨花区汽车团购大联展；“时尚黄谷路，买车鲜生活”——买车送盒马鲜生，10万购物卡抽不停；“美丽网红4S店”抖音评选5个主题营销活动，销售汽车4628台，销售产值11亿余元。

9月30日，“四季缤纷·畅购雨花”秋之韵暨幸福中国家活动在长沙高铁吾悦广场启动。活动结合长沙高铁吾悦广场促销，让更多的市民和游客乐享雨花购物、乐游雨花美景、乐品雨花美味，打造全年持续、全场促销、全业态参与的雨花促消费品牌活动。

12月10日，“冬之味·福满雨花”消费嘉年华活动在长沙高铁吾悦广场启动。活动联动辖区高桥大市场、高铁吾悦广场、苏宁易购、旭辉MALL、通程百货、溪悦荟、步步高星城天地等各大企业商家，开启“双十二”狂欢购、元旦奏响新年、春节如虎添翼年货盛宴、元宵节新春游园会等活动及情人节女神专场特色活动。活动延续至2022年2月25日。

【出口信用保险政府统保平台搭建】 2021年3月31日，雨花区与中国出口信用保险公司湖南分公司签订协议，搭建出口信用保险政府统保平台，对2019年出口额300万美元以下（不含）的小微外贸企业投保出口信用保险费用全额补贴，雨花区成为长沙市第一个搭建统保平台、全额补贴保费的区（县）。注册地在雨花区、职工人数在100人以内，且2019年出口额300万美元（不含）以下的企业，通过平台可实现一键式操作、全程无纸化投保。雨花区在省补贴75%出口信保费用的基础上，对剩余25%保费给予补贴。平台内企业不用提前垫付保费，也无须额外支付费用。企业投保后，对出口后因买方信用等原因造成的货款损失，可获得风险赔偿。平台提供资信调查、风险咨询和商账追收等风险管理服务，帮助企业甄别客户提升接单和风控能力，解决“有单不敢接”问题；提供融资配套服务，帮助企业缓解资金压力，解决“有单无力接”问题。

【雨花区获评“2020十大最具投资吸引力城区”】 2021年4月2日，长沙市雨花区在2021环球城市招商引资推介大会暨颁奖典礼上，获评“2020十大最具投资吸引力城区”，成为全省唯一获此称号的城区。雨花区把招商引资作为赶超发展的“一号工程”，推进产业兴区、产业强区建设，突出“内城区、主城区、新城区、开发区、生态区”组团发展，通过片区建设加强产业承载能力，通过产业招商强化片区功能属性，着力开发建设高铁新城片区、跳马片区、雨花经济开发区、红星片区、雅塘片区、雨花现代电子商务产业园等6个重点片区，发展商贸流通、新能源汽车、机器人及智能制造、电子商务及物流、科技服务、全域旅游、文化创意7个重点产业。作为长沙打造东部开放型经济走廊的核心区域，雨花区拥有高铁会展新城与南部片区2个省级战略发展平台，以及中国（湖南）自由贸易试验区加持。

【4个重大项目落地雨花区】 2021年6月1日，长沙市2021年第一批集中供应土地摘牌揭晓。雨花区落地4个重大产业招商引资项目（含“三类500强”项目3个），总投资约155亿元。项目包括位于自贸试验区雨花区块高铁新城片区的长沙之门一期项目、诺贝尔脑科学健康中心项目、汽车文化主题公园项目和位于雅塘片区的城市更新综合改造产业项目。

【“共建雨花跨境电商”签约仪式】 2021年6月18日，长株潭跨境电子商务行业培训暨“共建雨花跨境电商”签约仪式在雨花区高桥大市场国际商品展示贸易中心举办。活动由长沙市雨花区、株洲市石峰区、湘潭市岳塘区三区商务（粮食）部门共同主办、湖南省跨境电子商务协会承办。长株潭120余家企业参加。雨花区商务局党组书记、局长李绍萍致辞。现场举行“共建雨花跨境电商”项目签约仪式，成立雨花跨境电商协会。湖南省跨境电子商务协会与湖南高桥大市场股份有限公司合作，共同推动雨花跨境电商行业发展。举办跨境电商行业培训分享会。长沙市商务局电子商务处处长袁芳宣讲长沙市跨境电商相关政策；湖南省跨境电子商务协会秘书长余芳分析跨境电商行业趋势；eBay、亚马逊、阿里巴巴国际站等跨境电商平台讲解分享开店运营技巧、实操经验等。

2021年4月2日，雨花区获评“2020十大最具投资吸引力城区”（周　坤　供图）

【长株潭一体化暨乡村振兴专场线上培训会】 2021年8月18日至19日，跨境电商与保税物流创新发展暨智慧口岸建设交流会——长株潭一体化暨乡村振兴专场线上举办。该培训由商务部培训中心主办，雨花区商务局联合主办，株洲市石峰区商务和粮食局、湘潭市岳塘区商务局、怀化市溆浦县商务局协办，主要学习外贸、跨境电商、市场采购贸易、物流等业务和政策，旨在推动长株潭外贸企业发展，促进传统外贸企业转型。8月18日，复旦大学管理学院“离岸金融与跨境投融资”课程导师陈硕分别以“保税物流监管与保税物流创新发展”“解读加快发展外贸新业态新模式意见”为主题授课；8月19日，上海美华系统有限公司董事长罗贵华以“跨境贸易发展趋势与数字化对策”为主题授课，上海国际贸易中心战略研究院执行院长姚为群以“对接提高标准国际经贸规则”为主题授课。

【雨花区参展食餐会】 2021年9月10—12日，第六届中国国际食品餐饮博览会（简称“食餐会”）在长沙国际会展中心举行，雨花区引导辖区11家企业参展，是长沙市参展企业数量最多、展馆面积最大的区县。雨花区搭建形象展示馆，雨帆噜渴乳业、长沙磕磕食品、湘榀缘、继丰食品4家企业参展；高桥大市场打造中非经贸合作促进创新示范园为主题的特展，开设高桥大市场展馆，长江万里、盛和咖啡+芒果包装、捷欧咖啡、凯喜咖啡、王力咖啡、玖秀咖啡6家商户参展；盒马生鲜展馆举行“鲜美生活新趋势”——盒马新零供2.0战略发布会，围绕消费升级新形势下消费者对于新鲜、健康的需求增长，分享十大鲜美生活新趋势，同步推出盒马湖南新米季、盒马湖南本地鲜项目。雨花区邀请溆浦县农商慧联电子商务有限公司、溆浦县瑶山红种养农民专业合作社2家企业免费参展。

【外贸专题培训班】 2021年9月13日，雨花区组织开展长株潭一体化外贸形势分析与研判专题会暨雨花区2021年外贸专题培训班开讲。100余家外贸企业、150余名学员参训。开班仪式由雨花区商务局党组书记、局长李绍萍主持，区政府二级调研员刘贤宏致辞，长沙市商务局副局长汪东华讲话。湖南工商大学教授罗双临就长株潭对外贸易最新形势进行分析与研判。长沙电子口岸公司周奕朗就《中国（湖南）国际贸易“单一窗口”提前申报应用与推广》课题进行分享，介绍提前申报的定义、政策背景、主要优势、相关要求和注意事项。培训持续4天，围绕海外客户开发、国际物流运输、进出口清关等方面进行授课，助力更多小微外贸企业做大做强。

（本栏撰稿　周　坤）

现代服务业

【概况】 2021年，雨花区推进自贸试验区雨花区块，坚持管理体系先行、平台搭建先行、业态创新先行、营商环境先行，推进先行区建设，建设数字化支撑、全链条金融、全方位服务、立体化物流和省、市、区三级政策保障五大服务体系，加大项目投入和资金配套，致力营造环境最优、成本最低、效率最快、流程最简、全国最优的自贸试验区服务。中国（湖南）自由贸易试验区长沙片区雨花区块（简称“自贸雨花区块”）新增企业1073家；完成固定资产投资49.17亿元；引进金融机构5家；完成外贸进出口总额104.31亿元；完成外商直投3558.6万美元。2021年4月，雨花区撤销区现代服务业发展中心（区市场采购贸易服务中心），成立中国（湖南）自由贸易试验区长沙片区雨花管理委员会（简称“自贸长沙片区雨花管委会”）。

【制度创新】 2021年，自贸雨花区块搭建“两会一载体”，构建政府主导、智库协同、企业参与的“政研商”一体化推进机制，聚焦重点国别、重点课题、重点产业开展重点研究，形成10个平台、10个中心（展览中心、法律中心、驻地中心、语言中心、咨询中心、外贸中心、项目研发促进中心、经贸国际交流中心、中非留学生孵化中心、中非经贸创新创业孵化基地）、10条进出口产业链（咖啡、腰果、夏威夷果、可可、芝麻、干辣椒6条进口产业链，有色金属、地方特色出口产品、农产品、箱包皮具小商品4条出口产业链）。探索由市场主体——高桥大市场作为自贸区建设的承载主体，构建非洲非资源性产品集散交易中心、中非经贸企业孵化中心、中非经贸综合服务中心和中非金融服

2021年9月13日，雨花区2021年外贸专题培训会　（周　坤　供图）

务平台“三中心一平台”。承接长沙片区113项改革事项中的96项，牵头5大项13小项，实施率100%，完成率85%；打造全省“10个首创”（首个非洲在华非资源型交易和集散中心、首个中非经贸博览会常设展馆、首个中非经贸专业研究机构、首个中非跨境人民币中心、首个中非直播电商孵化中心、首个港澳联营律师事务所、首个市场采购贸易风险补偿机制、首个市场采购贸易奖扶贷机制、首个易货贸易试点、湖南自由贸易试验区首个咖啡烘焙加工小作坊证）；形成制度创新成果14项，其中市场监督领域“触发式”综合监管新模式、中非跨境产能合作新体系、探索建设中非跨境人民币中心、创新实施免罚三清单、市场采购贸易方式发展新路径5个成果编入第一批省级制度创新成果案例库，4个拟申报国家级案例。

【招商引资】 2021年，自贸雨花区块通过代理招商、集群招商、推介招商等方式，紧盯外向型贸易企业、“三类500强”（世界财富500强、中国企业500强和民营企业500强）企业、外资直投企业，引进重大产业项目14个，总投资623.3亿元。建设重大功能性平台8个，非洲在华非资源性产品集散和交易中心第一批重点打造的产品——非洲卢旺达干辣椒在中国首发上市，长沙首张咖啡烘焙加工小作坊登记证落地雨花区。中非经贸合作促进创新示范园一期15万平方米建成运营，入驻龙头企业和机构108家，引进金融机构7家；二期9万平方米投入使用，重点打造中非医药健康、中药材进出口基地、中非经贸企业总部中心，投资总额4.8亿元。

【金融创新】 2021年，自贸雨花区块创新建立“市场采购贸易方式试点风险补偿机制”和“市场采购贸易方式试点奖扶贷机制”；联合中国工商银行，推进中非跨境人民币中心建设，赋能中非贸易。成立区国有平台——湖南雨非产业投资有限公司，主营供应链金融服务，为辖区轻资产贸易企业解决“融资难、融资贵”的困境。

【服务业发展】 2021年，雨花区启动《雨花区现代服务业高质量发展综合评价办法》，评选表彰高端规模型、稳定成长型、活力创新型优质服务业企业11家、服务业先进工作者60余名；强化企业服务，对中国电建集团中南勘测设计研究院有限公司、中国能源建设集团湖南省电力设计院有限公司、中国轻工业长沙设计院等重点科研设计企业开展走访帮扶，为企业解决金融投资、战略合作、市政建设等一系列问题。高桥板块的中非经贸合作促进创新示范园（一、二期）、国际商品展示贸易中心建成投入使用。推进高铁新城板块的长沙之门（一期）、浏阳河国际文创基地（一期）等11个重大项目。高桥大市场市场采购贸易方式试点健全政策支持体系，出台专项扶持办法。

【市场采购贸易】 2021年，雨花区推进湖南高桥大市场市场采购贸易方式试点在海关、外管、市监、税务等部门的支持下，健全政策支持体系，出台专项扶持办法；开通全国通关一体化试点，打通以长沙为中心的向南、向东、向西的水路和陆路出境通道；建立风险补偿机制，开展规范提质专项行动；强化主体培育，举办广州、长株潭、义乌等专场招商推介活动10余场；湖南高桥市场采购贸易方式试点全年累计出口84.4亿元，同比增长21.6%。12月31日，经国家海关总署食品局批复同意，试点获批开展全国第三、中西部唯一的市场采购贸易出口预包装食品工作。

【优化营商环境】 2021年，自贸雨花区块承接赋权事项省级31项、市级25项；推出首批6项“一件事一次办”特色套餐；推出优化营商环境十大改革举措；设立一站式全程代办服务中心；打造24小时政务自助服务厅；制定雨花区块产业扶植政策“黄金十条”和招贤揽才“人才六条”；建设中非经贸博览会常设展馆，打造“永不落幕的中非经贸博览会”，第二届中非经贸博览会召开，分展馆累计接待采购商1.3万人，线下参会5.7万人。自贸雨花区块被《环球时报》评为“2021年十大最具投资价值产业园区”。

【“一站式”全程代办服务中心揭牌】 2021年1月7日，中国（湖南）自贸试验区中非经贸合作促进创新示范园2021年首批入驻企业集中签约仪式暨“一站式”全程代办服务中心揭牌仪式，在湖南高桥大市场中非经贸合作促进创新示范园举行。湖南省政府副省长何报翔，长沙市政府副市长朱东铁，雨花区委副书记、区长刘素月等，以及签约企业代表和媒体人士约220人参加仪式。中非跨境电商综合服务平台、湖南中芯供应链公司、友阿易货贸易销售结算公司、上海凌航实业集团、青岛思锐国际物流公司等72家企业集中入驻。雨花区委常委、常务副区长龚畅为“中非经贸深度合作先行区一站式全程代办服务中心”揭牌，该中心对标行政审批“一件事一次办”的要求，创新建立接待咨询、受理委托、跟踪办理、协调联动、情况反馈5个标准化服务流程，为投资者提供商事登记、外贸服务、创业辅导、税务服务、品牌建设等16项全天候、全流程、全领域、全周期的“一站式”管家服务。区市场监管局局长王金山为新入驻的企业现场颁发工商营业执照。

【湖南省中非经贸合作研究会入驻中非示范园】 2021年2月23日，湖南省中非经贸合作研究会入驻中国（湖南）自贸试验区中非经贸合作促进创新示范园。湖南省中非经贸合作研究会于2020年11月22日成立，是由全省从事中非经贸合作的企事业单位、社会组织及在中非经贸合作领域有一定影响力的专家、学者自愿组成的非营利性的社会组织。该研究会的核心任务：为中国—非洲经贸博览会的常设机构当好助手、为中非经贸深度合作先行区提供业务促进和专业服务支撑、探索形成地方对非经贸合作的创新模式。研究会以高端思想聚集高端资源、高端人才、高端项目，致力实现思想、人才、项目、方案案例“四库合一”，打造中非经贸深度合作先行的研究成果转化平台、经贸交流合作平台、项目开发撮合平台、市场化运营孵化平台。

【自贸雨花区块长株潭一体化调研座谈会】 2021年3月19日，中国（湖南）自贸试验区长沙片区雨花区块长株潭一体化调研座谈会在高桥大市场召开。长沙市雨花区牵头，邀请株洲、湘潭负责经济领域的相关负责人，以及来自该区域的企业家到湖南高桥大市场，就推动政策资源共享、产业资源共享、协作联动机制等方面开展合作交流。雨花区以高桥区块中非经贸深度合作先行区为媒，联合株洲、湘潭优势产业，发挥自贸试验区、市场采购贸易方式试点的叠加优势，将更多湖南优质产品送出国门，推向国际。

【长沙片区知识产权公共服务（雨花）分中心揭牌】 2021年4月20日，中国（湖南）自由贸易试验区长沙片区雨花区块人才综合服务站及长沙片区知识产权公共服务（雨花）分中心在雨花高桥区块出口集聚区举行授牌仪式。长沙市知识产权局局长孙进出席活动并为雨花授牌。知识产权公共服务（雨花）分中心，是全市第一家知识产权公共服务分中心，将为企业和市民提供知识产权公共项目申报、知识产权托管、高校知识产权成果转化等10余项事项的办理；开展知识产权维权援助，提供法律法规、申请授权、纠纷解决等方面的咨询服务，接收专项智力援助申请等；为区域内主导产业或特色产业建立专利专题数据库，开展重点专利导航指导等。

【市场采购贸易方式推介会】 2021年5月25日，中国（湖南）自由贸易试验区长沙片区雨花区块市场采购贸易方式推介会义乌专场在浙江省义乌市香格里拉酒店举办。长沙市雨花区政府副区长易静，自贸长沙片区雨花管理委员会副主任周彬，湖南高桥大市场董事总经理罗晓，以及来自湖南的供应商和全球的采购商代表共计120余人参加会议。易静表示，将全面落实各项优惠政策，推进“放管服”改革，提供“一站式”服务。湖南高桥大市场外贸部总监潘亮进行市场采购贸易招商政策推介，介绍市场采购贸易方式的特点与优势、取得的成绩及入驻政策与优势。在同日举行的第二届中国—非洲经贸博览会暨中非经贸深度合作先行区（义乌）推介会上，湖南高桥大市场与义乌中国小商品城签署合作协议，共同开发国际市场；南非标准银行驻中国机构标银投资咨询（北京）有限公司与中非经贸博览会展览展示部签订参展协议。

7月28日，中国（湖南）自由贸易试验区长沙片区雨花区块市场采购贸易方式广州专场推介会举办。湖南省商务厅二级巡视员楼良金介绍第二届中非经贸博览会的会议论坛、展览展示、参展参会政策等相关情况。长沙市商务局副局长汪东华表示，将全面落实各项优惠政策，推进“放管服”改革，提供“一站式”服务。自贸长沙片区管委会副主任王浩表示，将搭建“新平台”、探索“新机制”、培育“新支撑”，做强市场采购贸易“新引擎”。自贸长沙片区雨花管理委员会主任肖向东对雨花区、高桥大市场、市场采购贸易方式试点进行推介，介绍相关优惠政策。深圳市侨交会集团CEO、深圳市侨商智库研究院执行理事长郑咏诗作为展团代表介绍深圳展团组展情况。潘亮介绍市场采购贸易的招商政策。

【金融创新服务推介会暨合作签约仪式】 2021年6月21日，中国（湖南）自由贸易试验区长沙片区雨花区块金融创新服务推介会暨合作签约仪式举办，旨在推介自贸区金融创新产品，提高自贸雨花区块融资便利化程度。自贸区长沙片区雨花管委会、雨花区金融事务中心、华融湘江银行、湖南省中非经贸合作研究会、自贸长沙片区雨花区块重点企业、市场采购外贸企业相关负责人参加。自贸长沙片区雨花管委会副主任周彬致辞。华融湘江银行总行交易银行部总经理卜素表示将更好服务自贸区企业。华融湘江银行长沙分行交易银行业务中心总经理曹颖燕介绍华融湘江银行在自贸雨花区块的金融服务方案。自贸区长沙片区雨花管委会与华融湘江银行签订“自贸区金融创新合作框架协议”。参加会议的湖南出口产品集聚区企业代表、中非经贸合作促进创新示范园企业代表、高桥大市场龙头商户们与华融湘江银行的业务代表展开交流。

【第二届中非经贸博览会分展馆活动】 2021年9月26—29日，自贸长沙片区雨花区块承办第二届中非经贸博览会唯一分展馆活动，展馆设在雨花区高桥大市场。雨花区成立由区委书记任顾问、区长任主任的第二届中国—非洲经贸博览会高桥分展馆组委会，下设综合协调组、展览展示组、重大活动组、接待组、新闻宣传组、提质提档暨环境整治组（指挥部）、市场秩序组、安全保卫组、交通秩序组、疫情防控组10个工作组。第二届中非经贸博览会期间成功举办10场主题活动，接待采购商1.3万人，线下参会总人数5.7万人，现场销售2970万元，达成意向订单64.9亿元，市场采购贸易方式4天突破5600万美元。

（本栏撰稿　罗立志）

工业和信息化

【概况】 2021年，雨花区推进软件业“再出发”、电网“630攻坚”和5G网络基础设施建设等各项工作，全区规模工业增速、工业技改投资增速、软件业营收增速等主要经济运行指标保持城区领先，电力“630攻坚”和5G基站2项新基建任务完成，电力“专改公”小区顺利验收，开展行业创建，打造东塘移动、电信示范样板营业厅，在全区组织开展通信线缆凌乱问题整改专项行动，完成17处主干道及小区光缆整治，35个小区的235个电信箱整改，线缆捆扎整理长度75千米，整改市、区文明办交办问题65处。

【工业运行】 2021年，雨花区完成规模工业总产值806.8亿元，比2020年增长15%；其中长烟厂完成规模工业总产值284亿元，比2020年增长6%；不含长烟完成规模工业总产值522亿元，比2020年增长20%。全区规模工业增加值增速（不含长烟）12.1%，排名全市第一；含长烟规模工业增加值增速7.8%，排名全市第二。完成工业投资82.2亿元，比2020年增长87.3%；工业技改投资40.5亿元，比2020年增长40.4%；新增规模工业企业7家；智能化改造企业4家。可孚医疗在深交所成功上市，成为雨花区自主培育的第一家本土上市企业。

【软件产业发展】 2021年，雨花区以双塔国际、红星公馆二期、英维大厦等楼宇为重点，实施“软件再出发”，工业软件大厦、英维软件产业示范楼宇相继挂牌，全区落户软件和信息技术企业近200家，入规软件和信息技术服务企业8家。互联网、软件信息技术服务业规模以上企业比2020年同期增加量8.49亿元，增速80.3%。进行软件产业高质量发展奖励政策兑现工作，奖励兑现涉及35家企业，兑现金额107.08万元。

【通信设施建设】 2021年，雨花区完成5G基站2915个，市对区民生实事4G、5G基站建设任务459个，完成基站建设任务。通过联合街道、社区进行宣讲政策，解读“基站辐射”问题，解决25起阻工、12个电价和场租费过高问题。

【电力建设】 2021年，雨花区完成年度智慧电网“630攻坚”目标任务。完成香樟、沙湾等15个新增变电站规划选址，完成振华路、万家丽路等8条配套路由6000米电力埋管建设，完成白田变、高塘变110千伏出线、云田—白田220千伏线路改造工程、云田500千伏变电站220千伏出线优化工程等97个塔基建设，圭塘、洞井、高塘3个110千伏变电站建成投产，大桥路、长沙大道等6条配套路由交付完成。开展重点时段有序用电工作。福乐康城、泰时花园等10个老旧住宅小区3947户居民用电实现“专改公”。

【企业服务】 2021年，雨花区成立促进中小企业发展工作领导小组，协调解决促进中小企业发展中的问题，开展第四届雨花区产业创新创业大赛、中小微企业减税降费政策知识竞赛、“智汇长沙南 才聚雨花企”软件人才4校联招、“两上三化”暨“纾困增效”政策解读等一系列活动。组织企业申报各类项目50余个，争取奖补资金1.7亿元。新增专精特小巨人企业14家，小巨人企业增至42家，其中国家级专精特新小巨人9家。

【分离移交】 2021年，雨花区签订国有企业退休人员社会化管理移交协议3份，移交退休人员351人。2020—2021年雨花区国有企业退休人员社会化管理补助资金845.821万元，均已安排到位。

【蓝天保卫战】 2021年，雨花区推广使用低挥发性有机物，4家企业完成推广使用。动员企业进行自愿性清洁生产。走访企业10余家，在无奖励政策条件下动员2家企业开展自愿性清洁生产。调度工业企业错峰减排，检查印刷企业末端治理设施使用和错峰生产指令落实情况40余次。实地检查区印刷联盟的4家印刷厂，重点对原辅材料替代使用、VOCs终端治理、固废处理、错峰生产及台账管理等情况进行检查评议。会同长沙市工信局、市环保局对原5家散乱污企业进行检查，做到检查不断档、监管不断层。

【惠企政策解读活动】 2021年5月28日，“强中小企业服务 助雨花自贸建设”雨花区成立促进中小企业发展工作领导小组暨惠企政策解读活动在中非经贸合作促进创新示范园举行。湖南省工信厅中小企业发展促进处副处长王平，为在场企业解读《湖南省实施〈中华人民共和国中小企业促进法〉办法》，提供政策帮扶。中国检验认证集团湖南有限公司的专家介绍中非贸易中检验检疫方面的注意事项。中国邮政储蓄银行、长沙农商银行等银行与自贸区多家企业进行现场签约，开展系列金融合作，减轻企业融资负担，为中小企业纾困解难。12月10日，“云上雨花·信智未来”长沙市雨花区2021年中小微企业“两上三化”（上云、上平台，数字化改造、网络化协同、智能化升级）暨“纾困增效”政策解读会在自贸雨花区块举行。雨花区内70余家企业代表及相关街道镇负责人参加。中国联通公司的专家专业讲解企业“上云”政策；省工信厅相关负责人讲解省“纾困增效”惠企相关政策；到场企业家参与奖问答环节；现场举行“上云”签约仪式。

【中小企业发展环境调研评估】 2021年6月3日，湖南省中小企业服务中心党委副书记晏强率领省中小企业发展环境评估调研组到雨花区调研评估长沙市中小企业发展环境，实地走访调研大族智能装备有限公司、唐智科技、高桥自贸片区中小企业全程代办中心。调研组召开长沙市中小企业发展环境评估调研企业座谈会。长沙市工业和信息化局党组副书记、副局长周双恺，雨花区政府副区长易静及市工信局中小企业服务中心、区工信局主要负责人，雨花区及其他各区、县共20家具有代表性的中小企业代表参加调研座谈。晏强强调，要改善好中小企业发展的市场环境、法治环境、融资环境以及政策环境，相关单位要及时解决企业发展过程中遇到的人才、政策、园区规划等问题，加大力度推进中小企业发展；要加强政企之间交流，共同推动全市经济高质量发展。

【第四届雨花区产业创新创业大赛】 2021年7月7—23日，第四届雨花区产业创新创业大赛举行，100余个企业团队报名参赛。大赛聚焦新材料、人工智能、工业互联网、智能制造、大数据、生物医药等领域，鼓励各中小微企业转型升级，提升市场竞争力。7月7日，第四届雨花区产业创新创业大赛（创客中国·雨花分赛）海选在雨花区德思勤城市广场飞马旅 & 德思勤创业基地举行。海选分为企业组和创客组2个组别，企业组从项目创新性、项目经济效益、项目社会效益、可推广可复制性4个维度进行评判，创客组从项目创新性、商业模式、项目市场前景、团队情况4个维度进行评判，最终在企业组选出13个项目、创客组选出3个项目进入区级决赛。7月14日，2021第四届雨花区产业创新创业大赛（创客中国·雨花赛区）赛前辅导在中非经贸合作促进创新示范园举办。国家一级播音员、湖南广播电视台资深策划人及主持人萧明围绕大赛相关支持政策、商业计划书的编写、项目路演商务礼仪及气场把控、语言表达与演讲技巧等方面进行授课；北大纵横管理咨询集团、联储证券有限责任公司、长沙飞旅德投企业管理有限公司、长沙市中小企业服务中心的专家们组成的导师团对各参赛企业的项目及BP（商业计划书）进行一对一深度辅导。7月23日，2021第四届雨花区产业创新创业大赛（创客中国·雨花分赛）决赛暨颁奖典礼在中非经贸合作促进创新示范园中非直播电商孵化中心完美举行。16个项目参赛。6个项目成功晋级并代表雨花区参加长沙市赛。湖南中南智能装备有限公司“面向工业领域的产线数字孪生管理系统”获得企业组一等奖。现场举行雨花区专精特新“小巨人”企业融合发展联盟授牌仪式。该联盟旨在引导中小企业专精特新发展，树立中小企业高质量发展标杆，推动大中小企业融合发展。长沙市雨花区中小微企业服务中心、湖南大族智能装备有限公司、湖南中南智能装备有限公司、湖南申亿五金标准件有限公司、湖南高桥大市场股份有限公司等共计9家服务机构和企业加入联盟，成为首批成员单位。

【电网“630攻坚”工作会议】 2021年8月11日，雨花区电网“630攻坚”工作调度会召开。会议传达长沙电网2021年“630攻坚”总结暨现代化长沙智慧电网建设推进会议精神，听取前段工作情况，研究重点难点问题，部署下段工作任务。区委书记刘素月强调，在现场选址上要进行踏勘商议，在设计实施上要注重品质，在要素保障上要全力保障支持。区委副书记、代理区长黄军其强调，要抓好规划落地，抓好基础建设，抓好责任落实。8月30日，雨花区电网2021年“630攻坚”总结暨现代化智慧电网建设推进会召开。区委副书记、代区长黄军其参加会议并讲话。黄军其强调，要以更高的站位、更实的举措、更大的合力抓智慧电网建设。9月14日，长沙市发改委党委委员、副主任龙文一行专题调研指导雨花区智慧电网“630攻坚”工作。区委常委、常务副区长吴平辉，区政府副区长周明参加会议。区工信局负责人汇报雨花区电网2021年“630攻坚”情况。龙文对雨花区政府的电力建设工作表示肯定。会议探讨雨花区电力建设中的重点难点问题。

2021年8月30日，雨花区电网2021年“630攻坚”总结暨现代化智慧电网建设推进会 （石文龙　供图）

【减税降费政策知识竞赛活动】 2021年9月10日，巩固实施减税降费政策服务湖南“三高四新”战略——2021年雨花区中小微企业减税降费政策知识竞赛活动在飞马旅 & 德思勤创业基地举行。东湖高新工作站、创新设计产业园等6支企业代表队和2支税务局代表队8支队伍参加。竞赛采取现场知识抢答赛的形式，设有必答题、抢答题、风险题和附加题4个环节，内容均来自于中小微企业减税降费政策相关知识。雨花区中小微企业服务中心代表队获一等奖。

【长步道推出国内首支全画幅变焦电影镜头】 2021年9月，长沙雨花经开区湖南长步道光学科技有限公司成功研制出国产首支全画幅变焦电影镜头EXTREMER（鬼斧）系列。该镜头可实现28~85mm 3倍变焦，广角到中长焦的高质感视觉，成像清晰，市场售价远低于国外同等产品，其标配PL原生卡口，同时提供全系列，以及和SLASHER系列通用的EF卡口、E卡口适配多种摄像机系统。

【网络安全宣传】 2021年10月11—17日，“网络安全为人民 网络安全靠人民——2021长沙雨花区网络安全宣传周活动”举办。通过网络安全“畅游日”“畅言日”“畅建日”“畅达日”“畅享日”“畅查日”6个主题活动，采用线下系列专场网络安全宣传、市民街采、线上微博话题互动等丰富形式展开。网络安全宣传周期间，雨花区组织现场宣传活动23场次，发送网络安全宣传短视频7个，发放网络安全宣传折页超5000份，线上播放公益广告2万余次，开设网络安全周专题1个，发布相关报道35篇，全网相关信息437条，阅读量突破150万次，参与网络答题人数突破3.8万人，发送公益短信400万条，活动覆盖人群100万余人。10月13日，2021长沙雨花区网络安全宣传周“畅享日”活动举行。移动、电信、联通3家通信运营商向本网用户发送网络安全公益短信，让市民能够了解网络与通信安全知识；在营业厅电视大屏滚动播放宣传视频；在醒目位置悬挂横幅、张贴网络安全宣传周海报及摆放宣传展板；向进店顾客发放宣传手册；对进店顾客开展现场咨询解答，向市民普及常见网络安全问题和防护措施。

【软件企业人才招聘活动】 2021年12月9日，雨花区2021年首场软件企业人才招聘活动在湖南农业大学举行。30余家优质软件企业，120余个工作岗位，吸引500余名来自信息技术、机械智造等专业应届毕业生参与，签订就业意向学生100余人。

（本栏撰稿 石文龙）

农村和农业

【概况】 2021年，雨花区以乡村振兴战略、河长制、林长制工作为抓手，推动三农工作、林业和水利事业发展，将乡村振兴项目全部纳入区级巩固拓展脱贫攻坚成果和乡村振兴项目库建设管理，落实雨花区乡村振兴对口帮扶溆浦工作，成立雨花区乡村振兴局，落实洁净跳马行动，推进重点水域禁捕退捕工作，构建起区、镇、村三级林长体系，完善区级防汛预案和水库调度规程。雨花区在2021年省花木博览会上获评特别突出贡献奖，雨花馆获评室外展区金奖。圭塘河流域治理工作获评省级“最美河湖优秀案例”称号和“湖南生态文明建设典型案例（2021）”称号，省人民政府在《关于对省政府2021年重点工作综合大督查发现的典型经验做法给予表扬的通报》中点名表扬“雨花区生态环境保护引领圭塘河治理”。

【巩固脱贫攻坚成果】 2021年，雨花区制定健全防止返贫动态监测和帮扶机制的实施方案，开展“三类对象”（脱贫不稳定户、边缘易致贫户、突发严重困难户）监测与帮扶。集中开展脱贫质量问题排查整改行动，排查农村低收入群体984户1852人，将疑似存在返贫致贫风险农户34户48人按程序纳入监测，“一对一”开展结对帮扶。组织区直12个行业部门每月定期上传数据，做好“全省防返贫监测与帮扶平台”数据归集、比对、风险预警及处置。平台数据准确率100%，签收率100%，处置率100%。将乡村振兴项目全部纳入区级巩固拓展脱贫攻坚成果和乡村振兴项目库建设管理，纳入项目176个，资金总量3797万余元，其中衔接资金1202万元。接续投入衔接资金打造20个产业帮扶项目，开发公益性岗位65个并发放补贴34.8万元。

【对口帮扶】 2021年，雨花区成立由区委书记、区长共同担任小组组长的“雨花区乡村振兴对口帮扶溆浦县工作小组”，出台《长沙市雨花区乡村振兴对口帮扶溆浦县工作实施方案》，推动两地主要负责人互访，召开第一次联席会议。拨付对口帮扶资金1100万元，指导派驻溆浦工作组围绕推进产业协作、劳务协作、消费协作和培养专技人才、援建基础设施、开展公益活动等6个方面开展帮扶，助力溆浦县乡村振兴。

【实施乡村振兴战略】 2021年，雨花区按照“生态建设产业化、产业发展生态化”的指导思想，推动花卉苗木产业转型升级。举办2021年湖南省花木博览会，展览面积约7万平方米，线上线下参展近70万人。湖南省花木博览会永久落户雨花区，擦亮“中国花木之乡”招牌。完成跳马园林生态园、育景园花木主题公园建设，完成花木改扩建示范基地136余公顷，启动红星花卉市场整体搬迁，促推红星农副产品全球采购中心项目一期建成开业。推进农村集体产权制度改革，培育新型农业经营主体，登记注册农民专业合作社201个、家庭农场9个，申报认定省级示范家庭农场1个、市级家庭农场1个。全区村集体经济总收入12.05亿元，比2020年增加35.04%。其中经营性收入2.01亿元，占比16.68%，经营性收入超千万的村集体经济组织7个，经营性收入超百万的村集体经济组织24个。推进乡村人才振兴，市、区两级共认定新型职业农民3人、乡村工匠224人。推荐29人

2021年11月11日，雨花区·溆浦县乡村振兴对口帮扶工作第一次联席会议

（郭玉红 摄）

参加省级和市级培训；参加市级比赛和评选，1人获得市级园艺设计“行业状元”、4人获得园艺设计“百优工匠”、1人获得市农村青年十佳“领头雁”称号。出台《雨花区农村宅基地建房审批管理办法》，跳马镇审批村民建房89户，发证89户。开展卫片核查整改工作，核查卫片图斑136个，其中乱占耕地建房4户，3户整改到位，并通过市级验收，第4户上报处置意见。

【农村人居环境整治】 2021年，雨花区落实洁净跳马行动，加强对跳马镇农户房前屋后环境卫生整治工作的督查督办，下达交办函7期，交办问题280余件，交办问题件件有整改、有落实。推进示范创建，以实现“五美”（美丽庭院、美丽菜园、美丽村景、美丽村道、美丽田园）为目标，通过发挥村民主体作用，集中投入，共享资源，重点打造美丽宜居村庄20个，其中通过市级验收17个。对2019年度“洁净庭院”示范户开展复核工作，抽查195户，摘牌9户。

【动物防疫】 2021年，雨花区强化动物卫生监管，在主要路口设立临时检查哨卡，严格实行24小时值班制度，做好猪瘟防控工作；针对辖区内的养殖场、屠宰场、动物诊疗机构，家禽交易市场等场所开展全面消毒行动，消杀面积40万平方米，落实消毒灭源工作；建立镇（街道）畜牧兽医工作站、畜牧兽医联系点、村级动物防疫协管员“三位一体”的镇村动物防疫网格化管理体系，开展畜禽基础免疫工作，免疫生猪23227头、家禽65386羽、牛羊216头、犬类14164只；推动病死畜禽无害化处理收集暂存点运营，无害化处理病死动物尸体及产品11.8吨，不合格生猪及其产品无害化处理率100%。

【农机和农产品质量安全监管】 2021年，雨花区以拖拉机安全顽瘴痼疾专项整治行动为核心，开展农机安全工作，农机年审检等各项工作目标和任务按计划完成。完成农产品省级、市级蔬菜农残和畜禽水产品抽样检测3万余批次，开展种植、养殖环节区级定量检测750批次，合格率均为100%。全年未发生一起农机和农产品质量安全事故。

【渔政执法】 2021年，雨花区推进重点水域禁捕退捕工作，建立网格巡查队伍和全天巡查机制，以照片等影像实时记录巡查管控情况，规范禁渔巡查工作。区农业农村局、区公安分局开展联合执法10余次，开展禁捕退捕巡查935次，出动巡查执法人员1754人次，清理违规网具15张，劝离违规垂钓人员100余人。

【粮食安全】 2021年，雨花区完成粮食播种面积202.2公顷，完成抛荒耕地复耕复种面积10.2公顷，完成安全利用区（1526.67公顷）入户调查及综合治理任务。

【森林资源保护】 2021年，雨花区出台《全面推行林长制实施方案》，构建起区、镇、村三级林长体系，配套制定督查、考核、巡查等11项制度，召开全面推行林长制工作动员会，开展林长巡林工作，完成街镇实施方案制定、林长和监管员确定、相关护林员选聘等工作。开展森林防火工作，护林员完成巡查4800人次，无人机巡查75个航次，实现连续7年森林火灾事故零发生。加强有害生物防治，邀请国家林草局森防控制中心现场指导松材线虫防治工作，采伐清理清除枯死疫木5919株，打孔入药2492株；加紧除治加拿大一枝黄花等外来有害植物，完成除治面积约54公顷。严格开展森林督查，2018—2019年森林督查图斑全部整改完成；2020年11个森林督察图斑全部完成整改复绿。

【水利防汛】 2021年，雨花区落实以行政首长负责制为核心的各级防汛责任体系，完善区级防汛预案和水库调度规程，储备足量防汛物资，开展防汛抢险应急演练。完成潭阳垸堤防边坡垮塌险情应急处置，启动圭塘河华雅林语苑段水毁项目、潭阳垸堤防修复项目。完成全国第一次自然灾害风险普查、河道划界和水工程确权、节水型单位和节水载体创建等工作。成功创建“放心满意”小型水库6座。完成水土保持、防洪影响评价、取水许可审批及监管工作年度任务。完成跳马电排灌区节水配套改造工程项目、圭塘河微治理项目、石燕湖片区水塘生态治理项目。

【河长制工作】 2021年，雨花区浏阳河婚庆广场断面、圭塘河口断面水质均值达III类标准，双溪港口断面水质均值达II类标准，与2020年同期相比，水质得到改善。区级河长巡河打卡31次，乡级河段长巡河打卡625次。制定《雨花区圭塘河流域综合治理新三年行动方案（2021—2023）》《浏阳河雨花段综合治理两年行动计划实施方案（2021—2022年）》等文件，铺排圭塘河治理任务36项、浏阳河治理任务24项。出台《雨花区2021年河长制工作目标考核办法》。完成市级下达的2021年度“一江一湖六河”（湘江长沙段，团头湖，浏阳河、捞刀河、沩水河、靳江河、龙王港、沙河）流域综合治理任务清单项目、浏阳河示范河创建任务、小微水体管护示范片区创建复核任务、县管河流“一河一策”编制等工作，并通过市级考核验收。雨花区河长制工作和治理经验被各级媒体正面报道68次，其中中央和省级媒体报道30次，圭塘河流域治理成果多次接待水利部等考察团参观学习。

【圭塘河补水】 圭塘河生态引水调度运行中心装机3台500SL—98型单级双吸立式离心泵，总负荷容量2590千瓦，设计提水流量每秒1.8立方米，设计扬程75米，从浏阳河引水，通过压力管道将水提升至白竹村铁炉塘，再经引水明渠流入圭塘河。2021年，圭塘河生态引水泵站3台机组运行5440小时，补水1220万立方米。做好圭塘河引水工程8千米长生态明渠绿化带维护，水面漂浮物清理，道路保洁维护，垃圾外运等工作，安排专业管护队伍对水生植物进行维护和管理，定期对明渠以及压力管道进行巡查，发现问题第一时间处理。

【水资源管理】 2021年，雨花区开展用水调查统计系统直报工作，督促11家重点用水单位每季度按时在线上报，核实15家用户用水量数据的准确性、合理性。根据所有用水单位的季度用水量情况，督促各单位按时缴纳水资源费，收缴水资源费约27万元。

【世界水日、中国水周宣传活动】 2021年，雨花区开展3月22日第三十届“世界水日”、3月22—28日第三十五届“中国水周”宣传活动。活动期间，雨花区坚持各流域日常巡查管护，区住建局、区农业农村局、区市政中心等部门开展建筑工地巡查、调水补水、排口管护及清污疏浚等工作，各涉水街镇坚持日常巡查值守、堤岸保洁等工作。各街镇宣传节水政策、知识，组织全体机关干部党员、志愿者等5000余人参与浏阳河流域的保洁工作，出动流动宣传车50余次、墙体宣传资料100余份，发放宣传册4000余份。

【河湖长制宣传活动】 2021年1月，雨花区开展河湖水体保洁月、河湖长制宣传月、河湖长公示牌规范月活动。河湖水体保洁月活动分为集中保洁行动和分散保洁行动2个部分。由第三方公司对浏阳河、圭塘河、官桥撇洪渠、双溪港进行集中卫生保洁。各街道（社区）组织发动基层党员、群众、村级保洁员对辖区内山塘、沟渠等小微水体开展保洁活动。各街镇对浏阳河、圭塘河进行全面保洁，通过悬挂横幅、发放宣传单和小喇叭滚动播放等多种宣传方式，对过往群众、休闲游客和垂钓人员进行重点水域十年禁捕、河堤保洁和河道环境保护等相关知识宣传；“活动月”内发放宣传资料7000余份，小喇叭循环播放禁渔条例1000余小时；受益公众2000余人。各街道通过排查，组织开展河湖长公示牌检查活动，规范河湖长公示牌设置，发现不符合要求公示牌28块，根据要求进行整改和更换。

【乡村振兴局揭牌】 2021年4月24日，中共长沙市委机构编制委员会办公室印发《关于调整区县（市）扶贫工作机构设置的通知》，将雨花区农业农村局（区林业水利局、区扶贫开发办公室）调整为雨花区农业农村局（区林业水利局、区乡村振兴局）。5月21日，雨花区乡村振兴局挂牌成立。区政府副区长陈怀宇为区乡村振兴局揭牌。该局的设立，是巩固脱贫攻坚成果同乡村振兴有效衔接的重要举措，为雨花区统筹推进乡村振兴战略提供新的力量支撑和制度保障。

（本栏撰稿 胡靖）

2021年12月17日，全国河长制和水治理高峰论坛嘉宾现场调研圭塘河治理工作 （胡靖 供图）

财政·税收·金融

财　政

【概况】　2021年，雨花区财政局创新推进财源建设工程，狠抓收入组织工作，保障各项支出，优化资金管理，深化财政改革，提升财政管理水平，保障全区经济社会稳定发展。区财政局获“2021年度部办财经报刊宣传工作先进集体”、长沙市“爱国拥军模范单位”、长沙市“2020年度国有企业财务会计决算工作先进单位”、2021年度长沙市社会信用体系建设优秀等称号。

【财源建设】　2021年，雨花区完成一般公共预算收入167.02亿元，比2020年增长2.57%；完成地方一般公共预算收入（含省下放）80.19亿元，比2020年增长2.75%。出台《雨花区财源建设工程联席会议制度》和《雨花区财源建设工程实施方案》，推进财源建设工程，推进财源建设“1332”专项行动（制定1个专项清查方案，做好房产税预警、股权转让清查、建筑业税收征管3项行动，专注房地产、股权转让、建筑业3个领域，建立迁移企业跟踪和异动税源跟进2个机制）。加强镇街综合治税，建立健全走访机制，组织镇街帮助企业解决困难，稳固优质税源，走访企业（项目）2005家（次）；对全区84家建安企业、163个建安项目进行台账管理，按周更新数据并推送至税务部门；对全区145个房地产项目税收进行分季度考核，通过镇街督促项目双方及时足额缴纳税金。

【财政支出】　2021年，雨花区贯彻落实重大民生政策要求，做好创业就业、城乡义务教育、居民养老、医疗、城市及农村低保、救灾救济、优抚等重点领域民生保障工作。重点支持城市道路建设、农村公路建设、老旧小区提质改造、街区微改造、危房改造等重大基础设施建设和民生工程建设，推进绿心地区绿色发展，城市品质得到大幅提升。支持乡村振兴战略，做好脱贫攻坚与乡村振兴有效衔接，落实乡村振兴资金保障政策，支持村级集体经济发展壮大，增强村级实力。

【财政管理】　2021年，雨花区深化预算制度改革，全面推行预算管理一体化，12月10日，雨花区财政预算管理一体化系统上线运行，有效提升预算管理效率和水平。深化“放管服”改革，下放资产处置权限，按照级次明确行政事业单位对资产处置审批权限，构建符合“放管服”改革要求的行政事业性国有资产管理制度。将政府采购投诉处理、非营利组织免税资格认定、施工图预算或招标上限值审查事项办理深度由一级提升到三级，缩短中介机构从事代理记账业务审批和非税收入缓减免审批事项承诺办结时限。优化政府采购领域营商环境，全面取消政府采购项目的投标保证金及履约保证金，不再收采购文件费用，按照“谁委托，谁付费”的方式，代理服务费由采购单位依规支付。及时摸清债务底数，科学编制偿债计划，实行“一债一策”工作机制，稳妥化解存量债务，及时公开政府债务信息，严控债务风险。

【资金管理】　2021年，雨花区全面开展财政暂付款项清理工作，明确借款单位还款方式、来源、时限等事项，有效推动资金盘活，盘活资金37282.85万元。全面实施预算绩效管理，通过完善机制，强化绩效管理与预算管理各个环节的全面融合，逐步构建一条覆盖全部财政资金，贯穿绩效目标管理、绩效运行监控、单位自评、财政和部门评价的全过程绩效管理链条。2021年重点绩效评价项目共评价22个部门29个项目，涉及文化、卫生、网络通信、疫情防控等领域，评价资金3.27亿元。

【财政评审】　2021年，雨花区制定《雨花区10万元以下小型工程造价管理操作细则》，简化评审流程，规范管理短板，实现小型工程项目造价的高效管理。制订项目进窗资料清单，实施资料电子化和预审管理，制订《评审项目退窗管理规定》。制订《财评中心评审员绩效考评及薪酬管理细则》，实行评审人员绩效考核和评价管理机制，提升评审质量和效率。

【专项检查】 2021年1月19日，雨花区财政局会同区教育局对长郡雨花外国语学校、砂子塘嘉和小学、明德洞井中学开展行政事业单位资产和采购工作专项检查，现场查看基础工作资料、新购资产状况、核查报废资产，对单位资产和采购工作进行检查并当场进行情况反馈。9月，区纪委监委联合区财政局组成6人联合督查小组，开展惠民惠农财政补贴资金“一卡通”问题专项监督检查。督查小组随机抽取区民政局、区残疾人联合委员会、区两型办、区住建局、区退役军人事务局等区直部门及部分街道进行相关工作的督查，对发现的问题提出整改建议。10月，雨花区对区教育局（含学校）、区民政局、区农业农村局及区卫健局开展为期1个月的会计制度准则执行情况专项检查和调研，重点关注被抽查单位财务会计、预算会计、2020年度决算管理、2021年部门预算编制4个方面的工作开展和执行情况，对相关单位提出整改建议。

【2020年决算草案审议】 2021年8月27日，雨花区第五届人大常委会第四十六次会议听取和审议雨花区2020年决算草案和2021年1—6月预算执行情况的报告。区财政局党组书记、局长提名人选舒畅汇报2020年财政决算草案情况、2021年上半年预算执行情况以及完成2021年财政预算措施；区委常委、副区长提名人选刘林志作补充发言；区人大财经委主任委员、区人大常委会预算工作委员会主任仇莹对2020年决算草案作审查报告；与会人员发表意见和建议。会议同意区人大常委会预算工作委员会提出的审查意见，并批准2020年财政决算草案。

【财政支出重点绩效评价工作】 2021年6月7日，雨花区2021年财政支出重点绩效评价工作启动。区财政局动员和布置2021年区财政支出重点绩效评价工作，对重点评价工作目标、范围、内容、程序等进行说明，于8月中旬完成21个部门、单位29个项目重点绩效评价（含整体评价），评价金额3.19亿元，绩效评价结果作为下年度预算安排、政策完善和加强管理的重要依据。

【财政业务培训】 2021年2月8日，雨花区财政局采取录制视频的培训方式，组织开展行政事业性国有资产及政府采购业务培训。国有资产培训分为概念政策、资产配置、资产处置、资产使用4个部分，对资产管理政策法规进行串讲，重点解读资产管理的业务流程、风险防范及相关疑难困惑，提出优化资产配置、规范资产使用、严格资产处置的工作思路和具体指导。培训结合政府会计准则制度，对2020年度公共基础设施等行政事业性国有资产填报工作进行强调部署。政府采购培训就政府采购的相关法律法规、政府采购工作流程、采购需求、采购人的主体责任、采购合同与履约验收等内容进行讲解，并针对单位在实施政府采购活动中的常见问题、重点问题进行翔实解析。10月12日，雨花区组织召开2022年度区本级部门预算编制布置会暨预算管理一体化培训会。区政府二级调研员易云和主持会议，区直各预算单位、部分垂管单位主要负责人、分管财务负责人和经办人员等200余人参加会议。会议研究分析当前财政工作形势，传达各级预算管理改革要求和全面落实“过紧日子”要求，布置2022年度区本级预算编制工作。区财政局党组书记、局长提名人选舒畅对预算编制工作进行强调。区审计局党组副书记、副局长吴海林通报审计中发现的问题并提出建议。区人大财经委主任委员、常委会预工委主任仇莹就做好提出预算编制工作相关要求。区委常委、常务副区长提名人选吴平辉指出，要全力开源节流，科学合理编制预算，推进预算管理一体化系统建设，确保区域经济稳步增长。区财政局对各单位预算编制财务人员进行预算管理一体化培训，讲解编制2022年区本级预算的方案。

（本栏组稿　陈　璐）

税　务

【概况】 2021年，雨花区组织入库税收收入（含烟）825.65亿元，企业

2021年10月12日，雨花区2022年度区本级部门预算编制布置会暨预算管理一体化培训会

（陈　璐　供图）

所得税汇缴56055户；新增减税降费9.4亿元；入库社会保险费93.07亿元；推行“非接触式”办税，电子税务局注册率占应注册户数的99%以上。国家税务总局长沙市雨花区税务局（简称“区税务局”）辖税务分局5个，税务所6个，事业单位1个。2021年，区税务局“线上业务”集中处理中心实体运行；被评为全省税务系统社保费征收体制改革先进单位。

【税收收入】 2021年，雨花区组织入库税收收入（含烟）825.65亿元，比2020年增收83.9亿元，增长11.32%。其中，完成剔烟税收179.76亿元，比2020年增收14.18亿元，增长8.56%。企业所得税汇缴56055户，汇缴率99.4%。27.93万人进行个税年度汇算申报，121542人退税9866.78万元，19123人补税4270.52万元。严格土地增值税预征，强化清算管理，完成36个房地产项目的清算审核，补缴税款5.63亿元。完成风险管理全流程3590户次，入库税费4.16亿元，补缴滞纳金212.66万元。雨花区做好收入计划安排，建立收入预测会商机制，以税收分析促进收入量增质优。开展加强税种管理、加强税收分析、加强税收风险应对，清理户籍、清理欠税、清理重点项目的“三加强三清理”专项行动。

【减税降费】 2021年，雨花区落实疫情防控增值税优惠政策、小规模纳税人税收优惠政策、制造业中小微企业缓税政策等。推行网格化服务、精准化宣传、便捷化办理、绩效化考核，推动政策红利直达市场主体。全区新增减税降费9.4亿元，办理增值税留抵退税35户次3.58亿元。

【社保和非税收入征管】 2021年，雨花区构建“税费同征同管”的单位社会保险费征收体系，完善自然人社会保险费征收体系，通过“税务+”整合部门优势，疏解灵活就业人员参保缴费难题，推行“掌上办”全覆盖。做好“4+2”非税收入征管职责划转，优化征收服务。全年入库社会保险费93.07亿元，非税收入19.74亿元。

【办税服务】 2021年，雨花区合理布局实体办税服务厅，适当减少税务分局（所）的大厅数量，增加自助设备配置。在区人社局设立2个综合服务窗口，在自贸区高桥区块、高铁新城区块均设立税务专窗。全国首个数字人民币全场景全流程纳税缴费城市落地雨花区。成立“线上业务”审核处理中心，实现办税事项“申请、审核、流转、反馈”全链条线上办理。推行发票“线上办、免费邮、实时查”服务，发票代开、验旧非接触办理率分别为65.49%、98.24%。落实好纳税信用管理“两调整 两增加”，深化“税银互动”机制，解决中小企业融资难、融资贵问题。

【“线上业务”集中处理中心成立】 2021年10月28日，国家税务总局长沙市雨花区税务局“线上业务”集中处理中心在湘府路办公区实体运行。该中心主要负责处理全区电子税务局网上审核办理事项，接听纳税人税费及灵活就业、城乡居民社保业务咨询，全区通办后台流转，“12345”“12366”投诉建议处理等事项，实现办税事项“申请、审核、流转、反馈”全链条线上办理。区税务局制定《“线上业务”集中处理中心管理制度》《全区通办流转实施方案》等制度，确保服务职责清晰、工作流程规范，各项业务在规定的环节限时完成。中心配备专岗人员12人，AB岗双轨运行，实现“前台受理、后台流转、限时办结”，确保“数据多跑腿、群众少跑路”，满足纳税人多层次、高质量的涉税需求。

（本栏撰稿　彭　芳）

金　融

【概况】 长沙市雨花区金融事务中心对外加挂长沙市雨花区防范和处置非法集资工作领导小组办公室（简称“区打非办”），负责贯彻落实中央、省、市、区关于金融工作的方针政策和决策部署，服务全区金融机构，推进区域金融业发展，联系和引进各类金融机构，负责企业融资和上市协调服务工作，协助维护区域金融稳定。

2021年，雨花区做好防范和处置非法集资工作，推动各项金融政策落地和企业上市融资，维护辖区金融环境稳定，为实体经济发展提供有力支撑。协助可孚医疗成功上市，推动中

2021年10月28日，国家税务总局长沙市雨花区税务局“线上业务”集中处理中心正式实体运行

（彭　芳　供图）

非跨境中心专业支行工商银行金汇支行落地中非经贸合作示范园，促进高桥大市场逐步形成数字人民币试点特色示范市场；集中开展防范非法集资工作宣传活动，组织开展风险排查整治行动，完成“国金所”案件第一轮资金清退工作。

【金融企业服务】 2021年，雨花区畅通金融供给渠道，从企业、园区、产业链、人才要素等方面多点发力，为企业提供全方位、分层次、多形式的金融服务。举办特色专题对接服务活动8场，300余家企业和60余家银行达成授信100亿余元。加强自贸区金融服务工作，推动长沙农村商业银行雨花支行意向授信京度供应链子公司2亿元，长沙银行对财盛供应链授信1000万元；促成金融机构与片区内多家骨干企业签约。新增4家金融业企业入驻，对接银行为市场采购试点企业创新融资方案，授信8000万元。走访对接辖内主要金融机构，支持金融机构总部、区域性总部和独立纳税分支机构深耕雨花区，在项目建设、产业发展、企业服务等方面开展深度合作。持续跟进兴业银行长沙分行、中国银行雨花支行的引进工作，为辖内南粤银行长沙分行、华融湘江银行长沙分行、人保财险长沙分公司等金融机构争取各级支持政策。对辖区内小额贷款公司、融资租赁公司、典当企业等机构开展“双随机一公开”（在监管过程中随机抽取检查对象，随机选派执法检查人员，抽查情况及查处结果及时向社会公开）检查；完成5家小贷公司、2家融担公司和22家典当企业、10家融资租赁分支机构的日常监管和年度审核等工作，做好2020年度分类监管评级被评为D级的小额贷款公司的停业整改验收工作；外聘会计师事务所组成联合检查工作组，全面检查辖区20家法人典当企业，督促有问题的企业整改；完成融资租赁、商业保理行业发展和监管情况排查；受理并初审各机构新设立、变更及终止审核有关事项。推荐高桥小额贷款公司和红星钱谷小额贷款公司申报2021年度湖南省小额贷款公司风险补偿专项资金57.3万元。小额贷款公司发放贷款1.54亿元；融资性担保公司在保余额0.43亿元。

【企业上市服务】 2021年，雨花区为红星冷链、申亿精密件、长泰智能等拟上市企业解决历史沿革、开具证明、人才政策、土地及融资等一系列问题，加快推动企业上市步伐。邀请上级部门和证券专家上门走访，引导企业提前谋划上市工作；组织开展资本市场、税务、舆情、安全生产、人才政策等多方面的培训指导，促进26家企业纳入市级上市后备企业库（较2020年新增4家）、17家企业纳入省级上市后备企业库。

【非法集资打击】 2021年，雨花区调整区防范和处置非法集资工作领导小组，多次召开领导小组会议组织学习、研判形势、研究案件处置，开展对“打非”工作人员和楼宇负责人的业务培训。制定防范非法集资风险排查方案，组织集中排查行动14次，排查楼宇102栋，摸排企业1153家，排查出存在涉众型非法经营活动稳定风险的企业27家，组织约谈27次，并做出相应处置。开展P2P互联网金融平台排查整治，完成雨花区内19家企业列入长沙市P2P网贷机构整治的存管系统关闭、支付通道关闭工作。全面排查区政府监管的融资担保公司、小额贷款公司及典当公司，配合省、市金融部门对相关融资租赁公司、私募股权公司进行实地核查。推动教育和养老领域开展排查整治行动。做好“国金所”案的处置工作，开展约谈督促、定期通报、资产核查、维护稳定等工作，起诉一批涉案人员，完成第一轮登记的2314人资金清退工作，清退资金1800万余元。雨花区防范非法集资工作咨询服务中心重点为群众提供案件受理、政策咨询和防非培训等服务项目，接受群众电话咨询217人次，接待上门咨询162人。开展防范非法集资集中宣传月活动，组织“七进”宣传活动163场，开展元旦、春节“两节”防范非法集资宣传活动，发起以“发动中老年群体参与”为主导方向的全民防范非法集资宣传战。加大涉非案件打击力度，完成非法集资陈案化解53起。加大对未结案件涉案群众的引导稳控工作，定期向涉案群众通报案情进展，及时做好上访群众的接待解释、劝访工作。

【防范非法集资宣传】 2021年，雨花区开展元旦、春节期间防范非法集资宣传活动，制作悬挂宣传横幅210条，户外大型显示屏循环播放宣传片，突出做好高桥大市场、韶山路沃尔玛、红星商圈、汽车南站等处的宣传，发送教育短信14500条，开展大型集中宣传活动4次，进学校2次，进企业15次，进网点2次，进社区130次，进村组31次，进家庭11次，参与群众2.28万人次。3月15日，开展“发动中老年群体参与”为主导方向的全民防范非法集资宣传战，完成40场户外宣传，制作一批宣传视频进行发布和推广。6月17日，雨花区举办2021年度“学法用法护小家 防非处非靠大家”集中宣传日活动，启动集中宣传月活动。宣传日现场设置9个咨询展台、13个展板，利用宣传片、宣传单页、手册、横幅等向民众宣传非法集资的危害性、最新手法、辨识方法、防范措施及相关法律法规等内容。宣传月活动期间，组织在各街道开展大型宣传活动44场。

【数字人民币试点】 2021年，雨花区探索数字人民币的“新路子”，加强对相关区直部门、街道及试点商圈负责人业务培训和指导，与医院、校园等企事业单位沟通对接，重点推进德思勤、高桥大市场等人流密集商圈和医院、校园等企事业单位场景应用，开展数字人民币知识宣传培训。截至2021年年底，辖区内金融机构开通个人钱包80万余户、对公钱包4.6万户、商户3万余家，涵盖智慧医疗、智慧校园、商圈零售、高桥大市场（中非贸易商圈）、新型商业业态、军民融合、惠农助农等各类场景。12月25日，湖南跳马园林有限公司财务负责人使用数字人民币缴纳当期各项税费4502.35元，这是数字人民币税务端线上缴税支付场景的首次成功应用，标志着长沙成为全国首个数字人民币全场景全流程纳税缴费城市。

【银企对接活动】 2021年1月21日，雨花区“银企合作、共赢发展、携手助力雨花现代化强区建设”银企对接活动举行。60余位政协委员参会，其中40余名为企业代表，会上咿呀实业、诺贝尔等企业表明自己的融资需求，5家企业达成初步意向，授信约2300万元。

2021年4月22日，雨花金融、税务“问需求 优服务 为民办实事”拟上市企业座谈会 （李牧婷 摄）

【拟上市企业座谈会】 2021年4月22日，雨花区“问需求 优服务 为民办实事”拟上市企业座谈会召开。区内15家拟上市企业及相关区金融、税务相关负责人参加。区金融事务中心和区税务局简要通报相关工作情况，邀请毕马威湖南区域审计合伙人对企业普遍关心的问题作《新收入准则对企业的影响》的主题授课，解答各企业就报表变化、企业信贷风险评级、优惠政策、跨区分支机构交易涉税、企业涉税涉费办理时限、税务咨询渠道、纳税信用等级评定等问题提出的诉求与建议。

【“百名行长进百企”雨花企业专场活动】 2021年5月18日，第十届长沙金融服务节“百名行长进百企”雨花企业专场活动在湖南申亿五金标准件有限公司开幕。专场活动为期3天，由长沙市金融办与雨花区政府共同组织开展。40余名行长走访上市公司和拟上市企业、发展较好的外贸进出口企业7家企业，企业获得12亿余元的授信额度，解决企业生存发展的资金问题。

【金融支持人才创新创业对接会】 2021年5月26日，雨花区举办“长沙人才政策宣讲”暨金融支持人才创新创业对接会。长沙市委组织部人才处副处长龙小芳宣讲长沙人才政策；长沙市高层次人才服务发展中心发展部部长伍璐宣传和解读2021年度长沙市高层次人才分类认定新目录和“两大人才（高精尖人才、紧缺急需人才）工程”；中国农业银行、长沙银行、长沙农商银行、湖南中盈梦想商业保理公司、湖南股权交易所挂牌服务部等金融服务机构代表介绍支持人才创新创业的金融产品及跨境金融服务，宣讲高层次人才创新创业的金融政策。借助湖南省区域性股权交易市场的“发现、培育、融资、转板”功能，支持人才企业做大做强；利用商业保理业务模式，为人才企业提供综合性金融服务，提高资金周转率。以多维度金融支持人才企业创新创业，金融机构为企业授信30亿余元。

【“市信易贷平台”培训会】 2021年9月6日，雨花区金融事务中心组织召开“市信易贷平台”雨花区推广工作培训会。各街镇相关负责人参加培训。培训会传达国家、省、市关于“信易贷”平台的有关要求，部署开展“市信易贷平台”推广工作，邀请“市信易贷平台”运营工程师讲解平台注册流程及具体操作步骤，与各街道（镇）讨论交流在推广过程中遇到的问题。

【中国工商银行金汇支行成立】 2021年9月25日，中国工商银行长沙金汇支行在中非经贸合作示范园成立。这

2021年9月6日，“市信易贷平台”雨花区推广工作培训会 （蒋 颖 摄）

是湖南自贸试验区获批以来，长沙片区雨花高桥区块落地的首家银行。该支行位于高桥大市场酒水食品城58栋，作为中国工商银行新成立的国际业务特色银行和中非跨境人民币中心自贸试验区专业支行，可以受理、承办中非跨境人民币中心的跨境结算、投融资、大零售、培训等业务和功能，以跨境人民币综合金融服务为载体，运用“四位一体”智慧服务体系，满足多功能、全链条金融需求，助力优秀湘企投身非洲经济建设。中非跨境人民币中心于2020年7月23日成立，是由中国工商银行牵头、各商业银行和相关金融机构共同参与的对非金融服务中心，被省政府纳入湖南省对非经贸合作机制八大重点支持平台之一，成为“中非经贸深度合作先行区”的重要组成部分。

【可孚医疗上市】 2021年10月25日，可孚医疗科技股份有限公司在深交所创业板成功上市，可孚医疗科技股份有限公司股票简称“可孚医疗”，证券代码：301087。首次发行4000万股，发行价为93.09元，募集资金37.24亿元。可孚医疗科技股份有限公司是湖南省人工智能产业链上培育的首家上市企业，也是全省首发募集资金最多的民营企业。上市当天的“云敲锣”仪式创新实现首个地方政府与深交所双向视频连线、网上两地同时直播。

（本栏撰搞　邓　昶）

● 雨花农商支行 ●

【概况】 长沙农村商业银行股份有限公司雨花支行（简称“长沙农商银行雨花支行”）是长沙农商银行下辖的14家一级支行之一，主要经营范围是中国银行业监督管理委员会依照有关法律、行政法规和其他规定批准的业务，经营范围以批准文件所列的为准。长沙农商银行雨花支行辖14个二级支行、1个营业部。

2021年，长沙农商银行雨花支行完善绩效考核办法，以“利润中心、战略导向、综合平衡、有效沟通、坚持三公”为基本原则，大力发展业务，加强风险防控，有序推进各项工作。截至2021年年底，各项存款102.04亿元，较年初净增10.62亿元；各项贷款59.19亿元，较年初净增6.85亿元。

【经营管理】 2021年，长沙农商银行雨花支行撤并武广支行，将业务并入东山支行。铁桥支行迁址沙湾路18号并更名为体育新城支行。跳马支行进行原址装修建设项目。环科园支行更名为雨花经开区支行。建设学习型企业，引入竞争机制，从优秀的综合柜员中选拔人员补充到柜面经理、客户经理团队。组织公开竞聘2次，选拔柜面经理5人、客户经理6人、副行长10人。建立并完善每季度对客户经理、柜面经理、副行长进行末位淘汰，淘汰客户经理2人、柜面经理1人，淘汰基层管理人员2人。贯彻落实“千百万”人才计划，制订青年人才成长与培养方案，建立长期长效的培养机制。

【业务发展】 2021年，长沙农商银行雨花支行做深普惠金融，推行支行行长、客户经理“包网格”制度，形成“一级支行、二级支行、客户经理、金融三员”四级网格管理服务体系，实现雨花片区全覆盖。聚焦重点客群，推动批量获客，对代发工资单位有针对性地开展组合营销；对存量和新增对公存贷款客户做深做透，将零售贷款业务渗入单位员工中去，强化对公贷款客户的“1+N”营销；抢抓按揭贷款营销，对已有授信的楼盘深入挖潜，加强与开发商的合作。创新金融产品，为雨花经开区的小微企业制定专门的贷款方案，促成一系列小微企业产品落地，为园区内的小微企业拓宽融资途径，降低融资成本。利用白名单、电子挎包等批量营销。对优质客户，实行Q闪贷白名单和福祥e贷进件，实现批量营销、批量获客、批量进件。

【风险防控】 2021年，长沙农商银行雨花支行按照“每周一次”的标准督促下辖支行对即将到期的贷款进行清收，确保贷款按期收回。对存量不良贷款和关注类贷款，实施“一户一策”“专人专管”。通过与法院、总行多层联动，对于长期清收不动的一批“老赖”，以法院起诉为依托，加大诉讼贷款的清收。加大对不良贷款责任追究制度，对形成不良贷款的相关责任人按员工处罚条例进行经济处罚及通报。

【长沙农商银行调研雨花区企业】 2021年6月10日，长沙农商银行党委委员、副行长黄治国一行走访雨花经开区管委会，与雨花经开区管委会副主任李剑刚交谈，介绍长沙农商银行绿色信贷、“三高四新”企业等优惠金融政策，提出对高新科技企业的实际诉求要进行科技创新、金融创新，找准切入点，制定个性化的金融方案。8月27日，长沙农商银行党委副书记、行长陈萍萍带队到安信生物科技有限公司进行业务合作拜访。10月15日，黄治国带队到雨花支行信贷前十大户其中的两户——湖南中惠旅集团、湖南景上置业发展有限公司进行贷后走访。

（本栏撰稿　杨　焕）

教育科技

教育

【概况】 2021年，雨花区有中小学校90所，学生约13万人；幼儿园287所，幼儿约6万人；教师9944人，其中在编教师4910人，合同制教师2810人，离退休教师2224人。雨花区教育系统获“国家智能社会治理教育特色实验基地”“全国首批义务教育课后服务典型案例单位”“全国在线教育应用创新典型案例”，区教育局获国家义务教育质量监测实施优秀组织单位、湖南省文明单位等，“创梦者·‘里’想家”项目入选全国“特别受百姓喜爱的终身学习品牌项目”；“双减”典型经验获教育部推介；全省中小学心理健康教育工作会、全市“双减”工作推进会上推介工作经验。（王学理）

【教育教学】 2021年，雨花区开展书记校长思政课竞赛。开展生命化德育菜单式培训、雨花卓越家长学院培训20万余人次。雨花区教育局获长沙市“国防教育先进单位”“五四红旗团委”称号，长沙市辅导员风采赛中获团体特等奖，育新小学等学校被评为“长沙市十佳少先队大队”，枫树山大桥小学陈羽析被评为全省唯一“全国新时代好少年”。成立“双减”工作专班，出台《低年级游艺测评指南》；选送参评全国“基础教育精品课”数量居全市第一；区教育局获“全市普通中小学教育质量综合评价报告结果应用优秀案例”一等奖。开展创意作业设计大赛，中小学作业管理实现3个100%（100%建立作业公示制度、小学100%落实每周一天无作业日、班级100%作业总控）。课后服务实现五个100%目标（中小学校100%开展、服务时间100%保障、师生100%参与、学生午餐100%落实、家长学生100%满意）。学科类培训机构压减率86.1%，校外培训机构全部纳入管控台账。以“新三好”（健好身、读好书、写好字）为抓手，促进学生全面发展。砂子塘魅力之城小学等学校被评为“长沙市示范书香校园”；6个节目获省中小学生艺术展演一等奖，占全市46%；市独唱、独奏、独舞“三独”比赛前十名获奖学校雨花区占5所；红星实验小学被评为“全国中小学中华优秀传统文化传承学校”。（王学理）

【教育治理】 2021年，雨花区加强中小学生作业、睡眠、手机、读物、体质等“五项管理”，全区因病停课班级数比2020年下降53.3%；作为全市唯一区入选首批“全省综合防控儿童青少年近视试点区”，长塘里阳光小学被评为“全省综合防控儿童青少年近视试点校”。中小学校园安防“五项”（校园保安人员配备、监控设备、安防装备、围墙标准、护学岗设置）建设完成率100%，“雷锋号护学岗”中小幼全覆盖，获“长沙市扫黑除恶专项斗争优秀集体”“长沙市普法工作先进集体”，长沙市一中雨花新华都学校获“湖南省平安建设示范校”，雨花实验小学在全市平安校园建设会议上作经验交流。（王学理）

【教育保障】 2021年，雨花区教育投入21.9亿元。其中投入9亿余元，完成7所中小学校建设，新增学位8670个；投入约2.4亿元，新增公办园学位15482个，在园幼儿占比61.14%，排名全市第一。回收配套园14所，争取开发商新增园位1000余个，节约资金约1.19亿元。落实教育资助政策，发放各级资助资金265万元。全区中小学幼儿园实现疫情零输入、师生零感染；完成“三考”（高考、中考、学业考）和“新三考”（高等教育自学考试、中小学教师资格考试、全国成人高校招生考试）等考试，被评为“长沙市考试工作先进单位”。采取“六互模式”（集团互建、资源互享、教研互促、学生互动、名师互教、管理互学）开展长株潭基础教育交流活动20余次，启动砂子塘潭州小学建设；对口帮扶龙山、溆浦、石门县等16所学校，CCTV17《中国三农报道》专题报道长塘里小学对口帮扶工作。（王学理）

【教师队伍】 2021年，雨花区开展“师德师风建设深化年”活动，在教育部“国培计划（2021）”示范性项目会上，推介雨花师德养成经验；在全市师德师风建设工作会上，作典型发言。引进教师391人，选派242名校长、教师参加“三区”（边远贫困地区、边疆民族地区、革命老区）支教、交流。中小学“教工之家”建设全覆盖；表彰教师700余人，奖励最高每人1万元，表彰覆盖面占教师总数10%；慰问教师1984人次。推进教师“三晒”（晒书、晒字、晒文）工程、“六大培训工程”（校长表率、名师孵化、骨干引领、新进教师培养、合同制教师培训、德育队伍“菜单式”培训工程）。2人获评正高级，49人获评长沙市卓越教师，区教育局第一幼儿园园长邓益云获评“宋庆龄幼儿教育奖”（全省2人）。

（王学理）

【基层党建】 2021年，雨花区贯彻落实中小学校党组织领导的校长负责制，118个学校党支部完成“五化”建设；选派118名党建指导员指导民办学校党建工作。泰禹小学入选全省教育系统基层党建示范点，枫树山小学被评为全市示范化“五化”党支部。开展“百年百讲”党史学习教育等活动3000余场次；完成44所公办园建设等“10件民生实事”；代表长沙市参加湖南省“颂歌向党”群众合唱比赛获第一名；3名教师获长沙市教育系统“师魂映党旗”演讲比赛一等奖。开展廉政谈话、提醒谈话782人次，查处案件15起。砂子塘吉联小学在全市清廉学校建设动员会上作典型发言。（王学理）

【长株潭教育一体化】 2021年，雨花区紧抓长株潭一体化建设的机遇，探索教育优质均衡发展新路径，采取集团互建、资源互享、教研互促、学生互动、名师互教、管理互学的“六互模式”，推进“融城”基础教育深度合作。1月16日，由雨花区和湘潭经开区联合开办的长株潭教育一体化首家入驻“融城小学”——湘潭九华砂子塘潭州小学开工。该校建设项目是长株潭城市群一体化建设重点民生项目，雨花区教育局将其纳入砂子塘教育集团管理，任命砂子塘小学副校长为该校校长，集团总校砂子塘小学主动参与学校建设方案的研讨、审定，指导校园文化建设、课程构建、师资培训等。4月15日，长沙市雨花区联合株洲市石峰区、湘潭市岳塘区举行劳动教育、研学实践工作交流活动。来自三地的教育局相关负责人和校长代表50余人，就中小学劳动教育和研学实践工作进行交流和探讨。4月28日，长株潭教育一体化教学研究系列交流活动在长沙市雨花区长塘里小学举行。来自湖北省、广东省，湖南省长沙、株洲、湘潭、岳阳、湘西等市州教师代表参加。长塘里小学作为雨花区“基于教学改革、融合信息技术的新型教与学模式”实验联盟领衔校，全方位展现智慧校园建设。12月4日，雨花区第20届学科节在泰禹第二小学和周南雨花中学举行。株洲市石峰区、湘潭市岳塘区部分学生通过网络直播参与。（李谟丽）

【思政课展示活动】 2021年，雨花区以“师德师风建设深化年”为抓手，强化和发挥思政课立德树人关键课程的作用，组织开展以“学四史、悟读本、研教材、立师德”4个板块为主要内容的“中小学校长书记表率工程”暨“中小学校长书记思政课展示活动”。12月17日，雨花区“中小学校长书记表率工程”暨中小学校长、书记思政课展示活动在雅境中学举行。株洲市石峰区、湘潭市岳塘区、怀化市溆浦县等地区的老师通过线上共同参与。天华寄宿制学校党支部书记欧阳爱湘开讲《闪亮党员徽章上的秘密》；长郡雨花外国语左家塘学校校长曹谦聚焦教材，与学生共同探讨青春与梦想，开讲《青春中国 吾辈当歌——中国梦》；砂子塘湘天小学校长谭继红开讲《众人的事情由众人商量》。活动评选出特等奖12个，一等奖26个。

（曹　芬）

【教育工作会议】 2021年1月28日，雨花区2021年度教育工作会议在长沙市雅境中学召开。区政府二级调研员陈良红主持会议。区教育局党委书记、局长张新卫作《五育并举 融合创新 全力打造全国一流教育强区》报告。报告指出，2021年要引领教育高质量发展；以德智体美劳“五育并举”为核心，构建高品质育人体系；以优质均衡为目标，打造高水平教育资源；以强德修能为重点，建设高素质教师队伍；以精细管理为保障，提升高效率治理能力。（王学理）

【党史学习教育】 2021年3月1日，

2021年12月17日，雨花区“中小学校长书记表率工程”暨中小学校长书记思政课展示活动　（曹　芬　供图）

2021 年 5 月 11 日，"就认这个理 永远跟党走"党史学习教育专题宣讲暨"师魂映党旗"演讲比赛 （唐 聘 供图）

雨花区中小学开展"小雨花学党史 争做时代接班人"2021 年春季新学期开学第一课活动。党校教授、教师中的中华人民共和国同龄人、改革开放同龄人以及青年教师代表与学生进行宣讲。3 月 19 日，雨花区教育系统党史学习教育推进会在泰禹小学召开。长沙市委党校政法教研部主任、副教授余敏以《中国为什么能？——中国共产党百年辉煌的红色密码》讲授党课，雨花区教育局党委书记、局长张新卫全面部署全区教育系统党史学习教育工作。3 月 30 日，区教育局党委理论学习中心组开展党史学习教育第一次专题学习，聚焦"学史明理"主题，到中国共产党长沙历史馆、中共湘区委员会旧址接受党史学习教育，张新卫在泰禹小学讲授《关键抉择：看中国共产党的智慧和担当》主题党课。4 月 9 日，区教育系统百场"讲党史故事 促立德树人"进校园活动启动，区教科所牵头组建一支由教研员、学科教师、师德养成培训师组成的党史学习教育讲师队伍，确定"10 大"宣讲主题，整理、挖掘百个党史故事，面向全区各中小学、幼儿园推出。4 月 14 日，区委党史学习教育巡回指导组第三组进驻区教育局。4 月 22 日，区教育局党委理论学习中心组到韶山开展党史学习教育第二次专题研讨。5 月 11 日，雨花区教育系统"就认这个理 永远跟党走"党史学习教育专题宣讲暨"师魂映党旗"演讲比赛在砂子塘万境水岸小学举行。全区各中小学、幼儿园书记、校长（园长）及宣讲人员 200 余人现场观摩。20 位党员教师参加比赛，自然岭小学《永远的灯塔》等 5 个宣讲节目获特等奖。5 月 28 日，区教育局党委理论学习中心组围绕"学史崇德"主题开展党史学习教育第三次专题学习研讨。6 月 23 日，区教育局党委理论学习中心组开展党史学习教育第四次专题学习研讨。6 月 30 日，区教育局党委副书记、副局长许惠芝在长郡雨花外国语左家塘学校以《在党的百年历史中体悟人民至上价值理念》为题讲授专题党课。7 月 16 日，区教育局机关党支部召开"学党史、悟思想、办实事、开新局"专题组织生活会。 （唐 聘）

【人工智能教师认定培训】 2021 年 3 月 25 日，雨花区人工智能教师认定（小学）第二期第一次培训在雨花区智慧教育数据中心举行。雨花区各个学科 42 名首批人工智能教师参加现场认定培训，湘潭市岳塘区、株洲市石峰区中小学信息技术教师同步网络参加。培训从人工智能在摄影、智能推荐、GPS 与智能系统的应用角度切入，指导教师运用循环、自定义函数、条件语句、分支程序结构进行编程实践。 （李 良）

【雨花学术论坛】 2021 年 4 月 9 日，雨花区"讲党史 促立德树人"系列活动暨雨花学术论坛启动仪式在雅境中学举行。区教育局局长张新卫带头讲党史"第一课"。区教科所学前教育教研室主任段蓉、中学历史教研员苏罗军、中学政治教研员邓冬桂与袁一婷、张帆、文思笑、朱家璐、曾红莲、曹炜、彭龙、桂阳玲、彭海燕等教师宣讲党史故事。4 月 15 日，雨花学术论坛开讲。教育部基础教育教学指导专业委员会专家、浙江省教育厅教研室副主任张丰作《制度与技术：教育质量管理机制在重建》专题报告。雨花区长郡雨外左家塘学校校长曹谦、枫树山莲湖小学校长陈莹、长郡雨外洪塘学校副校长欧阳妍华分享各自在教学评价改革中的心得体会。5 月 11 日，雨花学术论坛在枫树山中航城小学开讲。教育部基础教育课程改革专家组核心成员、福建师范大学教授余文森围绕"课堂教学改革"议题作《核心素养下的育人方式变革与读思达教学法》专题报告，提出学习活动中阅读、思考、表达三个核心环节"读思达"的教学法，解读"读思达"教学法的落地方式、落地指导思想与实施举措。枫树山中航城小学校长罗瑞、砂子塘魅力之城小学校长丁君园、育新小学校长杨娜、稻田中学副校长史雄与余文森开展学术交流。9 月 23 日，雨花学术论坛在砂子塘魅力之城小学开讲。全国新学校研究会副会长、北京师范大学中国教育创新研究院副院长褚成中作《素养时代教育的新视角——从教走向学的转变》专题报告。圭白路小学校长刘志慧、砂子塘湘天小学校长谭继红、周南雨花中学副校长李强等分享各自在课堂教学改革中的心得体会。10 月 15 日，雨花学术论坛在长塘里阳光小学开讲。教育部数学教育技术应用与创新研究中心执行主任、首都师范大学博士方海光作《信息技术与课堂教学融合的变革与创新》专

题报告。砂子塘吉联小学校长朱鸿雁、长塘里阳光小学校长杨媛媛分享交流开展智慧校园背景下的精准管理的实践与探索。（徐宇明）

【劳动教育成果推广活动】 2021年5月21日，雨花区教育系统“劳动最光荣，献礼建党百周年”主题劳动教育成果推广活动在砂子塘新世界小学举行。砂子塘新世界小学校长徐静介绍学校以“小主题，大研究”的劳动教育思想，通过“学段线”和“空间轴”、分学段、学科整合、家校社三方联动开展劳动主题项目式研究。砂子塘新世界小学学生汇报展示“我是校园小主人”主题活动成果。长郡雨花外国语学校、枫树山小学、梅怡岭小学、枫树山中航城小学、稻田特立中学5所基础教育国家级优秀教学成果推广示范学校进行课程推介。活动会场外，展出王家冲小学、五一小学、砂子塘小学等区内综合实践活动实验校的美食技艺、工艺科创、农林种植3个板块的24项劳动教育成果。（伍高峰）

【入选“教育部首批义务教育课后服务典型案例单位”】 2021年6月2日，长沙市雨花区作为全省唯一代表入选教育部首批义务教育课后服务典型案例单位。2021年春季，雨花区参与三点半课后服务学生95445人，占比87%，为1470名建档立卡贫困学生和481名其他类型贫困学生免除课后服务费用159万元；参与教师6930人，占比99.44%，16所学校实现学生100%参与，全区实现4个100%目标，即公办中小学校100%开展，有需求的学生100%参加，有午餐需求的学生100%落实，受访家长学生100%满意。（王学理）

【教育系统庆祝中国共产党成立100周年表彰大会】 2021年6月25日，雨花区教育系统庆祝中国共产党成立100周年表彰大会在长沙市雅境中学举行。大会为老党员代表颁发“光荣在党50年”纪念章，为“优秀共产党员”“优秀党务工作者”“先进基层党组织”代表颁奖，3名先进代表进行交流发言。区委副书记、区委教育工作领导小组组长陈永高指出，区教育系统要实现以党风带校风、教风、学风的转变，切实把党建工作抓紧抓实、抓出成效，奋力建设高质量教育体系。（王学理）

【“双减”工作会议】 2021年8月28日，雨花区教师“双减”培训会在泰禹小学举行。教育部教育发展研究中心原主任张力作“双减”政策（《关于进一步减轻义务教育阶段学生作业负担和校外培训负担的意见》，简称“双减”政策）解读。区教育局全体机关干部，局属二级事业单位负责人，中小学校长、幼儿园园长现场参加，7000余名在职老师线上参与。10月19日，雨花区落实“双减”政策暨校外培训机构处置工作调度会召开。会议就进一步落实“双减”要求和校外培训机构涉稳涉舆有关工作进行专题部署。会议要求，要吃透“双减”文件精神，落实好“双减”政策要求。11月30日，雨花区“双减”、校园安全暨中小学心理健康教育工作会在长沙市雅境中学召开。区委副书记、区委统战部部长郭四军，区政府副区长刘燕妮等，区委教育工作领导小组成员单位、各街镇的相关负责人，全区各中小学校长、园长参加。区教育局党委书记、局长张新卫汇报“双减”、校园安全暨中小学心理健康教育工作。井湾子街道、区公安分局、育新小学就相关工作交流发言。会议指出，要减轻学生负担，减轻学生压力，让教育回归教育本质。（王学理）

【“师德涵养实验区”签约】 2021年9月7日，雨花区教育局与北京师范大学“师德涵养实验区”签约仪式在长沙市雅境中学举行。雅境中学、泰禹小学等5所书法涵养师德基地校，砂子塘小学、砂子塘魅力之城小学等5所经典涵养师德实验校校长及课题主持人进行集中现场交流汇报。签约后，北京师范大学派出全国中小学幼儿园师德师风建设专家委员会秘书长、北京师范大学中华文化教育研究院院长王文静教授及其团队，对雨花区师德专题培训进行实地指导。（曹　芬）

【入选“国家智能社会治理实验基地（教育特色）”】 2021年9月11日，雨花区作为全省唯一代表入选国家智能社会治理实验基地（教育特色）。国家智能社会治理实验基地分为综合基地和特色基地两类，由中央网信办、国家发展改革委、教育部、民政部、生态环境部、国家卫生健康委、国家市场监管总局、国家体育总局8部门组织评选。雨花区推进人工智能、大数据、云计算等为代表的信息基础设施建设，实现教育行政审批事项全程网办100%，学校网络及网站托管维护100%，中小学质量检测阅卷网络化100%，“一键式”紧急报警、视频监控系统与属地公安机关联网率达到100%，中小学、幼儿园食堂“明厨亮灶”覆盖100%，为智能教育治理研究提供实践经验和环境基础。（王学理）

【入选在线教育应用创新典型案例】 2021年9月23日，长沙市雨花区《区域在线教育促进教学模式变革的实践研究》被中央电化教育馆评为在线教育应用创新典型案例。雨花区以区域教育治理智能化、教育决策支撑逐步信息化、学生体质健康监测数据化、网络学习空间全面普及化为抓手，推动智慧教育与学校治理深度融合。（王学理）

【社区教育骨干研修班】 2021年10月20—21日，雨花区2021年社区教育骨干研修班在雨花非遗馆研修。社区教育专干聆听专题讲座，参与中式风雅生活现场教学、分组研讨、观摩学习等理论与实操相结合的课程。开班仪式中，长沙广播电视大学党委书记、长沙社区大学副校长林涛作《新形势下如何有效开展社区教育工作》专题讲座。长沙市教育局副局长杨庆江要求，要将社区教育与社会治理高度融合起来，推动社区教育有利于社区和谐发展；要将社区教育与建设幸福之城结合起来，打造幸福的社区、

幸福的街道；要将社区教育与市场运营结合起来，要有创新意识，探索社区教育全新的经验和模式。（王学理）

【学前教育教师素养提升培训】 2021年12月11日，雨花区幼儿园学前教育教师素养提升培训班开班。活动由雨花区教育局、湖南师范大学联合举办，近300名幼儿园教研组长、骨干教师参加活动。线下集中培训为期5天，课程设置从“幼儿园的活动设置、游戏的探索”“幼儿园文化建设”“资源管理”到“教学教研”“教师成长”“儿童心理”等方面展开，旨在培养参训学员掌握幼儿教育最新理论和教育科研基本知识，提升教师专业素养、实施素质教育的管理水平和创新能力。

（尹海瑛）

【师德师风建设经验推介】 2021年12月16日，教育部“国培计划（2021）”示范性项目——师德培训者研修长沙市雨花区经验分享会在雨花区砂子塘魅力之城小学举行。全国100个师德师风实验校、雨花区各中小学校、长株潭相关学校以直播形式同步收看。雨花实验小学、砂子塘魅力之城小学展示师德养成教育活动现场，雨花区教育局党委书记、局长张新卫以《师德为魂 务实创新 奋力推进雨花教育高质量发展》为题推介雨花区师德师风建设工作经验。12月29日，雨花区作为全省2个、长沙市唯一区县，在省“国培计划2021”师德养成教育管理者研修班开班仪式上作典型案例分享。雨花区教育局党委副书记、副局长许惠芝以《创新师德养成教育，助推雨花教育高质量发展》为题，从统筹兼顾，建强保障机制；典型带动，打造示范体系；协同联动，构建特色课程；对标守正，优化考核体系四个方面对雨花师德养成工作进行经验推介，对雨花区“知行135E”（一个理念、三条路径、五类课程、E平台）区域特色师德养成建设模式和“师德养成教育‘E平台’”进行重点介绍。

（曹 芬）

2021年12月11日，中国少年先锋队长沙市雨花区第一次代表大会（杨思宇 供图）

【雨花区第一次少代会】 2021年12月22日，中国少年先锋队长沙市雨花区第一次代表大会在长沙市雅境中学召开。雨花区245名少先队员、少先队辅导员和少年儿童工作者代表参加会议。雨花区政府副区长刘燕妮主持会议。大会审议通过题为《高举队旗跟党走·争做雨花好少年，为奋力建设全国一流现代化强区时刻准备着》工作报告。共青团长沙市委副书记金甜，区委副书记、统战部部长、党校校长郭四军分别讲话。会议选举产生中国少年先锋队长沙市雨花区第一届工作委员会，刘燕妮当选区第一届少工委主任，喻浩浩、刘翔贵、金虎成、李臻、欧阳爱湘、杨娜当选区第一届少工委副主任。（伍高峰）

【第四届创客马拉松竞赛活动】 2021年12月30日，雨花区第四届创客马拉松竞赛活动在长塘里小学举行。雨花区创客马拉松比赛是雨花区独创传统比赛，面向学生，旨在激发学生创客灵感，提高师生设计思维和动手创新能力。活动以“‘芯’中的家”为主题，14支学生队伍参赛。长塘里小学副校长张苏致欢迎词，介绍长塘里小学在信息技术和创新应用领域的发展和取得的一系列成绩；雨花区信息技术教研员周俊辉介绍区内创客教育现状开展情况以及一年来所取得的成绩，总结本次活动的参与情况和作品覆盖面。从初赛的50余件作品中选拔14支学生队伍进行作品的展示和讲解。长沙县段贤清创客名师工作室首席名师段贤清，分析每个作品的优点，提供建议及整改方向。长沙市教科院信息教研室主任黄文斌公布获奖名单，由专家评委为获奖的选手和指导老师颁奖。（李 良）

科学技术

【概况】 2021年，雨花区增强全社会研究与试验发展（R&D）经费投入，加大高新技术企业培育，培育重点创新项目，加快中小企业培育，加强平台载体建设，推进科技计划项目，促进科技成果转化。新认定高新技术企业235家，完成技术贸易合同成交额达159.39亿元。雨花区科技局作为技术交易工作先进单位，在2021年省技术市场统计分析会以及2021年长沙市技术市场工作推进会上进行先进代表发言。湖南省科技厅授予雨花区科技局“2021年度全国科技活动周先进单位”称号。

【科技工作成果】 2021年，雨花区有重点实验室、工程技术研究中心、企业技术创新中心、科技企业孵化器、众创空间等科技创新平台70个，其中国家级2个，省级51个，市级17个。雨花区开展重点企业走访调研，加强与上级科技部门的协调对接。组织街镇科技专干、统计专干开展研究与试验发展（R&D）经费投入工作和企业R&D归集填报统计人员业务培训，培训400余人次。新认定高新技术企业235家，全年高新技术企业478家。

【科技成果转化】 2021年，雨花区依托驻区的中国电建集团中南勘测设计研究院有限公司、中机国际工程设计研究院有限责任公司、中国能源建设集团湖南省电力设计院有限公司、长沙有色冶金设计研究院有限公司等15家设计研究院所，发挥“中国（雨花）创新设计战略联盟”作用，搭建助推科技成果转化桥梁，利用雨花创新设计行业“洼地效应”，搭建创新设计企业发展交流服务平台。依托中国建筑第五工程局有限公司、五矿二十三冶建设集团有限公司等建筑行业龙头企业，培育特级总承包企业和一级企业，建筑业总产值超过2000亿元。雨花经开区人工智能（含传感器）产业引进培育形成产业集群，湖南长步道光电科技股份有限公司、大族激光科技产业集团股份有限公司、可孚医疗科技股份有限公司等一批企业“卡脖子”技术实现突破。利用在中机国际设立的全省首个落户区县级单位的技术合同认定登记点，创造条件支持科技服务机构参与辖区企业科技成果转化服务活动。出台制度将科技成果转化、技术交易、转化服务、交易服务纳入财政奖补扶持范畴。聚力“3+1”模式（培育一批、孵化一批、申报一批、提升服务），推进高新技术企业培育工作。建立雨花区科技创新公共服务中心，服务科技成果认定。打造技术成果转让交易运营平台，筹建技术产权交易机构，服务科技成果价值发现。提供科技金融服务，设立规模10亿元的科技创新产业发展投资基金。全年完成技术贸易合同成交额159.39亿元。

【科技计划项目】 2021年，雨花区科技项目申报67家，通过初审、专家评审和区直部门联审等严格程序，38个项目成功立项。完成2021年省、市科技项目的推荐工作，推荐长沙市重点研发项目80个、重大专项3个，推荐142家企业获得2021年省研发财政奖补5020.14万元。

【科技计划项目评审】 2021年10月14日，2021年雨花区科技计划项目专家评审会议举行。雨花区科技局委托湖南省生产力促进中心负责评审工作，区科技局、区财政局、区纪委派驻区城乡建设局纪检组进行全程监督。区科技局、区财政局前期资格审查、实地走访等初审程序，确定41个项目进入专家评审程序。区科技局党组成员、副局长黄小元对雨花区评审专项程序及具体要求进行说明。区科技局党组书记、局长黄练文希望各位专家给予企业提出指导，更好地促进企业创新发展。评审邀请全省相关领域专家15位，按照电子信息化、新能源与节能环保、先进制造、新材料、生物医药、现代农业与社科类等领域，就项目的技术创新情况、关键技术及创新点、项目预期成果、创新团队情况、项目总投资及前期投入情况、项目市场预期及目前市场扩展情况等内容进行评审。11月5日，区科技局牵头组织开展2021年度区科技计划项目区直部门综合评审工作。区法院、区财政局、区生态环境执法大队、区市场监督管理局等参与，各相关职能部门对已经通过专家会审的项目进行审查，分别从入选企业的环保、安全生产、产品质量监督、企业诚信、技术创新、税收贡献、企业发展等多个维度进行评价，评审结论作为区科技项目资金拨付的重要依据。

【科技服务】 2021年，雨花区调整科技专家服务团成员，专家人数86人。开展技术指导和科技培训等工作，重点围绕特色产业发展需求，推动农业技术推广应用，加快特色产业发展，助力乡村致富。围绕重点产业和领域聚集创新要素，夯实各类科技创新载体，指导重点科技型企业和科研院所积极创建科技创新平台，申报立项科技创新平台9个，其中省级新型研发机构1个、省众创空间1个、省级临床医学研究中心6个和市级技术创新中心1个。雨花区重点实验室、工程技术研究中心、企业技术创新中心、科技企业孵化器、众创空间、临床医学研究中心等科技创新平台72个。组织农业专家服务团送农业“科技下乡”活动，指导农业企业、个体户10余家。在省、市、区三级科技计划项目中，重点支持农业类和民生类科技项目申报。召开科技工作推进会、业务培训会等，做好政策宣传和解读。优化科技项目立项管理流程和评审论证环节。

【研发经费年报统计工作会议】 2021年2月25日，雨花区规模企业研发经费年报统计工作会议召开。雨花经开区、各街（镇）科技主管部门分管领导及业务骨干参加会议。区科技局党组副书记、副局长刘望峰主持会议。区科技局副局长黄小元总结2020年市对区考核工作，指导和部署规模企业的研发经费年报统计工作和高新技术企业申报工作。各单位参会人员交流工作中的一些问题和看法。区科技局党组书记、局长余静雯提出工作要求。

【科研经费管理业务培训】 2021年3月2日，雨花区2021年重点企业科研经费管理业务培训会召开。雨花区经开区，各街（镇）科技专干及辖区重点企业财务人员、统计人员共计90家企业160余人参加培训。区科技局副局长黄小元主持会议。长沙市科技局规划财务处处长方明寨分析长沙市企业研发投入现状，讲解科技研发投入的有关优惠政策。授课教师讲解研发经费与R&D经费的异同、充分挖掘企业的研发投入、研发经费相关财政税收支持政策解读、研发经费报统的相关要求和实操指南4个方面内容，并现场答疑。12月14日，2021年基层及重点企业科研经费管理业务培训会召开。雨花经开区，各街（镇）科技专干、统计专干及辖区重点企业财务人员、科技统计人员共计90家企业

2021年12月14日，雨花区基层及重点企业科研经费管理业务培训会

（刘文涛　供图）

200余人参加培训。

【科技活动周活动】 2021年5月25日，2021年雨花区科技活动周启动仪式暨科技企业推介活动在中国有色金属长沙勘察设计研究院有限公司举行。长沙市科技局副局长陶红，雨花区政府副区长刘江红等参加启动仪式。科技活动周重点展现“百年回望 中国共产党领导科技发展”的成就，开展科技企业推介交流、企业技术合同认定登记务实讲座等一系列活动。科技活动周推出科技创新创业大赛、青少年科技节、科普大篷车巡展等13项主题科技活动。

【重点科技企业调研】 2021年1月5日，长沙市科技局副局长周一平一行到雨花区调研长沙有色冶金设计研究院有限公司、中国建筑第五工程局有限公司等重点科技企业，听取企业发展状况，就研发费用的归集填报及有关科技项目及科技奖励申报等进行沟通，解答企业提出的相关问题。3月5日，雨花区政府副区长刘江红一行调研湖南申亿五金标准件有限公司、湖南乾康科技有限公司、长沙兰卫医学检验实验室有限公司，听取3家企业发展情况介绍，了解企业科技创新发展情况、企业发展规划及当前遇到的困难和问题。区科技局、区卫健局、雨花经开区经发局相关负责人解答企业提出的问题并提出意见建议。3月18—19日，区科技局先后走访中机国际工程设计研究有限责任公司、中国电建集团中南勘测设计研究院有限公司等辖区内5家重点大型创新设计企业，就“湖南创新设计促进会”注册登记、联合创建国家级BIM信息中心的意见建议等相关事宜进行沟通交流。11月17日，区委书记刘素月一行调研湖南化工研究院有限公司，参观农药生测药效GEP实验室、环境安全性评价GLP实验室、产品化学GLP实验室以及部分试验用苗木、昆虫、斑马鱼与鹌鹑等生物的培养繁殖。湖南海利高新技术产业集团有限公司董事长刘卫东就研究院高端人才培养、区块链技术培育、区域化成果转化与服务等方面提出相关诉求，陪同调研的相关部门一一回应并提出相应的意见建议。12月7日，区政府副区长周明一行走访调研中国有色金属长沙市勘察设计研究院有限公司，听取该院的发展历程、业务领域、科研人员构成、研发经费投入、科研成果应用等情况介绍。

【乡村振兴对口帮扶工作对接】 2021年6月8日，怀化市溆浦县科技局到长沙市雨花区科技局考察交流，对接乡村振兴对口帮扶工作。雨花区科技局党组书记、局长余静雯介绍雨花区科技创新发展情况，介绍高新技术企业培育和技术贸易合同登记等经验，探讨科技工作存在的困难和问题。双方就脱贫攻坚与乡村振兴有效衔接达成初步协议。溆浦县科技局党组书记雷汉胜表示，希望雨花区科技局多对溆浦的产业、企业、项目建设进行科技指导和帮扶；建立两地科技人才交流机制，带动溆浦科技创新；帮助把溆浦县的溆浦鹅、红糖、瑶茶、溆浦龙潭白丝糯糍粑、鸡蛋枣等原生态健康产品，走出溆浦，推向全国各地。

（本栏撰稿　刘文涛）

文化·旅游·体育

综　述

【概况】　2021年，雨花区打造“雨花区文旅体云”，集雨花区各类文化资源，场地、活动、培训、文化课堂预约，文化遗产、志愿服务、社会联盟、品牌推荐、文旅地图、信息资讯于一体，形成以数字化助推文旅体融合发展的“雨花模式”。打造全省首个特色少儿图书馆，聘请著名儿童文学家汤素兰为馆长，挂牌“同心护苗”政协委员工作室（全省政协委员工作室挂牌点之一），开展青少年素质教育大讲堂活动，线上线下参与人数175万余人。建成长株潭首家文旅体智慧示范中心雨花区文化馆二馆，获湖南省乡镇（街道）级“最美潇湘文化阵地”；跳马镇石燕湖村成功创建为湖南省乡村旅游重点村；雨花群众合唱团在湖南省庆祝中国共产党成立100周年群众合唱比赛中均获得第一名；举办首届“长株潭非遗集市”开市活动，“湖湘榫卯小木作技艺”成功入选全省第五批非遗代表性名录；雨花亭街道华云社区成功创建湖南省“扫黄打非”示范点。获各级各类荣誉共35项，其中国家级1项、省级5项、市级28项、区级1项。区文化旅游体育局办理行政审批21件，其中娱乐场所经营单位2件、高危险性体育项目（游泳）经营单位6件、互联网上网服务营业场所审批8件，旅行分社设立审批1件，文物修缮许可1件，营业性演出3件；办理行政变更7件，统计年报239件。

【文体实事工程】　2021年，雨花区落实根据《长沙市2021年度100个标准化村（社区）综合文化服务中心建设实施方案》文件要求，投入90万元，新建集文体设施设备于一体的标准化村（社区）综合文化服务中心5个。推进体育实事工程，改建智能健身步道1条、智能登山步道1条、新建社区智慧健身中心39个、乡镇性全民健身中心1个、小球场2个、投放健身器材95处。

【合作交流签约】　2021年3月24日，长沙市雨花区与株洲市石峰区、湘潭市岳塘区签订“长株潭一体化文化旅游体育融合发展项目合作框架协议”，围绕庆祝中国共产党成立100周年主题，在3月中旬至7月1日期间的100天时间里，在长沙市、株洲市、湘潭市范围内，实施“三百工程”，整合红色资源、绿色健康运动资源、传统文化资源等，在旅游景区、景点、星级旅游酒店、民

2021年2月28日，汪涵开讲《读书有味》　　（杨礼轩　供图）

宿、文体场馆等提质改造100个场景；利用中华优秀传统文化“三进”（进课本、进课堂、进校园）工作，启动代表性“非遗”项目进100所学校工程，打造长株潭“非遗集市”；联合开展100场群众文化体育活动。

【青少年素质教育大讲堂】 2021年，雨花区开展“同心护苗 雨润花开”青少年素质教育大讲堂。2月28日，“同心护苗 雨润花开”——“同心护苗”政协委员工作室挂牌暨雨花区青少年素质教育大讲堂开讲仪式在雨花区少儿图书馆举行。湖南省政协常委、湖南卫视主持人汪涵主讲《读书有味》。4月25日，“同心护苗 雨润花开”青少年素质教育大讲堂第二讲举行。中南大学文学与新闻学院教授、博士生导师杨雨主讲《跟着诗词去旅行》。7月10日，“同心护苗 雨润花开”青少年素质教育大讲堂第三讲举行。湖南省歌舞剧院副院长，中国音乐家协会会员张音悦主讲《弓弦里的中国故事》。

【文旅体安全专业委员会会议】 2021年5月14日，雨花区文化旅游体育安全专业委员会2021年第一次全体（扩大）会议召开。区文旅体安专委各副主任，各成员单位分管负责人，区文旅体局全体班子成员、各科室及二级机构负责人，以及各街道（镇）文化站长参加会议。区政府二级调研员、区文化旅游体育安全专业委员会执行主任陈良红主持会议。区文旅体局局长、区文化旅游体育安全专业委员会副主任王琳总结2020年文化旅游体育安全专业委员会工作，部署2021年工作。区政府办副主任、区文化旅游体育安全专业委员会副主任万多传达国务院安委办、省安委办近期通报的重大及典型事故情况。区文旅体局党组书记、副局长程献对全区文化旅游体育行业安全生产专项整治三年行动百日攻坚行动、消防安全专项整治三年行动和深入推进“一会三卡”（安全生产班前会，安全体验卡、安全作业卡、应急明白卡）等有关工作进行部署。区消防救援大队分管负责人进行消防安全标准化管理工作培训指导。区政府副区长、区文化旅游体育安全专业委员会主任刘江红对工作进行强调。

（本栏撰稿 杨礼轩）

文 化

【文化活动】 2021年，雨花区推进“文化惠民”工程，开展第五届“飞梦雨花”艺术节系列活动、“2021雨花区文化惠民送戏下乡活动”、“我们的节日 送文化进万家”之送春联活动等。举办2021“欢乐潇湘·品质长沙·幸福雨花——颂歌向党”雨花区庆祝中国共产党成立100周年群众合唱比赛，选送雨花合唱团参加市级、省级比赛。首次将公益培训班延伸到街道（镇）文化阵地，聘请艺术专业教师为居民群众上公益培训课程。保留12个区级公益培训班的同时，在文化馆分馆、社区基层服务点开设培训分点，覆盖11个文化馆分馆、19个社区基层服务点，开设34个班，项目涵盖声乐、太极、舞蹈、瑜伽、书法等。

【文艺作品创作】 2021年，雨花区选送一批文艺工作者参加第七届湖南艺术节长沙市第三届“群星奖”比赛，雨花区凤传奇艺术团群舞《妈妈等你》、雨花区砂子塘吉联小学少儿话剧《吉娃变形记》获金奖，雨花区音乐家协会演唱的雨花区文化馆原创歌曲《永远跟着你》、雨花区上海城艺术团演唱的花鼓调《社区安全牢记心》、雨花区秋之韵艺术团的群舞《山乡春早》、雨花区心飞翔残疾人艺术团的快板《绿水青山就是金山银山》、长沙商贸旅游职业技术学院的对口数来宝《书山有路》获银奖。少儿话剧《吉娃变形记》获第七届湖南艺术节“三湘群星奖”少儿类最佳作品奖。

【文化产业发展】 2021年，雨花区修改和审定文化产业奖励扶持政策，兑现2021年度促进区域产业发展政策文体设施建设奖励，为文旅企业争取各项政策奖励扶持资金；完成2021年湖南省文旅消费专项资金、长沙市文旅消费专项资金、长沙市浏阳河文旅产业带建设专项资金申报工作，获专项资金120万元。湖南雨花非遗馆、石燕湖公园、湖南宋旦汉字艺术博物馆3家文旅企业参加2021湖南文化旅游产业博览会暨文化和中国（武汉）产业博览会。

【文化市场管理】 2021年，雨花区开展网吧、娱乐场所等经营场所安全生产检查巡查工作，检查经营单位838家次，其中网吧699家次，娱乐行业132家次，下达责令整改通知书30份，责令停产整顿经营场所30家。雨花区文旅体局获评长沙市“扫黄打非”优秀集体。

【文物资源保护】 2021年，雨花区推进文物安全直接责任人公告公示工作，制作责任人公示牌36块，11处省、市级文物单位全部安装到位；完善《雨花区不可移动文物安全巡查和报告制度》等规定；建立部门、街道（镇）、社区（村）、志愿者四级文物安全纵向保护体系；推进雨花区文物火灾隐患整治和消防能力提升三年行动计划，开展文物火灾隐患大排查、大整治行动，开展文物安全巡查90余次，检查文物单位260余次处，发现问题32处，均限时整改清零。协同街道、社区加强对开放型文博单位的指导督查。

【“非遗”保护传承】 2021年，雨花区创新“非遗”保护传承，深化“非遗雨花”“天下非遗聚雨花”“非遗集市”等“非遗”文化品牌。申报长沙市第七批“非遗”代表性项目，通过聘请省、市非遗专家召开“非遗”项目评审会，认定王兴太手工刀具制作技艺、长沙剪纸（雨花剪纸）具有申报资质，并成功入选名录；推选“湖湘榫卯小木作技艺”申报湖南省第五批非遗代表性名录；完成雨花区第三批非物质文化遗产代表性项目的申报工作。成立雨花区非物质文化遗产保护工作小组。依托湖南雨花非遗馆，面向社会开展“非遗”研学、体验。

【图书馆免费开放】 2021年，雨花区图书馆免费对外开放，办理借阅卡2152张，书籍借阅量约24.24万册，采购新书15099册，涵括党史、哲学、法律、经济、军事、语言、文学、地理、艺术、少儿等方面书籍，日均到馆200余人次。推动图书馆分馆开放，组织各分馆开展党史教育活动、设立党史教育学习专区、亲子阅读活动、志愿服务活动、非遗特色系列活动、简笔画公益课、圈圈故事会等213场，惠及19750余人。在2021年度长沙图书馆总分馆建设推进工作中，“非遗”分馆、壹间分馆（少儿馆）被评为“优秀分馆”称号，祖文静、雷婷被评为“优秀个人”。

【“书香雨花”体系建设】 2021年，雨花区建成区级馆1个、读书分会13个、图书分馆11个、社区图书馆室98个；打造丰园社区为全国“书香社区”、雨花非遗书院为全国首个“非遗书院”，打造机关阅读花园3个、自助图书馆4个、朗读亭2个；开创全国名人名家工作室运行少儿图书馆先河，聘请著名儿童文学作家汤素兰担任少儿馆馆长；建立政府搭台，社会力量支持，公益组织运行三方共赢的“和+”共享图书馆。举行第十三届“书香雨花”读书节，开展读书节启动式、青少年素质教育大讲堂、党史百年知识竞赛、读书节寒暑假系列活动、“书海导读”新书推荐、国学讲座等活动，线上线下参与人数175万余人。区图书馆、13个街道（镇）读书分会、多个阅读场所“1+13+X”全民阅读推广服务体系初步形成。

【全民阅读】 2021年，雨花区举办“书香雨花”读书节活动，锻造“书香雨花”读书节品牌；响应长沙市创建“儿童友好型城市”（1996年由联合国儿童基金会提出，是指致力于充分落实儿童权利的地方政府系统，一个适合儿童生长发展的新城市）三年行动计划，举办“雨花区青少年素质教育大讲堂”特色活动；推进雨花区少儿馆、非遗馆特色阅读空间建设，推动全民阅读的开展。

【“书香雨花”读书节】 2021年4月25日，“庆祝建党百年·争做时代先锋”书香雨花读书节启动式暨雨花区世界读书日主题活动在雨花区少儿图书馆举行，贯穿全年的第十三届“书香雨花”读书节系列活动拉开序幕。启动仪式上，播放“书香雨花”13周年专题纪录片及“阅读推广人”宣传VCR，为雨花区新增的阅读推广形象大使颁发聘书。中南大学文学与新闻学院教授、博士生导师杨雨主讲《跟着诗词去旅行》。该届读书节活动围绕“阅百年历程，传精神力量”主题，以红色阅读为主线开展各类线上、线下读书活动，包括“奋进百年砥砺前行”红色文化知识挑战赛、“建党百年峥嵘岁月”视频21天打卡、“红色诗词主题讲座”等。5月22—23日，“书香雨花”读书节系列活动之“党史百年主题”板块“百年荣光 星火‘湘’传”党史知识竞赛活动在雨花区图书馆综合阅览室举办。竞赛设置单选题、判断题、填空题等多种题型，题目内容涵盖中国共产党建党以来的重大历史、方针政策及诸多党史理论知识。

【雨花区文化馆二馆开馆】 2021年10月15日，雨花区文化馆二馆在跳马镇开馆。雨花区政府副区长提名人选刘燕妮为活动致辞，长沙市文旅广电局党组成员贺平生、长沙市文旅广电局公共服务处处长胡满生等为区文化馆二馆揭牌，雨花区委常委、宣传部部长刘江红宣布正式开馆。巡馆仪式后，雨花区注册文艺团队展演文艺节目。雨花区文化馆二馆于2021年6月动工建设，建筑面积1850平方米，是长沙市首家集“非遗”、旅游、体育融合展示为一体的智慧示范中心。该馆大厅有接待台、休息区、雨花区旅游景点预约系统等服务游客及居民的实用功能区；设立“雨花区特色旅游线路移动滑屏”，分为“非遗”、旅游、体育3个展区；二楼设有培训教室、书法室、棋牌室、服装室、图书室、多功能室。

【“我们的节日”主题活动】 2021年2月3日，雨花区“我们的节日 送文化进万家”之送春联活动举行。区文化馆邀请区书法家协会主席谭石光及协会成员到区文化活动中心，为居民群众书写公益春联、福字。区文旅体局将500余副公益春联、福字送到各社区、企业、工地，送到居民群众家门口。9月17日，长沙市未成年人“扣好人生第一粒扣子”主题教育实践活动暨“月是故乡明 阖家团圆庆中秋”

2021年10月15日，雨花区文化馆二馆开馆　　（杨礼轩　供图）

雨花区中华优秀传统文化进校园活动在雨花区韶山南路学校举行。活动由“月是故乡明”主题会演、“阖家团圆庆中秋”游园活动以及“中华思团圆”书画作品展3个部分组成。9月19日，雨花区“我们的节日·中秋”主题活动之情谜中秋活动在湖南雨花非遗馆举行。雨花区洞井小学师生及长沙市市民近1000人共同体验传统民俗活动。活动以“民俗集市”和“非遗演绎”为主要内容，观众现场体验长沙灯谜、手工DIY月饼、捏面人、写女书、滩头年画、活字印刷等“非遗”项目、中厅舞台上演苗歌、相声等传统节目。

【群众合唱比赛】 2021年5月7日，2021“欢乐潇湘·品质长沙·幸福雨花——颂歌向党”雨花区庆祝中国共产党成立100周年群众合唱比赛在雨花大会堂举行。参加比赛的14个合唱团由雨花区13个街道（镇）和区教育局各选拔1支队伍组成，每支合唱队伍人数为60~80人，包括中小学生合唱、党政机关合唱、中青年合唱和群众艺术团合唱，合唱形式有童声合唱、女声合唱、男声合唱、混声合唱。比赛现场评出金奖2名、银奖3名、铜奖4名、优秀奖5名。雨花区教育局和高桥街道获比赛金奖。5月14日，雨花区教育局代表雨花区参加2021“欢乐潇湘·品质长沙——颂歌向党”长沙市庆祝中国共产党成立100周年群众合唱比赛，演唱《娄山关》《怒吼吧！黄河》，获特别奖。6月27日，雨花合唱团代表长沙市参加2021年“欢乐潇湘·颂歌向党”湖南省庆祝中国共产党成立100周年群众合唱比赛，演唱《祖国，慈祥的母亲》和《怒吼吧！黄河》，以9.86分获得第一名。

【“中国Q歌王·唱响长株潭”百万群众歌唱大赛】 2021年5月30日，“中国Q歌王·唱响长株潭”百万群众歌王大赛在雨花非遗馆启动。该比赛由长沙市雨花区文化旅游体育局主办，长沙市企业文学艺术工作者联合会协办，由湖南省湘剧院、湖南影星传奇传媒有限公司、湖南亿旺歌王文化艺术有限公司承办。长沙市企业文联党支部书记刘昆仑致辞，中国Q歌王创始人邓一中宣布赛事开始。来自长沙、株洲、湘潭的30名歌手参加初赛，21位选手晋级复赛。6月19—20日，“中国Q歌王·唱响长株潭”百万群众歌王大赛第二、第三场海选在湘潭市岳塘区万达广场举行，22名选手晋级复赛，第四场海选在长沙市雨花区图兰朵量贩式KTV举行，28名选手晋级复赛；6月30日，第五场海选在长沙画意江南茶餐举行，13名选手晋级复赛；7月17—18日，第六场海选在长沙画意江南茶餐会馆举行，15名选手晋级复赛。9月5日，“中国Q歌王·唱响长株潭”百万群众歌王大赛第一场复赛举行，长沙赛区第一场复赛从34名选手中选拔出13名晋级到半决赛。11月21日，“中国Q歌王·唱响长株潭”百万群众歌王大赛决赛在长沙琴岛演艺厅举行。杨娟获二星歌王冠军，曹硕、楼敏华、杨跃进等3人获二星歌王亚军，谭新立等10人获二星歌王季军；肖万松等5人获一星歌王，周艺、何凤华等14人获优秀歌手。

（本栏撰稿　杨礼轩）

旅　游

【概况】 2021年，雨花区开展2021年湖南世界名花生态文化节——“春之歌”暨第十七届樱花节，为南部融城片区文旅体一体化高质量发展“花色”系列之樱花主题活动，推动旅游业复苏。湖南省植物园2021年实现旅游总收入1633.44万元，比2020年增长9.41%；接待游客120.2万人次，比2020年增长27.69%。石燕湖景区2021年实现旅游总收入4745.29万元，比2020年增长18%，接待游客33.75万人次，比2020年增长37%。

【第十七届樱花节】 2021年3月14日，2021年湖南世界名花生态文化节——“春之歌”暨第十七届樱花节在湖南省森林植物园内举行。湖南省森林植物园副主任蒋利洪介绍2021年湖南世界名花生态文化节“春之歌”暨第十七届樱花节有关情况，湖南省森林植物园党委书记彭春良宣布2021湖南世界名花生态文化节暨第十七届樱花节正式启动。雨花区政府副区长刘江红、区文旅体局局长王琳等相关负责人共同触摸启动球，长沙歌舞剧院进行民乐专场表演。

【推出旅游精品线路】 2021年，雨花区抓住“强省会”战略机遇，推进长株潭一体化，加强与株洲云龙区、石峰区和湘潭岳塘区的旅游合作，打造长株潭一体化旅游精品线路，推出长株潭融城旅游手绘地图H5，对雨花

中共石燕地下党支部旧址　　（杨礼轩　供图）

A 级景区、特色小镇和株洲云龙区、石峰区和湘潭市岳塘区等 11 家重点旅游资源和“五一”假期优惠活动进行宣传推广。长株潭融城旅游手绘地图 H5 在劳动节假日期间微信转发点击率 2 万余人次。“五一”假日当天，石燕湖景区接待游客入园人数 1.6 万人次。整合红一方面军总前委指挥部遗址、金井红色阵地、晓光工匠学院等资源，打造“星火之路”红色教育路线。

【石燕湖村入选省级乡村旅游重点村】2021 年 12 月，雨花区跳马镇石燕湖村成功创建为省级乡村旅游重点村。石燕湖村位于跳马镇中部区域，地处长株潭核心地带，有超过 90% 的森林覆盖率，辖区内有石燕湖景区、曹家冲民宿群、中共石燕地下党支部旧址、天赐园、辰午山庄和育景园等。石燕湖村坚持党建引领，以生态为特色、以文化为内涵、以服务为重点，将村容村貌改善、基础设施提档升级与基层群众自治有机结合起来，推进美丽宜居村庄建设、乡村旅游发展等重点工程；围绕美丽宜居村庄建设，注重配套设施升级，推进“一村一品”可持续发展。

【服务旅游企业】 2021 年，雨花区积极申报扶持资金，帮助旅游企业纾困解难，缓解疫情期间旅游企业的压力。帮助辖区内的品牌出境社申请扶持资金 125 万元，推荐星级酒店、品牌民宿、重点星级旅行社、重点 A 级景区申报市级十佳品牌旅游企业，获批扶持资金 72 万元。组织辖区内文旅企业完成长沙市 2021 文化和旅游消费专项资金、2021 年浏阳河文化旅游产业带项目资金、2021 年度省级旅游项目资金的申报推荐工作。

（本栏撰稿 杨礼轩）

体 育

【概况】 2021 年，雨花区配合完成长沙市创建“全民运动健身模范城市”相关工作，做好雨花区体育场地统计工作、体育产业调查工作、国家体育锻炼标准测试工作。完成体育实事工程建设，满足群众的健身需求。开展政府购买服务向中小学生免费开放游泳场馆工作，菲翔体育游泳馆、华银园游泳馆接待中小学生 9315 人次；组团参加长沙市第十届运动会，雨花区代表团获得 108.5 枚金牌，总分 2961.54 分，金牌、总分在全市位列第四名。承办长沙市十运会跳绳（区县组）比赛、老年组健身球比赛。组队参加长沙市社区趣味运动会和长沙市体育系统板式网球教学赛，在体育系统教学赛中获得第一名。以“雨花区全民健身节暨健康雨花”为主题开展“红色庆典”长株潭·中华传统体育国际锦标赛。组织各街镇开展体育产业、体育场地统计调查工作；组织圭塘街道青少年、成年、老年群众共 400 余人开展体育锻炼标准测试。

【长株潭·中华传统体育国际锦标赛】2021 年 6 月 13—14 日，2021“红色庆典”长株潭·中华传统体育国际锦标赛在雨花区石燕湖生态公园举行。比赛吸引来自全国的 33 支代表队、482 名运动员参赛。作为 2021 长株潭城市群大型体育赛事系列活动的重要组成部分，“红色庆典”长株潭·中华传统体育国际锦标赛共设立传统舞龙、传统舞狮、传统鼓艺、传统舞麒麟、传统高桩醒狮等 5 个大项目 9 个小项，最终确定 21 支队伍参加 4 个大项目 7 个小项的比赛。

（本栏撰稿 杨礼轩）

2021 年 10 月 26 日，雨花区体育民生实事建设工作调度会　（周 研 供图）

医疗卫生

卫生健康

【概况】　2021年，长沙市雨花区卫生健康局（简称“区卫健局”）辖黄兴医院（跳马镇中心卫生院）、13个街道社区卫生服务中心（其中7个公办、6个民办）、65个社区卫生服务站、37个村卫生室。辖区有三级医院7家，二级医院10家，一级医院39家，门诊部251家，诊所179家，医务室43家。注册卫生技术人员20987人，其中区内发证机构注册执业（助理）医师3063人，注册护士3993人。新设医疗机构执业登记58家，完成医疗机构年度校验425家，注销医疗机构12家，办理执业（助理）医师注册登记2191人次（含变更注册），护士注册登记4221人次（含变更注册和延续注册）。区卫健局以健康雨花建设为主线，对接人民群众日益增长的多样化健康需求，全力打赢疫情防控歼灭战，完善公共卫生体系，提升基层医疗卫生服务能力和水平。

【疫情防控】　2021年，雨花区成立新型冠状病毒肺炎防控指挥部，全面部署疫情防控工作，召开区级疫情防控调度会议124次，召开新冠疫苗接种、重大活动等专题调度会30余次，拟发文件通知、工作方案、应急预案等200余份，完善区疫情防控指挥部18个工作（分）指挥部和13个街道（镇）分指挥部工作职责和分工，强化联防联控和应对疫情防控人、财、物储备要求。摸排处理入境数据5287条，中高风险数据4.9万余条；管理中高风险地区人员1.43万人次、入境人员3682人次；闭环转运集中隔离观察对象10090人次，居家健康监测33408人次。保障各类大型会议、考试、会展等150余场次，抽调医护人员坚守长沙南站、集中隔离场所300余人次，完成4趟857名入境人员集中隔离医学观察工作。建立5支应急机动队，每队由流调、采样、检测、消杀、后勤等人员组成，实行24小时领导干部带班值班制，定期组织开展应急处置流行病学调查、密切接触者排查、采样、消毒及健康教育等专业技能培训。安排专人轮班值守24小时卫生应急值班电话，接听居民来电3万余个，来电办结率100%，办结事项抽查回访满意率100%。10月，对出现的本土疫情精准快速开展流调处置，完成208人集中隔离医学观察。对44名密切接触者进行3轮流调复盘及提级管理。开展核酸检测307.76万人次。推进新冠疫苗接种，共筑免疫屏障。培训新冠疫苗接种人员1200余人，集中接种期间抽调接种人员1300人次，全区新冠疫苗接种279.9万剂次，其中第一剂122.1万剂次，第二剂119.1万剂次，第三剂38.7万剂次，单日最高接种记录6.2万剂次。抽派224名干部坚守长沙南站。查验旅客健康码6572.96万人次，其中健康码异常人员11271人（红码714人，黄码10474人，无码83人），接待境外到长沙人员11099人（目的地为雨花区1716人），接待高中风险地区10940人（目的地为雨花区1391人），均按照流程处置，实行闭环管理。检测旅客体温14909.62万人次，复查旅客体温26218人，筛查出发热病人284人（含境外到长人员），全部转诊至市定点医院，经追踪回访，未发现确诊病例。10月22日至年底，对中高风险地区到长沙人员进行落地核酸排查12093人，开展落地核酸检测11911人，检测结果均为阴性。建立健全全区32家网络直报医疗机构为单位的传染病报告管理信息系统，报告法定传染病28368例，全面监测传染病疫情和突发公共卫生事件，开展人禽流感、霍乱、手足口病、狂犬病、出血热、钩体等重点传染病的采样监测和调查处置工作。开展全区疫情防控能力提升和流调专班培训，建立卫健、公安、工信、数据资源中心等部门组成的流调专班。动态保持防疫物资30天以上储备量。开展区疾控中心标准化建设，日检测量1000人份（单管）。做好红星国际会展中心等大型活动的备案、审批和防疫指导工作，严防聚集性疫情的发生。每周对进口冷链食品进行抽检，累计采样检测4298余份。组织各级各部门开展新冠肺炎技能培训和演练。

【健康促进】 2021年，雨花区开展健康教育宣传活动，通过区政府网、微信公众号、宣传广播等线上、线下方式，开展新冠肺炎知识和防护技能宣传。制定《2021年重点卫生宣传日活动方案》，按照每个街镇承办2场大型活动的要求，由各街镇负责活动策划和组织实施，各中心（卫生院）提供专业技术支撑。承办长沙市卫健委、市文明办联合开展的“世界无烟日”活动，并同步开展系列宣传，设置13个宣传点，悬挂横幅20条，发放控烟知识宣传资料1万余份，开展控烟健康讲座5场，义诊咨询2000余人次。开展健康教育讲座、义诊等各类型宣传活动100余场，覆盖社区、学校、农村等重点场所，线上线下参与人数6000余人。组织开展无烟医疗卫生机构建设、健康教育效果评估等业务培训；组建区级讲师团，推荐5名专家加入市级讲师团；开展健康科普大赛，征集健康科普作品15件，择优参与省、市级科普赛评选。指导各街镇无烟党政机关建设工作，指导相关控烟工作的资料整理。对辖区内2所高校监测点进行烟草调查及质控工作，完成2021年湖南省青少年烟草流行监测工作。探索运营“雨润花开”健康雨花立体化公益支持平台项目。

【健康帮扶】 2021年，雨花区推进健康扶贫与乡村振兴工作的有效衔接，完善乡村医疗卫生服务体系建设。利用“湖南省防返贫监测与帮扶管理平台”监测日常健康扶贫帮扶工作。加强乡村医疗卫生机构提质改造，改善服务环境，落实脱贫人口大病集中救治，住院“先诊疗后付费”“一站式”结算等扶贫政策。加强乡村卫生人才队伍建设，强化脱贫人口健康指导，家庭医生团队在入户随访过程中，有针对性地做好健康教育、健康生活方式指导、心理健康指导、康复治疗指导，提高脱贫人口健康素养，助推乡村振兴，11月23日，顺利通过乡村振兴省级考核。

【职业健康】 2021年，雨花区建立全区职业病防治企业基本数据库，掌握全区153家存在职业病危害因素的企业情况。组织开展第19个《职业病防治法》宣传周活动，举办企业职业卫生管理人员培训班，免费为162家企业提供培训服务。开展争做“职业健康达人”活动，推荐5家企业，8名先进个人参加市级审核。开展职业健康监管，执法检查用人单位100家，立案查处11家，其中简易程序案件8家，全部结案。一般程序案件3家，结案1家，处罚到位金额5.1万元。开展存在疑似职业病劳动者企业专项执法行动，对存在疑似职业病的2家企业，进行职业健康体检的3家职业健康体检机构进行检查，简易程序立案查处2家。制定专项方案，组织业务培训，在全区范围内开展各项职业病防治项目工作。编写放射诊疗许可办事指南，主动为申请对象提供咨询服务。办理放射诊疗许可新发40家，校验59家，变更5家，注销1家，办理放射工作人员证55人。新发放射诊疗许可证比2020年增长46%，新发放射工作人员证数量比2020年增长67%。

【人口监测】 2021年，雨花区组织各类人口信息化建设业务知识集中培训2次。完成一孩服务证登记4222本、二孩生育服务证登记3442本、再生育服务证审批81本。审核各级文明社区创建、干部提拔任用、评优评先、村支两委换届选举等各类资格单位786个、个人9638人次。为全区流动人口提供生殖健康保健、优生优育、孕期保健以及法律援助、子女入托入学、社会救助等各项服务。开展流动人口均等化示范服务创建工作、流动人口关怀关爱专项行动。为流动人口办理一、二孩服务登记，落实免费技术服务，生殖健康服务，健康教育等。推进辖区内0~3岁婴幼儿照护服务事业发展，制定《关于推动3岁以下婴幼儿照护服务发展的实施意见》。建立婴幼儿照护服务发展体系，建成具有带动效应、承担一定指导功能的示范性托育机构2个。

【家庭发展】 2021年，雨花区整合民政、人社、住建、教育等职能部门为计生特殊家庭提供政策咨询、社会救助、家政对接等多项帮扶服务，奖扶工作准确率100%，惠及22490人，奖励扶助资金3428.41万元。雨花区户籍的失独家庭居民，由区财政出资给予每人每年1000元的医疗补助。发挥“雨花区温心家园社会工作服务中心”、“孙建华志愿者联盟”、“同心工作站”及爱心企业、志愿组织等社会资源，开展系列亲情帮扶活动。

【爱国卫生】 2021年，雨花区印发《2021年雨花区病媒生物防制工作实施方案》等文件，预防虫媒传染病暴发流行、保障人民健康。下发《关于开展第33个爱国卫生月活动助力更高水准全国文明城市建设的通知》，引导群众培养文明健康、绿色环保生活方式。全区通过政府采购，投入139.8万元，引进专业公司开展公共区域病媒生物防制工作。开展冬春灭鼠和夏秋季灭蚊、灭蝇、灭蟑等行动，蚊、蝇、鼠、蟑密度达到国家B级水平。开展病媒生物防制设施示范小区建设，东塘街道省人大机关宿舍小区、左家塘街道鸿景园小区、侯家塘街道紫金苑小区、井湾子街道融城花苑小区建成市病媒生物设施示范小区。推进卫生村镇创建，跳马镇复兴村建成省级卫生村，跳马镇冬斯港村建成市级卫生村。开展无烟党政机关创建，全区71个区直部门、382个“四同”（流动人口与正式员工同宣传、同服务、同管理、同考核）管理单位同步创建成功。协助省卫健委完成15个省级以上驻区党政机关无烟机构创建工作。开展无烟医疗机构创建，卫生健康行政部门及二级机构创建成功16个，二级以上医疗机构创建成功11个。开展无烟学校创建，350家学校、2家托幼机构成功创建。

【食品安全】 2021年，雨花区23家食源性疾病报告单位，全部实现食源性疾病报告，报告率100%，全区审核上报食源性疾病病例706例，审核及时率100%，对32起进食2人及以上的食源性病例进行电话核实，30起为非暴发性事件，2起食源性疾病事件均及时规范进行处置。完成省、市级监测任务采样155份，其中长沙市疾控中心检测35份，雨花区疾控中心检测120份，雨花区疾控中心将44份存在安全风险的样品进行复核，并将复核结果上报至长沙市疾控中心认可。复核后结果仍显示15份稻谷、3份流通领域大米、15份种植大米样品和11份蔬菜样品存在安全风险，形成专项情况汇报上报至区食安办，通报至区农业农村局；每季度对餐饮消毒企业的消毒产品进行监测及监督，并在政府官网公示检测情况。每季度定时召开食品安全风险交流会议，及时调整抽检计划，发布风险提示，建立食品安全风险监测会商机制，严防发生群体性、系统性食品安全事故。开展“5·20”营养周活动及6月22日食品安全宣传周活动；开展野生蘑菇中毒防控宣传工作；开展生活饮用水卫生和保健食品科普宣传活动。对全区学校开展春季、秋季学校卫生检查、学校生活饮用水、传染病防治工作专项检查，检查学校、托幼机构410所，其中大中专院校16所、中小学97所、幼儿园297所。检查学校周边的医疗机构80余家，公共场所门店600余家，出动执法人员及卫生监督协管员1400余人次。中小学校周边执证经营率100%。

【环境保护】 2021年，雨花区规范医疗机构对医疗废物分类、收集、运送、暂存、交接；要求医疗机构严格污水收集、处理和消毒，确保医疗废水达标排放；开展突出环境问题整改工作，处理长沙市中心医院通程物流小区居民举报生态环境问题，督促医院完成整改。开展医疗废物整治专项行动，检查医疗机构680余家次，出动执法人员1400余人次，下达卫生监督意见书和指导意见书700余份；责令改正150家次，警告19起，立案19家，处罚19家，共罚款2.1万元。每月开展对全区饮用水卫生监测，监测样品243份，合格242份，合格率99.59%，其中雨花区饮用水监测方案之内的样品116份，合格115份，不合格1份（白竹小学33项指标中汞含量超标），合格率99.18%；方案之外的其他饮用水样品监测127份，合格率100%。开展2021年《中华人民共和国长江保护法》和饮用水卫生宣传周活动；开展以“关注饮水卫生 共享健康生活”为主题的饮用水卫生宣传活动；召开雨花区医疗机构医疗废物在线监督工作会。

【基层医疗卫生】 2021年，雨花区开展健康档案查阅推广活动，提高居民电子健康档案建档率和查阅率。推行家庭医生签约服务，稳定签约数量，提高签约服务质量。建立家庭医生团队157个，设置家庭医生社区工作室54个，签约21.56万人，签约率22.7%，其中重点人群签约率49.22%，贫困人口签约率100%。组织基层医疗机构开展高血压医防融合工作，建立高血压示范门诊1个、规范化高血压专病门诊12个、高血压检测点102个，加强基层高血压疾病的诊治和防控管理。开展“三基三严”（基本理论、基本知识、基本技能，严格要求、严谨态度、严肃作风）理论考试4期，886名基层卫生人员参考。组织基层医疗卫生机构对照国家“优质服务基层行”标准找差距，持续改进、提档升级。4家基层医疗卫生机构通过“推荐标准”评审，7家机构通过“基本标准”评审。组织雨花区卫健系统骨干到湘潭市岳塘区疾控中心、书院路街道、宝塔街道、五里堆街道社区卫生服务中心现场参观学习。

【基本药物制度】 2021年，雨花区定期开展药事管理专项督查，针对药品采购、药品养护、合理用药等情况，进行现场督查指导，引导临床合理用药，聘请省、市三级医院专家点评处方4150张，合格率95.48%。制定基本药物配送企业遴选制度，组织专家对药品配送企业资质进行严格审核，组织区纪委、区医保局、区财政局全程参与配送企业公开遴选，遴选配送企业7家。设立雨花区药品使用监测与预警中心，挂靠在跳马镇中心卫生院，负责开展药品使用监测、数据分析及短缺药品调节等相关工作。各基层医疗机构上报短缺药品监测数据73次，涉及药品43种，短缺药品监测数据有效率100%。定期聘请省、市级专家，对基层医疗卫生机构开展基本药物政策、药事管理、合理用药等知识集中培训，指导基层医务人员规范合理使用药物。各基层医疗机构、村卫生室均在醒目位置公示基本药物制度、药品价格及监督电话，通过电子屏、板报等方式宣传国家基本药物政策。

【中医药管理】 2021年，雨花区制定中医诊所整套规范备案流程，完善备案管理制度，建立中医诊所交流群，做好中医诊所的备案和管理工作。备案中医诊所34家，中医备案诊所增至90家。组织基层医疗机构开展“三基三严”考试4次，中医药专业技术人员全部参加考试。组织参与全科医师转岗培训、非中医类别医师系统培训中医药知识和技能等工作，提高中医药服务能力。分3期组织辖区内基层医疗机构开展中医适宜技术培训，125人通过培训和考核。培训后，辖区内社区卫生服务中心、乡镇卫生院能够按照中医药技术操作规范开展6类10项以上的中医药适宜技术；社区卫生服务站、村卫生室按照中医药技术操作规范开展4类6项以上的中医药适宜技术。做好中医师承和确有专长考试（老专长考试）报名工作，17名确有专长考生、5名师承考生通过初审报名，最终4名考生通过省级考试获得中医医生确有专长证书，1名考生获得师承证书。做好中医医术确有专长人员考试（新专长考试）报名审核工作，55名考生通过初审报名，17名考生通过省级考试获得中医确有专长医师资格证书。

【卫生健康法治建设】 2021年，雨花区制定并实施《长沙市雨花区卫生健康局重大行政执法决定法制审核和集体讨论决定制度实施细则》。组织消费者权益日、食品安全周、职业病防治周、宪法宣传周暨卫生健康法治宣传月活动等普法活动，推动《中华人民共和国生物安全法》《中华人民共和国基本医疗卫生与健康促进法》等卫生健康领域法律法规及《中华人民共和国民法典》的宣传教育进企业、进社区、进医院。雨花区案卷评查抽查卫生健康行政执法案卷166卷。对区卫生健康局机关、二级机构和直属事业单位161份政府合同进行法律审查。完成270家机构“双随机”检查抽检任务，较2020年增加19%。其中医疗卫生55家，学校卫生28家，公共场所130家，传染病防治25家，妇幼健康19家，生活饮用水2家，职业卫生2家，放射卫生8家，消毒产品单位1家，因停业等原因关闭10家，完结率100%。组织开展严厉打击医疗机构医疗欺诈等违法违规行为专项整治行动与医疗美容专项整治行动、口腔科专项整治行动、打击非法应用人类辅助生殖技术专项行动，开展学校卫生、环境卫生、公共场所卫生、饮用水卫生、传染病防治监督检查，查处案件106起，较2020年增长47.2%，其中普通程序案件87起，简易程序案件19起，5万元以上3起。罚没金额到位22.68万元，申请法院执行26.7万元。职业健康案件办理有新突破，办理职业健康简易程序案件10起，一般程序案件2起，罚没金额5.7万元。

【雨花区获“2018—2020年全国计划生育优质服务先进单位”称号】 2021年1月18日，国家卫健委公布《关于命名2018—2020年全国计划生育优质服务先进单位的通知》，雨花区获“2018—2020年全国计划生育优质服务先进单位”称号。雨花区计划生育工作围绕“夯基础、优服务、争国优”的目标，落实党政责任、重视人口监测、加大生育支持、推进婴幼儿照护、完善家庭发展、丰富服务内涵，推进全区计划生育各项工作，推动人口工作转型发展。打造职业化人口计生干部服务队伍，拓展健康民生项目。简化一、二孩与再生育服务证办理流程。优化妇幼健康服务，将婚前医学检查、孕前优生健康检查、增补叶酸等纳入基本公共卫生服务内容，实行城乡全免费服务。制定免费产前筛查、新生儿疾病筛查、“两癌”筛查等项目实施方案。完善三级出生缺陷综合防治体系，加强对高危人群出生缺陷干预检测，目标人群覆盖率、早孕随访和妊娠结局随访率均达100%，新生儿疾病筛查率95%以上，叶酸服用率90%，婴儿出生缺陷率逐年下降。落实计划生育特殊家庭扶助惠民政策，奖扶工作准确率100%。定期为计生特殊家庭开展节日慰问、结对帮扶，困难扶助，以政府购买形式开展计生特殊家庭服务，在全区范围内开展计生特殊家庭“暖心行动”。

2021年3月18日，2021年雨花区卫生健康工作会议 （严 睿 摄）

【卫生健康工作会议】 2021年3月18日，雨花区卫生健康工作会议召开。会议总结2020年卫生健康工作和新冠肺炎疫情防控阻击战所取得的实效，部署安排2021年工作任务。会议要求全区卫生健康系统着力补齐后疫情时代治理短板，着力提升基层医疗卫生服务能力，着力改善民生健康福祉，着力强化自身建设与责任担当，推动雨花区卫生健康事业持续发展。会议强调，要加快推进黄兴医院的升级改造，打造融城片区医疗桥头堡；要抓实常态化疫情防控，有力有序部署后疫情时代工作；要抓实公共卫生服务，提升基层医疗卫生服务水平。

【卫生健康智慧医疗项目启动】 2021年3月26日，雨花区卫生健康智慧医疗项目合作签约暨启动仪式举行。雨花区卫生健康局、长沙银行股份有限公司高信支行、湖南长信畅中科技股份有限公司共同签订智慧医疗项目三方合作协议。雨花区卫生健康智慧医疗项目通过云计算、大数据分析等信息化建设，改变传统就医模式，为百姓提供更精准医疗服务，实现医疗健康信息在政府、基层医疗卫生机构、居民之间协同共享。通过政府、银行、信息科技公司三方优势互补，让“互联网+医疗健康”在卫生健康领域广泛应用，医疗健康服务更加智慧精准。

【医政医管工作会议】 2021年5月8日，雨花区医政医管暨严厉打击医疗欺诈等违法违规行为专项整治工作会议召开。区属各级各类医疗机构600余家主要负责人参会。会议通报2020年医疗欺诈违法违规行为典型案例，部署2021年严厉打击医疗机构医疗欺诈等违法违规行为专项整治工作。会议强调，要严厉查处医师出租、出借、转让“医师执业证书”，医疗机构买卖、转让、租借“医疗机构执业许可证”或“医师执业证书”等违法违规执业行为；严厉查处违法医疗广告；严厉查处医疗机构不规范收费、乱收费、违反诊疗常规；规范医务人员执业行为，加强诊疗行为、合理用药、医用耗材管理。

【基本公共卫生服务项目业务培训】 2021年9月16日，雨花区举办2021年国家基本公共卫生服务项目业务培训班。区卫健局局机关、区级专业公共卫生机构业务科室，黄兴医院、各社区卫生服务中心分管领导和专干，各社区卫生服务站、村卫生室公卫专干170余人参加培训。培训邀请省、市基本公共卫生服务项目专家，针对0~6岁儿童健康管理、孕产妇健康管理、预防接种、肺结核患者健康管理、居民健康档案管理、高血压糖尿病患者健康管理等重点基本公共卫生服务项目进行授课。

【新冠肺炎疫情流行病学调查培训】 2021年11月11日，雨花区新冠肺炎疫情流行病学调查队伍培训会开班。雨花区卫健、疾控、公安、工信多部门组成的流行病学调查队伍120余人参会。培训主要围绕新冠肺炎流调、现场流行病学调查2个主题展开，湖南省疾控中心副主任、传染病预防控制科主任医师、流调专家胡世雄给流调队员们剖析流调思路及步骤。长沙市疾控中心传染病防控专家、副主任医师周银柱讲述密接、次密接及高风险人群判定及管理，风险区域的划定及管控等内容。所有参训人员进行闭卷测验。

（本栏撰稿　刘思敏）

疾病预防

【概况】 2021年，长沙市雨花区疾病预防控制中心（简称“区疾控中心”）贯彻抗击新冠肺炎疫情“外防输入、内防反弹”总策略和“动态清零”总方针，增设新冠疫苗接种点，加强春、秋两季适龄儿童接种证查验及疫苗补种工作，组织完成中英减盐行动餐馆减盐项目终期评估，推进慢性病管理工作提质增效，实施城市癌症早诊早治筛查项目，开展长沙市心理健康促进行动主要指标调查和儿童青少年视力监测与干预工作，开展职业病危害因素监测和职业性尘肺病例调查，提升饮用水、学校直饮水、餐饮具、病媒生物监测和“三考”保障等公共卫生监测能力，开展线上线下重点卫生宣传日活动，推动健康科普大赛作品水平提升，探索健康教育与健康促进新路径，完成疾控中心标准化建设项目，推进慢性病、精神病、结核病、艾滋病、职业病防治等工作。区疾控中心获“‘十三五’期间艾滋病防治工作先进单位”“2021年度湖南省健康科普大赛‘传染病防控短视频类’优秀奖”等称号。区疾控中心主任周建湘被评为“湖南省‘十三五’结核病防治规划先进个人”。

【疫情监测】 2021年，雨花区完善以32家网络直报医疗机构为单位的传染病报告管理信息系统，每天24小时全面监测辖区医疗机构上报的传染病疫情和突发公共卫生事件，区疾控中心安排专人进行传染病报告卡审核、分析和预警信息的核实、调查、处理，及时发现疫情苗头，深入现场进行风险排查。审核传染病报告卡27193张，死亡报告卡7002张，处理预警信息336条，报告质量综合率100%，疫情网络报告及时率、审核及时率均为100%。报告现住址为雨花区的甲乙丙类传染病19种10995例，报告发病率869.24/10万，死亡5例，报告死亡率0.39/10万，发病居前五位的病种为流行性感冒、手足口病、其他感染性腹泻病、乙肝、流行性腮腺炎，占总报告数的84.5%。无甲类传染病报告，报告乙类传染病14种2442例，报告发病率193.06/10万，死亡5例，报告死亡率0.39/10万；丙类传染病5种8553例，报告发病率676.18/10万，无死亡病例。报告现住址为雨花区的死亡人口数6182例，报告粗死亡率488.74/10万。死因居前三位的疾病是心脏病、脑血管疾病、肿瘤，死亡病例网络报告及时率、审核及时率均为100%。定期对辖区内所有网络直报医疗机构开展传染病、死亡病例的报告管理督查，抽取6家网络直报医疗机构开展每季度法定传染病漏报调查。

【重点传染病防控】 2021年，雨花区医疗机构报告新型冠状病毒肺炎18例，其中确诊病例11例，无症状感染者7例；报告现住址为雨花区的新型冠状病毒肺炎22例，其中确诊病例11例（均为入境人员），无症状感染者11例（其中10例为入境人员，1例为外省旅游返长新冠病毒核酸阳性检测者）。6月17日、7月8日、11月18日及12月9日，雨花区承接4趟肯尼亚内罗毕直飞长沙国际客运航班集中隔离医学观察疫情防控工作，对857名入境人员开展集中隔离医学观察14天，发现新冠病毒无症状感染者10名，新冠病毒肺炎确诊病例11名，均于上报后24小时内开展流行病学调查、密切接触者排查管控和核酸检测。建立5支应急机动队，每队由流调、采样、消杀、后勤等人员组成，实行24小时领导干部带班值班制。区疾控中心采购红外线测温仪器、一次性医用防护服、一次性医用口罩等防疫物资40余种。常态储备30天以上足量防疫物资，与2家防疫物资供应企业签订物资优先保障协议。处置123起学校聚集性疫情及暴发疫情。规范开展不明原因肺炎、人禽流感、霍乱、手足口病、狂犬病、出血热、钩体、克雅病等重点传染病的采样监测和调查处置工作。5—10月，4家肠道哨点监测医院接诊腹泻病例5376例、检索数2508例，检索率46.65%；霍乱弧菌环境监测共采集外环境和食品标本75份，均未检出霍乱弧菌阳性标本。报告手足口病病例4995例，无本地重症病例、死亡病例。每月需采集5例普通病例标本开展病原学监测，全年送检手足口病例咽拭子标本60份，实检标本数60份，送检率为100%，检测结果为其他肠道病毒阳性19份，CAV16阳性15份，EV71阳性4份，检测结果阴性22份，阳性率63%。犬伤门诊接诊处置狂犬病暴露病例4863例，无狂犬病临床诊断、确诊病例上报。处置肾综合征出血热病例10例，按照监测方案进行流行病学个案调查及血清标本采样工作，其中流行性出血热病毒抗体检测阳性10例，阳性率为100%，处置及时率为100%。在湖南省儿童医院、湖南省第六工程建设医院、湖南省地矿医院、湖南省脑科医院、湖南中医药大学第一附属医院、长沙市妇幼保健院、长沙市中心医院7所医院开展主动监测及督导工作，监测报告总住院病例114883例，肺炎病例数16326例，重症肺炎病例总数1719例，因重症肺炎死亡数175例，不明原因肺炎病例数0例，主动监测完成率100%。开展禽流感职业暴露人群血清流行病学监测1次，采集样品5人份，检测结果均为阴性；1月、4月、7月、10月开展活禽交易市场的禽流感常规监测2次，完成禽流感常规外环境监测采样12份、禽流感职业暴露人群血清流行病学监测5人份，其中1月禽流感常规外环境监测采样1份标本于1月27日由长沙市疾控中心反馈检出H7N9禽流感病毒阳性，接报后雨花区立即启动应急处置预案，联系区市场监管局、区农业农村局等部门进行联合部署防控，指导长托凤凰园菜市场各门面开展全面消杀工作，该市场内的所有禽类交易门面暂停交易21天，未出现人员感染。11月2日，市疾控中心反馈10月禽流感常规环境监测采样2份标本H9N2阳性，反馈至区市场监督管理局加强市场的消杀工作，涉疫店铺工作人员完成14天自我健康监测，未发现人员感染。完成75份正常人群登革热血清抗体检测任务，辖区全年无登革热病例报告。辖区全年无钩体病报告。9月15日，湖南省脑科医院上报1例疑似克雅病患者，及时完成疑似病例的采样送检及流行病学调查工作，未收到结果反馈。

【免疫规划】 2021年，雨花区新增儿童预防接种门诊1个，成人预防接种门诊1个，依托二级以上医疗机构新设新冠临时接种门诊9个，巡回新冠接种点29个。区疾控中心对全区各预防接种单位的分管负责人、免疫规划专干开展1次免疫规划年度培训，培训266人次，5期新冠疫苗接种培训，培训医务人员1308人次。组织开展“4·25”全国儿童预防接种宣传周、“7·28”世界肝炎日大型宣传活动。接种疫苗335万余剂次，其中免疫规划疫苗30.44万人份，非免疫规划疫苗304.56万剂次（其中新冠疫苗267.44万剂次），报告疑似预防接种异常反应个案151例，其中新冠疫苗疑似预防接种异常个案58例，未发生任何预防接种安全事故。及时调查处置免疫针对性疾病病例151例，其中AFP病例25例、麻疹、风疹疑似病例103例、流脑病例2例、乙脑病例21例。各街道、镇监测麻疹、风疹疑似病例33例。开展春、秋两季适龄儿童接种证查验及疫苗补种工作，查验学校79家，托幼机构313家，应查验35744人，实际查验35744人，查验率100%；接种完成人数28274人，应补种人数7471人，实补种人数7197人，补种率96%。开展IPV疫苗补充免疫，补种IPV疫苗26800剂次。落实免疫规划宣传活动，通过“飞梦雨花”平台发布预防接种相关宣传稿件57件，阅读量8万人次。

【性病、艾滋病防控】 2021年，雨花区报告现住址为该区的性病6种1541例，报告发病率163.93/10万。其中报告HIV感染者/AIDS患者128例，发病率为13.61/10万；累计报告HIV感染者/AIDS患者1202例，存活在访1135例，其中男性1022例，女性113例。全区4家艾滋病自愿咨询点（VCT）均运行良好，完成咨询检测10341人次。对黎托强制戒毒所新入所的328名和鹤诚医院的4名被监管人员开展梅毒、丙肝及艾滋病病毒抗体筛查。完成国家级孕产妇HIV监测任务400名，哨点监测完成率100%。15家HIV初筛实验室均运行良好，筛查重点人群及自愿检测者191395人，其中筛查性病病人8994人，受血或输血液制品者29045人，术前检查者81473人，孕产妇20436人，自愿检测者10341人，其他41076人。对艾滋病高危行为人群开展预防艾滋病、性病宣传教育、监测等干预工作，发放宣传资料1万余份。对64例艾滋病住院治疗患者的住院治疗费给予60%的区级治疗报销，对210名HIV感染者/AIDS患者共发放电话补助费约12.6万元。

【结核病防控】 2021年，雨花区非结防机构共报告肺结核病例或肺结核疑似病例514例，经核实报告重卡64例，追踪到位289例，其他到位18例，转诊119例，转诊到位116例，总体到位423例，总体到位率98.14%，转诊到位率97.48%。每2个月对各街道社区卫生服务中心及卫生院结核病防治工作督导1次，每季度对定点

2021年5月19日，雨花区新冠肺炎疫情防控能力提升培训会（胡 蓉 供图）

医院督导1次。启用软件系统管理抗结核药品，每月及时报送药品报表，准确率100%。组织开展“3·24”世界结核病日的宣传工作。及时调查核实125条结核病预警信息，对身份为教师或学生的病例开展追踪和处置。组织开展幼儿园、中小学和大中专院校的入学新生结核病筛查统计和分析工作，对122所学校进行结核病防控督查，提出防控指导意见，共调查处置学校结核病散发疫情70起、聚集疫情0起，督促相关学校严格落实晨午检、因病缺课登记、消毒通风及健康教育等防控措施，做好患病学生的休复学管理和PPD试验强阳性学生的告知工作。

【慢性病防控】 2021年，雨花区在册居民健康档案944589份，建档率99.45%；为辖区65岁及以上老年人提供健康体检70104人，健康管理率60.36%；管理高血压56014人，系统规范管理率79.53%，血压控制达标率63.99%；糖尿病患者健康管理201284人，规范管理率78.35%，血糖控制达标率62.09%。累计录入重性精神疾病患者国家系统在册档案3968份，发现报告率4.14‰，在册管理率99.77%、规范管理率98.78%、面访率95.02%、服药率99.72%、规律服药率87.13%、精神分裂症患者服药率99.66%；完成城市癌症早诊早治项目5个癌种临床筛查1021例，其中肺304例、乳腺302例、胃191例、肠177例、肝脏47例。完成口腔筛查706例；组织完成中英减盐行动餐馆减盐项目终期评估，完成餐馆问卷10份、消费者问卷200份、登记菜品500份、菜品采样51份，及时完成样品转运工作，组织16家餐馆进行减盐推广评估顾客问卷调查，完成335人；组织6个公办中心（医院）参与国家基层呼吸系统疾病早期筛查干预能力提升项目线上培训，15人完成线上培训取得培训合格证书；组织开展以“血压要知晓，降压要达标”等为主题的慢性病系列宣传活动；完成年度辖区儿童青少年视力监测与干预工作，监测学校9所，学生视力及屈光检查2858人，调查数据符合率100%，监测任务完成率100%，复测率8.16%，错误率0.27%。完成问卷2111人，教学环境监测学校7个，完成教室监测42间，完成学生身高与课桌椅符合率测量420人；组织开展长沙市心理健康促进行动主要指标调查，完成居民心理调查834人、老年痴呆调查488人、心理问卷阳性复核98人、痴呆相关的照护负担评价16人。

【地方病防控】 2021年，雨花区开展“4·26”全国疟疾日和“5·15”防治碘缺乏病日系列宣传活动；完成“三热”病人的疟原虫血片镜检47例；培训指导各街道社区卫生服务中心积极开展碘缺乏病监测和碘缺乏病健康教育宣传工作，完成200名儿童的尿碘、盐碘含量及甲状腺B超检测、100名孕妇尿碘、盐碘含量检测以及结果分析和上报工作；对14例疑似布鲁氏菌病患者开展采样筛查，对其中4例阳性病例进行流行病学调查处置和健康教育工作。

【卫生监测】 2021年，雨花区开展生活饮用水、餐饮具、医疗机构消毒质量及公共场所等日常监测，采集样品1446份，检测合格1440份，合格率99.59%。监测方案内生活饮用水132份，合格数131份，合格率99.24%；监测方案外的其他水样127份，合格数127份，合格率100%；每季度将管网末梢水水质信息在雨花区政府网站进行公示。开展食源性疾病监测，完成省市级监测任务鲜湿米粉、蜜饯、坚果及其籽类、粽子、月饼、大米、稻谷、蔬菜、现制饮料、甜品共7大类155份样品的监测采样，按要求进行样品送检、数据录入。上报病例749例，湖南省儿童医院作为食源性疾病主动监测哨点医院，采集标本120份；对38起进食2人及以上的食源性病例进行电话核实。开展毒蕈中毒事件监测，报告家庭亚稀褶红菇中毒事件1起。开展病媒生物密度监测工作，设置监测点26个，鼠密度监测布放3000个夹，其中有效夹2654个，捕鼠6只（均为黄胸鼠），总密度0.23%；蚊密度监测布灯70盏，捕捉到蚊子1208只，密度每小时11.98只；蝇密度监测布笼35个，捕获蝇类585只，平均密度每笼16.7只；蟑螂密度监测布放粘蟑纸600张，回收粘蟑纸574张，阳性粘蟑纸数18张，侵害率3.13%，捕获蟑螂20只，平均密度每张0.035只。做好学考、中考、高考的保障工作，对“三考”考点饮用水及周边定点食宿单位的公共用具、饮用水、餐饮具进行抽样检测，检测样品174份，合格率100%。监测存在职业病危害因素的重点行业和存在重点监测因素的用人单位20家；开展职业性尘肺病例调查，随访职业性尘肺病人127例；完成辖区52家放射诊疗机构及9家非医疗机构的调查、资料收集及数据整理工作；完成13个街道201家企业的职业病危害现状调查工作。建立学校直饮水长效监测模式，对中、小学校及幼儿园的直饮水进行抽检，抽检直饮水71份，合格率100%。

（本栏撰稿　胡　蓉）

卫生监督

【概况】 2021年，长沙市雨花区卫生计生综合监督执法局（简称“区卫监执法局”）规范办理一般程序案件87起，简易程序案件19起，罚款5万元以上案件3起。罚没金额到位22.68万元，申请法院执行26.7万元。实行24小时值班和领导带班制度，做好投诉举报热线的接听、处理工作，受理各类投诉167件，处理满意率100%。编发各类工作通讯32篇，累计阅读量11万次。发布视频、VR 2个，制作的《预防游泳传染病 从细节做起》微视频获湖南省卫生计生综合监督局首届蓝盾新闻奖优秀新闻作品，省级媒体新湖南点击量15万余次。

【医疗机构监督】 2021年，雨花区有医疗机构689家，其中市级以上医院44家，区属医疗机构645家。区卫监执法局结合疫情防控开展医疗执业、传染病防治等日常监督，对17家存在较重问题的医疗机构予以立案查处，立案查处23起，罚没13.01万元。对黎托街道川河苑吴某珍非法行医致死案依法移送公安机关处理。对圭塘街道雅贝康口腔超范围执业等非法行为依法依规处理。对医疗机构开展拉网式全覆盖检查。对区属647家医疗机构进行三轮全覆盖新冠疫情防控监督检查，对措施不到位的79家机构予以停业整顿。开展医疗欺诈、口腔专科、健康体检服务机构、医疗美容机构等专项行动，出动监督员1419人次，检查机构975家次，立案26起，结案24起，罚款6.61万元，下达整改意见书300余份，对35家存在问题但未达立案标准的机构进行警示约谈。对区检察院移送的春播万象门诊部等5家医疗机构未规范处置医疗废物问题，依法予以处理。按照《长沙市雨花区医疗机构综合监督信用等级评定实施方案》，对581家医疗机构信用等级进行评价，评定A级10家，占比1.7%；B级554家，占比95.4%，C级13家，占比2.2%，D级4家，占比0.7%。通过实施信用等级评定，强化医疗卫生行业自律意识。

【职业卫生监督】 2021年，雨花区卫监执法局开展尘肺专项行动，邀请长沙市卫监局联合执法，检查企业104家，立案处罚12家，罚款5.7万元。在洞井街道和长沙市比亚迪汽车有限公司开展知识讲座2场，培训300余人。拍摄《职业卫生监督执法》VR，普及职业病防治知识。

【公共场所卫生监督】 2021年，雨花区卫监执法局制定《雨花区公共场所控烟专项监督检查工作方案》，以商场、一级医院、社区卫生服务中心、门诊部等为重点，开展控烟宣传，出动人员400余人次，巡查单位220余家，办案1起。以管理相对人二维码公示为抓手，强化宾馆、酒店、游泳馆等场所的日常监督，出动人员600余人次，巡查单位900余家，下达卫生监督意见书500余份，办案34起，罚款3.73万元。

【饮用水卫生监督】 2021年，雨花区卫监执法局对192家小区二次供水和142家学校分质供水清洗消毒情况、水质检测和卫生许可证办理情况进行监督检查。开展现制现售饮用水监督检测专项工作，检查现制现售饮用水设备116家，检测设备30台。对6家无管理主体的二次供水单位进行现场卫生指导，对其水质进行采样检测。对2家未取得二次供水卫生许可证而擅自供水的物业公司进行立案处罚，罚款0.44万元。委托第三方检测机构对100家医疗机构进行医疗污水检测，对3家存在问题的医院进行集中约谈，要求抓好整改落实，规范医疗废物处置。对长沙一泉智能环保科技有限公司、湖南众森净水设备有限公司、长沙企泰净水设备有限公司等6家单位的30个现制现售供水点进行专项监督检查与水质抽检。

【学校卫生监督】 2021年，雨花区卫监执法局联合区市监局、区城管大队、区教育局开展“护苗行动”2次。检查学校（含托幼机构）820家次，立案处罚1家。对辖区内15所托幼机构儿童活动室、10所校外培训机构教室（教学场所）采光方向、采光系数、窗地面积比、防眩光措施等项目进行抽检，对不合格单位逐一提出整改要求。开展“三考”期间考生和带队人员住宿点、考点及其周边公共场所卫生、生活饮用水卫生保障工作。

【《职业病防治法》宣传周活动】 2021年4月25日至5月1日，雨花区卫监执法局以“共创健康中国 共享职业健康”为主题，开展全国第19个《中华人民共和国职业病防治法》宣传周活动。动员职业卫生用人单位，组织观看《中华人民共和国职业病防治法》宣传周启动仪式；组织人员到洞井街道丰园社区进行宣传，设置宣传展板，悬挂横幅、发放宣传资料，讲解职业病防治的基本知识；组织雨花经开区的企业在长沙市比亚迪汽车有限公司，邀请专家授课。

【饮用水卫生宣传】 2021年5月14日，雨花区“贯彻实施《中华人民共和国长江保护法》，守护好一江碧水”“坚持人水和谐，建设生态文明”的饮用水宣传活动在左家塘街道树木岭社区中江佳境天成小区举行。

2021年4月27日，雨花区《中华人民共和国职业病防治法》宣传周活动

（谭晖甫　供图）

宣传活动通过设置咨询台现场答疑、摆放宣传展板、发放宣传折页、开展有奖问答等方式就饮用水卫生安全等相关知识进行宣传，发放宣传资料200余份，接受市民咨询60余人次。针对小区居民对现制现售饮水机卫生安全问题的疑问，监督员现场对小区内现制现售饮水机卫生开展监督检查并答疑。

（本栏撰稿　谭晖甫）

妇幼保健

【概况】　2021年，长沙市雨花区完善服务体系，强化服务质量管理，提升服务能力，保障妇幼健康安全。开展妇幼健康民生项目培训90余人，完成孕产妇免费产前筛查9328人、适龄妇女“两癌”免费检查14762人、NIPT免费检测9747人、新生儿疾病筛查9391人、耳聋基因筛查9404人、0~6岁儿童眼保健及视力筛查81045人。按季度拨付健康民生专项资金1603.45万元，其中省、市级资金617.3万元，区级资金986.15万元。辖区孕产妇零死亡；5岁以下儿童死亡率2.93‰；婴儿死亡率2.41‰；孕产妇系统管理率97.93%；产后访视率98.16%；0~6岁儿童健康管理率95.86%；新生儿访视率99.91%。

【妇女保健】　2021年，雨花区医疗机构分娩产妇数16340人，活产数16544人，无孕产妇死亡。对于孕产妇进行动态高危筛查，实行妊娠风险预警五色标识，上报高危孕妇8744人，占比72.4%。加强流动孕产妇管理，对流入孕产妇实行属地管理、流出孕产妇发函委托管理。采购16套贝高双肩背包式产后新生儿访视包，规范中心访视流程。救助危重症孕产妇6人、46428元。做好预防艾滋病、梅毒、乙肝母婴传播和救治工作，免费检测19793人，阳性孕产妇及新生儿均免费治疗，拨付专项补助奖金134.3万元。健全孕产妇三级救治网络，在长沙市中心医院开展危重孕产妇及新生儿急救演练，组织市级专家开展危重症孕产妇评审4例。加强产科规范化门诊建设，完成8家助产机构产科质量、爱婴医院、母婴安全、出生缺陷等项目的质量控制，对存在的问题均整改到位。规范出生医学证明发证、补证管理，完成出生医学证明真伪鉴定9份。

【儿童保健】　2021年，雨花区加强0~6岁儿童健康管理，开展儿童保健专项督导4次。严把健康体检关，实现门诊信息化管理和远程打印体检报告，便捷服务群众，完成幼师体检7952人、儿童入园体检25975人。组织省、市、区级专家开展新生儿死亡评审7例，分享救治成功新生儿病例2例，总结提升干预能力。高危儿童、梅毒和艾滋病母亲所生儿童管理随访覆盖率100%。加强托幼机构卫生保健人员培训，确保持证上岗全覆盖。评估新办托幼（育）机构卫生保健工作23所，督导托幼（育）机构卫生保健及疫情防控工作，配合区教育局加强无证园所管理。

【出生缺陷综合防治】　2021年，雨花区完成免费孕前优生健康检查1682对，早孕随访和妊娠结局随访实现全覆盖。配合市产前筛查中心对90名唐氏筛查高风险孕妇进行孕期追踪随访。完成孕产妇免费无创产前检测（NIPT）筛查9747人，筛查高风险90人，确诊先天愚型或伸舌样痴呆（21—三体综合症）14人、Patau综合征（13—三体综合症）2人，其他异常14人。免费筛查新生儿多种遗传代谢性疾病9391名，发现初筛阳性患儿550例，确诊甲状腺功能减退（简称甲减）5例、G6PD28例，均进行规范的诊治和随诊。免费筛查新生儿耳聋基因9404名，发现结果异常的442人，均进行规范的诊治和随诊。完成产前筛查9328人，产前筛查异常孕妇2314人，初筛阳性率26.04%，较2020年同期下降3.20%。接受诊断干预2314人，接受诊断干预率1000%，治疗性引产37人。妊娠结局随访率98.44%。加强地中海贫血防控，辖区所有医疗机构均开展地中海贫血血液学表型筛查工作，阳性病人都有转诊登记。规范叶酸发放流程，扩大发放渠道，完善三级台账，开展4次专项督导，发放叶酸11641人次、34923瓶，拨付2020年叶酸增补专项补助资金16.91万元。全区机构活产出生缺陷发生率由2020年的万分之128.09下降到2021年的万分之126.33，有效避免出生缺陷的发生，提高出生人口质量。

【妇幼保健督导质控】　2021年1月、4月、7月、10月，雨花区妇幼所对全区13个街道社区卫生服务中心（镇卫生院）的基本公卫、妇幼重大公卫项目、妇幼信息质控、健教宣传、民生项目等工作展开督导质控。督导以实地查看、查阅资料、问卷调查、现场指导与交流等方式进行，帮助各中心及时发现问题并在以后工作中进行整改，确保各项工作持续改进。

【计划生育技术服务】　2021年，雨花区完成免费婚检3372人，开展爱心助孕义诊2场，286个家庭得到爱心助孕优惠援助。12月，率全市之先与长沙市妇幼保健院签订免费孕优促进生育项目协议，免费开展男性精液检测、女性抗苗勒氏管激素（AMH）检测、生育力评估、生育指导项目。采购11台避孕药具自助发放机放置在各社区卫生服务中心，方便群众领取。配送发放免费避孕套57.3万只、口服外用避孕药具1252盒、宫内节育器70只、健康药具服务包340个，累计发放服务39.47万余人次。举办药具知识宣传活动13场，发放宣传折页2万余份，上报省、市药具宣传稿件8篇。

【健康教育】　2021年，雨花区妇幼健康教育覆盖率84.5%，孕妇学校培训覆盖率79.1%，母婴保健核心知识知晓率96.5%。区妇幼所发挥线上形式、时刻关注疫情发展，多元结合，开展妇幼健康教育进社区、进学校活动。开展“高危孕产妇筛查”系列活动、“为了姐妹们的健康与幸福”大型宫颈癌和乳腺癌防治主题公益活动、“妈妈的奶 妈妈的爱”母乳喂养日宣传活动、

2021 年 4 月 22 日，雨花区妇幼健康服务工作会议暨业务管理培训班 （唐品佳 供图）

“免费婚检 给爱一份承诺”免费婚孕检服务宣传活动、“保护视力 从小做起”爱眼日义诊科普活动、“学史力行办实事 爱心助孕暖人心”大型爱心助孕义诊活动、“爱心传递 防止出生缺陷”主题公益性活动、“生命至上 终结艾滋 健康平等”主题青春期健康知识大型主题讲座、雨花区免费孕前优生健康检查促进生育项目启动仪式等健教活动，1200 余人参加。印制宣传折页 21 种 13 万份，海报 300 份，健康宣传手册 2000 份下发到街道社区卫生服务中心、各社区、各村组，普及妇幼健康知识。

【妇幼健康工作会议】 2021 年 4 月 22 日，雨花区 2021 年妇幼健康服务工作会议暨业务管理培训班召开。区政府办、区卫健局、各街镇及各级医疗机构共 140 余人参加会议。区卫生健康局局长周宏伟对妇幼健康孕产妇死亡、5 岁以下儿童死亡、婴儿死亡三项核心指标，常态化疫情防控、健康民生项目等工作提出要求。会议总结 2020 年妇幼健康工作，安排部署 2021 年妇幼健康重点工作。会议开展孕产妇健康和儿童保健管理、省市民生实事项目、出生缺陷综合防控等专项业务培训，组织妇幼专干进行业务知识考试。会议强调，要加强孕产妇人群管理，做好妇女儿童全周期健康管理，开创妇幼健康工作新局面。

【业务培训】 2021 年 4 月 9 日，雨花区孕产妇保健管理培训班举办。中南大学湘雅医院产科主任张卫社带领的专家团队解读和指导孕期保健知识。湘雅医院产科专家吴新华解读《最新孕期和孕期保健指南》，湘雅医院医生曾婵娟用病例分析的方式培训“发热孕产妇的管理”。参训人员分 3 组对“正常孕妇保健要点”“高危孕妇保健要点”“特殊孕妇的管理”等日常孕产妇保健管理工作进行经验分享和讨论，张卫社和吴新华解答参训人员在工作中遇到的困惑，提出建议。辖区各助产机构产科骨干医师、负责高危孕妇上报人员；街道社区卫生服务中心妇产科医师、妇保专干以及区妇幼保健所妇保科相关人员 60 余人参加培训。4 月 22 日，雨花区妇幼健康业务管理培训会举办，开展孕产妇健康和儿童保健管理、省市民生实事项目、出生缺陷综合防控等专项业务培训，进行业务知识考试。6 月 4 日，雨花区组织全区托幼机构卫生保健人员 180 余名在岗人员参加业务培训；组织辖区托幼机构新上岗保健人员 160 余名参加市级上岗培训，137 人合格，合格率 85.6%。6 月 9 日，雨花区举办预防艾滋病、梅毒和乙肝母婴传播培训班。湘雅医院感染科主任、长沙市妇幼保健院孕产保健部主任、检验主任 3 位专家开展专题授课，解读预防艾滋病、梅毒、乙肝母婴传播规范，讲解妊娠合并乙肝的诊治知识，解析艾滋病、梅毒、乙肝实验室质量控制与管理考核要求。6 月 10 日，雨花区举办适龄妇女免费“两癌”检查项目培训会。长沙市妇幼保健院的 4 位专家分别对宫颈癌筛查技术、阴道镜的应用、乳腺 B 超诊断及临床应用、乳腺癌筛查与早诊等业务知识进行培训指导，对“两癌”筛查中临床常见问题进行解答。12 月 11 日，雨花区举办危重孕产妇救治培训会议。湘雅附一、附二、附三医院、长沙市中心医院以及武汉同济医院产科、儿科共 9 名专家，专门针对孕产妇死亡高发因素之一的感染性疾病从发病原因、实验室检查、临床诊断、综合治疗以及愈后随访等方面进行讲解。12 月 23 日，雨花区举办新妇幼健康统计调查制度培训，对 2021 版全国妇幼健康统计调查制度有关指标进行解读。

【免费孕前优生健康检查促进生育项目启动】 2021 年 12 月 22 日，雨花区免费孕前优生健康检查促进生育项目启动。该项目为在雨花区进行免费婚检及孕检的有生育意愿的男女双方，在免费男性精液常规检测的基础上，增加女性抗苗勒氏管激素（AMH）检测，提供生育力评估、生育指导、健康咨询、随访等更多优质的健康服务。区卫生健康局副局长陈泽香宣布该项目启动。长沙市妇幼保健院党委书记刘柏树作为项目单位代表发言。长沙市卫生健康委副主任欧志明要求，完善免费孕前优生健康检查工作制度，优化服务流程，让促进生育项目落到实处。长沙市妇幼保健院生殖中心主任、国家级辅助生殖技术专家教授毛增辉给前来参加活动的30对育龄夫妇做优生优育健康知识讲座及爱心助孕咨询和义诊。

【妇幼宣传活动】 2021年3月5日，雨花区“为了姐妹们的健康与幸福”大型宫颈癌和乳腺癌防治主题公益活动启动。区妇幼所联合雨花亭街道社区卫生服务中心，在华云社区举行首场讲座、义诊活动。区妇幼所医生徐经雨讲解女性心理健康知识。活动为期1个月，区妇幼所组织辖区13个街道社区卫生服务中心（镇卫生院），开展“两癌”知识视频播放、“两癌”及妇女病筛查、HPV疫苗接种知识问答、“两癌”知识科普讲座、“两癌”及疫苗知识读本发放、“两癌”知识知晓问卷。5月20—21日，雨花区妇幼保健所在婚孕检中心开展“免费婚检 给爱一份承诺”免费婚孕检服务宣传活动。为每一对新人送上“健康情侣礼盒”，为部分有需求的新人送上“健康药具服务包”，播放婚孕检知识宣传视频。为266人提供免费婚前医学检查服务，为248人提供免费孕前优生健康检查服务。发放优生优育、预防出生缺陷、避孕药具等健康教育宣传资料300余份，发放免费叶酸134瓶。12月1日，雨花区以“生命至上 终结艾滋 健康平等”为主题，开展第34个“世界艾滋病日”宣传教育活动。长沙市妇幼保健院主任医师樊小兰为湖南体育职业学院的500余名师生开展“知性智行”青春期健康知识大型主题讲座，讲解艾滋病致病机理、传播途径以及预防、治疗措施。

【药具志愿服务活动】 2021年3月5日，雨花区开展“关爱女性婚姻家庭幸福 促进社会和谐”为主题的妇幼健康教育宣传与免费药具宣传发放服务活动。现场接受群众咨询50余次，发放宣传资料100余份，为育龄妇女免费发放避孕药具1000余只，药具健康服务包40余个。3月30日，区妇幼保健所在区应急管理局门厅开展药具进机关志愿服务活动，为政府机关工作人员免费发放药具健康包40余个、避孕套500只以及避孕节育、孕前优生、更年期保健等宣教资料100余份。9月10日，区妇幼保健所联合长沙市妇幼保健院、圭塘街道中南院社区卫生服务中心开展湖南药具宣传志愿服务活动，接受咨询50余人次，发放宣传册100余份、外用避孕药具100余盒、药具健康服务包40余个。12月1日，在湖南体育职业学院开展药具宣传活动，发放宣传资料200余份，发放避孕套500余只。

【义诊活动】 2021年6月8日，雨花区妇幼保健所到洞井街道南庭社区英蓝中铁幼儿园，开展“保护视力 从小做起”义诊科普活动。区妇幼保健所免费为150名儿童进行内科检查、血常规检测、体格发育评估，对体检异常情况给予指导意见。6月17日，区妇幼保健所联合长沙市妇幼保健院举办“学史力行办实事 爱心助孕暖人心”大型爱心助孕义诊活动。长沙市妇幼保健院生殖中心专家团队为群众进行爱心助孕政策解读、科普宣教、生育评估及个性化指导。

（本栏撰稿 唐品佳）

·黄兴医院·

【概况】 长沙市雨花区跳马镇中心卫生院于2021年1月25日加挂湖南黄兴医院的牌子，更名为黄兴医院（长沙市雨花区跳马镇中心卫生院），为长沙市雨花区卫生健康局所属单位。黄兴医院位于雨花区跳马镇金屏社区，下辖团然、五七2所分院，管理17个村卫生室，是雨花区唯一一家集医疗、公共卫生服务于一体的公办综合性医疗机构。该院承担跳马镇及周边10万居民的临床医疗及基本公共卫生服务，编制床位数160张，占地面积约8060平方米，业务用房建筑面积1.4万余平方米，职工162人，卫生技术人员143人，医师58名，含主治医师15人；护士53名，含主管护师8人；其他医技人员33人。医院设全科门诊及妇科门诊、综合一科、综合二科、综合三科、团然分院住院部、五七分院住院部6个临床科室，免疫规划、妇女保健、儿保门诊、慢性病管理科4个公共卫生科，放射、B超、心电图、检验科4个医技科室。

2021年，黄兴医院（长沙市雨花区跳马镇中心卫生院）开展业务主要有外科、内科、妇科、基本公共卫生服务等，外科可单独完成Ⅰ、Ⅱ类及部分的Ⅲ类手术。医院营收5600万元，比2020年增长7.08%。门诊就诊219460人次，比2020年增长8.6%。住院5805人次。其中，外科收治住院病人1120人，完成手术408台次；内科收治住院病人4685人次妇科服务育龄女性1211人，主要开展常见妇科疾病的诊治、高危孕产妇筛查及计划生育手术。公卫科为跳马镇77976位居民建立健康档案，其中家庭医生签约25249人，高血压患者管理6047人，完成率125%，糖尿病患者管理1937人，完成率124%，两病签约6678人，新冠疫苗接种126057针次。

【发热门诊项目启动】 2021年2月，《雨花区2021年推进长株潭区域一体化发展的工作方案》发布，该方案明确，推动医疗资源统筹布局，招聘引进专业技术人才，新建发热门诊，提升医疗服务水平。9月30日，黄兴医院（长沙市雨花区跳马镇中心卫生院）申报门诊一楼西后方建设发热门诊消毒供应中心等改造项目，启动发热门诊项目建设。

【意向合作签约】 2021 年 11 月 16 日，黄兴医院与可孚医疗股份有限公司签署意向合作协议。双方针对医院建设、医疗科研、医疗设备等合作项目进行深入交流、探讨，将共同建设三方临检实验室、健康体检中心项目。双方表示，将以合作为契机，挖掘双方各类资源，完成多领域多层次交流，加强医疗资源全面全方位的深度合作。可孚医疗股份有限公司是雨花区本土培育的智能医疗器械和生物医药新兴产业领域的“领头雁”，该次合作有利于整合本区医疗资源优势，实现互补互惠互利共赢。

（本栏撰稿　骆训武）

黄兴医院　（骆训武　供图）

社会生活

民政事务

【概况】 长沙市雨花区践行“民政为民、民政爱民”工作理念，推进基本民生保障、基层社会治理、基本社会服务，低保审批权限全部下放至街镇，建立完善特困人员立体化照料服务机制；街道综合养老服务中心实现全覆盖，全区有养老机构15家、街道（镇）综合养老服务中心13家、城乡居家养老服务站112家；在全省区县率先出台养老机构从业人员岗位补贴制度，健全养老服务人才培训机制，打造一支专业养老服务队伍；创新养老服务模式，发展老年餐桌点；推进“筹改居”（筹委会改居委会）工作，2021年撤销2个筹委会，析置2个原社区筹委会设立新社区；全年新成立社区7个；为流浪乞讨人员提供食宿750人次，提供乘车凭证550人次。雨花区获评2021年度真抓实干养老服务体系建设成效明显的区县。

【社会救助】 2021年，雨花区制定《雨花区临时救助实施细则》，将临时救助扩大范围、优化标准、简化程序。实行政府购买社会服务参与特困人员自理能力评估，建立分散供养特困人员立体化照料服务机制，落实民政部印发的《特困人员认定办法》，适当放宽特困人员认定条件。城乡最低生活保障标准提高至750元/月，特困人员基本生活标准提高至975元/月。新增城乡低保572人次、退出683人次。做好社会救助与乡村振兴的有效衔接，及时将脱贫不稳定户、边缘易致贫户纳入社会救助。全年发放低保救助3469.47万元、特困救助816.28万元、临时救助327.65万元、城市特殊困难群体救助111.78万元，发放春节慰问金590万余元。对全区560余名特困人员进行自理能力评估和救助供养情况核查。组织2次全区性社会救助业务培训和政策集中宣传活动。

【养老服务】 2021年，雨花区制定《雨花区关于推进养老服务高质量发展的实施意见》等9个政策文件。发放养老服务建设补贴资金945万元。加强街道综合养老服务中心建设，实现13家街道（镇）综合养老服务中心全覆盖；新建养老机构2家、居家养老服务站36家。在全省区县率先出台养老机构从业人员岗位补贴制度，其中持证补贴最高每人每月可补贴300元。开展2期养老护理员培训，评选1名市级“十佳”、6名“百优”护理员。提质扩面老年餐桌，发展老年餐桌点17个。“雨花时间银行”将养老与志愿服务结合，实现“邻里守望互助，以老助老”。康乐年华、乐来龄、福轮社等养老企业和社会组织，新增连锁品牌养老服务机构10家。

【福利慈善】 2021年，雨花区成立雨花区未成年人保护工作领导小组并顺利召开第一次全体会议；组织开展业务培训，出台儿童主任绩效评价管理办法，落实儿童主任岗位津贴制度。开展走访慰问，加强困境儿童家庭监护和学习、生活情况摸排；发放孤儿基本生活费19.1万元、18岁以上在读孤儿助学金2.7万元、事实无人抚养儿童基本生活补贴43.8万元，办理收养登记11人。安排救助资金85万元开展“暖心工程”“烛光工程”等慈善送温暖活动；为192名困难学子申请市级助学金83.2万元，区级兜底保障20万元。做好慈善救助项目申报、审核及补助金发放工作，全年累计救助4800余人、200万元。发放高龄津贴2621.68万元、困难残疾人生活补贴和重度残疾人护理补贴1103.02万元。推进福彩转型升级，实现视频票自有厅转型，发展社会网点52个。

【社会治理】 2021年，雨花区完成村（居）委换届选举，组织开展多轮履职培训。完善员额管理系统，规范社区专职人员管理，组织招聘26名专职工作人员。指导修订村规民约（居民公约），砂子塘社区获评省优秀居民公约，窑岭社区“庭院党建+”工作法获评省第四批优秀社区工作法，6个村（社区）参评市级优秀村规民约（居民公约）。7个社区成功申报市“五型”示范社区（美丽宜居型、智慧便民型、文明共建型、和谐善治型、幸福共享型）；4个项目成功申报市级“三级联动”社区服务类项目。推进基层治理“三个清单”（基层群众性自治组织依法自治事项清单、依法协助政府工作事项清单和减负工作事项清单）与村级“小微权力”（指村级组织及村干部依法依规享有的村级重大决策、重大活动、重大项目以及资金、资产、资源管理等村务管理服务权力）清单改革，梳理事项运行流程，编制流程。规范村（社区）办公服务阵地挂牌，将挂牌数整合规范为15项，将“一站式”便民服务大厅统一设置成2个综合窗口；清理规范村（社区）盖章证明事项。开展“筹改居”调研，形成《关于雨花区“筹改居”调研情况及对策建议》，《雨花区“筹改居”工作五年行动计划》经区委常委会、区政府常务会审议通过。

【社会组织】 2021年，雨花区注册社会组织388家、注销59家、变更登记44家、撤销17家。依法完成社会组织年检329家。开展打击整治非法社会组织专项行动，厘清行政机关与行业协会商会职能边界，严格行业协会商会登记审查。做好非营利性培训学校的登记和督导，完成22家培训学校的“营转非”登记工作。开展“党建领航·群智共享”主题沙龙。全区有社会组织党支部44个、党员370名。全区13个街镇社工站全部升级为3.0版，洞井街道社工站获评“长沙市特色站点”，打造“邻帮公益”“寸草心”等长沙市示范社会组织品牌。投入53万元实行公益创投，支持社会组织参与党建、环保、扶老、助残等社区治理项目。

【殡葬服务】 2021年，雨花区开展文明殡葬宣传，清理整治洞井、同升街道和跳马镇辖区内大墓豪华墓。落实殡改惠民政策，直补653人次、65万余元。

【婚登服务】 2021年，雨花区做好“跨区办理婚姻登记”，实行网上预约和专窗接待，免费为109位群众提供婚姻家庭辅导服务。依法依规办理结婚登记4233对、离婚冷静期受理3144对、离婚登记1735对。开展婚俗物件征集，促进婚俗改革。婚登大厅在岗位建功活动中获评“长沙市巾帼文明岗”。

【地名工作】 2021年，雨花区顺利出版《雨花区地名图集》《雨花区标准地名录》《雨花区地名词典》《雨花区地名志》。推进清理整治不规范地名工作，清理不规范地名6个。定期走访巡查行政区划界线，完成24条新建道路命名。

【村（居）民委员会换届选举工作】 2021年1月7日，雨花区村（社区）“两委”换届工作领导小组办公室召开村（居）民委员会换届选举工作调度会。会议要求村（居）民委员会换届选举工作要依法依规依程序，要做实做细换届选举工作；要提高参选率，保证公民的基本权利；要加强调度指导，区、街镇各级指导要到位。换届过程中，区、街镇、村（社区）分级开展业务培训200余场次，印制换届工作指导手册、操作规程1000余本，做到人手一本；对可能影响换届的关键因素及早研判、及早处置，提前解决各类问题100余个，两次开展“回头看”；实行24小时盯网制，开通24小时工作热线，接处咨询、投诉等问题300余个。截至2021年2月初，雨花区161个村（社区）“两委”换届全部完成。3月8日，为期5天的雨花区新一届村（社区）书记、主任培训班开班。雨花区委书记张敏为新任村（社区）书记上“任职第一课”。全区162个村（社区）书记、主任共164人参加培训。培训班组织学习中国共产党史和《习近平总书记关于基层治理重要论述推进湖南基层政权建设和城乡社区治理》。

【雨花区民政工作会议】 2021年3月17日，雨花区民政工作会议召开。区政府副区长陈怀宇，区民政局党组书记、局长章波，区民政局班子成员，中层骨干，各街镇分管民政工作副职及大办主任，部分村（社区）书记、主任代表，养老机构主要负责人等参加会议。会议总结回顾2020年全区民政工作，对2021年民政工作进行安排部署。会议强调，2021年雨花区民政工作要从高质量落实社会救助、高质量发展养老服务、高水平推进基层社会治理、高效能深化社会服务4个方面，推动改革创新，不断增强服务能力，实现雨花民政事业高质量发展。

【民政事务培训】 2021年3月24日，雨花区村（居）务监督委员会主任培训班在雨花区委党校启动，全区162名村（居）务监督委员会主任参加培训。雨花区民政局党组书记、局长章波作动员讲话。该次培训班为期2天，培训内容结合当前实际，围绕基层党建引领社会治理、党史学习教育、党风廉政建设、村务公开与民政管理等方面进行培训。5月21日，雨花区组织开展2021年社会救助业务培训会暨政策宣传活动。全区各街（镇）社会救助工作分管领导及工作人员，各村、社区（筹委会）社会救助专干，共240余人参加活动。培训邀请到长沙市民政局潘振球到会指导并授课，雨花区社会救助事务中心相关科长就新的《长沙市雨花区临时救助实施细则》、低保特困审批权限下放工作、街道（镇）社会救助家庭经济情况核算评估细则制定等业务进行培训。现场就雨花区2021年社会救助政策宣传活动进行部署，组织发放部分社会救助政策宣传物资。9月2日，雨花区民政局组织开设全区社区专职工作人员管理系统培训班。区直相关单位以及全区13个街镇共40余名系统操作员参加培训。培训现场为每位系统操作员发放《培训手册》，由技术人员对升级后的系统操作进行讲解。9月9—12日，雨花区组织开展全区第一批养老护理员职业技能提升培训。培训分为线上培训3天、线下培训4天，全区50名养老护理员参加培训。培训涵盖老年人护理基础知识、养老服务标准化、老年人基本救助方法、老年人临终关怀等内容。9月12日，雨花区社会工作职业水平考试考前培训班开班。培训邀请湖南师范大学、长沙民政职业技术学院的专业讲师为雨花区450余名社区工作人员、社会组织人员进行为期7天的社会工作职业考试考前培训。9月27日，雨花区组织开展2021年养老机构等级评定培训，全区养老机构参加培训。培训分为政策培训和系统培训2个部分，邀请雨花区华衡公益发展中心和中国建设银行股份有限公司长沙天心支行安心养老综合服务平台的专家进行授课，对养老机构等级划分与评定、系统操作录入数据等方面进行解读。12月9—10日，雨花区举办2021年“与法同行·守护未来”儿童主任培训班。街镇公共服务办主任、儿童福利工作专干、社工站等从事儿童福利方面的工作人员、区民政局未成年人保护中心、儿童福利科工作人员共208人参加培训。培训邀请湖南省民政厅、长沙市民政局、雨花区检察院、中南大学、研究机构、社会组织等多方面的儿童福利工作骨干及行业专家授课。

【养老服务工作会议】 2021年5月28日，雨花区召开2021年养老服务供需对接会。雨花区9家养老服务机构和各街镇分管民政及公共服务办专干参加对接会。湖南康乐年华养老产业集团有限公司、长沙市永济健康服务有限责任公司等养老企业设置宣传展板，对企业的主营业务和运营案例进行介绍，街道和社区对养老需求及可供利用的闲置资源进行展示。雨花区民政局副局长余铁光就全区养老情况进行介绍，并表示主办养老服务供需对接会将有效整合养老产业上下游资源，为社区引进养老机构搭建对接平台。7月27日，雨花区养老服务真抓实干推进会召开。雨花区各街道（镇）分管民政工作的相关负责人就辖区内居家养老服务中心和街道综合养老服务中心的建设进度情况进行汇报。余铁光强调雨花区街道综合养老服务中心的建设标准。区民政局党组书记、局长章波强调，要加强已建成、已签约项目的洽谈，加快在建、在谈项目进度，待建项目要采用新增场地兴建、居家养老服务中心提质改造、养老机构延伸服务的方式建设。8月23日，雨花区养老服务机构消防备案专题调度会召开。会议就辖区内养老机构的消防备案问题进行协商调度，确保养老服务机构安全平稳运行。

【雨花区11家街道综合养老服务中心投入运营】 2021年9月30日，雨花区11家街道综合养老服务中心集中投入运营。街道综合养老服务中心的揭牌标志着“街道—社区—居家”联动模式打造的多元化、个性化、专业化养老服务体系正式形成。全区各街道在建设社区居家养老服务站的基础上，推进街道综合养老服务中心建设，通过整合利用小区闲置资源，赋能老年生活，按照“一区一院、一街一中心、一社区一站点”的要求，推动养老服务设施全覆盖、成体系、均衡化布局，打造机构养老与居家养老相结合，为更多的老年人提供全过程的“一站式”综合服务。

【“雨花时间银行”志愿者活动】 2021年12月2日，“雨花时间银行”志愿者活动开展三周年暨福轮社老年大学“老有所为 老有所乐”文艺会演在雨花区圭塘街道美林景园社区中心广场举行。现场，福轮社老年大学的学员们带来腰鼓表演《开门红》、合唱《桃花源》《感恩的心》、舞蹈《领航新时代》《相约草原》《沂蒙山小调》《灯火里的中国》、民乐合奏《红花遍地开》、诗歌朗诵等文艺节目。“雨花时间银行”项目由雨花区民政局于2018年11月创建，在圭塘街道美林景园社区福轮社居家养老服务中心试点运营，志愿服务队伍由年轻人和低龄老人组成，志愿者可将参加志愿服务的时间兑换成“时间币”存入“时间存折”，并可用存折里的“积分”兑换奖品或其他服务。“雨花时间银行”通过将养老和志愿服务相结合，发动低龄老人志愿者为辖区高龄、独居、特困老人提供各类免费志愿服务，实现“邻里守望相助 互助共享养老”的社区居家养老新模式。截至2021年12月，“雨花时间银行”有300名个人志愿者，拥有湖南中医药大学湘杏学院中医义诊队、青年志愿者协会、长沙民政职业技术学院等多支公益志愿服务团队，服务1.2万余人次，志愿者为辖区老人免费维修水电、义诊义剪，架起与老人之间的爱心桥梁。

（本栏撰稿　王银平）

医疗保障

【概况】 2021年，长沙市雨花区破解跳马镇居民就近就医报销难题，实现全区13个街镇特殊病种门诊医疗药店全覆盖，提高精神障碍患者用药标准，引入基金监管大数据审核机制，完成打击欺诈骗保套保挪用贪占医保基金集中整治工作，全面上线全省医疗保障信息平台等。全区10571名低保、重残等特殊困难人员全部参保，参保率、财政补贴率均为100%。核实全区医疗机构接种新冠疫苗共105万余人次，疫苗费、注射费7600万余元。核实全区3次大规模核酸检测41.76万人次，筛查费用1100万元。先后获评湖南省医保宣传视频展播二等奖，长沙市爱国拥军模范单位、主题党日精品案例二等奖等称号。

【医疗保障】 2021年，雨花区医保总参保人数122.22万人，参保率96.5%。完成线上智能数据审核12.8万条，向协议医疗机构预拨5000万元。按时结算门诊统筹10万人次，报销金额550万元。窗口结算医疗生育费用7388次，基金支付6732万元。落实高血压、糖尿病“两病”待遇18431人次，基金支付129.5万余元。办理异地就医备案1200余人。全区13家一级医疗机构实现异地联网结算，全年结算133人次，结算金额66.58万元。为18名离休干部及60名伤残二乙军人解决医疗费用390万余元。为全区公务员、事业编制人员、村（社区）基层干部、编外合同制人员等2万余干部职工提供健康体检。

【政务服务】 2021年，雨花区全面上线湖南省医疗保障信息系统平台。优化医保业务经办流程，将生育津贴支付等28项公共服务事项办理程序、所需材料在湖南省互联网+政务服务一体化平台统一公开。推进“放管服”改革，个人账户余额一次性支取等2项业务办结时间继续压缩，由15天缩减为1天。门诊、住院医疗救助申报等4项业务延伸到社区（村）直接受理，再由社区工作人员后台传送数据。运用“湘医保”“我的长沙”“智慧人社”App或公众号，实现10项业务全程“网办”。处理“12345”工单2800余次，满意率100%。

【医疗救助】 2021年，雨花区医疗保障局对全区困难人员实施精准识别救助，实现上门开展入户调查近百次，通过“一站式”结算平台累计救助困难群众1365人次，累计报销金额742.45万元。落实医后救助1090人次，发放救助金额553.07万元。

【医保基金监管】 2021年，雨花区召开全区定点医疗机构警示教育会3次。聘请15名人大代表、政协委员等担任社会监督员。组织全区383家医药机构开展2轮自查自纠，梳理出过度医疗、串换项目等6个方面60余个问题，主动退回30.19万余元。引入基金监管大数据审核机制，根据大数据分析精准定位，针对性进行现场监管，发现定点医院23家存在违规行为，追回医保基金80.21万元。通过线上系统智能审核拒付8.15万元。全年追回医保基金118.4万元。

【医保政策宣传】 2021年，雨花区制作《2022年居民医保参保缴费宣传》视频，获评湖南省医保宣传视频展播评比二等奖，全年网络媒体宣传报道雨花区医保工作50余次，网络浏览量8万人次。以医疗口罩、马克杯、环保袋等实用物件为载体，印制医保政策宣传品，将医保政策送进机关、企业、学校及社区。策划组建“雨花医保讲师团”，针对医疗机构采取点菜式课程服务，集中对《医疗保障基金使用监督管理条例》、精神障碍患者医疗救助及省医保电子凭证等重点工作进行培训，全年受益群众2万余人。

【医保“跨域通办”】 2021年，雨花区通过多次对接协商，与株洲云龙经济示范区、湘潭市岳塘区达成统一意见，实现三地医保电子凭证申领及基本医疗保险参保人员异地就医备案“跨域通办”。针对雨花区跳马镇群众在株洲市、湘潭市就近就医享受医保待遇难的问题，雨花区医疗保障局数次组织实地考察调研，多方组织协调，多次向上级请示汇报，在长沙市医保局的支持下，出台新的报销政策，实现三地联网直接结算，实现三地住院报销不降低15%报销比例。

【特殊病种门诊全覆盖】 2021年，雨花区推进“特殊病种门诊药店”服务工作，完成全市重点民生实事项目。通过线上、线下全方位立体宣传特殊病种门诊政策，广发通告、鼓励申报、全面审查，组织专业医药团队上门查验，将东山、同升、跳马镇3家确定纳入特门定点医药机构。雨花区特殊病种门诊协议定点药店共15家，实现全区13个街镇特门药店全覆盖。

【医保基金全面整治工作】 2021年9月起，雨花区开展打击欺诈骗保套保挪用贪占医保基金集中整治工作。严肃通报集中带量采购未完成单位名单，并提出整改要求，确保整改到位。对全区11家公立医院医疗服务价格规范问题进行全面审查，针对其中5家医院存在的串套项目等15项问题，追回违规金额1万余元。追缴死亡人员超期享受医保待遇121名，追款20.24万元。

【特殊人群救助】 2021年，雨花区针对精神障碍患者，提高用药标准，将月人均处方费用由130元提高到155元。新增发放药物救助卡44份，实施救助药物6769人次，支付药物费用75.39万元，落实常规体检395人次，支付体检费用4.12万元，住院救助194人次，救助资金36.83万元。协调组织洞井精神病医院、街道、社区为600户患者送药上门，组织医疗专家团为20户重点精神障碍患者特殊开展家庭巡诊服务。救助吸毒史人员15人次，救助金额4.91万元。

【医保定点医疗机构会议】 2021年1月20日，雨花区医保定点医疗机构会议召开。区医疗保障局党组书记、局长彭灿，区医疗保障局副局长肖跃武，及全区33家协议医疗机构主要负责人、医保科长、药品采购负责人等80余人参加会议。区医疗保障局医药监管科科长杨俊茂、区医保中心主任彭鹏就前期医疗机构提出的问题进行针对性培训解读，内容包括协议医疗机构医疗项目匹配规范、总控扣分、门诊统筹、“两病”门诊用药、医保基金使用过程中常见问题及2021年度医疗保障定点医药机构服务协议等。区卫健局基层卫生健康科科长张春香对医疗机构如何熟悉掌握政策提出工作要求。肖跃武对相关重点政策进行补充说明。彭灿解读《中共中央、国务院关于深化医疗保障制度改革的意见》，强调要努力打造法治医保、智慧医保、便民医保，构建医保、医疗、医药三方联动良好局面。

【雨花区启动湖南省统一医疗保障信息平台长沙上线工作】 2021年7月23日，雨花区全省统一医疗保障信息平台长沙上线暨医保电子凭证应用全覆盖工作部署会召开。会议由区医疗保障局党组书记、局长彭灿主持，各协议医药机构负责人及专干参加会议。会议明确区医疗保障局、各定点医药机构、软件系统开发公司在全省统一医疗保障信息平台长沙上线期间职责职能，解读各项工作时间安排，提出压实责任、确保实效、加强引导等要求。湖南省统一医疗保障信息平台长沙上线工作是建设全国统一医疗保障信息平台的重要组成，平台建设完成后有利于解决医疗保障服务工作中存在的信息系统碎片化严重问题，提高医保公共服务便捷性、高效性、优质性、规范性。截至2021年年底，雨花区全面上线湖南省医疗保障信息系统平台。

【医保政策宣讲培训】 2021年11月12日，雨花区医疗保障局到雨花区跳马镇喜雨村砂子塘万镜第三小学，为学校师生开展医疗保障政策宣讲活动。区医疗保障局副局长肖跃武讲解“什么是医疗保险”“学生参加医疗保险对学校对家庭的意义”“学校学生如何参加医疗保险”等知识。活动向学生捐赠一批急需的文体用品，赠送口罩、马克杯及《告家长书》等医保宣传用品。12月16日，雨花区医疗保障局召开医疗保障政策解读与业务操作培训会。全区各街道（镇）、社区（村）近200名医保专干参加培训。会议围绕全省统一医疗保障新系统平台及2022年医保最新利好政策进行分析解读，提高基层医保经办效率，提升人民群众政策知晓度。

（本栏撰稿 何 静）

退役军人事务

【概况】 2021年，长沙市雨花区退役军人事务局以“让退役军人成为全社会尊重的人，让军人成为全社会尊崇的职业”为工作目标，做实做细，用心用情，服务保障体系优化，13个街道（镇）退役军人服务站创建全国示范型服务站达100%。优抚帮扶高效推进，及时准确发放各类优抚经费。安置就业不断提质，完成营职以下及专业技术军转干部、随军随调家属、转业士官安置工作。

【服务保障体系建设】 2021年，雨花区建成区本级、街道（镇）、社区（村）三级退役军人服务“两站一中心”176个，保障服务站工作经费212.5万元。区退役军人事务局联合区司法局在区服务中心成立退役军人公共法律服务站，聘请律师定期坐班，为对象提供法律咨询等服务。开展信息采集，逐人建档立卡，做到情况清、底子明。通过下沉督导、现场观摩、线上交流等方式，推进全国示范型服务站创建，跳马、砂子塘、高桥、洞井、圭塘5个街镇服务站达标，13个街镇示范型服务站创建率100%。

【双拥优抚】 2021年，雨花区政府等5个单位获评长沙市爱国拥军模范单位，周果平等4人获评市双拥模范个人，童彬原等9人获评市国防之星。东塘街道政院社区、长沙市中心医院、长沙航空职业技术学院等6个单位被评为市级双拥示范点，数量居全市各区县第一。338名现役军人子女按政策享受到入园、入学优待。开展春节、“七一”、“八一”和烈士纪念日等重要节日及常态化走访慰问活动，支出慰问经费887.1万元。及时准确发放各类优抚经费6461.5万元，新增各类享受国家抚恤补助待遇的优抚对象，组织重点优抚对象参加短期疗养活动，为伤残人员更换新式伤残证件，为立功获奖军人家庭开展上门送喜报活动，并发放奖励金。设立区级困难援助资金90万元，用好省、市级困难援助资金119.76万元，审核发放困难援助经费165.75万元。保障医疗待遇，为重点优抚对象在意外伤害和重大疾病方面购买一份1年期的补充医疗保险。部分退役士兵社保接续，符合条件的受理人员初审完成率、养老核查完成率、医疗核查完成率、养老补缴办结率等均为100%。

【移交安置】 2021年，雨花区退役军人事务局与区委组织部、区委编办、区人社局配合，完成营职以下及专业技术军转干部、随军随调家属、转业士官安置工作，做好2022年军转干部、随军家属、转业士官安置准备工作。接收转业士官，按政策要求及时发放待安置期间的生活费，接续医保、社保。开展转业军官（士官）岗前培训。退役士兵“一站式”办理报到登记、党组织关系结转和服预备役登记等手续。自主就业退役士兵举办适应性培训。再就业帮扶264人，生活解困6人，养老金补差1人，下拨再就业工资及社保缴费、生活解困、养老金补差等经费1171万余元。健全完善退役军人“全周期”“一站式”服务管理模式，摸底150余家企业，与三一重工、中建物业、万家丽集团等30余家企业合作，做好自主就业退役军人、自主择业干部实名制登记和就业台账。开展2次退役军人就业现场招聘会、2次网上招聘会，提供岗位近5000个，266人达成就业意向。

【思想政治工作】 2021年，雨花区发挥基层党组织作用，老首长工作室、“红管家”、红袖章等13支退役军人志愿服务队，参与理论宣讲、疫情防控、治安巡防等公益服务。开展宣传推介，挖掘“湖南好人”孙家闯等优秀典型。

【转业士官返乡报到“一站式”服务】 2021年7月26日，雨花区启动2021年度转业士官返乡报到“一站式”服务。该活动集中3天时间，“一站式”办理退役士兵报到登记、服预备役登记、开具落户介绍信和党组织关系接转等业务。区退役军人事务局设置3个专门服务窗口，安排专人对接和引导，帮助转业士官了解办事流程和相关政策，发放《兵役法及安置条例》《常见问题答疑》等宣传册。

【退役士兵适应性培训班】 2021年9月22—23日，2021年度雨花区退役士兵适应性培训班开班。长沙市退役军人事务局就业创业处相关负责人讲解就业创业和学历教育相关政策；职业规划资深导师引导退役士兵进行职业规划和自我测评，讲解优秀简历撰写和面试技巧；律师从制定背景和重大意义、审议修改过程、主要亮点、贯彻落实举措等方面对《中华人民共和国退役军人保障法》进行解读；区保密局工作人员进行国家安全和保密知识教育。

【雨花区举行烈士骨骸集中安葬仪式】 2021年12月31日，雨花区烈士骨骸集中安葬仪式在湖南革命烈士陵园举行。雨花区迎接刘保阶等烈士骨骸入园安葬，以实际行动告慰英灵。湖南革命烈士陵园管理处有关负责人，雨花区退役军人事务局副局长邱明和相关工作人员以及烈士亲属代表参加。为加强对零散烈士墓的集中管理保护，在全市统一部署下，雨花区按照“应迁尽迁、集中管护”的原则，在全区范围内组织开展对零散烈士墓集中迁移专项行动。

（本栏撰稿　陈　灿）

民族宗教事务

【概况】　2021年，长沙市雨花区以铸牢中华民族共同体意识为主线，协调解决44名少数民族群众子女入学难题，向407名少数民族务工经商人员宣讲政策法规，为60名少数民族群众提供义诊咨询服务，指导高桥大市场股份有限公司成功创建全国民族团结进步示范企业，长沙农商银行天翼支行等3个单位获评省、市级示范单位。区民宗局被表彰为“第四届全国民委系统先进集体”“长沙市2021年五一劳动奖”等称号。

【民族工作】　2021年，雨花区为全区407名新疆籍人员开展“感党恩、庆百年、促交融、保稳定”大宣讲活动。开展民族团结进步宣传月活动，在各级政务大厅滚动播放民族团结进步宣传标语，街道（镇）、社区（村）举办群众性交流活动，发放宣传资料1万余册，联合驻区高校职校开展“铸牢中华民族共同体意识”主题征文比赛和海报设计比赛。向辖区清真门店赠送防疫物资。帮助44名少数民族务工经商人员子女解决入学难题。完成审核普通高校招生享受民族优惠政策考生资格193人、公民民族成分变更20例。推进民族团结进步创建工作，高桥大市场股份有限公司获评全国示范企业，桔园小学获评省级示范学校（工作经验在省委统战部内刊上专刊推介），长沙环保职业技术学院获评市级示范单位。长沙农村商业银行天翼支行成为全省第一家民族团结进步创建“进岗位”示范单位。

【宗教工作】　2021年，雨花区开展宗教界“五进五好五认同”（五进：习近平新时代中国特色社会主义思想、党和国家重大会议精神进场所，《宪法》和法律法规进场所，国旗国歌进场所，核心价值观进场所，中华优秀传统文化进场所；五好：政治品格好、守法遵规好、文明友善好、服务社会好、传承文化好；五认同：对伟大祖国、中华民族、中华文化、中国共产党、中国特色社会主义的认同）活动，全年分4个季度围绕4个主题组织各宗教活动场所负责人、教职人员和已登记民间信仰场所负责人集中学习。做好宗教（民间信仰）活动场所信息采集，排查整治场所建筑、消防、人员、活动、食品等方面安全隐患，推动清泉寺建筑安全隐患治理。开展全区宗教领域“安全生产月”和“安全生产长沙行”活动，组织安全生产培训和消防应急演练；帮助宗教活动场所配备微型消防站；落实宗教领域疫情防控要求；推进反恐宣传进宗教活动场所；指导丰田古寺创建长沙市宗教活动场所平安建设先进单位。开展宗教领域专项行动4次、专案5个，办结宗教行政处罚案件1起，实施行政许可1起，化解宗教领域历史遗留隐患3处。其中，第二季度以“爱党爱国学党史，同心同行跟党走”为主题，组织宗教界代表人士参观中国共产党长沙历史馆。

【民宗领域安全生产】　2021年1月19日，雨花区民宗局在丰田古寺组织开展民宗领域安全生产暨应急演练实操培训活动。区民宗局党组班子，相关街镇负责人，辖区内各宗教活动场所主要负责人、安全管理人员参加培训。培训会部署雨花区民宗领域安全生产专项整治三年行动“大宣传、大培训、大警示”活动工作、安全生产风险隐患大排查大整治工作、“两会”春节期间和今冬明春安全生产工作；区民宗局党组书记、局长冯粤对宗教活动场所安全生产工作提出要求；参观丰田古寺微型消防站，组织应急演练实操培训。区民宗局向各宗教活动场所赠送口罩、洗手液、84消毒液等防疫物资。2月7日，区民宗局副局长李雄带队到辖区内各宗教活动场所，实地检查宗教活动场所疫情防控物资储备、防控措施落实和房屋安全、消防安全、禁燃禁放情况。2月24日，区民宗局到清泉寺开展疫情防控检查、宗教活动场所建设和危房排危工程推进。4月19日，李雄带队到丰田古寺、大安寺，检查建筑安全、消防安全、场所管理、人员生产生活等情况，对检查中发现的安全隐患提出整改意见。4月30日，冯粤，区消防救援大队长刘立宪，区政府办副主任黄桦一行到大安寺，重点了解微型消防站建设，查看消防管理、人员管理、饮食管理等制度落实情况。5月14日，清泉寺危房排危工作调度会召开。5月21日，冯粤带队前往清泉寺对接危房排危工作。6月23日，区民宗局在大安寺组织宗教领域“安全生产月”和“安全生产长沙行”活动布置会暨安全生产培训。冯粤传达上级关于安全生产工作指示精神，部署“安全生产月”和“安全生产长沙行”活动。区民宗局给各宗教活动场所和已登记民间信仰场所发放宣传横幅、安全生产宣传资料，聘请长沙市民众应急服务中心对微型消防站器材操作进行培训。6月30日，区政府副区长易静到佛圣禅寺，检查疫情防控、消防安全和建筑安全等工作。7月13—14日，区民宗局开展第三季度宗教活动场所安全生产检查。7月20日，长沙市民宗局党组成员、副局长何水军带队到丰田古寺，实地察看建筑安全、消防安全、人居生活环境、规范管理等情况，了解场所开展平安创建工作进展情况及目前存在的困难。7月31日，市民宗局党组书记、局长李佑明一行到清泉寺，察看疫情防控落实情况，了解场所危房排危工作进展。8月4日、8月7日，区委副书记、统战部部长郭四军，区政府副区长提名人选周明分别到清泉寺、大安寺督导疫情防控和安全生产工作。12月23日，区民宗局党组书记、局长章志刚带队到团头河聚会点开展宗教重大节日安全工作检查。

【民族宗教培训】 2021年3月10日，雨花区新一届村（社区）书记、主任民族宗教专场培训举行。全区162个村（社区）书记、主任共164人参加培训。区民宗局为培训班专门编印《民族团结进步宣传手册》《宗教事务条例》《湖南省宗教事务条例》《长沙市民间信仰事务管理实施意见（暂行）》等法规资料。长沙市民宗局党组书记、局长罗伟围绕“民族宗教工作怎么看？怎么干？”主题，解读中共十九大报告关于民族宗教工作重要论述和民族宗教政策的内涵。该次培训班，有利于提高全区社区（村）书记、主任民族宗教政策水平，维护全区民族宗教领域和谐稳定。11月23日，区民宗局为“雨花区2021年妇联干部综合素质提升班”进行以“全面落实党的宗教政策法规”为主题的学习授课活动。区妇联、各街道妇联主席和专职副主席、社区（村）妇联主席代表等参加。区民宗局副局长李雄从宗教基层常识、宗教工作理论政策法规、妇联在宗教工作中的作用3个方面作专题授课。

【“五进五好五认同”活动】 2021年3月18日，雨花区举行“五进五好五认同”活动启动仪式暨宗教界代表人士第一季度集中学习。雨花区各宗教活动场所负责人、教职人员，已登记民间信仰场所负责人参加。区民宗局安排部署“五进五好五认同”活动，围绕“弘扬法治精神，共筑伟大中国梦”主题领学《改革开放以来我国宗教法制建设的发展》《民法典时代的宗教法治》《湖南省宗教事务条例》等内容。2021年，雨花区分4个季度围绕“宗教法治、爱党爱国、安全发展、宗教中国化”4个专题，采取授课辅导、参观见学、培训演练、座谈交流等形式，组织宗教界代表人士集中学习，加强宗教界代表人士思想引领，提升宗教教职人员综合素质，提高宗教活动场所建设水平。4月23日，区民宗局组织开展“爱党爱国学党史，同心同行跟党走”主题党史学习教育暨第二季度集中学习。区民宗局副局长李雄组织学习《党的宗教工作在长征中探索与实践》《百年党史回眸：党在新民主主义革命时期的宗教理论与实践》等内容。区民宗局党组副书记、副局长王海军以《牢记党史，不忘初心》为题作党史授课。区民宗局组织宗教界人士和已登记民间信仰场所负责人参观中国共产党长沙历史馆。6月23日，区民宗局以“牢固树立安全发展理念、不断化解宗教领域风险隐患”为主题，采取学习习近平总书记关于安全生产重要论述、观看警示教育片、组织安全生产知识讲座等形式，开展“五进五好五认同”活动第三季度集中学习。

【民族宗教政策法规宣传活动】 2021年9月29日，雨花区民宗局全体干部职工来到东山街道黎郡社区，开展民族宗教政策法规宣传活动。该次宣传活动以“自觉抵制非法宗教，共同维护社会和谐”和“中华民族一家亲，同心共筑中国梦”为主题，现场为居民群众提供民族宗教政策咨询，现场悬挂宣传横幅和摆放“学法知义 遵纪守法”“答题解惑 明辨是非”等展板，共发放民族宗教宣传活页300余份，《宗教事务条例》和《湖南省宗教事务条例》200余本。

【丰田古寺平安创建验收】 2021年11月19日，长沙市民宗局副局长何水军带队到丰田古寺指导、验收“宗教活动场所”平安创建工作，雨花区民宗局、跳马镇相关负责人一同参加。市民宗局工作组实地查看丰田古寺的人居生活环境、房屋安全、消防安全、各项制度建设等情况，检查台账资料，丰田古寺住持释圣源作平安创建工作情况汇报。何水军强调，各宗教活动场所要提高安全防护意识，完善场所各项安全制度建设，落实各项措施，做好平安创建验收准备。

（本栏撰稿　吴文静）

2021年11月19日，长沙市民宗局验收丰田古寺平安创建工作（吴文静　供图）

乡镇·街道

跳马镇

【概况】 长沙市雨花区跳马镇因关羽跃马跳涧而得名，位于雨花区南部，处于长沙、株洲、湘潭3市交会处，东与浏阳市柏加镇、株洲市云田镇相邻，西与雨花区同升街道、天心区暮云街道相接，南与湘潭市昭山镇接壤，北部紧邻雨花经开区、长沙县黄兴镇。截至2021年年底，镇域东西最大距离为17千米，南北最大距离为23千米，辖区面积177平方千米，户籍总户数20752户，总人口69564人。下辖跳马、关刀新村、杨林新村、复兴、三仙岭、石桥、喜雨、团然村、冬斯港、白竹、石燕湖、新田、田心桥13个村，金屏、斑竹塘2个社区。全镇纳入生态绿心保护区域面积171.47平方千米，占全镇总面积的96.9%，占长沙绿心的53.6%，占长株潭绿心的32.5%。其中，禁止开发区79.34平方千米，限制开发区88.10平方千米，控制建设区4.03平方千米。镇域内山体林地多，约93平方千米，占镇域总面积的52.5%。辖区内共有5条河流，其中市管河流1条为浏阳河，区管河流3条分别为双溪港、官桥撇洪渠、圭塘河，镇管河流1条为团头河。其中，圭塘河发源于跳马镇石燕湖，全长约28.3千米。辖区内有鸭巢冲水库、百倍冲水库等12个水库；有426个小微水体片区，其中有山塘3827口，沟渠525条，共有61个片区河长。境内有清代左宗棠墓（湖南省文物保护单位）、长沙明代吉王墓群、嵩山古寺、大安古寺等众多历史遗迹。在此诞生全国第一支以儿童为主的抗日救亡队伍——育英儿童抗战工作团，石燕湖村保留地下红色支部遗迹。周边由4条高速环绕，北侧为长沙绕城高速，东侧为长株高速公路，南侧为沪昆高速公路，西侧为京港澳高速公路。沪昆高铁、京广高铁穿镇而过。洞株公路快速化改造项目2020年8月已全线通车。镇域内还有省道1条（省道326）、县道5条（县道052、县道J13、县道047、县道J12、县道049）。跳马镇享有中国首批花木之乡、省级百里花木走廊、国家级生态乡镇、“湖南首批十大农业特色小镇”、长沙市首届“魅力乡镇”等称号。

2021年，跳马镇完成财政税收6045万元，社会固定资产投资16.1亿元，全镇花卉苗木种植面积866万余公顷，实施乡村振兴产业帮扶项目17个；实施19个集体土地项目、3个国有土地项目征拆工作；严抓道路交通顽瘴痼疾、烟花爆竹、森林防火等，安全生产形势总体平稳，未发生一起安全生产事故和重大自然灾害；完成镇党委、人大、政府、村支“两委”和村集体经济联合社换届工作，党支部“五化”建设达标率实现100%。

【镇域经济】 2021年，跳马镇完成财政税收6045万元，完成社会固定资产投资16.1亿元，规模工业总产值14390万元；规模服务业营业收入985.9万元；农民人均纯收入2.8万元。提档升级花卉苗木产业，园林企业、苗木合作社等达400余家，苗木从业人员5万余人，苗木品种100余个。全镇花卉苗木种植面积866万余公顷，洞株公路两厢精品园年销售额15亿余元；对乡村振兴人才队伍建设进行全面摸底，认定新型职业农民初、中、高级各类人才1人，认定高级工匠14人，中级工匠45人，初级工匠167人。湖南星沙农村商业银行股份有限公司跳马支行2021年末各项存款余额23.3亿元，比年初净增1.8亿元，各项贷款余额8.81亿元，较年初净增2.76亿元。实施乡村振兴产业帮扶项目17个、乡村建设项目13个，累计受益2062户、7431人。

【城乡建设】 2021年，跳马镇完成中车大道项目结算交地，物流园18号地、新韶山南路、S21长株高速团头互通房屋拆除清零，杨子路、黄梅冲东路拆迁腾地。开展白竹安置地（一期）、白竹安置地（二期）、跳马安置地、喜雨安置地等建设。浏阳河曙光垸大堤堤防整治工程进行项目结算扫尾工作；电力“630攻坚”项目进行线路改造和新建，主要涉及跳马镇的有云田—湘潭技改线路（包含32个塔基）、50万伏技改线路（包含15个塔基）及云田—白田新建线路（包含21个塔基）；X047、C451、Y320、X050、S210等道路工程项目进行资金结算工作；通景大道项目完成拆迁腾地，进行项目结算。国有土地拆迁项目有3个（川河路、杨子路、黄梅冲路），占地面积2.73公顷，需征收4家企业，征收房屋面积24851平方米。完成佳宴食品厂的拆除工作，拆除面积8537平方米，实现杨子路、黄梅冲东路的拆迁腾地。完善全镇基础设施建设，硬化道路10.36千米，增设停车场31个，新建或改造标准化菜园388处，置换垃圾桶1404个。完成斑竹塘集镇雨水管改造项目，推进跳马镇污水处理厂临时泵站提质改造工程建设和曙光垸鹅公山泄洪渠涵闸改造工程建设。完成12座水库管养维护，通过6座“放心满意标准化小型水库”创建验收。

【城乡管理】 2021年，跳马镇拆除计划内违法建筑5处，行动面积5177.05平方米;计划外违法建筑26处，行动面积2318平方米。完成城管局下发督办函处置9处，交办函4处。对全镇环保、城管网格员和数字化坐席员进行培训。拆除大型户外广告牌60处，拆除破损文明创建公益广告50处。开展市容环境专项整治行动24次、日常市容环境卫生巡查137次，累计出动人员800人次。发放环境卫生秩序宣传资料共16次，发放资料4000份，排查各类餐饮门店140家，安装油烟净化设备140家、可燃气体警报器120家，开展日常宣传18次，发放宣传资料600份。劝离取缔石燕湖大道沿线及红星全球农批中心周边夜市流动摊贩、店外经营350余处，检查整治夜宵摊（店）113家，暂扣液化气罐77个、电子秤21台。完成中央第六生态环境保护督查组交办的群众举报生态环境问题案件4件，省级生态警示片案件1件。拆除违章建筑8处，面积1198平方米。开展各类整治行动150余次，查处各类违法行为368起、实施行政处罚80起，罚款18.54万元。

【社会事业】 截至2021年年底，跳马镇有低保468户833人，特困供养380户394人（含集中供养58人）；孤儿5人、留守儿童7人，困境儿童189人，事实无人抚养儿童5人。2021年，低保累计发放金额569.6万元，发放人数9664人，人均低保保障金额589.4元／月；特困供养累计发放金额419.73万元，发放人数4358人，每人按975元／月发放。帮扶城市特殊困难群体困难户65户，帮扶金额10.68万元。其中医疗帮扶3户，帮扶资金20250元，基本生活帮扶55户，帮扶金额5.5万元，急难帮扶7户，帮扶金额3.15万元，全部发到困难对象手中。跳马镇现有综合养老服务中心1所，村（社区）居家养老服务中心12所，为全镇1万余名老年人提供日间照料、午间休息、休闲娱乐和有氧健身活动。高龄津贴覆盖率100%，全部纳入一卡通系统，按月申报、发放高龄老人生活补贴。全镇15个村、社区均挂牌儿童之家。为114名贫困学生申请助学资金。

2021年，全镇新增城镇就业192人，农村劳动力转移就业和创业人数202人，全镇累计失业登记270人；开设农村转移劳动力技能培训班9期，培训人数450余人，SYB创业班三期88人。助力就业扶贫，发放转移就业交通补贴191人次，补贴金额5.86万元，贫困劳动力返乡回流30人，全部实现就业，各类公益性岗位安置192人，就业扶贫车间就业人数40人。购买城乡居民医疗保险人数41147人。城乡居民养老保险缴费人数1.48万人，缴费412.9万元。异地住院报销已收149次，医疗保险信息修改58人次，申请丧葬补助金351人次，补助金额120.04万元。对残疾人家庭进行无障碍改造5户，向26名残疾人发放辅具27件，残疾人及残疾人子女发放助学补贴50人，对4个有燃油机动车的残疾人发放燃油补贴；义肢助残帮扶3名残疾人；春节慰问残疾人151人12万元；联合爱尔眼科医院，博雅眼科医院开展光明光爱行动，免费为白内障患者进行手术治疗；残疾人精准康复服务录入1283人；残疾人动态更新录入1281户，实现实时数据更新。

2021年，全镇出生人口316人，其中男孩157人，女孩159人；一孩135人，二孩及以上181人，政策生育率为100%；城镇独生子女父母奖励157人。办理生育证354本，三孩再生育证17本。开展孕前免费优生健康送检108对。老年人体检7921人，完成体检率72.6%；35～64岁“两癌”筛查1470人次。开展卫健宣传教育活动10场，在镇、村（社区）两级设立健康教育宣传栏16个。为全镇2143名“五类困难老人”和80周岁以上老人统一购买“银龄安康”老年人意外保险。发放免费药具人数4675人，开展无偿献血294人。全镇5个家庭医生签约服务团队为贫困户完成家庭医生上门随访服务4次户。所有建档立卡贫困户均完成家庭医生签约。成功创建省卫生村1个，市卫生村1个。通过省级鼠蟑密度控制水平B级达标红星农批中心二期工地现场评估。开展免费疫苗接种工作，累计完成接种132274针剂。核查摸排重点人员信息20679条，管理“五包一”人员2016人。

跳马镇在15个村（社区）建成农家书屋及文体广场，开展送戏下乡活动20余场，安装各类文体器材50余处。梳理“一湖二公三寺四景十八陵”（一湖：石燕湖；二公：关公、左文襄公；三寺：嵩山寺、大安寺、丰田古寺；四景：曹家冲花海、田心桥碳汇草、育景园珍珠红、跳马罗汉松；十八陵：明代吉王陵墓群）文旅资源，挖掘32个文物点，编撰《跳马镇文物汇编》。推进新时代文明实践站所建设，建成16个新时代文明实践基地。每周对网吧、娱乐场所、景区检查一次，落实疫情防控及安全生产要求；对辖区内24处文物点安装安全公告告示牌；安装14套健身路径，建设斑竹塘社区智慧健身中心等项目；石燕湖村入选湖南省乡村旅游重点村名录；申报跳马镇综合文化站为“最美潇湘文化阵地”；跳马镇综合文化站升级改造为雨花区文化二馆，是一座智能化、现代化、高标准的文化场馆。

截至2021年年末，跳马有中学1所，小学14所，幼儿园15所，中小学在岗教职员工395人，幼师职工238

人。中学生1540余人、小学生3902人，幼儿2020人。2021年，跳马镇总投资600万余元，对全镇15所中、小学进行标准化建设。全镇适龄儿童入学率保持100%，辍学率为0；小学升学率100%，入学率100%，中学巩固率100%，初中生毕业率100%。完成4所历史遗留问题幼儿园的正规化经营，设置为公办园举办教学点；完成英蓝幼儿园、红黄蓝幼儿园的委托公办和区教育局的公办学位建设任务；开展暑期防范学生溺水工作，实现辖区内学生暑期零溺水。针对全镇无证培训机构进行联合执法。石燕湖中学的长沙市教育科学规划课题成果《新时代区域中小学劳动实践教育研究》优秀成果获评一等奖，《长沙市普通中学教育质量综合评价报告》结果应用优秀案例获评三等奖；校长李坚在全省大中小学劳动教育论坛雨花区分会场成果展示活动中获优秀组织奖。佳兆业小学获全国儿童“双有”主题教育活动先进单位和全国垃圾分类样板学校。金屏小学教师李畅执教《揠苗助长》参加湖南省第四届电教优质课评选，获得一等奖。白竹小学教师师德师风演讲获评长沙市第一名和湖南省三等奖；校长宋兰花被评为长沙市优秀共产党员。石燕湖小学成功申报“全国足球示范学校”，将足球作为学校特色项目；跳马、团然、复兴3所小学被评为长沙市劳动实践基地。

【综合治理】 2021年，跳马镇开展消防安全百日攻坚行动，实现宣传上户全覆盖、隐患排查全覆盖、应急演练全覆盖。10个村（社区）达到“三零”创建标准。对辖区内50家烟花爆竹门店、180家仓储物流企业、6家加油站、23家工贸重点监管企业、14所学校、29栋高层建筑等进行全面摸排检查，严格要求企业落实安全生产主体责任。排查检查企业门店1404家次，排查安全隐患360处，实施经济处罚16起，罚款1.6万元，责令停产整顿3家次，清退丙类物资仓库9家，约谈警示13家次。开展消防疏散通道和安全出口畅通清理行动30余次，清除堵塞住宅小区消防车道行为22次，排查出搭建影响人员逃生和灭火救援的占用楼层消防救援平台和自然通风口行为542处，建立电动车集中充电点3处。开展严厉打非治违行动，取缔非法存储危化品11家，取缔无证经营烟花爆竹零售店6家，收缴非法产品300余件。跳马派出所接处警3289起，日平均9起；立刑事案件161起，破案78起，破案率48.5%；受理刑事案件336起，办理223起，结案率66.4%；刑拘111人，治安处罚116人。跳马司法所调处矛盾纠纷116起，调处成功112起，调处成功率96%，协议涉及金额462.53万元；开展各类普法宣传、律师讲座活动17场次，发放各类法律法规宣传资料近6万份；发放各类宣传资料7000余份，接待近500名群众简单法律咨询；接收社区服刑人员304人，已解除矫正277人，当前在册人数27人，其中缓刑27人，无一例脱管、漏管案件。跳马法庭审结的民事案件，结收比100.54%；调撤率45.19%，诉前调解率76.97%，平均审理周期33天；2名员额法官民事案件收案数405件，通过调解、撤诉、司法确认结案183件，调撤率45.19%。

【党建工作】 2021年，跳马镇创建市级“五化”（支部设置标准化、组织生活正常化、管理服务精细化、工作制度体系化、阵地建设规范化）支部2个。全镇推荐“两优一先”（优秀党员、党务工作者，先进基层党组织）市级先进个人3名，区级先进个人14名，区级先进单位5个，全镇表彰优秀共产党员64名，优秀党务工作者24名，先进基层党组织12个。开展“一个支部就是一盏灯”评比竞赛活动。实施党建引领工程，组织94名新任“两委”干部开展专题培训。推进幸福田心桥、融合发展新关刀、生态宜居石燕湖3个党建示范点创建。召开2次意识形态专题研讨会，开展书记讲党课4次，组织基层党支部书记讲党课100余次，举办“雨花时代先声”主题宣讲等活动32次。在中央、省、市、区各类主流媒体发表和转载新闻报道160余篇。组织党员干部赴廉政教育基地、红色文化教育基地参观学习，组织收看《严正家风》《镜鉴》等警示教育片。对不遵守机关制度的予以诫勉处理1人，发现组级管理问题12个。建设“清廉+美丽宜居村庄”。

【绿心保护】 2021年，跳马镇对退出的136家工业企业常态化巡查监管，推进剩余3家砖厂及退出企业厂房拆除工作。完成柳树塘矽砂矿、四马冲、池子塘片石场、石门水泥厂4个矿山矿坑复绿施工，新增矿山生态修复面积15.67公顷。实施芦荻塘片石一厂生态隐患治理工程，完成省环保警示片披露问题整改。查处渣土倾倒事件，立案查处各类渣土案件92件。加大露天焚烧巡查执法力度，处罚焚烧农户10户，制止焚烧100余起及摸排餐饮油烟污染情况，排查餐饮门店140家。结案中央第六生态环境保护督查组交办群众举报生态环境问题案件4件。

【乡村振兴】 2021年，跳马镇实施乡村振兴产业帮扶项目17个，资金规模约669万元，乡村建设项目13个资金规模424万元，累计受益2062户、7431人。完成团然村、喜雨村水塘修缮项目及喜雨村泄洪渠整改项目，累计修缮水塘19口、改造水渠3条、清淤近1.2万立方米、建设人行防护栏205米。2021年开始使用长沙供水，接收同升湖小区供水管理，跳马镇白竹新村大塘组，腰塘组村民接入自来水，共有约200户，受益人口约800人。完成脱贫攻坚期各级扶贫资金投入形成的扶贫项目资产确权登记，形成资产管理台账，其中：到户资产800万余元，公益性资产500万余元，经营性资产800万余元。推进市级乡村振兴示范创建乡镇和3个省级乡村振兴示范创建村（金屏、新田、石燕湖）、1个省级美丽乡村（石燕湖）的创建工作。举办“兴花富民”产业对接会，宣传推介跳马镇“五个十大”（“十大名园”群芳荟萃满园香、“十大名企”深耕三农助振兴、“十大名艺”巧夺天工欲比高、“十大名品”吐芳纳蕊竞芬芳、“十大名匠”匠心独运花艺高）花卉苗木行业品牌。发展乡村旅游，石燕湖村入选湖南省乡村旅游重点村名录。打造3个民宿示范片区，建成运营26栋，自主经营民宿平均增收30万余元/户，组集体直接创收30万余元/年。开展“洁净跳马”行动、“村比村，户比户，扮靓绿心打擂台”人居环境整治竞赛活动。成功创建市级美丽宜居村庄17个，惠及11个村（社区）、950余户群众。抓好厕所革命后续整改，完成问题整改630个。

【农业农村工作】 2021年，跳马镇发放惠民惠农、扶贫补贴资金54项，惠农惠民资金1206.61万元，惠及全镇24007人次。完成14个村的集体经济联合社自然过渡换届工作，完善村民代表大会程序；土地确权完成农户信息确定18218户，土地外业调查4394.39公顷，颁发证书14447件；接受土地纠纷调解16次，成功调解14次，调解成功率90%。跳马佳兆业便民生鲜农产品市场获评长沙市一季度最佳农贸市场。在春节及清明节期间实行“鲜花兑鞭炮”活动，杜绝火患；组建6人专职森林消防水车队伍和52人的兼职森林消防队伍，全镇全年无火灾。开展全民义务植树活动，完成“三边四旁”（“三边”指城市周边、公铁路两边、河流水库岸边；“四旁”指村旁、路旁、水旁、宅旁）及矿洞绿化面积33余公顷，新增绿地3公顷。召开非洲猪瘟多种动物疫病防控专题会，讲解非洲猪瘟多种动物疫病症状及防控措施和防控知识。启动跳马花木之乡网站的提质升级建设；研究制定花卉苗木产业精细化种植、专业化经营模式方案；组织育景山庄、求实苗木等单位引进新品种（如珍珠红保健植物等）、精雕旧品种（如裸根树等）。完成花卉产业园租金收缴，申报“一县一特”特色产业12户；扶持辰午山庄、天石山庄、天赐园、育景山庄等现代农庄发展；对蔬菜、水产专业大户和合作社进行技能培训，申报财政奖补。做好粮食生产的播种等工作，保证全镇粮食生产面积200公顷；组织人员在田心桥村、新田等村开展人工砍伐、打药剿灭“加拿大一枝黄花”等有害生物工作。

【创建“百岁健康推进示范单位”】 2021年，跳马镇喜雨村把创建“百岁健康推进示范村”纳入工作议程，成立创建“百岁健康推进示范村”领导小组，负责开展日常工作。完善基础设施，村级道路进行白改黑及亮化工程，组级道路进行硬化；建立喜雨村保洁人员队伍，参与垃圾回收及垃圾分类各项工作。建设唐福泰文化广场，为村民开辟1处近800平方米的室外活动场地。设立老年人活动室，开辟健康教育宣传栏。喜雨村2支文艺团队带动村民参与文体活动。开展文明家庭评比等一系列的典型评比活动。喜雨村卫生室配备必需的医疗器械和药品、乡村医生；老年活动室配备课桌凳、书报及健康杂志；户外活动场地配备健身器材。组建喜雨村中老年舞蹈队，开展村民文体健身活动。每逢春节组织开展送春联活动，端午及中秋期间开展走访活动，重阳节举行金秋惠老慰问活动。喜雨村位于雨花区跳马镇东南部，属于丘陵地带，全村总面13.42平方千米，辖32个村民组，总户数1180户，总人口4257人。其中60～69周岁老年人411人，占村总人口的9.65%，70～79岁老人243人，占村总人口的5.7%，80～89周岁以上的老年人有81人，占村总人口的1.9%，90周岁以上的老年人有10人，占村总人口的0.23%。其中年龄最高的王菊华老人，出生于1920年9月。

【跳马镇党代会】 2021年5月21日，跳马镇23个选举单位全部完成党代表选举工作，选举产生代表110名。5月25日，中共长沙市雨花区跳马镇第二次代表大会召开。全镇110名党代表，22名列席人员，合计132人参加会议。镇党委书记谭爱兵代表党委作《凝心聚力、奋勇争先，为建设绿心中央公园先行示范区和乡村振兴示范镇而努力奋斗》的工作报告，报告从基层党建、生态文明建设、乡村振兴等方面总结镇党委过去五年的工作及取得的成绩，分析存在的薄弱环节，提出未来五年的努力方向和奋斗目标。大会听取、讨论、审议通过中国共产党长沙市雨花区跳马镇第一届委员会工作报告、中国共产党长沙市雨花区跳马镇第一届纪律检查委员会工作报告。收到提案27件，经审查立案关于推进长株潭一体化中央公园建设助力乡村振兴等提案23件。与会代表参加分组讨论，共议民生民情，共谋发展良策。大会选举产生新一届镇党委委员9名、纪委委员5名、出席雨花区第六次党代会的代表17名。

【跳马镇庆祝中国共产党成立100周年表彰大会】 2021年6月27日，跳马镇举行庆祝中国共产党成立100周年表彰大会。举行“光荣在党50年”纪念章颁发仪式，向11位老党员代表颁发纪念章（全年颁发纪念章322个）；举行“两优一先”表彰大会，对64名

2021年5月25日，中国共产党长沙市雨花区跳马镇第二次代表大会（刘希贤 供图）

优秀共产党员、24名优秀党务工作者、12个先进基层党组织进行授奖；举行“两优一先”代表座谈会。

【跳马镇二届人大一次会议】 2021年8月30日，雨花区跳马镇第二届人民代表大会第一次会议召开，90名镇人大代表（应出席代表91人）及54名特邀、列席人员参加大会。跳马镇党委书记尹江华宣布大会开幕；镇党委副书记、提名镇长石华作《政府工作报告》；镇财政所长陈力作《财政工作报告》；镇党委委员、提名人大主席方婷作《人大工作报告》。会议选举方婷为跳马镇人大主席、易文为跳马镇人大副主席，石华为跳马镇政府镇长，张新良、邓滴、李昌胜等3人为跳马镇政府副镇长。石华带领新当选党政班子成员进行宪法宣誓，石华、方婷分别表态讲话。经上级人大常委会决定，区第六届人大代表跳马片区代表名额为21名、镇第二届人大代表名额为91名。跳马镇设8个大选区（选举区人大代表）、32个小选区（选举镇人大代表），选区内设若干选民小组并明确正副组长等相关责任人。截至8月16日，跳马镇人大换届选举完成前期准备、选区划分、分配代表名额、选民登记及提名确定代表候选人等相关工作，提名推荐区人大代表正式候选人29名（含差额）、镇人大代表正式候选人123名（含差额），登记选民54037人，并做好选民错登、漏登、重登工作。

【石燕湖村入选湖南省乡村旅游重点村名录】 2021年12月14日，湖南省文化和旅游厅、省发改委发布第三批湖南省乡村旅游重点村和第一批湖南省乡村旅游重点镇（乡）名单，全省有46村11镇（乡）入选，雨花区跳马镇的石燕湖村为入选的46村之一。石燕湖村位于跳马镇中部区域，地处长株潭核心地带，有超过90%的森林覆盖率，享有“天然氧吧”的称号，辖区内有石燕湖景区、曹家冲民宿群、中共石燕地下党支部旧址等。石燕湖村因地制宜整合现有资源，发挥石燕湖景区的龙头带动作用，以天赐园、辰午山庄和育景园等数十个特色园林休闲基地为辅助，按照“一园一景一游”规划，打造针对不同游客的多种主题的园林休闲基地；依托“花海民宿”和中惠旅“全域营销”数字化平台，探索“旅游＋花海民宿＋特色产业”的差异化经营模式。

（本栏撰稿　刘希贤）

雨花亭街道

【概况】 长沙市雨花区雨花亭街道地处雨花区“腹地开发”和长株潭三市融城的前沿阵地，北起南二环、劳动东路，西至韶山南路，南抵香樟路，东临万家丽路，是城区建设改造的攻坚区域。截至2021年年底，辖区面积近8.6平方千米，常住人口10.37万人。辖曲塘、雨新路、路桥、正圆、新星、自然岭、华云、雅塘村、香南郡、麻塘桥、雨花亭11个社区，井塘社区筹委会，自然、石马2个经济合作社，有政府机关、企事业单位2000余家。

2021年，雨花亭街道以“项目立街”为特色，实现固定资产投资53.4亿元；有棚改项目5个，征拆项目14个；城镇新增就业1950人，城乡居民养老保险参保4470人，组织相关文化市场整治行动15次，妇女孕前优生检测86人次；开展安全生产“打非治违”联合执法行动、消防安全整治百日攻坚行动、老旧电线线路排查、电动车违规停放及充电行为联合整治行动、工贸企业事故防范集中攻坚行动等，开展“5·12”防灾减灾日、安全生产月、第32个国际减灾日、“11·9”消防宣传月等主题宣传活动。

【街域经济】 2021年，雨花区雨花亭街道实现固定资产投资53.4亿元，完成限上社会消费品零售总额16.9亿元。新增区级百强纳税单位2家，完成高新技术企业新增或续订16家，3家企业进入全区研发投入排名前十。街道有在建项目13个，完成总投资53.4亿元。“一街两带”产业布局日趋成熟，形成以圭塘路为轴线，五江天街为辐射的商业街，强化以韶山路—南二环、圭塘路—树木岭路城市干道为主体的2个楼宇经济带，点亮圭塘河双修公园西侧景观经济，逐步由传统地产经济向现代商贸经济转型升级。

【城建城管】 2021年，雨花区雨花亭街道有棚改项目5个，征拆项目14个。国有土地项目方面：汽车制造厂宿舍棚改项目、大吉门窗厂宿舍棚改项目、雅塘冲路（东段）基础项目正式交地；鼓风机厂宿舍棚改项目完成厂区交地，工贸公司北栋完成腾房；紫薇路项目（航空路—锦源路）发布项目二公告并完成现场测量；正圆—鼓风城市更新项目初步明确具体棚改范围及相关前期工作方案。集体土地项目方面：完成城投R22号地块项目、平吉上城项目交地，完成自然村洞井路（自然村段）、雅塘冲路（自然村段）项目等8个项目结算交地。推进井塘村“城中村”、雅塘冲路（东段）项目扫尾工作。筹备雅塘二期项目的征拆工作，推动石马三期项目的督搬拆除，航空路小学项目完成所有房屋调查，一、二轮公示，完成全面签约。完成石马第二批次350余人与自然村第八批次144人的安置分房工作，全年安置拆迁群众2600余人。2021年，受理并办结市、区城管数字化平台案卷，处置市级平台案卷6430条、区级平台案卷4685条，结案率100%。加强对市容环境秩序的综合管理及整治，组织开展集中执法整治行动30余次。街道城管执法中队立案153宗，罚款金额9.99万元，对人行道车辆违停抄牌3000余台。结合“洁净雨花”行动，落实百日攻坚行动，清洗“城市家具”60余处，清洗维护建筑立面70余处，清理楼栋200余栋，清扫清洗道路街巷近10千米，清运垃圾堆物1500余车，清理牛皮癣6000余处，清理卫生死角900余处，裸土覆盖绿网300余捆，治理毁绿种菜、缺绿补绿7400余平方米，清理沟渠150余处，清理动态裸露垃圾200余处，清理大件垃圾、建筑垃圾160余处，拆除露天垃圾围池7处，整治围挡100余处，整治违规广告100余处，处置机动车乱停放200余处，清理“僵尸车”16台。推进生活垃圾分类，组织各类垃圾分类宣传培训活动36次，完成厢房建设13座。全年收集家庭厨余垃圾4160吨，可回收物1.58万吨，有害垃圾0.8吨。组织召开燃气安全专题会议5次，开展燃气知识培训3次，开展居民燃气宣传活动10余次，宣传覆盖站点、门店300余户。街道有燃气经营网点13家、加气站1家，全年开展燃气安全日常检查30余次，累计排查发现问题隐患13处，全部整改到位；开展燃气安全联合执法整治行动2次，取缔1处燃气黑窝点、收缴违规灶台1个、排查整改问题20处；6月，开展大型综合体、餐饮门店、集贸市场燃气安全专项检查，累计排查发现问题隐患63处，整改完成62处，剩余1处整改中。加强夜市规范点和餐饮油烟管理，夜市整改问题15处，执法检查门店200余家次；辖区园林绿地新增0.3公顷。开展清河行动9次，出动城管、环卫工人、志愿者约320余人次；开展河道集中巡查50余次，组织人员处理石马公沟明渠垃圾，解决下游污水处理厂泵站堵塞问题。开展禁渔禁捕巡查行动，发现非法捕鱼12次。

【社会事业】 2021年，雨花区雨花亭街道实现城镇新增就业1950人，失业人员再就业1091人，就业困难对象再就业256人。举办现场招聘会4场。创业培训290人，开办SYB创业培训、网络直播、直播带货等专业共9期；技能培训与以工代训1465人，开办技能培训18期，专业有育婴、评茶员、摄影、美容、花卉园艺，茶艺等。进行困难人员认定182人，办理灵活就业新增参保1000余人、办理灵活就业困难人员社保补贴683人，金额198.31万元。城镇居民医疗保险缴费15372人，缴费350.54万元。城乡居民养老保险参保4470人，退休养老金资格认证5365人。全年劳动维权28起，协助追回拖欠工资65万余元。处置国务院欠薪平台非工程建设领域投诉9起。养老险待遇核查19226人。居保参保和持卡情况核查导入系统4142条，居保核查数据导入1897条，职保参保和持卡核查导入6119条。居民低保户2677户3687人，金额228.75万余元；特困供养户44户44人，金额4.29万元。临时救助户57户，金额16.27万元。医疗救助54人，救助金额24.49万元；精神障碍患者药物救助379人次，救助金4.38万元；精神障碍患者住院救助14人，救助金额1.76万元；住房保障收入认定5户。精简退职累计数32人，金额5700元。春节慰问民政资金有32万元，街道拨付配套资金3.16万元。在春节、元宵、清明、端午等传统节日，组织开展各类活动8场，参与群众近1000人；组织辖区艺术团队100余人，参加“欢乐潇湘 品质长沙——颂歌向党”雨花区庆祝中国共产党成立100周年群众合唱系列活动。落实3套上级拨付体育健身路径，4个乒乓球台，于11月底安装完毕并投入使用。组织相关文化市场整治行动15次，对辖区文化市场进行全覆盖检查，发现文化市场违法违规行为13处，处理整改10处，上报区文旅体局处置1处；对辖区63家文化旅游体育企业、单位、经营户，组织文化站、社区（筹委会）开展安全生产检查232次/家，发现安全隐患31处，及时整改31处。完成7家幼儿园的“民转公”协议签订。落实中央及省、市“双减”文件精神，对违反要求的11家机构采取限期整改和取缔关停手段，处理违法违规问题22起，取缔关停相关违规机构7处。2021年春、秋季开学前夕，开展针对辖区培训机构的联合整治行动，涉及15家培训机构，出动检查组8个，85人次。组织辖区居民参加（第三届）长沙市“学习型家庭”评选、第八批长沙“百姓学习之星”推荐评选、第四届长沙“优秀学习团队”推荐评选；组织12名社区教育专干参加“雨花区2021年社区教育骨干研修班”。开展校园及周边综合治理联合行动11次，校车安全排查工作6次，校园安全督查工作3次，处理相关隐患及交办问题37处，处理34处。开展全国文明典范城市创建工作，下大力气整改交办问题400余条。通过老兵联络站开展红色教育活动2次，走访慰问困难老兵20余次，特困救助老兵3名，公益性岗位安置4名，解决老兵个案问题2个。妇女孕前优生检测86人次，献血372人次，妇女“两癌”筛查900人。抓牢疫情防控，加强对酒店、商超、农贸市场、KTV、生鲜冷链等单位和人员的管控；加强疫苗接种，截至年底，全街完成第一针80487剂次，两针全程接种率93%，加强针3023针剂。从长沙市中心医院、雨花区妇幼所、区疾控中心、街道社区卫生服务中心等单位邀请专家讲座，到学校开展传染病防控讲座，到社区开展紧急救护、慢病疗养、老年养生宣传；到医院开展孕产妇保健、婴儿养护培训等。策划社区和各公益组织开展社区趣味运动会，广场舞、健骨操竞赛、全民健康日主题竞走、健康知识抢答赛等健康促进主题活动。重点关注“寸草心”组织的0～4岁幼儿心灵成长呵护项目“绿房子”工程、青春期健康家长沟通之道项目以及以“促进精障人士康复”为宗旨的“绿丝带家庭综合服务”项目，依托专业社工，通过心理疏导、知识普及、咨询服务、资源链接、健康宣传、危机干预、家属互助等综合性服务，提升家庭综合能力，达到预防社会问题的发生及缓解社会压力的目的。

【综合治理】 2021年，雨花区雨花亭街道严格执法检查，对辖区企业开展计划执法，下达执法检查“现场检查记录”140份，“责令限期整改指令书”56份，“现场处理措施决定书”1份，“行政处罚决定书”29份、罚款2.75万元，联合雨花区消防救援大队对在高层民用建筑的疏散通道停放电动自行车、拒不改正的行为个人，处罚款500元。开展安全生产“打非治违”联合执法行动53次，查处非法经营烟花爆竹门店14家，收缴小烟花53件、盘鞭14件、条鞭10封、礼花7个、暂扣运输面包车1辆；收缴居民小区内非法储存的柴油50升；查获1家非法储存油漆窝点，共收缴油漆77件，转移至“651仓库”（湖南省内唯一一家以化工原料存储为主的全资国有仓储机构）；清理电动车违规停放及“飞线”充电行为180余处；联合区消防救援大队依法临时查封2家位于雨花亭街道石马社区环宇广告城的长沙市雨花区硕鸿广告材料商行、湖南信达力创广告有限公司。开展消防安全整治百日攻坚行动，排查小区楼栋635栋；排查企业、门店2000余家；摸排进入台账电动车2873辆；开展老旧电线线路排查570栋；开展电动车违规停放及充电行为联合整治行动，下达“责令立即改正书”34份，现场整改隐患121处；推进电动自行车集中充电点建设，新建电动自行车集中充电点75个。强化工贸企业事故防范集中攻坚行动，对辖区24家工贸企业（其中长沙子杰睿士酒店挂办理有限公司雨花分公司搬离本辖区，湖南省久多鑫彩印有限公司停产）送达“自查表”“资料领取回执”“承诺书”，督促企业开展自查自纠，按照社区（筹、合作社）排查、街道公共安全办开展执法检查的方式，下达执法文书22份，下达责令限期整改指令书16份，处罚4起，罚款4000元。聘请湖南省协成消防职业培训学校对辖区重点单位及小场所开展消防安全宣传培训和火灾隐患排查工作。在辖区明德雨花中学外墙、自然经济合作社建设2个安全文化宣传长廊；通过安全知识至社区、企业、小区、楼栋微信矩阵，开展安全宣传；利用社区“安全小喇叭”、云广播、安全巡逻车每天在辖区内循环开展安全宣传。开展《雨花区电动车安全骑行警示案例》宣传，发放宣传册5000份。组织开展“5·12”防灾减灾日、安全生产月、消防安全整治百日攻坚行动、宣传活动、第32个国际减灾日、“11·9”消防宣传月、新《中华人民共和国安全生产法》宣传周等主题宣传活动，共制作宣传展板、易拉宝100块，悬挂安全宣传横幅200余条，张贴宣传海报5000份，接受群众现场咨询1000余人次，张贴“电动车安全提示帖”6200份，张贴“高层民用建筑消防安全管理规定”1000份，发放安全生产宣传环保袋2000个，发放消防宣传杯1000个，发放安全宣传资料12万份。街道、社区（筹、合作社）组织开展培训、演练100余场，参与人数1万余人次。2021年，街道举办扫黑除恶宣传活动1次、反电诈活动20余次、禁赌扫黄活动1次、禁毒反邪活动4次、护路护线活动1次、武装宣传活动2次。发放食品安全宣传资料3.25万余份，设立食品安全咨询台，为辖区居民答疑解惑300余次；为居民提供检测食品服务10余次，制作专题展板20余块；举办食品安全专题培训10余次；组织开展“问计于民”为民办实事活动10余场次，现场收集的意见建议总数100余条等。开展打击非法传销专项整治集中打击行动8次，劝返遣散传销人员30人次，全街创建“无传销社区（村）”14个，无传销社区创建率100%。开展电梯、压力容器、锅炉等专项整治工作，开展自查1868次，街道抽查电梯180余台，各社区（筹委会）共抽查1080余台。

【基层党建】 2021年，雨花区雨花亭街道围绕“建党百年”和党史学习教育的主线，开展集中教育培训3批770人次；按要求和程序发展党员47人。实施“党建聚合力”工程，开展“书记练兵 党建讲评”，42家单位结成党建联盟，1163名在职党员赴社区报到。推进党史学习教育转化，176件群众实事妥善办结，北冲路乱停乱放、新星门禁系统、树木岭马路市场等一大批“急难愁盼”问题得到解决。打造“党史瞬间”“云端课堂”等党课。12个社区和筹委会完成“两委”换届选举，新一届“两委”成员共87人，平均年龄38.5岁，较上一届年轻2.1岁，大专以上学历92.7%，比上一届提升10个百分点。打造雨花亭社区“零里”工作室、雨新路社区“580”党建联盟聚合力、麻塘桥社区“聚力UP”党建联盟等品牌。新增小区党支部17个，化解一般性矛盾801起，化解率100%，香南郡物业管理“6+N”模式迎接全区观摩，雨新路开放式小区治理形成样本。召开宣传思想工作专题会议5次，开展专题学习16次，开展宣讲活动40余场。开展“就认这个理·永远跟党走”微宣讲选拔赛，组建街道党史学习教育宣讲团，开展宣讲活动40余场。市级以上主流媒体发表稿件300余条。深入清查党员、干部违纪违法行为，对聂某皓、刘某波等4名违纪违法人员分别给予党纪、政务处分。发挥监督治理效能，全年开展专项督查6次，处理问题线索6条，其中立案4件，不实1件，给予党纪处分2人，政务处分1人，开除1人，通报批评1人。

【网格化工作】 2021年，雨花区雨花亭街道召开网格化工作各级联席会议30余次，化解辖区重大矛盾纠纷20余起；破解各类疑难问题800余个。结合第七次人口普查，在网格平台系统录入人口、房屋、法人信息，街道17个网格共更新录入人口信息66324条，房屋信息17557条，企业及个体户1620户。整合党员志愿者、业委会、物业、楼栋长、热心群众等多方力量促进和谐社区建设，解决龙吉湾水改电改、锦源小区环境改造等问题。联合区人居环境局解决雨新路社区通程宿舍小区旧城改造，联合区委宣传部解决金地香樟悦府围挡堵路事件，联合区公安分局解决新星小区增设门禁系统等重点、难点问题32件。打造以雨新路社区卫计新村小区为代表的无物业小区网格化管理新模式和以香南郡社区香樟公馆小区为代表的物业小区网格化管理新思路。其中卫计新村通过自治委员会自治管理、出租潮湿车位收益，实现小区自循环。香樟公馆通过微网格制度上墙，网格员亮明身份、强化监管、压实责任，成为市、区抽检物业小区管理的标杆。在各社区小区各楼栋微网格内设置网格责任人公示牌，在各类媒体上宣传网格化工作稿件180余篇，发放各类资料5000余份。

【城市更新重点项目】 2021年，雨花区雨花亭街道顺利完成圭塘河流域城市双修公园项目基本建设并投入运营，形成集商贸业、服务业、特色餐饮为一体的产业聚合，提高了城市品位，便利了周边居民，该项目也成为雨花区重点打造的圭塘河生态经济带的核心骨架。成功引进金茂智慧科学城项目，预计总投资145亿元，建设高品质写字楼、创新孵化和文化创意基地。规划利用长鼓片区工业遗址文化，引入特色文旅企业，重点打造长鼓片区工业遗址文创基地项目，利用老旧厂房空间结构，传承文化记忆，同时通过数字化和虚拟现实技术等手段，融入湖湘元素，打造集文化演艺艺术音乐为一体的文创艺术项目。

【雅塘片区征拆】 2021年，雨花区雨花亭街道雅塘片区拆除私房79栋，3个半月全面腾地。雨花亭街道将拆迁动员做到群众的心坎上，争取最大范围的理解与支持，组织群众赴先进地区现场观摩，实施跟踪调研，及时解决群众“急难愁盼”问题。坚持全程公开，公开补偿、公开协议、公开签约，集中签约期10天即完成90%。调动党员在项目征拆中的模范带头作用，党员一次性签约拆迁率100%。

【石马“两安”用地开发】 2021年，雨花区雨花亭街道探索土地开发合作模式，通过物业合作、土地入股、持续为地块提质增效。石马“两安”用地20.07公顷，其中生产安置5.33公顷，生活安置14.73公顷。为更好富民利民，街道优化安置模式，将80平方米住宅优化成“50+30”平方米，50平方米用于居民住宅，30平方米由石马合作社统一打包、统一运营。以酒店式公寓为主的运营，石马村民每月每平方米可享受35元分红。2021年的石马雅苑项目，总建筑面积36.39万平方米，高标准业态配备，项目一期开展多次分房，二期进入竣工扫尾阶段。2021年12月，雅塘片区石马雅苑居民拿到物业分红600万元。

【党建引领物业治理】 2021年，雨花区雨花亭街道把党的工作融入物业管理，把物业公司打造成党群服务平台，开展党员亮身份、树先锋等活动。街道撬动区域党建为共治共享攻坚急需力量，区域结成党建联盟单位42家，在职党员赴社区报到1163名。整合“街—社—企”三级调解模式，将矛盾化解在前端。香南郡社区以精品小区为着力点，推出“6+N”模式（党建引领更突出、社区治理更精细、物业服务更用心、环境营造更温馨、秩序服务更安全、居民关系更融洽+法治德治自治“三治”结合），化解垃圾场建设、停车位被占、停车无序等系列问题。打造睦邻文化，推进综合整治。麻塘桥社区通过“聚力UP”党建联盟，先后引入资金170万元，改造智能化道闸系统、更换楼顶不锈钢防火门、消防控制系统等。

2021年11月18日，雨花亭街道开展党建引领物业管理观摩拉练行动

（姚园园　供图）

【党建引领开放式小区居民自治】 2021年，雨花区雨花亭街道有开放式非物管小区38个，绝大多数为“老小破旧”小区，基础设施薄弱、环境面貌较差。街道深入实施“党建聚合力”工程，新增小区党支部17个，强化党建引领，探索开放式小区治理和提质改造。先后完成稀土院宿舍、环卫局宿舍、卫技新村小区的提质改造；在卫技新村由小区党支部牵头，在全街范围内首创成立小区自治管理委员会，共同协商、决策、管理小区里各类事务，腾出“潮汐车位”盘活闲置资源，有效探索无维修基金、无物业、无业委会“困境”下的老旧小区治理新模式，卫技新村小区的面貌得到改观。11月18日，街道举行基层党建和物业管理工作拉练观摩交流座谈。观摩团先后到香南郡社区香樟公馆小区和雨新路社区卫技新村，实地观摩了解小区物业创建情况。香樟公馆小区属于无业委会、居民来自五湖四海、矛盾重的小区，雨花亭街道香南郡社区党总支撬动小区党支部、在职党员和志愿者等多方力量，激活小区党支部“红色细胞”，对所有党员制定“七带头”要求，并在单元里通过亮身份，接受居民监督。同时探索“党建引领、多方共治”治理架构，提出“党建引领、一网多能、社会协同、高速反应”思路，建立“一站式”服务中心，设置“一门式”服务窗口；打造的“37度邻里空间”，组建文体、手工、书法等社工兴趣小组，在层层推进的党建网格中进一步拓展服务内涵。雨新路社区卫计新村先后被投入800万余元，完成路面硬化、屋面隔热防水、停车位规划、监控系统、下水道管网更新等。对于改造后的闲置空间，社区主要以居民需求为主，与居民多次召开商议会，对于他们要求的书屋、棋室、篮球场等一一进行规划。现场观摩结束后召开党建引领物业管理观摩拉练座谈会，华云社区、麻塘桥社区书记，融科东南海C区

项目负责人黄实飞分别作交流发言。会议强调，观摩单位和发言单位的分享为推动党建和物业工作的开展提供了兼具先进性、代表性、典型性、可复制性的经验。

【打造党史学习教育平台】 2021年，雨花区雨花亭街道推出“党史瞬间·流光影院”系列党史影院展，每周定期推送红色影片经典片段。运用微信打卡小程序，实现网上网下党员交流无障碍、出差休假不失联的“指尖上的党建阵地”。把党史学习教育课堂开在“云端”，建起“线上”学习阵地，阅读量上万人次，成为辖区居民了解党史、互动交流的重要平台。联合辖区单位和社会组织打造老百姓家门口的“红色讲堂”，绘制30米长的“党史文化墙”。开展“红色长廊话党史，网格细胞齐聚力”主题党日活动，带领党员回顾中国共产党百年历程。将长沙正圆动力配件厂的发展史、变迁史、奋斗史、奉献史汇编成《不忘初心》，通过口述等方式讲述身边事，再现党员干部带头作为的生动图景。

（本栏撰稿 姚园园）

高桥街道

【概况】 长沙市雨花区高桥街道位于雨花区东北部，东临浏阳河支流圭塘河，南接劳动东路，西靠京广铁路，北至人民东路，截至2021年年底，辖区面积4.71平方千米，总人口82918人，其中，常住人口30664人，流动人口52254人。街道辖火焰、金环、怡园、高桥大市场、五一、永定、永祥、鑫华8个社区居民委员会和高桥、友谊2个集体资产管理委员会，有湖南省邮政局、长沙海关等驻街单位28家，有高桥大市场、高建市场、高桥汽配城等综合（专业）型市场8个。

2021年，高桥街道完成市考税收7.35亿元，社会固定投资33亿元；推进9个重点产业项目，用项目建设带动经济提速；开展高桥大市场及周边区域环境整治行动，集中开展治乱、提质、增彩三项行动；湖南高桥大市场股份有限公司2021年成功创建“全国团结进步示范单位”、驻街单位长沙农村商业银行股份有限公司天翼支行信贷岗2021年成功创建“全省民族团结进步示范岗位”。

【街域经济】 2021年，雨花区高桥街道完成市考税收7.35亿元，社会固定投资33亿元；完成规模以上营利性服务业营业收入9.7亿元；完成限额以上社会消费品零售额53.4亿元；完成引进省外境内资金16.9亿元。中非经贸合作示范园二期一标、砂子塘新世界小学扩建项目交付投入使用，国欣向荣府、旭辉·国悦府、锦湘国际星城五期（宝能公馆）、碧桂园时代广场、湘林·熙水豪庭5个续建项目持续推进；泰时阳光丽都、运达滨河广场项目启动建设。开展税源清查和属地管理清理，清查927条房产信息，清查面积21万平方米；清理异地税源企业184家；华晨双帆、新三城大厦、铭城国际等重点楼宇纳入数字化监测系统。依托第二届中非经贸博览会，首批106个非洲品牌产品正式进入市场，现场销售2970万元，意向订单64.9亿元，市场采购贸易方式突破3.85亿元。迎接中央、省、市级领导调研考察指导400余次；2月和11月，湖南省委常委、长沙市委书记吴桂英专题调研自贸高桥区块情况，对自贸区建设发展给予肯定。

【城市建设】 2021年，雨花区开展高桥大市场及周边区域环境整治行动，将市场划分为3个片区，12个网格。提质改造旧楼立面4000平方米，洗外墙4万平方米，修缮道路8000平方米，增绿1023平方米，新增停车位1500余个。开展“洁净雨花”“百日奋战、扮靓星城”等行动120余次，发放拆违控违宣传资料3000份，悬挂宣传横幅160余条；拆除新建（在建）违章建（构）筑物、历史违建和违章建筑共计7200平方米，清理清运垃圾堆物600余车。推进网格化管理，受理市、区数字化案卷10360条，网格化城管案卷4582条，结案率100%。新增4个停车场、2297个车位，新增路面静态停车位830个。完成五一社区交警宿舍、武警宿舍、东进小区等5个老旧小区改造施工设计；为改善老旧小区居住环境，对辖区老旧小区既有多层住宅加装电梯10台。

【社会事业】 2021年，雨花区高桥街道新增城镇就业人员1829人，失业人员再就业967人，就业困难人员再就业120人；办理就业失业登记证378本，为149名灵活就业人员申请养老、医疗保险补贴42.76万元，发放小额创业贷款1笔20万元，开展职业培训班13期，创业培训班8期。发放低保614户974人，发放低保金近56.67万元；累计发放特困24户24人，发放特困金23140元；困难家庭大病救助17人，发放救助金8.09万元；临时救助4人，发放救助金1.03万元；精神病人累计发药190余人，发放药物1.6万余元。对困难群体实施帮扶66户次，发放帮扶金22.8万元。为防止社保基金流失，街道组织社区（集资委）、驻街银行、派出所等相关部门开展养老保险待遇核查“回头看”工作，核实信息15061条，追回资金67776.29元。截至2021年年底，辖区内区属幼儿园1家（长沙市雨花区教育局幼儿园五一幼儿园），区属中小学合计4家（枫树山美联小学、雨花实验第三小学、砂子塘新世界小学和周南雨花中学）。全年办理各类业务2374件，无一起投诉；“12345”市民服务热线工单共2369件，办结率100%，满意率98.92%。在11月份国家食品安全示范城市迎检验收过程中，高桥街道代表长沙市接受5个样本点的验收检查。辖区华雅、华晨2个酒店承接集中隔离任务，累计集中隔离1507人；累计设置51个核酸检测点，采样98518人，结果全部为阴性；累计设置15个疫苗临时接种点；为12岁以上人群第一剂次接种98592人，接种率为129.85%，筑牢居民健康免疫屏障。

【综合治理】 2021年，雨花区高桥街道调处矛盾纠纷29件，涉及金额444.29万元，调处成功率100%；驻公安派出所调解室调解900件，涉及金额520.37万元。化解信访问题及各类矛盾纠纷，接待群众来信来访277批次530人次，信访办结率100%。迎接长沙市委常委、政法委书记廖建华视察“一站式”多元解纷工作站，获评为省级示范街道。开通应急管理“天成智联”智能终端系统，连通辖区156处云广播，定时播报安全应急知识。开展消防安全整治“百日攻坚”行动，发放安全宣传资料7万余份，消防培训演练68场次。指导鑫华社区打造省级应急能力建设示范社区，被评为“省级应急能力建设示范街道社区”和“省级防灾减灾示范社区”。街道投入80万余元在友兴家园等治安重点防范区域安装监控摄像，推行“视频补盲”工程建设；开展反电诈宣讲80场，受教群众5000余人。截至2021年年底，高桥街道治安案件破案231起，比2020年同期减少99起，获区级综治民调第一。

【基层党建】 2021年，雨花区高桥街道开展党工委中心组理论学习20余次；以党史学习教育为抓手，每周四定期开设“求是”课堂，组织全街青年党员进行13期集中学习。强化党支部“五化”建设，新建党支部14个，发展党员34名。结合“我为群众办实事”实践活动，帮助居民群众解决140项民生实事。成功拉通樟木坝路，解决长达16年之久的“断头路”问题；开通“高桥租房”微信小程序和公众号为辖区广大业主及外来“新高桥人”免费提供房屋租赁服务；解决高石坝小区周边车辆随意停放、消防通道堵塞等安全隐患问题。鑫华社区、永定社区、怡园社区的党建引领小区物业管理模式在红星网推介。中共湖南驻外之家信息科技有限公司支部委员会成立，搭建中非经贸合作的沟通桥梁。高桥街道怡园社区获评“湖南省涉台教育基地”称号；湖南高桥大市场公司、驻街单位长沙农商行天翼支行信贷岗分别获“全国团结进步示范单位”“全省民族团结进步示范岗位”。

【党建引领分类管理】 2021年，雨花区高桥街道将党建工作深度融入小区物业管理中，对不同类型、不同需求的小区分类施策，通过选出党员骨干队伍、创新治理制度、整合多方力量等方式，把党的政治优势、组织优势转化为社区治理优势，提升物业管理水平和群众满意度。针对纯住宅小区物业管理，街道夯实基层党建，挖掘有素质、有热心、有精力、有威望的党员，将热心人培养成领头人，更好地为小区治理服务；针对无物业的农安小区管理，街道根据农民安置房“楼下门店楼上居住”的特点，设计出“党建+双自治（居民自治、门店协会自治）”小区治理模式，打造住户、商户、租户协商共管的机制，在社区成立小区自治办公室，由小区党支部书记担任办公室主任，从支部党员、居民代表及楼栋长、小区管理人员及监事会人员、美食七街协会成员及会员和辖区商户中选举产生骨干力量，共同参与小区治理；针对商住一体的综合小区，通过每周组织召开“6+2协商会议”，社区、小区党支部、业委会、物业公司、开发商、商业运营商六方常态化会商，加上区相关职能部门、街道相关业务条线“听哨报到”，形成定期沟通、现场接单、马上就办的良性互动。在全面铺开垃圾分类工作中，华雅花园小区以“垃圾分类红黑榜”、定点检查、上门劝导等方式，带领居民开展“100天创全市垃圾分类示范小区”活动，实现党建引领小区治理，营造共治共享的新局面。通过党建引领赋能基层治理，鑫华社区、永定社区、怡园社区的党建引领小区治理模式获红星网推介。

【高桥街道应急能力建设】 高桥街道作为雨花区市场集中汇聚地，是安全生产的重点地区。2021年，高桥街道因地制宜强化安全生产网格化监管体系，构建“街道—社区—网格—楼栋—家庭”五级网格全覆盖格局，以问题为导向，定时排查，及早处置，及时报告，做实闭环，实现全辖区网格内上下无缝衔接、常态治理与非常态管理自动切换，打通基层应急管理“最后一公里”。街道投入100万元配备“一呼百应”对讲机和“视频补盲”监控摄像头，为辖区农安房和空巢、孤寡独居老人住所安装独立式智慧烟感报警器400个。在鑫华社区试点“智慧消防”，为社区33户脆弱家庭配备家庭应急箱，开通应急管理“天成智联”智能终端系统，连通家庭智慧烟感系统，空巢老人、特殊家庭如遇紧急情况启动预警。街道联合高桥消防救援站、湖南省人人居安、普消消防等培训机构组织开展应急疏散演练49场次。辖区各网格内重点部位均已安装“云广播”系统，每天早、晚定时播放防灾减灾知识。开展多种形式防灾减灾，安全生产宣传进学校、进企业、进小区、进楼道、进家庭“五进”宣传活动。根据辖区圭塘河自然环境、高层住宅人群分布、各类公共设施配置等特点，街道筛查出自然灾害、事故灾害、公共卫生事件和社会安全事件4类灾害隐患，为综合减灾工作有序开展找准目标方向。对社区内各种灾害隐患及可能受灾人群进行逐一排查，并形成动态调查制度。除建立微型消防站和应急物资储备库自备一批物资外，街道、社区与辖区物业、商超、医疗机构、工程机械以及堤委会等签定共享物资储备协议。利用学校操场、小区周边绿地广场等共建共享避难场所、宣教场所，在避难场所、关键路口等设置醒目的应急标识，安装风险地图，张贴应急疏散路径示意图。湖南省应急管理厅党委委员、政治部主任刘站多次率市、区应急局调研指导高桥街道应急管理工作并给予肯定。2021年，高桥街道将鑫华社区打造成省级应急能力建设示范社区，其中《党建聚力网格联动建设“智慧·平安·精美·幸福”现代化社区》典型经验交流在全省乡镇（街道）应急能力建设培训班暨经验交流会上获得省应急管理厅的通报表彰。鑫华社区被评为“省级应急能力建设示范街道社区”和“省级防灾减灾示范社区”。

【中非经贸合作】 2021年，湖南高桥大市场发挥自贸试验区、市场采购贸易方式试点叠加优势，推动贸易模式由传统的单一内贸向内外贸一体拓展，建设中非经贸合作促进创新示范园、中非经贸博览会线下常设展馆，打造湖南产品全球贸易中心、非洲非资源性产品交易中心和进口产品中部交易中心，辐射带动外向型经济发展，逐步形成国内国际双循环相互促进的国际化综合市场。2021年，湖南高桥大市场非洲咖啡交易中心、坚果交易中心、可可营销中心交易额突破20亿元。1月7日，中国（湖南）自贸试验区中非经贸合作促进创新示范园2021年首批入驻企业集中签约仪式暨一站式全程代办服务中心揭牌仪式，在湖南高桥大市场中非经贸合作促进创新示范园举行。包括一批“头部企业”在内的首批集中入驻企业共72家，新增企业预计年内为示范园带来中非进出口贸易额20亿美元，折合人民币约129亿元。其中该次引进的重点企业科特迪瓦咖啡可可委员会中国办事处，由其协调和管理的科特迪瓦可可出口量占全球45%出口总量。该次入驻企业的集中签约，是湖南推进自由贸易试验区中非经贸深度合作先行区建设的标志性事件。湖南省政府副省长何报翔，省政府副秘书长陈献春，省市相关负责人以及签约企业代表和媒体人士约220人参加仪式。活动上，中非跨境电商综合服务平台、中非经贸创新创业孵化基地作为重点平台代表；湖南中芯供应链公司、湖南财盛供应链管理有限公司、湖南中非供应链管理有限公司等4家企业作为金融供应链企业代表；湖南建工集团中湘海外建设发展有限公司、友阿易货贸易销售结算公司、上海凌航实业集团、青岛思锐国际物流公司、湖南京度供应链管理有限公司等10家企业作为重点贸易类企业代表；驻地中心、法律中心、中非留学生孵化中心、语言中心等7个服务中心作为中非经贸合作研究会首批落地综合服务机构代表上台签约。雨花区委常委、常务副区长龚畅为“中非经贸深度合作先行区一站式全程代办服务中心”揭牌，区行政审批局局长朱映凯作推介，区市场监管局局长王金山为新入驻的企业现场颁发工商营业执照。一站式全程代办服务中心由雨花区政府、湖南省中非经贸促进研究会、高桥大市场联合打造，由中易数字科技（长沙）有限公司（雨花区国有参股公司）负责具体运营，与中皓集团、浩通国际物流（湖南）有限公司等企业战略合作。对标行政审批“一件事一次办”的要求，创新建立接待咨询、受理委托、跟踪办理、协调联动、情况反馈5个标准化服务流程，为投资者提供商事登记、外贸服务、创业辅导、税务服务、品牌建设等16项全天候、全流程、全领域、全周期的一站式管家服务。9月，中非经贸合作促进创新示范园二期投入使用。中非经贸合作促进创新示范园共分为四期，总建筑面积84万平方米，总投资69.5亿元。一期为出口产品集聚区、中非电商直播孵化中心、中小企业孵化中心等，于2020年投入使用；二期按照国际化、现代化、产业化发展方向，重点打造中非医药健康产业园、中药材进出口基地、中非经贸企业总部中心等，项目位于高桥大市场东南角，规划总面积9万平方米，投资总额4.8亿元，共13层。9月25日，中国工商银行长沙金汇支行在中非经贸合作示范园成立。这是湖南自贸试验区获批以来，长沙片区雨花高桥区块落地的首家银行，将承担中非跨境人民币中心的跨境结算、投融资、培训等业务。9月26—29日，第二届中非经贸博览会召开，高桥大市场作为该次展会的唯一分展馆，推出“10”大主题活动、打造“1+5”六大特色展区：1个中非经贸博览会常设展馆，非洲咖啡、非洲可可、非洲坚果、非洲农副产品、湖南特色出口产品5个特色展区。分展馆累计接待采购商1.3万人，线下参会5.7万人，其间首批106个非洲品牌产品正式进入市场，形成咖啡、可可、坚果、芝麻等10条进出口产业链，现场销售2970万元，意向订单64.9亿元，市场采购贸易方式5600万余美元。

【怡园社区获评“湖南省涉台教育基地”】 2021年，雨花区高桥街道怡园社区以“增进两岸民众的心灵契合，促进两岸融合发展”为工作总基调，做好交融、交流、交往工作，使社区成为对台方针政策教育的有效基地。怡园社区有常住台胞台属11人、台企4家，社区结合实际情况，把涉台教育作为加强管理、促进发展的有效手段，联络各方做好为民办实事等活动。怡园社区吸纳部分时间充裕的台胞加入志愿者队伍；与湖南旺旺医院结对联盟，邀请居住在社区的台胞医生饶之奇等打造“台湾医生联盟之家”，共建社区家庭医生室，定期开展义诊、救护知识培训和健康知识讲座等；设立两岸青年俱乐部、哆咪两岸艺术交流梦空间等；辖区台商、尊品牛排总经理林毅信多次主动为社区分忧，并抽时间与工作人员上门慰问孤寡老人，发动员工上路扫雪。怡园社区为台胞台属台商“量身定制”做好服务，把常态化走访慰问与暖心服务相结合，在协助复工复产、接种疫苗等方面为台胞台属台商服务。怡园社区2021年获评“湖南省涉台教育基地”称号，为全省唯一获此称号的社区。

【安全生产“零点行动”】 2021年，雨花区高桥街道坚持每周四由党政负责人带队开展安全生产“零点行动”。查扣烟花爆竹60箱、查扣不合格取暖设备20个，移交打火机油20件，临时查封消防隐患单位4家，移交区消防救援大队立案处罚3起，督促指导华雅花园、高宏冷库、华樟名府完成重大火灾事故隐患整改工作。辖区居民的安全理念从“要我安全”转变为“我要安全”，打造“大宣传、排隐患、强执法、防事故”全民参与的“大安全”体系，实现全年安全生产零事故。

【高桥街道“求是”课堂】 2021年，雨花区高桥街道党工委结合未来几年党建引领经济发展的需要，开设“求是”课堂。“求是”课堂全称是高桥街道“4494”（谐音：实事求是）课堂，立意为“脚踏实地、寻求真理”，“4494”又代表着每周四下午四点，用不超过90分钟的讲课或分享，提升青年党员干部能力素质和党性修养水平，达到明理、增信、崇德、力行的学习效果。在课程设置上，“求是”课堂立足“前沿、对口、管用”的原则，注重选择精品课程，让青年党员干部上最好的课、学最前沿的知识。第二届中非经贸博览会召开前夕，高桥街道邀请辖区优秀小区党支部书记教授日常英语口语。在师资选择上，不仅有实践经验丰富的专家、街道班子成员中的部队转业干部，还邀请长沙晚报记者、在自贸试验区落户的有着多年驻非洲经验青年企业家等。全年开展授课11期，累计1200余人次参加。

【中国—尼日利亚双边贸易全链条模式推介会在湖南高桥大市场举行】 2021年3月18日，由湖南省商务厅主办的中国—尼日利亚双边贸易全链条模式推介会在湖南高桥大市场举行。该次会议聚焦打造中国—尼日利亚双边贸易全链条模式，立足湖南与尼日利亚双方内河港口优势，合作构建一站式商贸流通体系闭环。湖南省商务厅厅长、中非经贸合作研究会会长徐湘平介绍湖南对非合作的新平台、新机制、新举措。岳阳城陵矶综合保税区管委会、英国DIDS公司、必维国际检验集团、中远海运国际货运有限公司、中非经贸合作研究会、湖南高桥大市场股份有限公司，六方共同签署“中国—尼日利亚双边进出口贸易全链条模式共建协议”。中国机械设备工程股份有限公司与湖南能创科技有限责任公司签署《“点亮非洲”尼日利亚储能系统合作备忘录》。

【“驻外之家党支部”成立】 2021年，4月12日，中共湖南驻外之家信息科技有限公司支部委员会（简称“驻外之家党支部”）在雨花区高桥街道成立，湖南驻外之家信息科技有限公司副总经理李明当选为党支部书记。该公司把“驻外之家党支部”打造成三个平台：发挥“两新”党组织党建引领作用，凝聚海外爱国力量，打造成增信释疑、凝心聚力的平台；完善非洲驻地服务中心建设，促推企业交流合作，打造成中非经贸合作优质服务平台；引入孵化人才、优选骨干人才，吸引更多项目和人才落户自贸试验区，将企业打造成助力中非经贸合作的服务平台。湖南省驻外之家信息科技有限公司是一家专注于为中非经贸合作提供综合服务的平台，总部位于中非经贸合作创新促进示范园，主要是通过海外人才招聘、海外项目对接、国际项目孵化、国际活动举办等方式，服务超过800家中非企业和机构。截至2021年4月，该平台有超过10万名中高端驻外人群关注，在非洲18个重点国家设有驻点，在中国5个对非合作重点省份设立驻地服务中心。2020年年底，该企业向高桥街道党工委和雨花区委两新工委进行申请，请求成立党组织。雨花区委两新工委、高桥街道党工委通过上门走访调研、“一对一”指导，帮助该企业成立党组织。

【高质量推进自贸区高桥片区税收经济现代化系列政策宣讲】 2021年5月11日，“擘画新蓝图 开启新征程”暨高质量推进自贸区高桥片区税收经济现代化系列政策宣讲在高桥国际商品展示贸易中心启动。该宣传活动持续24天，有4000余户纳税人、7200位法人及财务人员参加。启动仪式上，雨花区税务局党委副书记、副局长李文虎阐述雨花税务部门立足“三个始终”，让高桥商户掌握税收政策，规范纳税行为，规避税务风险。雨花区高桥街道党工委副书记、办事处主任罗闽以小区块、大作为，小主体、大能量，小巨头、大平台的“三大三小”分析高桥片区的特点和优势。雨花区自贸区管委会常务副主任周彬引导商户认识开展“个转企、小升规”工作的重要意义。湖南高桥大市场副总经理江守方倡议大家理解税收、支持税收、诚信纳税。雨花区税务局高桥税务分局组建由谭晖、杨清桂、唐爱莲、肖文辉等业务骨干组成的专家团队，梳理讲述14条自贸区税收优惠政策，对电子税务局非接触式办税进行讲解及演示。

【商务部调研中非经贸深度合作先行区】 2021年6月2日，商务部西亚非洲司副司长贺松一行到湖南高桥大市场调研中非经贸深度合作先行区及湖南省中非经贸合作研究会相关情况，重点调研非洲非资源性产品进口等方面工作。贺松一行实地走访出口产品集聚区、中非经贸合作促进创新示范园、高桥国际商品展示贸易中心、非洲咖啡交易中心等地，了解对非经贸项目进展情况。湖南高桥大市场总经理罗晓表示，高桥大市场将充分发挥自贸试验区、市场采购贸易方式试点、中非经贸博览会叠加优势，探索中非经贸合作新路径新机制新模式，打造中非经贸合作示范区、国内国际双循环引领区。湖南省中非经贸合作研究会会长徐湘平分别介绍湘非合作的三个阶段和研究会在打造的三个生态圈，提出为先行区内针对非资源性产品的准入和减免关税争取先行先试政策、设立经贸合作先行区自非出口贸易融资专项资金、打造中非经贸数字化平台等建议和请求。贺松对高桥大市场在对非经贸上取得的成绩给予肯定，希望发挥先行示范作用推动中非贸易再上新台阶。7月15日，商务部党组成员、部长助理任鸿斌一行到中非经贸合作促进创新示范园调研。任鸿斌一行主要对出口产品集聚区进行走访考察，了解高桥大市场、市场采购贸易方式试点、中非经贸深度合作先行区的发展情况，以及中非经贸博览会高桥分会场的工作进展。任鸿斌对自贸试验区雨花高桥区块取得的成绩和推动作用，对高桥大市场探索创新的市场采购试点风险补偿机制、省内市场采购政策共享模式、“跨境电商＋市场采购”融合发展的三项市场采购业务新模式给予肯定。

【运达滨河广场项目开工】 2021年7月，运达滨河广场项目开工。该项目位于雨花区长沙大道与万家丽中路交会处东南角，东侧为圭塘河，总占地面积超6万平方米，总建筑面积近26.22万平方米，规划近5.66万平方米的高层住宅和近8.17万平方米的小高层住宅，规划近3.8万平方米的商务办公和6799.23平方米的商业，是集合高端高层住宅、洋房、商业于一体的城市综合体。

【紫薇路提质改造】 2021年12月13日，雨花区紫薇路（劳动路—嘉智路）完成提质改造并正式移交给雨花区城管、市政等部门进行规范管理。紫薇路（劳动路—嘉智路）是高桥片区和雅塘片区南北向的一条城市支路，全长460米，宽度20米，该路段项目于2009年3月开工，2010年9月建成并投入使用。2018年，该路段实现南北向通车，但因开发商更换、建设资料等材料不全等原因，道路一直未移交管理，进而导致出现设施破损、道路两边树木未修剪等问题。党史学习教育以来，雨花区于2021年7月将紫薇路（劳动路—嘉智路）纳入支路街巷提质改造工程，于12月13日完成移交，并通过长效机制的设立和常态化维护，确保道路清爽整洁、交通畅行有序。

【湘品出海·湘菲同行湖南高桥大市场市场采购贸易推介会】 2021年12月31日，湘品出海·湘菲同行湖南高桥大市场市场采购贸易推介会暨菲律宾湖南产品展示销售中心开业仪式在长沙举行，线上同步进行。菲律宾湖南产品展示销售中心由湖南高桥大市场与菲律宾CPEC公司联合搭建，位于菲律宾首都马尼拉，采用前店后仓的模式，总面积1500平方米，展示有农机、箱包、小五金、塑料制品、小商品等1000余种湖南产品。该展销中心有利于降低企业的物流成本和采购商的时间成本，让湖南企业的展样品低成本进入菲律宾市场，并拥有一个长期展示展销的窗口。

（本栏撰稿 黄 磊）

左家塘街道

【概况】 长沙市雨花区左家塘街道位于雨花区北部，东以京广铁路为界，西邻韶山路，北起人民路，南至劳动东路，截至2021年年底，辖区面积7.8平方千米，人口将近18万人（包含常住、寄住和流动人口），居民户数70112户，常住人口131864人。街道辖赤岗、长钢、曹家坡、长岭、阿弥岭、桂花、官塘冲、红花坡、湖橡、荷叶塘、牛角塘、曙光、树木岭、车站南路、长铁、狮子山、王公塘、窑岭、嘉园、营山巷、左家塘21个社区，共有住宅小区196个，开放式小区129余个，物业小区67个（专业物业59个）。

2021年，左家塘街道紧扣“奋力攻坚项目建设，全力推动高质量发展”工作主题，统筹疫情防控和经济社会发展大局，推进经济社会发展。2021年，街道完成财税总收入5.785亿元，推进18个项目建设；推进3个城市更新项目，开展社区环境综合整治工程、“洁净雨花”行动，加大环境整治力度；城镇新增就业1342人，新增低保户57户、77人，完成小区业委会成立及换届13个；开展安全生产隐患排查治理，全年未发生任何安全事故。2021年，左家塘街道获评湖南省2021年度优秀社区工作法、长沙市信访工作“三无乡镇（街道）”；曹家坡社区获评2021年长沙市残疾人家庭和社区无障碍改造社区，窑岭社区获评湖南省2021年度优秀社区工作法，阿弥岭社区获评市级示范妇女儿童之家，荷叶塘获评湖南省充分就业社区。

【街域经济】 2021年，雨花区左家塘街道完成市考财税总收入5.79亿元，完成全社会固定资产投资6.88亿元，完成社会消费品零售总额8.82亿元，实现营利性服务业营业收入13.14亿元。全街18个项目序时推进，雅郡铭苑、长房地铁银座等项目主体结构封顶，实现预售，东唐兴愿完成主体结构施工，湘和雅郡、富华国际广场赤熙路2个项目通过帮扶实现开工，朝阳新天地、华恒·锦绣世纪二期等待建项目进度如期推进。

【城建城管】 2021年，雨花区左家塘街道推进湖橡小区周边城市更新单元（旧城改建）项目、劳动东路两厢地块棚改项目、王公塘片区棚改项目3个城市更新项目。2021年，街道数字平台受理各类案件52831件，其中区网格化综合管理平台38886件。市、区数字化平台立案13945件，其中市平台8138件、区平台5807件，结案率均为100%。受理“12345”平台涉及的城管、环保群众投诉问题2818件，全部整改办结到位。开展社区环境综

提质改造后的紫薇路　　（区融媒体中心 供图）

合整治工程，促进人居环境提升。开展“洁净雨花”行动，清理卫生死角1320处，解决突出问题70余起，清洗路面21.96万平方米、清理绿化带7.5万平方米，疏通沟渠139条、改造化粪池、下水道16处，清理规范共享单车86处，清洗路名牌、地下通道、人行通道顶棚等城市家具77处，清洗维护建筑立面432处，清运各类垃圾，堆物1000余吨。加大环境治理力度，开展联合执法25次，查处违规夜市、露天烧烤76处，整改油烟污染餐饮门店47家。对辖区范围内餐饮油烟和夜市进行摸底排查，安装油烟净化器307户，关转停22户，餐饮门店均建立油烟净化器清洗台账，纳入餐饮油烟防治动态管理。受理油烟投诉案件108条，均按要求进行整改，整改率100%。

【社会事业】 2021年，雨花区左家塘街道城镇新增就业1342人，受理灵活就业人员办理参保登记1036人，新增低保户57户、77人，办理低保动态异动928户，全年累计发放低保金额658.07万元，发放特困金额55.78万元。开展教育工作日常监督检查26次，其中教育、城管、卫计等部门（条线）开展联合执法行动2次；完成2所公办园学位建设谈判签约任务，完成率100%；整治关停多思、全能阅读等3家无证培训机构；督促文澜雅粹等培训机构及时退款、有序关停；心田花开学校作为全省唯一的培训学校代表，成功接受中央改革办督导组义务教育改革落实情况的督察并获得肯定；抓好校园周边安全隐患整治，整治安全隐患10余处，解决桂花树小学护坡隐患问题。街道疫苗接种206068剂次，组织开展核酸检测71场次 检测176864人次。完成小区业委会成立及换届13个，现场接待业主咨询、投诉及矛盾协调约140余起，参与小区应急维修外勘、验收工作50余次，创建标准化示范小区18个，处理相关“12345”热线、市长信箱共480余单，处理率100%，满意率99%。在《长沙晚报》《长沙组工通讯》等市级以上媒体发稿600余篇，涌现“灭火奶奶”刘英兰、“湖南好人”孙家闯、“长沙好人”雷定夺等一批先进典型，窑岭社区“庭院党建+”社区工作法获评湖南省第四批优秀社区工作法，桂花社区“小巷党建”开放式小区治理模式被《长沙要情》推介。

【综合治理】 2021年，雨花区左家塘街道妥善化解办理国家信访总局交办的重复访和积案化解案件7件。对140家企业进行检查，其中当场处罚27家、罚款金额2.7万元、责令整改52家、约谈企业负责人20次。对荷叶塘社区长探家园护坡、阿弥岭社区制药厂护坡、车站南路锻压小区护坡等3处护坡和2处危房进行抢修加固，对王公塘社区9栋、10栋外墙脱落、赤岗社区建材宿舍外墙脱落、阿弥岭社区水塔危墙、长钢社区半边山一废弃危险电杆等10处危险隐患及时进行清除，对21个社区微型消防站的设备进行更新更换，改建新建电动车集中充电桩110余处。深化党建引领网格化治理工作，创新运用“红+蓝”模式，激发网格“三支队伍”为民服务的热情。全年平台上报案件46840条，其中自巡自办案件21163条，巡办分离25677条，城市管理案件37806条，“洁净雨花”案件25036条。2021年，街道摸排涉黑涉恶涉乱线索4起，办理市扫黑办转交线索摸排1件，全街未发现涉黑涉恶情况。

【基层党建】 2021年，雨花区左家塘街道将党史学习教育作为主线贯穿全年，组织14次中心组（扩大）学习，开展4次专题学习研讨。总结提炼出“一统五联六聚”（“一统”：充分发挥街道党工委在城市基层党建中的轴心统揽作用；“五联”：构建组织建设联动、队伍管理联动、治理服务联动、基础保障联动、工作责任联动五大体系；“六聚”：凝聚党员管理的向心力、凝聚基层治理的牵引力、凝聚项目建设的驱动力、凝聚城市管理的蝶变力、凝聚营商环境优化的转向力、凝聚民生幸福的战斗力）党建工作机制，创建桂花社区“小巷党建”、窑岭社区“庭院党建”、牛角塘社区“民情哨岗”等载体。成立物业行业党支部，设立街道物业企业“红黑榜”，开展桂花社区长效管理机制的试点，妥善处置颐美园、瑞宁花园、曙光大邸等小区物业矛盾。牛角塘社区党委获评长沙市示范化“五化”党支部。抓好辖区内1800余名国企离退休党员的转接管理，创新开展“左左家的畅谈会”。鑫天鑫城小区退休党支部获评2021年雨花区先进基层党组织，窑岭社区“庭院党建+”社区工作法获评湖南省第四批优秀社区工作法。

【左家塘街道城市更新项目】 2021年，雨花区左家塘街道推进湖橡小区周边城市更新单元（旧城改建）项目、劳动东路两厢地块棚改项目、王公塘片区棚改项目3个城市更新项目。湖橡小区周边城市更新单元（旧城改建）项目是长沙市2021年首批8个重点城市更新片区项目之一，规划面积约37公顷，由长沙市产投集团下属公司作为实施主体负责实施，总投资约100亿元，致力于打造“母婴小镇”和时尚城市综合体，建设长沙市“她经济”集中示范区。项目A地块东邻国立小区，南至城南东路，西邻长沙市妇幼保健院，北邻附二组，征收范围内涉及私房269户，包括长沙市妇幼保健院、中国烟草总公司湖南省公司等12家单位，征拆面积约3万平方米。整个项目分为A、B、C征拆地块，涉及居民1305户，以及湖橡老旧小区旧城改建项目1264户。3月21日，该项目A地块完成征收摸底和三公告征收发布；4月22日，长沙市委常委、常务副市长夏建平率队到项目现场进行调研，针对存在的问题现场协商对策；12月16日，旧改项目进场；12月20日，与长沙市产投集团签订项目合作协议。劳动东路两厢地块棚改项目加速清零，12月8日，左家塘街道组织区、街、社区工作人员100余人对劳动东路棚改项目C地块富湘粮油宿舍及劳动中路171~183号独栋私房游户实施紧急排危拆除，共拆除面积约1800平方米；12月17日，劳动东路棚改项目A、D地块省建材机械厂21个劳动路门面全部拆除，拆除共涉迁经营户23户、拆除面积800平方米。截至2021年年底，劳动东路两厢地块棚改项目拆除

20336.24平方米，成功启动并完成独栋私房签约工作，湖南省建材机械厂经营性资产移交工作顺利完成。王公塘片区棚改项目北临人民中路，西临王公塘街，南临颐美园小区，东临步步高超市（原家润多超市朝阳店）。截至2021年年底，该项目拆除5435.72平方米，二期最后一户进入司法程序，三期签约工作顺利推进，签约135户，腾房103户。

【左家塘街道社区环境综合整治工程】 2021年，雨花区左家塘街道环境综合整治工程。开展铁路沿线人居环境提升工作，重点整治狮子山社区、长铁社区违章房屋、棚点等，改变铁路沿线脏乱差的局面；对建安小区、铁建小区、人印小区，荷叶塘社区中级人民法院宿舍，牛角塘社区公交小区，湖橡社区湖橡小区等老旧小区进行全面提质改造，拆除影响改造的违章建筑共1364平方米；对桂花路开展市容环境综合整治行动，整治拆除不规范、户外广告、招牌18处，整治临街立面建筑物阳台和窗外有碍市容乱堆乱放5处，清除清洗建筑物立面玻璃上乱贴乱画26处，清洗、修补和洗脸打粉外墙3处，整治乱停共享单车4处，规范停车画线8处，粉刷沿线配电箱7个。

【老旧小区加装电梯】 2021年，雨花区左家塘街道将老旧小区加装电梯作为“我为群众办实事”实践活动推进落实，共投入1400万余元，新增电梯24台，帮助千余名居民告别“爬楼难”。

【左家塘街道物业行业党支部成立】 2021年3月24日，雨花区左家塘街道成立物业行业党支部。该党支部由街道物业办主任担任书记，聚集辖内物业企业所有党员。各企业和党员们亮出“行动宣言”，主动作为、热情为居民帮解各类难题。同时，启动“睦邻行动”，清洁小区环境、义务维修家电；公布第一季度的“物业红黑榜”，激励物业人员强服务、多作为。

【左家塘街道“春风行动”招聘会】 2021年3月23日，雨花区左家塘街道开展“春风行动”招聘会。活动现场，35家创业老板们分享创业经验，提供600余个招聘岗位，其中为女性提供400余个岗位。左家塘街道建立创业者的集中营“创业加油站”QQ群平台，为辖区内老板提供创业政策扶持、创业指导，涌现出诸多自主创业的老板典型。左家塘社区荷叶塘社区通过该次招聘会，宣传创业担保贷款政策；在招聘会现场设立咨询点、发放小额贷款宣传册，解答前来咨询群众提出的个人创业贷款、创业担保贴息贷款有关政策和申请条件、所需手续以及操作流程等有关问题，让创业担保贷款的惠民政策深入人心。

2021年12月1日，“书记沙龙”暨“左左家的畅谈会”活动（严 瑾 供图）

【“左左家的畅谈会”活动】 2021年12月1日，雨花区左家塘街道在官塘冲社区党群服务中心开展“书记沙龙”暨“左左家的畅谈会”活动。该活动搭建一个畅所欲言、激荡火花的平台，共话国企党员移交后的新面貌，分享社区在转接工作中的新经验，通过交流与探讨，凝聚国企党员合力。

【黄楚妮被评为长沙市“巾帼建功”标兵】 2021年12月，雨花区左家塘街道阿弥岭社区党委书记、居委会主任黄楚妮被评为长沙市“巾帼建功”标兵。黄楚妮代表社区党委与广铁集团20余家单位主动对接，先后接收国企移交的260余名党员，新成立5个退休支部并完成支委选举；全年接待群众来访、调解矛盾120余次，召开协调会60余场，解决困扰铁路小区多年的城中菜地、化粪池堵塞、路面紧急维修等难题，打造市级示范“妇女儿童之家”。

（本栏撰稿 严 瑾）

侯家塘街道

【概况】 长沙市雨花区侯家塘街道东起韶山北路，南至劳动西路，西到芙蓉中路，北抵人民中路，截至2021年年底，总面积1.78平方千米，常住人口6.5万人，流动人口近3万人。街道辖廖家湾、侯家塘、泉塘、韶山路、梓园、广济桥、湘农桥、水院、电院、麻园湾、枫树岸、活力12个社区。

2021年，侯家塘街道完成固定资产投资3.74亿元，市考税收3.4亿元，软件产业全年完成3589万元，新增认定高新技术企业12家；推进7个老旧小区改造，拆除历史违章建筑约1500平方米，老旧小区加装电梯37台；城镇新增就业人数1242人，发放各类救助资金211.6万元；办结信访积案4件，平安建设工作接受全区观摩调研。街道完成区人大代表、政协委员换届选举，接受国家统计局湖南调查总队劳动力入户调查，党管武装、退役军人、工会、共青团、妇联等工作质量提升，街道关工委获评市级优秀集体。

【街域经济】 2021年，雨花区侯家塘街道完成固定资产投资3.74亿元；市考税收3.4亿元，比2020年增长7.8%，社会消费品零售总额（限上）25亿元，比2020年增长6.5%，其他营利性服务业营业收入55.5亿元，比2020年增长9.16%。依托地铁商业、区位优势，盘活商圈经济，金色家族楼宇引进重点文化创意项目——盘小宝亲子中心。引进大家人寿保险股份有限公司湖南分公司、湖南经研电力设计有限公司等优质税源企业，省地质院二级机构等单位先后入驻嘉熙中心楼宇。软件产业完成3589万元，比2020年增长37.54%。全年新增认定高新技术企业12家，有效高新技术企业25家，科研经费2.93亿元。

【城建城管】 2021年，雨花区侯家塘街道完成梓园路微改造，畅通省儿童医院交通微循环。推进麻园湾社区、原核工业地质局宿舍等7个老旧小区改造，拆除历史违章建筑约1500平方米。18个老旧小区加装电梯37台，完善住宅小区物业管理和服务标准化建设12个。梓园社区、枫树岸社区、麻园湾社区探索共享物业模式，破解老旧小区平时无人管、安全隐患多、迎检打突击的难题。韶山路社区接受长沙市党建引领物业管理示范点现场观摩，被《长沙党建》、红网等推介报道。开展“洁净雨花”行动，针对长塘里农贸市场、省儿童医院周边、地铁商圈、背街小巷等重点难点区域，组织40余次大型的清洁整治行动。铺开垃圾科学分类，实行“流转路径可追踪、垃圾源头可倒查”的湿垃圾直运收集模式，实现餐厨垃圾无害化处理。着力解决道路扬尘、餐饮油烟等污染整治，空气质量优良率稳定在83%以上，比2020年上升1.39个百分点。提质改造闲置6年的市十五中地下停车场，新增298个停车位，缓解梓园路行车难问题。

【社会事业】 2021年，雨花区侯家塘街道城镇新增就业人数1242人，失业再就业人数489人，困难人员再就业145人。开展社保基金管理专项整治行动和养老保险待遇核查“回头看”工作，摸排数据1.5万余条，全年发放各类救助资金211.6万元。开展“为民办实事”实践活动，推动化解湖南省包装总公司、湘图公司宿舍、水院家园等房屋产权历史遗留问题。推动学前教育优质普惠，侯家塘幼儿园、长塘里幼儿园顺利完成“民转公”；落实“双减”政策，整治校外培训机构违规办学行为，长沙市十一中、长塘里小学分别接受中央改革办和长沙基础教育调研。提质升级枫树岸社区家属新村居家养老服务中心，广济桥、电院、侯家塘3家社区居家养老服务站和1家街道综合养老服务中心建成运营。韶山路、广济桥社区老年幸福餐桌项目提质扩面，电院、泉塘、湘农桥3个智慧社区健身中心投入使用。处理摸排各类疫情数据4000余条，管理境外返长人员469人，中高风险地区1400人，核酸采样8万余人次，发动群众累计接种疫苗25.8万剂次。

【综合治理】 2021年，雨花区侯家塘街道升级网格“3456”工作法（“3”即巡查“三到”：突发事件、邻里纠纷、居民有诉求第一时间到；“4”即居民“四访”：网格内困难居民、重点帮扶对象、信访维稳重点人员、社区矫正人员等定期必访；“5”即情况“五报”：发现不安全隐患、不稳定因素、店外经营、人员组织异动、其他违法行为必报；“6”即问题“六清”：家庭情况清、人员类别清、区域设施清、隐患矛盾清、居民服务需求清、群众关注的热点难点清），打造智能化、数字化、科学化网格服务管理平台，擦亮广济桥社区“135”网格品牌（“1”即一个平台：红色议事厅；“3”即三级协商：楼栋网格民意点、单元网格接力站、社区网格议事会；“5”即五步流程：“说事、理事、议事、办事、评事”协商议事流程）。及时回应和高质量办理“12345”市民热线，办结1457件。落实区消防安全整治“百日攻坚”行动，排查小区74个，楼栋574个，门店2000余家，新建电动车集中充电库（棚）68个。联合区消防大队、城管中队等部门开展联合执法行动31次，省级挂牌督办的开宇大厦、市级挂牌的金色家族及区级挂牌的都市阳光重大消防安全隐患顺利摘牌销案。开展“一盔一带”安全守护行动，辖区主要路口戴帽率90%以上。深化110非警务事项分流处理机制，成立“一站式”工作站直接对接法院，受理辖区民事纠纷134件，调解成功率100%。开展防电诈工作，破获“两卡”（银行卡、电话卡）等涉诈类犯罪83起，成功追缴资金22万元，全年电诈发案数比2020年下降16%。

【基层党建】 2021年，雨花区侯家塘街道推出“百年百讲”党史音频，开展“就认这个理”理论微宣讲、党史知识竞赛等庆祝中国共产党成立一百周年系列活动，实现全街2460名党员教育全覆盖。实施党建引领“五位一体”小区治理，成立小区党支部29个，全面实现组织覆盖到小区。廖家湾党建服务阵地提质升级，打造广济桥社区基层党建示范点，韶山路社区党总支获评市级先进基层党组织。

【党建引领小区治理】 2021年，雨花区侯家塘街道以“物业管理十条”为抓手，按照“一小区一支部”原则，将“红色堡垒”建到群众家门口，将加强党建引领小区治理作为提升城市基层治理能力的重点，以“红色”温度服务居民。侯家塘街道制定《侯家塘街道关于进一步加强和改进物业管理工作实施方案》，分批次开展政策解读和各类物业法规学习，每月开展物业服务质量考核，推动物业服务企业“亮身份、建支部、强服务”，着力把物业服务企业打造成服务小区居民的“红色队伍”。街道构建以小区党支部为核心，业委会、监事会、物业公司、志愿者共同参与的“五位一体”治理体系。成立街道物业矛盾纠纷调处中心，聘请司法调解人员参与诉前调解，妥善处置红旗区四片屋顶漏水等矛盾纠纷。截至2021年11月，侯家塘街道共成立小区党组织28个，覆盖36个小区，实现物业、小区党组织全覆盖；在小区党支部引领下，依托“红枫议事厅”“相约星期五”等共商共议平台，推动解决民生实事150余件。

【广济桥社区精细化管理】 广济桥社区位于雨花区侯家塘街道辖区内，面积0.22平方千米，社区辖区单位少、基础设施弱、人口密度大、流动人口多，居民楼栋86栋、2300余户居民，辖区居民主要由原改制破产企业职工和拆迁就地安置人员组成。2021年，为加强对社区的精细化管理，广济桥社区按照地域范围、人口分布等特点，辖区被分为5个单元网格，由社区工作人员担任单元网格长，配齐1名专职巡查员、1名专职网格员、1名执法网格员，并把30名由党员群众担任的志愿网格员铺排到各个小区、楼栋，形成了网格站、单元网格和楼栋微网格三级社区网格体系，有效实现支部建在网格上、党员行动在网格里。广济桥社区活跃着“老手艺”“和事佬”“车辆自治”“我爱我家”“红袖章”“跑跑腿”6支志愿服务队共133名志愿者，他们均是具有一定威望、具备专业技能、热心社区公益的党员和群众，主要服务内容涵盖便民服务、纠纷调解、文明劝导、车辆管理、环境卫生、平安巡逻和代购代办等。

【“讲述100个党史故事”栏目】 2021年3月30日，雨花区侯家塘街道“讲述100个党史故事”栏目开播。该栏目由街道、社区党员干部、基层支部书记、老党员代表等，每天讲述一个党史故事，在圈群中分享和学习。其中包括85岁的老党员鲁遐龄讲述题为“自己动手，丰衣足食”的党史故事，有着40余年党龄的广济桥社区鸿园联合党支部书记李振强讲述“不忘初心，牢记使命”的党史故事等。

【红十字会公益宣传活动】 2021年5月11日，雨花区红十字会、侯家塘街道红十字会、活力社区红十字会、广济桥社区红十字会、长沙仁与公益组织发展与研究中心联合开展“关爱生命、救在身边”暨传播红十字知识，健康中国2030系列公益宣传活动。活动包含现场有奖问答，传播红十字精神和健康知识；长沙市红十字会志愿者分享无偿献血的发展历史和捐献途径，动员广大居民积极参与；侯家塘街道社区卫生服务中心现场义诊，解答群众问题；长沙市中心医院急诊医学科副护士长进行中暑、烫伤、电击伤、外伤、气道异物等急救处理的现场救护知识讲解，演示心肺复苏基本流程和步骤。该次活动，有利于动员更多社会力量参与和支持红十字事业，为百姓普及公共应急知识、传染病防控等健康知识。

【长台基层社区线上交流活动】 2021年9月12日，“桂花香里话团圆，月明两岸迎中秋”2021长台基层社区线上交流活动举行。长沙市台办首次以线上交流的方式举办长沙、台湾基层社区交流活动，雨花区侯家塘街道廖家湾社区、台湾基隆暖同里联合开展“云交流”。该次活动以“云交流+云表演”的方式进行。长沙、台湾双方参与人员通过视频“云交流”方式，就基层社区治理、志愿者服务等分享各自的经验做法，进行深入交流互动。活动中，廖家湾社区“雷锋号”志愿者工作站创始人刘映先介绍志愿服务实践中大胆探索创新，开展“真情系夕阳”“助残在行动”“雨花润青苗”“环保我先行”等一系列志愿活动的情况。长沙“孟妈妈青少年保护家园”园长孟繁英讲述开展城市社区服务工作、关心保护青少年成长的故事。台胞张智皓分享自己在长沙工作生活多年的经历。基隆暖同里里长林明坤就如何增进里民互动、关怀学童课后辅导等方面，介绍暖同里社区建设、志愿服务的做法。廖家湾社区和基隆暖同里的居民代表，现场表演各自排练的歌曲合唱、竹笛二胡演奏以及舞蹈等节目。雨花区长塘里三小的学生表演诗歌朗诵《乡愁》。该次活动，有利于增进长沙、台湾基层社区对彼此的了解，拉近两岸民众心灵的距离。

【“新六尺巷”停车场开放运营】 2021年11月16日，长沙市民政局正式批复同意，将位于雨花区侯家塘街道，东起梓园路，西北止于长沙市雅礼十五中学田径场后门，长150米、宽6.5米的无名道路，命名为“新六尺巷”。12月17日，该巷内的“新六尺巷”停车场正式投入运营，新增停车位298个，有利于缓解湖南省儿童医院停车难问题。湖南省儿童医院与长沙市雅礼十五中一路之隔，该区域每日人流

长沙“新六尺巷”停车场　（区融媒体中心　供图）

量大，面临着“停车难”问题。2015年，为解决该区域停车难，长沙市政府投资兴建拥有298个车位的公共地下停车场。2018年主体建设竣工。由于进出通道没有建设完成，停车场建成后一直处于闲置状态。雨花区以党史学习教育契机，先后召开各级各类协调会、座谈会等数十次，对停车场涉及的十五中宿舍区、湖南省税务局宿舍区、佳天国际共439名业主，组织进行20余次座谈；集合街道、部门力量对违章建筑进行拆除，为道路施工腾出空间；在做了大量工作的前提下，省税务局侯家塘宿舍区和国网长沙供电公司分别让出部分地盘，使梓园路到市十五中停车场之间的百米通道由3.8米拓展到6.5米，实现双向行驶。“新六尺巷”停车场作为雨花区“学党史、办实事”攻坚项目，由雨花区政府、侯家塘街道等15个部门和相关单位通力合作，最终盘活闲置多年的公共停车资源，让更多的老百姓受益。

【侯家塘街道综合养老服务中心投入使用】 2021年11月，雨花区侯家塘街道综合养老服务中心经过验收后投入使用。该中心位于侯家塘街道梓园社区红旗区2片（城南路梓南巷18号），整体面积1600平方米，由心悦养老服务有限公司建设运营。该中心共5层楼，一层为前台接待大厅，内有2个楼梯以及1台电梯；二层、三层、四层为老年人生活居室区域（中心共有42间起居室、60个床位），内设有老人起居室、洗手间、护理站、茶水间等；五层设有厨房、餐厅、办公室、书法室、棋牌室、茶室、多功能活动室等特色功能室。

【侯家塘街道3家社区居家养老服务中心投入使用】 2021年11月，雨花区侯家塘街道侯家塘社区优嘉居家养老服务中心（位于侯家塘社区中南石油局宿舍原老年人活动中心一、二楼）、广济桥社区优嘉居家养老服务中心（位于广济桥社区尚林苑小区三办公楼一楼）、电院社区居家养老服务中心（位于电院社区内）3家社区居家养老服务中心经过验收后投入使用。侯家塘、广济桥2家社区优嘉居家养老服务中心均由湖南优嘉养老机构运营，室内建筑面积均400平方米，均有配套的居家养老服务，设有老年课堂、文化娱乐室、康复理疗室、中医理疗室、棋牌室、助餐室、阅览室、心理疏导等功能区。其中，休息室内设5个床位，康复理疗3张床位，各种理疗设备若干，康复器材若干，各类书籍500余册。电院社区居家养老服务中心室内建筑面积400平方米，由社区自行运营，中国能建湖南院离退休工作处辅助管理，建有舞蹈室、图书阅览室、多功能活动室、棋牌室等多个标识醒目的功能室，全面对外开放。

【第八届“邻里节”】 2021年12月20日，雨花区侯家塘街道韶山路社区举办第八届“邻里节”。湖南省民政厅基政处处长廖剑波，雨花区民政局副局长欧阳伟军，侯家塘街道党工委书记王润虎，湖南省三湘社区发展基金会党支部书记高景然，湖南金鹰报刊社有限责任公司副总编辑、副总经理戴志杰等出席活动。廖剑波在致辞中表示，该次“邻里节”以“守望相助，邻里互爱”为主题，以传承民族优良传统、增进邻里团结和睦为宗旨，从更高层面上推进社区建设和治理，创新体制机制，提升品质品位。活动现场，上演快板《居民公约》、歌舞《美丽浏阳河》、合唱《国家》、健身气功八段锦等节目。文艺表演过程中，穿插对“最美邻居”“最美夫妻”“最美志愿者”“最美楼栋长”“最美志愿者团队”的表彰。

【侯家塘街道3个社区智慧健身房投入使用】 2021年12月，雨花区侯家塘街道电院社区智慧健身房（位于水电街十字路口10栋旁）、湘农桥社区智慧健身房（位于湘农桥社区2区52栋后）、泉塘社区智慧健身房（水利水电职业技术学院内）3个社区智慧健身房经过验收后投入使用。该3个社区智慧健身房均配有无人值守，市民扫脸进馆，自动打开灯光、中央空调、新风等系统；扫码开启健身设备，测身高体重体脂，自动匹配适合的运动项目，设有力量区、体测区、操房、有氧区等不同的功能区，在App上预约视频课程，实现远程教学；配备有智能跑步机，可上传运动数据，具备跑步比赛等趣味性的功能；配备齐全的健身器材，可满足全身锻炼的需求；通过App用户可以实现健身计划定制等。

（本栏撰稿　杨　杨）

砂子塘街道

【概况】 长沙市雨花区砂子塘街道砂子塘街道地处东塘商圈东南角，沿韶山路和劳动路呈扇形打开，一直至二环线，截至2021年年底，辖区面积2.6平方千米，户籍人口57483人，实有人口83032人，其中：常住人口31671人；寄住人口12520人；流动人口38841人。街道辖砂子塘、桔园、茶园坡、白沙、金地、金科园、梨子山、野坡8个社区。辖区内有劳动中路、砂子塘路、万顺路、新建东路、韶山中路、曙光南路、洞井路、车站南路“四横四纵”八条主次干道，有长沙卷烟厂、凯德置业、湖南中医药大学等驻街单位60余家。

2021年，砂子塘街道完成财税收入4.64亿元，固定资产投资5.4亿元，拆除违章1000余平方米，完成茶园坡、野坡社区老旧小区改造工程，各级环保案卷问题动态清零；城镇新增就业1104人，实现居家养老服务社区全覆盖，推进示范性养老服务中心建设；开展安全生产执法检查81次，组织安全专题培训4次，组织大型“平安夜话”3场，办理信访案件23件。砂子塘街道成功创建全区唯一“三零”街道。3月19日，《人民日报》在《服务周到实惠 养老有滋有味》一文中报道雨花区砂子塘街道养老新模式。

【街域经济】 2021年，雨花区砂子塘街道完成财税收入4.64亿元，固定资产投资5.4亿元，限上社会消费品零售总额49.6亿元，其他营利性服务业营业收入5.7亿元，R&D研发经费

1703万元。推进片区开发和项目建设，成立雨花区茶园坡片区综合改造征拆指挥部。推动长沙变压器公司及周边零星土地整合开发，完成前期规划勘测、沟通协调等相关工作。完成梨园居建设项目第二次调规工作。持续协商相关企业，跟踪推进东塘1号项目建设。推进建丰公寓北侧消防通道拓宽工程。开展“同心同行”商务沙龙活动，走访重点企业40余家，解决湖南中医药大学第一附属医院创新传承大楼施工与周边群众的矛盾。摸底商务楼宇内企业437家，完成2家交办异地企业税证转化，引进1家重点税源企业（长沙佳源土地规划咨询有限责任公司）。成功引进重点软件信息企业1家。

【城建城管】 2021年，雨花区砂子塘街道推进“洁净街区”建设，对桔园社区开展环境集中整治行动，引进万科物业规范管理；针对桔园路、王家冲巷、夜宵一条街等重点区域落实守点巡查机制，新增视频监控喊话系统实时监控。推进“品质砂子塘”建设，完成茶园坡社区拆违工作，全街拆除违章1000余平方米，新建违章实现动态清零。启动桔园八片及铁路沿线人居环境提升工程，完成茶园坡、野坡社区老旧小区改造工程。开展议事协商1141起、联动协商252起，通过协商，街道推进电梯加装36台；推动安装充电桩，53个居民小区实现全覆盖、无盲区。创建物业管理服务标准化小区10个。深化小区党组织、业委会、监委会、物业公司“四位一体”治理模式，指导新成立小区业委会4家，完成换届3家，解决宏轩花苑等一批小区治理难题。推进“绿色街区”建设，“垃圾分类”工作完成区级占比24%。联合白沙卷烟厂深化“环境日”互动宣传模式，各级环保案卷问题动态清零，环保投诉整改完成率100%，空气质量优良率保持在80%以上。

【社会事业】 2021年，雨花区砂子塘街道城镇新增就业1104人，失业人员再就业824人，其中，就业困难人员再就业353人，跟踪回访实名制大学生就业124人，完成对23家用工单位的薪酬调查。加强就业培训，设置各类职业技能培训班24个，培训学员852人；开展多项创业培训班10个，培训学员336人。指导12家企业（涉及员工719人）企业精准、快速申报补贴，使其成功享受以工代训报补贴38.4万元。成功向委员企业发放创业贴息贷款150万元。推进适老化人居环境建设，新建砂子塘、桔园2个社区居家养老服务站，新增白沙社区老年餐桌服务，实现居家养老服务社区全覆盖。依托金科园社区内企业阵地，推动全国、全省首家街道层级示范性养老服务中心建设；启动王家冲小学周边环境改造项目，整治和规范辖区校外培训机构11家；推进疫情防控常态管理，全街无一例聚集性疫情和社区传播；排查涉食品单位900余家，开展宣传培训31次，加强农贸市场规范管理，全年无食药品安全事故发生。针对市容秩序、楼栋牛皮癣、市政设施损坏、绿化带垃圾等顽疾，排查、整改各类问题500余个。

【综合治理】 2021年，雨花区砂子塘街道推进平安建设，强化区域警务，坚持“433”平安楼宇创建模式（“4”即四个到位：组织领导到位、责任落实到位、走访排查到位、宣传发动到位；“3”即三种手段：巩固人防、严格物防、提质技防；“3”即三个关口：把住准入关、把准退出关、畅通解难关），从源头上治理电信诈骗、规避金融风险。深化群防群治机制，组织每季度一次的“扫楼”行动，加强对各类犯罪的打击和震慑；开展安全生产执法检查81次，行政简易处罚企业23家，查封生产经营单位3家。领导班子成员带队检查96次，全街发现安全隐患7325处，整改率100%。组织安全专题培训4次，引进湖南协成消防培训机构排查和培训九小门店750家。组织大型“平安夜话”3场，开展群众逃生演练53次，强化微型消防站点建设8家；加强对退役军人群体的服务和引导，投入街道本级帮扶资金18万余元。办理信访案件23件。成功创建“三零街道”。深化网格化管理模式，全年下派任务3844件，自巡自办11631件，

砂子塘街道砂子塘社区砂子塘小学后门设立人流分杆前后 （朱青梅 供图）

实现网格下派任务、上报问题处置、自巡自办案件完成率三个“100%”。结合网格派单，办理12345工单1429件，工单满意率99.2%。

【党建工作】 2021年，雨花区砂子塘街道开展党史学习教育，创新“五结合”教育形式，得到湖南省委常委、组织部部长王成的肯定；完成市级及以上新闻报道200余篇。推行“有事找党员”制度、“四微共享”党建民生行动（收集微心愿、开展微行动、办好微实事、彰显微星光），解决119件民生事项、扶贫济困1000余人次；开展“党建引领，助力千企”行动，引领搭建“同心沙龙”服务平台，为企业送政策、引人才、解难题。全街下属59个党支部按期完成换届，支部班子全面选强配优；与湖南大学马克思主义学院建立校地共建，打造“家门口的思政课”品牌；金科园社区“马克思主义中国化”党性教育基地被授予区级党员教育现场教学点；潇影楼宇党委、湖南地腾公司党支部获评长沙市“两新”标杆党组织；中组部到砂子塘街道调研，肯定街道离退休党建工作。与干部谈心谈话200余人次、评选“攻坚克难”突击手。

【创建“三零”街道】 2021年，雨花区砂子塘街道坚持党建引领，统筹“三零”（零上访、零事故、零案件）创建，推行党政领导联点机制，开展党组织牵头的“三级六步”家协商工作法（三级：议事协商、联动协商、听证协商；六步：确定议题、审查议题、公示议题、协商、备案、结果公示），举办“平安夜话”“我是网格党员、我为‘三零’社区建设领岗”系列活动，形成共商共治群防群治工作格局，推动群众“急难愁盼”问题的解决，社会大局保持稳定，成功创建“三零”街道。

【砂子塘街道党史学习教育】 2021年，雨花区砂子塘街道紧扣“学史明理、学史增信、学史崇德、学史力行”要求，3—6月，每月开展一次专题学习研讨。5月14日，砂子塘街道“党史云课堂，我们开讲啦”“双学双做”（基层党员学政治理论，高校学子学基层知识；做新时代理论教育的宣讲员，做坚定初心使命的践行者）党史教育课堂线上宣讲启动。6月15日，开展“就认这个理”砂子塘街道基层理论微宣讲比赛。围绕“七一”重要讲话精神开展党史宣传活动，推介街道的发展成效、工作亮点和先进典型；围绕落实“三高四新”战略、做好“四个争当”等主题，推出一批精品党课、征集一批优秀文章、推动一批研讨成果。挖掘一批老党员、老战士等红色人物，打造梨子山、金科园马克思主义中国化党性教育基地2个党史学习教育现场教学点；召开专题民主生活会和专题组织生活会1次；开展“我为群众办实事”实践活动，列出具体清单100余个，为群众解决“急难愁盼”问题。

【“四方共治”小区治理模式】 2021年，雨花区砂子塘街道金地社区党委探索以党建为引领，业委会、物业公司、监事会和业主代表“四方共治”促共建共治共享的阳光锦城小区治理新格局。

【尚体乐活空间投入使用】 2021年3月，雨花区砂子塘街道金科园社区引进一家为老年人订制的健身房——尚体乐活空间，是针对中老年人打造的湖南首家、集体养、医养、康养“三养”融合的中老年健康运动场所。尚体乐活空间占地面积约500平方米，内设健康体质检测区、微循环促进区、心肺有氧训练区、等速肌力训练区和综合干预区等功能区域，可以为中老年人提供慢病运动干预、科学指导、器械锻炼、健康体测、营养膳食等近10项运动健康促进服务。尚体乐活空间除有适老化健身器材之外，还有智能化监测设备，可以提供更多专业“私教”指导。

【砂子塘社区引进智慧停车项目】 雨花区砂子塘街道砂子塘社区属于中心城区老旧社区，居民面临活动空间拥挤，交通安全问题。砂子塘社区广泛征求居民意见，联动相关职能部门积极讨论、制定相关方案，社区党委及下属各支部牵头，组织召开7次网格内的议事协商会、4次联动协商会、1次听证协商会，最后通过引进外包公司，实行停车收费、小区内部分主干道实行单向行驶、违停抓拍处罚2项决议，创新引进智慧停车项目。2021年4月，社区智慧停车系统试营业。小区内部设置“两进两出”停车道闸4组，实现社区交通“微循环”，解决消防通道长期堵塞、外来车辆长期占用内部车位等问题。

【白沙社区志愿者服务站成立】 2021年5月9日，雨花区砂子塘街道辖区首个志愿服务共享小屋——白沙社区志愿者服务站成立。白沙社区管辖居民楼15栋，常住人口3280余人，有长沙卷烟厂、长沙熙康云医院等企业7家，辖区内多为单位型小区，近1000户居民中以老年人为主，面临下水道堵塞和门锁损坏无人维修等问题。白沙社区以党建聚合力，联合长沙市嘉沙实业有限公司党支部“白沙数字小镇”项目组资源，结合企业职工家属小区人情味足、能工巧匠多等特点，共同筹建志愿服务共享小屋。

【“智慧养老云服务”上线】 2021年5月20日，“智慧养老云服务”在雨花区砂子塘街道白沙社区上线。这意味着老年人足不出户，就可通过AI人工智能和物联网等手段，及时掌握身体情况。为更好开展离退休人员的管理和服务，白沙社区党总支、居委会联合雨花区和家护理职业技能培训学校，开展“我为群众办实事”，为社区离退休党员搭建“智慧云服务”线上服务体系。同时，借助长沙熙康健康管理系统，通过运用先进信息技术，创建“系统+服务+用户+终端”的智慧健康管理“一站式”服务模式，涵盖机构管理、健康管理师日常服务活动。

【野坡社区新增车位】 野坡社区位于雨花区砂子塘街道辖区东北部，总面积0.24平方千米，户籍人口3226余人，辖内老旧小区众多，基础设施较为老旧，人流量大，停车位少，“人车矛盾”

较为突出。2021 年 5 月，面对群众出行不便、停车难问题，野坡社区党委联合城管执法中队、雨花区市政设施维护中心及当地派出所等部门，召开多方联席会议，同时，协同物业公司、居民代表多次商议、实地查看。最终商定引入第三方，把京电大厦前坪、劳动路沿线区域改造为收费停车场，设置 30 个车位。7 月，新停车场投入使用，为小区居民提供便利服务的同时，有效预防车辆乱停乱放造成的安全隐患。

【“糖籽莎”课堂】 2021 年 9 月 2 日，雨花区砂子塘小学举行“青春砂小，强国有我”2021 年秋季开学典礼，并创新推出“糖籽莎”课堂，全面落实“双减”政策，减轻学生家长负担，提高老师教学质量，创新学校课程内容。“糖籽莎”新课程，开设有学辅、语言、音乐、体育、美术、科技等 9 大类 145 个班级，满足学生个性化学习，助力全面发展。

【鑫天花园小区完成新旧物业平稳交替】 2021 年 10 月 19 日，雨花区砂子塘街道物业办负责人、茶园坡社区有关负责人到鑫天花园小区参加物业服务合同签订会。会上，新聘物业企业负责人与小区业委会主任签订并交换新签服务合同，新旧物业完成平稳交替。在砂子塘街道物管办指导下，茶园坡社区党委坚持党建引领，运用“阳光多棱镜”小区工作法，凝聚鑫天花园小区各方力量，用近 3 个月时间通过走访、征求意见、多次比较协商等方式，在 10 月 10 日，召开业主大会投票聘选出新物业。

（本栏撰稿　朱青梅）

东塘街道

【概况】 长沙市雨花区东塘街道位于雨花区西北部，“内四街”西南角，东以韶山中路为界与砂子塘街道相接，西以芙蓉中路为界与天心区赤岭路街道毗邻，南以南二环为界与天心区文源街道接壤，北以劳动西路为界与侯家塘街道相连。辖区内有东塘商圈、黄土岭特色风情街等繁华的商业区；有湖南省人大常委会、湖南省气象局、湖南省质量技术监督局等企事业单位 1576 个。辖区内有东塘、省人大、枫树山、牛婆塘、芙蓉南路、浦沅、华银园、政院、新雨、七里庙 10 个社区居委会。

2021 年，东塘街道紧扣“聚焦新战略，勇当排头兵”工作主题，打造“六精”名片（产业精彩、环境精美、红色精品、城市精致、服务精准、治理精细），提质“四个东塘”（财富东塘、品质东塘、民生东塘、幸福东塘）。东塘街道浦沅社区获评全国城乡社区精细化治理案例，浦沅社区杨松林家庭获评全国五好家庭；东塘街道获评湖南省生活垃圾分类示范街道，浦沅社区获评湖南省充分就业社区、湖南省三八红旗手集体，华银园社区获评湖南省第一批社区青春行动实施社区，枫树山社区获评湖南省“妇女儿童之家”，政院社区“老首长”工作室党支部获评湖南省先进基层党组织，浦沅社区湖南璟泰投资集团有限公司党支部获评湖南省市场监管系统“小个专”市场先进基层党组织，牛婆塘社区“心唤醒”志愿服务项目获评湖南省“最佳志愿服务项目”；东塘街道获评长沙市生活垃圾分类示范街道、长沙市统计工作综合考核一类单位、长沙市无偿献血先进单位，枫树山社区党委获评长沙市“示范”五化党支部，政院社区获评长沙市优秀“美在金秋”老党员之家、长沙市双拥创建示范点，浦沅社区获评长沙市垃圾分类示范社区、长沙市平安社区、长沙市五型示范社区，省人大社区获评长沙市精美社区、长沙市侨胞之家，枫树山社区“红枫妈妈”志服务项目获评长沙市“最佳志愿服务项目”。

【街域经济】 2021 年，雨花区东塘街道完成限上社会销售品零售额 9.96 亿元（含集团分解），比 2020 年同期增长 10.9%；完成市考税收 4.93 亿元，比 2020 年同期增长 14.6%；完成全社会固定资产投资 14.29 亿元；其他营利性服务业营业收入 25.98 亿元，比 2020 年增长 51.17%。引入世界 500 强区域性总部 1 家，新增“四上”企业 10 家、高新技术企业 7 家；完成去库存 4 万余平方米，楼宇入驻率超 85%。金色蓝庭、建鸿达 JW 万豪酒店竣工；时代云来、中富航项目封顶；华狮项目土地出让取得进展，长沙市工人文化宫提质项目启动。中机国际获评全省企业技术中心和全省首家设在企业的技术合同认定登记点，英维创新大厦成为“软件产业示范楼宇”。推进“党建引领、助力千企”行动，帮助企业兑现申报奖励 135.2 万元、申报“以工代训”补贴 601 人、社保补贴 264 人，协助企业解决停车位协调、广告牌设置、办公楼租赁等困难。

【城市管理】 2021 年，雨花区东塘街道开展“洁净雨花”行动，创新垃圾分类“四抓四促”工作法（一是抓宣传促认识提升；二是抓源头促精准分类；三是抓硬件促精准收运；四是抓机制促常态长效），实现可回收垃圾和厨余垃圾全年占比均超过 27%；落实“六控十严禁”，开展各类联合执法行动 100 余次；处置城管数字化案卷 9000 余条，推动省人大周边环境提质、“七一”党建公园移交、马家冲小区和脑科巷老树修枝等民生实事。

【社会事业】 2021 年，雨花区东塘街道 106 户 127 人纳入最低生活保障，5 户 5 人纳入特困供养保障，12 户残疾人家庭完成无障碍设施改造。打造黄土岭绿色餐饮示范街，马家冲农贸市场连续三年获评区级“人民满意农贸市场”；新建街道综合养老服务中心 1 个、社区居家养老服务中心 3 个、智慧健身房 3 个；提质改造老旧小区 3 个，既有多层住宅加装电梯 30 台。开展标准化物业小区创建，运用“红黑榜”激发物业规范管理内生动力，三万英尺、中江国际花城 2 个小区接受市检，全面达标；巩固街道社会组织孵化中心建设，备案社会组织 82 家，推广“微孝扶老”社区陪伴服务，为独居老人送上贴心关怀。推进新时代文明实践站所建设，打造浦沅社区“四季歌”市级示范点、政院社区“和馨家园”区级示范点；培树张祝民、王满意等群众为“长沙好人”，“心唤醒”公益项目获评全省第二批“最佳文明实践志愿服务项目”，牛婆塘社区获评“全国红十字模范单位”和“全省最美文明实践志愿服务社区”。

【综合治理】 2021年，雨花区东塘街道开展消防百日攻坚，整治各类安全隐患500余处、新建电动车充电桩53处，全年未发生一起安全生产事故和较大以上火灾事故；开展禁毒、反电诈、打击非法集资行动，推进信访维稳，构建“两化三中心”（基层治理网格化、信息化，综治中心+网格管理中心+应急指挥中心）基层治理体系，成功调解矛盾纠纷130起，全年无一例进京赴省到市非访事件。

【党建工作】 2021年，雨花区东塘街道开展建党百年系列庆祝活动，组织十九届六中全会和省、市、区各级党代会精神“六进活动”。做实做细“党建+微网格”治理模式，全年采集上报20776件民情热点问题，100%办结。深化鑫融国际“金领驿站”、商会大厦“六色名片”等工作品牌，巩固“四位一体”小区党建机制，推广“红色物业”模式，全街小区支部覆盖率98.77%。自创干部基层治理能力讲习所，开展年轻骨干蹲苗行动，全年先锋开讲14场，党员培训16期。推进鑫融国际户外党员学习园地、湖南商会大厦楼宇人才服务站、中机国际博士后科研工作站建成运行。截至2021年年底，东塘街道辖区有高端示范性楼宇共7栋，辖基层党组织79个，其中党委5个，党总支8个，党支部66个，直管党员1794名。（宋彧颖）

【打造黄土岭绿色餐饮示范街】 2021年，雨花区东塘街道为规范餐饮业油烟污染防治工作，为居民打造宜居环境，打造黄土岭绿色餐饮示范街。东塘街道通过发放征求意见表、召开征求意见会等多种形式，广泛征求餐饮门店经营者意见建议；对黄土岭路13家餐饮门店进行细化分类，按油烟排放超标排放、合标排放、无油烟排放建档立册；组织人员在定期、不定期巡查的基础上，借助“油烟在线监测”设备，对照标准进行检查，根据油烟在线监测系统反馈的数据，对发现的问题及时报告处置。

【“一统六联”工作法】 2021年，雨花区东塘街道制定“党建聚合力”工程标准化体系，加强与辖区各单位之间的横向联系，整合各方资源，推动实施“一统六联”区域化党建工作法。“一统”，就是发挥街道党工委在城市基层党建中的轴心统揽作用，通过区域化党建协同委员会将辖区内的所有党组织“统”起来，从而做到全街道“一盘棋”；“六联”，就是深化思想联心、制度联体、队伍联建、资源联享、活动联办、服务联合，推动基层社会治理由自管自治向共建共享转变。2021年4月，东塘街道成立全省首家“区域化党建协同委员会”，与包括省人大机关、中国新闻社湖南分社、雅礼中学、省脑科医院等在内的32家重点单位签订共建协议，汇集需求、资源、服务清单187项。聚焦党史学习教育“我为群众办实事”实践活动，街道党工委指导辖区党组织在共抓组织建设、共解群众难题、共谋双方发展上出招发力，为小区居民、企业职工提供技能培训、义诊义剪、文化活动、法治宣传等便民服务。10月28—29日，东塘街道党工委到长沙歌舞剧院、长沙市雨花军队离休退休干部休养所、湖南建鸿达房地产开发有限公司等32家联盟单位，开展集中走访、结对共建活动，确定企业资源、需求、项目“三张清单”，实施项目化推进。11月19—25日，街道开展党建聚合力宣传学习中共十九届六中全会精神“进机关、进企业、进楼宇、进学校、进社区”暨“联盟单位实事联办”问题协商活动，在10个社区共设立10个主会场、18个分会场，组织各联盟单位党支部、小区党支部、非公支部、小区党员楼栋长、社会组织等一起学精神、谈问题、谋对策，提高城市基层党建整体效应。

【“和谐发展 服务民生 红聚东塘”党建聚合力活动】 2021年4月26日，雨花区东塘街道“和谐发展 服务民生 红聚东塘”党建聚合力活动举行。湖南省人大常委会党组副书记、副主任黄关春，湖南省工商联党组成员、副主席、商协会党委书记吴曙光等，湖南省、长沙市、雨花区人大代表、党代表，东塘街道机关干部、社区工作人员、区域化党建协同单位代表、物业公司代表参加活动。东塘街道与湖南省工商联签订“红色商协会”共建协议，标志着长沙市“党建聚合力”工程商圈商协会党建联盟在东塘街道成立。东塘街道“党建聚合力”工程以“红聚东塘”“汇聚资源”“聚焦民生”为主，环环相扣。黄关春提出要求，要深化经常性联系沟通机制，强化“经常联”；依托平台做好党建工作，强化“融合联”；围绕解决群众急难愁盼问题，强化“务实联”。

（宋彧颖）

【“东东塘塘时刻在线”业务知识抢答赛】 2021年7月23日，雨花区东塘街道举行“东东塘塘时刻在线”业务知识竞赛。全街各大办和10个社区共派出18名选手组成6支队伍参加竞赛。该次知识竞赛围绕党的知识、办公业务知识、应急业务知识等内容设置题目，以必答题、抢答题和风险题三种题型进行。经过角逐，街道机关代表队获得一等奖，东塘、七里庙2个社区获得二等奖，牛婆塘、政院2个社区获得三等奖，活动现场评选出3名业务之星。（宋彧颖）

【中机国际博士后科研工作站授牌】 2021年12月24日，国家级博士后科研工作站授牌仪式在雨花区东塘街道中机国际大厦举行。湖南省人力资源和社会保障厅专业技术人员管理处副处长龙涛、专家服务中心科长喻晔、专业技术人员管理处三级主任科员李邓鹏，湖南大学人力资源处副处长吴

2021年12月24日，中机国际工程设计研究院有限责任公司博士后科研工作站授牌仪式　　（宋彧颖　供图）

睿，中机国际工程设计研究院有限责任公司党委书记、总经理易凡等出席活动。博士后科研工作站是中机国际践行创新驱动、人才驱动发展战略的重大成果，旨在加强培育高层次技术人才队伍，提高技术研发和转化能力，将工作站逐步打造成集技术孵化、展示、推广为一体的科研重要基地。李邓鹏宣读关于批准中机国际设立博士后科研工作站的批文，龙涛为中机国际授予“博士后科研工作站”牌匾，喻晔宣读首次进站博士后及合作导师名单。易凡向湖南大学机械与运载工程学院教授付建勤、中机国际副总工程师何文学2位博士后合作导师颁发聘书。授牌仪式结束后，专家评审小组综合评议并通过进站博士后周峰的课题开题。

（本栏撰稿　宋彧颖）

圭塘街道

【概况】　长沙市雨花区圭塘街道为雨花区区治所在地，整体自北向南呈狭长“7”字形地貌，街道范围东至京港澳高速，南抵省森林植物园，西临京广铁路，北到长重机械厂。截至2021年年底，圭塘街道辖区面积12.6平方千米，户籍人口6.98万余人，常住人口12.83万余人。街道辖雨花家园、中南院、长重、劳动东路、圭塘、体院路、大塘、美林景园、景程、泰安、金福、升达、和润、广顺源、月雅15个社区，圭塘、月塘、大塘3个经济合作社。辖区内单位1200余家，个体户2.3万余家，中央驻街单位7家，厅、处级驻街单位7家，厅、处级驻街学院（学校）3家。

2021年，圭塘街道推进“党建聚合力”工程，在楼宇商圈打造党建赋能站——旭辉·赋能站；推进党建引领物业管理，探索党建引领干部履职能力建设；友谊小学拆迁建设项目完成征拆，化解远洋·天铂、合能·枫丹丽舍地产领域信访问题，破解利璞大厦泰禹、四期不动产证办理和京豪大厦等地产遗留办证难题，解决樱之谷北门建设、华菱地标排水管网改造、紫薇路提质移等一批问题；完善“一站式”养老服务，打造养老宜居新街。圭塘街道获评2021年长沙市文明单位、长沙市信访工作“三无”街道、2021年度长沙市国有企业退休人员社会化管理工作优秀单位；美林景园社区推荐的刘秀丽被评为“湖南好人”。中南院社区获评全国示范性老年友好型社区，雨花家园离退休党支部获评湖南省示范离退休党支部，山水豪园小区党支部获评长沙市先进基层党组织。

【街域经济】　2021年，雨花区圭塘街道完成税收26.43亿元；限上社会消费品零售总额完成12.59亿元，比2020年增长约39.55%；全社会固定资产投资84.27亿元，比2020年增长约43.2%。作为教育用地的友谊小学项目、城投23号地项目、月塘小学（147批次）项目实现拆除清零，远洋·天铂零星用地腾地。推进体院路28号地块（湘安）棚改模拟征收项目。提供“绿色通道”审批服务，解决企业困难问题10余个。长投新成公寓、香雨一品·壹中心和兴旺正佳A地块等项目开工；平吉上城项目启动建设。溪悦荟等重点项目开业。打击非法集资企业2家，涉案金额约120万元。举办“政企心连心，聚力促发展”活动。开展千人进千企统计服务，规范提升43家规模以上企业统计数据质量。助推企业规范经营，转化13家异地税源。

【城市管理】　2021年，雨花区圭塘街道与辖区单位、交警、市政等部门形成合力，对茉莉路、杜花路等未移交的道路进行管理，整治车辆乱停问题。开展主次干道、校园周边、农贸市场等集中综合整治行动80余次。完成大塘农贸市场周边环境微改造。整治市容秩序，办理行政处罚案件146个，罚款金额10.02万元，管控违法搭建236处，规范整改户外广告招牌205处，取缔各类摊贩和店外经营480余处，清理僵尸车约40台。处置市、区两级数字化平台案卷10197件。超额完成全年292天的空气质量优良天数的蓝天目标。

【社会事业】　2021年，雨花区圭塘街道完成高龄老人生活津贴签字认证1759人，其中新增188人，发放高龄津贴169万余元；为100名低保、特困人员发放“暖心工程”救助物资；完成对辖区特困、低保家庭考取高等教育的子女进行慈善助学的困难帮扶工作，摸底上报、帮扶困难对象8人，帮扶金额4.6万元；“城乡低保家庭尿毒症患者援助”对象2人，援助资金9600元；为4名事实无人抚养儿童发放生活补贴32950元；重阳节期间为辖区失独、孤寡、残疾、高龄老人送去“金秋惠老”物资145份。推进“一站式”养老服务。依托乐来玲养护院建设街道残疾人康复中心；春节慰问残疾人68人，慰问金5万元；为贫困残疾人申请“辅具适配进家庭”项目，金额10万元；26名0～14岁残疾儿童申请康复救助；为20位智力、精神类残疾人申请托养服务；对7～10岁适龄残疾儿童入学情况进行摸底、入户调查；为贫困残疾人申请燃油补贴；为3名自主创业残疾人申请4.8万元疫情期间创业补贴；为218位残疾人申请残疾人困难生活补助，为201位残疾人申请护理补贴。完成春季无偿献血190人。发放独生子女保健费13.64万元，受益601人；发放城市低保户部分计划生育家庭奖励0.18万元，受益3人；发放农村部分计划生育家庭奖励3.74万元，受益人39人；发放计划生育家庭特别扶助对象老年护理补贴23.52万元，受益98人；发放计划生育家庭特别扶助133.22万元，受益122人；发放计划生育特别扶助专项补助3万元，受益3人。免费孕前优生完成174对；办理爱心助孕22对。35～64岁妇女“两癌”筛查962人；产前血清学筛查952人；新生儿疾病筛查934人；办理爱心助孕25对；耳聋基因筛查936人；NIPT检测997人。办理一孩“生育服务证”446本，二孩“生育服务证”328本，三孩“再生育证”18本。认定杨小军雨花剪纸具有申报非遗保护工作资质，成功入选名录；泰安社区24小时图书馆投入使用。推进月雅、长重、广顺源、泰安、雨花家园社区“智慧社区体育健康中心”建设和长重社区篮球场改建、长重文物楼修缮工作。对校园周边集中整治12次，对吉联小学、泰禹小学周边增设安全防护栏。开展“雨花区青少年素质教育大讲堂”系列活动和“书香雨花”读书节系列活动，完成萌芽青青、欧顿、贝顿三所幼儿园的办学许可证；完成精博、万婴、雨花实验、丁丁晓杜鹃4所幼儿园民转公签约，合能枫丹幼儿园、中天星耀幼儿园的实物移交和开办工作。对辖区内的11所教育培训机构进行2次集中整治和落实“双减”政策监管工作。对辖区14名困境儿童、孤儿开展定期探访、慰问50余次，开展“六一”儿童节主题活动2场；街道社工站完成8场社区活动、小活动1场、个案1个。推进全街15个社区64个项目（合计298.69万元）惠民资金项目的备案和实施工作。新增机构医疗机、公共场所、二次供水入卫监软件系统22家，录入率100%，监督覆盖率100%，对接国家平台数据准确率99%；协助区卫健局、区卫监局验收新增医疗机构2家、公共场所15家，二次供水1家。对医疗机构安全生产检查180余次，发现安全隐患10起，查处非法行医场所2处，办理查处1人无证行医。及时办结“12345”市民热线等各类工单4000余件。樱之谷小区北门建成；长重小区完成老旧小区改造；城市山水豪园小区新增停车位122个，长重社区新增停车位127个。

【综合治理】 2021年，雨花区圭塘街道完成市域社会治理现代化试点项目申报，以党员为主体的“红管家”志愿队伍参与平安建设。联合辖区派出所抓捕电诈嫌疑人64人，打击电诈团伙7个，及时劝阻欲转账人员70余人。成立校园周边安全整治领导小组，对校园周边安全形成城管、公安、交警打卡长效机制，做到问题动态清零。化解各类社会矛盾纠纷300余件，疑难复杂纠纷10余件，为群众挽回经济损失641万余元。做好“7·23”仓库火灾善后工作，推进受损财产登记、事故调查等工作。开展安全检查212余次，检查企业约1386家次，发现隐患422处，全部整改到位，对13家存在重大安全隐患的生产经营单位实施行政处罚1.3万元。开展消防安全整治百日攻坚工作，查处违法仓库3处，建立电动车集中充电点42个，对辖区内15个微型消防站进行常态化监管。

【党建工作】 2021年，雨花区圭塘街道开展党史学习教育，组织“学史明理”微宣讲、“学史增信”线上知识竞赛、“学史崇德”线下知识抢答赛等活动，完成“为民办实事”200余件。召开党建工作研讨会14次，举行中心组理论学习12次，组织“头雁论坛”6次，部署人才政策宣讲8场；开展警示教育8次，集中廉政谈话提醒13次；在人民网等主流媒体上稿100余篇。组织党员集中教育3次，新发展党员55名，完成40个社区（合作社）、“两新”党组织换届选举。解决利璞大厦和泰禹四期不动产证办理等20余个问题。新成立小区党支部12个，物管小区党组织覆盖率72.73%。打造楼宇党建旭辉·赋能站。街道“红管家”开展政治引领、管理约束和互助服务1.5万余件，成功处理小区群体性矛盾100余起。截至2021年年底，圭塘街道有楼宇两新党组织13个，在册党员169人。

【旭辉·赋能站】 2021年，雨花区圭塘街道通过“党建聚合力”工程，整合党建及商圈要素，在旭辉国际商业广场打造楼宇商圈党建赋能站——旭辉·赋能站。旭辉国际商业广场拥有6万平方米的大型商业、3栋高端写字楼、251家企业、2000余从业人员，聚集湖南新合作实业投资有限公司、中国建筑西南设计研究院有限公司湖南院等企业。旭辉·赋能站是集党建、社会和企业服务于一体的综合性平台，依托“红管家”赋能服务、“金哨子”赋能治理、“菁英荟”赋能发展，开展中共十九届六中全会、湖南省党代会、长沙市党代会、雨花区党代会精神宣讲，以及“春风行动”专场招聘等活动10余次，形成党建引领、多核服务、多元共治、多方受益的良好“楼宇生态圈”。12月13日，人民网湖南频道对旭辉·赋能站进行报道，阅读量达20万人次。

【党建引领物业管理工作】 2021年，雨花区圭塘街道依托“红管家”工作室“三员八岗”（“三员”：党的政策的宣传员、社会治理的指导员、造福群众的服务员；“八岗”：政治引领岗、政策宣传岗、文化活动先锋岗、居家养老服务岗、民主议事召集岗、365志愿服务岗、平安建设岗、保护环境公益岗）组织体系，倡导党员加入业委会、监事会；通过小区红管家先锋模范作用发挥、优化业委会人员构成等措施，成功破解山水豪园小区消防安全改造、升达社区教师村引进物业管理等物业管理难题10余件。截至2021年年底，圭塘街道有物管小区数44个，物管小区党组织32个，党组织覆盖率72.73%。海拔东方、和景园、雨花家园、鑫天·御景湾、鑫兴佳园小区新成立或换届的业委会，均实现党员占比超过50%。

【破解地产遗留办证难题】 2021年，雨花区圭塘街道解决利璞大厦不动产权证办理问题，办证75户；京豪大厦栋证办理资料进窗；泰禹家园小区四期未办理不动产权证643户业主（个别业主因自身原因除外）全部成功办理不动产权证。利璞大厦办证遗留问题处置工作专班于2020年10月下旬取回利璞大厦抵押在中信信托的国土证和规划工程建设许可证，2021年1月28日完成业主的签字认定工作，3月10日完成权籍报告的办理，3月15日成功办理不动产权证栋证，4月15日第一批10户业主到市不动产中心递交资料，进窗办理分户证，4月28日办理完成。8月7日，泰禹家园四期不动产权证信访问题群众见面会召开，11名业主拿到不动产权证，历时17年的办证遗留问题取得进展。

【“一站式”养老服务】 2021年，雨花区圭塘街道针对全街6358名60岁以上老人，逐一上户进行情况摸查，掌握辖区各类养老服务需求，投入惠民资金40.8万元，统筹社会资金投入100万余元，启动惠民养老项目8个，建设从活动场地、健康保健、绿色餐饮、学习娱乐等“一站式”软硬配套的养老服务设施。6月10日，国家卫健委人口家庭司司长杨文庄观摩雨花家园社区特殊家庭养老设施及服务项目时，对圭塘街道居家养老服务表示肯定。截至2021年年底，完成美林景园、大塘、景程、升达、雨花家园、中南院社区等7家居家养老服务中心标准化验收；完成长重社区、劳动东路社区、泰安社区3个居家养老活动室建设，社区养老设施覆盖率85%。中南院社区成功打造5A级综合养老服务中心，并且申报为国家示范性老年友好型社区。

【“学史增信”专题线上知识竞赛】 2021年4月22—26日，雨花区圭塘街道组织开展为期5天的“百年潮起共读史，砥砺奋进新征程”线上党史学习教育答题竞赛，该次答题竞赛作为街道开展党史学习教育的内容之一，吸引全街73支队伍、936名党员在线答题。4月29日，该线上知识竞赛的颁奖仪式在圭塘河畔举行，活动评选出一、二、三等奖获奖党支部共20个，平均得分在78分以上，评选出党员答题王2人，均为100分，评选出刷题王1人，刷题18次。

【政银企座谈会】 2021年6月3日，雨花区圭塘街道召开“政企心连心，聚力促发展”座谈会。宣讲雨花区产业扶植政策、推进项目建设开辟绿色通道相关政策、知识产权保护相关知识，融资信贷优惠政策，增加政银企互动。会议指出，政府要为企业提供保姆式、点单式服务；企业要以诚信为本，依法经营，主动与金融机构对接；银行要加强对成长型企业的资金支持，降低企业融资门槛，适度增加企业信用贷款额度。

【友谊小学拆迁建设项目完成征拆】 2021年6月24日，友谊小学拆迁建设项目完成征拆，累计拆除建筑面积1.39万平方米。该项目位于雨花区圭塘街道辖区内，光明路北侧、紫薇路东侧，新城新世界小区一路之隔；规划30个班级，规划招生1350人（每班45人）。该项目征收工作历时5年，因被征收人存在债权债务及股权纠纷，需防止国有资产流失等复杂问题，无法就征收补偿事宜达成一致意见。2019年8月21日，圭塘街道召开保利大都汇学校调规听证会。2020年6月以来，圭塘街道和区征收办负责人与被征收人协商30余次，多次到雨花区法院、长沙市国资集团、市征收办等单位协调，解决有关拆迁征收的相关问题，回应保利大都汇小区业主子女上学的诉求。2020年11月6日，雨花区政府与湖南嘉宇实业有限公司就保利大都汇小区教育配套签订协议，协议约定友谊小学建设项目完成拆迁并交地给湖南嘉宇实业有限公司后的18个月内，湖南嘉宇实业有限公司完成配套小学的建设，经验收后，交付给雨花区政府。2021年2月9日，被征收人启派特钢全体股东终于在征收协议上签字盖章，为友谊小学项目建设扫清障碍。

【圭塘街道“七一”表彰活动】 2021年6月25日，雨花区圭塘街道在旭辉国际广场举行2021年“七一”表彰暨“党建聚合力 奋进新征程”活动推进仪式。活动对全街40名优秀共产党员、20名优秀党务工作者，以及10个先进基层党组织进行表彰，为老党员代表现场颁发“光荣在党50周年”纪念章，举行美林景园社区区域化党建协同会揭牌、旭辉国际楼宇非公党建示范点参观。

【铜铝材小区加装充电桩】 2021年8月12日，雨花区圭塘街道美林景园社区铜铝材小区的2个智能充电桩50余个接口投入使用。该充电桩依靠云平台进行管理，采用安全、稳定、可靠、标准高的充电设施，具有充满自停功能。美林景园社区铜铝材小区有6栋居民楼，330户674人，是20世纪80年代长沙市铜铝材厂建造的家属房，企业改制后长期处于无人管理状态，基础设施落后。社区多次与居民面对面沟通，决定为铜铝材小区加装电动车集中充电桩。7月底，社区投入10万余元加装电动车智能充电桩。

【樱之谷小区北门建设工程竣工验收】 2021年10月，雨花区圭塘街道体院路社区樱之谷小区北门建设工程竣工验收。樱之谷小区于2005年9月交付使用，小区西临体院路，北临杜花路，原规划中小区有2个出入口，因杜花路未拉通，小区居民从西面体院路出入口进出，北面预留出入口处于封闭状态。2018年10月，杜花路完成通车，但杜花路

2021年10月，体院路社区樱之谷小区北门完成建设工程竣工验收

（吴　伟　供图）

与樱之谷小区北门存在4.65米的高差，由中机国际设计院现场勘查，在原位置开设出入口存在重大安全隐患及诸多难点，建议另选位置。雨花区政府和圭塘街道多次组织召开多方联席会议，设计5套图稿由小区业委会征求业主意见，与小区党支部、业委会、物业公司沟通，最后确定方案并由区政府出资。经过项目立项、招投标等程序，樱之谷小区北门建设工程于2021年3月开工建设，10月完成竣工验收。

【月塘小学一期项目完成腾地】 2021年11月23日，长沙市2020年第一百四十七批次（月塘小学）项目3栋房屋全部拆除，至此月塘小学一期项目1.4公顷土地全部完成腾地。该项目为红星天铂配套教育项目，规划学位2000余个，建成后将有效满足附近居民的子女就学需求。

【月雅社区揭牌】 2021年11月26日，雨花区圭塘街道月雅社区揭牌仪式举行。圭塘街道党工委书记刘明生，党工委副书记、办事处主任黄杰刚为社区揭牌，户籍民警、辅警及月雅社区全体工作人员，小区和工地负责人参加仪式。月雅社区于2021年4月批复成立，东至扬子路，西至老祠堂路，南至湘府东路，北邻大塘社区，辖月塘经济合作社、合能枫丹丽舍小区、月雅苑公寓、长沙市鸿宇驾驶培训学校、红星天铂工地、润和翰文府工地。截至2021年年底，辖区面积约1.4平方千米，有常住人口约2100余人。社区公共服务中心建筑面积约800平方米，内设一站式党群服务大厅、市民学校、道德讲堂、新时代文明实践站、智慧健身房、居民议事厅等功能室。社区党组织设置为党支部，有直管党员16人；社区有“两委”成员4人。

【城市山水豪园小区消防系统改造】 2021年12月14日，历经3个月的全面维修和改造，雨花区圭塘街道景程社区城市山水豪园小区投入近90万元的消防系统改造工作完成，经过检验，小区通水系统、报警系统、主电缆、防火门等全部符合消防安全要求，并明确此后的维护责任。因历史遗留原因，城市山水豪园小区的消防系统存在安全隐患，频繁出现水泵房进水主管网断裂、室内消火栓无水、消防水泵无法启动、防烟排烟设施部分管道断裂等问题，因资金缺乏、业主意见不统一等原因，问题得不到彻底解决。7月份，景程社区成立消防整改小组，明确先让消防栓内通水，再逐步恢复火情自动报警系统、主电缆、防火门等设施的工作方案，有序推进改造。消防整改费用由物业公司承担40%，业主承担60%。

【圭塘街道社区阵地建设】 截至2021年年底，雨花区圭塘街道15个社区阵地中，美林景园、雨花家园、中南院、圭塘、升达5个社区阵地面积达到1000平方米以上，长重、体院路、大塘、景程、广顺源、和润6个社区阵地面积达到800平方米以上，泰安、金福、劳动东路社区阵地面积达到600平方米以上。15个社区均满足社区居民对公共服务的基本需求，且都按规定设立综合业务AB岗。

（本栏撰稿　吴　伟）

黎托街道

【概况】 长沙市雨花区黎托街道位于长沙高铁新城核心片区，是长沙东大门入城口，辖区东面、北面为浏阳河环绕，南邻东山街道、圭塘街道，西与高桥街道隔圭塘河相望。辖区内沙湾路、京港澳高速、花侯路、雨花大道、川河路和曲塘路、劳动路、潭白路、粟塘路、长沙大道（机场高速）构成“五纵五横”的交通主干道路网。截至2021年年底，黎托街道辖区总面积15.5平方千米，常住人口约8.77万人（2020年人口普查数据），户籍人口6.54万人。街道辖广益、东澜湾、体育新城、黎锦苑、幸福里、明城、阳河、托溪、沙湾9个社区居委会，潭阳、川河、合丰、粟塘4个社区筹委会，花桥、大桥、平阳3个经济合作社，花桥、万科、愉景湾3个社区筹备组。

2021年，黎托街道推动项目建设，优化营商环境，聚力攻坚项目征拆，全年合法建筑签约39户，拆除合法房屋及其他房屋共69栋，新增房产税源192家；推进托溪、沙湾2个社区获批成立，完成花桥、平阳2个经济合作社选举工作，标准化创建申报10个小区；开展5大重点领域开展专项整治，开展户外广告招牌整治34次，拆除乱搭乱建49处，新建垃圾分类厢房7个；围绕重点领域开展联合执法行动30余次，开展安全生产行政执法计划检查70余家次，组织企业开展事故救援应急演练活动60余次，开展平安大走访，开展涉毒涉黄突击检查；完善基层党组织建设，实现小区党支部全覆盖。2021年，黎托街道获得长沙市基层人力资源和社会保障平台标准化建设优秀街道。

【街域经济】 2021年，雨花区黎托街道完成全社会固定资产投资总额99.77亿元，限额以上社会消费品零售总额完成20.9亿元。8个长沙市重大项目完成年度目标，4个建党献礼项目完成主体建设，5个“四个十大”（即十大技术攻关项目、十大产业项目、十大基础设施项目、十大重点民生实事）项目竣工或基本竣工。推进花桥禧新城、花桥大厦建设；大桥以一区城市更新项目先行先试谋划全村发展；平阳“两安”用地开发明确合作公司；合丰“润和望珑府”启动建设；潭阳集体留地推进确权落地。合法房屋签约39栋，拆除合法房屋及其他房屋共69栋，阳青东路、片区8号地、片区9号地等9个项目及地块清零交地，腾地77.84公顷。推进历史遗留房屋拆除，保障全区在建最大保障性安置住房——和景家苑项目建设，市重点工程花桥污水处理厂改扩建（三期）如期完成施工建设，确保阳青东路、黎托北路、合丰小学、黎托中学等“四校八路”等重点项目交地和施工环境。2021年新增房产税源192家，完成区交办欠税清缴8家。为运达、保利MALL等入驻商户开具产权证明96份。完善新基础设施建设，完成“630攻坚”花桥站站址的拆迁结算，完成5G网络基础设施建设工作交办清单3处。

【城市管理】 2021年，雨花区黎托街道针对高速两厢、高铁两厢、主次干道、拆迁区域和农安小区5个重点领域开展专项整治，清理拆迁区域集装箱471个，拆除私搭乱建亭棚51处、违建12750平方米；坚持每周五大扫除行动，累计出动1万余人次，清运垃圾约1200吨。开展户外广告招牌整治34次，开展马路市场、农贸市场集中整治60余次；长沙大道、花侯路、雨花大道成功创建为市级示范道路。拆除乱搭乱建49处，1040平方米。对辖区250家餐饮企业、80家夜市烧烤门店经营情况进行巡查监管，组织油烟整治联合执法行动230次。在拆迁重点区域设置防控卡口1个，检查车辆308台次，办理渣土类案件84个，暂扣车辆79台，罚款19.35万元。新建垃圾分类厢房7个，收运厨余垃圾10326.74余吨，累计收集可回收物14682.84吨，有害垃圾6.59吨。联合市政对新华都万家城小区中央环保督察案件进行处置，针对问题来源及污水走向进行摸清排查和封堵。开展基础设施维护，配合市政单位应急处置辖区涵洞积水22次；及时对接解决川河路路面塌陷，京港澳上行辅道垮塌问题；长塘里阳光小学涵洞、雨花大道地下通道积水问题得到处置。发放交通顽瘴痼疾整治宣传资料2万余份，制作宣传展板79张，宣传展架4个。联合交警、社区上路开展“骑行戴头盔”劝导活动12次，完成区整治办交办问题10起。

【社会事业】 2021年，雨花区黎托街道城镇新增就业1428人，举办技能培训班20期。完成养老保险待遇核查“回头看”任务，核查参保、领待人员19208人。追回农民工工资3800万余元。开展疫情防控工作，抓好重点人群的排查和管理服务工作。设置疫苗临时接种点41场次，接种18.98万针次。开展关键领域、重点行业核酸检测，全街核酸检测119436人次。安置指标审核331户、1288人；核算47个拆迁项目、1641户的延期过渡费，总金额约4827万元。街道指导11个社区（筹委会）“两委”换届后的整章建制工作，开展村（居）务公开与民主管理工作。完成花桥、平阳2个经济合作社选举工作，引导各经济合作社推动集体经济发展。建立409个微网格，吸纳各类网格志愿者1335名。依托街道城管数字化管理平台打造网格化管理综合指挥中心，完成“人房关联”基础数据库信息更新，更新率高于全区平均值。全年上报案件28898件，结案率100%。

【综合治理】 2021年，雨花区黎托街道围绕农安小区、物流集散地等9个重点领域，开展联合执法行动30余次，累计检查生产经营单位2300家次，现场整改隐患486处，及时整治各类隐患和违法行为140余处。开展安全生产行政执法计划检查70余家次，对24家企业罚款2.4万元人民币。协助完成电动车执法办案4次，新建电动车集中充电棚47处。加强安全宣教，微信推送300余条安全提示，制作和下发消防宣传海报、折页共计7万余份。组织企业开展事故救援应急演练活动60余次、6000余人参加。加强应急能力建设，黎托街道第一批实现湖南省应急能力建设达标。开展防汛备汛工作，加强防汛应急演练。开展物流集散地巡查，发现并处置疑似非法运输、存放危险化学品、门店“三合一”70起，涉及非法运输、违规存放疑似危险化学品1451桶（件），非法加油车3台，非法储存油罐的集装箱2个，非法储存的柴油14吨。成功化解信访积案2件。调处意外死亡、工伤、购房退款等矛盾纠纷22起，现场维护处置群体性事件60余起，成功调处南通二建、洪涛装饰公司、上海五建等建筑行业拖欠农民工工资问题5起。街道联合派出所在辖区内开展治安突击行动12次；防范电信网络诈骗，推广下载注册“国家反诈中心”App 4.6万余人；对全街公职人员进行毛发检测，开展多样化禁毒宣传活动20次，联合派出所开展11次禁毒清理清查行动。辖区2021年共发刑事案件457起，比2020年下降138起，下降23.19%。

【党建工作】 2021年，雨花区黎托街道开展党史学习教育，多样化组织各基层党组织开展专题党课、理论宣讲、党史知识竞赛、微宣讲比赛等活动。推行党建引领共商共治，广益社区依托小区支部搭建“红色议事厅”，打造东澜湾“网格智慧党群e家”、幸福里“双网+双建+双带”等特色品牌。落实“我为群众办实事”实践活动，办好明昇小学涵洞积水处置、川和苑小区楼顶改造等民生实事140件。挖掘各类先进典型，成功推评长沙好人1名，评选街道党员先锋127名。

【党建引领物业管理】 2021年，雨花区黎托街道建成36个小区党支部，实现小区党组织100%覆盖。规范物业小区管理，成立专门物业管理工作队伍，建立街道、社区、物业公司三级专线电话，畅通民意反馈渠道，化解200余起物业纠纷矛盾。绿城桂花城成为全区首个试点党支部书记和业委会主任“一肩挑”的小区。依托小区支部搭建议事共事平台，破解小区治理难题，成功解决白沙湾嘉园小区外墙脱落、茂华国际湘小区水改、盛世华章物业公司更换等一批难事实事。3月6日，黎托街道召开物业管理工作专题调研会，剖析和破解基层难点；3月24日，召开物业管理工作推进大会及业务培训会；7月27日，召开2021年上半年度物业交叉检查调度会。

【消防隐患整治】 2021年，雨花区黎托街推进消防安全百日攻坚整治行动，物业小区“八清”（清强弱电井、清应急疏散通道、清消防栓和灭火器、清地下车库、清防火门、清电梯设备、清电气线路、清电动车违规充电和油烟管道）、农安小区“十查”（查消防栓和消防通道、查楼道堆物清理、查油烟管道、查电动车违规充电、查易燃易爆和危化品、查阳台防护窗、查电气线路、查用气安全、查“三合一”“多合一”场所、查消防设施设备）同步铺开，消防安全排查、宣传、演练全覆盖，入小区47个、入楼栋896栋，整改电缆井和楼道堆物、老旧电线等各类消防隐患1697处。对所有小区开展电动车充电行为隐患排查，协助完成电动车执法办案4次，新建电动车集中充电棚47处。7月21日，黎托街道召开关于进一步加强住宅小区消防安全排查整治工作调度会；7月30日，召开疫情防控、消防安全、社保核查“回头看”及相关重点工作再推进会；8月8日，召开消防安全整治“百日攻坚”行动调度会。街道获评2021年度安全生产和消防工作优秀集体。

【河长制工作】 2021年，雨花区黎托街道处理上级平台交办件589件，完成率100%；迎接中央、省、市、区各项大型检查10余次，超额完成河长制各类信息上报84篇；组织河堤植树、公益行等大型活动8次，被新华网、“新湖南”等媒体报道。截至2021年年底，辖区16.6千米河堤82个网格，为全区城区河堤最长、网格最多的单位。2021年2月，街道党工委书记王润虎获评湖南省优秀河长湖长。

【广益社区第三届文化节活动】 2021年1月6日，雨花区“文明三新·党建引领新实践，网格助力红色议事厅”——黎托街道广益社区“小区党支部集中授牌”暨社区第三届文化节活动在长沙市群众艺术馆举行。活动由《我爱你中国》拉开序幕，由广益社区各个党支部选送的歌伴舞《潇湘神韵》、手势舞《人在青山在》、交谊舞《今天是你的生日》、大合唱《不忘初心“绒花”》等节目轮番上演；现场播放雨花区“文明三新·党建引领新实践，网格助力红色议事厅”视频；与会领导为绿城党支部、国际湘党支部等9个小区“红色议事厅”集中授牌，并为“红色议事厅”顾问颁发聘书；举行“新时代文明先锋”颁奖仪式，对最美抗疫团队、最美抗疫党员、最美抗疫志愿者、文明创建先进单位、垃圾分类优秀督导员等先进个人、集体和单位进行表彰。广益社区划分为8个单元网格、58个微网格。社区“红色议事厅”实现小区全覆盖，“金种子”志愿服务队6支小队社区志愿者300余人实现文明宣传、教育服务全覆盖。

【榕树公园项目清零腾地】 雨花区黎托街道榕树公园项目位于花桥社区与大桥社区，于2021年1月12日发布征地公告，2月2日完成腾地；征地面积0.85公顷，拆迁后规划用于榕树公园建设，为大桥、花桥社区增加一处市民公园与生活绿地；项目内有建筑物3栋、大型废品处理厂和铁艺加工厂，均为历史遗留房屋与建筑。

【运达中央广场商业三期建安工程项目开工】 2021年2月28日，长沙运达中央广场商业三期建安工程项目举行开工仪式。长沙市雨花区黎托街道党工委书记王润虎，湖南运达实业集团有限公司董事长高云安，中建三局副总经理李勇等出席开工仪式。该项目位于雨花区沙湾路与大桥路交叉处，建筑面积约31.39万平方米，包含5栋公寓式酒店及配套商业，其中1#、2#、4#楼地上39～40层，建筑高度149米，3#、5#楼地上66层，建筑高度248.6米，建成后将与一期、二期一道构成一座高端城市综合体。

【“爱党为民·五个一百”工作】 2021年3月22日，雨花区黎托街道召开“爱党为民·五个一百”（即百日集中攻坚、百堂党课宣讲、百件实事惠民、百部名作品读、百名先锋评选）工作推进会，拉开“爱党为民·五个一百”工作序幕。黎托街道贯彻“三牛”（为民服务孺子牛、创新发展拓荒牛、艰苦奋斗老黄牛）精神，百日集中攻坚，打好项目征拆、洁净雨花、综治维稳3个专项攻坚战；传承红色基因，百堂党课宣讲，组建基层宣讲队伍，深入社区、学校、小区、企业等开展百场红色宣讲；聚焦基层治理，百件实事惠民，解决东澜湾小区水改、白沙湾家园外墙脱落等民生实事140件；增强“四个自信”，百部名作品读，精选百余部优秀影视作品和“四史”著作，组织研读品析，收集理论征文100余篇，开展宣传报道200余篇；学习身边榜样，百名身边榜样，评选党员先锋127名。

【大桥社区“共驻共创”仪式】 2021年5月27日，雨花区计生协会“5·29”活动暨黎托街道大桥社区“共驻共创”仪式举行。活动在《不忘初心砥砺前行》歌舞声中拉开帷幕，以“共驻共创送健康”“红歌红舞颂党恩”2个篇章展开。大桥社区经济合作党总支发出集结令，联同辖区内湖南运达实业集团有限公司、日盛物流公司、中欣建设集团有限公司、长沙农商银行高铁新

2021年5月27日，大桥“共驻共创”党建联盟启动仪式（区融媒体中心 供图）

城支行、枫树山大桥小学、中建三局、三马名车等驻社区企业党组织；联同辖区全体党员、计生协会会员，以党建为引领，建立新时代“党群共创，会员共建”的社区党建联盟模式，发挥各方职能、地域与资源优势，推动“两安”地高质量合作开发，盘活壮大集体经济。

【黎托街道庆祝中国共产党成立100周年表彰大会】 2021年6月27日，雨花区黎托街道举行庆祝中国共产党成立100周年表彰大会，向12位50年党龄的老党员代表现场颁发“光荣在党50年”纪念章，表彰10个先进党组织、10名优秀党务工作者及112名优秀共产党员。

【花桥大厦·人才公寓经营权项目】 2021年9月3日，雨花区黎托街道花桥经济合作社委托湖南安裕建设项目管理有限公司，对花桥大厦·人才公寓经营权项目进行公开招标。花桥大厦·人才公寓位于长沙市雨花区白沙湾路与人民路交会处西南角，是通过雨花区黎托街道花桥村全体村民同意的第一个人才公寓项目，是雨花区首个配套人才公寓项目。该次经营权项目租赁B栋5～26层，共604间房，面积约18624平方米。10月12日，雨花区黎托街道花桥经济合作社与长沙龙湖冠寓商业运营管理有限公司举行花桥大厦·人才公寓签约仪式。

【沙湾社区、托溪社区成立】 2021年11月23日，雨花区黎托街道沙湾社区、托溪社区2个社区经雨花区政府批复成立。沙湾社区辖区范围为东至沙湾路，西至古曲路，南至曲塘路，北至劳动路，辖长沙市自然资源规划局、长沙市群众艺术馆、沙湾公园管理处、京武浪琴山、半山壹号、红墅湾、国中新城、优山美地、保利mall、天虹商场、山姆会员商店；截至2021年年底，辖区面积约1.09平方千米，有常住人口约1.7万余人；社区公共服务中心建筑面积约1519.58平方米；社区党组织设置为党支部，有直管党员17人。托溪社区辖区范围为阳青路以南、劳动路以北、金桂路以西、雨花大道以东，管辖主要包括川河苑小区、武广职工宿舍、川河中小学、8号、9号地块；截至2021年年底，辖区面积约1.225平方千米，约7171户，规划入住人口约16922人；社区公共服务中心办公阵地为长沙市雨花区城市建设投资集团有限公司提供的952.32平方米社区办公用房；社区党组织设置为党支部，有直管党员8人；社区有“两委”成员3人。

【润和望珑府项目开工】 2021年12月31日，润和望珑府项目举行开工仪式，1号、2号、3号、5号栋启动建设。该项目位于长沙市雨花区黎托街道合丰路与合庆路交会处西北角，该宗地原为黎托街道合丰社区筹建委员会“两安”用地，项目净用地面积9.58万平方米，规划总建筑面积为35.77万平方米，其中计容面积28.73万平方米，包括16栋住宅及配套设施。小区规划住宅2169户，其中含返还给合丰社区筹委会住宅828套。

（本栏撰稿 毛俊芳）

洞井街道

【概况】 长沙市雨花区洞井街道是长株潭“两型社会”建设的前沿阵地、“生态绿心”区域和三市一体化的“功能纽带”，东连武广新城，西通湘江生态产业经济带，北融红星商圈，南接雨花经济开发区，京港澳高速、万家丽路、韶山路、长沙绕城高速、时代阳光大道、湘府路“三纵三横”的路网覆盖全街，长株潭城际铁路在辖区设置洞井站、湘府路站2个站点，地铁5号线经辖区，坐拥省森林植物园，圭塘河风光带横贯全境。截至2021年年底，洞井街道辖区面积22.3平方千米，总人口23万余人。街道辖高升、新城、商贸城、丰园、新裕、湘天、植物园、南庭、龙庭、歇马亭、星苑、天际岭、仙岭、天华荟共14个社区，牛头、洞井、桃花、和平、鄱阳5个社区筹委会，天华、板塘2个经济合作社。

2021年，洞井街道持续围绕“全面建设实力美丽幸福新洞井”工作目标，完成欧莱雅郡桥建成通车、板塘村组公路提质改造、丰园庇护性就业基地“社区食堂”开业等一批为民办实事项目；完成社区（筹委会）居委会、经济合作社党组织和理事会班子、党代表、人大代表、政协委员、两新组织党组织班子的换届选举工作；推进“党建聚合力”工程，搭建“红矩阵”街域党建共同体；打造中建嘉和城“红色物业”等项目。新城、仙岭被评为省级充分就业社区，高升成功创建为长沙市“五型”示范社区。街道社工站被评为长沙市特色街道社工站点。

【街域经济】 2021年，雨花区洞井街道完成固定资产投资82亿元，比

2020年增长24.24%；完成财税收入7.2亿元、社会消费品零售总额8.45亿元；完成工业总产值2.1亿元，比2020年增长18%；新增“四上”联网直报企业13家。走访重点企业170余次，严防重大税源流失；轻盐集团等异地税源转化落地。启动风华云邸等新建项目，推进中建嘉和城二期等续建项目，印山雅居等项目开盘销售，远瞻睿思楼等待建项目纳统入库；恒大金融广场复工。开展防范非法集资宣传活动20次，有效防范金融风险。协助完成5G基站建设。

【城管城建】 2021年，雨花区洞井街道完成城投16号地等7个项目的征拆工作，拆除合法房屋16栋，腾地35.12公顷。推进红星片区天华更新单元开发建设，B8、B12地块动工建设；完成湘华路、天华路修建，完成天华高层安置小区基础工程，圭塘河植物园段4.8万平方米历史违建全部倒地；林科路等项目完成前期工作。圭塘河年均水质达到Ⅲ类标准；抓好省林科所周边林区护林工作。创建源头垃圾分类示范小区33个。拆除新建违建6.17万平方米。加强市容案件执法，处罚金额19.39万元。完成天际岭等3个垃圾站点新建改建。中央环保督察交办的20.5件信访件全部结案。完成全国文明典范城市创建各项工作；定期组织开展“扮靓星城”“洁净雨花”行动。完成8个集体经济合作社换届选举。牛头合作社472户2002人分得新房。各村级单位集体经济年收入稳定在1000万元以上。

【社会事业】 2021年，雨花区洞井街道完成4户残疾人家庭无障碍设施改造；低保户、残疾人等群体的补贴津贴按时发放到位。举办技能培训班19期、创业培训班5期，登记就业人员1443人。累计救助低保户等对象1002人次，发放各类救助资金350万元。完成4户残疾人家庭无障碍设施改造，向417名残疾人发放生活护理补贴62万元；向1083名高龄老人发放津贴134万元，新建居家养老服务中心5个；67名困境儿童全部享受福利补贴。举办技能培训班19期、创业培训班5期，登记就业人员1443人。养老保险待遇核查完成6批30289人，企业养老保险新增续保缴费1518人，城乡居民养老保险缴费1693人。调处农民工工资维权纠纷85起，追回工资97万元。完成19个社区（筹委会）换届选举，成立融和、牛头2个新社区。支持跳马镇冬斯港村乡村振兴专项资金10万元。妥善处置梦网景园小区疫情；处理中高风险数据1.8万条；累计完成疫苗接种24.08万剂次；开展应急救护知识培训20场次，260名党员群众参加无偿献血。

【综合治理】 2021年，雨花区洞井街道对重点商务楼宇、住宅小区开展反电诈宣传“扫楼行动”，电诈案较2020年减少150起，下降25.21%。妥善处置近100起不稳定事件。成功调处矛盾纠纷1265起。刑事发案较2020年减少382起，下降29.98%。开展打击整治传销行动20次，训诫清退涉传人员86人。接待群众来信来访260批次1000余人次。开展突出信访问题“百日攻坚”行动，国家信访局交办的20个信访件全部依法依程序结案。仓储物流行业全年未发生重大火灾。排查整改安全隐患319条。简易执法处罚单位41家，行政处罚金额4.1万元。新建电动车充电场所70处。对才子嘉都小区电动车违规充电行为开具全市首批罚单。针对搅拌车、电动摩托车等容易引发交通事故的车辆，集中开展交通安全整治行动。

【党建工作】 2021年，雨花区洞井街道开展党史学习教育，搭建“书记有约”共话基层治理、解决治理难题的协商平台。完成桃花党总支软弱涣散党组织整顿。市委第五提级交叉巡察组反馈问题全部整改到位；自查自纠廉政风险点80余条；处理问题线索13件，处分违纪党员13名；上级交办转办件17件、本级受理信访件1件，均完成办结。组织党工委中心组理论学习12次，开展“每周一学”活动，加强对科学理论、法律法规的学习运用；在主流媒体发布正面宣传报道400余条。

【龙庭社区党建引领“红色物业”】 2021年，雨花区洞井街道龙庭社区以党建为统领，社区、物业公司、业主委员会配合，社区与嘉和城小区物业一起成立党员先锋督导组、中建红管家、专业攻坚小分队、红色志愿者联盟4支红色队伍。该队伍以解决群众最关切的问题为出发点，从解决群众身边的小事、急事、难事做起，发挥基层党组织战斗堡垒和示范引领作用。

【新建5个居家养老服务中心】 2021年，雨花区洞井街道新建洞井街道综合养老服务中心、湘天社区居家养老服务中心、高升社区居家养老服务中心、新裕社区居家养老服务中心、龙庭社区居家养老服务中心5个居家养老服务中心，每个中心皆配套多功能室、娱乐室、康复理疗室、书画阅览室、心理疏导室、医疗保健室、老年大学等功能室。洞井街道综合养老服务中心成立于2021年12月，位于长沙雨花区中意路967号中海珑悦府2栋附1附2楼，是洞井街道通过“公建民营”方式建设，集全日托养、日间照料和居家养老上门服务为一体的综合养老服务中心。湘天社区居家养老服务中心成立于2021年3月，位于才子嘉都三期23栋2单元2楼，设休息床位10个，配备各类图书1000余册。高升社区居家养老服务中心成立于2021年7月，位于岳泰理想城小区。新裕社区居家养老服务中心成立于2021年7月，位于中南石油局地质大队原办公楼，总面积800平方米，养老服务功能用房500平方米，养老床位10张。龙庭社区居家养老服务中心成立于2021年8月，位于中建嘉和苑5栋2层。

【鄱阳农民生产安置用地挂牌出让】 2021年2月2日，雨花区洞井街道鄱阳村131地块10.64公顷农民生产安置用地成功挂牌出让。该地块由湖南辉创美凯龙置业有限公司（上海红星美凯龙和湖南铭兴置业合资）以6.315亿元的价钱竞得，竞得人须建设并无偿交付鄱阳村27.2万平方米物业，还须承租11万平方米集中式商业15年。该宗商住用地内，计划打造16万平方米体量的长沙红星大卫茂，标志着红星大卫茂首次进入长沙并打造集团华中地区商业旗舰项目。

【洞井街道宣传活动】 2021年2月5日，雨花区洞井街道在长沙汽车南站开展集中阵地禁毒宣传。该次活动共摆放大小宣传展板3块，宣传横幅标语1条，咨询群众问题20余人，发放各类禁毒宣传资料及宣传袋200余份。3月12日，雨花区洞井街道组织全体机关党员干部、志愿者等5000余人在湖南省植物园周边及圭塘河洞井段流域开展“洁净洞井 你我共行”洁净行动。3月15日，洞井街道高升社区在高升星光天地盒马鲜生前坪开展“3·15”消费者权益宣传活动，让居民们共同关心、关注保护消费者的合法权益。社区志愿者在为居民发放消费宝典、维权利剑、防范非法集资宣传手册等宣传资料的同时，说明“直播带货”“大数据杀熟”等热点问题。7月21日，洞井街道在复地星光天地广场举行“学党史办实事·筑牢电诈防范网”的专项宣传活动暨集中扫楼行动启动仪式，200余人参加，分6个行动组对复地星光天地商业体开展地毯式防范电信网络诈骗宣传“扫楼行动”。该次集中扫楼行动共对8栋商业楼宇、100余家企业开展企业信息核查和反电诈宣传，其中发现问题企业12家。10月13日，构建灾害风险适应性和抗灾力——2021年雨花区第32个国际减灾日宣传演练活动在湖南省植物园举行。现场宣读防灾减灾倡议书，组织队员实训操作演练，讲解应急器具使用，播放防灾减灾宣传片，发放宣传手册等。12月2日，洞井街道组织开展“12·2”全国交通安全日交通安全联合整治行动。行动组重点对万家丽路时代阳光路口、韶山路植物园路口、湘府路雨荷路口3个路口开展交通安全联合整治行动，张贴电动车安全提示贴150余张，发放交通安全宣传资料200余份，查处各类违法人员35人。12月3日，第30次国际残疾人日暨庆祝长沙市希望之家成立五周年主题活动在雨花区蓝天建材城举行，100余名残障人士和志愿者参加活动。长沙市希望之家为雨花区残联、区住建局、区档案馆等爱心单位，李芬、周剑等爱心人士颁发锦旗。长沙市希望之家与北京京师长沙律所、歇马亭社区进行党建结对帮扶授牌。

【板塘村组公路提质改造】 2021年3月，雨花区洞井街道板塘村经济合作社以人居环境提质工作为重点，完成对南瓦屋、神山塘、马家塘、神冲坡4个村民小组公路的提质改造。聘请社会能人严格把关勘察、设计、施工、监理、验收等各个环节，通过党群志愿服务，实现环境维护常态化。该次提质改造工程，有利于改善居民群众居住条件。

【洞井街道党史学习教育】 2021年4月21日，雨花区洞井街道组织召开党史学习教育动员暨区委第六巡回指导组见面会。洞井街道党史教育领导小组汇报街道党史学习教育前期工作开展情况。区委第六巡回指导组组长钟智宏对洞井街道开展党史学习教育，提出指导意见。洞井街道植物园社区的74岁退休老党员马兴德，利用4年时间，手抄绘制一幅长18米，宽0.6米，累计1.6万余字的党史书法长卷，涵盖楷书、行书、隶书等多种书法风格，分为“坚定信仰”“听党指挥”“牢记使命”“绝对忠诚”四大内容，将中国共产党的百年历史浓缩其中。5月20日，街道组织辖区党员群众开展“永远跟党走 建功新时代”党史知识竞赛活动。该次党史知识竞赛以“学习强国”平台知识为主要内容，由各社区（筹委会）、机关各大办（中心）、“两新”组织党组织选出51位选手到场参赛，以笔试的形式开展。

【天华首开区首宗土地清表腾地】 2021年5月8日，雨花区红星片区天华首开区首宗土地清表腾地。红星片区城市更新项目规划范围东至植物园边界、南至时代阳光大道、西至支路40、北至湘府路，坐拥湖南省植物园、圭塘河生态景观带，紧邻省政府、长株潭生态绿心。天华首开区分为一期、二期，其中，一期净用地面积11.96公顷，包括2.5公顷划拨安置住宅用地、3.61公顷学校划拨地、5.85公顷出让地，截至2021年5月已完成腾地并开始办理统征手续；二期净用地面积11.32公顷，包括3.68公顷划拨安置商业用地、0.13公顷环卫设施划拨地、3.68公顷出让地；约14.7万平方米的60号令安置房未拆迁。

【欧莱雅郡桥开通】 2021年6月9日，欧莱雅郡桥开通。该桥位于雨花区洞井街道辖区内，圭塘河上，时代阳光大道与桃花路交叉口处，桥梁总长22.5米，跨径组成为1×21.5米，桥宽16.5米，中间为车行两车道，两旁为人行道。圭塘河将时代阳光大道划为南北两个路幅，原来有座简易便桥横跨该河南北两岸，它连接着两岸的欧莱雅郡、金质苑、城南时代等多个住宅小区，以及湖南省文旅厅、长沙京石医院、红星花卉大市场等多个单位。2019年，便桥被洪水冲垮，影响居民出行。2021年3月，洞井街道班子会议、专题会议3次对欧莱雅郡桥项目进行研究，组织区直有关部门、属地街道等到现场调研论证，做好前期工作，启动欧莱雅郡桥建设。该桥的开通，有利于解决南北掉头问题，提高时代阳光大道周边的交通疏解能力，改善周边居民出行条件。

【丰园社区食堂开业】 2021年6月11日，雨花区洞井街道丰园社区食堂对外营业，社区相关负责人、居民群众100余人参加食堂的启动仪式。探索创新“物业管理+生活服务”新模式，将物业食堂进行升级改造成社区食堂，对烈士家属、岁数大出行不便的老人，社区食堂提供免费配送服务，让老人足不出社区，在家门口就能吃到安心放心的食品。

【洞井街道庆祝建党100周年活动】2021年6月22日，“建功新时代 谱写新篇章”雨花区洞井街道庆祝建党100周年活动暨“党建聚合力”工程推进会议在国家税务总局税务干部学院（长沙校区）举行。活动表彰辖区内拥有50年党龄以上的优秀老党员，为老党员颁发纪念章；上演舞蹈《红》、党史情景剧《红船初心》、宣讲《身边的榜样》、党群大合唱《在灿烂的阳光下》等节目。“区域化党建协同委员会”在此次会议中成立。街道党工委重点打造了“红矩阵”街域党建共同体的搭建、长沙南红色记忆馆提质、南庭丰园的党建聚合力试点项目、中建嘉和城和颐和家园等一批示范小区党建、万家园服务廉租房特困群体的先锋驿站等10个精品党建项目。洞井街道成立区域化党建协同委员会，与国家税务总局税务干部学院、湖南省森林植物园、湖南省文旅厅、京师律师事务所等35家企事业单位党组织签订共建协议，达成共建项目64个，打造街域党建共同体的“红矩阵”。

【恒大金融广场项目复工】2021年11月18日，停工3个月后的长沙市重点产业项目长沙恒大金融广场项目复工，中建五局三公司启动施工建设。该项目位于雨花区湘府中路与万芙北路交会处西南角，总占地面积34.45公顷，规划建筑面积87万平方米，其中商业面积45万平方米。自恒大金融广场项目停工后，长沙市住建局、雨花区政府、洞井街道上门走访、梳理问题、全力帮助企业排忧解难。

【融和社区、牛头社区成立】2021年11月23日，雨花区洞井街道融和社区、牛头社区经雨花区政府批复成立。融和社区管辖范围东至汇金路，西至雀园路，南至绕城高速，北至豹塘路，具体包含和平安置小区、才子嘉都小区、兴和佳苑、和平8组、9组散户及设备交易市场等9个市场和单位；截至2021年年底，辖区面积约2平方千米，常住居民约3500户，9800人；社区综合服务中心位于雨花区万芙北路55号，面积约1000平方米，其中公共服务中心700平方米，警务室及卫生室约300平方米；社区党总支、居委班子共11人，党员20名，下设和平小区党支部、才子嘉都小区党支部及非公联合党支部3个支部。牛头社区管辖范围东至新湘小学西侧，西至万家丽南路，南至时代阳光大道，北至牛头家园北侧；截至2021年年底，辖区面积约1.8平方千米，常住居民约3000户，8000人；社区综合服务中心位于雨花区长房明宸府2栋负一楼，面积约1100平方米；社区有党员30名，成立牛头社区党总支1个，党总支下设大为时代家园小区党支部、宏聚地中海小区党支部、非公联合党支部。

【圭塘河植物园段违章建筑拆除】2021年11月30日，雨花区圭塘河植物园段违章建筑全部拆除，拆除面积4.8万平方米。拆除工作从8月初开始，进行3个月的宣传引导工作，张贴各类宣传资料2000余份，促进各利益方形成拆除共识。召开会议10余次，组织人员制定可行方案；组织精干队伍深入一线摸底调查；排查房屋内安全隐患。

（本栏撰稿　石梦霞）

井湾子街道

【概况】长沙市雨花区井湾子街道东临圭塘河，西靠韶山路，南至红星美凯龙，北抵香樟路，地处长沙南城核心，紧邻湖南省政府新址。截至2021年年底，辖区面积9.8平方千米，常住人口17.1万人，占雨花区常住总人口的13.52%。街道辖冯家冲、赤岗岭、三湘、香樟路、德馨园、井湾子、融城苑、红星村、农博、井湘、井圭路、井巷、井旺、湘莲、金盾社区15个社区。辖内有大中专院校4所、有长沙外国语学校、长沙市雨花实验中学、长沙市雅境中学3所中学，香樟小学、砂子塘万境水岸第二小学、红星小学、红星实验小学、韶山南路小学、德馨园小学、长塘里立新小学、枫树山莲湖小学、砂子塘万境水岸小学9所小学；有湖南省监狱管理局中心医院（湖南省112医院）、长沙市精神病医院（长沙市第九医院）、长沙仁和医院、湖南博雅眼科医院、长沙正和骨科医院、长沙年轮骨科医院、长沙瑞澜万象美域医疗美容医院、长沙山水医学检验所8家省、市管医院；有农安小区（城

2021年11月30日，圭塘河植物园段违章建筑拆除现场　（王　勇　摄）

中村）9个，经济适用房小区9个；有改制企业20余家、商住一体老旧市场7个；世界500强企业3家、中国100强企业10余家、规模以上企业91家。2021年，井湾子街道实现财税市考收入8.83亿元，工业总产值2.79亿元；开展“洁净雨花”行动，建设精美小区；举办6场现场招聘会，建设居家养老服务中心4家，推进老旧小区提质改造、小学扩建和既有多层住宅加装电梯；开展“平安雨花”公职人员大走访和平安述职，推进安全生产专项整治三年行动，开展消防百日攻坚行动；深化党建赋能，彰显井巷社区“3313”工作法、融城苑社区“五位一体、四方联动”机制、井湘社区“我是单元长”、井旺社区“三化”等党建品牌。街道创建“湖南省示范型退役军人服务站”，获得长沙先进基层党组织、长沙市2020年度禁毒工作成绩突出街道、长沙市社区戒毒康复中心示范点。井巷社区党委获评“湖南省先进基层党组织”；融城苑社区成功创建省级园林式小区、市级“无噪声示范社区”。井湘社区人民调解委员会主任许各利被授予“全国模范人民调解员”称号，这是雨花区首个获得此称号的人民调解员。

【街域经济】 2021年，雨花区井湾子街道实现财税市考收入8.83亿元，比2020年增长8.21%；固定资产投资完成15.89亿元；社会消费品零售总额16.5亿元，比2020年增长6.5%；实现工业总产值2.79亿元，比2020年增长12.02%。年内新增2家2000万元的软件企业，各类品牌首店80余家。走访企业300余次，解决用地开发、施工许可证办理等问题80余个。提升德思勤楼宇人才服务站服务效能，有全国技术能手3人，长沙市高层次人才B类1人，C类2人、D类1人。万西湾项目启动招投标工作，完成省机械化棚改项目，推进二十三冶棚改项目、莲湖中学项目。

【城市管理】 2021年，雨花区井湾子街道建设精美小区，打造书香社区、文明楼道、多元架空层。推进牛皮癣治理、裸露垃圾清理、施工围挡整治、违规招牌拆除、违规停车整治。加大巡查纠治，12件中央环保督查案卷全部办结。城管数字化结案率和按期结案率均为100%；处理“12345”投诉案卷2252件，其中城管类1858件，环保类394件；实现“零冲突”拆除违章建筑6878平方米，协助区蓝天办进行11555平方米的裸露黄土覆盖。办理行政处罚案件222起，对违法行为处以罚款6.93万元，劝导教育894件，1324余人次，人行道违停抄牌6694台次。对辖区内的经营性门店进行检查，督促门店安装油烟净化设施。拆除违规广告招牌43块，横幅89条。

【社会事业】 2021年，雨花区井湾子街道梳理为民办实事重点事项35项，党员“微实事”450余件。实施信和苑宿舍、行政学院、环保学院等一批老旧小区提质改造。推进长塘里立心小学扩建。星莲卫生服务中心运营，新增医务人员45人，床位5张。既有多层住宅加装电梯16台。举办6场现场招聘会，提供岗位2500余个，达成就业意向469人。救助各类困难群众3725人次，救助资金658万余元。建设居家养老服务中心4家，打造街道综合养老服务中心1家。退役军人服务工作累计帮扶上岗35人，发放工资85.4万元，累计困难救助14人，发放救助经费7.1万元。开展节日走访慰问，慰问资金31.9万元。接待来访退役军人900余人次、化解矛盾70余起，打造老班长工作室和老兵志愿服务队。红星农批大市场代表长沙市迎国检取得较好效果。在红星国际会展中心搭建全区最大的临时新冠疫苗接种点，全街第一针疫苗接种覆盖率108.45%。核实处理防疫大数据12115条；完成新冠疫苗接种122955人次。

【综合治理】 2021年，雨花区井湾子街道成功化解汇景豪庭小区产权证纠纷，华悦城项目推进农民工工资支付，融城花园酒店南栋5%的租金、北栋2%的租金正常发放，红星美凯龙与红星现代签订续约合同。接待来访群众68批次，召开约谈、协调会36次，完成网上信访系统交办件126件，完成省、市集中整治交办件14件，办结率100%。在全街发动“平安雨花”公职人员大走访和平安述职，印发近5万册宣传资料，推送7700余条信息、2121条次视频。对吸毒人员、社戒社康人员进行“拉网式”管理与服务，开展整治清查30余次、培训宣传70余场次。推进安全生产专项整治三年行动，13处消防安全重大隐患完成4处销号验收。开展消防百日攻坚行动，检查居民楼1350余栋、3000个单元，707栋农安自建房，签订1400份消防安全承诺书，张贴电动车安全提示帖9000余张，清理电动车违法充电行为2000余处，新建电动车集中充装置103个点位，办理电动车违规充电办案数3起，罚款处罚7200元。排查检查企业门店5039家次，排查一般安全隐患2731处，现场整改完毕2661处，限期整改70处全部完毕，实施经济处罚33起，罚款3.3万元。

【党建工作】 2021年，雨花区井湾子街道开展党工委理论学习中心组学习13次、党课讲座20场。开展党史学习教育，精研党史专题、讲好党史故事，全街3000余名党员教育培训全覆盖。以“党建聚合力”工程为统揽，推动党建基础夯实、品质提优。全街474名老党员获“光荣在党50年”纪念章。开展警示教育活动3次，诫勉谈话1人，提醒谈话2人，指导推动7个社区完成区委巡察组巡察反馈意见整改落实，“清廉井巷”示范点接受市委巡察办观摩调研并获肯定。深化改革亮点突出，针对不同类型小区精准施策，推动精准治理，撰写的《分层分类，精准管理——井湾子街道党建引领物业管理的三种模式》获雨花区委书记刘素月批示，在全区转发学习。

【井湾子街道党史学习教育】 2021年，雨花区井湾子街道开展中心组学习13次，为党员发放党史学习规定书目3496份。依托雨花非遗馆“非遗+

党史”街区，开展党史微宣讲、表演红色歌舞、举办党史知识抢答赛等活动，利用“周末剧场”开展文化惠民行动，布展“四史馆”，创设情景式党课教育空间；香樟路社区联合辖区单位长沙民政学院，打造“湖南革命人物专题馆”，开发上线“学党史、听党话、跟党走”思政微课。开展主题宣讲100余场次，街道党史学习教育在各主流媒体平台刊稿280余篇，其中央媒20余篇、省媒240余篇。《走心又走新，党史学习教育还能这么“潮”》获“学习强国”学习平台、《长沙党建》重点推介。井巷社区通过制作近30幅宣传展板，开展“百年峥嵘·与党同行”党史知识流动巡展，打造“家门口的党史馆”；融城苑社区组建“融心”党史宣讲小分队，针对年老体弱党员开展送学上门，为所有党员准备“党史大礼包”；红星村社区开设“板凳课堂”，将宣讲会场搬进农户堂屋；井旺社区组织辖区单位7支队伍开展“百年华诞、党旗飘扬”党史知识竞赛；农博社区开展“党史知识快问快答”视频录制和“红色电影进小区”；联合德思勤楼宇党委、德思勤24小时书店打造全省首个24小时“不打烊”党史学习教育阵地。开展“传承红色家风，推进党史教育进家庭”“巾帼心向党”群众性朗读活动、“童心向党”“学党史、唱红歌”等主题活动50余场。将2440名党员全部下沉到单元网格，接收群众诉求4157宗，处置率100%。开展“我为群众办实事”活动，街道联点区级领导认领民生实事11件，街道层面梳理重点问题清单35条，办好井圭路社区小区架空层改造、井巷社区地下管网整改、红星村社区背街小巷路灯亮化、香樟路社区路面硬化等民生实事。开展敬老扶弱、爱心义诊、环保公益、群众会演等志愿服务300余场次。

井湾子街道井湘社区红色三零网格化—我是单元长2021年工作会议

（王诗雨　供图）

【井巷社区“3313”工作法】2021年，雨花区井湾子街道探索党建引领基层治理“3313工作法”（“3”即打造“三个岗亭”、“3”即组建“三支队伍”、“1”即设立“一条热线”，“3”即最终实现社区“零上访、零发案、零事故”三个目标）。“三个岗亭”对应3个党员志愿者服务站，每个岗亭最显眼处都写着“有事找党员志愿者”的大红标语，党员志愿者在岗亭中听民声、集民意、解民忧；“三支队伍”则是组建以党员为骨干的“志愿红”“事务蓝”“环保绿”三色马甲志愿服务队，推动自治共治有机结合；“一条热线”就是开通“邻帮一号通”24小时社区服务热线4009268110，让居民“一次不用跑”，打个求助电话，15分钟之内就能得到服务。

【春风行动专场招聘会】 2021年3月12日，雨花区井湾子街道开展“春风送岗位·就业暖民心”现场招聘会。活动有80余家用人单位进行现场招聘，为求职人员提供会计、导购、行政管理、业务销售等各类岗位200余个，现场咨询的求职者达400余名，其中80余人与用人单位达成初步意向。井湾子街道农博社区党员志愿者、网格员在招聘现场设立各类人员就业信息、社会保险、劳动维权、创业担保贷款、禁毒、消防、食品安全、社会救助、法律援助等咨询处，为提供政策咨询和劳动维权服务，发放各类宣传资料近千份。

【井湾子街道物业管理工作】 2021年4月1日，雨花区井湾子街道举行物业管理工作推进会。会议对全街物业管理工作作部署安排，提出总体思路和工作要求，要求全街物业管理工作需着力提升服务意识、标准意识、品牌意识、创新意识。7月2日，井湾子街道组织召开物业管理工作暨住宅小区标准化建设工作部署会。会议要求各社区督促物业企业制定标准化创建方案，就各社区物业管理工作进行部署。井湘社区创新推进“我是单元长”党建引领物业管理新模式，实现“单元长”零距离贴身服务，助高楼陌邻变睦邻。井湘社区的华盛世纪新城是省直机关公务员小区，共有26栋高层住宅、52个单元，社区在每个单元设置“单元长”，做强“小单元”，实现社区2个小区共86个单元全覆盖，为疫情防控、基层治理夯实体系基础。

【“家政驿站”落户井巷社区】 2021年4月9日，湖南女子学院首个“家政驿站”落户雨花区井湾子街道井巷社区，这是高校学子服务社区长期有效机制的有益探索。湖南女子学院社会发展与管理学院负责人和社区负责人等，见证校区产学研协议签订以及“家政驿站”的启动。家政学专业国家级大学生创新创业项目“云想整理生活美学馆项目”团队走进居民家里，用专业的整理收纳技艺助力居民美好的家居生活；以学生党员为代表的志愿者团队，联合社区开展“洁净雨花”大行动，配合清扫社区环境卫生。湖南女子学院家政学专业是国家一流专业建设点，“家政驿站”校区联动模式，有利于推动社区治理做好三个“菜单”的有机结合，即“居民需求菜单”“社区资源菜单”“高校专业服务菜单”三个菜单汇聚居民、社区和高校专业发展利益，实现高校专业精准服务社区，使居民获得多样化的精准性服务，实现高校人才培养、社区治理和人民群众共享社会发展成果的共赢局面。

【红星国际会展中心临时接种点】 2021年5月8日，红星国际会展中心疫苗临时接种点开始疫苗接种服务，这是雨花区第一个新冠疫苗临时接种点。该接种点由长沙市雨花区新冠肺炎防控指挥部、区卫生健康局、井湾子街道、农博社区和井湾子街道仁和卫生服务中心共同实施，接种不限户籍地和居住地。该接种点设置在红星国际会展中心三楼整层，面积1.1万平方米，布置有咨询区、登记区、等候区、接种区、留观区、应急处置区6个区域，有10个接种台28名医务人员为居民提供咨询和接种服务，有街道、社区37名工作人员和志愿者提供相应帮助。

【冯家冲社区分校揭牌】 2021年9月15日，湖南省首家企地共建的“美在金秋老党员之家”及湖南省老年大学中建五局·冯家冲社区分校揭牌仪式暨开学典礼，在冯家冲社区信和苑一区老干活动中心举行。湖南省委老干部局副局长皮巨飞，省委老干部大学校长郭文，中建五局党委副书记、董事、工会主席江森，雨花区委组织部、井湾子街道相关负责人参加。皮巨飞、江森等共同为“美在金秋老党员之家”及湖南省老年大学中建五局·冯家冲社区分校揭牌。开展“美在金秋老党员之家”及老年大学的建设，旨在为老年人提供更优质的学习娱乐平台，引导老年人主动融入社区继续发光发热。冯家冲社区分校开设合唱班、舞蹈班、书法班、柔力球班、太极班、木兰班、形体模特班、智能手机应用班8门专业课程，9个班级，并不定期开展党史学习教育、法律维权、老年健康养生等各类网络课程学习。

（本栏撰稿　王诗雨）

东山街道

【概况】 长沙市雨花区东山街道地处长沙东南部，北起劳动路，西靠京珠高速，东到浏阳河，南邻绕城高速，是高铁会展新城的核心区域，位处湖南自由贸易试验区的核心片区。截至2021年年底，街道辖区面积14.2平方千米，常住人口2.2万余人，流动人口3万余人。街道辖长托、黎托、黎明渔场、东山4个经济合作社，边山、侯照2个筹委会，东山镇、南雅、黎郡、黎雅、东恒、高铁新城6个社区。街道辖区内有劳动东路、新花侯路、香樟东路、曲塘路、北支路、南支路、杜花路以及下穿京珠高速路等形成的方格网状的城市交通路网系统，“五纵八横”路网贯穿全境，长沙南站位于辖区内。辖区内有雨花区合丰堤委会、星辰农电公司城区分公司雨东供电所、雨花区黎托邮电所、长沙市南雅中学、长沙市雅礼雨花中学、黎郡小学、雨花区农村合作银行社武广支行、雨花区东山街道动物防疫站、东山街道社区卫生服务中心、长沙东广建筑工程有限公司、湖南东山建筑工程有限公司12家企事业单位。

2021年，东山街道完成全社会固定资产投资63.3亿元，全年新入库项目22个；铺排征拆项目15个，11个项目实现签约清零，处置城管数字化案卷市、区数字化及街道网格通案卷1.8万余条，按时结案率100%，处理“12345”投诉430余条，及时回复率100%；有惠民资金项目15个，帮扶困难群体40户，新增就业389人，处理劳动争议68起；开展“大排查、大体检、大整治”活动，开展安全应急演练活动221场，排查安全隐患441处、排查重大隐患2处；加强对全街863名直管党员、323名在职党员的兜底管理工作，新发展党员28名，入党积极分子42名。东山街道获评2021年度省级安全生产示范街道。

【街域经济】 2021年，雨花区东山街道完成全社会固定资产投资63.3亿元（完成产业投资9.5亿元），比2020年增长10%；实现限额以上社会消费品零售总额8.35亿元，比2020年增长50.3%；实现其他营利性服务业营业收入6.38亿元，比2020年增长14.5%；实现规模工业总产值2.46亿元；新增“四上”单位8家；全年新入库项目22个，新增产业投资项目11个，其中完成产业投资9.5亿元。东山街道走访项目30余次，收集项目诉求24个，解决万科星光里地块遗留问题，绿地长沙之门地块遗留问题，中欣百富广场地块遗留问题，建发玖洲和鸣地块遗留问题，城投6号地拆迁清零问题，武广26号地临建拆除问题6个问题；4个新引进房地产项目，全部入场施工，2个实现预售。协助解决九裕物流质安先行问题、空间站销售纠纷问题、空间站延期交房问题、恒大都汇绿化带改造问题4个问题。对长沙城际空间站等8个市重大项目实施节点管理与风险预测。指导武广戴斯酒店改造工程等6个项目完成备案。协助浏阳河科学文化科创基地、万科星光里、建发玖洲和鸣宣传推广。为110家企业提供开办服务，组织7家企业申报产业扶持奖励，推广“市信易贷平台”注册124家。协助恒大绿洲升级智能电表1100块，完成“630攻坚”配网项目施工点位论证；协调林海220千伏变电站进站道路补偿。推动怀邵衡铁路有限公司、长沙轨道万科房地产开发有限公司等异地重大税源转化工作，走访重点税源单位50余次；推送有效新增房产信息137条；排查发现区外异地经营企业50家，成功转化31家；引进重点税源企业12家；清理建安项目纳税33个。

【城建城管】 2021年，雨花区东山街道铺排征拆项目15个，涉及合法房屋约206户。已有片区27号地、片区28号地、城投6号地等11个项目实现签约、拆房全部清零。全年签约176户，拆除175户，为雨花自贸区发展建设清零腾地80余公顷。2021年实现片区19号、21号、30号、31号地、城投4号、6号地、科创基地统征地等地块净地交付出让，共约66公顷。开展多余保障住房处置（回购）工作收集61户79.5人，6360平方米（其中：农业指标5880平方米，半边户指标480平方米）回购资料；对片区31号地等项目进行保障住房申购资格联合会审，审核101户、约400人，独生证26本，安置信息系统数据更新1200余条。对辖区所有在建工地、住宅楼、混凝土搅拌厂等行业安全管理内容进行严格监管，组织开展集中整治行动12次，检查单位200余家（次），联合上级执法部门开展联合执法6次，开展宣教培训3次。对辖区在建工地复绿、降尘工作全方位整治，检查单位200余家次，排查整治裸露黄土40余家。宝湾物流园停车场、黎托生态公园停车场建成，新增停车位1300余个；合理规范辖区内次干道等重点区域停车位并将数据纳入全市小程序系统；凤凰苑菜市场后坪停车场提质改造。劝离流动摊贩9800余次、规范店外经营等违规行为7500余次，行政处罚152起，处罚金额3.21万元；联合执法中队对人行道机动车违停抄牌处罚900余起；收缴非法移动灯箱、临时户外宣传、违规刀旗720余块；拆除大型违规招牌、道旗、大型围挡广告1万余平方米；清理牛皮癣1.3万余处；规范维修工地围档及围档破损1000余处；修补沟盖板、人行道破损和处理违规接坡150余处；完成辖区内地铁站周边遗留问题的核查并与轨道公司对接协调，督促完成整改工作；完成花侯路人行道箱柜清障工作和提质提档工作。对"门前三包"落实不到位的门店进行温馨提示650余次，全部得到整改。责令餐饮门店清洗地面油渍污染200余处。发现并拆除候照新建违章110平方米。拆除东山夜宵城历史性违章30余处，共1万余平方米。对辖区单位、市场、学校投放及更换垃圾桶160余个、指引牌45个。完成5处垃圾厢房建设选址工作，建成4个；由街道、环卫所安排2台厨余垃圾转运车辆进行转运。厨余垃圾准确率达100%的入场量为3949.45吨，厨余垃圾占比21.2%；全年可回收物收运8543.16吨，完成占比30.26%；对垃圾分类工作落实不力的单位进行处罚，立案22起，处罚金1.24万元。

【社会事业】 2021年，雨花区东山街道开展"两委"换届工作，选举产生36名社区（筹委会）村（居）民委员会成员。全街有惠民资金项目15个，使用资金135.53万元。帮扶困难群体40户（其中本市户籍37户），发放帮扶资金17.75万元。街道春节慰问603户，31.18万元，发放春节慰问物资270份。为辖区内200户267名低保特困对象累计发放低保金额共21万元。为街道内26位低保和困难家庭申报医疗救助和门诊救助19.3万余元。为困难群众2人申请临时救助，发放救助金额2.5万元。为工作和生活在本街道范围可申请保障性住房而进行低收入认定3户，慈善助学13人次6.5万元。新增就业389人，失业人员再就业565人，职业技能培训1460人，创业培训287人。小额贷款40万元。办理退休人员125人，死亡48人，申请灵活就业补贴509人，补贴下发的188人，金额89.51万元。人脸建模2346人，办理就业创业证并认定困难人员167人。在社保"回头看"核查总数据10746人，已核实确认的数据导入湖南省城乡居民基本养老保险信息管理系统"待遇人员核查回头看"模块。其中"居保核查数据"导入258条，"居保参保和持卡情况核查经办"导入160条，"职保核查数据"导入3014条，"职保核查数据"导入6112条。处理劳动争议68起，成功调解63起，其他5起移交区里处理。累计为农民工追回拖欠工资1200万余元。辖区有享受困难残疾人生活补贴残疾人126人、享受重度残疾人护理补贴残疾人111人，全年发放"两补"资金34万余元。申报，发放12件套残疾人辅具，总价2561元。开展大型社区活动4个（包括3月的社工宣传周活动、7月的暑期安全知识教育活动以及"青春自护，安全暑假"防溺水安全讲座活动、10月的"颂党恩 吟金秋"红色诗歌朗诵比赛）。中小型社区活动8场，小组活动4场，重点个案2个，志愿者活动3次，工作坊2次。慰问辖区困境老人10人。

【综合治理】 2021年，雨花区东山街道举办各类安全生产专题培训28场，组织观看典型事故案例剖析警示教育片15场，开展安全知识竞赛、网络微课堂、微电影等活动12场，印制各类安全宣传资料12万余份，发放安全宣传纸杯10万只。开展安全应急演练活动221场（其中消防安全整治百日攻坚行动期间177场）。严格执法检查，出动安全生产检查人员2030余人次，监督执法检查企事业单位和场所1215家次，排查安全隐患441处、排查重大隐患2处，取缔非法违法生产经营单位3家，临时查封关停涉仓储物流企业3家，开展各类执法检查112次，对安全生产工作落实不到位的单位下达责令整改文书62份，行政处罚47起，罚款5万余元；组织领导干部带队检查安全生产工作154次，社区书记、主任带队检查安全生产工作132次。

【党建工作】 2021年，雨花区东山街道开展党建引领基层治理项目建设暨"强引领、办实事、勇争先"活动，自主申报项目25个。强化南雅社区"君师里"党建引领基层治理项目，成为全区27个试点项目之一。建成高铁新城社区绿地之窗小区党支部、万里时代小区党支部、东恒社区恒新绿洲小区党支部。在疫情防控中，号召发动500余人次党员志愿者助力防疫。开展5期"东山论建"基层党组织书记论坛。深化南雅社区"一里三桥"工作措施，成立"租委会"打造公租房治理"样本"。指导东恒社区打造"东山红"党建文化品牌。颁发"光荣在党50年"纪念

“东山红”党性锤炼馆　（胡　琼　供图）

章63枚，召开东山街道庆祝中国共产党成立100周年表彰大会、“两优一先”代表座谈会。开展五四青年节红色经典诵读比赛。开展“奋斗百年路·启航新征程”群众文化活动，制作献礼建党100周年视频——《我是党员我先上——东山街道庆祝中国共产党成立100周年》。开设“三类课堂”，录制50余期特色宣讲视频，开展主题教育20余次。街道联点县级领导认领民生实事6件，提出“我为群众办实事”重点项目172个，全街党员认领民生实事700余件，提供为民便民安民服务2676件。指导“两新”党组织提升组织建设水平，新成立长沙市轨道交通发展研究会党支部、东山商会党支部。完成4个经济合作社换届选举工作。组织推动各级党组织集中开展入党宣誓、主题党日和“党课开讲啦”活动。组织开展“守初心、明职责、守底线”等9次专题教育，邀请市委党校教授张凌林、周伟东上党课。开展为期2天的党务骨干培训班。举办2021年度入党积极分子培训班，完成2021年28名新发展党员入党宣誓。在各大主流媒体发稿410余篇，其中国家级媒体16篇，省级媒体200余篇。“学习强国”学习平台11次推介基层党建引领社会治理、党史学习教育推进为民服务走深走实等东山街道先进工作经验。开展宣讲活动50余场次。

【东山街道党建引领物业管理】 2021年，雨花区东山街道聚焦党建引领物业管理中的堵点难点，调动各方力量解决小区的“老大难”问题，提升物业服务水平和社区治理水平，共筑居民幸福家园。针对辖区内老旧安置小区多、物业管控不力、小区居民结构复杂、流动人口数量大、安防设施缺失等问题，东山街道按照“有能力、有威望、有公心、有热情”标准，选优配强小区党支部书记，选派党建指导员，探索小区党支部与业委会党员双向进入、交叉任（兼）职，实现小区党组织和工作100%全覆盖；深化农安小区“六方协商”机制，在廉租房小区探索成立“租委会”，发挥星级物业考评“指挥棒”作用，社区物业服务与社区治理实现同频共振；推进“智慧东山2.0”建设，解决老旧小区外来人员随意进出、车辆乱停乱放等问题。

【项目用地实现签约清零】 2021年1月7日，雨花区东山街道城投6号地、长托村“两安”用地（G06—H19地块）、长托村“两安”用地（生产生活安置地块二）3块项目用地实现签约清零，均实现在集中签约第一阶段全面清零。城投6号地项目于2020年10月14日发布征地公告，征地面积7.8公顷，合法户数37户，截至2021年1月6日，项目共签约37户；长托村“两安”用地（G06—H19地块）项目于2020年6月29日发布征地公告，征地面积1.5公顷，合法户数5户，截至2021年1月6日，项目共签约5户；长托村“两安”用地（生产生活安置地块二）项目于2020年10月16日发布征地公告，征地面积0.77公顷，合法户数1户，项目共签约1户。2021年1月13日，东山街道片区27号地、片区28号地、片区35号地3块项目用地同时签约清零，均实现在集中签约第一阶段全面清零。片区27号地项目于2018年6月13日发布征地公告，征地面积13.01公顷，合法户数22户，截至2021年1月13日，项目共签约22户；片区28号地项目于2015年8月31日发布征地公告，征地面积14.27公顷，合法户数70户，截至2021年1月13日，项目共签约70户；片区35号地项目于2016年2月29日发布征地公告，征地面积5.44公顷，合法户数40户，截至2021年1月13日，项目共签约40户。

【东山街道宣传活动】 2021年3月4日，雨花区东山街道东山镇社区组织网格员、网格志愿者开展“关爱女性，与爱同行”健康知识讲座活动。3月16日，黎雅社区开展一场防范非法集资的宣传活动。3月30日，街道举行禁毒宣传活动，在展台现场教居民识别新型毒品的技巧和预防毒品的相关知识。3月31日，以“文明祭扫”系列志愿服务活动为载体，广泛开展宣传活动，推进移风易俗。4月22日，高铁新城社区联合区教育局绿地之窗幼儿园开展“文明健康始于心，绿色环保伴我行”健康知识科普活动。5月12日，街道在黎郡社区开展“5·12”防灾减灾主题日宣传活动。5月20日，街道开展以“关注饮水卫生，共享健康生活”为主题的饮用水卫生宣传活动。7月15日，东恒社区开展主题为“远离非法集资 拒绝高利诱惑”宣传活动，辖区家长、孩子们共同参与。9月15日，街道在黎雅社区开展“禁毒+反诈”宣传进社区活动。9月17日，黎雅社区联合黎托强制隔离戒毒所在黎郡小学开展“护航文明雨花，禁毒知识进校园”活动，6

个年级300余名师生聆听禁毒辅导讲座。9月23日，黎郡社区开展以“守住钱袋子 护好幸福家”为主题的防范非法集资宣传讲座。

【南雅社区公租房租户委员会筹备会议】 2021年4月15日，雨花区东山街道南雅社区公租房租户委员会筹备会议召开。会议表决通过相关筹备方案，标志着东山街道辖区最大的公租房小区凤凰家园向自治自管迈出一大步。凤凰家园是公租房、廉租房和经济适用房“杂糅”的混合型小区，有2628户居民，常住人口8000余人，老年人多、低保户多、困难户多、残疾人多、流动人口多。东山街道南雅社区创新党建引领，在凤凰家园小区成立“租委会”筹备小组，让租户们参与到小区管理中。

【块地挂牌出让】 2021年4月，雨花区东山街道5块地挂牌出让。在2021全市第一批次挂牌出让土地中，东山街道辖区城投4号地、片区19、21、30、31号地等5个项目挂牌出让，出让面积65.25公顷，出让面积排雨花区第一，为高铁片区经济社会发展腾出新空间。

（本栏撰稿　胡　琼）

同升街道

【概况】 长沙市雨花区同升街道地处长沙市东南角，东与跳马镇接壤，西南与天心区暮云街道为邻，北邻洞井街道，长沙绕城高速、京珠高速、武广高铁、沪昆高铁从中穿过，拥有李家塘、绕城互通和万家丽路3个入城口。截至2021年年底，辖区面积23.3平方千米，常住人口和户籍人口共8.2万余人（含职教城师生）。街道辖古樟树、联盟、景环、仙姑岭、同升湖、新聚园、新兴、桃阳8个社区，白田、洪塘、金井3个社区筹委会，新兴、桃阳、联盟、同升、洪塘、白田6个经济合作社。

2021年，同升街道完成财税入库9.81亿元，社会消费品零售总额55.27亿元；深化“洁净雨花”行动，做好垃圾分类、河长巡河、环境保护等工作结合文章；新增城镇就业2095人，为200余名农民工讨回工资；打造古樟树社区、联盟社区、仙姑领社区3个市级文明社区，加强新聚园社区新时代文明实践站区级示范站、景环社区新时代文明实践站区级试点建设；调处矛盾纠纷117件，开展反电诈宣传和消防安全整治“百日攻坚”行动；打造古樟树社区、仙姑岭社区等党建示范点，创建古樟树社区“阳光台、四中心”、“集贤驿站”、“你讲我听”直播间、同升湖畔书院、新聚园社区“寸草心”、“童心屋”、“青苗守护”、“微爱邻里之家”等品牌。同升街道街道被评为长沙市安全生产示范街道、长沙市信访“三无”街道。

【街域经济】 2021年，雨花区同升街道完成财税入库9.81亿元，社会消费品零售总额55.27亿元，其中产业投资4887万元，固定资产投资23.6亿元，营利性服务业增速17.42%。重点税源引进取得突破，新引进区级税收200万元以上企业2家，100万元以上2家，超额完成高新技术企业申报、推荐。推进旭辉雨金广场、中建璟和城、中建凤凰台、龙湖日盛奕境等重大项目建设、销售有序推进。举办第八届“黄谷路汽车消费节”。

【城建城管】 雨花区同升街道完成城投16号地、新兴（白竹）安置用地拆迁扫尾工作，按期结算交地。推进新兴、白田、桃阳、同升的“两安”用地项目招引，以及同超物流、桃阳、金井“两安”用地的开发谋划。受理网格化案卷城管线日常案卷5981条，全部办结。在仙姑岭社区设立4个垃圾分类集中投放点（厢房），成为全区首个通过市局验收并投入使用的街道。圭塘河同升街道考核断面月平均值均达到Ⅱ类水质。拆除新增违法建筑共19处面积近3000平方米。开展交通顽瘴痼疾集中整治，以“两纵三横”（万家丽路、振华路、环保大道、振东路、时代阳光大道五条主干道）为重点路段，拆除违规广告招牌、劝离违停车辆、翻新A类实体砖砌围挡。查处渣土及建筑工地相关案件57件，罚款金额20.85万元。整治辖区内餐饮经营场所违章违规行为，查处露天烧烤、占道摆摊、油烟乱排等现象76起，罚款金额2.63万元。

【社会事业】 2021年，雨花区同升街道新增城镇就业人数2095人，开展职业技能培训1822人次，创业培训524人次。成功办理廉租房申请25人次。完成养老保险待遇核查“回头看”稽核对象追缴工作。为200余名农民工讨回工资。新增停车泊位2800余个，解决白田51号地159人的安置问题。完成粟塘小区消防主管网和市政供水管网改造。受理“12345”市民投诉热线案卷545起，全部处置。联合长沙财经学校，开展“学习强国”知识竞赛。将辖区红一方面军前总委指挥部遗址、金井红色阵地、晓光工匠学院等10处资源串连，打造“星火之路”红色教育路线，“红军攻打长沙纪念园”成为城南重要的爱国主义教育基地。做好校外培训机构整治规范工作，关停2家无证幼儿园，引导3家培训机构营转非，将辖区2所幼儿园纳入民转公，提供学位700余个。打造古樟树社区、联盟社区、仙姑领社区3个市级文明社区。组织开展4场区级志愿线活动以及志愿服务行动100余场次；开展市级、区级以及其他形式活动、讲座、培训等60余次。指导和完善1个新时代文明实践所、9个新时达文明实践站的阵地建设、资料记录；加强新聚园社区新时代文明实践站区级示范站、景环社区新时代文明实践站区级试点建设。

【综合治理】 2021年，雨花区同升街道排查教育配套、培训、物业纠纷、涉拆、涉集体产权等问题31条，成功调处婚姻家庭、合同、损害赔偿等矛盾纠纷117件，涉及金额1880万余元。办理集中治理重复信访交办案件9件、国家督办案件1件，化解信访积案5件，签订息访息诉协议4份。开展反电诈宣传，累计注册“国家反诈中心”App近4万人次。开展消防安全整治“百日攻坚”行动，在辖区 12 家仓储、物流公司开展“一体检六行动”和“地毯式排查”。新建 5 个微型消防站，新增烟感报警器 60 个，拆除防火等级不达标的板房达 500 平方米，搬离存在二合一的仓库 300 平方米，劝离 3 户经营户退出。

【党建工作】 2021 年，雨花区同升街道制定全街组织及基层党建工作要点，分批分层对社区书记、党务工作者和普通党员进行轮训。组织党员到革命旧址和廉政教育基地参观学习，开展“党员政治生日”等主题活动。组织开展“为民办实事”，收集民生实事 320 件，23 个重点问题全部得到解决。重点培育仙姑岭社区党支部、古樟树社区党总支、新聚园社区党支部、时代阳光党支部等先进党组织。组织各种形式的监督检查 15 次。全年党纪处分 7 人，开除党籍 1 人、留党察看 1 人、党内警告 5 人、政务开除 1 人。5 月，区委第九巡察组对街道白田社区和仙姑岭 2 个社区党组织进行巡察，共发现问题 19 个，街道党工委落实整改任务。

【“红色经典阅读分享”活动】 2021 年 4 月 23 日，长沙市“党的光辉照我心——红色经典阅读分享”活动启动仪式在长沙财经学校举行活动以“讲好党的故事、革命的故事、英雄的故事、红色故事、经典故事”为主要内容，结合党史学习教育，感悟红色故事榜样的力量。长沙市委宣传部副部长唐曙光宣布长沙市“党的光辉照我心——红色经典阅读分享”活动启动。现场上演长沙财经学校红色朗诵情景剧《星火之路》；砂子塘小学教师李礼，长沙汽车工业学校教师贺珍梅、赵小玚 3 人分别以《信仰之光》《心中有信仰，脚下有力量》《两本书中求真知——爱看书的毛泽东》为题进行宣讲；长郡中学学生李思宬分享阅读书籍《苦难辉煌》的感受；长沙商贸旅游职业技术学院教师吴春红以“同心向党 青少年如何学好党史”为主题开展党史讲座。

【第八届雨花区黄谷路汽车消费节活动】 2021 年 6 月 8 日，“激情夏日·融城嗨购”——第八届雨花区黄谷路汽车消费节活动在同升街道旭辉雨金广场营销中心前坪启动。该次汽车消费节活动由雨花区政府主办，雨花区商务局、同升街道承办，时间自 6 月 1 日至 7 月 31 日，历时 2 个月。活动紧扣“品牌宣传＋促进销售”2 条主线，推出 5 个主题活动，力天宝崐、恒信星凯、华洋大众等 24 家汽车销售企业参与其中。消费节活动期间，共销售汽车 7502 台，销售产值 11.55 亿余元。

【同升街道庆祝中国共产党成立 100 周年表彰大会】 2021 年 6 月 25 日，同升街道庆祝中国共产党成立 100 周年表彰大会在长沙财经学校多功能厅举行。大会为 23 名老党员代表颁发“光荣在党 50 年”纪念章；表彰优秀党员 60 人、优秀党务工作者 10 人以及先进基层党组织 4 个。

【桃阳、新兴社区举行揭牌仪式】 2021 年 12 月 28 日，雨花区同升街道桃阳、新兴社区阵地举行揭牌仪式，该 2 个社区均为 11 月 23 日经雨花区政府批复成立。新兴社区管辖范围：东至粟塘小区西侧围墙，西至联圭路，南至绕城高速，北至荷叶冲路，约 2.67 平方千米，管辖主要包括新兴安置小区、奥园誉景华府、碧桂园南城首府、中建凤凰台、同昕停车场等小区和单位；约 4439 户，规划入住人口约 13030 人；社区公共服务中心办公阵地为长沙市雨花区中建信和地产有限公司提供的 1400 平方米社区办公用房；社区党组织设置为党支部，有直管党员 28 人；有“两委”成员 9 人。桃阳社区管辖范围：东到万芙南路，西至金海路，南到黄谷路，北到狮子山公园—恒大城小区山体南侧，约 0.67 平方千米，管辖主要包括省人大桃阳苑小区、桃阳农安小区 1~4 期、碧水龙庭小区、永济医院、黄谷路 6S 街区各 4S 店、桂花物流园、同超物流园、桃阳商业广场等；约 3337 户，入住人口约 10511 人；社区公共服务中心办公阵地为湖南云冷投资管理股份有限公司提供的 1400 平方米社区办公用房；社区党组织设置为党支部，有直管党员 24 人；有“两委”成员 11 人。

（本栏撰稿　陈　岚）

2021 年 12 月 28 日，同升街道桃阳、新兴 2 个社区揭牌仪式　（陈　岚　供图）

附　录

重要文献

贯彻"三高四新"战略　践行"四个争当"使命
奋力建设全国一流现代化强区

——在中国共产党长沙市雨花区第六次代表大会上的报告

区委书记　刘素月

（2021 年 7 月 31 日）

各位代表，同志们：

现在，我代表中国共产党长沙市雨花区第五届委员会向大会作报告。本次大会的主题是：坚持以习近平新时代中国特色社会主义思想为指导，认真落实习近平总书记在庆祝中国共产党成立 100 周年大会上的重要讲话精神以及考察湖南重要讲话精神，贯彻"三高四新"战略，践行"四个争当"使命，奋力建设全国一流现代化强区。

一、过去五年的工作回顾

过去五年，是雨花发展进程中极不平凡的五年。在中共中央和省委、市委的坚强领导下，我们团结带领全区党员干部群众，开拓进取，砥砺前行，交出了财富、品质、幸福雨花建设的满意答卷，谱写了经济社会发展的精彩篇章。

*综合实力领跑中部城区。*地区生产总值在全省率先迈上 2000 亿元台阶、达到 2193 亿元、年均增长 6%，稳居中部城区第一；一般公共预算收入达到 162.84 亿元、年均增长 4.65%；固定资产投资年均增长 11%；城镇居民人均可支配收入达到 6.24 万元、年均增长 7.8%。全区世界 500 强企业（项目）增至 29 家，高新技术企业达到 391 家，新增上市企业 3 家。城区高质量发展排名全国百强区（地级城市）第 18 位、跃居中部城区第一。五年的砥砺前行，雨花综合实力实现了从省市率先到中部领先的历史跨越。

*产业升级催生强劲动能。*深耕"一主一特"产业链，新能源汽车及零部件产业链产值年均增长 20%，人工智能及机器人产业链产值年均增长 23%，比亚迪、长步道、可孚医疗等企业持续壮大，雨花经开区亩均综合效益评价、高新技术企业数量位居全省省级园区第一，获评国家绿色工业园区，2017 年以来连续四年在全市重大产业项目观摩中排名中心城区第一，今年代表长沙参加全省重点产业项目建设观摩，得到省市充分肯定。提速发展现代服务业，高铁新城、长沙创新设计产业园、德思勤商务区成为全省服务业示范集聚区，电商物流园开发建设全面推进，红星商圈、高桥商圈焕发活力，东塘商圈加快转型，楼宇经济发展水平大幅提升，培育税收过亿元楼宇 19 栋。中国中部农博会影响力持续放大，红星全球农批中心（一期）建成开业。五年的持续深耕，雨花形成了特色鲜明、优势突出的现代产业体系，展示了朝气蓬勃的发展动力和后劲。

改革开放迈出坚实步伐。改革攻坚成效显著，实施200余项改革事项，圆满完成新一轮机构改革，全区机构运转更加高效有序。深化农村集体产权制度、国资国企市场化改革，盘活了资产资源。成立区级商事调解中心，企业开办、企业注销等“放管服”改革走在全省前列，全区市场主体总量达19.9万户，位居中部城区第一。大胆探索网格化管理、小区物业管理等基层治理改革，扎实推进社区居家养老服务、乡村卫生一体化管理等民生改革，有力提升了群众安全感和幸福感。全面扩大对外开放，高桥区块和高铁新城区块纳入湖南自贸试验区，中非经贸深度合作先行区建设、市场采购贸易方式试点等取得重大进展。长株潭一体化发展实现新的突破，“飞地园区”建设走在全省前列。五年的锐意进取，雨花发展活力更强、格局更大，开放雨花、梦想直达的区域形象深入人心。

城市面貌实现精彩蝶变。三大片区在多年攻坚中全面突破，高铁新城片区项目建设如火如荼，窗口形象全面提升，整体面貌焕然一新；红星片区城市更新稳步实施，商气人气与日俱增，长沙南城新商圈强势崛起；雅塘片区基础配套基本完成，产业导入加快实施，雅塘新城建设全面拉开架势。交通枢纽地位更加凸显，地铁1、2、3、4、5号线交织成网，万家丽快速路和湘府路快速路实现“十”字交会，长株潭城际铁路开通运营，洞株路快速路竣工通车，汽车南站综合交通枢纽、火车南站东广场投入使用。人居环境持续改善，城中村和棚户区改造、老旧小区提质改造、“一圈两场三道”建设全面实施，人民群众幸福感在家门口升级。生态治理成效明显，绿心地区工业企业全部退出，空气质量优良率逐年提升，圭塘河年度水质达到Ⅲ类标准，创有监测记录以来最好水平。五年的持续发力，雨花的品质和魅力全方位提升，美丽的现代化城区形象正逐步呈现。

民生事业得到全面发展。全区建档立卡贫困户全部脱贫，连续3年被评为全省携手奔小康先进单位，获评全国脱贫攻坚先进集体。新增城镇就业8.6万人。城乡养老保险、医疗保险基本实现全覆盖，分层分类的社会救助体系更加健全。中城苑、川河苑等保障性住房建成交房。新建（扩建）学校及幼儿园67所，新增学（园）位4.7万个。新建养老机构9家、社区居家养老服务中心42个。社区（村）公共文化阵地和健身设施实现全覆盖，人民群众的文化生活更加丰富。圭塘河生态公园游人如织，省森林植物园免费开放，群众拥有了更加优质的城市生态空间。先后获评全国师德养成教育示范区、全国健康促进示范区、全国妇幼健康优质服务示范区等荣誉。抓牢疫情防控、安全生产、社会稳定底线，连续十四年保持全省平安区（县）称号。五年的用心用情，雨花人民的获得感、幸福感、安全感更加充实、更有保障、更可持续。

从严治党取得显著成效。以思想政治建设为统领，扎实推进“两学一做”学习教育、“不忘初心、牢记使命”主题教育、党史学习教育、政法队伍教育整顿，进一步筑牢党员干部的坚定信念和绝对忠诚。对街镇班子和科级干部开展政治建设考察，让旗帜鲜明讲政治成为全区上下的高度自觉。以基层组织建设为抓手，作为省委城市基层党建联系点，率先全省构建“四位一体”小区治理模式，率先探索“三零”社区（村）建设，经验做法得到中组部和省委肯定。以干部队伍建设为根本，开展“五好”领导班子创建活动，在征地拆迁、项目建设、疫情防控等一线，提拔重用了一大批政治坚定、能力突出、作风过硬的干部。以作风纪律建设为保障，深入推进党风廉政建设和反腐败斗争，实现对全区各级党组织的巡察全覆盖，驰而不息纠治“四风”问题，一体推进不敢腐、不能腐、不想腐，营造了风清气正的良好政治生态。

与此同时，加强党对意识形态、宣传思想、网信工作的统一领导，鼓舞士气和凝聚人心的重要作用充分发挥；不断巩固发展统一战线，凝聚了强大发展合力；坚持党对政法工作的绝对领导，有力维护了政治安全、社会安定、人民安宁；全面落实党管武装政治责任，全民国防意识和国防动员能力全面加强。五年的聚焦聚力，全区各级党组织凝聚力、战斗力进一步增强，广大党员干部干事创业、担当作为的精气神进一步提振，这是我们干好雨花事业的最大底气！

回顾五年的奋斗历程，经受的考验最是难忘，在应对2017年历史罕见洪峰、2018年低温雨雪冰冻天气、2019年强降雨、2020年新冠肺炎疫情中，我们始终把人民群众生命财产安全摆在首位，发挥党的政治优势，号召广大党员干部冲锋在前，以“小家”的负重前行，换来了“大家”的岁月静好，书写了平凡而伟大的英雄答卷。积累的经验弥足珍贵，必须坚持正确政治方向，以习近平新时代中国特色社会主义思想武装头脑、指导实践，坚决落实中共中央和省委、市委决策部署。必须坚持党的全面领导，充分发挥基层党组织的战斗堡垒作用和党员先锋模范作用，让党的旗帜在基层阵地高高飘扬。必须坚持为民服务宗旨，把群众满意作为一切工作的出发点和落脚点，凝聚人心、汇聚民力。必须坚持实干担当作风，不驰于空想，不骛于虚声，一步一个脚印推动各项工作落实落地。凝聚的力量倍感振奋，区“四大家”班子始终把团结作为一种素质、一种能力、一种境界，区委充分发挥总揽全局、协调各方作用，支持区人大及其常委会依法行使重大事项决定权、选举任免权、监督权，支持区政府依法行政、高效履职，支持区政协开展政治协商、民主监督和参政议政，统筹抓好纪检监察、组织、宣传、政法、统战、武装、群团组织等工作，在全区上下营造了和衷共济、团结奋进的良好氛围。市对区绩效考核多年位居中心城区前列；2018年和2019年分别接受省委政治建设考察和全面巡视，得到政治生态良好的评价。实践证明，雨花最大的优势是团结、最大的力量是合力，只要全区上下心往一处想、劲往一处使，一定能在前进道路上披荆斩棘、取得更大胜利。

各位代表，同志们！过去五年取得的成绩，得益于中共中央和省委、市委的坚强领导，得益于历届区委打下的坚实基础，得益于各位老领导、老同志的鼎力支持，得益于民主党派、工商联、无党派人士和社会各界的团结合作，更是全区各级党组织和全体共产党员奋力拼搏的结果，在此，我代表中共长沙市雨花区第五届委员会，向关心、支持和参与雨花建设发展的同志们、朋友们表示衷心的感谢，并致以崇高的敬意！

二、坚持以“三高四新”战略和“四个争当”使命为发展引领，奋力建设全国一流现代化强区

未来五年，是雨花区贯彻“三高四新”战略、践行“四个争当”使命的五年，是对标全国先进城区、加快赶超进位的五年。全区上下要团结一心，奋勇拼搏，奋力谱写雨花现代化建设的新篇章。

*要深入贯彻中央和省市决策部署，奋发有为。*2020年习近平总书记考察湖南，作出打造“三个高地”、践行“四新”使命、落实五项重点任务的重要指示，将新时代湖南在全国大局中的战略定位、使命任务提升到了一个前所未有的新高度。国家“十四五”规划将长江中游城市群作为全国五大城市群之一，中央出台关于新时代推动中部地区高质量发展的意见，省委将“三高四新”作为引领未来发展的战略，市委对雨花发展提出了“四个争当”的具体要求。我们要强化省会城区担当，推动习近平总书记对湖南擘画的宏伟蓝图、中央和省市的部署要求在雨花落地生根、结出硕果。

*要充分发挥区域发展的先发优势，顺势而为。*发挥交通枢纽优势，放大临空、临铁效应，加快融入长江经济带，对接粤港澳大湾区。发挥对外开放优势，持续放大自贸试验区制度、政策、资源的叠加效应。发挥产业竞争优势，加快推进产业基础高级化、产业链现代化。发挥生态资源优势，提升生态效益，建设生态城区。发挥民生保障优势，推动教育、医疗、养老等民生事业持续提升。要决心与先进发达城区对标争先，主动作为。我们要看到，当前全国城区之间的竞争日趋激烈，与其他省会城区、沿海发达城区相比，我们还存在不少差距和短板，科技创新和成果转化能力还不够强，对外开放的广度和深度还不够，新的产业支撑点还需要进一步培育，社会治理的基础还有待夯实，等等。我们必须坚持问题导向，主动作为，全面攻坚，在你追我赶中争先进位，迈入一流行列。

今后五年，全区工作的指导思想是：高举中国特色社会主义伟大旗帜，坚持以习近平新时代中国特色社会主义思想为指导，全面落实习近平总书记“七一”重要讲话精神以及考察湖南重要讲话精神，坚持稳中求进工作总基调，立足新发展阶段，贯彻新发展理念，构建新发展格局，贯彻“三高四新”战略，践行“四个争当”使命，奋力建设全国一流现代化强区，在长沙奋力实施“三高四新”战略，全面推进高质量发展，大力创建国家中心城市，加快建设现代化新长沙中走在前列。

今后五年的奋斗目标是：立足中部领先，迈向全国十强。之所以提出这一奋斗目标，一是全面抬高发展坐标，站在中部领先的起点上，放眼全国先进城区，与最优者“对标”，与最强者“比拼”，与最快者“赛跑”。二是全面提升发展质效，进一步放大自身优势、补齐发展短板，在奋进全国十强的征程中实现雨花高质量发展。三是全面激发奋进力量，吹响追逐全国十强梦想的号角，激励全区上下坚定决心、勇往直前，以更加昂扬的精神状态去努力拼搏！

要实现“立足中部领先，迈向全国十强”目标，全区上下必须践行“四个争当”使命，奋勇当先，创新实干，在新的发展征程中创造新的辉煌。争当“三个高地”排头兵，建设具有全球影响力的500亿级新能源汽车及零部件产业集群、具有全国竞争力的100亿级智能光学及装备产业集群、具有全省引领力的100亿级智能医疗器械和生物医药产业集群，打造国家重要先进制造业高地。实施科技创新载体建设、创新主体培育、关键核心技术攻关、科技成果就地高效转化行动，建成中部地区有影响力的区域性创新中心。深入推进自贸试验区高桥区块、高铁新城区块建设，打造全省对外开放高地。争当长株潭一体化桥头堡，以最坚决的态度、最迅速的行动、最有力的举措，全面推进规划引领、交通先行、产业融合、服务共享、绿心保护、项目建设，率先推动生产要素高效循环，率先引领优势产业联动发展，率先构建共建共享服务体系，在长株潭一体化大局中彰显雨花担当和作为。争当现代国际商贸服务先行区，释放市场商圈辐射效应和市场主体强劲活力，加快推进存量转型升级和增量优质引进，做强内贸、做大外贸，提升商贸业的国际竞争力和影响力，使雨花成为国内国际双循环格局中的重要支点。争当宜居幸福示范区，强化省会城区窗口意识，把“四精五有”理念贯穿到城市规划、建设、管理全过程，提升城市品质，优化人居环境，着力打造美丽舒适宜居的现代化城区。坚持以人民为中心的发展思想，加快构建更加均衡的公共服务体系，着力完善全覆盖可持续的社会保障体系，人民群众对美好生活的需要得到更好满足。

三、坚持把发展作为第一要务，坚定不移推动经济高质量发展

*构建更具核心竞争力的现代产业体系。*推动先进制造业能级提升，按照创建“五好”园区要求，紧盯“一主一特”产业链，做大规模、做优结构，着力引进一批专精特新项目，落地一批战略支撑项目，培育一批具有影响力、竞争力的龙头企业，建成千亿级园区；支持湖南中烟转型升级，培育创新发展新动力；支持比亚迪、大族激光、可孚医疗等深耕发展，形成更多产业支撑点。推动现代服务业放大优势，支持高桥大市场、红星全球农批中心巩固龙头地位，推动东塘商务中心提质升级，进一步繁荣红星商圈；加快推进电商物流园建设，打造新零售集聚城、现代物流核心区；发挥中南院、中机国际等设计机构集聚优势，提升设计产业影响力；大力发展楼宇经济，培育更多亿元楼宇。推动建筑业做大做强，支持中建五局、五矿二十三冶等龙头企业积极开拓市场、参与国际合作，带动本地中小企业集群发展。推动新兴经济蓬勃发展，大力发展数字经济，积极培育首店经济、夜间经济，

形成新的经济增长点。

打造支撑区域经济发展的重要增长极。高铁新城片区加快拆迁清零，推进可开发地块出让，高品质策划潭阳洲片区规划和项目引进，打造城市商务客厅，建设自贸新城。红星片区推动步步高星城天地等项目投入运营，推进圭塘河植物园段综合治理，加快实施西南片、东南片滚动开发，打造高品质城市公园商务区。雅塘片区重点紧盯棚户区改造和城中村改造，深入推进新一轮基础设施和项目开发建设，建设集商务、居住等为一体的雅塘新城。加快推进黎托南片区规划落地，进一步拓展承载空间。

突出创新在现代化建设中的核心地位。浓厚创新氛围，人人参与创新、人人支持创新、人人推动创新，使创新要素充分涌流，让创新成为全区上下的行动自觉。务实创新举措，突出企业主体作用，培育一批“隐形冠军”“单项冠军”企业；推动现有创新平台发挥作用，加快一批国家重点实验室、产业创新中心落地，积极承担一批国家重大专项工程，在突破“卡脖子”技术、打造国家重器上贡献雨花力量；发挥省级技术合同认定登记点作用，进一步推动科技成果转移转化。强化创新保障，从政策制定、资源配置、人才引进等各方面加大支持力度，营造良好的创新生态系统，让创新成为雨花高质量发展的强劲动力。园区是创新的主阵地，要通过创新实现新一轮跨越发展。

对标国际国内一流全面提升营商环境。持续优化营商环境，不断提升雨花发展的吸引力和竞争力。对标世界银行和国家营商环境评价指标体系，围绕市场主体全生命周期，在企业开办注销、工程项目审批、水电气报装等方面推出更多针对性改革措施，不断提升政务服务水平。坚持依法行政、依法办事，让企业在雨花切实感受到稳定、公平、透明、可预期的发展环境。持续推进企业（项目）服务日和联点帮扶机制，着力帮助企业解决发展难题，让企业扎根雨花，在雨花发展壮大。

四、坚持以更加强烈的责任感和使命感，高标准高质量推进自贸试验区建设

自贸试验区建设是国家和省市赋予我们的重大使命，是雨花扩大对外开放的历史机遇，必将成为雨花推动高质量发展的重要引擎。

以更高站位谋划战略定位。落实中非合作国家战略使命要求，着力打造中非经贸、总部经济、创新金融、文旅健康4个核心功能区，打造雨花经开区、电商物流园、红星全球农批中心3个联动创新区。高桥区块发挥市场优势，着力打造“中非经贸深度合作先行区”“国内国际双循环引领区”；高铁新城区块依托临空、临铁优势，努力建成“高铁枢纽经济开放创新区”“高端现代服务业集聚区”。

以更大魄力深化改革创新。主动担当“为国家试制度、为地方谋发展”的历史责任，抓住制度创新这个核心，承接好上级改革事项，在发展易货贸易、综合服务平台、产品供应链等方面先行先试、大胆探索，形成一批制度创新成果；以企业需求为导向，自主探索一批改革事项和研究课题，努力建立与自贸试验区发展相适应的体制机制，打造制度集成创新高地。

以更优平台加速对外开放。大力建设和培育更多对外开放平台，着力推动湖南自贸总部基地、高铁快运、数字化平台等重大项目，加快中非经贸合作促进创新示范园、非洲在华非资源性产品集散和交易中心、中非经贸博览会线下常设展馆建设，全力办好中非经贸博览会，以高水平的平台建设，推动雨花优秀企业走出去、优质资源引进来，建设更高质量的开放型经济。

五、坚持在长株潭一体化中打头阵当先锋，全面提升示范引领和辐射带动作用

把长株潭一体化发展继续抓下去，抓出更大成效，是习近平总书记考察湖南时的殷殷嘱托。我们要以省会中心城区的强烈担当，主动示范引领、辐射带动，更好服务发展大局。

在推进“十同”重点任务中打头阵。突出“一体化”和“高质量”两个关键词，落实长株潭一体化五年行动计划和“十同”任务清单，努力构建合作共赢的区域新格局。聚焦产业同兴，高质量建设“飞地园区”，打造长株潭产业园区协同发展的标杆。聚焦设施同网，加快推进红旗路南延线、环保大道东延线、长株高速团头互通等建设，构建互联互通的轨道交通和城际公交网络。聚焦三市同城，发挥资源优势，实施均衡合理配置，推进教育、医疗、卫生、社保等公共服务一体化。

在推进绿心保护发展中当先锋。严格生态保护，落实好生态绿心地区保护条例，强化执法监管，坚决遏制绿心地区违规行为。加强生态修复，加快治理历史遗留矿坑、禁开区退出工业项目用地。强化生态建设，以长株潭绿心中央公园建设为引领，协同打造高品质城市绿心和城市会客厅。实现生态价值，探索建立生态产品调查检测、价值评价、经营开发、保护补偿、实现保障等机制，走出一条有特色、可复制、能推广的生态产品价值实现路径。

在推进乡村振兴战略中树标杆。提升农村环境品质，大力推进洁净跳马行动，广泛发动、全民动手、人人参与，打造整洁美丽、和谐宜居的人居环境。提升产业发展水平，以承办花博会、建设花卉市场为契机，推动花卉苗木产业品质化集群化发展，大力提升跳马全国花卉苗木之乡的品牌影响力；依托跳马生态历史文化资源，推动休闲民宿、乡村旅游、生态康养蓬勃发展，让游客想要来、留得住，让村民实现稳定增收。提升建设管理标准，把城市管理标准与乡村治理模式相结合，统筹推进农村道路提质建设，加快城市管理、公共服务、水电气网、基层治理一体化。跳马镇是乡村振兴的主战场，是雨花在长株潭一体化中的前沿阵地，要拉升工作标杆，积极争取上级支持，充分整合各类资源，全面推进生态保护和建设，努力成为雨花未来发展的重要支撑。

六、坚持以人民为中心的发展思想，不断满足人民群众日益增长的美好生活需要

让群众感受到更完备的基层治理。坚持党对基层治理的全面领导，建立党组织统一领导、政府依法履责、各类组织积极协同、群众广泛参与的基层治理体系。通过依法赋予行政权限、下放服务事项、完善民主协商制度、压实属地管理责任，提升街镇的行政执行、为民服务、议事协商、应急管理、平安建设能力。坚持创新发展新时代“枫桥经验”，做实“街镇吹哨、部门报到”、矛盾纠纷一站式多元化解机制，解决群众身边的操心事、烦心事、揪心事。深入推进“三零”社区（村）建设、小区物业管理改革、网格化管理等工作，让基层治理更精细精准、更扎实有效。

让群众感受到更美丽的生态文明。深入推进蓝天碧水净土静音保卫战，提升大气污染精准治理水平，推动浏阳河、圭塘河水质稳定达到Ⅲ类以上标准，坚决制止违法违规用地行为。满足群众对高品质生活环境的需求，下大力气解决垃圾异味、油烟和噪声扰民等群众身边突出环境问题。推进碳达峰行动，推动产业结构优化、能源结构调整、支持绿色低碳技术开发。

让群众感受到更精美的城市品质。坚持精准规划，做到无策划不规划、无规划不设计、无设计不实施。充分利用区内建筑设计企业资源，不断提升雨花城市规划设计水平。坚持精美建设，以工匠精神打造一批精美建筑、精美街道、精美社区；充分挖掘文化资源，厚植文化内涵，提升城市建设品位；围绕完善和提升城市功能，推进一批市政道路、城市管网、水电气网、智慧设施项目。坚持精致管理，推动建管一体化，做到建前设计规范、建中管理到位、建后及时移交。坚持精明增长，鼓励更多社会资本参与城市更新和老旧小区综合改造，实现城市资源效益最大化和可持续发展。

让群众感受到更优质的民生福祉。健全社会救助体系，抓好低保、特困供养、残疾人、城镇困难人员等群体救助工作。促进被征地农民、高校毕业生、退役军人等重点群体就业。推动学前教育优质普惠发展、义务教育优质均衡发展。加强基层医疗卫生机构标准化和规范化建设，完善公共卫生和疾控体系，提高应对突发重大公共卫生事件的能力。深化全国居家和社区养老服务改革试点，推广医养结合模式，建设一批优质养老机构和居家养老服务中心。统筹抓好安全生产、食品安全、社会面风险防控等工作，建设更高水平的平安雨花。

七、坚持强信心聚民心暖人心筑同心，推动宣传思想文化工作守正创新发展

内聚人心鼓足投身发展干劲。突出思想引领，深入学习习近平新时代中国特色社会主义思想，践行伟大建党精神，弘扬社会主义核心价值观。发挥示范效应，选树一批先进集体和先进人物，引导全区上下见贤思齐、比学赶超。提振干事劲头，聚焦雨花发展，把战鼓擂得更响，把冲锋号吹得更亮，发动广大干部群众积极投身发展一线，为建设全国一流现代化强区凝聚磅礴力量。

外树形象展示雨花活力魅力。善于总结工作经验成效，做到边干、边总结、边提升、边宣传发动。围绕全区中心工作、重点任务，积极对接中央和省市主流媒体，精心策划专题宣传报道；运用引导好自媒体，扩大雨花“朋友圈”。唱响全国一流城区声音，全面展示雨花在全省、中部乃至全国的良好形象，进一步提升美誉度、知名度。

把握主动守牢意识形态底线。坚持党对意识形态工作的绝对领导，压实工作责任，把握正确导向，确保意识形态领域绝对安全。健全完善舆情研判处置机制，加强各类意识形态阵地管理，常态化开展意识形态风险隐患排查整治工作，提高意识形态领域形势分析研判能力、舆情应变能力和突发事件应急处置能力。高度重视网络安全工作，依法加强网络空间治理，确保网络安靖。

释放优势促进文化事业繁荣。充分挖掘工业遗址、历史遗存、红色资源、非遗文化，打造具有雨花特色的文化名片。依托长株潭绿心中央公园、圭塘河生态经济带、浏阳河文旅产业带，布局文化创意和文旅消费产业，发展文化街区。完善基层公共文化服务体系，深入实施文化惠民工程，让每一位雨花居民都能享受到优质便捷的文化服务。丰富群众文化活动，以文化人、以文育人，营造积极健康向上的文化氛围。

八、坚持把抓好党建作为最大的政绩，以高质量党建引领高质量发展

党政军民学、东西南北中，党是领导一切的。要以“党建聚合力”工程为统揽，有效整合党建要素、各类资源，一体推进各领域、各层级党的建设，为雨花新一轮发展强化引领、提供保障。

加强政治建设，夯实干事创业思想根基。始终维护中共中央权威和集中统一领导，在政治立场、政治方向、政治原则、政治道路上同以习近平同志为核心的中共中央保持高度一致。始终胸怀“两个大局”，心系“国之大者”，不断提高政治判断力、政治领悟力、政治执行力，不折不扣推进中央和省委、市委决策部署在雨花落实落地。深入总结和学习运用中国共产党一百年的宝贵经验，教育引导广大党员干部锤炼忠诚品质，把思想和精力集中到干事创业、为民服务上来。

筑牢基层基础，打造坚强有力战斗堡垒。全面抓好农村、社区、机关、两新、离退休等党组织建设，推动全面进步、全面过硬，让每个基层党组织都成为坚强战斗堡垒。深化城市基层党建，在小区党建、楼宇商圈市场党建、商协会党建、产业链党建、国企党建上抓出更大成效。抓实党员学习教育，深化分类管理，严格日常监督，引导每一名党员在全国一流强区建设中充分发挥先锋模范作用。

锻造过硬队伍，强化推动发展重要保证。加强领导班子建设，完善领导班子和干部的政绩考核评价体系，深入开

展优秀领导班子创建。树牢正确用人导向，大力选拔那些对党忠诚、听党指挥的干部，选拔那些扎根基层、为民服务的干部，选拔那些思路开阔、锐意进取的干部，选拔那些勤勉务实、敢打硬仗的干部，选拔那些敬畏权力、严于律己的干部，使政治坚定、勤政为民、创新实干、担当作为、清正廉洁成为雨花党员干部的内在气质和鲜明标识。大胆使用在吃劲岗位和基层一线蹲苗锻炼、经受过实践考验的优秀年轻干部，充分用好各年龄段干部，统筹做好培养选拔女干部、少数民族干部和党外干部工作，切实做好党管人才工作，为雨花事业培育更多可靠中坚力量。

*建设清廉雨花，营造风清气正政治生态。*坚持严管就是厚爱，认真履行党委（党组）全面从严治党主体责任、纪委监督责任、党委（党组）书记第一责任人责任、班子成员"一岗双责"责任，真管真严、敢管敢严、长管长严，不断推动全面从严治党向纵深发展。完善权力运行制约和监督机制，发挥巡察监督利剑作用，加强"一把手"和领导班子监督，推动"十必严"入脑入心，把从严管理落实到干部队伍建设全过程。更加有力有效纠治"四风"，坚决向不作为、慢作为、乱作为"亮剑"。以"零容忍"态度惩治腐败，深入整治医疗社保、执法司法、工程招投标等领域腐败问题和侵害群众利益行为。精准运用"四种形态"，抓早抓小、防微杜渐。健全容错纠错和关爱帮扶机制，旗帜鲜明为敢于担当、踏实做事、不谋私利的党员干部撑腰鼓劲。

同志们，雨花事业发展需要调动一切可以调动的因素，团结一切可以团结的力量，支持人大、政府、政协、监察委、法检两院依法依章程履行职能、开展工作、发挥作用，巩固和发展最广泛的爱国统一战线，切实做好党管武装工作，支持工会、妇联、共青团、工商联、侨联、科协等群团组织积极作为，最大限度凝聚共识、汇聚力量，全面形成推动雨花发展的强大合力。

同志们，立足中部领先，迈向全国十强，是时代赋予雨花广大党员干部群众的历史使命。踏上新的征程，我们必须强化担当精神，坚定信心决心，扛起发展重任，奋力推动雨花事业开创新局面；我们必须强化进取精神，自我加压奋进，敢于攀高比强，奋力实现高质量发展走在前列；我们必须强化实干精神，脚踏实地地干，心无旁骛地做，奋力创造经得起实践、人民和历史检验的崭新业绩。

各位代表，同志们！百舸争流，奋楫者先；千帆竞发，勇进者胜。让我们更加紧密团结在以习近平同志为核心的中共中央周围，在省委、市委的坚强领导下，贯彻"三高四新"战略，践行"四个争当"使命，为建设全国一流现代化强区而努力奋斗！

长沙市雨花区人民代表大会常务委员会工作报告

——在长沙市雨花区第六届人民代表大会第一次会议上

区人大常委会主任　龚景顺

（2021 年 10 月 22 日）

同志们，立足中部领先，迈向全国十强，是时代赋予雨花广大党员干部群众的历史使命。踏上新的征程，我们必须强化担当精神，坚定信心决心，扛起发展重任，奋力推动雨花事业开创新局面；我们必须强化进取精神，自我加压奋进，敢于攀高比强，奋力实现高质量发展走在前列；我们必须强化实干精神，脚踏实地地干，心无旁骛地做，奋力创造经得起实践、人民和历史检验的崭新业绩。

各位代表，同志们！百舸争流，奋楫者先；千帆竞发，勇进者胜。让我们更加紧密团结在以习近平同志为核心的中共中央周围，在省委、市委的坚强领导下，贯彻"三高四新"战略，践行"四个争当"使命，为建设全国一流现代化强区而努力奋斗！

各位代表：

我受雨花区第五届人民代表大会常务委员会的委托，向大会报告工作，请予审议。

过去五年的主要工作

雨花区五届人大常委会任期内的五年，是人民代表大会制度在雨花实践创新、丰富发展的五年，是雨花人大工作实现历史性跨越、取得历史性成就的五年，是推动雨花经济社会高质量发展担当有为、保障有力的五年。在雨花区委的坚强领导下，坚持以习近平新时代中国特色社会主义思想为指导，围绕建设政治机关、权力机关、代表机关、工作机关，依法履职，探索创新，圆满完成了本届人民代表大会各次会议确定的目标任务。五年来，共组织召开人民代表大会5次、人大常委会会议48次、主任会议79次，作出决议决定57项，任免地方国家机关工作人员540人次，开展专项工作评议5次、专题询问3次，组织视察和调研43次，书写了区人大常委会工作新篇章，为建设全国一流现代化强区贡献了人大智慧和力量。

一、这五年，我们坚定不移坚持党的领导，彰显政治机关的绝对忠诚。

常委会牢记人大是党领导下的重要政治机关属性，坚持把政治建设摆在首位，在增强政治意识、把握政治方向、保持政治定力上持续用力，始终做到使命在肩、初心如磐。

1. *更加坚定思想自觉*。高度重视用党的创新理论武装头脑、推动工作，彰显了常委会的思想自觉。把传达学习贯彻习近平新时代中国特色社会主义思想作为区人大常委会党组理论中心组学习的首要任务，组织35个专题学习，增强了“四个意识”、坚定了“四个自信”、做到了“两个维护”。区人大常委会党组召开会议，传达学习党的十九大和十九届二中、三中、四中、五中全会精神，习近平总书记在湖南考察时的重要讲话指示精神和在庆祝中国共产党成立100周年大会上的讲话精神，第一时间用党的基本理论、基本路线和基本方略指导人大工作。邀请上级领导、专家、教授开展《推进新时代社会治理创新》《贯彻中共十九届五中全会精神》等理论宣讲11场次，提升了常委会组成人员、机关干部的理论水平和综合素养。

2. *更加坚定政治自觉*。围绕“国之大者”依法履职、久久为功，展示了常委会的政治自觉。围绕贯彻党的十九大和十九届二中、三中、四中、五中全会精神开展正确监督、有效监督，确保了中共中央重大决策部署在雨花的落地见效。围绕省委提出的大力实施“三高四新”战略、奋力建设现代化新湖南的战略部署，市委召开的奋力实施“三高四新”战略、全面推进高质量发展会议精神，结合省委、市委人大工作会议精神，对全区人大工作和建设作出系统性制度性战略性安排。主动接受区委的领导，坚持重大事项报告制度，紧扣区委确定的“聚焦新战略、勇当排头兵”等年度工作主题，开展一系列的监督工作，为推动雨花经济社会发展作出了新贡献。

3. *更加坚定行动自觉*。紧扣各级党委的重大决策部署谋划工作、扎实作为，体现了常委会的行动自觉。按照中共中央关于决战决胜脱贫攻坚全面建成小康社会的部署，听取脱贫攻坚、生态环境保护、政府债务等工作情况汇报，助力打赢“三大攻坚战”。落实中共中央、省委、市委、区委关于做好疫情防控的部署，组织班子成员和全体机关干部奋战在疫情防控第一线，开展《突发公共卫生事件应急条例》等4部法律的执法检查，听取全区疫情防控工作情况汇报，助力打赢疫情防控人民战争、总体战、阻击战。主动配合省委、市委、区委开展巡视巡察，分别完成省委巡视反馈的整改问题2个和区委巡察反馈的整改问题18个。扎实开展“两学一做”学习教育、“不忘初心、牢记使命”主题教育和党史学习教育，用党的奋斗历程和伟大成就鼓舞斗志，用党的初心使命和伟大目标凝聚力量，用党的实践创造和历史经验启迪智慧。

二、这五年，我们持之以恒聚焦依法履职，彰显权力机关的使命担当。

常委会紧跟中共中央重大决策部署，紧贴人民群众对美好生活的向往，紧扣区域治理体系和治理能力现代化，开展依法监督、精准监督、有效监督，使各项工作更好服务大局、体现人民意志。

1. *持续助推经济发展*。监督支持政府立足新发展阶段，落实新发展理念，构建新发展格局，雨花经济实现由高速增长阶段转向高质量发展新阶段。落实“三高四新”战略，调研全区先进制造业发展情况，听取全区科技创新工作情况汇报，视察自贸区长沙片区雨花区块发展情况。连续5年开展“项目推进雨花行”活动，视察调研重大项目建设20多个，督促发挥项目在高质量发展中的带动作用。视察雅塘片区开发建设，听取红星片区与华润集团战略合作、跳马镇脱贫攻坚等工作汇报，调研高铁新城片区建设情况，视察圭塘河流域综合治理，支持各片区如火如荼开发建设。支持旧城改造工作，批准宏大家园、雨花农村商业银行洞井支行办公楼及其职工宿舍、湖南建工集团有限公司井湾路地块和体院路28号地块纳入旧城改造项目。开展夜间经济调研，听取税收征管、经济和信息化等13个部门单位的专项工作情况汇报，推动经济持续健康发展。开展优化营商环境专项工作评议，支持打造国内一流的营商环境。多角度多方位多举措开展监督，助力雨花在全国高质量发展百强区排名不断刷新纪录。

2. *持续深化预算监督*。围绕建立全面规范、公开透明的预算制度为目标，认真贯彻实施新预算法，预算审查监督工作迈入全口径审查全过程监管新时代。以创新建立区人民政府向区人大常委会报告国有资产管理情况的制度为标志，全口径预算监督体系初步建立，实现一般公共预算、政府性基金预算、国有资本经营预算、社会保障基金预算等四本预算统筹统编统管。率全市之先建立了全流程预算审查工作体系，严把预算审查“初审关、监督关、批准关、决算关”。推进审计监督工作，审查监督重点向支出预算和政策拓展，从关注收支平衡向关注政策和资金绩效转变。每年听取政府债务专项工作报告，政府债务处于安全可控范围。连续4年听取审议审计查出问题整改情况报告和问题责任单位整改情况报告，并进行满意度测评，代表人民管好“钱袋子”。在全市区县率先建成财政预算联网监督系统，实现人大对政府全口径预算监督的及时性、针对性、有效性。在常委会的监督支持下，2017年雨花区被评为省市县财政管理工作绩效考核A级、湖南省预算绩效管理一等奖。

3. *持续关注民生改善*。以专题询问、专项工作评议等方式创新开展民生工作监督，助力人民群众过上更加美好的新生活。开展环境保护专项工作评议，保护了雨花的绿水青山。开展教育专项工作评议，指出3大问题并提出4个建议，助推办好人民满意的教育。开展医疗卫生专项工作评议，推动解决工作薄弱环节存在的问题。开展生活垃圾分类专项工作评议，推动垃圾分类法治化、科学化、规范化。组织防汛救灾工作专题询问，督促解决防汛应急问题18个。组织被征地农民“两安”工作专题询问，助推破解“两安”工作难题。持续开展“民族团结进步行”等活动，视察社会救助、“洁净雨花”行动等工作，听取民族宗教、乡村振兴、社会保障等工作汇报，调研居家养老、农村公路养护、物业管理等工作，努力实现民生领域工作监督的全覆盖。在常委会的监督支持下，雨花区先后获评全国师德养成教育示范区、全国健康促进示范区、全国妇幼健康优质服务示范区等荣誉，社会事业优质均衡发展，人民群众有了满满的获得感、幸福感、安全感。

4. 持续推进区域治理。贯彻落实推进国家治理体系和治理能力现代化的部署，强化依法治区工作，形成了共建共治共享的区域治理新格局。连续5年开展“司法公正长沙·雨花行”活动，营造了尊法学法守法用法的法治环境。组织社区公共服务工作专题询问，提出16个问题，推动解决基层治理存在的体制机制问题。调研区人民法院执行难等工作，作出相关决议，支持法院提升司法公信力。听取关于检察机关恢复重建40周年暨司法改革等工作汇报，支持推动检察领域司法改革。听取司法机关关于社区矫正工作情况汇报，支持破解社区矫正工作难题。配合上级人大开展25部法律的执法检查和10部法律的立法调研，审查规范性文件42件。转办、交办、督办信访案件66件。调研全区“谁执法谁普法”责任制落实情况和涉农共性案件审前会商机制，听取网信、外事、法院等15个单位的专项工作汇报，推动法治雨花建设取得新进展。视察区公安分局关于扫黑除恶专项斗争工作，助力营造人民安居乐业、社会安定有序的法治环境。雨花区连续十四年保持全省平安区（县）称号。

三、这五年，我们不遗余力发挥主体作用，彰显代表机关的为民本色。

常委会高度重视代表履职规范化建设，注重创新代表活动形式，充分利用代表履职成果，不断激发代表履职的积极性、主动性、创造性，使人民当家作主在代表工作中得到生动体现。

1. 推动履职机制规范化。重视制度机制建设，代表履职工作实现制度化规范化科学化。建立完善考勤考绩等10多项制度，用制度规范代表履职行为。全区建成高标准的街镇人大代表活动室13个，社区人大代表联络站8个，“两代表一委员”工作室123个。印发《关于组织区、镇人大代表开展“三讲三做当表率”活动的通知》，引领人大代表争做坚守初心、推动发展、服务人民的表率。出台《人大代表优秀建议和议案评选表彰办法》《优秀人大代表和先进人大工作者评选活动方案》，连续3年开展优秀人大代表、优秀建议议案和先进人大工作者评选活动。向全国人大常委会微信公众号、《人民之友》、长沙电视台等媒体推介一批优秀的人大代表，展示了我区人大代表热爱祖国、奉献人民、忠诚履职的崇高精神和优秀品质。

2. 推动履职活动常态化。定期组织代表开展丰富多彩的活动，代表的参与权监督权决策权得到有效保障。每年组织开展“代表联系走访月”活动，年均收集意见建议300多条、帮助群众解决问题100多个。扩大代表对常委会工作的参与，邀请代表列席常委会会议，参加专题询问、工作评议等活动612人次。组织市、区人大代表分别听取市、区“一府两院”半年度政情通报，围绕营商环境、精准扶贫、基层治理等主题，开展代表小组活动272次。引领各级人大代表投身疫情防控和复工复产，捐款捐物480万余元。成功指导跳马镇人大代表首次开展民生实事项目代表票决制。创新组织41名市人大代表向区人大常委会述职，组织全体区人大代表向原选区选民报告履职情况，强化了代表的大局意识、责任意识、监督意识。

3. 推动履职建议成果化。高度重视代表建议督办工作，及时将代表提出的建议转化为推动发展、顺应民意的实践成果。五年来，共督办区人大代表提出的建议议案460件，解决了一批人民群众反映强烈的重点、难点、热点问题。如督促圭星小学及幼儿园完成整体建设，于2020年秋季投入使用；督促建立区、街镇、社区三级物业监管机制，完成社区提质改造45个；支持政府投资1.4亿元，对跳马镇境内7条主要道路进行提质改造；督促建成黎郡小学人行天桥，保障师生出行安全。五年来，共组织市人大代表雨花联组代表向市人民代表大会提交建议261件，优秀建议数量位居全市区县前列，破解了口罩外销、企业上市、优化营商环境、建设共享车位、中小学课后“三点半”服务等难题，为长沙的高质量发展充分发挥了代表作用。

四、这五年，我们坚持不懈提升履职能力，彰显工作机关的务实高效。

常委会全面落实从严治党新要求，持续加强思想政治、组织能力、作风建设，锤炼了一支高素质干部队伍，提升了人大工作履职能力和工作水平，实现了人大工作的创新发展。

1. 全面发挥党建引领作用。加强思想政治建设，为常委会依法履职提供了政治保障。突出发挥区人大常委会党组把方向、管大局、保落实的作用，制定《区人大常委会党组关于进一步加强自身建设的意见》，召开党组会议56次，研究重大事项68个。抓实机关党支部工作，开展学习活动49次、主题党日活动52次，发挥了支部的战斗堡垒作用。落实全面从严治党的部署，连续4年组织开展“4·20”廉政专题教育，学习《党章》《落实中央八项规定精神政策摘编》等党内法规知识。扎实开展民主生活会7次、组织生活会5次，认真开展批评与自我批评，营造了风清气正、干净干事的良好氛围。

2. 全面加强组织能力建设。坚持履职规范化建设，保障了常委会的高效有序运转。落实中央关于加强县乡人大工作和建设的部署，增设 6 个区人大专门委员会和区人大代表服务中心，切实解决了“一人委”问题。全区 13 个街（镇）配齐了人大工委主任（主席）、专职副主任（副主席）和专干，基层人大工作力量得到加强。根据地方机构改革和健全人大对“一府一委两院”监督制度的需要，先后 2 次修订《区人大常委会工作制度汇编》，健全完善制度 24 个，形成了较为完备的工作制度体系。组织人大代表和人大工作者到复旦大学、四川大学、南开大学等 6 所国内一流高校开展业务学习培训，提升了依法履职能力。

3. 全面提升工作整体效能。注重内外联动、整体发力，凝聚了推动常委会工作的强大合力。认真落实上级人大常委会的决策部署，加强对街镇人大工作的联系指导，召开街镇人大工作联系会议 10 次。赴南京、武汉等地开展学习考察 6 次，接待广东省佛山市顺德区人大常委会等 38 批次兄弟单位来区考察交流。组织机关干部到左家塘街道湖橡社区开展联点帮扶，到长沙市希望之家脊髓损伤者服务中心开展学雷锋志愿服务活动。建成并运行区人大常委会门户网、微信公众号，推送信息 600 多条。选送的《深入学习贯彻宪法 开创依法治区工作新局面》等 5 篇作品获全省人大系统理论征文奖和新闻奖，被《人民代表报》《人民之友》等报刊采用稿件 16 篇。开展市级文明单位创建工作，区人大常委会机关被评为长沙市文明标兵单位。

各位代表！常委会过去五年工作取得的成绩，是区委正确领导的结果，是全体区人大代表和人大工作者辛勤努力的结果，是“一府一委两院”密切配合的结果，是全区人民和社会各界关心支持的结果。在此，我代表区五届人大常委会，向大家表示衷心的感谢！

在充分肯定成绩的同时，我们也清醒地认识到，常委会的工作还存在一定的差距和不足：创造性助推经济社会高质量发展有待进一步加强；对区监察委员会的监督有待进一步探索；代表的主体作用有待进一步发挥；常委会的自身建设有待进一步强化；等等。对此，我们将虚心听取各方面意见建议，自觉接受监督，认真加以改进。

各位代表！以史为鉴，开创未来。回顾常委会过去五年的履职实践，我们对坚持和完善人民代表大会制度，有了更加深切的体会：

1. 坚持党的领导是人大事业的政治保障。坚持党的领导是人民代表大会制度的本质特征和最大优势，是做好人大工作的根本保证和关键所在。五年的实践证明，过去的每项决策、每项成果都得益于党的创新理论指导，得益于区委的重视和支持。必须毫不动摇地坚持党的领导，我们的事业才能始终沿着正确的政治方向阔步前行。

2. 坚持人民民主是人大事业的永恒追求。人民代表大会制度之所以具有强大生命力和显著优越性，关键在于它深深植根于人民之中。五年的实践证明，人民代表大会制度是人民当家作主的重要途径和最高实现形式。必须坚持人民主体地位，发展更加广泛、更加充分、更加健全的人民民主，我们的事业才能不断从胜利走向新的胜利。

3. 坚持服务大局是人大事业的价值所在。围绕中心、服务大局是做好人大工作的职责所在、价值所在。五年的实践证明，围绕落实各级党委的重大决策部署和服务地方经济社会发展履职行权，是人大工作具有实效性和权威性的决定因素。必须紧紧围绕中心、服务大局谋划和推动人大工作，我们的事业才能有无比宽广的舞台。

4. 坚持开拓创新是人大事业的动力源泉。人民代表大会制度是党领导人民探索建立的，也必将在党和人民的创新实践中实现新的发展。五年的实践证明，创新开展专题询问、工作评议等监督工作，是把制度优势转化为治理效能的不竭动力。必须与时俱进、开拓创新，创造性开展监督工作，我们的事业才能有无限光明的前景。

今后工作的主要建议

各位代表！从你们出席区六届人民代表大会第一次全体会议开始，标志着新一届区人民代表大会已经产生。此时此刻，全党全国各族人民站在两个一百年的历史交汇点上，正意气风发迈向全面建成社会主义现代化强国的第二个百年奋斗目标的新征程。中共中央作出了“坚持和完善人民代表大会制度、发展社会主义民主政治”的新部署，习近平总书记在中央人大工作会议上为“坚持和完善人民代表大会制度，不断发展全过程人民民主”指明了新方向。省委人大工作会议对加强和改进新时代人大工作作出了全面部署，新一届长沙市委作出了全面建设以“三高四新”为引领的现代化新长沙的战略安排，新一届雨花区委提出了建设全国一流现代化强区的奋斗目标，为区人大及其常委会依法履职提供了广阔的新平台。这些是我们做好新时代地方人大及其常委会工作的方位所在、底气所在、重心所在。

各位代表！我们完全相信，新一届区人大及其常委会必将与时俱进、创新发展，不断开创人大工作新局面。我们建议：要高举中国特色社会主义伟大旗帜，坚持以习近平新时代中国特色社会主义思想为指导，深入贯彻习近平总书记关于坚持和完善人民代表大会制度的重要思想，习近平总书记“七一”重要讲话精神、在中央人大工作会议上的重要讲话精神以及考察湖南时的重要讲话指示精神，在区委的坚强领导下，立足新发展阶段、贯彻新发展理念、构建新发展格局，不断发展全过程人民民主，深入推进新时代雨花人大工作高质量发展，为建设全国一流现代化强区提供坚强有力的法治保障。

一、迈向新的伟大征程，要在坚持党的领导上开拓新境界

中国共产党领导是中国特色社会主义最本质的特征，是党和国家的根本所在、命脉所在，是全国各族人民的利益所系、命运所系。要用习近平新时代中国特色社会主义思想统揽人大工作，进一步增强“四个意识”、坚定“四个自信”、

做到“两个维护”。围绕贯彻落实中共十九届五中全会精神抓监督，助力“十四五”开好局、起好步。全面落实中央人大工作会议精神、省委人大工作会议精神、市委人大工作会议精神，确保人大工作正确的政治方向。贯彻落实区委第六次党代会精神，依法行使监督权、决定权、任免权，凝聚全区人民群众的智慧和力量，朝着建设全国一流现代化强区目标奋勇前进。认真落实《中国共产党重大事项请示报告条例》，及时、全面地向区委报告重大问题、重要事项、重点工作。深入贯彻习近平法治思想，不断发展全过程人民民主，提高政治判断力、政治领悟力、政治执行力。

二、迈向新的伟大征程，要在服务中心大局上交出新答卷

围绕中心、服务大局，是人民代表大会制度的重要遵循，是人大及其常委会履职的价值取向，是确保人大工作正确政治方向的必然要求。要聚焦打造“三个高地”、履行“四新”使命、落实五项重点任务和“一个主题、打造四个中心、抓好九个着力”依法履职，确保中共中央、省委、市委、区委的决策部署得到有效落实。围绕构建现代化产业体系、区域经济发展、营商环境、创新创造、自贸试验区建设、长株潭一体化等中心工作开展有效监督，依法适时作出决议决定，为雨花实现“立足中部领先，迈向全国十强”的奋斗目标提供根本政治制度支持。强化对政府预算的全口径审查全过程监管，加强对政府债务的审查监督。探索运用质询、特定问题调查等法定方式，加强审议意见落实跟踪监督，增强监督的刚性和实效。完善对“一府一委两院”的监督制度，提高依法行政、依法监察、公正司法水平。

三、迈向新的伟大征程，要在发挥代表作用上取得新突破

人大代表来自人民群众，是人民代表大会的主体，是坚持和完善人民代表大会制度的主力，是人大及其常委会工作的力量源泉。要做好代表培训的中长期规划，进一步提高代表培训的系统性和实效性。建立健全代表履职档案，完善代表向原选举单位或原选区选民报告履职情况制度，增强代表意识和履职责任。进一步健全人大常委会组成人员联系代表、人大代表联系人民群众工作制度，探索建立人大常委会领导与列席人大常委会会议的基层代表座谈机制。完善代表建议议案办理机制和考核评价激励机制，推动代表建议议案高质量办理。注重发挥代表联系群众工作平台和网络平台作用，更好联系服务群众。坚持人大代表“联系群众办实事”活动常态化，助力解决群众反映的“学位、床位、车位、厕位、梯位”等急难愁盼问题。

四、迈向新的伟大征程，要在加强自身建设上展现新气象

加强自身建设，是人民代表大会制度的重要内容，是加强和改进新时代人大工作的新要求，是推进地方人大工作高质量发展的保障性工程。要落实推进党的建设新的伟大工程的要求，加强区人大常委会及机关党的建设。推进党史学习教育走深走实，引导人大系统党员干部争做新时代人大工作的先锋模范。学习习近平总书记在庆祝中国共产党成立100周年大会上的讲话精神，从伟大建党精神中汲取砥砺奋进的力量。认真履行全面从严治党主体责任，助推全面从严治党向纵深发展。落实中央“八项规定”精神及其实施细则，带头克服形式主义和官僚主义，使各项工作更接地气、更符合群众意愿、更好解决实际问题。提升专门委员会的专业化水平，打造一支德才兼备的高素质专业化干部队伍。密切与上级人大常委会的联系，加强对街镇人大工作的指导，提高人大工作整体实效。

各位代表！新时代承载新使命，新征程呼唤新作为。站在新的历史交汇点上，让我们更加紧密地团结在以习近平总书记为核心的中共中央周围，在区委的坚强领导下，以一往无前的奋斗姿态、风雨无阻的精神状态、拼搏进取的实干作风，不断开创新时代雨花人大工作新局面，为建设全国一流现代化强区做出新的贡献。

政府工作报告

——在长沙市雨花区第六届人民代表大会第一次会议上

区委副书记、代区长　黄军其

（2021年10月21日）

各位代表：

现在，我代表区人民政府，向大会报告工作，请予审议，并请各位政协委员和其他列席人员提出意见。

一、过去五年工作回顾

区五届人大一次会议以来的五年，是极不平凡、极不寻常的五年。五年来，在省委省政府、市委市政府和区委的坚强领导下，在区人大、区政协的监督支持下，我们坚持以习近平新时代中国特色社会主义思想为指导，深入贯彻习近平总书记关于湖南工作系列重要讲话指示精神，勠力同心，开拓进取，砥砺前行，交出了财富品质幸福雨花建设的满意答卷，谱写了经济社会高质量发展的精彩篇章。

这五年，我们坚持对标一流、赶超跨越，综合实力领跑中部城区。地区生产总值在全省率先迈上2000亿元台阶，2021年达到2360亿元（预计数，下同）、年均增长6.6%，稳居中部城区第一；一般公共预算收入达到163.9亿元；固定资产投资年均增长8.5%；社会消费品零售总额年均增长5.9%；全社会研发与试验经费投入（R&D）年均增长27%；城镇居民人均可支配收入达到66770元、年均增长7.5%。入驻世界500强企业（项目）34个，新增上市企业3家，高新技术企业达到391家，市场主体总量突破20万户。国家和省市级创新平台达69个。2021年城区高质量发展位列全国百强区（地级城市）第15位，跃居中部城区第一。雨花区高质量发展实现了从省市率先到中部领先的历史性跨越，朝着全国一流现代化强区阔步迈进。

这五年，我们坚持转型升级、提质增效，产业发展焕发蓬勃生机。新能源汽车及零配件产业链、人工智能及传感器产业链产值分别年均增长21%、23%，比亚迪、长步道、可孚医疗、大族激光等企业深耕发展。智能梯级热成型模具、机器视觉光学镜头、激光切割机、高端零部件等关键核心技术全国领先。雨花经开区产值突破400亿元，亩均综合效益评价位居全省省级园区第一，获评国家绿色工业园区。烟草业稳步发展。建筑业优势持续放大，年产值突破2000亿元，占全市三分之一。东塘商圈加快转型，高桥商圈、红星商圈焕发新活力，高桥大市场年交易额达1600亿元，红星大市场年交易额达460亿元。高铁新城、长沙创新设计产业园、德思勤商务区成为全省服务业示范集聚区，运达中央广场、中建大厦、商会大厦等19栋楼宇税收过亿。保利mall、吾悦广场、溪悦荟、步步高星城天地等一批城市综合体拔地而起，盒马鲜生、京东七鲜、蔚来汽车、零食很忙等新零售总部（品牌首店）抢滩入驻。电商物流园焕然一新，红星全球农批中心（一期）开业运营，普洛斯、万纬物流、宝湾物流建成投产。跳马镇精品民宿起步发展，花卉苗木年销售额达13亿元。雨花区传统产业焕发无限生机，新兴产业孕育强劲动力，特色鲜明、优势明显的现代产业体系加快形成。

这五年，我们坚持先行先试、大胆探索，改革开放催生强大动能。稳步实施200余项改革事项。新一轮政府机构改革顺利完成，政府运转更加高效有序。农村集体产权制度改革、区属国企改革纵深推进，进一步盘活了资金资产资源。“放管服”改革持续发力，企业开办改革、企业注销改革等走在全省前列。网格化管理、小区物业管理等基层治理改革深入实施。社区居家养老服务、乡村卫生一体化等民生改革大胆探索。火车南站地区联勤联动综合执法管理入选湖南基层改革探索100例。高桥区块、高铁新城区块纳入中国（湖南）自由贸易试验区长沙片区，中非经贸合作促进创新示范园投入使用，非洲非资源性产品交易中心、中非经贸博览会常设展馆等10个制度创新成果全省首创，完成对南非首单易货贸易，市场采购贸易方式试点累计出口159亿元。长株潭一体化先行先试，政务服务“跨市通办”逐步推广，“飞地园区”建设走在全省前列。中非经贸博览会、中国中部（湖南）农博会影响力持续放大，省花博会落地雨花。雨花区的知名度和美誉度显著提升，开放雨花、梦想直达的区域形象深入人心。

这五年，我们坚持建管并重、一体推进，城乡面貌呈现精彩蝶变。建成区面积拓展到100.5平方千米，常住人口达126万人。承载功能持续完善，地铁1、2、3、4、5号线交织成网，长株潭城际铁路开通运营，万家丽快速路和湘府路快速路实现“十”字交会，洞株路完成快速化改造；火车南站东广场、汽车南站综合交通枢纽投入使用；电网“630攻坚”三年行动圆满完成；建成5G基站7093个。城市品质日益提升，高铁新城建设如火如荼、雅塘新城建设全面铺开、红星片区城市更新稳步实施，三大片区一年一个样、五年大变样；长沙大道、花侯路成为市级示范道路；完成106个老旧小区、16个城中村提质改造；省森林植物园免费对外开放，圭塘河羽燕湖段、井塘段风光带建成开园，20个社区公园和小游园投入使用。生态治理成效明显，绿心地区工业企业全部退出，完成矿山矿坑生态修复8处；蓝天保卫战三年行动圆满收官，空气质量优良率逐年提升；圭塘河年度水质达到Ⅲ类标准，创有监测记录以来最好水平，获评全省“美丽河湖优秀案例”称号。生活垃圾分类工作走在全市前列。农村人居环境整治三年行动全面完成，创建省市级美丽乡村5个、市级乡村振兴示范村2个。雨花区天蓝、地绿、水清、景美的靓丽画卷正徐徐展开。

这五年，我们坚持人民至上、为民惠民，民生事业取得长足进步。脱贫攻坚交出高质量答卷，全区建档立卡贫困户361户1025人全部脱贫，获评全省脱贫攻坚先进县（市、区）；对口帮扶工作获评全国先进。举全区之力打好新冠肺炎疫情防控阻击战，区防控指挥部获评全省先进集体。扎实做好高校毕业生、农民工、退役军人等群体就业工作，新增城镇就业7.27万人，城镇登记失业率控制在4%以内。城乡养老保险、医疗保险基本实现全覆盖。川和苑、石马雅苑等保障性住房建成交房，1.5万名被征地群众实现“安居梦”。老旧小区加装电梯403台。新（扩）建学校及幼儿园67所，新增学（园）位4.7万个，义务教育大班额全面消除，“双减”工作落地见效。区公卫大楼建成启用，基层医疗卫生服务水平持续提升。新建养老机构9家、社区居家养老服务中心42个。社区（村）公共文化阵地和健身设施实现全覆盖。五年来，先后获评全国智能社会治理教育特色实验基地、全国师德养成教育示范区、全国健康促进区、全国妇幼健康优质服务示范区、全国社会救助标准化示范单位等荣誉。抓紧抓牢安全生产、信访维稳等工作，连续十四年保持全省“平安区县”称号。人民群众获得感、幸福感、安全感不断增强，幸福雨花更有温度、更有质感。

这五年，我们坚持依法行政、高效履职，自身建设得到持续加强。始终把政治建设摆在首位，扎实开展“两学一做”学习教育、“不忘初心、牢记使命”主题教育和党史学习教育，不断提升政治判断力、政治领悟力、政治执行力。区政府党组定期向区委常委会报告工作，自觉接受人大法律监督和政协民主监督，办理人大代表议案建议449件、政协提案470件，办复率100%。深入推进法治政府建设，落实重大决策合法性审查制度，严格执行行政执法“三项制度”，依法行政水平进一步提升。“七五”普法顺利通过验收。深入开展审计监督，完成审计项目61个，通过审计完善各类制度60余项。大力弘扬真抓实干作风，省政府真抓实干督查激励事项位居全市前列。深入推进党风廉政建设，出台政府投资项目工程变更管理、国有企业“三资”管理等制度，严防公共资金资产资源等领域违法违规和腐败问题，树立了政府系统清正廉洁的良好形象。

同时，第四次全国经济普查、第七次全国人口普查圆满完成，国防动员和后备力量建设得到加强，民族宗教、人防、机关事务管理等工作成效明显，工会、共青团、妇联、工商联、残联、科协、红十字会、老干、老龄等组织作用有力发挥。

各位代表！艰难方显勇毅，磨砺始得玉成。回顾过去五年，我们用汗水浇灌收获，以实干笃定前行，攻克了一个又一个难题，干成了一件又一件大事，共同谱写了雨花经济社会发展的精彩篇章。这些成绩的取得，是市委、市政府和区委坚强领导的结果，是区人大、区政协监督支持的结果，是历届区“四大家”班子打下良好基础以及老同志关心支持的结果，是全区上下齐心协力、团结奋斗的结果。在此，我谨代表区人民政府，向在各个岗位辛勤劳动、无私奉献的雨花人民，向给予区政府工作大力支持的各民主党派、工商联、无党派人士、人民团体、驻区单位，向各位人大代表、政协委员、老领导、老同志和社会各界人士，表示衷心感谢，并致以崇高敬意！

回顾五年奋斗历程，我们深切体会到：一是胸怀全局才能开拓新局。雨花区的干部历来都有大胸怀、大格局、大视野，自觉把工作放在全市、全省乃至全国大局中找坐标、争一流。未来五年，我们更需放大格局、胸怀全局，奋力在长株潭都市圈建设中争当标杆，在全省发展大局中争作示范，在全国一流强区比拼中争先进位、勇立潮头。二是追求卓越才能实现跨越。五年来，雨花区取得的成就，得益于干任何工作始终坚持“做就做到最好、干就干到极致、走就走在前列”的标准。未来五年，面对“千帆竞发、百舸争流”的竞争态势，我们更需全面抬高发展坐标、拉升工作标杆，与最优者“对标”，与最强者“比拼”，与最快者“赛跑”，在赶超跨越中开创高质量发展新局面。三是实干创业才能成就事业。五年来，面对三大攻坚战、抗洪救灾、疫情防控、征地拆迁等一系列急难险重工作，全区上下迎难而上、攻坚克难，干成了一大批群众公认、影响深远的大事、好事、实事。未来五年处在爬坡过坎、转型升级的关键阶段，我们更要“干”字当头、“实”字打底，用实干担当推动各项事业迈上新台阶。四是坚守初心才能赢得民心。五年来，我们下大力气办好民生实事，着力解决了一大批“学位、床位、车位、厕位、梯位”等急难愁盼问题，人民群众幸福感实现在家门口升级。未来五年，我们仍需牢记以人民为中心的发展思想，真心实意帮助人民群众解决烦心事、操心事、揪心事，以实际行动造福于民、取信于民。

在肯定成绩、总结经验的同时，我们也清醒地认识到，雨花区发展还存在一些不足：新旧动能转换还需下更大功夫，新的产业支撑点有待进一步培育，科技创新和成果转化能力还不够强，营商环境对标一流标准还有差距，城市建管水平还有较大提升空间，生态环保、公共服务、社会治理等领域还存在薄弱环节，等等。对此，我们将高度重视，采取有效措施，切实加以解决。

二、未来五年目标任务

立足新的起点，迈向新的征程，我们肩负奋起直追、迈向全国十强的历史使命，必须始终强化担当精神、进取精神、实干精神，始终坚定对未来发展的信心决心，抢抓机遇、加快发展。我们的信心来自中央和省市的战略部署。习近平总书记赋予湖南“三高四新”的新坐标、新定位、新使命，省委将“三高四新”作为引领未来发展的重大战略，市委提出全面建设以“三高四新”为引领的现代化新长沙，并对雨花区提出了“四个争当”的具体要求，为我们指明了方向、提供了遵循。我们的信心来自平台叠加的赋能增势。中国（湖南）自由贸易试验区、中非经贸博览会、国家市场采购贸易方式试点市场、长株潭绿心中央公园、中国中部（湖南）农博会、省花博会、湖南机器人产业集聚区等国家和省级平台集聚叠加，为我们增添了动力、蓄积了后劲。我们的信心来自厚积薄发的坚实基础。在区委的坚强领导下，全区各项工作成效显著，区位优势更加凸显，产业基础更加稳固，城乡面貌更加精美，生态名片更加靓丽，为我们积累了经验、强化了支撑。特别是在基层实践中，锻炼了一支有激情、能干事、敢担当的干部队伍，这是我们最大的底气所在。只要我们充分把握一切积极因素和发展机遇，坚定不移办好自己的事，就一定能推动高质量发展迈出新的更大步伐。

今后五年，政府工作的基本思路是：坚持以习近平新时代中国特色社会主义思想为指导，深入贯彻习近平总书记关于湖南工作系列重要讲话指示精神，牢牢把握立足新发展阶段、贯彻新发展理念、构建新发展格局的要求，贯彻“三高四新”战略，践行“四个争当”使命，紧扣“立足中部领先、迈向全国十强”奋斗目标，奋力建设全国一流现代化强区，在全面建设以“三高四新”为引领的现代化新长沙中走在前列。

今后五年，全区经济社会发展的预期目标是：地区生产总值年均增长5.5%以上，地方一般公共预算收入年均增长5%以上，社会消费品零售总额年均增长5.5%以上，固定资产投资年均增长6%以上，城镇居民人均可支配收入年均增长6%以上。城镇调查失业率与省市目标保持一致。

今后五年的主要任务是：

突出总量和质量双提升，建设实力更强的现代化强区。坚持质量第一、效益优先，推动效率变革、质量变革、动力变革，实现可持续、高质量发展。增强区域发展能级。到2025年，地区生产总值突破3000亿元，雨花经开区建成1000亿级园区。全区制造业增加值、产业投资、数字经济、财税质量等指标稳步提升，节能减排等约束性指标全面完成。城区高质量发展在全国百强区中争先进位，进入全国一流强区前列。构建现代产业体系。深耕“一主一特”产业链，全力打造500亿级新能源汽车及零部件产业集群、100亿级智能光学及装备产业集群、100亿级智能医疗器械和生物医药产业集群。大力发展现代服务业，推动现代商贸、研发设计、现代物流、现代金融、文化创意等业态集聚发展。大力升级传统产业，持续保持烟草、建筑等产业领先优势，巩固高桥大市场、红星全球农批中心龙头地位，推动东塘商务中心提质，进一步繁荣红星商圈。以乡村振兴为统揽，加快推进跳马镇花卉苗木、休闲民宿、乡村旅游、生态康养融合发展，推动石燕湖创建5A级景区。释放创新发展活力。实施科技创新载体建设、创新主体培育、关键核心技术攻关、科技成果高效转化四项行动，争创全国科技创新十强城区。实现全社会研发与试验经费投入（R&D）稳步增长，高新技术企业突破800家，高新技术产业产值年均增长18%左右，技术贸易合同年成交额突破150亿元，每万人拥有专利量达到100件。

突出改革和开放双驱动，建设活力更足的现代化强区。坚持用改革破解发展难题，用开放汇聚发展动能。打好深化改革攻坚战。深化“放管服”、园区体制机制、区属国企管理等领域改革，释放发展活力。加快城市建管、教育、医疗、养老等民生领域改革，优化服务供给。攻坚“筹改居”等基层治理改革，提升治理效能。走出自贸试验新路子。主动担当“为国家试制度、为地方谋发展”的历史使命，高标准建设自贸试验区雨花区块，致力打造“中非经贸深度合作先行区”“高铁枢纽经济开放创新区”“高端现代服务业集聚区”，成为“双循环”新发展格局中的重要支点，进出口总额年均增长15%以上。当好区域合作先行区。积极融入长江经济带、粤港澳大湾区，加快招商引资，全力承接产业，学习借鉴城市建管、优化营商环境等先进做法，打造省市对外开放示范“窗口”。主动融入长株潭都市圈建设，率先推动生产要素高效循环，率先引领优势产业联动发展，率先构建共建共享服务体系，在长株潭一体化发展中彰显更大担当和作为。

突出功能和形象双优化，建设品质更高的现代化强区。对标“五区”建设要求，贯彻“四精五有”理念，统筹规划、建设、管理环节，优化生产、生活、生态空间，建设美丽舒适宜居的现代化城区。大格局优化城市功能。巩固交通枢纽大区地位，推动轨道交通织密网络，完善主次干道和支路路网，打通瓶颈路，畅通微循环；完善停车场、公交站点等公共设施，让城市出行更加便捷。推进韧性城市、海绵城市建设，有序实施城区市政管网雨污分流。加快智慧城市建设，构建更加完善的5G网络和智慧电网，打造智慧交通、智慧社区等应用场景。大视野提升城乡品质。坚持无策划不规划、无规划不设计、无设计不实施，把精准规划、精心设计理念贯穿到城市建设各环节。加快建设高铁、红星、雅塘三大片区，着力强功能、提品质、兴产业，打造一批城市新地标。深入实施城市更新，坚持“留、改、拆”并举，实现老城区“旧貌换新颜”。推动城乡融合发展，高标准建设绿心中央公园起步区，打造一批美丽宜居村庄。大力度推进生态治理。持续打好蓝天保卫战，空气质量优良率达82%以上。持续打好碧水保卫战，加快圭塘河全流域综合治理，推动圭塘河、浏阳河水环境质量持续改善。巩固中央、省环保督察交办问题整改成果，着力解决餐饮油烟、噪声扰民、垃圾异味等人民群众关注的热点难点问题。扎实推进碳达峰碳中和，加快生产生活方式绿色转型。坚决守护长株潭生态绿心，让绿色成为雨花区最亮的底色。

突出优质和均衡双保障，建设生活更美的现代化强区。坚持以人民为中心的发展思想，多办利民实事、多解民生难事，让人民群众在共建共治共享中感受美好生活。民生保障持续改善。全面落实就业优先政策，扩大就业容量，提升就业质量，努力提高人民群众收入水平，缩小收入差距，促进共同富裕。完善分层分类的社会救助体系，抓好城乡低保、特困供养、残疾人等群体救助工作。加快保障性住房建设，让被征拆群众早日住上新房子。公共服务持续优化。深入实施教育强区战略，深化义务教育“双减”、教育评价改革，推动学前教育优质普惠、义务教育优质均衡发展。深入推进“健康雨花”建设，完善公共卫生和疾控体系，优化医疗资源规划布局，加快黄兴医院建设。加强居家养老服务机构建设和居家适老化改造，全力推进儿童友好型城市建设。实施文化惠民工程，推进全民健身运动，进一步丰富人民群众文化体育生活。社会环境持续向好。扎实开展市域社会治理现代化试点，抓好新时代县域警务工作，健全“互联网+群防群治”机制，深化“三零”社区（村）建设，加强小区物业管理，不断提升基层治理现代化水平。健全防范化解重大风险体制机制，统筹抓好安全生产、食品安全、信访维稳等工作，让人民群众生活更加放心、安心、舒心。

三、2022年主要工作

2022年，是党的二十大召开之年，是实施“十四五”规划的关键之年。我们将立足新发展阶段、贯彻新发展理念、融入新发展格局，锐意进取，真抓实干，推动经济平稳健康发展和社会和谐稳定，在奋力建设全国一流现代化强区新征程中迈出坚实步伐，以优异成绩迎接党的二十大胜利召开。

全区经济社会发展的预期目标是：地区生产总值增长6%以上，地方一般公共预算收入增长5%以上，社会消费品零售总额增长6%以上，固定资产投资增长6%以上，城镇居民人均可支配收入增长6%以上。城镇调查失业率与省市目标保持一致。

重点抓好九个方面工作：

（一）着力推动园区高质量发展。全面推进“五好”园区创建，进一步发挥园区主阵地、主战场作用。深耕“一主一特”。加快比亚迪乘用车（二期）建设，实现可孚医疗（二期）、申亿五金高端零部件基地、大族激光（二期）等建成投产，力争新能源汽车及零配件产业、智能光学及装备产业、智能医疗器械和生物医药产业产值突破500亿元。推动智能升级。加快产业数字化、智能化，引导企业“上云用数赋智”，打造一批智能企业、无人工厂、智慧车间，抓好晓光模具智能柔性无人加工生产线、唐智科技故障预测与健康管理系统、申亿五金智慧工厂等项目建设。提升发展质效。紧盯智能制造主导产业前沿和产业链高端，持续抓好补链延链强链，力促比亚迪新能源商用车全球总部、大族激光智能装备中西南区域总部、中车人工智能创新中心等项目落地。加快园区“腾笼换鸟”，推进亿利达、德永、遵诚置业等工业地块二次开发，盘活存量资源、提升亩均效益。

（二）着力推动产业转型升级。坚持把产业作为经济发展牛鼻子、主抓手，做大总量、调优结构、提升质量，增强产业支撑力。全力发展楼宇经济。摸清全区商务楼宇底数，精准定位、精准招商、精准服务，打造一批配套齐全、功能完善的专业楼宇、特色楼宇、品质楼宇，引导总部经济、现代金融、文化创意、软件业等向楼宇集聚，力争培育1~2栋亿元楼宇。壮大发展现代商贸。推动高桥大市场、红星大市场转型发展，引导线上线下同步发力，进一步扩大交易额和影响力。支持运达中央广场、吾悦广场、德思勤、溪悦荟等城市综合体推出定制消费、体验消费等新模式，促进持续繁荣。支持盒马鲜生、京东七鲜等生鲜电商加快布局。进一步发展网红经济、夜间经济、“她经济”等消费新业态。加快发展现代物流。围绕“总部＋主导产业＋电商物流”全产业链定位，进一步完善电商物流园基础配套，紧盯生鲜和快消品领域引进一批总部企业，推动红星全球农批中心（二期）、盒马鲜生长沙运营中心建成投产。创新发展研发设计。发挥中国能建湖南院、中国电建中南院、中机国际工程设计研究院等大型设计机构集聚优势，做实创新设计战略联盟，建强协同创新平台，推动技术联合攻关，进一步提升行业竞争力。稳健发展建筑产业。支持中建五局、五矿二十三冶等龙头企业参与国际合作、开拓全球市场，持续培育特级总承包企业和一级企业，带动本地中小企业集群发展，力争建筑业总产值增长10%以上。

（三）着力推动自贸试验区建设。自贸试验区是国家重大战略，也是雨花区的重大发展机遇。要以更大力度加快雨花区块建设，打造区域经济新引擎。深化制度创新。推动5大类13小项改革任务落地见效，重点在易货贸易、非洲非资源性产品产业链、供应链金融等方面取得更大突破，加快形成一批在全国、全省可复制、可推广的制度创新成果。加强平台建设。持续抓好中非经贸合作促进创新示范园、非洲非资源性产品交易中心、中非经贸博览会常设展馆建设和运营，不断完善数字化人民币结算、人民币跨境支付、数字化综合服务等平台。扩大贸易规模。推动一般贸易、易货贸易、跨境电商、市场采购贸易融合发展。深化市场采购贸易方式试点，巩固发展咖啡、腰果等6条进口产业链，拓展延伸箱包、皮具等4条出口产业链，推动更多的湖湘特色产品集聚高桥、走向世界。新增龙头企业和商户100家以上，实现外贸进出口总额增长20%以上。

（四）着力推动长株潭一体化发展。充分发挥“桥头堡”作用，持续在长株潭一体化建设中当先锋、打头阵、作示范。重点推进绿心中央公园规划建设。精准对接、主动服务绿心中央公园规划编制。高起点、高标准进行绿心中央公园起步区产业定位和项目策划，启动绿道（一期）、金屏大道、金屏科创小镇、老工业厂区科技文创园等项目建设，提质改造石燕湖大道，推动省花博会永久落户，争取花卉园艺博览园落地。统筹推进协同项目建设。紧盯长株潭一体化“十同”任务清单，加快雨韶智能制造产业园（二期）、雨华智能制造产业园等“飞地园区”建设，打造人工智能及传感器、工程机械高端零部件配套产业园。加快红旗路南延线等道路建设，提质改造跳马外联乡村公路。大力推进乡村振兴。加快跳马花卉苗木产业转型升级，引导走高端化、精品化发展路子。启动红星花木博览园建设。推进省级乡村旅游重点村创建，持续打造石燕湖村、新田村等民宿示范项目。统筹抓好道路整治、环境卫生、风貌提升、绿化彩化，提质和打造美丽宜居村庄20个。

（五）着力推动改革创新。坚定不移深化改革创新，推动创新活力充分激发，发展潜力持续释放。深化重点改革。推进区属国企改革三年行动，分层分类探索混合所有制改革，在片区建设、城市更新、产业培育等方面进一步发挥区属国企作用。探索园区“小管委会＋大公司”发展模式，深化相对集中行政许可权改革试点，进一步激发活力。创新政企合作模式，撬动更多社会资本参与城市建管、民生事业，实现城市资源效益最大化和可持续发展。强化创新驱动。积极培育创新主体，支持科技型中小企业发展，力争高新技术企业达到600家。加强创新平台建设，发挥辖区科创资源优势，着力打造一批工程（技术）研究中心、产业创新中心、技术创新中心，支持申亿五金争创国家机械基础零部件创新平台。加强核心技术攻关，依托湖南工业 4.0 创新中心、湖南大族激光研究院、航天先进光机电技术创新中心等平台，突破一批“卡脖子”技术。发挥省级技术合同认定登记点作用，促进更多的科技成果转化应用，实现技术贸易合同成交额 90 亿元。优化营商环境。深化“放管服”改革，重点抓好“一件事一次办”“三集中三到位”等改革，在企业开办、工程项目审批、水电气报装等方面持续推出创新举措，推动审批服务再提质、企业办事再提速、项目建设再提效。健全完善企业（项目）服务日、县级领导联点帮扶等机制，及时帮助企业解决融资、招工、手续办理、要素保障等难题。依法保护企业家合法权益，让企业在雨花区安心经营、放心投资、专心创业。

（六）着力推动片区开发建设。把片区作为承载区域发展的重要增长极，作为检验干部能力和作风的竞赛场，比进度、比变化、比成效，推动重点片区在比拼赶超中竞相发展。加快高铁自贸新城建设。加速绿地长沙之门、百富诺贝尔脑健康中心、建发汽车体育公园等项目建设，形成更多的投资量和实物量。实现浏阳河风光带竣工开放、黎托生态公园竣工开园，推动 H—17、H—18、F—28 地块出让和商务楼宇二次招商，引进一批总部企业、龙头项目。推进红星城市公园商务区建设。按照“成熟一片、开发一片、带动一片”的思路，推进六个城市更新单元建设。启动天华安置小区拆迁腾地，完成天华路、湘华路建设，加快 B8、B12 地块建设，实施圭塘河植物园段城市双修及海绵公园建设，推动红星会展、红星大市场单元城市更新，实现步步高星城天地商业部分投入运营。提速雅塘新城建设。加快石马民生保障用地、雅塘（二期）、竹塘东路拆迁腾地，启动雅塘冲路、锦源路建设。围绕智慧商贸、健康消费、文化创意等产业定位，加快金茂智慧科学城项目建设。加强长鼓正圆工业遗址保护再利用，导入文化创意产业，实现形象和效益双提升。

（七）着力推动城乡品质提升。坚持城乡融合、建管并重，进一步把功能做强、内涵做深、品质做优。加快城市更新。按照片区统筹、综合改造的思路，整合城区现有老建筑、老厂房等闲置资源，统筹推进老旧小区、棚户区、城中村改造，重点抓好湖橡小区周边、长鼓正圆等 5 个城市更新单元建设，推进金科园、中南家园等 54 个老旧小区改造，加快王公塘（三期）、五矿二十三冶小区等 4 个棚改项目扫尾清零，提质改造紫薇路、江益路等 16 条背街小巷。完善承载功能。加快林科路、江榕路、荷叶冲路、香松路等道路建设，实现环保大道东延线竣工通车，完成劳动路（韶山路—沙湾路）、时代阳光大道提质改造，启动地下管网安全隐患整治工程。加快智慧电网建设，新建洞井铺、蔡家等 4 个输变电项目，完成龙吉湾、佳园星城等 16 个小区电力“专改公”项目。持续完善 5G 网络设施，基本实现城区 5G 信号全覆盖。加快新能源汽车充电桩、电动自行车集中充电棚（库）建设。强化精致管理。聚焦交通站场、商圈广场、主次干道、背街小巷、跳马农村地区等区域，以“绣花”功夫推进绿化、亮化、美化，着力提升市政维护、园林养护、环卫保洁水平。完善生活垃圾分类体系，持续推进居民小区撤桶并点、垃圾分类厢房建设。加快已建成未移交道路移交工作，扎实开展人行道清障、广告招牌整治等专项行动。

（八）着力推动生态环境治理。深入贯彻生态优先、绿色发展理念，以更高标准、更严要求保护和改善生态环境。持续提升空气质量。持之以恒落实“六控十严禁”，重点抓好挥发性有机物、工地扬尘、机动车尾气、餐饮油烟等污染源治理，实现 $PM_{2.5}$、臭氧浓度“双控双减”，空气质量优良率达 82% 以上。深入推进水域治理。深化圭塘河全流域综合治理，推进市政管网雨污分流，加快石碑大港水系治理，完成金海路、高升路等雨水箱涵改造，完成雀园路、万芙路等 5 条截污干管建设，开展排口末端智能化改造，巩固提升浏阳河、圭塘河水质。坚决守护生态绿心。严格贯彻落实绿心保护条例，持续推进矿山矿坑生态修复，加快绿心地区退出工业用地处置和利用，严格规范农村建房管理，坚决遏制违法违规用地行为。积极争取省市政策支持，加大生态补偿力度。

（九）着力推动民生事业改善。用心用情解决人民群众“急难愁盼”问题，让发展成果更多更公平惠及人民群众。抓牢兜底保障。把稳就业放在更加突出位置，做好被征地农民、高校毕业生、退役军人等重点群体就业创业工作，新增城镇就业 1.46 万人以上。健全完善社会救助制度，扎实做好社会救助和困难群众基本生活保障。加快和景家园、东升家园、中城苑、自然苑等保障性住房项目建设。持续做好双拥优抚安置工作。抓好民生事业。深入推进“双减”工作，着力规范民办义务教育发展，新（扩）建泰禹小学、枫树山莲湖小学、燕子岭小学等 8 所中小学校，新增学位 1 万余个；加强基层医疗卫生机构标准化、规范化建设，新增医疗机构 20 家以上；新增停车位 6000 个以上；新（改）建公共站厕 12 座；完成老旧小区电梯加装 180 座。新建 5 个街道综合养老服务中心，完成 2 家养老机构、20 家居家养老服务中心建设。提质基层公共文化阵地和健身设施，新建标准化社区（村）综合文化服务中心 5 个。抓实基层治理。做好常态化疫情防控，抓好排查管控、疫苗接种等工作。进一步完善网格化治理，提升小区物业管理，提标“三零”社区（村）建设，健全“12345”政务热线工作机制，让基层治理更加精准高效。深入开展安全生产专项整治三年行动，坚决遏制较大及以上事故发生。扎实开展省级食品安全示范区创建，守护人民群众舌尖上的安全。完善社会治安防控体系，推进雪亮工程建设，巩固扫黑除恶、禁毒工作成果，严厉打击电信网络诈骗、涉众型经济犯罪等违法犯罪行为，确保社会大局和谐稳定。

四、努力建设人民满意的服务型政府

新阶段新形势新任务对政府工作提出了更高要求，我们将持续加强政府自身建设，练就担当作为的硬脊梁、铁肩膀、真本领，不辱使命、不负重托，奋力开创政府各项工作新局面。

旗帜鲜明讲政治。始终坚定正确的政治方向，深学细悟笃行习近平新时代中国特色社会主义思想，增强“四个意识”、坚定“四个自信”、做到“两个维护”。更加注重从政治上看问题，不断提升政治判断力、政治领悟力、政治执行力，始终胸怀“两个大局”，心系“国之大者”，坚定不移、不折不扣落实中央、省市和区委各项决策部署。

依法行政履职责。坚持以习近平法治思想为引领，着力建设更高水平的法治政府。进一步强化法治思维，扎实推进“八五”普法，规范重大行政决策程序，充分发挥政府法律顾问作用，严格规范公正文明执法，不断提升依法行政工作水平。主动接受人大法律监督、政协民主监督，落实重大决策事项向人大报告、向政协通报制度，高质量办理人大代表议案建议、政协提案。深化政务公开，增强群众知晓度、公众参与度、政府透明度，让权力始终在阳光下运行。

创新实干抓落实。加强能力建设，主动适应新形势、新要求，善学习、强本领、勇创新，始终保持敢为人先、敢闯敢试的干事激情和昂扬锐气。提升效能意识，对定下来的工作，只争朝夕、雷厉风行、马上就办，确保政府系统高效运转。强化担当精神，在急难险重任务面前，敢于负责、敢于碰硬、敢于攻坚，以重点问题突破带动全局工作开展。弘扬实干作风，脚踏实地干、心无旁骛干，一以贯之、一抓到底，以钉钉子精神抓好工作落实。

严明纪律树形象。严格落实党风廉政建设主体责任，切实强化重点领域关键环节权力运行监督。树牢过“紧日子”思想，严格执行《预算法》，坚决压缩一般性支出，从严控制“三公”经费，提高财政资金使用效益。锲而不舍落实中央八项规定及其实施细则精神，驰而不息纠正“四风”，坚决整治群众身边腐败和不正之风，全力建设清廉雨花，打造政府系统风清气正的政治生态。

各位代表！实干托起梦想，奋斗铸就辉煌。让我们更加紧密地团结在以习近平同志为核心的中共中央周围，在省委省政府、市委市政府和区委的坚强领导下，贯彻“三高四新”战略、践行“四个争当”使命，为奋力建设全国一流现代化强区而努力奋斗。

名词解释

1. 飞地园区：是指打破行政区划限制，通过创新规划、建设、管理和税收分成等合作机制，以产业园区为主要载体，在异地通过共建或托管等方式建设工业项目，实现优势互补、区域协调、可持续发展经济模式的园区。

2. “630攻坚”三年行动：从2017年6月30日起，计划用三年时间，建成一批、开工一批、储备一批电网工程项目，实现城区电网充分保障、园区电网适度超前、农村电网安全稳定。

3. “双减”工作：减轻义务教育阶段学生过重作业负担，减轻校外培训负担。

4. 行政执法“三项制度”：行政执法公示制度、行政执法全过程记录制度、重大执法决定法制审核制度。

5. “三高四新”：打造国家重要先进制造业高地、具有核心竞争力的科技创新高地、内陆地区改革开放高地；在推动高质量发展上闯出新路子、在构建新发展格局中展现新作为、在推动中部地区崛起和长江经济带发展中彰显新担当、奋力谱写新时代坚持和发展中国特色社会主义的湖南新篇章。

6. “四个争当”：争当“三个高地”排头兵、争当长株潭一体化桥头堡、争当现代国际商贸服务先行区、争当宜居幸福示范区。

7. “一主一特”：“一主”是指新能源汽车及零配件产业链，“一特”是指人工智能及传感器产业链。

8. “五区”：城区、园区、片区、县区、社区（村）。

9. “四精五有”：“四精”即精准规划、精美建设、精致管理、精明增长；“五有”即有颜值、有气质、有内涵、有格调、有品位。

10. 韧性城市：城市能够凭自身能力抵御灾害，减轻灾害损失，并合理调配资源，从灾害中快速恢复，保持城市功能正常运行。

11. 海绵城市：城市能够像海绵一样，在适应环境变化和应对雨水带来的自然灾害等方面具有良好的弹性，也可称之为“水弹性城市”。

12. 碳达峰碳中和：碳达峰是指某一个时刻，二氧化碳排放量达到历史最高值，之后逐步回落。碳中和是指通过植树造林、节能减排等形式，抵消自身产生的二氧化碳排放量，实现二氧化碳“零排放”。

13. “三零”社区（村）：居民零上访、安全零事故、治安零发案的社区（村）。

14. “五好”园区：规划定位好、创新平台好、产业项目好、体制机制好、发展形象好。

15. 她经济：即女性经济，是指随着女性经济和社会地位提高，围绕着女性理财、消费而形成的特有经济现象。

16. “十同”：规划同图、设施同网、三市同城、市场同治、产业同兴、生态同建、创新同为、开放同步、平台同体、服务同享。

17. 城市“双修”：生态修复、城市修补。

18. “六控十严禁”：“六控”即控尘、控车、控排、控烧、控煤、控油；“十严禁”即严禁渣土车、混凝土搅拌车等各类车辆带泥上路，严禁违法倾倒渣土，严禁工地裸露黄土，严禁重污染天气下土石方施工，严禁燃烧散煤，严禁露天焚烧垃圾，严禁露天烧烤，严禁露天焚烧秸秆，严禁拖拉机等高排放车辆进城，严禁在禁燃区域、时段燃放烟花爆竹。

勇担时代新使命　同心启航新征程
为奋力建设全国一流现代化强区再作新贡献

——在政协长沙市雨花区第六届委员会第一次会议上

区政协主席　冯聪龙

（2021 年 10 月 20 日）

各位委员、同志们：

我受政协长沙市雨花区第五届委员会常务委员会委托，向大会报告工作，请予审议，并请列席会议的同志提出意见。

2021 年工作回顾

2021 年是中国共产党建党 100 周年，是“十四五”规划的开局之年，是贯彻“三高四新”战略的关键之年。一年来，全区政协系统紧紧围绕区委“贯彻‘三高四新’战略、打造全国一流强区”奋斗目标，紧扣“聚焦新战略、勇当排头兵”工作主题，充分发挥基层政协重要阵地、重要平台、重要渠道作用，聚焦大事要事、关注实事难事，坚持在建言资政和凝聚共识上双向发力，以高水平履职服务高质量发展，取得了新的成效。

一、强化政治建设，以新思想引领新发展

1. 坚持党对政协工作的全面领导。坚持用习近平新时代中国特色社会主义思想指导政协工作，不断增进政治认同、思想认同、理论认同、情感认同。坚持与区委同心同向同行，做到区委有号召、政协有行动，发展有需要、政协有作为，社会有关注、政协有回应。坚持重大事项报告制度，政协年度协商计划、重点工作、调研课题等主动报请区委审定，切实让“政协之能”更好服务“雨花之为”。

2. 坚持广泛凝聚各方共识。深入贯彻落实《政协全国委员会关于加强和促进人民政协凝聚共识工作的意见》，举办“政治能力建设”专题培训班，落实委员学习教育制度，不断加强思想引领。坚持“脚步为亲”，加强与社会各界广泛联系，及时宣传贯彻党的路线方针政策和区委区政府重要决策部署，积极传播雨花好声音。参加全国政协、中央统战部、省市政协专题调研座谈，与上海奉贤区、望城区等兄弟区（县、市）政协广泛开展交流。立足履职实践，在人民日报、新湖南、湘声报、长沙晚报、政协云、《长沙统一战线》、飞梦雨花等各级媒体发表调研文章、信息等 100 多篇（条），推介雨花经济社会发展成果和经验，凝聚了最广泛的思想共识。

3. 坚持强化自身建设。全面贯彻中央《关于加强新时代人民政协党的建设工作的若干意见》，充分发挥政协党组领导核心作用、基层党组织战斗堡垒作用和党员委员先锋模范作用，扎实开展党史学习教育，深入推进“我为群众办实事”实践活动，举办“红心向党·务实为民·助力雨花”系列活动，做到学史明理、学史增信、学史崇德、学史力行。深入学习贯彻习近平总书记“七一”重要讲话精神，激励全区政协人不忘初心、牢记使命。抓实政协机关“五化”支部建设，推动全面进步、全面过硬。发挥优秀基层政协组织和政协委员示范引领作用，带动全区社会各界团结协作、奋发作为。

二、聚焦中心大局，以新作为服务新形势

1. 精心组织调研视察，为区域发展添动力。开展红星全球农批中心、财政化债、学校项目建设、自贸区建设、民族团结进步创建工作主席会议成员视察、常委会视察，形成了《长塘里阳光小学等学校周边交通安全隐患问题急需解决》《关于发展雨花民宿产业助推乡村振兴》《关于解决景观路高峰阶段拥堵问题》等建议，得到区委区政府高度重视。

2. 不断深化政治协商，为重点工作增活力。推动调研协商成果转化，关于推广隆平精神、屋顶绿色花园等建议被全国政协、民建中央采用，关于严防企业以重大项目投资进行“圈地”行为、加强新业态从业者合法权益保护、推广应用水性工业涂料、农村“人情风”亟待遏制、高层消防应急救援包进万家、完善被征地农民社会保障、发展绿色会展、重视建筑物外墙脱落问题等社情民意信息、微建议得到省市各级领导的批示、转办，为解决重点难点热点问题提供了有益思路。

3. 全力参与疫情防控，为平安稳定聚合力。面对今年新冠德尔塔变异毒株突发性输入传播，全区政协系统用汗水和付出诠释责任担当，用爱心和行动传递战疫信心，凝聚起攻克艰难的强大合力，区政协领导班子成员以上率下，机关党员干部、各街镇政协工作者主动参战，广大政协委员和社会各界守望相助，共同守护人民健康、大局稳定。

三、促进民生改善，以新使命提升新效能

1. *提案办理扎实有为*。区政协五届五次会议共收到委员提案127件，审查立案91件，遴选重点提案3件，推动《关于提升跳马涧集镇品质，打造生态绿心地区亮丽名片》《关于在未成立业主委员会小区推广居民议事会助推物业纠纷调解》《依托湖南黄兴医院打造长株潭融城核心区域医疗中心》等建议落地见效，跳马涧集镇硬件高效提质，率先全市出台《关于加强小区物业管理的十条措施（试行）》，黄兴医院建设管理再上台阶。对停车场规划建设等一批备受关注、工作难度大的重要提案，提办双方深化协商，合力提效。目前，所有提案办复率为100％，满意和基本满意率达100%。

2. *民主评议务实有效*。市区联动开展民主评议蓝天保卫战工作“回头看”，各街镇政协工作联络处认真组织委员集中察看和现场评议，全区蓝天保卫战40个重点问题全部清零，空气质量优良率达87%，跃居全市第一。《持续开展民主评议，助力决胜蓝天保卫战》《以政协民主监督助推雨花蓝天保卫战》等经验成果被《决策咨询》《长沙政协》等刊物推介，这些优异成绩的取得都饱含着广大政协委员的智慧和力量。

3. *调研成果转化有力*。通过多方共同努力，黎郡小学人行天桥目前已顺利竣工并交付使用，得到群众的纷纷点赞。通过多方协调推进，悠游小镇与喜盈门之间的过街天桥已顺利完工并投入使用，片区宜居宜业的环境更优。老旧小区加装电梯、规范课外培训、绿心保护与发展、助推跳马乡村振兴等建议，都收获了新的协商成果。全区政协系统持续围绕产业发展、公共服务等开展专题调研，商以求同、协以成事，推动解决了一大批群众的烦心事操心事揪心事。

四、提升履职品牌，以新成就展现新形象

1. *基层协商机制更趋完善，委员工作室实现“三个全覆盖”*。各街镇政协工作联络处持续推进基层民情协商走深走实，解决群众“急难愁盼”问题30多个，家庭教育、心理辅导、助困助残等“工作范本”层出不穷，基层协商不断走向制度化、规范化、程序化。全区19个智慧委员工作室驻室委员实现了“街镇全覆盖，政协委员参与委员工作室工作全覆盖，线下委员工作室入驻政协云全覆盖”目标，相关工作经验多次被省、市政协专题推介，省政协主席李微微在今年新创办的“同心护苗”工作室调研时给予高度评价。

2. *“真情五助+”活动不断深化，委员主体作用进一步凸显*。广大政协委员结合自身优势，一以贯之开展好助老、助残、助困、助学、助业活动。组织委员和辖区企业前往武冈开展产业项目与用工帮扶对接，为企业参展农博会出谋划策；为桑植留守儿童捐赠万余册书籍和文体用品，向新田、桂阳、宜章等地捐赠近30万元物资，开展助学活动，共建同心绿色书屋；多个民主党派界别人士到溆浦开展联点帮扶，为持续助力巩固脱贫攻坚成果与乡村振兴有效衔接贡献了雨花政协力量。

同时，在区委的坚强领导下，区政协会同各相关部门、各街镇、各民主党派充分酝酿协商，扎实做好换届各项筹备工作，为本次大会的胜利召开奠定了坚实基础。

本届政协的主要工作经验和体会

群贤谋良策，同心襄伟业。过去五年，是围绕中心、科学履职的五年，是凝心聚力、共谋发展的五年。回顾过去，我们秉承传统，守正创新，务实作为，在立足新发展阶段、贯彻新发展理念、构建新发展格局的实践中，团结协作、继往开来，形成了新共识，创造了新经验，取得了新成绩。

一、我们将强化政治建设忠诚履职贯穿政协工作全过程，坚定了事业发展的正确方向

坚持中国共产党的领导，是人民政协履行职能、发挥作用的根本保证。五年来，我们不断深化党对政协工作的全面领导，一是深化政治引领，发挥了“两大作用”。在区委的坚强领导下，切实发挥区政协党组领导核心作用和机关党组织职能作用，将思想政治建设作为首要任务，全面加强政协系统意识形态工作。通过认真开展“两学一做”“不忘初心、牢记使命”“党史学习教育”等主题教育活动、区政协党组理论学习中心组学习、主题党日活动，深入学习习近平新时代中国特色社会主义思想、习近平总书记关于加强和改进人民政协工作的重要思想，教育引导树牢“四个意识”，坚定“四个自信”，做到“两个维护”。二是深化组织引领，推进了“两个覆盖”。深入贯彻落实中央关于加强新时代人民政协系统党的建设工作指示精神，充分发挥区政协党组引领作用，以制度建设为突破口，修订完善“三重一大”事项集体决策等制度，建立健全党组成员联系党员委员、党员委员联系党外委员制度，确保实现政协党的组织对党员委员的全覆盖和政协党的工作对政协委员的全覆盖。三是深化作风引领，锻造了“两支队伍”。以作风建设为重点，严格落实党风廉政建设责任制，选优配强委室班子，充实委员服务中心力量，打造忠诚、干净、担当的政协干部队伍和懂政协、会协商、善议政的委员队伍，“人才库”优势、“智囊团”效用充分显现，全区政协系统凝聚力、战斗力、执行力不断增强。

二、我们将服务中心大局双向发力贯穿政协工作全过程，擦亮了实干担当的履职品牌

习近平总书记指出，人民政协要紧紧围绕大局，深入协商集中议政，强化监督助推落实。五年来，我们坚持把围绕中心、服务大局作为履职的重点，一是政治协商建真言。做精重点协商，瞄准全区改革发展重大问题，精心选取统筹推进高铁新城建设、加快推进“筹改居”、公共文化服务建设、典型信访问题化解、基层应急能力建设五个课题，深入开展调查研究，形成了多篇高质量的调研报告，协商成果被列为省、市政协专题协商议题及大会发言，相关意见建议成为省、市和区委区政府决策参考。做优专题协商，围绕非遗文化传承与保护开展远程协商，全国政协主席汪洋现场连线

并给予高度评价，央视新闻专门宣传推介，委员履职实践基地雨花非遗馆成为新的文化名片。做实基层协商，出台《基层民情专题协商会实施办法》，构建了以政协委员为核心的“5+X”多元协商主体，细化了“四议”“四不议”协商内容。各街镇政协工作联络处精心谋划、联合推进，有效解决了一批群众身边的问题，相关经验在全国、省、市政协相关座谈会上推介，基层协商民主建设经验入选湖南省“习近平总书记关于加强和改进人民政协工作的重要思想”研修班培训教材。二是民主监督献良策。准确把握协商式监督的性质定位，引导广大政协委员以提出意见建议的方式开展民主监督，40多名委员被聘为“营商环境特约监督员”，为助推我区行政效能全面提升作出了积极贡献。我们连续三年以民主评议蓝天保卫战工作为抓手，坚持问题导向，突出监督重点，搭建了雨花政协生态助力营，民主评议机制不断完善，基层民主监督影响进一步扩大。三是参政议政出实招。完善“三审”“八办”机制（初审、委审、联审，领导领办、政协促办、主责承办、部门会办、社会协办、制度管办、群众监办、联合督办），精心培育优质提案，夏晓波、陈军、李卫、陈泽等委员带头撰写，集体提案数量和质量连年攀升。《关于绿心地区保护与发展》《关于加快红旗路南延至洞株路建设》等提案被列为省、市重点提案和优秀提案，助推了绿心生态补偿及项目准入机制等一系列政策出台，长株潭融城步伐进一步加快。扎实推进政协云微建议工作，创新“和协商”机制，每年近百个群众关心关注的问题得到转办落实。五年来共收到社情民意信息550多条，王东华、钟智宏、吴建安、梁赛等委员和政协工作者撰写的100多篇信息被全国、省、市政协和区委区政府采纳转办，“民意直通车”作用进一步扩大。

三、我们将团结民主凝心聚力主题贯穿政协工作全过程，谱写了同心奋进的崭新篇章

团结和民主是人民政协继往开来的方向和使命。五年来，我们牢牢把握团结和民主两大主题，紧密团结27个界别、300多名新老委员和社会各界热心人士，参政议政，履行职责。一是突出筑牢共同思想政治基础。不断完善委员履职培训制度，搭建雨花政协读书会平台，举办专题学习研讨班，赠阅“两刊一报”，学习中共党史、新中国史、改革开放史、社会主义发展史、人民政协史和党的创新理论、时事政策，全区政协系统进一步树牢了正确的历史观和大局观。二是突出拓展同心履职舞台。创新联谊平台，率全省之先将历届政协委员和热心公益行动、乐于参与政协活动的社会各界人士凝聚起来，成立雨花“政协之友”，举办“雨花精英献良策”活动、政协课堂、专题沙龙，同心汇论坛、组建线上线下兴趣小组、志愿服务队伍。组织广大委员和政协之友前往韶山、延安、文家市、梁家河等地开展革命传统教育，召开纪念人民政协成立70周年座谈会，举办纪念中国共产党成立100周年系列活动，扩大了团结联谊的“朋友圈”。三是突出扩大团结民主影响。以学习强国、政协云、飞梦雨花为载体，不断拓展委员知情明政渠道，探索建立同党外知识分子、非公有制经济人士、新的社会阶层人士的沟通联络机制，完善“界别六个一”制度，专委会履职、基层履职和界别履职真正活起来、实起来、强起来，广泛汇聚起雨花经济社会发展的奋进伟力。

四、我们将务实作为关切民生贯穿政协工作全过程，展现了人民政协为人民的良好形象

人民政协作为国家治理体系的重要组成部分，是具有中国特色的制度安排。五年来，我们始终站稳人民立场，持续开展“红心向党·务实为民·助力雨花”系列活动，聚焦民生民本办实事，聚力实招实干出实效。一是智慧委员工作室双线履职不断升级。依托省政协云平台，19个“和”系列智慧委员工作室覆盖全区13个街镇，51名省市政协委员、249名区政协委员、85名政协之友全部驻室，线上线下同步履职。近年来，共走访群众3000余人次，300多条民情问题转化为主席会议协商议题、社情民意、提案、微建议，相关调研成果获省政协主席李微微亲自批示，相关经验多次被全国、省、市专题推介，金牌帮女郎陈旭委员工作室获评全省示范性政协委员工作室。二是“真情五助+”系列活动温暖人心。在区政协的号召下，越来越多有担当、有情怀的政协委员和政协之友企业参与到“真情五助+”活动中，刘雄、陈容、蒋浪、喻思旭等委员创建公益学校、提供就业岗位、捐建同心绿色书屋、捐款捐物扶贫帮困，让群众切身感受到政协委员就在身边、政协工作真有作为。三是关键时刻挺身而出彰显过硬担当。在决战决胜脱贫攻坚战场上，区政协系统全面参战，龙燕、周谊、何凯、王青春、言海先等委员从就业扶贫、产业扶贫、消费扶贫、教育扶贫入手，不仅助力跳马交出了高质量扶贫的优异答卷，还助力完成了对口帮扶桑植、龙山的光荣使命。在迎战长沙特大洪灾中，区政协主席会议成员、机关干部和基层政协工作者坚守抗洪一线，广大政协委员第一时间奔赴救灾前沿，为抗洪救灾胜利作出了重要贡献。在抗击新冠肺炎疫情中，广大委员闻令而动、各尽其能，周卷、李仁杰、彭拥军、丁艳华等委员的物资驰援跑出了政协加速度，合力筑建起疫情防控“新长城”。此外，全区政协系统秉持“大事见担当、艰难显本色”的优良传统，联点街镇、驻点社区，踊跃投身到全区片区开发、项目攻坚、文明创建等重大工作中，以实际行动彰显了政协人的责任与担当。

五、我们将坚持发挥委员主体作用贯穿政协工作全过程，凝聚了为国履职为民尽责的感人力量

人民政协作用发挥在委员，事业发展靠委员。五年来，委员主体作用的发挥一直是我们做好政协工作的重要基础和关键环节，我们的委员历来站位高，政治立场特别坚定。委员们作为各党派团体和各族各界优秀代表人士，怀有强烈的家国情怀，都能旗帜鲜明讲政治，代表社会各界群众参与国是、履行职责。我们的委员历来有激情，日常履职尽心尽责。委员们发挥专业专长，认真驻室值班，深入调研走访，积极撰写社情民意、提案建议和云上微建议。在公益活动现场、在蓝天保卫战前沿、在扶贫帮困之中、在社会治理一线，都活跃着大家孜孜不倦的身影。我们的委员历来善学习，综合素质显著提升。依托雨花政协读书会、委员履职培训班、主题党日活动、教育实践活动，委员们学原著、悟思想、守初心，听党话、跟党走、感党恩，政治把握能力、调查研究能力、联系群众能力、合作共事能力不断增强。我们的委员历来勇创新，工作队伍朝气蓬勃。委员们把政治协商会议开到群众房前屋后，把民主监督放到蓝天碧水之间，把委员工作室建到社区村部主塘河边，一个又一个的创新实干举措，让我们的队伍永葆活力。我们的委员历来重实效，厚植民生民本情怀。无论是日常履职，还是为民办实事，委员们都是参与最积极、建议最务实、行动最主动、贡献最显著。五年来，涌现了一大批实干作为的“三好”政协工作联络处、“五佳”委员工作室和“六优”政协委员，诸多委员个人、企业、社会组织成为全区、全市乃至全省、全国的公益明星、先进个人和先进集体。

各位委员、同志们，过去五年取得的每一份成绩、每一项创新、每一点进步，都离不开省、市政协的关心指导，离不开中共雨花区委的坚强领导和区政府的强力支持，离不开历届政协打下的坚实基础和本届政协班子的精诚团结，更离不开各民主党派、各街镇政协工作联络处、广大政协委员、区政协机关全体党员干部的积极参与和共同努力，以及各位老领导、老同志和社会各界的鼎力支持。在此，我谨代表区政协第五届常委会，向长期以来关心、支持雨花政协工作的各级领导、同志们、朋友们，向为政协事业付出辛勤劳动的全体委员、全体政协工作者表示最衷心的感谢，并致以最崇高的敬意！

在肯定成绩的同时，我们也清醒认识到，本届政协工作还存在一些不足：民主监督方式还有待进一步创新，参政议政成果转化还有待进一步提效，界别优势还有待进一步彰显，基层政协关键作用还有待进一步强化。我们真诚地希望各位领导、各位前辈、各位同志、各位朋友能多提宝贵意见。

今后五年的工作建议

新蓝图前景美好，新征程催人奋进。未来五年，是雨花奋力建设全国一流现代化强区的重要五年，也是全区政协系统承前启后、接续奋斗的奋进五年。我们建议：坚持以习近平新时代中国特色社会主义思想为指导，深入贯彻习近平总书记“七一”重要讲话精神以及关于湖南工作系列重要讲话指示精神，围绕区委“贯彻‘三高四新’战略、践行‘四个争当’使命，奋力建设全国一流现代化强区”工作主题，聚焦“立足中部领先，迈向全国十强”奋斗目标，切实发挥专门协商机构作用，凝聚共识、汇聚力量，为助推雨花高质量发展再作新贡献。

一、始终坚持思想同心，不断加强政协系统党的建设

加强政协党的建设是新时代党的建设新的伟大工程的重要组成部分，是发挥人民政协专门协商机构作用的根本保障。一是强化党的创新理论武装。坚持和完善学习制度，深入领会习近平总书记“七一”重要讲话精神，推动政协系统党的建设走深走实，进一步筑牢增强“四个意识”、坚定“四个自信”、做到“两个维护”的思想根基。二是牢固树立政协是政治机关的意识。在区委的坚强领导下，以党建赋能政协工作，强化意识形态工作，全面落实党建工作责任制。进一步强化政治共同体意识，不断完善基层政协党建工作制度体系，锻造坚强有力的基层党组织。三是以党建引领推动各项工作落实。坚持党建工作和业务工作一起谋划、一起部署、一起落实，有效形成以党建强政治、带队伍、促履职、增团结的良好局面，不断提高政协党组织的政治领导力、思想引领力、群众组织力、社会号召力。

二、始终坚持目标同向，充分发挥专门协商机构优势作用

人民政协是国家治理体系的重要组成部分，要充分发挥政协专门协商机构人才荟萃的智力优势、平等协商的民主优势、凝心聚力的团结优势、协调关系的功能优势、联系广泛的界别优势。一是推进协商工作制度化。要围绕全面实施“十四五”规划，聚焦迈向全国十强奋斗目标，科学制定五年协商计划，完善协商内容、参加范围、讨论原则、基本程序、交流方式等机制，提升政协工作制度化、规范化、程序化标准。二是推进协商格局多层化。要健全以全体会议为龙头，以专题议政性常委会议、专题协商会、调研座谈会为重点，以对口协商、基层民情协商、提案办理协商为常态的协商格局，让“有事多商量”“有事好商量”的理念更加深入人心。三是推进协商成果实效化。要围绕事关全区经济社会发展的战略性、全局性问题，多点发力，聚焦打造“三个高地”目标任务，高标准高质量助推自贸试验区、国家重要先进制造业园区、长株潭一体化及绿心中央公园建设，高水平助推自贸雨花高铁片区、红星片区、雅塘片区城市更新，打造国际一流营商环境，创新社会治理，助力“蓝图”化为“施工图”。

三、始终坚持行动同步，广泛凝聚社会各界更大共识

人民政协具有广泛的代表性和巨大的包容性，能够最大限度地团结一切可以团结的力量。一是大团结大联合，在履职实践中凝聚人心。要围绕雨花产业体系升级、增长动能集聚、开放平台赋能、融城效应释放，紧跟项目建设、改革创新、协同发展进程，引导广大政协委员做到协商议发展、监督促发展、参政谋发展。二是秉承人民至上，在建言资政中增进共识。进一步畅通知情明政渠道，让每一位委员都能知雨花、爱雨花、建雨花，当好传达上情的宣传员、反映下情的联络员、促进和谐的调解员，自觉做到议政为民、建言为民、献策为民。

四、始终坚持强基固本，整体提升政协队伍履职效能

人民政协要主动适应新形势新任务，按照习近平总书记“懂政协、会协商、善议政，守纪律、讲规矩、重品行”的要求，全面增强履职本领，不断提升履职能力。一是着力夯实工作基础。要创新履职实践基地、学习培训基地建设，探索建立参政议政人才库，深化对战略性、全局性、前瞻性问题的研究，为雨花经济社会发展贡献智力、增加助力。二是着力激发委员活力。要持续优化履职品牌，依托智慧委员工作室和政协云平台，引导委员常态化撰写提案、社情民意、微建议，积极参与驻室服务。落实履职考核，优化服务管理，切实增强委员履职的积极性和主动性。三是着力加强机关建设。要完善日常管理，强化干部考核，转变工作作风，营造干事创业的良好氛围。认真落实党风廉政建设主体责任，强化党内监督，涵养政协风清气正的政治生态。

各位委员、同志们，伟大目标呼唤团结奋斗，光荣使命召唤开拓前行。在新的奋斗征程中，让我们更加紧密地团结在以习近平同志为核心的中共中央周围，在区委的坚强领导下，继续保持奋斗者的姿态和干劲，认真履行政治协商、民主监督、参政议政职能，强化担当精神、进取精神、实干精神，为奋力建设全国一流现代化强区，凝聚更广力量、展现更多作为、争取更大光荣。

名词解释：

1. 三高四新：着力打造国家重要先进制造业高地、具有核心竞争力的科技创新高地、内陆地区改革开放高地；在推动高质量发展上闯出新路子、在构建新发展格局中展现新作为、在推动中部地区崛起和长江经济带发展中彰显新担当、奋力谱写新时代坚持和发展中国特色社会主义的湖南新篇章。

2. “红心向党·务实为民·助力雨花”系列活动：2017年开始，雨花区政协坚持党建引领，结合全国、省市政协工作会议和区委要求，在全区政协系统开展以红心向党、务实为民、助力雨花为主题的系列活动。

3. 三个全覆盖：智慧委员工作室驻室委员实现街镇全覆盖、政协委员参与委员工作室工作全覆盖、线下委员工作室入驻政协云全覆盖。

4. “和”系列智慧委工作室：雨花区政协根据省、市政协关于智慧政协委员工作室工作的安排部署，在原有基础上，汲取“和”文化思想基因，在全区各街镇分别重点建设1个以“和”字命名的社区委员工作室，主要用于委员之间的学习交流、政策宣讲、矛盾化解、民意收集以及委员利用个人专业和资源优势为人民群众解决实际问题和困难。每个工作室分为线下实体工作室和线上平台两个部分。省政协李微微主席批示在全省予以推介。

5. “真情五助+”活动：雨花区政协结合省市政协“三个一”（一名政协委员资助一名贫困家庭在校学生完成学业、结对一个贫困家庭增加收入、帮助贫困家庭一名成员解决就业）扶贫行动，面向全区政协系统和社会各界推出了真情“助老、助残、助学、助业、助困”公益活动，随着活动的发展，帮扶范围不断拓展，帮扶主题不断延伸。

6. 基层民情协商：雨花区政协开展的特色活动，以政协委员为主体，由各街镇政协联络处主办，依托“和”系列社区智慧委员工作室开展，是在党委领导下，基层干部群众、各方代表等围绕基层公共事务或共同关心的问题，以合适的方式依法依规进行的协商活动。该活动得到省市政协充分肯定推介。

7. “和协商”机制：雨花区政协不断拓展社情民意信息汇集渠道，建立健全编审报送机制、跟踪反馈机制、评比激励机制，定期反馈信息采用情况、处理意见和有关批示及落实情况。

8. 两刊一报：《文史博览》《文史博览·人物》《湘声报》。

9. “界别六个一”制度：各个界别每年提交一篇调研报告、一篇大会发言、一份提案、一篇社情民意、参与一次活动、组织一次学习。

10. 政协云平台：湖南省政协基于“云技术”开发而成的履职应用系统，涵盖委员履职服务、提案办理、社情民意、多方互动、学习培训、重点专项工作、远程协商、大厅展示、综合服务助手客户端、政协门户网站、互联展示数据接口等管理系统，形成全方位覆盖的履职流程、全环节管理的履职链条、全天候参与的履职载体，打造“不落幕的政协会议”平台。

11. “三好”政协工作联络处和“六优”政协委员：雨花区政协组织创先争优的活动，基层政协联络处争创“三好”，即组织好委员活动、履行好委员职能、服务奉献好社会；政协委员争当“六优”，即政治过硬素质优、履职积极成果优、服务大局奉献优、促进和谐作用优、爱岗敬业成绩优、热心公益形象优。

12. 四个争当：湖南省委常委、长沙市委书记吴桂英在雨花区调研时指出，雨花区要争当“三个高地”排头兵、争当长株潭一体化桥头堡、争当现代国际商贸服务先行区、争当宜居幸福示范区。

13. 立足中部领先，迈向全国十强：雨花区GDP在全省率先迈上2000亿元台阶、2020年达到2193亿元，稳居中部城区第一，在壹城智库发布的2020年全国高质量发展百强区榜单中，雨花区排名第18位、跃居中部城区第一，今年上升至15位。区第六次党代会提出未来五年奋斗目标是“立足中部领先，迈向全国十强”，立足壹城智库、赛迪顾问、中小城市研究院三家智库制定的高质量发展体系，在全国百强区中争先进位，让迈向全国十强的过程成为推进雨花高质量发展的过程。

统计资料

表 1

2021 年雨花区行政区划一览表

指标	单位	社区居民委员会	社区筹委会	行政村
总计	个	141	13	13
雨花亭街道办事处	个	11	1	0
高桥街道办事处	个	8	0	0
左家塘街道办事处	个	21	0	0
侯家塘街道办事处	个	12	0	0
砂子塘街道办事处	个	8	0	0
东塘街道办事处	个	10	0	0
圭塘街道办事处	个	15	0	0
黎托街道办事处	个	9	4	0
洞井街道办事处	个	16	3	0
井湾子街道办事处	个	15	0	0
东山街道办事处	个	6	2	0
同升街道办事处	个	8	3	0
跳马镇	个	2	0	13

表 2

2021 年雨花区经济社会发展主要指标统计表

指标	单位	2021 年	2020 年	增长（%）
土地面积	平方千米	292.20	292.20	-
年末总人口（户籍人口）	人	786917	758967	3.6
男	人	381669	370961	2.8
女	人	405248	388906	4.2
城镇人口	人	746286	719155	3.7
地区生产总值	亿元	2360.02	2193.24	7.4
第一产业	亿元	5.71	5.45	5.8
第二产业	亿元	1298.79	1210.22	5.2
工业	亿元	855.4	802.44	7.1
建筑业	亿元	444.87	409.06	1.6
第三产业	亿元	1055.53	977.57	5.2
交通运输、仓储邮政业	亿元	63.09	60.33	8.0
批发业	亿元	78.63	69.58	8.7
零售业	亿元	121.21	105.46	12.3
住宿业	亿元	10.57	9.91	4.2
餐饮业	亿元	23.29	20.80	18.4
金融业	亿元	164.63	151.54	5.8
房地产业	亿元	113.88	108.18	7.2
房地产开业（K 门类）	亿元	84.20	77.60	8.1

续表 2

指标	单位	2021 年	2020 年	增长（%）
自有房地产经营活动	亿元	29.69	30.57	5.0
其他服务业	亿元	478.53	450.27	11.7
营利性服务业	亿元	310.22	287.49	12.5
非营利性服务业	亿元	168.31	162.78	10.4
农林牧副渔总产值	亿元	8.88	8.49	6.2
农业	亿元	7.94	7.63	4.4
粮食产量	亿元	2203	1889.37	16.6
年技术市场成交合作合同金额	亿元	159.39	62.38	155.5
平均年降水量	毫米	1356.5	1620	-16.3
年末实有封山（沙）育林面积	公顷	5160.48	4500	14.7
开工水利工程	处	30	32	-6.3
水利工程投入资金	亿元	0.61	0.24	154.2
水利工程完成土石方	万立方米	0.6541	8	-91.8
园内企业个数	个	1209	1022	18.3
园内企业产值	亿元	503	410	22.7
新签约企业数	个	54	58	-6.9
合同签约总额	亿元	50.75	51.18	-0.8
登记个体工商户个数	个	15365	12850	19.6
新登记企企业户数	个	12966	12418	4.4
授权专利	件	5455	3955	38.2
新修市政道路	千米	4.64	4.25	9.3
基础设施投资总额	万元	21803	42980	-49.3
维修路面及人行道	万平方米	14.8	15.2	-2.6
计划投资立项数	个	151	167	-9.6
备案数	个	200	258	-22.5
计划立项总额	亿元	146.57	101.03	45.1
备案总额	亿元	333.84	758.29	-56.0
新改建村组公路	千米	30.46	58.87	-48.3
年末实有道路长度	千米	343	343	0
年末实有道路面积	万平方米	209	209	0
城镇老旧小区改造	个	31	17	82.4
拆违面积	万平方米	10.4	6.4	62.5

表 3

2021 年雨花区财政收支情况表

指标	单位	2021 年	2020 年	增长（%）
一般公共预算收入	万元	1670216	1628397	2.6
地方一般公共预算收入	万元	801938	780527	2.7
地方一般公共预算支	万元	942743	1063812	-11.4

表 4　　2021 年雨花区招商引资情况表

指标	单位	2021 年	2020 年	增长（%）
当年新签项目（合同）个数	个	6	5	20.0
实际到位外资	万美元	6464	89454	–
进出口总额	亿元	233.68	178.66	30.8
外商直接投资合同项目	个	3	0	–
实际利用外资金额	亿美元	0.6494	8.9454	–
外商直接投资额	万美元	0.6494	0.1614	302.4
实际引进省外境内资金	亿元	256.35	200.5	27.9

表 5　　2021 年雨花区教育事业基本情况表

指标	单位	2021 年	2020 年	增长（%）
普通中学学校数	所	4	4	0
普通高中在校生	人	4186	4449	–5.9
普通初中学校数	所	16	15	6.7
普通初中在校生	人	24017	22866	5.0
小学学校数	所	77	75	2.7
小学在校学生数	人	102338	94034	8.8
幼儿园数	所	287	266	7.9
幼儿园在园幼儿	人	60002	52858	13.5
教职工数	人	8841	7736	14.3
小学生初中入学率	%	100	100	0
高中阶段毛入学率	%	100	100	0
义务教育阶段合格学校建设	所	3	2	50.0

表 6　　2021 年雨花区文化体育旅游事业基本情况表

指标	单位	2021 年	2020 年	增长（%）
艺术表演团体	个	16	13	23.1
文化馆	个	2	1	100
公共图书馆	个	1	1	0
图书分馆	个	11	11	0
体育场地	万平方米	232.09	282.58	–17.9
体育场地	个	1410	1189	18.6
全区全民健身运动参加人数	万人	56.9	56.7	0.4
全区开展全民健身项目	项次	28	27	3.7
旅游业总收入（人民币）	亿元	349.89	332.5	5.2
国内旅游收入（人民币）	亿元	349.89	331.91	5.4
旅行社总数	个	99	92	7.6
星级宾馆总数	个	6	6	0

续表 6

指标	单位	2021 年	2020 年	增长（%）
其中：五星级	个	1	1	0
四星级	个	2	2	0
三星级	个	3	3	0
二星级	个	0	0	0
星级宾馆客房总数	间	1339	1339	0

表 7　　2021 年雨花区卫生事业基本情况表

指标	单位	2021 年	2020 年	增长（%）
卫生机构数	个	732	666	9.9
医院、卫生院	个	56	54	3.7
妇幼保健院（所、站）（区内发证）	个	1	1	0
专科疾病防治院（所、站）（区内发证）	个	0	0	0
医院、卫生院床位数（区内发证）	张	1427	1431	–0.3
卫生技术人员	人	20987	19562	7.3
执业医师和执业助理医师（区内发证）	人	3063	2722	12.5
注册护士（区内发证）	人	3993	3494	14.3
疾病预防控制中心（防疫站）（区内发证）	个	1	1	0
疾病预防控制中心（防疫站）卫生技术人员	人	55	51	7.8
卫生监督检验机构（区级）	个	1	1	0
卫生监督检验机构卫生技术人员（区内发证）	人	22	22	0
社区卫生服务中心	个	12	11	9.1
社区卫生服务中心床位数	张	621	585	6.2
社区卫生服务中心卫生技术人员	人	713	630	13.2

表 8　　2021 年雨花区环境卫生事业基本情况表

指标	单位	2021 年	2020 年	增长（%）
收运垃圾	万吨	47.39	46.99	–0.8
清扫街道	万平方米	971	984	1.4
保洁从业人数	人	2002	2013	0.5
垃圾运输车	辆	149	136	–8.7
扫路车	辆	50	47	–6.0
洒水车	辆	194	203	4.6
公共厕所	座	80	80	–2.4
本年新建	座	3	5	–66.7
垃圾站	个	137	135	–1.5
本年新建	个	2	2	–

表 9 2021 年雨花区园林绿化基本情况表

指标	单位	2021 年	2020 年	增长（%）
园林绿化覆盖面积	万平方米	4242.71	3781.46	12.2
绿化覆盖率	%	41.57	45	–3.4
绿地面积	万平方米	3656.26	3437.69	6.4
新增绿地面积	万平方米	218.57	69.34	215.2
绿地率	%	35.82	40.91	–5.1
公共绿地面积	万平方米	2945.03	2102.87	40.0
公园个数	个	64	52	23.1
公园面积	万平方米	508.98	356.53	42.8

表 10 2021 年雨花区环境保护基本情况表

指标	单位	2021 年	2020 年	增长（%）
工业废水排放总量	万吨	93.55	126.66	–26.1
工业废气排放总量	万标立方米	200766	200828	0
工业固体废物产生量	万吨	5.6	5.72	–2.1
工业固体废物综合利用率	%	100	100	0
水质满足Ⅲ类标准的断面比例	%	100	100	0
水质满足Ⅳ类标准的断面比例	%	0	0	0
空气质量达到二级标准的城市（区）	个	0	0	0
烟尘控制区	个	5	5	0
烟尘控制面积	平方千米	47.6	47.6	0
区域环境噪声功能达到二级标准的城市（区）	个	1	1	0
环境噪声控制区	个	5	5	0
环境噪声控制面积	平米千米	29	29	0
全省已批准国家生态示范区个数	个	1	1	0

表 11 2021 年雨花区劳动就业和社会保障情况表

指标	单位	2021 年	2020 年	增长（%）
城镇新增就业人员	人	16193	14734	9.9
城镇登记失业人员	人	5364	8818	–39.2
城镇登记失业率	%	1.97	3.4	–1.4
安排下岗失业人员再就业	人	13721	8019	71.1
大龄就业困难对象再就业	人	3895	3504	11.2
下岗失业人员再就业培训	人	1206	660	82.7
农村劳动力转移培训	人	3035	2356	28.8
年末企业职工参加基本养老保险人数	人	331395	289928	14.3
在职人员	人	309190	268006	15.4
退休人员	人	22205	21922	1.3

续表 11

指标	单位	2021 年	2020 年	增长（%）
年末城乡居民基本养老保险投保人数	人	68945	69564	–0.9
年末参加工伤保险职工人数	人	258942	238290	8.7
年末参加失业保险职工人数	人	223487	200940	11.2
年末领取失业保险金职工人数	人	1488	1739	–14.4

表 12　　2021 年雨花区人事工作基本情况表

指标	单位	2021 年	2020 年	增长（%）
各类专业技术人员总计	人	5235	4937	6.1
工程技术人员	人	36	36	0
农业技术人员	人	8	8	0
卫生技术人员	人	298	270	10.4
教学人员	人	4885	4596	6.3
会计人员	人	17	18	–5.5
经济人员	人	7	9	–22.2
各类专业技术人员构成				
工程技术人员	%	0.69	0.73	–0.04
农业技术人员	%	0.15	0.16	–0.01
卫生技术人员	%	5.69	5.47	0.22
教学人员	%	93.31	93.09	0.22
会计人员	%	0.32	0.36	–0.04
经济人员	%	0.13	0.18	–0.05

表 13　　2021 年雨花区民政工作及社会救助情况表

指标	单位	2021 年	2020 年	增长（%）
登记结婚数	对	4461	5005	–10.9
登记离婚	对	1815	2990	–39.3
各类收养性社会福利单位床位数	张	1991	1595	24.8
各类收养性社会福利单位收养人员数	人	1239	1165	6.4
城镇各种社区服务设施	个	1068	1045	2.2
财政预算安排“低保”资金（区级）	万元	1000	1000	0
社会救济总人数	人	5082	5139	–1.1
居民最低生活保障人数	人	4466	4573	–2.3
特困供养人数	人	616	566	8.8
综合性社区服务中心	个	141	134	5.2
接受社会捐赠资金	万元	76.23	362.13	–78.9
销售社会福利彩票	万元	72	767	–90.6
筹集社会福利资金	万元	3.6	38.4	–90.6

表 14

2021 年雨花区档案事业与馆藏情况表

指标	单位	2021 年	2020 年	增长（%）
机构数	个	1	1	0
专（兼）职工作人员	人	14	14	0
馆藏档案				
全宗	个	133	133	0
案卷	卷	59601	59601	0
录音、录像、影片	盘	172	155	11.0
照片	张	6902	6691	3.2
资料数量	册	4220	4220	0
利用人数	人次	1429	2347	–39.1
利用档案	卷次	2332	3568	–34.6
利用档案资料	页	15786	22000	–28.2
公开出版	种	2	1	100.0
公开出版字数	万字	146.9	111	32.3
内部参考	种	1	0	–
内部参考字数	万字	14.41	0	–

表 15

2021 年雨花区城乡一体化城镇住户收支调查表

指标	单位	附加单位	2021 年	2020 年	增长（%）
调查户月数	户	人	1080	1080	0
可支配收入	元	人	66958	62403	7.3
消费性支出	元	人	51378	48746	5.4
恩格尔系数	%		26	26	0
家庭总收入	元	人	75537	68080	11.0
可支配收入	元	人	66958	62403	7.3
工资性收入	元	人	35784	33350	7.3
经营净收入	元	人	9313	8753	6.4
财产净收入	元	人	5613	5320	5.5
转移净收入	元	人	16248	14980	8.5
家庭人均总支出	元	人	73298	64306	14.0
消费性支出	元	人	51378	48746	5.4
食品烟酒	元	人	13440	12836	4.7
衣着	元	人	3025	2959	2.2
居住	元	人	9419	9180	2.6
生活用品及服务	元	人	6136	6034	1.7
交通和通信	元	人	4119	4382	–6.0
教育文化娱乐服务	元	人	10584	8821	20.0
医疗保健	元	人	3731	3654	2.1
其他用品和服务	元	人	924	880	5.0

续表 15

指标	单位	附加单位	2021 年	2020 年	增长（%）
转移性支出	元	人	4074	3853	5.7
购置资产及非经常性转移支出	元	人	9823	6219	58.0
生产经营费用支出	元	人	4150	–	–
部分商业保险支出	元	人	766	561	36.7
借贷性支出	元	人	3020	3707	–18.5
主要消费品拥有量					
汽车	辆	百户	69	64	7.1
助力车	辆	百户	19	26	–25.7
洗衣机	台	百户	107	107	0
电冰箱	台	百户	103	103	0
彩色电视机	台	百户	121	123	–1.9
家用电脑	台	百户	120	118	1.9
微波炉	台	百户	63	–	–
空调器	台	百户	272	278	–2.1
淋浴热水器	台	百户	100	100	0
健身器材	套	百户	20	19	5.9
固定电话	部	百户	13	17	–22.0
移动电话	部	百户	261	262	–0.5
接入互联网的移动电话	部	百户	250	258	–3.0
接入互联网的计算机	台	百户	118	114	3.1
住房情况					
家庭居住人口	人	户	3	3	0
现住房总建筑面积	平方米	人		35	0

组织机构及负责人

·中共雨花区委员会·

书　记	张　敏（7月免）
	刘素月（女，7月任）
副书记	刘素月（女，7月免）
	黄军其（7月任）
	陈永高（7月免）
	郭四军（8月任）
常　委	郭四军（挂职）（7月免）
	王清政（8月免）
	龚　畅（7月免）
	余宏卿
	钟孝明（8月任）
	成　钢（7月免）
	王明玖（8月免）
	李　颖
	蔡泽敏（3月任）
	胡　斌（3月任）
	刘江红（8月任）
	吴平辉（8月任）
	刘林志（7—10月任）
	周　坤（10月任）

·雨花区人大常委会·

党组书记	龚景顺（10月免）
	冯聪龙（11月任）
党组第一副书记	冯聪龙（7—10月任）
主　任	龚景顺（10月免）
	冯聪龙（10月任）
党组副书记	谢爱龙（11月免）
	李劲松（9月任）
党组成员	杨　平（女，11月免）
	杨仕斌（11月免）
	李劲松
	周艳芳（女，7月任）
	向　星（女，7月任）
	王青春（7月任）
副主任	谢爱龙（10月免）
	杨　平（女，10月免）
	杨仕斌（6月免）
	李劲松
	莫志刚
	周艳芳（女，10月任）
	向　星（女，10月任）
	王青春（10月任）

·雨花区人民政府·

党组书记、区长	刘素月（女，7月免）
党组书记	黄军其（7月任）
代区长	黄军其（7—10月任）
区　长	黄军其（10月任）
党组副书记、常务副区长	龚　畅（7月免）
	吴平辉（7月任）
党组成员	蔡泽敏（7月免）
	黄健元（7月免）
	刘江红（8月免）
	刘林志（7—11月任）
	周　明（7月任）
	邓　波（7月任）
	周习文（7月任）
	刘燕妮（女，7月任）
	周　宏（7月任）
	周　坤（10月任）
	钟　波（7月免）
	单东霞（8月任）
副区长	黄健元（10月免）
	陈怀宇（9月免）
	刘江红（8月免）
	蔡泽敏（5月免）
	易　静（女）
	刘林志（7—11月任）
	周　明（10月任）
	邓　波（10月任）
	周习文（10月任）
	刘燕妮（女，10月任）
	周　宏（10月任）
	周　坤（11月任）

·政协长沙市雨花区委员会·

党组书记	冯聪龙（11月免）

	王清政（11月任）
党组第一副书记	王清政（7—10月任）
主席	冯聪龙（10月免）
	王清政（提名）（8—10月任）
	王清政（10月任）
党组副书记	康长萍（女，11月免）
	陈怀宇（9月任）
党组成员	彭可佳（11月免）
	周建雄（1月任）
副主席	康长萍（女，10月免）
	陈怀宇（提名）（8—10月任）
	陈怀宇（10月任）
	周凌云（女）
	廖云伟（10月免）
	罗艳辉（女，10月免）
	周建雄（提名）（2—10月任）
	周建雄（10月任）
	吴海军（提名）（8—10月任）
	吴海军（10月任）
	戴碧锋（提名）（8—10月任）
	戴碧锋（10月任）
党组成员、秘书长	王广安

·中共雨花区纪委、雨花区监察委员会·

区纪委书记	王清政（8月免）
	钟孝明（8月任）
常务副书记	张辉煌
副书记	尹　红
区纪委常委	傅丹成（女）
	张建平（4月免）
	谢新德（12月免）
	李　婷（女）
	何红辉（女，1月免）
	黄　洪（1月任）
	杨　柳（女，1月任）
	张艳君（女，4月任）
区监委主任	王清政（8月免）
	钟孝明（提名）（8—10月任）
	钟孝明（10月任）
区监察委员会副主任	张辉煌
	尹　红
区监察委员会委员	傅丹成（女）
	宁　毅
	曾爱云

·长沙雨花经济开发区·

党工委书记	郭四军（7月免）
	袁　钊（11月任）
副书记、管委会主任	曾红鹰（女，11月免）
	陈海波（11月任）
委员、管委会副主任	李剑刚
	谭爱兵（11月任）
委员	邓　波（7月免）
	黄　金（女，7月任）
管委会副主任	邓　波（9月免）
	黄　金（女，9月任）
委员、工会联合会主席	傅建辉
委员、纪工委书记	姜泽红
委员、纪检监察室主任	李逾之
办公室主任	张　磊
办公室副主任	王　健
	杜　江
	何健泉
招商合作局局长	朱旻芙（女，11月免）
	李伟才（12月任）
招商合作局副局长	刘黎黎（女）
经济发展局局长	沈　敏（9月免）
	黄　芳（女，10月任）
经济发展局副局长	高志勇
	董　卫
规划建设局局长	蔡贤俊
规划建设局副局长	李　甜
工务局局长	莫　伟（11月免）
	杨　勇（11月任）
工务局副局长	
社会事务局局长	黄红军（11月免）
	彭聪颖（11月任）
社会事务局副局长	丁恒秋
	谢姣梅（女）
企业党委书记	傅建辉
专职副书记	戴江南（女）
纪检监察室副主任	余锡辉

雨花经开开发建设公司

党委书记、董事长	廖昌规（12月免）
副书记、副董事长、总经理	王　坤
党委委员、监事会主席	谢　曙
党委委员、董事、副总经理	郭兆捷
	杭　东
董事、副总经理	黄　宇
副总经理	汪武静

雨花经开创新投资有限公司

党委书记、董事长	刘　庄（女，10月免）

	黄红军（10月任）
副书记、副董事长、总经理	谢文勇
监事会主席	胡　杨
党委委员、纪委书记	李登高
董事、副总经理	杜明鲜
	盘　瑶（女）
副总经理	吴　磊
	洛　杨

·长沙火车南站地区综合管理办公室·

党工委书记、主任	谢国富
副书记、副主任	罗龙忠
党工委委员、副主任	肖建璋
党工委委员、纪工委书记	游　伟
综合管理部部长	黎　薇（女）
社会事务部部长	李朝晖
执法协调部部长	黄　磊
综合管理部副部长	范年慧（3月免）
	邓　佳（女，3月任）
社会事务部副部长	袁　首（女）
执法协调部副部长	向　斌

·中国（湖南）自由贸易试验区长沙片区雨花管理委员会·

党工委书记、管委会主任	肖向东（4月任）
党工委委员、管委会副主任	周　彬（4—8月任）
	邓　友（4月任）
党政综合局局长	万　强（4月任）
制度创新局（优化营商环境办公室）局长	张　鑫（女，4月任）
招商合作局（现代服务业发展中心）局长	谷　旭（4月任）
贸易服务局局长	彭　聪（女，4月任）
财政金融局局长	李琴琴（女，4月任）

·区委工作机构·

区委办公室［区直属机关工作委员会、区档案局、区委台湾工作办公室（区政府台湾事务办公室）］

主　任	蔡泽敏（4月任）
常务副主任	谢冬波（8月免）
	刘革新（10月任）
副主任	尹美娜（女）
	李　敏（女，12月免）
	肖上峰
	刘希颖（12月任）
主任会议成员	杨　平（女）
	周红雨（女）
	黄利萍（女，12月免）
	胡永谦
	昌名林（12月任）

区直属机关工作委员会

书　记	蔡泽敏（4月任）
常务副书记	单东霞（8月免）
	黄　坚（8月任）

区接待服务中心

主　任	杨　平（女）
副主任	何　明（女）
	李　茜（女，4月免）
	马　倩（女，4月任）

区档案局

局　长	谢冬波（兼）（8月免）

区档案馆（区委党史研究室、区地方志编纂室）

馆　长	周红雨（女）
副馆长	尹亿民
	黄子彧（女）

区网格化综合服务中心（区群众工作服务中心）

主　任	黄利萍（女，12月免）
	昌名林（12月任）
副主任	谭水平
	车　伟（女）

区直属机关党员教育服务中心

主　任	毛　明（女）

区委全面深化改革委员会办公室

主　任	蔡泽敏（9月任）
专职副主任	刘　旺

区委外事工作委员会办公室

主　任	李　敏（女，12月免）

区委财经委员会办公室

主　任	单东霞（兼）（8月免）

区委政策研究室（区委财办财经科）

专职副主任	刘希颖（12月免）

区委督查室

主　任	罗　宇（女）

区委机要局（区保密委员会办公室）

专职副局长（专职副主任）	刘　群（女）

区委组织部（区委非公有制经济组织和社会组织工作委员会、区委老干部局、区公务员局）

部　长	李　颖
常务副部长	李　芳（女，7月免）
	肖　瑞（8月任）
副部长	蒋多利（女，8月免）
	肖　瑞（8月免）
	沈　敏（8月任）

黄春艳（兼）（女，8月任）
周　扬（女，12月任）
易光明（兼）
部务会成员　毛玉生
部务会成员、派驻纪检监察组组长　于新鑫（4月免）
周　扬（女，4—12月任）

区委非公有制经济组织和社会组织工作委员会

书　记　肖　瑞（8月免）
沈　敏（8月任）
专职副书记　周　扬（女，4月免）
尹　平（女，4月任）
副书记　程　缅（兼）（4月免）
谢　锋（兼）（4月任）
王金山（兼）（12月免）
苏　波（兼）（12月任）

区委基层党建工作领导小组办公室

主　任　肖　瑞（兼）（8月免）
沈　敏（兼）（8月任）
副主任　彭　帅（10月免）

区绩效考核工作办公室

副主任　李　娜（女）

区委党员干部现代远程教育中心（区委党员教育中心）

主　任　贺　耀（5月免）

区人才队伍建设工作中心

主　任　饶洁琳（女）

区委老干部局

副局长　李　奕（女）

区离退休干部党工委

书　记　蒋多利（兼）（女，8月免）
区老干部活动中心主任　李玉琴（女，4月免）
宫文娥（女，4月任）

区委宣传部［区新闻出版局（区版权局）、区文明办］

部　长　余宏卿（7月免）
刘江红（8月任）
常务副部长　李绍萍（女，1月免）
何红辉（女，1月任）
副部长　别必雄
昌名林（12月免）
李　敏（女，12月任）

区文明办

主　任　昌名林（兼）（12月免）
专职副主任　钟吉星（1月免）
吴　潇（1—4月免）
马　芳（女，4月任）

区新闻中心（区融媒体中心）

主　任　吴　潇（1月免）
余　颖（女，12月任）

区文化创意产业发展中心

主　任　彭　畅（女）

区未成年人思想道德建设中心

主　任　张达唯（4月免）
胡莉姣（女，4月任）

区委统战部

部　长　成　钢（7月免）
陈永高（7—8月任）
郭四军（8月任）
副部长　谢淑贞（常务）（女）
程　缅（4月免）
谢　锋（12月免）
赵正坤（12月任）

区委政法委员会

书　记　王明玖（7月免）
余宏卿（7月任）
常务副书记　宁　璐（7月免）
董正军（7月任）
副书记　陈大勇
乔雪峰
委　员　周　晨（12月免）
徐国武（12月免）
政工室主任　余　奕（女）

区法制教育中心（区法学会办公室）

主　任　喻　达

区委网络安全和信息化委员会办公室(区互联网信息办公室)

主　任　易方顿（12月免）
黄利萍（女，12月任）
副主任　常　晖
廖　莎（女）

区委机构编制委员会办公室

主　任　黄春艳（女，3月任）
副主任　李伟才（12月免）
程　献（12月任）
邹希敏（女）
区实名制信息中心主任　唐天明

区委巡察工作领导小组办公室

主　任　章志刚（12月免）
谢新德（12月任）
副主任　张新其
彭　芬（女）
第一巡察组组长　陈春华（女）
第一巡察组副组长　李健球（12月免）
程　缅（12月任）
第二巡察组组长　郑迎春（女，2月免）
刘曙林（2月任）
第二巡察组副组长　刘非平（2月免）
第三巡察组组长　赵振平（2月免）

第三巡察组副组长　　蒲新林

区委党校（区行政学校）

校　长　　陈永高（7月免）
郭四军（7月任）
常务副校长　　周　敏（女）
副校长　　龚剑新
王　超
教育长　　彭飞龙

·区人大工作机构·

区人大常委会办公室

党组成员、主任　　彭劲宇
副主任　　佘宗龙
张海燕（女）

区人大监察和司法委员会（区人大法制委员会）

主任委员　　刘松山
副主任委员　　陈　伟（女）

区人大民族华侨外事委员会

主任委员　　赵　灿（女，12月免）

区人大财政经济委员会（区人大常委会预算工作委员会）

主任委员（主任）　　仇　莹（女，10月免）
陈　萍（女，12月任）

区人大教育科学文化卫生委员会

主任委员　　石远康

区人大环境与资源保护委员会

主任委员　　刘素娟（女，10月免）
仇　莹（女，10月任）
副主任委员　　蒋　平（女）

区人大农业与农村委员会

主任委员　　彭　知（女，10月免）
刘　归（10月任）

区人大社会建设委员会

主任委员　　黎大强

区人大常委会选举任免联络工作委员会

主　任　　郭彤莉（女，10月免）
刘素娟（女，10月任）
副主任　　王赞谊（女）

·区政府工作机构·

区政府办公室

党组书记、主任　　钟　波（7月免）
单东霞（8月任）
副主任　　万　多（11月免）
张业武（9月免）
刘　伟（8月免）
黄　桦（女，12月免）
黄　坚（8月免）
王　卓
李　茜（女，5月任）
黄行健（8月任）
李最好（8月任）
殷　昊（11月任）
周子贤（8月任）
言自平（兼）（12月免）
党组成员、副主任　　董玲玲（女，12月免）
黄建文（5月免）
党组成员、派驻纪检监察组组长　　邹建娇（女）

区优化营商环境协调事务中心

主　任　　黄行健（8月免）
陈　灼（8月任）

区会展业发展中心

主　任　　禹　婕（女）

区数据资源中心

主　任　　钟　波（12月免）
王　卓（12月任）
副主任　　李最好（8月免）
叶　坚（8月任）
周观佑

区发展和改革局

党组书记、局长　　贺　芳（女，12月免）
李国庆（12月任）
副书记、副局长　　黄　芳（女，10月免）
党组成员　　周秋国
党组成员、副局长　　李文昭
副局长　　肖　英（女）

区教育局

党委书记、局长　　张新卫
副书记、副局长　　许慧芝（女）
委员、副局长　　谢述飞（12月免）
黄　华
委员、主任督学　　朱紫彪（女，10月免）
委　员　　李宏伟
刘翔贵
谢述飞（12月免）

区科学技术局

党组书记、局长　　佘静雯（9月免）
黄练文（9月任）
副书记、副局长　　刘望峰（女）
副局长　　黄小元
李江涛

区工业和信息化局

党组书记、局长　　彭谱城
副书记、副局长　　吴海平
党组成员、副局长　　李跃权

副局长　赵春芳（女）
梅响利
郑　谨（女）

区民族宗教事务局

党组书记、局长　冯　粤（女，12 月免）
章志刚（12 月任）
副书记、副局长　王海军
党组成员、副局长　李　雄
副局长　周　剑（女）
林　畅（女）

区民政局

党组书记、局长　章　波（女，12 月免）
易方顿（12 月任）
副书记、副局　长汤勇
区政府督办员　李应强（10 月免）
副局长　余铁光
党组成员、副局长　欧阳伟军

党组成员、区社会救助事务中心

主　任　赖庆龙（12 月免）

区生活无着人员救助站

站　长　李　玲（女，12 月免）

区司法局

党组副书记、局长　梁云伟（12 月免）
党组书记　朱江梅（女，12 月免）
党组书记、局长　言自平（12 月任）
副书记、副局长　朱江梅（女，12 月任）
李　博
副书记　杨　涟（女，6 月免）
副局长　杨　涟（女，9 月退休）
党组成员、副局长　李　勇
党组成员　黄　滔
贺立云（12 月免）
胡东晖

区财政局

党组书记、局长　周　宏（7 月免）
局　长　舒　畅（提名）（女，7—10 月任）
舒　畅（女，10 月任）
党组成员、副局长　张孟晗
党组成员　陈　清（女，12 月免）
罗红星（12 月免）
郭　勇
文艺明
副局长　张　柱
罗红星（12 月免）
党组成员、总会计师　史　良

经开区财政分局

局　长　陈　清（女）

区人力资源和社会保障局

党组书记、局长　易光明
党组成员、副局长　颜怀亮（12 月免）
周　亮（女）
方　婷（女，5 月免）
朱剑锋（5 月任）
副局长　李小冬
区就业服务中心（区创业服务中心）主任　刘　宏
区社会保险服务中心主任　王微艳（女）

区住房和城乡建设局（区人民防空办公室）

党组书记、局长（主任）　张学军（12 月免）
陈建良（12 月任）
党组成员、总工程师　孔建军（12 月免）
党组成员、副局长　付光雄
何　军
刘真烝（女）
党组成员　罗　能
赵文武
罗明军
副局长　余　伍（女）
李　勇
区建筑工程质量安全监督站站长　湛　滨（12 月免）
区城乡建设执法监察大队大队长　胡　波
区物业维修资金管理中心主任　王　冰（女）
区住房保障服务中心主任　刘　霞（女）

区交通运输局

党组书记、局长　赵正坤（12 月免）
杨万敏（12 月任）
党组副书记　许用方（女，1 月任）
党组成员、副局长　谭　波（女）
赵　迪（6 月免）
陈　悦（6 月任）
副局长　许用方（女）
杨国辉

区农业农村局（区林业水利局、区乡村振兴局）

党组书记、副局长　陈　智
局　长　陈伟奇（12 月免）
夏晓波（12 月任）
党组成员、副局长　刘　娟（女）
石　浩
伍　勇
刘　炯（女）
党组成员、总工程师　谢志强
副局长　向荣立（12 月免）
戴　阳

区商务局

党组书记、局长　刘　虎（2 月免）
李绍萍（女，2 月任）

副书记、副局长　陈　敏（女）
党组成员、副局长　胡　凯
　骆　毅

区文化旅游体育局（区文物局）

局　长　王　琳（女，12月免）
　赵　灿（女，12月任）
党组书记、副局长　程　献（12月免）
党组书记　董玲玲（女，12月任）
党组副书记、副局长　黄　超
党组成员、副局长　陈　珊（女，12月免）
　邓　波
区图书馆馆长　汤海清
区文化馆主任　陈嘉琪（女）

区卫生健康局

党组书记、局长　周宏伟（女，12月免）
　章　波（女，12月任）
党组成员、副局长　陈云清（12月免）
　武振刚
　罗　宁（女）
　陈泽香
　张丽娜（女）
副局长　陈　军（兼）
　陈　谨（兼）

区计生协会

专职副会长　尹　平（女，7月免）
　刘　娣（女，7月任）
秘书长　李丽萍（女）

黄兴医院

支部书记、院长　兰川烨
副书记　彭国其（10月免）
纪检负责人　李　岚
委员、副院长　何　韬
　严爱辉
副院长　童光远
　莫其军

区疾病和预防控制中心

党支部书记、主任　周建湘
党支部副书记　吴　军（女）
副主任　范文广
　黄　芬（女）
　杨欣霖（女）

区卫生计生综合监督执法局

党支部书记　陈琳波（女）
局　长　李　志

区妇幼保健计划生育服务中心（区妇幼保健所）

党支部书记、所长　肖　卫（女）
副所长　刘建伟（女）
　陈　霞（女）

区审计局

党组书记、局长　舒　畅（女，7月免）
党组书记　万　多（10月任）
局　长　杨胜艳（提名）（女，7—10月任）
　杨胜艳（女，10月任）
副书记、副局长　吴海林（12月免）
副局长　杨胜艳（女，10月免）
党组成员、副局长　刘勇志
党组成员、政府投资审计中心主任　张倍源

区退役军人事务局

党组书记、局长　潘　武
党组成员、副局长　周果平
　彭　彬（女）
　邱　明

区应急管理局［区防汛抗旱指挥部办公室、开发区（园区）应急管理局］

党委书记、局长　刘　归（8月免）
　刘　伟（9月任）
副书记、副局长　陈乾坤（4月免）
党委委员、副局长　杨飞宇（女，12月免）
　喻海奎
　开　拓
党委委员　刘建新
副局长　杨自强
　刘志伟
　陈　泽（5月任）
　周永浩

区市场监督管理局（区知识产权局）

党组副书记、局长　王金山（12月免）
　苏　波（12月任）
党组书记　韩　哲
党组副书记、副局长　王　强
党组成员、副局长　周雄伟（12月免）
　李海舟
　蔡建双（12月免）
　胡逐波
　宋　明
　周舞云（女）
　邱晓峰（12月免）
副局长　吴　冕
　汤正国（12月免）
　李志忠
　吴伟民
　魏学峰
党组成员　张海清（12月免）
　陈晓东

区市场监督管理综合行政执法大队

大队长　王金山（12月免）

苏　波（12 月任）

副大队长　潘凤华

罗　军

沈　静（女）

区统计局

党组书记、局长　刘　波（女）

党组成员副局长　钱永刚

韩彬彬（女）

副局长　朱　慧（女）

区普查中心主任　程钰超

区城市管理和综合执法局

党组书记、局长　喻鹏飞

副书记 副局长　张　勇（4 月免）

党组成员、派驻纪检监察组组长　刘中华

党组成员、副局长　易恒良（4 月免）

于新鑫（4 月任）

副局长　周祖辉

李　浬

赵红专

刘　勇

区城管执法大队

党委书记、大队长　喻鹏飞

委员、常务副大队长　周新元

委员、副大队长　夏勇文（12 月免）

姜胜才

委员（兼）、副大队长　徐　浪

党委委员　张　靖（女）

冀治宇

区市容环境卫生维护中心

党委书记、主任　石　华（7 月免）

易恒良（8 月任）

党委委员、副主任　肖佐邦

副主任　刘　庆

罗志德（12 月免）

区市政设施维护中心

党委书记、主任　彭　晖

委员、副主任　孙三林

宋兴武

王志爱（12 月免）

副主任　周清香（女）

徐　英

谢佳曦

区园林绿化维护中心

党委书记、主任　胡国强

副书记、副主任　刘鹏飞

委员、副主任　杜令德

副主任　唐术江

杨　志

伍金国

桂花公园管理处

党支部书记、管理处主任　曹锟宇

党支部委员、副主任　徐小青（女）

马　芳（女，5 月免）

张达唯（5 月任）

党支部委员、纪检员　彭　超

沙湾公园管理处

党支部书记、主任　许　军（女）

副书记　周　伟

副主任　涂安娜（女）

陈　瑾

纪检员　唐义民

区行政审批服务局

党组书记、局长　朱映凯

副书记、副局长　陈　琳（女）

党组成员、 副局长　袁鸿斌

杨　莎（女）

区政务服务中心主任　谢新军

区信访局

党组书记、局长　言自平（12 月免）

刘泳麟（12 月任）

党组成员　黄　乐（12 月免）

张　奎

党组成员、副局长　张贻俊

副局长　宁资国

陈　明

陈志刚

周晓辉（10 月免）

王志爱（12 月任）

区医疗保障局

党组书记、局长　彭　灿（女）

副书记、副局长　李金国（11 月免）

党组成员、副局长　肖跃武

副局长　张国科（3 月任）

区城市人居环境局

党组书记、局长　尹江华（7 月免）

党组书记　杨　胜（8 月任）

局长　杨　胜（10 月任）

党组成员、副局长　张锡泉

黄姿子（女）

副局长　蒋勇壮

王　健（1 月任）

区机关事务中心

党组书记、主任　周智婷（女）

副书记、副主任　周佳祥

党组成员、副主任　钟小平

李普得（12 月免）

何　芳（女）
党组成员　王玉文（4月免）
副主任　王玉文（5月免）
李玉琴（女，5月任）
政府督办员　邱小定（3月免）

区征地服务中心

主　任　吴海军（10月免）
党组书记、副主任　彭聪颖（女，10月免）
党组书记、主任　张　浩（11月任）
党组成员　彭　文
副主任　谢铁罗
万时舟
杜　刚
黄子洋（挂职）（女）

区金融事务中心

党组书记　李　文（7月免）
莫　伟（10月任）
主　任　李　文（8月免）
莫　伟（11月任）
副主任　曾宪锋
罗　琳（女）
李朝晖（女，12月免）

区公共工程建设中心

党组书记、主任　黄练文（9月免）
周　彬（9月任）
副主任　李清红（女）
党组成员、副主任　邓　卓
总会计师　缪卉芬（女）
总工程师　资　伟

区现代服务业发展中心（区市场采购贸易服务中心）

主　任　周　彬（4月免）
副主任　谢建姣（女，4月免）
陈志龙（4月免）
熊婷婷（女，4月免）

区国有资产事务中心

党组书记、主任　邹　鹏（9月免）
黄　超（11月任）
党组成员、副主任　李俊龙
党组成员　王　琪（女，4月任）
副主任　王　琪（女）
肖　飞

雨花国有资产经营集团有限公司

党委书记、董事长　陈　萍（女，7月免）
刘　庄（女，10月任）
副书记、副董事长、总经理　黄　超（11月免）
委员、监事会主席　邓　友（4月免）
黄建文（4月任）
委员、董事、副总经理　王东山
甘　硕
党委委员、纪委书记　胡炜阳（女，11月免）
肖　明（11月任）
董事、副总经理　王东山
副总经理　陆文钦

雨花城市建设投资集团有限公司

党委书记、董事长　李国庆（12月免）
廖昌规（12月任）
副书记、副董事长、总经理　刘双果
监事会主席　马　晖（女）
委员、董事、副总经理　方明星
黄　斌
党委委员、纪委书记　朱剑锋（4月免）
李德贵（4月任）
副总经理　游晋源
董事、副总经理　胡天蛟

区两型社会建设服务中心

党组书记、主任　杨万敏（12月免）
黄　桦（12月任）
副主任　杨　旦（女,12月免）
许欣媛（女）
吴　凡（女）

区电子商务物流中心

党工委书记　董正军（10月免）
钟　波（12月任）
党委副书记、主任　余　忠
副主任　王铁龙
张　康

区城市房屋征收和补偿办公室

党组书记、主任　杨　胜（9月免）
邓文欢（10月任）
副主任　刘　琨（女）
陈　泽（5月免）
杨　洋（5月任）

·区政协工作机构·

办公室

主　任　王广安
副主任　侯　莉（女）

委员学习联络委员会

主　任　汤艳辉（女，10月免）
李　芳（女，10月任）
副主任　聂庆媛（女）

提案委员会

主　任　邓运娥（女，10月免）
汤艳辉（女，10月任）
副主任　李晓梅（女）

农业农村和人口资源环境委员会

主　任　谢国文（10月免）
李　文（10月任）

文教卫体和文史委员会

主　任　李杏仁（女）

经济科技和外事委员会

主　任　张希林

社会法制和民族宗教委员会

主　任　夏晓波（12月免）

·长沙市雨花区人民法院·

党组书记　凌　云（7月免）
戴智明（7月任）
院长　凌　云（7月免）
戴智明（代理）（7—10月任）
戴智明（10月任）
党组副书记、副院长　彭智勇
党组成员、副院长　李　勇
肖述华
副院长　隆政平（5月任）
戴智明（7—10月任）
党组成员　钟红梅（女）
黄　森
聂志强
审判委员会专职委员　蒋忠良
张朝晖

·长沙市雨花区检察院·

党组书记　马贤兴（8月免）
尹跃连（8月任）
检察长　马贤兴（8月免）
尹跃连（代理）（8—10月任）
尹跃连（11月任）
党组副书记、副检察长　尹跃连（8月免）
党组成员、副检察长　周　新
曾永清
副检察长　张明秀（女）
专职委员　王世萍（女）
李小乔（女）

·群团组织·

区总工会

主　席　杨　平（女，11月免）
周艳芳（女，11月任）
党组书记、常务副主席　李　悦（女）
党组成员、副主席　谭洪波
刘　伟
党组成员　郭绍炎（12月免）

共青团雨花区委员会

书　记　李章博（10月免）
喻浩浩（10月任）
副书记　肖安妮（女）
冷宇婕（挂职）（女，3月任）
王思琦（兼）（女，3月任）
徐　卓（兼）

区妇女联合会

主　席　喻思旭（女）
副主席　刘　娣（女，4月免）
谢建姣（女，4–12月任）
龚　政（挂职）（女）
仓　萍（兼）（女）
李　理（兼）（女）
龙　燕（兼）（女）

工商业联合会（商会）

主　席（会长）　莫志刚
党组书记、副主席（副会长）　程　缅（4月免）
谢　锋（4月任）
党组成员、副主席（副会长）　戴　鹰（女，4月免）
赵　琰（女，4月任）
曾　锦（女，4月任）
秘书长　曾　锦（女，4月任）

区残疾人联合会

理事长　杨　忠
副理事长　肖曙光
蒙正国

区归侨侨眷联合会

主　席　邹　霞（女）

区科学技术协会

主　席　刘　艺（女）
副主席　王　勇
陈　军（兼）
刘翔贵（兼）
周　帅（兼）
杜俊鸿（兼）
贺　礼（兼）

区红十字会

常务副会长　陈　军

·垂直管理单位·

长沙市公安局雨花分局

党委书记、局长　黄健元（7月免）

周刁文（7月任）
副书记、政委 陈效林（9月任）
副书记、副局长 师建伟
党委委员、副局长 金志勋（11月免）
祝新喜
成劲林
陈昌和（7月免）
李振宇
杨跃华（7月任）
委员、副政委、纪委书记 范竹（7月免）
解庆武（7月任）

长沙市自然资源和规划局雨花区分局

党组书记、局长 朱光（11月免）
刘军（11月任）
副书记、副局长 贺念虎（11月免）
党组成员、副局长 张立强（11月免）
全学文
杨凌云
汤菁（女）
邓勇
曾范（女，9月免）
孔昶

长沙市生态环境局雨花分局

党组书记、局长 陈昊（8月免）
宁璐（9月任）
党组副书记、副局长 蒋朝东
党组成员、副局长 刘佩良
王强
党组成员 邓光明
副局长 周吉成
邹志军

国家税务总局长沙市雨花区税务局

党委书记、局长 周兵（4月免）
黎妙坤（8月任）
党委副书记、副局长 吕雅君（5月免）
李文虎
党委委员、副局长 邓明
吴疆（挂职）（女，2月任）
张靖
周歌（女，5月免）
冯斌（2月免）
邓曙光（3月免）
彭欣（女，2月免）
饶玉华
易珂（12月任）
党委委员、纪检组长 董谦（女，2月免）
易舸（2月任）

国家统计局雨花调查队

队长 左建军
副队长 吕伟
纪检员 张海亚

区消防救援大队

党委书记、教导员 高涛
党委副书记、大队长 刘立宪（12月免）
徐毅（12月任）
副大队长 黄稀（4月免）
邹欣昂（4月任）
王健（4月任）

区交警大队

大队长 陶理新
教导员 李乐
副大队长 李林
彭星顺（10月免）
李卫
李拓宇
袁德智（10月任）

长沙农商银行雨花支行

党总支书记、行长 伍月红（女）
党总支副书记、副行长 邓志刚（3月免）
党总支副书记、宣传委员、行长助理 贺旋
纪检委员、协理员 张中豪
组织委员、副行长 夏文华

·民主党派·

民革雨花区工委

主委 陈泽

民盟雨花区工委

主委 周凌云（女）

民建雨花区工委

主委 肖英（女）

民进雨花区工委

主委 夏晓波

农工党雨花区工委

主委 钟志良

致公党雨花区工委

主委 蒋福山

九三学社雨花工委

主委 马晖（女）

·镇、街道·

跳马镇

党委书记 谭爱兵（7月免）
尹江华（7月任）

党委副书记、镇长　刘志平（5月免）
党委副书记　张四平（女，7月免）
石　华（7月任）
曾　理（兼）
镇长　张四平（女，5—7月任）
石　华（7月任）
副书记、统战委员　贺　耀（5月任）
党委委员、人大主席团主席　黄杰刚（4月免）
人大主席团主席　方　婷（5月任）
党委委员、政协联络处主任、副镇长　林中胜（5月免）
党委委员、纪委书记　黄文钦
党委委员、副镇长　张新良
党委委员　方　婷（4月任）
赵　迪（5月任）
党委委员、宣传委员　殷　昊（5月免）
邓　滴（5月任）
党委委员、组织委员　殷　昊（10月免）
副镇长　李　娜（女，5月免）
严　磊（5月免）
邓　滴（5月任）
李昌胜（提名）（5—8月任）
李昌胜（8月任）
人大主席团副主席　李　奕（5月免）
易　文（5月任）

雨花亭街道

工委书记　张杰军（7月免）
邓　星（7月任）
工委副书记、办事处主任　周洪灵
工委副书记　韦育华（女，12月免）
工委委员、人大工委主任　邓文欢（10月免）
朱旻芙（女，10月任）
工委委员、政协联络处负责人　陈　锐（5月免）
李　娜（女，5月任）
工委委员、政法委员　陈　锐（5月免）
李　娜（女，5月任）
工委委员、组宣委员　周　智
工委委员　彭　伟
王振凯（兼）
工委委员、纪工委书记　柏贞柱
办事处副主任　陈　锐（6月免）
李　娜（女，6月任）
曹永忠
蒋福山
陈石泉

高桥街道

工委书记　向　星（女，7月免）
罗　闽（7月任）
副书记、办事处主任　罗　闽（8月免）
办事处主任　谢冬波（9月任）
副书记　谢冬波（8月任）
喻浩浩（10月免）
彭　飞（兼）
工委委员、人大工委主任　吴志坚
工委委员、副主任、政协联络处负责人
杨远高（12月免）
工委委员、纪工委书记　刘贤兵
工委委员、副主任　李铁新
工委委员、组宣委员　黄　河
政法委员　杨远高（12月免）
办事处副主任　何伟华
彭益波
人大工委副主任　黄　庆（女）
区征收办副主任　毕　盛

左家塘街道

工委书记　周建雄（2月免）
聂文涛（2月任）
副书记、办事处主任　聂文涛（2月免）
刘　虎（2—7月任）
刘助斌（8月任）
副书记、政协联络处主任　常　曙
副书记　徐建文
田海浪（兼）
工委委员、人大工委主任　莫正文
工委委员、纪工委书记　王　炯
工委委员、组宣委员　苏继纯
工委委员、办事处副主任　余勇峰
政法委员　余勇峰
办事处副主任　黄赤松
邓　滴（5月免）
严　磊（5月任）
人大工委副主任　王　宇（女）

侯家塘街道

工委书记　王青春（7月免）
王润虎（7月任）
副书记、办事处主任　刘助斌（9月免）
余静雯（女，9月任）
副书记、政协联络处负责人　陈　勇
副书记　杨　勇（10月免）
彭　帅（10月任）
工委委员、人大工委主任　喻伯正
工委委员、纪工委书记　高稳固
工委委员、办事处副主任　孙　雷
钟之兴
工委委员、组织委员　田　莺（女）
办事处主任　王　磊
人大工委副主任　周湘玉（女）

砂子塘街道

工委书记　刘燕妮（女，7月免）
　钟　波（7月任）
副书记、办事处主任　李　勇
副书记　徐　安（女）
　杨大有（兼）
人大工委主任　朱海波（12月免）
工委委员、副主任、政协联络负责人　鲁伏华
工委委员、纪工委书记　刘伟峰
工委委员、组宣委员　井　璟
工委委员　朱海波（12月免）
政法委员　鲁伏华
办事处副主任　谭　琰
　陈　伟
　龚　错
人大工委副主任　李杏红（女）

东塘街道

工委书记　黄　金（女，7月免）
　谭爱兵（7—12月任）
副书记、办事处主任　胡　开（8月免）
　蒋多利（女，8月任）
工委委员、人大工委主任　熊　灿
工委委员、政协联络处主任　宁世平（12月免）
副书记　袁　贤（兼）
工委委员、纪工委书记　陈燕武（12月免）
工委委员　王　况
工委委员、办事处副主任　杨建立
工委委员、组宣委员　匡喜乐（女）
办事处副主任　陈建军
　邹　祎（女）
人大工委副主任　涂柏林（女）

圭塘街道

工委书记　肖向东（4月免）
　刘明生（4月任）
副书记、办事处主任　刘明生（4月免）
　黄杰刚（4月任）
副书记、政法委员　张　良
工委委员、人大工委主任　黄　蔚（女）
工委委员、纪工委书记　杨　柳（女，3月免）
　曾　涛（3月任）
工委委员、办事处副主任、政协联络处主任
　罗飞跃
　李　盛
工委委员、组宣委员　彭　可
办事处副主任　黄金山（女）
　周子贤（10月免）
人大工委副主任　朱红梅（女）

黎托街道

工委书记　王润虎（7月免）
　段灿军（7月任）
副书记、办事处主任　段灿军（8月免）
办事处主任　邹　鹏（9月任）
副书记　段灿军（8月免）
　邹　鹏（8月任）
　孙俊宗
　杨跃华（兼）（7月免）
　彭　勇（兼）（7月任）
工委委员、人大工委主任　刘泳麟（12月免）
政协联络工作负责人　兰川烨（2月免）
　张竣飞（10月任）
工委委员　袁师泽（3月免）
　钟吉星（1月任）
工委委员、办事处副主任　张光祥
　张竣飞
　陈志龙（5月任）
　兰川烨（1月免）
工委委员、组宣委员　王庭松
政法委员　张光祥
办事处副主任　邹轶亮
　肖建国

洞井街道

工委书记　张小军（7月免）
　宋　电（7月任）
副书记、办事处主任　宋　电（7月免）
　陈　昊（8月任）
副书记、人大工委主任　文健雄
副书记　李德祥
　石永强（兼）
工委委员、办事处主任　万建军（12月免）
　万建军
工委委员、纪工委书记　杨　文
工委委员　张　琳（兼）
工委委员、组宣委员　王　扬（女）
办事处副主任　孙军涛
　张　莹
　肖　骞
　张　科（挂职）
人大工委副主任　周凭姿（女）
国有资产中心副主任　唐　静（挂职）（女）

井湾子街道

工委书记　龙峥嵘
副书记、办事处主任　陈建良（12月免）
工委委员、人大工委主任　李应飞
副书记、政协联络处负责人　李　卫（12月免）
副书记　罗　跃（兼）

	王曙光（兼）
	曾　频（女）
工委委员、纪工委书记	刘舜乾
工委委员、组宣委员 、政法委员	许文智
办事处副主任	杨铁辉
	胡祥松
	贺丽琴（女）
人大工委副主任	李超旭
工委委员	胡　刚（挂职）

东山街道

工委书记	周少敏
副书记、办事处主任	苏　波（11 月免）
副书记	陈　朔
工委委员	张　浩（10 月免）
	李章博（10 月任）
人大工委主任	张　浩（10 月免）
	李章博（12 月任）
工委委员、政协联络处主任	李　继
工委委员、纪工委书记	张　敬
政法委员	李　继（11 月任）
工委委员、办事处副主任	黎　华
办事处副主任	许　浩
	谭振波
	周　宇
人大工委副主任	龚雅莉（女）

同升街道

工委书记	刘昌军
副书记、办事处主任	邓　星（8 月免）
	胡　开（8 月任）
副书记、人大工委主任	曹旭鑫
副书记、政协联络处主任	陈　明
副书记、纪工委书记	王红艳（女，12 月免）
副书记	刘革新（10 月免）
	周晓辉（10 月任）
工委委员、组宣委员	刘小龙
工委委员、办事处副主任	雷灵军
办事处副主任	曾　涛（3 月免）
	陈丹丹（女）
	范年慧（3 月任）
	师　俊（挂职）
人大工委副主任	彭　特

索 引

说明：

1. 本索引中文标目按索引词首字汉语拼音顺序排列，首字母音序相同者，按第二音序排列，依次类推。数字和字母开头的标目排在最前面。

2. 类目、分目、次分目、人名作索引词的用加粗宋体字标明。

3. 索引词后的阿拉伯数字表示内容所在页码，拉丁字母 a、b、c 表示左、中、右栏。

4. “特载”“大事记”“附录”中内容未作索引。

数字和字母

A

B

E

F

G

K

L

M

T

W

X

Y

Z